JN127378

動産・債権譲渡登記
手続の実務対応
Q&A

全訂版

伊藤　隆［著］

一般社団法人金融財政事情研究会

全訂版はしがき

このたび、平成24年８月の初版発刊から６年余りを経て、ようやく全訂版の発刊に至ることができました。様々な制度改正が急速に進められていくこの時代において、遅ればせながらの発刊となってしまったことは否めませんが、折しも、本年10月には、債権譲渡登記制度の発足から20年を迎えるところであり、そのような節目の時期に発刊にこぎつけることができたことについて、安堵を覚えているところです。

今回の改訂は、初版発刊後に、当職が執筆し、「月刊登記情報」（一般社団法人金融財政事情研究会）の663号（平成29年（2017年）２月号）から670号（平成29年（2017年）９月号）までの誌上で連載した「続　動産・債権譲渡登記の現場Q&A」の記事内容を反映するとともに、初版の構成・内容につき全面的な見直しを図ったものです。その結果、解説編の設問数については、初版の144問から226問となり、大幅に増加することとなりました。

今回の改訂の要点を具体的に述べると、以下のとおりです。

①　初版発刊後の平成26年５月に事前提供方式の創設等を行う政省令の改正が行われるなど、動産・債権譲渡登記手続に係る規定の改正が実施されておりますが、これらの改正事項を反映し、最新の内容を盛り込みました。

②　債権譲渡登記手続についての解説を大幅に拡充しました。特に、譲渡対象債権の特定方法や、債権譲渡登記に係る登記事項証明書の請求方法については、「続　動産・債権譲渡登記の現場Q&A」で執筆した内容を反映したことに加え、新たな設問も追加しました。これに伴い、初版では、「動産・債権譲渡登記の対象となる動産・債権の特定」として１つの章にまとめて掲載していた内容を、動産に関するものと債権に関するものとに分け、それぞれ別に章立てをして掲載することとしました。

③　本書の使い勝手の向上を図る観点から、初版の第１章及び第２章の構成を見直し、この全訂版では、第１章を「譲渡登記の制度・効力」に関する内容、第２章を「譲渡登記手続」に関する内容、第３章を「動産・債権の譲渡契約等の内容を特定する事項」に関する内容とするよう整理しました。その上で、第１章の冒頭には、動産・債権譲渡登記制度の説

明を加えるなどの補訂を行いました。また、各設問のタイトル冒頭には、その設問が動産譲渡登記に関する設問か、債権譲渡登記等に関する設問か、あるいは両登記に共通する設問であるかが一目で分かるマークを付すこととしました。さらに、資料編に掲載する資料については、初版では動産・債権譲渡登記手続に関する関係資料、書式及び証明書例などの資料を網羅的に掲載することに重点を置きましたが、この全訂版では、掲載の必要性について改めて精査を行い、掲載する資料の範囲の見直しを図りました。

この全訂版の執筆に際しては、初版執筆時と同様に、動産・債権登録課に勤務していた同僚職員をはじめとする関係者の皆様から様々なご助言をいただくとともに、原稿のチェック作業や各種資料の収集作業等につき、多大なご協力やご支援をいただいたところです。特に、債権登録課において相談業務を担当されている酒井敦子氏からは、その豊富な実務経験を踏まえた上での、示唆に富む貴重かつ的確なご助言をいただきました。この全訂版の完成は、酒井氏のご支援があってこそのものと思っております。この場をお借りして、心底から感謝の意を表したいと思います。

ところで、平成29年５月に「民法の一部を改正する法律」（平成29年法律第44号）が成立し、民法のうち債権関係の規定を中心に大幅な改正がされることとなり、この改正法は、一部の規定を除き、平成32年（2020年）４月１日から施行されます。この改正作業の過程では、債権譲渡の第三者対抗要件の具備方法を登記に一元化する案も検討されましたが、実現には至りませんでした。もっとも、債権譲渡登記制度との関係で言えば、この改正法により、譲渡制限特約のある債権の譲渡を原則有効とする改正や、将来債権の譲渡に関する規定を明文化する改正等が実現しております。これらの改正が、今後、債権譲渡登記の実務にどの程度の影響を及ぼすかは未知数ですが、著者としても、この改正法の施行が債権譲渡登記の実務にどのように影響していくかにつき、注目していきたいと考えております。

この全訂版が、初版同様に、動産・債権譲渡登記制度に関心を有する方あるいは動産・債権譲渡登記手続を利用される方の助けとなり、動産・債権譲渡登記の実務の発展に資することとなれば幸いです。

最後になりましたが、一般社団法人金融財政事情研究会の佐藤友紀氏、鈴木英介氏、稲葉智洋氏、堀内亮氏におかれましては、「続　動産・債権譲渡登記の現場Q&A」の連載時を含め、本書の企画、編集、校正において多大なるご尽力をいただきました。ここに厚く御礼申し上げます。

平成30年（2018年）10月

伊　藤　　隆

（前 東京法務局民事行政部債権登録課長）

初版はしがき

平成10年10月、「債権譲渡の対抗要件に関する民法の特例等に関する法律」（平成10年法律第104号）が施行され、債権譲渡登記制度の運用が開始されました。

この債権譲渡登記制度は、債権流動化をはじめとする法人の資金調達手段の多様化の状況にかんがみ、法人が金銭債権の譲渡などをする場合の簡便な対抗要件制度として活用されることが期待されていたものです。同制度は、運用開始以来、その期待に応え、金融実務において重要な役割を果たしてきました。

そして、債権譲渡登記制度は、平成17年10月に施行された「債権譲渡の対抗要件に関する民法の特例等に関する法律の一部を改正する法律」（平成16年法律第148号）により、債務者が特定していない将来債権の譲渡についても同制度の対象にすることが可能とされるなど、実務界のニーズに対応すべく発展を続け、平成24年10月には、運用開始から15年目を迎えることとなります。

同じく平成17年10月には、企業が保有する在庫商品や機械設備等の動産を活用した企業の資金調達の円滑化を図るため、動産譲渡登記制度の運用が開始され、同制度は、平成24年10月をもって、運用開始から８年目を迎えることとなります。

近時、中小企業に対する融資を中心として、企業の有する売掛金や在庫、機械設備といった資産の価値に着目し、これらの資産を担保とする資金調達手段である ABL（Asset Based Lending：資産担保融資）が注目されておりますが、動産・債権譲渡登記制度は、その中核を担うことが期待されています。

このように、動産・債権譲渡登記制度が活用され、注目されるにつれて、動産・債権譲渡登記手続の実務を担う東京法務局民事行政部動産登録課及び債権登録課（以下、併せて「動産・債権登録課」といいます。）に対しては、動産・債権譲渡登記制度や具体的な登記手続についての照会事項が多く寄せられるようになり、登記実務において発生する諸問題も増える傾向にあります。

このような状況を踏まえ、動産・債権登録課においては、動産・債権譲渡登記手続の実務上の問題点を解決することを目的として、「月刊登記情報」（社団法人金融財政事情研究会）570号（平成21年（2009年）5月号）から582号（平成22年（2010年）5月号）までの誌上において、「動産・債権譲渡登記の現場Q&A」と題する連載を実施いたしました。

幸い、同連載については、実務における参考資料として利用いただいているとの声を伺うことができました。

そこで、このたび、同連載の内容を発展させる形で、本書を刊行し、動産・債権譲渡登記の実務の場において直面することの多い照会例を採り上げ、解説を試みることといたしました。

本書においては、「月刊登記情報」連載時と同様に、Q&A形式による解説という形式を踏襲し、平易な解説を行うよう心がけました。また、執筆に際しては、「月刊登記情報」連載時には採り上げることのできなかった設問を追加したほか、連載時の設問の解説内容についても、連載後の制度改正の内容を反映する等の見直しを図りました。さらに、資料編として、動産・債権譲渡登記手続に関する関係資料、書式及び証明書例などの資料を豊富に掲載し、読者の方の便宜を図ることといたしました。

本書の執筆に際しては、当職と共に動産・債権登録課に勤務していた同僚職員から多大な協力をいただきました。その執筆協力者については、以下に紹介しているとおりです。本書の内容については、動産・債権登録課の職員が執筆した「月刊登記情報」の連載内容を利用しているほか、当職において新たに執筆した内容についても、原稿のチェック作業や各種資料の収集作業等につき、同僚職員から協力をいただきました。この場をお借りして改めて感謝の意を表したいと思います。

なお、本書中の意見にわたる部分については当職の個人的見解であり、動産・債権登録課の公式見解ではないことを念のため申し添えます。

本書が、動産・債権譲渡登記制度に関心を有する方あるいは動産・債権譲渡登記手続を利用される方の助けとなり、動産・債権譲渡登記の実務の発展に資することとなれば幸いです。

最後になりましたが、本書の企画、編集、校正においては、一般社団法人金融財政事情研究会の茂原崇氏、大塚昭之氏に多大なる御尽力をいただきました。改めて深く感謝申し上げます。

【執筆協力者（五十音順）】

秋山光治	伊藤　修	岩澤賢司	加藤誠一	亀田雅子
酒井敦子	嶋田明彦	高野和博	寺坂光代	富澤忠弘
中尾利彦	松尾直哉	松山忠雄	横田和宏	若月絢子

平成24年（2012年）8月

伊　藤　　隆

（前 東京法務局民事行政部動産登録課長）

凡　例

1　法令名

本書では、法令名につき、以下の略語を用いています。

「特例法」	動産及び債権の譲渡の対抗要件に関する民法の特例等に関する法律（平成10年6月12日法律第104号）
「登記令」	動産・債権譲渡登記令（平成10年8月28日政令第296号）
「登記規則」	動産・債権譲渡登記規則（平成10年8月28日法務省令第39号）
「記録方式告示」	動産・債権譲渡登記令第7条第3項の規定に基づく法務大臣が指定する電磁的記録媒体への記録方式に関する件」（平成26年5月23日法務省告示第244号）
「準則」	動産・債権譲渡登記事務取扱手続準則（平成26年12月22日付け法務省民商第128号東京法務局長宛て民事局長通達）

2　判例

判例の表記は次の例によるほか、一般の慣例によります。

最一小判昭49・3・7民集28巻2号174頁＝最高裁判所昭和49年3月7日第一小法廷判決最高裁判所民事判例集28巻2号174頁

3　文献

本書では、文献名につき、以下の略語を用いています。

「一問一答」	植垣勝裕＝小川秀樹編著「一問一答　動産・債権譲渡特例法〔三訂版増補〕」（商事法務、2010年）
「Q&A特例法」	法務省民事局参事官室・第四課編「Q&A　債権譲渡特例法〔改訂版〕」（商事法務、1998年）
「座談会（上）」	植垣勝裕＝小林明彦＝中村廉平＝花井正志＝前島顕吾＝山野目章夫「座談会　新しい動産・債権譲渡登記制度と金融実務（上）」金融法務事情1737号（2005年）
「座談会（下）」	植垣勝裕＝小林明彦＝中村廉平＝花井正志＝前島顕吾＝山野目章夫「座談会　新しい動産・債権譲渡登記制度と金融実務（下）」金融法務事情1738号（2005年）
「植垣ほか（中）」	植垣勝裕＝高山崇彦＝中原裕彦＝坂田大吾「債権譲渡の対抗要件に関する民法の特例等に関する法律の

一部を改正する法律の概要（中）」金融法務事情1730号（2005年）

4　略語

本書では、記載を簡潔にするため、以下の略語を用いている箇所があります。使用している略語及びその意味については、以下のとおりです。

債権譲渡登記等……債権譲渡登記及び特例法14条に規定する質権設定登記
譲渡登記………………動産譲渡登記及び債権譲渡登記等
譲渡登記所……………動産譲渡登記所及び債権譲渡登記所
譲渡登記ファイル…動産譲渡登記ファイル及び債権譲渡登記ファイル
概要ファイル…………動産譲渡登記事項概要ファイル及び債権譲渡登記事項概要ファイル
譲渡等…………………動産及び債権の譲渡並びに債権に対する質権の設定
商号等…………………法人の商号又は名称
本店等…………………法人の本店又は主たる事務所（本店又は主たる事務所が外国にあるときは、日本における営業所（外国会社の登記をした外国会社であって日本に営業所を設けていないものにあっては、日本における代表者の住所）又は事務所）

目　次

第1章
動産・債権譲渡登記制度の概要／動産・債権譲渡登記の効力
Q1～Q31

第2章
動産・債権譲渡登記の申請方法／登記申請書の添付書面
Q32～ Q70

第3章

動産・債権譲渡の契約内容等を特定する事項
（譲渡登記の申請当事者／登記原因等）
Q71～Q99

第4章

動産譲渡登記の対象となる動産の適格／譲渡対象動産の特定方法 Q100〜Q132

第5章

債権譲渡登記の対象となる債権の適格／譲渡対象債権の特定方法

Q133～Q175

第6章

動産・債権譲渡登記に関する証明書の種類・内容／証明書の交付請求の方法／登記申請書等の閲覧

Q176～ Q215

第7章
動産・債権譲渡登記に関するオンライン申請手続
Q216～ Q226

資料編

第1章

動産・債権譲渡登記制度の概要／動産・債権譲渡登記の効力

Q1 動産 動産譲渡登記制度の概要

動産譲渡登記制度の概要は、どのようなものですか。

A 動産譲渡登記制度は、法人が所有する動産を譲渡担保に提供したり、証券化するなどの方法によって資金調達をする際における譲渡担保や所有権移転の公示方法が必ずしも十分ではなかったことから、動産譲渡の対抗要件具備方法等に関する民法の特例として、「動産譲渡登記」という新たな対抗要件具備方法の仕組みを創設するものであり、平成17年10月から運用が開始されたものです。

1　動産譲渡登記制度の創設の意義

(1)　事業者がその所有する動産を譲渡担保に提供したり、証券化するなどの方法によって資金調達をする場合において、金融機関等が事業者からその動産の譲渡を受けるに際しては、譲渡される動産は譲渡後も事業者の直接占有下に置かれたままになっているのが通常であることから、その動産の譲渡に係る対抗要件の具備方法については、外観上占有状態に変化のない占有改定（民法183条）の方法により「引渡し」（民法178条）を行うことによるのが通常です。

※　例えば、Aが、自分が所有・使用している油圧式プレス機（動産）をBに譲渡するものの、同時にBからその油圧式プレス機を借り受けて、その使用を継続する必要があるような場合、Bがその油圧式プレス機の譲渡につき対抗要件を具備するためにAから「引渡し」を受けるためには、本来なら、まずAからBに油圧式プレス機を実際に引き渡し、それからAがその油圧式プレス機をBから賃借して再び引渡しを受けることになります（これにより、Bは、Aを占有代理人とする代理占有（民法181条）を取得します。）。しかしながら、民法は、これを簡略化して、Aが以後Bのために占有する旨の意思を表示すれば、それだけでBに占有が移転する（Bに対して対抗要件具備方法としての「引渡し」がされる。）ことを認めており、こ

れを「占有改定」といいます。

対抗要件具備方法としての「引渡し」が占有改定により行われる場合、この油圧式プレス機は、実際には、一度もBの手元に行くことはないこととなります。

(2) しかしながら、占有改定により対抗要件を具備する方法では、譲渡担保や所有権移転の公示方法として必ずしも十分ではないと指摘されていました。というのは、譲渡した動産の占有状態に変更がないため、担保の目的で譲渡を受けた者や真正な売買によって所有権を取得した者があっても、第三者にとっては、これら先行する譲渡担保の存在や所有権の移転を認識することが困難だからです（この点、譲渡した動産にラベルを貼ったり、プレートを取り付けたりして、当該動産が譲渡担保に提供されていること等を第三者に対し明示する方法もあり得ます。しかしながら、譲渡人の立場からすると、そのようなことを第三者に対し明示することにより、取引先が譲渡人の経営状態を警戒し、譲渡人の信用不安を惹起してしまう事態を招いてしまうことなどを懸念し、そのような方法を採ることを望まないことから、そのような方法は採られないのが通例のようです。)。

もっとも、占有改定の方法によって「引渡し」が行われることにより、このような先行する譲渡担保の存在や所有権の移転を認識することが困難であるという問題から生じる第三者の保護については、即時取得（民法192条）により解決され得ることにはなります。しかしながら、他方で、その動産につき、担保の目的で譲渡を受けた者や真正な売買によって所有権を取得し、占有改定により対抗要件を具備した者にとっては、その動産につき即時取得が認められると、後行する動産の譲渡によって自らの動産取得が否定されるおそれがあり、そのことが、資金調達のために動産を活用することを困難にしている1つの要因であると指摘されていました。

(3) このような指摘を背景として、動産の譲渡に係る対抗要件を具備したことにつき、登記という公示性に優れた方法によって公示する「動産譲渡登記制度」が創設されたものです。

▶民法による第三者対抗要件の具備

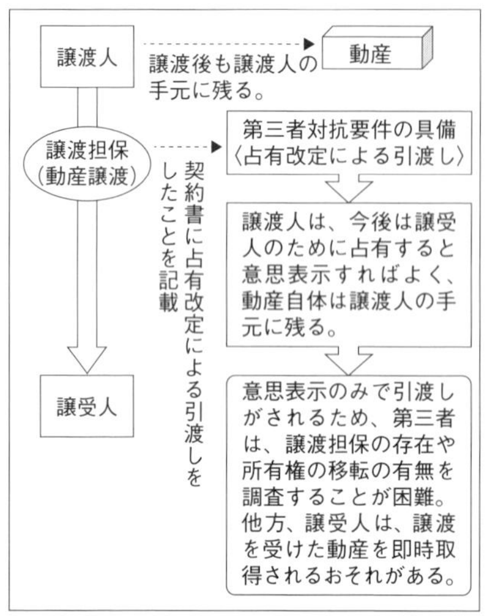

▶動産譲渡登記による第三者対抗要件の具備

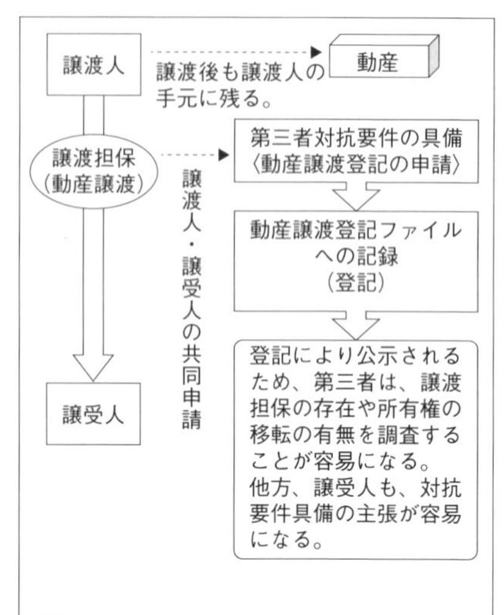

2　動産譲渡登記による対抗要件具備方法

動産の譲渡をしたときに、譲渡人と譲受人が共同で登記を申請し、動産譲渡登記所に備える動産譲渡登記ファイルに譲渡の登記がされることにより、第三者対抗要件が具備されます。

譲渡の対象となる動産については、個別動産として特定する方法（動産の特質によって特定する方法）と、集合動産として特定する方法（動産の所在によって特定する方法）があります。

※　動産譲渡登記の譲渡人は、法人に限られます。また、貨物引換証、預証券及び質入証券、倉荷証券又は船荷証券が作成されている動産は、動産譲渡登記の対象とすることができません（特例法３条１項括弧書き）。なお、この特例法３条１項括弧書きが定める動産譲渡登記の対象とすることができない動産については、平成30年５月18日に成立した「商法及び国際海上物品運送法の一部を改正する法律」（施行日は、公布日（平成30年５月25日）から１年以内の政令で定める日）により、「倉荷証券、船荷証券及び複合運送証券」に改正されました。

※　動産を譲渡する目的（担保目的の譲渡であるか、真正譲渡であるか）については、制限はありません。

※　動産譲渡登記が完了すると、動産譲渡登記所において登記事項証明書及び登記事項概要証明書の交付が可能になるほか、登記所（譲渡登記所を除

く。）及び法務局証明サービスセンターにおいて概要記録事項証明書の交付が可能になります。

3　動産譲渡登記の効果

⑴　動産譲渡登記により具備された対抗要件の効力は、民法による対抗要件具備方法のうち引渡しによるものと同等に扱われます。

同一の動産の譲渡につき、民法による第三者対抗要件を具備した譲受人と動産譲渡の登記をした譲受人がいる場合の優劣は、それぞれの方法による対抗要件具備時点の先後により判断されることとなります。

＜第三者対抗要件の具備時点＞

・占有改定の場合

…譲渡人と譲受人との間で譲渡した動産につき、占有改定による引渡しの合意の効力が発生した時点（通常、動産譲渡担保契約書等に付された確定日付印等により証明することになります。）

・動産譲渡登記の場合

…登記をした時点（登記事項証明書に登記の日付と時刻が記載されます。）

⑵　国の公示制度である動産譲渡登記を利用して対抗要件を具備することにより、占有改定により対抗要件を具備した場合に懸念される占有改定の有無、先後をめぐる紛争を未然に防止することができるほか、仮に紛争になった場合でも、対抗要件を具備していることの立証が容易になります。

⑶　動産譲渡登記の申請に際しては、譲渡された動産自体の存在を証する書面やその譲渡があったことを証する書面の添付は必要とされていません。したがって、動産譲渡登記は、譲渡された動産が真実に存在することや真実に譲渡がされたことまでを公示・証明するものではありません。

債権譲渡登記制度の概要

債権譲渡登記制度の概要は、どのようなものですか。

A 債権譲渡登記制度は、債権流動化・証券化をはじめとする法人の資金調達手段の多様化を背景に、債権譲渡の対抗要件具備方法等に関する民法の特例として、「債権譲渡登記」という簡便な対抗要件具備方法の仕組みを創設するものであり、平成10年10月から運用が開始されたものです。

解説

1　債権の譲渡についての対抗要件

債権の譲渡についての民法上の対抗要件には、①「第三者対抗要件」と、②「債務者対抗要件」があります。

①　第三者対抗要件

債権者は、原則として、債務者の同意なくして、他人にその債権を自由に譲渡することができます。その譲渡が二重に行われた場合（債権を二重に譲渡しても、その譲渡が無効になるわけではありません。）などのように、同一の債権につき両立し得ない法的地位を有する者同士の優劣を決定するための要件が「第三者対抗要件」といわれるものです。

▶第三者対抗要件…同一の債権につき両立し得ない法的地位を有する者が複数存在する場合の優劣の判断基準

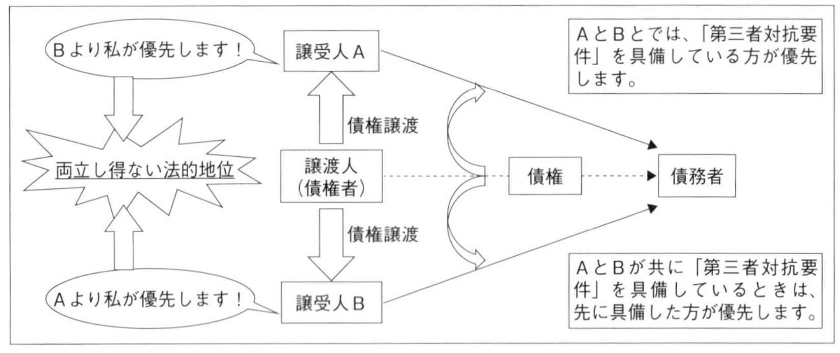

②　債務者対抗要件

債務者は、債権の譲受人であると主張する者から支払の請求を受けたとき、二重払いの危険を避けるため、その者が「債務者対抗要件」を具備するまで弁済を拒むことができます。この場合に、譲受人が債務者から債務の弁済を拒まれないための要件が「債務者対抗要件」といわれるものです。

▶債務者対抗要件…譲受人が債務者から弁済を拒まれないためには、「債務者対抗要件」を具備する必要がある。

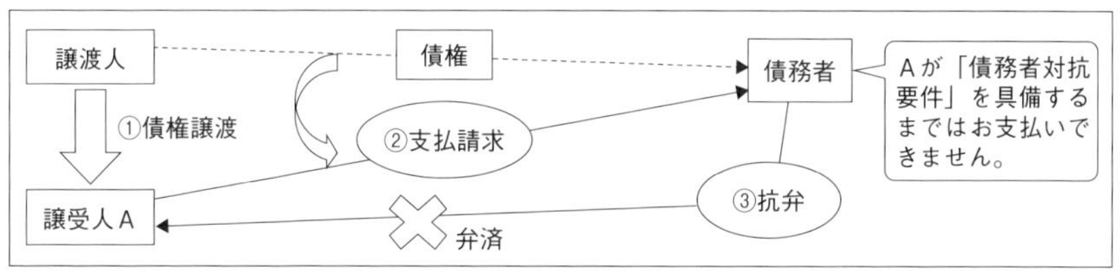

2　民法による対抗要件具備方法

(1)　民法による「第三者対抗要件」の具備方法は、債権が譲渡されたことについての、確定日付のある証書による、①譲渡人から債務者に対する通知又は②債務者による譲渡人若しくは譲受人に対する承諾です（民法467条２項）。

※　「確定日付のある証書」の例としては、内容証明郵便（主に譲渡人からの通知の場合）や公証人の確定日付印がある書面（主に債務者による承諾の場合）があります。

※　同一の債権の譲渡につき第三者対抗要件を具備した譲受人と具備していない譲受人が存在する場合は、具備した譲受人が優先します。第三者対抗要件を具備した譲受人が複数存在する場合は、確定日付のある証書による通知が債務者に到達した日時又は債務者の承諾の日時の先後で判断し、最も早いものが優先します（最一小判昭49・３・７民集28巻２号174頁）。

(2)　民法による「債務者対抗要件」の具備方法は、債権が譲渡されたことについての、①譲渡人から債務者に対する通知又は②債務者による譲渡人若しくは譲受人に対する承諾です（民法467条１項）。

※　確定日付のある証書による必要はありませんが、その場合には第三者対抗要件は具備できません。他方で確定日付のある証書による通知・承諾がされていれば、それにより第三者対抗要件も兼ねることができます。

3　民法による対抗要件具備方法の難点と債権譲渡登記の利点・特徴

(1)　民法による対抗要件具備方法では、「第三者対抗要件」の具備についても債務者を関与させる必要があります。そのため、①多数の債権を一括譲渡する場合、個々の債務者への通知や承諾に要する手続や費用の負担が重い、②譲渡人の立場からすると、債権譲渡の事実が債務者に直接知られるので、信用不安を惹起させる懸念があるなどの不安を感じる、③譲渡時点で債務者不特定である将来債権の譲渡に係る第三者対抗要件の具備方法としては利用できないという難点があります。

※　債権流動化・証券化を目的として債権譲渡がされる場合、それぞれ債務者が異なる数十万個、数百万個単位の小口債権が同一の譲受人に一括譲渡されることもめずらしくありませんが、このような場合に民法の規定による方法により第三者対抗要件を具備することは、手続的にも費用的にも負担が大きく、実務的な対応としては困難なものとなります。

※　従来、実務においては、債権に譲渡担保を設定する場合、当該債権の債務者に担保設定の事実を知られずに対抗要件を具備するために、譲渡人（譲渡担保権設定者）と譲受人（譲渡担保権者）との間で、①債権譲渡の予約契約を行い、譲渡人の財産状態が悪化してから予約完結権を行使し、その段階で対抗要件を具備するという方法（予約型債権譲渡）や、②譲渡人につき破産手続開始の申立てや支払停止等の事由が発生したことを条件として債権譲渡の効力が生じることとし、その段階で対抗要件を具備するという方法（停止条件型債権譲渡）が採られることがありました。

これらの方法は、譲渡担保設定やその対抗要件具備が否認される危険を免れるために考案されたものです。すなわち、実際に譲渡人の財産状況が悪化してから譲渡担保を設定すると、財産状況悪化後の担保権の設定は破産法162条で否認される可能性があり、また、対抗要件具備は債権譲渡から14日以内に行われることが必要（15日経過後の対抗要件具備行為は破産法164条により否認され得る。）となります。そこで、これらの方法を採ることにより、債権譲渡（譲渡担保の設定）は譲渡人の財産状態が悪化する以前にされたものとするが、その効力発生時は予約完結時又は停止条件成就時とし、対抗要件はその効力発生日から14日以内に具備されたことにしようとするものです。

しかしながら、判例（最二小判平16・7・16民集58巻5号1744頁）の考え方によれば、このような方法は、破産法上の否認権の趣旨に反し、実質的には、支払停止等の危機時期が到来した後に行われた債権譲渡と同視できると解されるため、否認の対象になるものと考えられます。この点、これらの方法が実現しようとした目的は、債務者を関与させずに第三者対抗要件を具備することができる債権譲渡登記の方法を用いることにより、合理的に達成することができることになります。

(2)　他方、債権譲渡登記による方法は、「第三者対抗要件」と「債務者対抗要件」の具備方法が分離されていることにより、債務者を関与させることなく「第三者対抗要件」を具備することができる利点・特徴があります。

▶民法による第三者対抗要件の具備

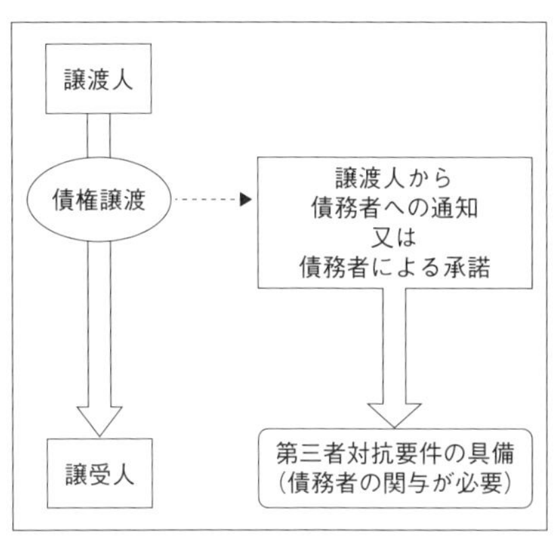

▶債権譲渡登記による第三者対抗要件の具備

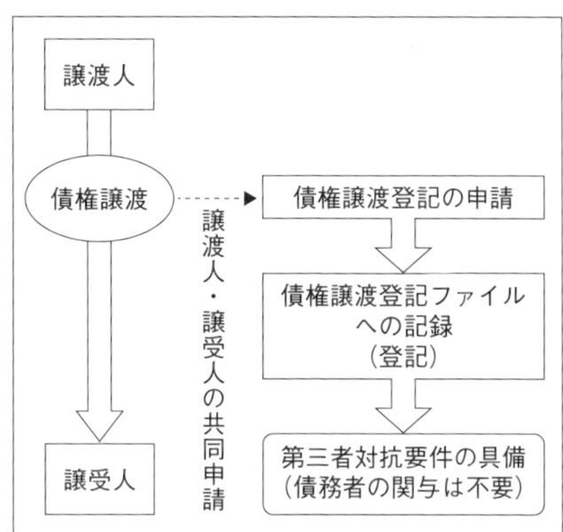

4　債権譲渡登記による対抗要件具備方法

(1)　債権譲渡登記による方法では、債権譲渡をしたときに、まず、「第三者対抗要件」のみを具備することができます。この場合、譲渡人と譲受人が共同で登記を申請し（債務者の同意・関与は不要)、債権譲渡登記所に備える債権譲渡登記ファイルに譲渡の登記がされることにより、第三者対抗要件が具備されます。

※　債権譲渡登記の対象とすることができる債権は、譲渡人が法人であり、譲渡する債権が指名債権である金銭債権に限られます。

※　債権譲渡登記が完了すると、債権譲渡登記所において登記事項証明書及び登記事項概要証明書の交付が可能になるほか、登記所（譲渡登記所を除く。）及び法務局証明サービスセンターにおいて概要記録事項証明書の交付が可能になります。

(2)「債務者対抗要件」については、債権譲渡登記後、実際に必要が生じたときに、債務者に対して、債権の譲渡及びその登記をしたことにつき登記事項証明書を交付して通知することにより、具備することができます（民法による対抗要件具備方法と異なり、登記事項証明書の交付・通知は、譲渡人からのほか、譲受人から行うことも可能です。)。

※　債務者への通知と登記事項証明書の交付は、必ずしも同時にされる必要はありません。

※　債権の譲渡及びその登記をしたことについての債務者の譲渡人又は譲受人に対する承諾によっても、債務者対抗要件を具備することが可能です。この場合には登記事項証明書の交付は不要です。

▶債権譲渡登記による債務者対抗要件の具備

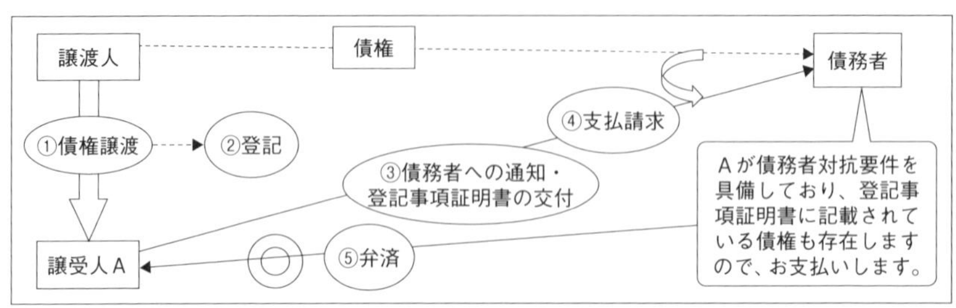

5　債権譲渡登記の効果

⑴　債権譲渡登記により具備された対抗要件の効力は、民法による対抗要件具備方法によるものと同等に扱われます。

同一の債権の譲渡につき、民法による第三者対抗要件を具備した譲受人と債権譲渡の登記をした譲受人がいる場合の優劣は、それぞれの方法による対抗要件具備時点の先後により判断されることとなります。

<第三者対抗要件の具備時点>

・確定日付のある証書による通知の場合（民法による方法）
　…債務者に到達した時点

・確定日付のある証書による承諾の場合（民法による方法）
　…債務者が承諾した時点

・債権譲渡登記の場合
　…登記をした時点（登記事項証明書に登記の日付と時刻が記載されます。）

また、債務の弁済の請求を受けた債務者の立場から見ると、以下の点に留意して、弁済すべき債権者を判断することとなります。

<債務者の留意点>

債務者は、弁済等をしていない債権につき弁済の請求を受けた場合は、債務者対抗要件を具備した債権者に対して弁済すれば足ります。

その上で、同一の債権につき複数の債権者（譲受人）から弁済の請求を受けているときは、①第三者対抗要件を具備した債権者と具備していない債権者が存在する場合は、具備した債権者に対して弁済することになり、②第三者対抗要件を具備した債権者が複数存在する場合は、第三者対抗要件の具備時点が最も早い債権者に対して弁済することになります。

(2) 債権譲渡登記の申請に際しては、譲渡された債権自体の存在を証する書面やその譲渡があったことを証する書面の添付は必要とされていません。したがって、債権譲渡登記は、譲渡された債権が真実に存在することや真実に譲渡がされたことまでを公示・証明するものではありません。

(3) 以上の説明をまとめると、債権譲渡登記制度のポイントは以下のとおりといえます。

① 譲渡人と譲受人が共同で登記を申請する方法により、債務者への通知・承諾を要することなく、第三者対抗要件を具備することができます。

② 債務者対抗要件は、債権譲渡登記後、その必要が生じた時点で、債務者に対して、債権の譲渡及び登記をしたことにつき登記事項証明書を交付して通知する（譲受人からでも可能）方法等により、具備することができます。

③ 債務者が特定していない将来債権の譲渡についても、第三者対抗要件を具備することが可能です。

④ 登記によって債権の存在及び債権譲渡の真実性が公的に証明されるものではありません。

6 質権設定登記との関係

なお、特例法14条は、質権設定登記（法人が指名債権である金銭債権を目的として質権を設定した場合の債権質の設定の登記）の手続や効力等について規定しています。この質権設定登記の意義や、質権設定登記と債権譲渡登記との関係については、Q31（譲渡担保を登記原因とする債権譲渡登記と質権設定登記との相違点）を参照してください。

共通

Q3 譲渡登記に関する事務を取り扱う登記所

譲渡登記に関する事務を取り扱っている登記所は、どこですか。

A 動産譲渡登記については、東京法務局民事行政部動産登録課が動産譲渡登記所として、債権譲渡登記等については、東京法務局民事行政部債権登録課が債権譲渡登記所として、それぞれ全国の動産譲渡登記又は債権譲渡登記等の事務を取り扱っています。ただし、概要ファイルの記録に関する事務及び概要記録事項証明書の交付に関する事務については、譲渡登記の譲渡人の本店等の所在地を管轄する商業登記所において取り扱っています。

解説

1(1) 譲渡登記に関する事務のうち、①登記申請に関する事務、②登記事項証明書及び登記事項概要証明書の交付に関する事務並びに③譲渡登記に係る登記事項の概要を当該登記の譲渡人の本店等の所在地を管轄する商業登記所に対して通知する事務（当該通知に基づき、当該商業登記所において、概要ファイルへの記録が行われ、概要記録事項証明書の発行が可能となります。Q4参照）については、法務大臣の指定する登記所が、動産譲渡登記所又は債権譲渡登記所としてつかさどることとされています（特例法5条1項）。

この指定は、告示するものとされ（特例法5条3項）、現時点においては、東京法務局のみが指定されており（動産及び債権の譲渡の対抗要件に関する民法の特例等に関する法律第5条第1項の登記所を指定する告示（平成17年法務省告示第501号））、具体的には、動産譲渡登記については、東京法務局民事行政部動産登録課が動産譲渡登記所として、債権譲渡登記等については、東京法務局民事行政部債権登録課が債権譲渡登記所として、それぞれの事務を取り扱っています（法務局及び地方法務局組織規則14条1項、18条の2、19条）。

これらの事務については管轄区域の定めはないので、下記2の事務を除き、東京法務局民事行政部動産登録課（動産譲渡登記所）又は東京法務局民事行政部債権登録課（債権譲渡登記所）において、全国の動産譲渡登記又は債権譲渡登記等に関する事務を取り扱っています。

(2) 動産譲渡登記所と債権譲渡登記所は、所在場所は同じです（下記(3)参照）が、登記所としては別の登記所です。

したがって、例えば、動産譲渡登記を申請するつもりであったところ登記申請書の「登記の目的」に「債権譲渡登記」と記載した場合や、動産譲渡登記の延長登記を申請する際に登記申請書に「延長登記に係る動産譲渡登記の登記番号」と記載するつもりであったところ「延長登記に係る債権譲渡登記の登記番号」と記載して登記申請をした場合に、譲渡登記所の方で便宜当該記載を読み替えた上で申請を受理することはできませんので、注意してください。

(3) 動産譲渡登記所及び債権譲渡登記所の所在地は「東京都中野区野方一丁目34番1号」であり、東京法務局の本局所在地（東京都千代田区九段南一丁目1番15号（九段第2合同庁舎））とは異なります。

また、動産譲渡登記所及び債権譲渡登記所と同じ場所に東京法務局中野出張所が所在していますが、動産譲渡登記所及び債権譲渡登記所と中野出張所は、別の登記所です。

特に、動産譲渡登記又は債権譲渡登記等の申請を送付の方法により行う場合、封筒等に記載する送付先が「〒165－8780　東京都中野区野方一丁目34番1号　東京法務局民事行政部動産登録課（又は債権登録課）」となっているかどうか確認してください。

2　譲渡登記に関する事務のうち、概要ファイルの記録に関する事務及び概要記録事項証明書の交付に関する事務については、譲渡登記の譲渡人の本店等の所在地を管轄する商業登記所が、登記所として当該事務をつかさどることとされています（特例法5条2項、13条1項）。

なお、概要記録事項証明書については、当該商業登記所以外の登記所（譲渡登記所は含まれません。）に対しても、交付の請求をすることができます（特例法13条2項）。

▼参 考

◎動産及び債権の譲渡の対抗要件に関する民法の特例等に関する法律第５条第１項の登記所を指定する告示（平成17年法務省告示第501号）

　動産及び債権の譲渡の対抗要件に関する民法の特例等に関する法律第五条第一項（同法第十四条第一項において準用する場合を含む。）の規定により東京法務局を同項の登記所に指定する。

　この指定は、平成十七年十月三日から効力を生ずる。

　なお、平成十年九月二十二日法務省告示第二百九十号は、平成十七年十月二日限り、廃止する。

◎法務局及び地方法務局組織規則（平成13年法務省令第11号）

第十四条　民事行政部に、次に掲げる課を置く。

　　（中略）

　　動産登録課（東京法務局に限る。）

　　債権登録課（東京法務局に限る。）

　　（以下略）

（第二項　略）

第十八条の二　民事行政部の動産登録課は、動産譲渡登記に関する事務（動産及び債権の譲渡の対抗要件に関する民法の特例等に関する法律（平成十年法律第百四号）第六条第二項（同法第十四条第一項において準用する場合を含む。）に掲げる事務（以下「特例法第六条第二号事務」という。）を除く。）をつかさどる。

第十九条　民事行政部の債権登録課は、債権譲渡登記に関する事務（特例法第六条第二号事務を除く。）をつかさどる。

共通

譲渡登記ファイルと概要ファイル

「譲渡登記ファイル」、「概要ファイル」とは、それぞれどのようなもので、どのような点が異なりますか。譲渡登記制度において、「譲渡登記ファイル」に加えて、「概要ファイル」をも備えることとされているのは、なぜですか。

A 「譲渡登記ファイル」は、不動産登記制度でいう登記簿に当たり、譲渡登記ファイルに動産又は債権の譲渡の登記がされると、当該譲渡につき対抗要件が具備されたものとされます。他方、「概要ファイル」は、譲渡登記の公示機能を補完するために備えられるものであり、概要ファイルに登記事項が記録されたことにより対抗要件が具備されるものではありません。

解説

1　譲渡登記制度においては、動産譲渡登記所及び債権譲渡登記所に磁気ディスクをもって調製する「動産譲渡登記ファイル」及び「債権譲渡登記ファイル」を備えることとされています（特例法7条1項、8条1項。この「動産譲渡登記ファイル」及び「債権譲渡登記ファイル」のことを、実務上、「譲渡登記ファイル」と略称しています。）。

動産譲渡登記ファイル及び債権譲渡登記ファイルは、不動産登記制度でいう登記簿に当たるものということができ（ただし、その編成及び内容は、不動産登記簿とは異なる点があります。Q7参照）、以下のとおり、譲渡登記の実務において重要な役割を果たすものです。

すなわち、動産譲渡登記は動産譲渡登記ファイルに所定の事項を記録することによって行い（特例法7条2項）、債権譲渡登記等は債権譲渡登記ファイルに所定の事項を記録することによって行います（特例法8条2項、14条1項。債権譲渡登記ファイルには、債権譲渡登記のほか、特例法14条に基づく質権設定登記に係る所定の事項も記録されます。）。

また、延長登記は動産譲渡登記ファイル又は債権譲渡登記ファイルに所定の事項を記録することによって行い（特例法9条2項、14条1項）、抹消登記も動産譲渡登記ファイル又は債権譲渡登記ファイルに所定の事項を記録することによって行います（特例法10条2項、14条1項）。

そして、動産の譲渡につき動産譲渡登記ファイルに譲渡の登記がされたときは、当該動産の譲渡につき第三者対抗要件が具備されるという効果が生じ（特例法3条1項）、動産譲渡登記ファイルに動産の譲渡が効力を失ったことを原因として抹消の登記がされたときは、譲受人から譲渡人へのいわゆる復帰的物権変動につき第三者対抗要件が具備されるという効果が生じます（特例法３条３項による同条１項の準用）。同様に、債権の譲渡につき債権譲渡登記ファイルに譲渡等の登記がされたときは、当該債権の譲渡等につき債務者以外の第三者に対する対抗要件が具備されるという効果が生じ（特例法４条１項）、債権譲渡登記ファイルに債権の譲渡等が効力を失ったことを原因として抹消の登記がされたときは、譲受人から譲渡人へのいわゆる復帰的物権変動につき債務者以外の第三者に対する対抗要件が具備されるという効果が生じます（特例法４条４項による同条１項の準用）。

動産譲渡登記若しくは債権譲渡登記等の全部を抹消したとき、又は動産譲渡登記ファイル若しくは債権譲渡登記ファイルに記録されている動産譲渡登記若しくは債権譲渡登記等の存続期間が満了したときは、当該動産譲渡登記ファイル又は債権譲渡登記ファイルの記録は閉鎖され、当該ファイルは閉鎖登記ファイルとして扱われることになります（登記令４条１項）。

また、動産譲渡登記所及び債権譲渡登記所においては、登記事項証明書又は登記事項概要証明書の交付請求があったときは、譲渡登記ファイル又は閉鎖登記ファイルに記録されている登記事項に基づき、証明書を発行します（特例法11条）。

2(1)　動産譲渡登記所又は債権譲渡登記所の登記官は、動産譲渡登記若しくは債権譲渡登記等又はこれらの抹消登記をしたときは、当該登記に係る登記事項の概要を当該登記の譲渡人の本店等の所在地を管轄する商業登記所に対して通知します（特例法12条２項）(注１)。そして、当該通知を受けた商業登記所には、当該譲渡人に係る「動産譲渡登記事項概要ファイル」又は「債権譲渡登記事項概要ファイル」が備えられ（特例法12条１項。この「動産譲渡登記事項概要ファイル」及び「債権譲渡登記事項概要ファイル」のことを、実務上、「概要ファイル」と略称しています。）、当該通知を受けた登記事項の概要が当該概要ファイルに記録されます（債権譲渡登記事項概要ファイルには、債権譲渡登記のほか、特例法14条に基づく質権設定登記に係る所定の事項も記録されます。）。

当該商業登記所においては、動産譲渡登記所又は債権譲渡登記所の登記官から、動産譲渡登記若しくは債権譲渡登記等の全部を抹消した旨の通知又は動産譲渡登記ファイル若しくは債権譲渡登記ファイルに記録されている動産譲渡登記若しくは債権譲渡登記等の存続期間が満了した旨の通知を受けると、当該登記に係る概要ファイルに抹消の旨の記録を行った上で当該概要ファイルの記録を閉鎖し、当該ファイルは閉鎖概要ファイルとして扱われることになります（登記令４条４項）。

当該商業登記所においては、概要記録事項証明書の交付請求があったときは、概要ファイルに記録されている登記事項に基づき、証明書を発行します（特例法13条１項）。なお、概要記録事項証明書については、当該商業登記所以外の登記所（譲渡登記所は含まれません。）に対しても、交付の請求をすることができます（特例法13条２項）。

(2)　このように当該商業登記所に概要ファイルが備えられる理由は、譲渡人の商号等や本店等に変更の事由が発生した場合についても、変更後の商号等や本店等によって、当該譲渡人に係る譲渡登記を検索することができる措置を講ずる必要があることによります（Q５、Q54参照）。

このため、譲渡人の本店等の所在地を管轄する商業登記所に磁気ディスクをもって調製する概要ファイルを備えた上で、譲渡人の商号等の変更や本店等の移転の登記がされたときは、同じく磁気ディスクをもって調製する譲渡人の商業法人登記簿の記録の変更と概要ファイルの記録の変更とをリンクさせることにより、当該概要ファイル中の譲渡人の商号等や本店等の記録を変更し（登記規則７条）、また、本店等が他の登記所の管轄区域内に移転する場合などには、当該他の登記所において新たな概要ファイルが備えられるとともに、従前の概要ファイルを閉鎖する（同規則６条）等の措置を講ずる（Q187の解説の（注）参照）ことにより、譲渡人の商号等や本店等に変更の事由が発生した場合であっても譲渡登記の検索を可能としています（【図１】を参照）。

このように、概要ファイルは譲渡登記の公示を補完するために備えられるものであり、概要ファイルに登記事項が記録されたことにより対抗要件が具備されるものではありません。

(3)　概要ファイルは譲渡人（法人）ごとに作成されるため、１つの譲渡登記ファイルに譲渡人が２名以上記録されている場合は、各譲渡人ごとに概要ファイルが備えられます。

また、譲渡登記の譲渡人が日本における営業所又は事務所を登記している外国会社又は外国法人である場合で、当該営業所又は事務所が複数あるときは、譲渡登記の登記申請書に記載された日本における営業所又は事務所のみを登記すれば足りることとされています。そして、譲渡登記所は譲渡登記ファイルに記録された日本における営業所又は事務所の所在地を管轄する商業登記所に対してのみ当該登記に係る登記事項の概要を通知することとなるので、当該登記に係る概要ファイルは、当該通知を受けた商業登記所のみに備えられます（注２）。

なお、譲渡登記の譲渡人が日本における営業所又は事務所を登記していない外国会社又は外国法人である場合は、当該営業所又は事務所の所在地を管轄する商業登記所は存在しないため、動産譲渡登記所又は債権譲渡登記所の登記官から商業登記所に対する当該譲渡登記に係る登記事項の概要の通知（上記(1)参照）は行われません。

したがって、当該譲渡人に係る概要ファイルが作成されることはありません。

（注１）　これに対し、延長登記及び一部抹消登記をしたときは、この通知は行われません（Q180の解説３参照）

（注２）　これは、当該複数の営業所又は事務所の登記の間には国内の会社の本・支店の登記の間におけるような主従の関係はなく、また、国内における全ての営業所又は事務所の商業登記簿に対応して概要ファイルを設けることを義務付ける明確な根拠はないことによります（渋佐愼吾「債権譲渡登記制度の創設および制度の概要（２・完）」NBL650号31頁参照）。

【図１】　譲渡登記ファイルと概要ファイルの関係

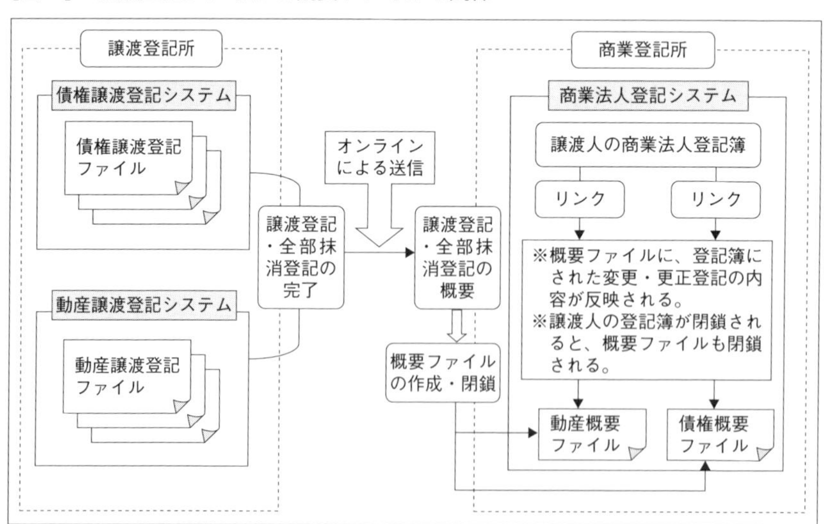

共通

Q5　概要ファイル制度が創設された理由

債権譲渡登記等がされた旨を商業法人登記簿の債権譲渡登記区に記録する制度を廃止し、新たに動産譲渡登記及び債権譲渡登記等がされた旨を譲渡人の概要ファイルに記録する制度が設けられたのは、なぜですか。

譲渡人について無用な信用不安を招くおそれがあったことや、商業法人登記の処理に遅延が生ずるなどの不都合があったためです。

従前は、債権譲渡登記所の登記官が譲渡人の本店等の所在地を管轄する商業登記所に対して債権譲渡登記等の概要についての通知をすると、当該商業登記所では、当該譲渡人の商業法人登記簿中に設けられる債権譲渡登記区に当該債権譲渡登記等についての概要を記録する処理を行っていました。

しかし、債権譲渡登記区は商業法人登記簿の一部であったため、譲渡人の商業法人登記簿に係る登記事項証明書の交付を受けた者の全てに対し、当該譲渡人に係る債権の譲渡等に関する情報が開示されてしまうことから、譲渡人について無用な信用不安を招くおそれがありました。また、商業登記所において債権譲渡登記区への記録処理が完了するまでの間は、その後に申請された譲渡人についての商業法人登記の申請を処理することができないため、役員等の選解任、支店の移転、新株の発行等の登記の処理に遅延が生じたり、登記手続中のため登記事項証明書が発行されないという不都合がありました。

そこで、平成17年10月の特例法改正において、債権譲渡登記区に代えて新たに「債権譲渡登記事項概要ファイル」が設けられ、商業法人登記簿とは別のファイルに債権譲渡登記等の概要を記録することとなりました（動産譲渡登記については、平成17年10月の制度発足当初から、「動産譲渡登記事項概要ファイル」に動産譲渡登記の概要を記録することとされています。）。

共通 Q6 閉鎖した譲渡登記ファイル及び概要ファイルの保存期間

閉鎖した譲渡登記ファイル及び概要ファイルの記録は、何年間保管されますか。

A 閉鎖した譲渡登記ファイルの記録は閉鎖日から10年間、概要ファイルの記録は閉鎖日から20年間、それぞれ保存しなければならないとされています。なお、保存期間が満了した閉鎖した譲渡登記ファイルについても、これに記録されている事項を証明した登記事項証明書又は登記事項概要証明書の交付が認められることがあります。

譲渡登記の全部を抹消したとき又は譲渡登記に記録されている存続期間（特例法７条２項６号、８条２項５号）が満了したときは、譲渡登記所の登記官は、当該ファイルの記録を閉鎖し、これを閉鎖登記ファイルに記録しなければならないとされています（登記令４条１項）。そして、この閉鎖された譲渡登記ファイルに記録された記録は、閉鎖した日から10年間保存するものとされています（登記規則５条４項２号）。

また、譲渡登記の全部を抹消する登記がされたこと、又は存続期間が満了した譲渡登記ファイルを閉鎖したことに伴う譲渡登記所からの通知を受けた譲渡人の本店等の所在地を管轄する商業登記所の登記官は、当該譲渡登記に係る概要ファイルの記録事項を閉鎖しなければならないとされています（登記令４条４項）。そして、この閉鎖された概要ファイルに記録された記録は、閉鎖した日から20年間保存するものとされています（登記規則５条４項３号）。

なお、閉鎖した譲渡登記ファイルの記録についての10年間という保存期間が満了しても、廃棄されていないものは、その記録について閉鎖登記事項証明書又は閉鎖登記事項概要証明書の交付を受けることができる取扱いをしています（平20・８・１民商1991号商事課長依命通知（登記研究728号224頁））。

Q7 共通 譲渡登記ファイルの編成・内容（不動産登記簿との違い）

譲渡登記ファイルの編成及び内容は、不動産登記簿の編成及び内容とどのような点が異なるのですか。

A 譲渡登記ファイルは、物的編成主義を採る不動産登記簿とは異なり、実質的な人的編成主義を採っています。これに由来し、不動産登記簿の内容とは、以下の点が異なっています。

① ある動産又は債権の譲渡等につき譲渡登記ファイルに譲渡の登記がされたとしても、当該登記に係る動産又は債権が現に存在することを公示するものではありません。また、譲渡登記に係る譲渡登記ファイルの記録が閉鎖されたとしても、当該譲渡登記に係る動産又は債権が滅失したことを表すものではありません。

② 譲渡登記ファイルには、譲渡登記に係る動産又は債権の譲渡等の履歴が記録されるものではなく、権利関係の現況が記録されているとは限りません。

③ 数個の動産又は債権が同一の登記原因により譲渡等され、譲渡登記がされた場合、どの動産又は債権が登記の客体になっているかについて、一括して把握することができます。

解説

1　譲渡登記は、譲渡登記所の登記官が譲渡登記ファイルに当該譲渡登記の申請に基づいて登記事項を記録することによって行います（特例法7条2項、8条2項、14条1項）。

この譲渡登記ファイルは、不動産登記における登記簿（不動産登記法2条9号）に相当するものです。

なお、譲渡登記ファイルの編成及び内容と不動産登記における登記簿の編成及び内容との相違点につき、説明を簡便にするために、以下では動産譲渡登記ファイルのみを採り上げて説明していますが、以下の説明は、基本的に、債権譲渡登記ファイルについても同様に当てはまります。

2　不動産登記においては、登記記録に表題部を設け（不動産登記法12条）、この表題部に記録された対象となる不動産ごとの地番や家屋番号を基準として、登記簿を編成しています（物的編成主義）。しかしながら、動産は、不動産と比較して、その数が膨大であり、かつ、その種類や形態も多様ですし、また、種類物も少なくありませんので、特定の動産を客観的かつ一義的に特定することは困難です。したがって、物的編成主義に基づき動産譲渡登記ファイルを編成することは、著しく困難ですし、仮に制度として成り立つとしても、その登記手続や事務処理が複雑になり、動産譲渡登記制度が利用しにくいものとなってしまいます。

そこで、動産譲渡登記では、対象となる動産ごとの物的編成主義は採用せず、動産譲渡登記ファイルに譲渡人の商号等及び本店等を記録することによって行うこととされ（特例法７条２項１号）、登記事項証明書若しくは登記事項概要証明書又は概要記録事項証明書の交付の請求について、証明書の交付を請求する譲渡登記ファイル又は概要ファイルの記録を特定するために必要な事項等を記載した書面でしなければならないとした（登記令16条）上で、当該必要な事項について、譲渡人である法人の商号等及び本店等を検索条件とすることにより、当該法人がした全ての動産譲渡登記を容易かつ確実に調査することができる実質的な人的編成主義を採用することとしました（一問一答69頁）。

3　このように、動産譲渡登記ファイルと不動産登記簿では、その編成方法が異なりますが、このことに由来し、両者の記録内容には、次のような違いがあります。

(1)　不動産登記においては、前記のとおり表題部が設けられて対象となる不動産の地番や家屋番号を基準とした表示に関する登記事項が記録され、この表示に関する登記については、登記官による職権登記（不動産登記法28条）や登記官による実地調査権（不動産登記法29条）が認められ、さらに、登記の客体である土地や建物が滅失した場合には、表題部所有者又は所有権の登記名義人に滅失の登記の申請義務が生じる（不動産登記法42条、57条）こととされており、当該不動産が現に存在しているということ自体が公示されているということができます。

これに対し、動産譲渡登記においては、表題部はそもそも存在せず、表示に関する登記事項というものもありませんし、登記官による職権登記や実地調査権、さらには対象となる動産が滅失した場合の滅失登記を義務付ける制度も設けられておらず、当該動産が現に存在するということ自体が公示されているわけではありません。

このようなことから、動産譲渡登記における登記事項証明書及び登記事項概要証明書には、「この証明書は、動産の存否を証明するものではありません。」という注意書きがしてあります。

なお、動産譲渡登記の存続期間（特別の事由がない限り、動産譲渡登記の日から起算して10年を超えない期間とされています。特例法７条３項）が満了した場合には、登記官は、職権で、当該動産譲渡登記に係る動産譲渡登記ファイルの記録を閉鎖し、これを動産譲渡登記ファイル中に設けた閉鎖登記ファイルに記録しなければならないとされています（登記令４条１項）が、これは、飽くまでも動産譲渡登記の存続期間が満了したことを理由として行うものであり、動産譲渡登記の客体である動産が滅失したか否かとは関係がありません。

⑵　不動産については、登記簿が物的編成主義を採用しており、また、立木等の一部の不動産に関するものを除けば、登記が不動産に関する物権の得喪及び変更に係る第三者対抗要件を具備するためのほぼ唯一の方法とされていることから、ある不動産に関する登記は、第三者対抗要件を具備するために行う登記をする前提として行う変更・更正等の登記も含め、当該不動産の登記記録に逐一記録されることになるので、登記事項証明書を見れば、当該不動産の譲渡の履歴を知ることができます。そして、この結果として、不動産登記簿には、登記対象の不動産に係る権利関係の現況が記録されることになるのが通常であるので、登記事項証明書の記載から、例えば、不動産に共有の登記がされている場合の共有者同士の持分の割合や共有物分割禁止の定めの有無についての情報、あるいは、当該不動産につき差押え等によって処分の制限がされているかどうかなどの情報を知ることができます。

これに対し、動産については、動産譲渡登記ファイルが物的編成主義を採用しておらず、譲渡人を基準に編成されることに加え、譲渡に係る第三者対抗要件を具備するための方法も登記に限られないものとされていることから、ある動産の譲渡の履歴が１つの動産譲渡登記ファイルに逐一記録されることにはならず、登記事項証明書を見ても、当該動産の譲渡に係る全ての履歴を知ることができるとは限りません。更に言えば、動産譲渡登記は、「ある者からある者に対し動産が譲渡された」という一定の時点における事実を公示することにより第三者対抗要件を具備するための手段ですから、特定の動産についての譲渡の履歴が公示される性質を有するものではなく、権利関係の現況を公示するものとも限りません。

(3) 不動産登記においては、数個の不動産につき同一の登記原因により登記がされた場合（同一の登記原因により所有権移転登記や抵当権設定登記等がされた場合）、どの不動産が当該登記の客体になっているかについて、一括して把握することはできません（ただし、抵当権設定登記や根抵当権設定登記等においては、共同担保目録（不動産登記規則166条１項）がその役割を果たしています。）。

これに対し、動産譲渡登記においては、数個の動産が同一の登記原因により譲渡され、動産譲渡登記がされた場合、譲渡人である法人や動産譲渡登記ファイルに付された登記番号を特定して登記事項証明書の交付を請求することにより、それらの動産を一括して把握することができます（ただし、動産譲渡登記における登記事項証明書の交付を請求することができるのは、当該登記の当事者及び利害関係人に限られます。特例法11条２項。Q204参照）。

共通

Q8 審査請求の対象となる登記官の処分

譲渡登記制度において、審査請求の対象になる登記官の処分にはどのようなものがありますか。

A ①登記をしたこと、②登記の申請を却下したこと及び③登記事項証明書、登記事項概要証明書又は概要記録事項証明書の交付の申請を却下したことです。

解説

譲渡登記に関する登記官の処分を不当とする者は、当該登記官を監督する法務局又は地方法務局の長に審査請求をすることができます（特例法19条1項）。

審査請求の対象になる登記官の処分は、①登記をしたこと、②登記の申請を却下したこと、③登記事項概要証明書、登記事項証明書又は概要記録事項証明書の交付の申請を却下したことです（一問一答140頁）（注）。

上記の①及び②の処分並びに③のうち登記事項証明書又は登記事項概要証明書の交付の申請を却下する処分は譲渡登記所の登記官が行う（Q3参照）ので、譲渡登記所の登記官を監督する法務局長、すなわち東京法務局長に対して審査請求をすることになります。

また、上記の③のうち概要記録事項証明書の交付の申請を却下する処分は当該概要記録事項証明書に係る譲渡人の本店等の所在地を管轄する商業登記所に勤務する登記官が行う（Q3参照）ので、当該登記官を監督する法務局長又は地方法務局長に対して審査請求をすることになります。

登記官の処分を不当として審査請求をするためには、登記官に対し、審査請求書を提出しなければなりません（特例法19条2項）。審査請求書の提出先が審査庁たる監督法務局又は地方法務局の長ではなく、登記官とされているのは、審査請求を理由ありと認めた場合の登記官の相当の処分を可能とし（同条3項）、登記官に再考の機会を与えるためです（一問一答143頁）。

（注）　登記申請書等の閲覧の請求（登記令18条1項）の却下（譲渡登記所の登記官が行う。）についても、③の登記事項証明書の交付の申請の却下に準じて、審査請求の対象になるものと考えられます。

Q9 登記番号の機能

登記番号の機能としては、どのようなものがありますか。

A 登記番号は、譲渡登記の申請の先後関係を判断する基準になるほか、ある動産又は債権に係る譲渡登記ファイルを他の譲渡登記ファイルと区別し、一義的に特定する機能を担っています。

解説

1　譲渡登記所の登記官は、受付の順序に従って登記をしなければなりません（登記令10条）。そして、登記官は、登記の申請書を受け取ったときには、受付年月日と受付番号を申請書に記載する（登記規則14条１項）ほか、受付の順序に従って、「登記番号」を付することとされています（登記規則15条１項）。

この登記番号は、１年ごとに更新するものとされ（同条２項）、具体的には「第2018－100号」のように「西暦４桁とそれに続く１で始まる連続番号」で構成され、譲渡登記ファイル及び概要ファイルへの記録事項とされています（特例法７条２項７号、８条２項１号、12条３項、登記規則19条１項）。また、登記事項証明書（特例法11条２項）、登記事項概要証明書（同条１項）及び概要記録事項証明書（特例法13条１項）並びに譲渡登記所から申請人に送付される登記完了通知書（登記規則17条）にも記載されます。

2　登記番号は、譲渡登記の各申請ごとに付されるため、１件の譲渡登記申請において数個の動産又は債権を譲渡等の対象として特定した場合でも、当該数個の動産又は債権に係る登記番号は全て同一となります。ただし、登記事務処理上、当該数個の動産又は債権を区別して特定する必要が生じる場合があるため（一部抹消登記を申請する場合や、各譲渡登記ファイルに記録されている動産又は債権のうちの一部について登記事項証明書の交付を請求する場合など）、登記官は、各動産ごとに「0001」から始まる「動産通番」又は各債権ごとに「000001」から始まる「債権通番」を付することとされ

（特例法７条２項５号、８条２項４号、登記規則８条２項、９条１項１号）、これにより動産又は債権の特定を行うことが可能となります。この動産通番又は債権通番は、登記事項証明書にも記載されます。

3　この登記番号は、登記の申請の先後関係を判断する基準になるほか、延長登記及び抹消登記の申請書には、延長登記及び抹消登記に係る譲渡登記の登記番号を記載することとされ（登記令７条５項２号）、また、証明書の交付を請求する場合にも必要となることがある（登記令16条２項）など、譲渡登記ファイルを特定する機能も有するものです。

このように、登記番号は、ある動産又は債権に係る譲渡登記ファイルを他の譲渡登記ファイルと区別し、一義的に特定する機能も担っています。

共通

Q10　送付の方法により譲渡登記申請をした場合における譲渡登記の順位

同一日に数個の送付の方法による登記申請に係る登記申請書が譲渡登記所に到達した場合、登記番号はどのように付され、譲渡登記の順位はどのようになりますか。

それぞれの登記申請書ごとに別の登記番号が付されますが、これらの登記番号は同順位のものとみなされます。

送付の方法による登記申請については、譲渡登記所の登記官は、当該登記申請に係る登記申請書を受け取った翌執務日に、当該執務日に受付をすべき他の登記申請書に先立ち、その受付をします（登記令９条ただし書。Q36参照）。

その際、譲渡登記所の登記官は、受付の順序に従って、各申請ごとに別の登記番号を付します。これは、登記番号は、登記の申請の先後関係を判断する基準になるほか、ある動産又は債権に係る譲渡登記ファイルを他の譲渡登記ファイルと区別し、一義的に特定する機能を有しているからです（Q９参照）。

ただし、譲渡登記所の登記官は、同一日に数個の送付の方法による登記申請を受け付ける場合には、これらの各申請については同順位の受付とし、当該各申請に係る登記は同時にしなければならないとされています（登記令10条ただし書）(注)。

したがって、送付の方法による登記申請であって、譲渡登記所における受付日を同一とするもの同士の関係については、登記番号が異なっていても、同順位のものとみなされることになります。

なお、上記のように、ある登記申請について当該登記申請と同順位とみなされるものが存在する場合であっても、当該登記申請に係る証明書に、「当該登記申請と同順位の登記申請がある」旨の記載はされません。

（注）　準則15条２項は、登記官が登記令10条ただし書の規定による受付をするときは、各申請が同順位であることを示す処理をするものと規定していますが、この「処理」とは、具体的には、送付された登記申請書に「郵送」の旨を記載することをいいます（金森真吾・吉田勝正「動産・債権譲渡登記事務取扱手続準則（平成26年12月22日付け法務省民商第128号民事局長通達）の解説について（上）」登記研究806号30頁）。

共通 Q11 受付日を同一とする数個の譲渡登記の順位の判断方法

同一の動産又は債権につき受付日を同一とする数個の譲渡登記がある場合、それらの譲渡登記の順位はどのように判断すればよいですか。

A 登記番号の先後により順位を判断することとなります。ただし、申請区分が「送付」と記載されている譲渡登記が数個あるときは、それらの譲渡登記は、登記番号の先後にかかわらず、同順位であると判断することとなります。

1　登記の効力の優劣については、登記番号の先後により判断するのが原則です。

なお、送付の方法により申請された登記申請書については、譲渡登記所の登記官は、当該登記申請に係る登記申請書を受け取った翌執務日に、同日に受付をすべき他の登記申請書に先立ち、その受付をするとされている（登記令９条ただし書）ことから、送付の方法による登記申請は、常に、受付日が同一である他の方法による登記申請（登記所の窓口における登記申請及びオンラインによる登記申請）に優先することになります。

2　ただし、送付の方法による登記申請であって、譲渡登記所における受付日を同一とするもの同士の関係については、登記番号が異なっていても、同順位のものとみなされることになります（Q10参照）。

つまり、登記事項証明書又は登記事項概要証明書には、「申請区分」として「出頭」、「送付」又は「オンライン」の別が記載されるところ、「若い登記番号を付された登記申請の方の効力が優先する」という原則の例外として、「登記事項証明書又は登記事項概要証明書の『申請区分』に『送付』と記載されている譲渡登記については、登記年月日が同一であれば、登記番号の先後にかかわらず、同順位である」とみなす取扱いをすることとなります。

3　上記のことを更に具体的に説明すると、以下のとおりです。

例えば、同一債権の譲渡について、①債権譲渡登記の登記申請書２通が債権譲渡登記所に送付され、２通とも平成30年４月２日（月）に債権譲渡登記所に到達し、翌執務日の４月３日（火）に、登記番号「第2018－100号」及び「第2018－101号」で受付がされ、次に、②平成30年４月３日（火）の午前８時30分（債権譲渡登記所の開庁直後）に、オンライン申請により債権譲渡登記所に到達した債権譲渡登記の登記申請書１通につき、登記番号「第2018－102号」で受付がされ、次いで、③平成30年４月３日（火）の午前８時30分に、債権譲渡登記所の窓口において、債権譲渡登記の登記申請書２通につき、登記番号「第2018－103号」及び「第2018－104号」で受付がされ、さらに、④平成30年４月３日（火）の午前８時45分に、債権譲渡登記所の窓口において、債権譲渡登記の登記申請書１通につき、登記番号「第2018－105号」で受付がされたとします。

この場合の各登記申請の優劣関係（登記の順位）については、以下のとおりとなります。

申請区分	登記年月日時	登記番号	登記の優劣関係（登記の順位）
送付	平成30年４月３日　午前８時30分（注）	第2018－100号	第2018－101号と同順位
送付	平成30年４月３日　午前８時30分（注）	第2018－101号	第2018－100号と同順位
オンライン	平成30年４月３日　午前８時30分	第2018－102号	第2018－100号及び第2018－101号の次
出頭	平成30年４月３日　午前８時30分	第2018－103号	第2018－102号の次
出頭	平成30年４月３日　午前８時30分	第2018－104号	第2018－103号の次
出頭	平成30月４日３日　午前８時45分	第2018－105号	第2018－104号の次

（注）　送付の方法による登記申請の場合、登記年月日時は、必ず、登記申請書が譲渡登記所に到達した日の翌執務日の午前８時30分となります（Q36参照）。

共通 Q12 譲渡登記の順位を登記することにより数個の譲渡登記同士が同順位であることを表すことの可否

同一の動産又は債権を対象とし、登記原因を「譲渡担保」とする数個の譲渡登記の申請に当たり、順位を登記することにより、当該数個の譲渡登記同士が同順位であることを表すことはできますか。

また、同一の債権を対象とする数個の質権設定登記の申請に当たり、順位を登記することにより、当該数個の質権設定登記同士が同順位であることを表すことはできますか。

 いずれについても、できないものと考えられます。

譲渡登記や質権設定登記については、そもそも「順位」を登記事項とする規定はありません（登記令７条３項、登記規則12条１項及び２項並びに記録方式告示（526頁以下）を参照）。

また、譲渡担保権や質権の順位は、同一の動産又は債権につき数個の譲渡担保権や質権が設定されている場合において、それら相互間の優劣関係を表すものであり、各動産又は債権についての権利関係の現況を表すものといえます。

しかし、譲渡登記制度は、登記されている動産又は債権についての過去の譲渡等の事実を公示することを目的とするものにすぎず、譲渡担保権や質権の順位を公示することは、譲渡登記制度の目的に適合するものとはいえません。

以上のことから、譲渡登記や質権設定登記については、譲渡担保権や質権の順位を記録して登記の申請をすることはできないものと考えられます。

動産 Q13 同一の動産について動産譲渡登記を備えた者と民法の規定による「引渡し」を受けた者との優劣関係

同一の動産について複数の譲受人が生じた場合において、動産譲渡登記を備えた者と民法の規定による「引渡し」を受けた者が現れたときは、その優劣関係については、どのようになりますか。

A 同一の動産について複数の譲受人が生じた場合において、動産譲渡登記を備えた者と民法の規定による「引渡し」を受けて対抗要件を備えた者が現れたときは、動産譲渡登記の効力は民法の規定による「引渡し」と同等であるため、先に対抗要件を備えた者が優先することとなります。もっとも、占有改定や指図による占有移転による「引渡し」は、対外的にはその存在が判然としませんので、後の紛争を防止するなどの観点からは、公示性に優れた動産譲渡登記を利用する意義は大きく、民法の規定による対抗要件具備方法にはない利点を有しているということができます。

解説

1　民法178条は、「動産に関する物権の譲渡は、その動産の引渡しがなければ、第三者に対抗することができない。」と規定しており、この「引渡し」には、現実の引渡し（民法182条1項）だけではなく、簡易の引渡し（同条2項）、占有改定（民法183条）及び指図による占有移転（民法184条）も含まれます。

この点、特例法3条1項が「動産の譲渡につき動産譲渡登記ファイルに譲渡の登記がされたときは、当該動産について、民法第178条の引渡しがあったものとみなす。」と規定していることからすれば、動産譲渡登記は、上記の「引渡し」の4つの類型に加えて、新たな第三者対抗要件の具備の方法として創設されたものということができます。

したがって、動産譲渡登記の制度が創設されたことにより、動産の譲渡に係る第三者対抗要件の具備の方法が初めて創設されたということではありませんし、動産譲渡登記の効力は、上記の４つの類型による「引渡し」と同等であって、動産譲渡登記が上記の４つの類型による「引渡し」に優先するものでもありません。そのため、同一の動産について複数の譲受人が生じた場合において、動産譲渡登記を備えた者と上記の４つの類型による「引渡し」を備えた者が現れたときは、その優劣関係については、先にこれらの第三者対抗要件を備えた者が優先することとなります。

また、動産譲渡登記がされている動産につき、当該動産譲渡登記において譲受人として記録されている者から更に当該動産の譲渡を受けた者が第三者対抗要件を具備しようとする場合には、動産譲渡登記又は上記の４つの類型による「引渡し」の方法のいずれによっても、これを具備することができます。

2　動産譲渡登記は、その登記をすることにより当該動産譲渡登記に係る動産の譲渡につき第三者対抗要件を具備することができるという点では、民法177条に規定する不動産登記と同様の効力を有します。しかしながら、不動産に関する物権の得喪及び変更については、立木等の一部の不動産に関するものを除けば、不動産登記がほぼ唯一の第三者対抗要件の具備の方法とされているのに対し、動産の譲渡については、動産譲渡登記以外にも第三者対抗要件を具備する方法があることから、動産譲渡登記における譲受人に優先する者が他に存在していたり、動産譲渡登記における譲受人が実体的には対抗要件を具備する第三者ではなくなっていることもあり得ます。

このように、動産譲渡登記ファイルに譲受人として記録されている者が、必ずしも他の第三者に対して優先する対抗要件を具備しているとは限りませんので、ある動産を取引の対象とする場面においては、誰が対抗要件を具備しているのかにつき、動産譲渡登記の有無を確認するほか、当該動産の占有者等に直接確認するなどの調査をする必要があります。

3　もっとも、動産譲渡登記の効力が民法に規定する「引渡し」と同等であるとしても、例えば、占有改定や指図による占有移転による「引渡し」は、対外的にはその存在が判然としませんので、動産の譲渡があったことを対外的にも明確にして後の紛争を防止し、また、譲渡担保権の実行を容易にするという観点からは、公示性に優れた動産譲渡登記を利用する意義は大きく、民法に規定する「引渡し」の方法にはない利点を有しているということができます。

動産譲渡登記の対象動産が二重に譲渡された場合に、後行する譲受人が当該動産を即時取得することの可否

動産譲渡登記がされた譲渡の目的物である動産が更に二重に譲渡された場合には、後行する譲受人は、当該動産を即時取得することができますか。

A 後行する譲受人が当該動産を即時取得することができるかどうかは、当該譲受人に登記の有無を調査する義務が認められるかどうかに関わりますので、事案に応じた裁判所の判断に委ねられることとなります。

解説

動産譲渡登記がされた譲渡の目的たる動産の後行の譲受人（動産譲渡登記上の譲渡人からの買主等）について即時取得（民法192条）が認められるかどうかは、当該譲受人が登記の有無を調査していない場合に過失があるかどうか、すなわち、当該譲受人に登記の有無を調査する義務が認められるかどうかに関わりますので、事案に応じた裁判所の判断に委ねられることとなります。

一般論としては、倉庫内の在庫商品等のような集合動産に譲渡担保が設定され、動産譲渡登記がされた場合には、譲渡人がその通常の営業の範囲において商品等を処分する権限を有するのが一般的ですので、当該譲受人は、商品等の所有権を承継取得することとなります。また、個別動産についても、通常は取引の迅速性が要請されること、一般に買主が売主に登記事項証明書の提示を強制する立場にないことからすると、譲受人に登記の調査義務が認められることはなく、当該譲受人が登記の有無を調査しなかったとしても、即時取得が認められると考えられます。

もっとも、金融機関が譲り受ける場合などには、登記の有無を調査しなかったときは、譲受人としてすべき注意義務を尽くしたとは言い難いものとして、即時取得が認められないこともあり得ると考えられます。また、例えば、相当に高額な機械設備等、一定の動産について、活発に譲渡担保の目的として利用され、その際には動産譲渡登記がされているという取引慣行が形成されている場合には、譲受人が登記の有無を調査せずにその動産を譲り受けたときは、注意義務を尽くしたことにはならないとして、過失が認定され、即時取得が認められないこともあると考えられます。

動産

Q15 動産譲渡登記を備えることによる占有訴権、取得時効、即時取得等の効力の発生の有無

動産の譲渡につき譲受人が動産譲渡登記を備えることによって、当該登記がされた譲渡の目的物である動産につき、占有訴権、取得時効、即時取得等の効力が発生することはありますか。

発生しないものと考えられます。

解説

特例法3条1項は、動産譲渡登記をした動産については民法178条の引渡しがあったものとみなす旨を規定していますが、これは、動産譲渡登記をすると、その動産譲渡について対抗要件が具備されるということを意味するだけであって、当該登記における譲受人が一般的に動産の占有を取得したものとして扱われるわけではありません。

したがって、当該譲受人が占有訴権（民法197条）を行使できるとか、当該譲受人のために取得時効（民法162条）が成立するということはなく、また、即時取得（民法192条）の適用関係においても、動産譲渡登記を備えただけでは、当該登記における譲受人が譲渡の対象となる動産を即時取得することが

できることにもなりません（座談会（上）13頁〔山野目章夫発言〕）。

Q16 動産譲渡登記を備えることによる質権設定の効力の有無

動産譲渡登記を備えることによって、動産に対する質権設定の効力が発生することはありますか。

A 発生しないものと考えられます。

質権は、その目的となる動産が債権者に引き渡されることが効力発生要件であり（民法344条）、質権者が当該動産を継続して占有することが対抗要件とされています（民法352条）。

ところで、特例法３条１項は、動産譲渡登記をした動産については民法178条の引渡しがあったものとみなす旨を規定していますが、これは、動産譲渡登記をすると、その動産譲渡について対抗要件が具備されるということを意味するだけであって、現実に動産の引渡しがあったことまでも擬制するものではありません。

また、動産譲渡登記制度においては、債権譲渡登記制度における質権設定の登記（特例法14条）や不動産登記制度における質権の登記（不動産登記法３条６号）と異なり、質権設定の登記の規定は設けられていません。

このようなことから、動産譲渡登記を備えても、その目的となる動産の引渡しがされない限りは、質権設定の効力が発生することはないと解されます。

動産 Q17 動産売買先取特権の対象動産につき動産譲渡登記がされた場合における当該先取特権の効力

先取特権の目的である動産の譲渡について動産譲渡登記がされた場合、先取特権者と当該動産の譲受人との関係は、どうなるのですか。

先取特権者は、当該動産の譲受人に対し、先取特権を主張することができなくなるものと考えられます。

解説

動産の先取特権（民法311条）を有する者は、特定の動産から優先弁済を受けることができます（民法303条）が、債務者がその目的である動産を第三取得者に引き渡した後は、先取特権を行使することができません（民法333条）。

これは、動産の第三取得者は、譲渡について対抗要件を具備したときは、先取特権者に対して動産の取得を主張することができる地位にあるため、先取特権の追及力が第三取得者との関係では制限されるからです。

動産譲渡登記がされたときは、動産の引渡しがあったものとみなされて対抗要件を具備することとなります（特例法３条１項）から、動産譲渡登記がされた動産は、動産の先取特権の対象とはならないことになるものと考えられます。

動産

Q18 不動産の従物である動産に対してされた動産譲渡登記と当該不動産を目的とする抵当権設定登記との関係

抵当権の目的たる不動産の従物である動産について動産譲渡登記がされた場合には、抵当権者と当該動産の譲受人との法律関係は、どうなりますか。

A 両者の法律関係は、当該不動産について抵当権設定登記がされた時点と、当該動産について動産譲渡登記がされた時点の先後によって決まることになります。

解説

不動産について抵当権設定登記がされた後に、当該抵当権の目的たる不動産の従物である動産の譲渡について動産譲渡登記がされた場合には、先に対抗力が具備された抵当権設定登記の効力が優先するため、原則として、動産の譲受人は、抵当権の負担のある動産を取得することとなります。

これとは逆に、不動産の従物である動産の譲渡について動産譲渡登記がされた後に、当該不動産に抵当権設定登記がされた場合には、動産譲渡登記がされた動産については民法178条の引渡しがあったものとみなされることから、当該抵当権の効力は当該動産には及ばないため、抵当権者は、当該従物について、当該抵当権設定登記の効力を主張することができなくなります（植垣ほか（中）59頁）。

動産

Q19 主物を対象とする動産譲渡登記の従物に対する効力

例えば金庫を譲渡した場合にその譲渡につき対抗要件を具備するために動産譲渡登記をしたとき、その金庫の鍵についても、その金庫とは別に動産譲渡登記をしないと、その鍵の譲渡については対抗要件が具備されないことになるのでしょうか。

A その鍵は金庫の従物に当たるので、主物である金庫につき動産譲渡登記がされたことにより、従物である鍵の譲渡についても動産譲渡登記の効力が及び、対抗要件が具備されるものと解されます。

解説

同じ所有者に属する独立する物のうち、一方が他方の経済的効用を助ける物を従物、助けられる物を主物といいます。すなわち、物の所有者が、その物の常用に供するため、自己の所有に属する他の物をこれに附属させたとき、その附属させた物を従物といいます（民法87条１項）。そして、物の経済的効用のためには、両者をなるべく同一の法律的運命に服させることが望ましいことから、従物は、主物の「処分」に従うとされています（同条２項）。

この「処分」とは、売買による所有権の移転や抵当権の設定のように、権利・義務を生じさせる全ての法律行為をいい、例えば、刀を売ればその鞘の所有権も移転することになります。

このように、主物が処分された場合に、従物についてもその処分の対抗力が発生するといえるかどうかが問題になります。

この点について、主たる不動産につき処分の登記があれば従物についてもその処分の対抗力が発生するかという問題について、民法87条２項は、主物・従物の客観的経済的結合に基づき法律的運命を共通ならしめようとするものですから、主物たる不動産の登記により同時にその従物についても物権変動が公示されるものと解すべきであり、従物につき更に引渡しその他特別の公示方法を要しないと解するのが通説的見解です（林良平ほか編『新版注釈民法(2)』642頁〔田中整爾〕)。

このような考え方からすれば、本問のように主物たる金庫の譲渡について動産譲渡登記がされた場合には、金庫の鍵が従物に当たるので、その鍵の譲渡について金庫とは別に動産譲渡登記をしなくとも、その譲渡につき対抗要件を具備したとみることができると解されます。

動産 Q20 同一の動産につき動産譲渡登記と工場財団設定登記がされた場合における両者の登記の関係

動産譲渡登記がされている動産につき工場財団抵当の設定登記がされた場合、両者の登記の関係はどのようになりますか。
また、工場財団抵当の設定登記がされている動産につき動産譲渡登記がされた場合、両者の登記の関係はどのようになりますか。

A 動産譲渡登記がされている動産につき工場財団抵当の設定登記がされた場合、当該動産譲渡登記の譲受人は、一定期間内に権利の申出をしないと、当該動産は工場財団に組成されることになります。
また、工場財団抵当の設定登記がされている動産につき動産譲渡登記がされた場合、当該動産譲渡登記の譲受人は、工場財団抵当権の負担のある動産を取得することとなります。

1　動産譲渡登記がされている動産につき、工場財団抵当が設定された場合

(1)　工場財団抵当を設定するには、まず、工場財団の登記に係る管轄登記所（工場所在地の法務局若しくは地方法務局若しくはこれらの支局又はこれらの出張所（工場抵当法17条1項））に備える工場財団登記簿に所有権保存の登記をする必要があります（工場抵当法9条)。この工場財産の組成物については、所有権保存の登記の申請時に、申請人が、所有権保存登記の申請情報（申請書）とともに、「工場財団目録に記録すべき情報」

として提出し（工場抵当法22条）、登記官は、当該情報に基づき工場財団目録を作成します（工場抵当法21条２項）。

この所有権保存の登記により工場財団が成立し、以後、抵当権設定の登記が可能となります。なお、工場財団の所有権保存登記の登記は、その登記後６か月以内に抵当権設定の登記を受けないときは、その効力を失います（工場抵当法10条）。

(2)　ところで、「他人ノ権利ノ目的タルモノ」は工場財団に属させることはできない（工場抵当法13条１項）とされていることから、工場抵当法は、工場財団に属すべきものとして工場財団の所有権保存の登記の申請がされた動産につき、当該動産の権利者からの「権利の申出」の手続を設けています。

すなわち、工場財団の所有権保存登記の申請がされると、当該工場財団の登記に係る管轄登記所の登記官は、官報をもって、工場財団に属すべき動産につき権利を有する者は一定の期間内（１か月以上３か月以下）にその権利を申し出るべき旨を公告します（工場抵当法24条１項）。

そして、同期間内に権利の申出があったときは、登記官は遅滞なくその旨を所有権保存の登記の申請人に通知します（工場抵当法26条）。通知を受けた申請人は、当該権利の申出につき理由のないことの証明（工場抵当法27条３号参照）をすることができないときは、当該動産を工場財団から分離し（工場抵当法15条１項）、工場財団目録の記載の変更登記を申請することになります（工場抵当法38条１項）。

他方、同期間中に権利の申出がないときは、その権利は存在しないものとみなされ（同法25条）、当該動産は工場財団に組成されることとなります。

(3)　ところで、「登記又ハ登録アル動産」については、以上の「権利の申出」の手続の適用がないこととされている（工場抵当法26条ノ２）ので、動産譲渡登記をした動産がこの「登記又ハ登録アル動産」に当たるかどうかが問題になります。

この点について、動産譲渡登記は、過去の譲渡の事実を公示するものにすぎず、現在の所有権の帰属を明らかにするものではないことから、動産譲渡登記がされた動産は工場抵当法26条ノ２にいう「登記又ハ登録アル動産」には該当しないと解されています（一問一答40頁）。

2　工場財団抵当の設定登記がされている動産につき、動産譲渡登記がされた場合

この場合、動産譲渡登記の譲受人は、工場財団抵当権の負担のある動産を取得することとなります。

当該動産譲渡登記の譲受人が抵当権の負担のない動産の所有権を取得するためには、当該動産譲渡登記の譲渡人が抵当権者の同意を得て当該動産を工場財団から分離し（工場抵当法15条１項）、工場財団目録の記載の変更登記（工場抵当法38条１項）をした上で、当該動産の譲渡を受けることが必要です。

なお、当該動産譲渡登記の譲受人が当該動産を即時取得した場合も、結果的には抵当権の負担のない動産の所有権を取得することとなります。

債権 Q21 債務者が確定日付のある債権譲渡通知がされたことに基づき弁済をした後に、同一の債権につき、当該債務者に対し、第三者対抗要件の具備時点が先行する債権譲渡登記に係る登記事項証明書の交付・通知がされた場合の法律関係

債権譲渡登記の譲受人Ａが当該債権譲渡登記の譲渡対象債権の債務者であるＳに対して特例法４条２項の規定による登記事項証明書の交付・通知を行ったところ、Ｓからは、既に、同一の債権につき別の者Ｂを譲受人とする確定日付のある債権譲渡通知書の送付を受けたため、Ｂに対して弁済をしたと言われました。更にＳに確認したところ、当該債権譲渡通知書が債務者に到達した日よりも当該債権譲渡登記をした日時の方が前でした（【図２】を参照）。この場合の法律関係はどのようになりますか。

A　ＳがＢにした弁済はＡとの関係でも有効であり、Ａは、Ｓに対し、債務の履行を請求することはできません。もっとも、ＡとＢとの間では先に第三者対抗要件を備えているＡが債権譲渡に関して優先するので、Ａは、Ｂに対し、不当利得返還請求として弁済金の返還を求めることができます。

解説

1　債権譲渡に係る第三者対抗要件及び債務者対抗要件の具備時点や優劣関係の判断方法に関する一般的な説明については、Ｑ２の解説５⑴を参照してください。

2　債権譲渡登記がされても、特例法４条２項の通知・承諾がされていない段階では、債務者対抗要件は備えられていません。したがって、Ｓとしては、Ｂを債権者として取り扱えばよいので、Ｂに対して弁済すれば本旨弁済として有効な弁済となり、免責されることとなります。

もっとも、AとBとの間では、債権譲渡につきAが先に第三者対抗要件を備えているので、Aは、Bに対し、不当利得返還請求として弁済金の返還を求めることができると考えられます（森井英雄ほか『債権譲渡特例法の実務〔新訂第2版〕』105頁、堀龍兒編『Q&A 債権・動産譲渡担保の実務』179頁、潮見佳男『プラクティス民法／債権総論〔第4版〕』525～526頁。なお、一問一答58頁も参照。また、本問につき参考となる裁判例として、東京地判平21・1・16判時2040号26頁があります。）(注1)(注2)。

（注1） なお、SがBに弁済する前にAからSに対して特例法4条2項の交付・通知がされた場合は、確定日付のある証書による通知の到達時と債権譲渡登記日時の先後を基準に判断した上で、実体法上優先するAに対して弁済すべきものと解されます。この点、債務者の債権譲渡の有無に関する認識を譲受人相互間の優劣決定基準とする民法上の判例法理（最一小判昭49・3・7民集28巻2号174頁）の考え方をこのような場面でも維持して、確定日付のある証書による通知の到達時と登記事項証明書の債務者への到達時の先後で決すべきという見解もあるようですが、特例法の基本構造に反するものであり、支持できないものと解されます（中田裕康『債権総論〔第3版〕』566頁）。

（注2） もっとも、不当利得返還請求が認められるとしても、返還されるべき利益の範囲については、更に議論があるようです（小野傑ほか「<座談会>債権譲渡における対抗要件をめぐって」金融法務事情1502号31～35頁）。

【図2】 事案の概略

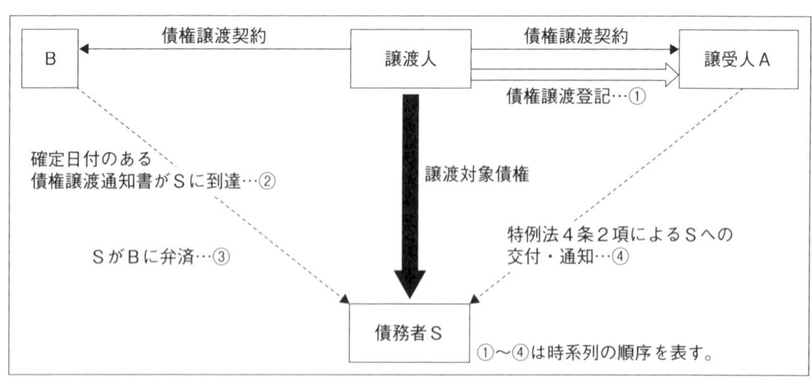

債権

Q22 特例法４条２項の規定による交付・通知を受けた登記事項証明書に記載された債権が存在しない場合に債務者が採ることができる対応

特例法4条2項の規定による交付・通知を受けた登記事項証明書に、自分が債務者であると記載されていました。記載された債権は存在しないはずなのですが、登記事項証明書に記載された譲受人から支払の請求があった場合、これに応じなければならないのでしょうか。

A 債務者は、当該支払の請求に対し、登記事項証明書に記載されている債権の存在自体を争うことや、その債権が弁済済みで消滅していることなどを主張立証して争うことが可能です。

解説

債権譲渡登記の申請に際しては、譲渡された債権自体の存在を証する書面やその譲渡があったことを証する書面の添付は必要とされておらず、債権譲渡登記は、譲渡された債権が真実に存在することや真実に譲渡がされたことまでを公示・証明するものではないので（Ｑ２の解説5(2)、Ｑ７の解説3(1)参照)、登記事項証明書に記載されている債権については、その債権がそもそも存在しない場合や、その債権が弁済済みで消滅している場合もあり得ます。そのため、登記事項証明書に自分が債務者であると記載されているからといって、支払義務があるとは限りません（このようなことから、債権譲渡登記等における登記事項証明書及び登記事項概要証明書には、「この証明書は、債権の存否を証明するものではありません。」という注意書きがしてあります。)。

したがって、債務者は、登記事項証明書に記載された譲受人から支払の請求があった場合、当該譲受人からの支払の請求に対し、登記事項証明書に記載されている債権がそもそも存在しないとして当該債権の存在自体を争うことや、その債権は存在したものの弁済済みで消滅していることなどを主張立証して争うことが可能です。

債権 Q23 債権譲渡登記の抹消登記後に譲渡人が債務者対抗要件を具備する必要の有無

譲渡担保を登記原因とする債権譲渡登記をした後に、債務者に対して特例法４条２項の規定による登記事項証明書の交付・通知がされましたが、その後に、被担保債権を完済したことから、当該債権譲渡登記の抹消登記をしました。そこで、当該債権譲渡登記の譲渡人が、債務者に対し、当該債権譲渡登記の譲渡対象債権について支払を求めたところ、「既に当該債権譲渡登記の譲受人から登記事項証明書の交付・通知がされているので、支払うことはできない。」と言われました。このような場合、当該譲渡人としては、どのような対応を採ればよいでしょうか。

A 債務者に対し、当該抹消登記をした旨が記載されている（閉鎖）登記事項証明書の交付・通知をした上で、支払を求めることが考えられます。

1　判例（大判明45・１・25民録18輯25頁、大判昭３・12・19民集７巻12号1119頁）・通説は、指名債権の譲渡につき譲渡人が債務者に通知し、又は債務者が承諾した場合において、その後に当該債権の譲渡契約が解除されたときは、解除の事実を債務者に通知しなければ、譲渡人が解除によって債権者となったことを債務者に対抗することができないとしています。この解釈を前提とすると、債権の譲渡が取り消され、又は解除された場合の債権の復帰的移転についても民法467条の通知・承諾が必要になることから、この場合にも債権譲渡登記制度を利用する基礎があり、かつ、債権譲渡登記制度を利用させることが相当であると考えられます。

そこで、債権の譲渡の取消し、解除その他の原因により債権の復帰的移転が生じ、債権譲渡登記の抹消登記（特例法10条１項２号）がされたときにも、債権の譲渡がされ、その旨の登記がされた場合と同様に民法の対抗要件の特例的措置を認めるため、特例法４条４項により、特例法４条１項から３項までの規定が準用されています（一問一答63頁）(注)。

2　本問のように、譲渡担保を登記原因とする債権譲渡登記がされた場合、被担保債権が弁済等により消滅すれば、消滅に関する付従性により譲渡担保権も消滅し（高木多喜男『担保物権法〔第４版〕』366頁）、これに伴い、債権譲渡登記における譲渡対象債権も復帰的に譲渡人に移転することとなります。

このように、譲渡担保を登記原因とする債権譲渡登記がされた場合において、被担保債権が弁済その他の事由（相殺、放棄、免除等）により消滅したときも、特例法10条１項２号の「債権の譲渡が…その他の原因により効力を失ったこと」に当たると解されることから、（被担保債権の）「弁済」等を登記原因として、譲渡人と譲受人との共同申請により、債権譲渡登記の抹消登記を申請することができるものと解されます。

3　そして、債務者対抗要件は、債務者に弁済先を確知させて二重弁済の危険を防止するという機能を有するものであるとされる（一問一答49頁）ところ、本問のように、債権譲渡登記をし、債務者に対して特例法４条２項に基づく登記事項証明書の交付・通知が行われた後、当該債権譲渡登記の抹消登記をした場合において、譲渡人（以下「Ｘ」という。）が債務者（以下「Ｙ」という。）に対して支払を請求するときは、譲渡対象債権につきＸに対する復帰的移転が生じているとしても、既に当該債権譲渡登記の譲受人からＹに対してされた特例法４条２項に基づく登記事項証明書の交付・通知により、当該譲受人につき債務者対抗要件が具備されていることから、Ｙからは、「（復帰的）債権移転につき、Ｘが債務者対抗要件を備えない限り、Ｘを債権者と認めない」との権利主張の抗弁が主張されることがあり得ます。

このような抗弁がＹから主張された場合、Ｘとしては、Ｙの上記抗弁に対する再抗弁として、Ｘが債務者対抗要件を具備している債権者であることを主張立証すること、すなわち、特例法４条４項が準用する同条２項に基づき、Ｙに対し、当該抹消登記をした旨が記載された（閉鎖）登記事項証明書を交付・通知したことを主張立証することにより、支払を求めることが考えられます。

(注) 特例法4条4項は、特例法10条1項2号に掲げる事由(譲渡が効力を失ったこと)に基づく譲渡登記の抹消登記についてのみ特例法4条1項から3項までの規定を準用することとしており、他方、特例法10条1項1号(譲渡が効力を生じないこと)及び3号(譲渡に係る債権又は動産が消滅したこと)に基づく抹消登記については、債権(又は動産)の譲渡人への復帰的移転もあり得ないことから、特例法4条1項ないし3項の準用はないものとしています。このように、抹消登記の登記原因の特定に際しては、特例法10条1項各号に掲げる抹消登記の事由によって、その効果が異なることに注意する必要があります。

債権 Q24 取消しを原因とする債権譲渡登記の抹消登記の譲渡人と当該取消し前に当該債権の譲渡につき第三者対抗要件を具備した第三者との優劣関係

AからBに債権が譲渡され、その債権が更にBからCに譲渡されて、いずれの譲渡についても債権譲渡登記がされましたが、その後、Cの知らない間に、AB間の債権譲渡登記が詐欺による取消しを原因として抹消されました。AB間の債権譲渡登記が抹消された後に、当該譲渡された債権の債務者であるSは、A及びCから特例法4条2項に基づく登記事項証明書の交付・通知(Aからは、抹消登記をした旨が記載された(閉鎖)登記事項証明書の交付・通知)を受けるとともに、両者から弁済期が到来したとして、支払請求がありました(【図3】を参照)。この場合、AとCのどちらの請求が優先するのでしょうか。

A 特例法4条2項に基づく登記事項証明書の交付・通知が複数届いた場合には、債務者は、債権譲渡登記がされた日時の先後で優劣関係を判断することになりますが、本問のように債権譲渡登記の抹消登記に係る交付・通知がある場合には、その判断は、Aがその取消行為の法律効果をCに対抗することができるかどうかによることとなります。

1　債権譲渡登記の抹消登記を申請することができるのは、債権の譲渡が効力を生じない場合、債権の譲渡が取消し、解除その他の原因により効力を失った場合及び譲渡に係る債権が消滅した場合に限られています（特例法10条１項各号）。債権の譲渡が効力を生じない場合（同項１号）とは、債権譲渡が無効、不存在のため、債権譲渡登記の登記原因が効力を生じなかったことをいい、債権の譲渡が取消し、解除その他の原因により効力を失った場合（同項２号）とは、登記原因が登記の時点では存在していたものの、その後に取消し、解除等により、遡及的に効力を失ったことをいいます（Q92参照）。

2　ところで、不動産登記法においては、権利に関する登記の抹消は、登記上の利害関係を有する第三者がある場合には、当該第三者の承諾があるときに限り、申請をすることができる（不動産登記法68条）とされていますが、特例法においては、そのような定めがありません。また、債権譲渡登記ファイルは、いわゆる物的編成主義をとらず、譲渡人を単位として編成されているため（Q７の解説２参照）、債権が転々と譲渡されたとしても、債権譲渡登記所の登記官は、その履歴を確認することができません。

したがって、本問のような場合においては、Ｃが知らない間に自分の権利の前提となるＡＢ間の債権譲渡登記が抹消され、債務者やそれ以外の者に自分が債権者であると主張することができなくなることがあります。取消しを原因として抹消登記の申請がされた場合には、取消しの遡及効（民法121条本文）により、Ｃは、無権利者であるＢから債権を譲り受けたことになりますが、債権譲渡登記が取消しにより抹消された場合には、復帰的移転により譲渡人Ａが権利者となり、債権譲渡がされた場合と同様に、対抗要件を具備したことになります（特例法４条４項。なお、大判昭17・９・30民集21巻911頁参照）。

しかしながら、詐欺による意思表示の取消しについては、善意の第三者であるＣに対抗することができないとされています（民法96条３項）ので、本問のＣのように、取消し前の第三者が存在する場合には、その者が詐欺による意思表示を知らなかったときは、ＡＢ間の債権譲渡登記が抹消されたとしても、Ｃは債権者（譲受人）として権利を行使することができることになります（なお、このような詐欺による取消しの前に第三者となった者が権利保護要件として登記等を備える必要があるかどうかについては、四宮和夫＝能見善久『民法総則〔第９版〕』273頁を参照してください。）。

3　このように、Ａ又はＣの請求のどちらが優先するかは、取消行為の法律効果をＡがＣに対して主張することができるかどうかで決まりますが、債務者Ｓが登記事項証明書のみからこのことを判断するのは困難です。詐欺や強迫などの取消原因は登記事項ではなく、抹消登記の原因は単に取消しと表示されるだけであることから、登記事項証明書からは分かりませんし、ましてＣが善意であるかどうかをうかがい知ることはできません。少なくとも当事者に争いがないかどうかの確認はしてみる必要があると考えられますが、その結果、ＡとＣとの間で債権の帰属について争いがあり、どちらが正当な債権者か過失なく確知することができないときは、そのことを理由として債務履行地の最寄りの供託所に供託することができると考えられます（民法494条）。

【図３】　事案の概略

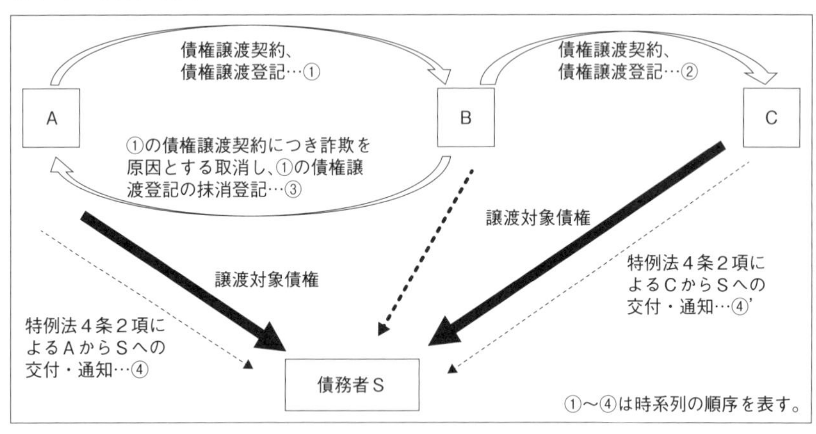

Q25 債権
譲渡担保を原因とする債権譲渡登記と国税の滞納処分による差押えとの優劣関係

譲渡担保を原因とする債権譲渡登記がされましたが、その後、譲渡対象債権につき、当該債権譲渡登記の譲渡人を債務者として、国税の滞納処分による差押えがされました。この場合、当該債権譲渡登記と、当該滞納処分による差押えとでは、どちらが優先するでしょうか。

A 譲渡担保を原因とする債権譲渡登記と国税の滞納処分による差押えとが競合した場合は、法定納期限の日付前に債権譲渡登記がされていれば譲渡担保が優先し、遅れていれば滞納処分による差押えが優先します。

1　国税徴収法では、納税者が国税を滞納した場合において、その者の財産につき滞納処分を執行してもなお徴収すべき国税に不足があると認められるときに限り、その者が譲渡した財産でその譲渡により担保の目的となっているもの（以下「譲渡担保財産」という。）があるときは、この譲渡担保財産から納税者の国税を徴収することができるとしています（国税徴収法24条1項）。また、国税の法定納期限等以前に、担保の目的でされた譲渡に係る権利の移転の登記がある場合又は譲渡担保権者が国税の法定納期限等以前に譲渡担保財産となっている事実を、その財産の売却決定の前日までに証明した場合には、上記の規定を適用しないとしています（同条8項）。

法定納期限とは、所得税法その他の法律の規定により国税又は地方税を納付すべき本来の期限のことであり（国税徴収法2条10号）、法定納期限等の「等」とは、上記の法定納期限以外の国税等の更正通知書又は納付通知書を発した日（国税徴収法15条1項1号）、相続税又は贈与税にあっては、その決定通知書又は更正通知書を発した日（国税徴収法15条1項4号）等のことであり、地方税については、地方税法14条の９に同様の定めが置かれています（裁判所職員総合研修所監修『民事執行実務講義案（改訂版）』269頁）。つまり、法定納期限とは、国税に関する法律の規定により国税を納付すべき期限のことであり、原則として、法定申告期限と同一の日となります。確定申告によって税金を納める者は、確定申告書を３月15日までに提出する必要がありますから、この場合の法定納期限（法定申告期限）は、３月15日になります。

2　以上のことからすると、本問については、譲渡担保を原因とする債権譲渡登記の登記がされた日と滞納処分による差押えに係る法定納期限の先後関係により優劣が決することとなります(注)。すなわち、仮に滞納税金の法定納期限が債権譲渡登記の日よりも前に到来しているのであれば、たとえ差押調書が第三債務者に到達した日時が債権譲渡登記の日より後であったとしても、滞納処分による差押えが債権譲渡登記に優先することとなります。

もっとも、債権譲渡登記の原因が売買など真正譲渡の場合は、債権譲渡登記をした日が法定納期限の到来後であっても、滞納処分による差押えが第三債務者に到達した日の前であれば、債権譲渡登記が滞納処分による差押えに優先します（国税徴収法62条）。

（注）　この点に関連して、最一小判平19・２・15民集61巻１号243頁は、（民法467条２項により対抗要件を具備した）譲渡担保の目的債権が譲渡担保契約締結時にはまだ発生していない将来債権であって、具体的な債権の「発生」は法定納期限等後であった場合につき、「債権譲渡の効果の発生を留保する特段の付款のない限り、譲渡担保の目的とされた債権は譲渡担保契約によって譲渡担保設定者から譲渡担保権者に確定的に譲渡されている」とした上で、「国税の法定納期限等以前に、将来発生すべき債権を目的として、債権譲渡の効果の発生を留保する特段の付款のない譲渡担保契約が締結され、その債権譲渡につき第三者に対する対抗要件が具備されていた場合には、譲渡担保の目的とされた債権が国税の法定納期限等の到来後に発生したとしても、当該債権は（注：国税徴収法24条８項にいう）『国税の法定納期限等以前に譲渡担保財産となっている』ものに該当すると解するのが相当」と判示しています。

債権

Q26 債権譲渡登記の登記事項証明書の交付・通知により債務者対抗要件を具備した場合において当該登記の存続期間が満了しているときの登記の効力

債権譲渡登記をしたとして、譲渡対象債権の債務者に対し、譲受人から特例法4条2項に基づく登記事項証明書の交付・通知がありましたが、当該登記事項証明書に「登記の存続期間の満了年月日」が記載されているところ、当該交付・通知のあったその翌日にその期間が満了しました。この場合、当該債権譲渡登記の効力はどのようになりますか。また、当該交付・通知に遅れて、当該譲渡対象債権につき、譲渡人の一般債権者による差押命令の送達を受けた場合、債務者としては、どのようにすべきでしょうか。

A 債権譲渡登記の延長登記がされていなければ、登記事項証明書に記載されている「登記の存続期間の満了年月日」の満了により、当該債権譲渡登記による対抗要件を喪失することになります。債務者としては、差押債権者の取立てに応じるか、又は供託（権利供託）をすることになると考えられます。

解説

1　債権譲渡登記の存続期間が満了しても、債権の譲渡の事実はなくなりませんが、債権譲渡登記の効力はなくなるため、譲受人は対抗要件を喪失し、第三者に対して債権譲渡の事実を主張することができなくなります。
また、債権の譲受人は、特例法4条2項に基づく登記事項証明書の交付・通知をすることにより、債務者に対して対抗要件を備え、支払を請求することになりますが、支払を受ける前に存続期間が満了してしまえば、譲受人は、対抗要件を喪失することになるので、債務者としては、譲渡人又は対抗要件を具備した他の譲受人等に支払をすべきこととなります。

2　そのため、返済計画に変更が生じ、予定どおりに推移しない場合は、存続期間に注意を払い、必要があれば、存続期間の延長登記を申請することになります。この延長登記は、譲渡人及び譲受人が共同して行わなければなりません（特例法9条1項本文）。延長登記は、当初定めた登記の存続期間を超えて登記の対抗力を保持しておく必要がある場合に行われますが、債権譲渡人は譲受人に対し、完全なる債権者としての法的地位を確保することができるようにすべき義務を負うと解されるところ、債権譲渡登記がされた譲渡に係る債権が存続期間満了時には消滅していないときには、譲渡人には、延長登記に協力する義務があるものと解されます（Q&A特例法101頁）。

ただし、存続期間が満了した後は、延長登記はできませんので、注意してください（Q52参照）。

3　延長登記をすると、存続期間が延長され、債権譲渡登記の対抗要件としての効力も持続することになりますので、譲受人からの特例法4条2項に基づく登記事項証明書の交付・通知の効力も存続します。

したがって、本問の場合、債務者は、延長登記がされていれば譲受人に支払い、延長登記がされていなければ、譲受人の対抗要件は失われているので、差押債権者を債権者として民事執行法155条の規定による取立てに応じるか、又は民事執行法156条1項の規定により供託（権利供託）をすることになると考えられます。

債権 Q27 債権譲渡登記の存続期間を定めるに際しての留意点

債権譲渡登記の存続期間を定めるに際しては、どのような点に留意すればよいでしょうか。

A 債権譲渡登記に係る譲渡対象債権の全額の弁済がされていることが確実であると想定される時点を存続期間の満了日として設定することが適切と考えられます。

解説

1　特例法８条３項は、債権譲渡登記の存続期間につき、原則として、譲渡に係る債権の債務者の全てが特定しているときは登記の日から50年以内、その他のときは登記の日から10年以内で定めるものと法定した上で（以下、本解説において、この期間を「法定最長期間」という。）、法定最長期間を超えて存続期間を定めるべき特別の事由があるときは、その期間を超えて定めることができるとしています。

したがって、債権譲渡登記の存続期間については、特別の事由がない限り、法定最長期間を超えない範囲内において、譲渡人と譲受人が自由に定めることができます。

もっとも、債権譲渡登記の具体的な存続期間を定めるに際しては、債権譲渡登記に係る譲渡対象債権の全額の弁済がされていることが確実であると想定される時点を存続期間の満了日として設定することが適切と考えられます。

なぜなら、債権譲渡登記の存続期間の満了日の時点で譲渡対象債権の全額が消滅していないとき（譲渡対象債権全額の弁済がされないとき）は、当該満了日の経過により、譲受人は当該譲渡対象債権の残存部分に係る対抗要件を喪失してしまうことになり、譲受人にとって不利益な事態が発生することとなってしまいます（Q26参照）。そのため、債権譲渡登記の存続期間を定めるに際しては、譲渡対象債権に係る弁済期（弁済期が定まっていないときは、弁済期として想定される時点）においてその全額の弁済がされなかった場合に、その後に全額の弁済がされるまでにどの程度の期間を要するかを想定した上で、債権譲渡登記の存続期間を個別具体的に設定することが適切であると思われます。

なお、当初設定した債権譲渡登記の存続期間の満了日までに譲渡対象債権の全額の弁済がされないことなどにより、当該満了日までに当該譲渡対象債権が消滅しないことが見込まれるときは、延長登記申請をすることになります。この場合、譲渡人は、当該延長登記の申請につき協力すべき法的義務があるものと解されます（Q&A 特例法101頁）。

2　さらに言うと、債権譲渡登記の存続期間について法定最長期間の範囲内で自由に定めることができるとしても、上記１で述べた考え方からすれば、債権譲渡登記の存続期間を個別具体的に検討せずに、一律に法定最長期間に合わせて50年（又は10年）と設定してしまうことは、適切ではないと考えられます。

なぜなら、譲渡対象債権の弁済期等を勘案するならば債権譲渡登記の存続期間を法定最長期間まで設定する必要性が乏しいような場合であるにもかかわらず、当該存続期間を一律に法定最長期間に合わせるような設定をしてしまうと、譲渡人に不利益が生じ得ることになるからです。

つまり、債権譲渡登記制度においては、登記官は、債権譲渡登記の存続期間が満了したときは、職権で、当該債権譲渡登記に係る債権譲渡登記ファイルを閉鎖することとされています（登記令4条1項）。この閉鎖処理は、債権譲渡登記の当事者が共同で抹消登記を申請しなくとも自動的に行われるものであり、かつ、当該債権譲渡登記に係る抹消登記申請がされたのと同様の効果を生じさせるものですから、譲渡人にとっては利益になるものということができます。

しかしながら、債権譲渡登記の存続期間について、必要性が乏しいにもかかわらず一律に法定最長期間に合わせるような設定をしてしまうと、登記官の職権による債権譲渡登記ファイルの閉鎖処理がされるまでに長期間を要することとなり、その間、譲渡人は、当該閉鎖処理が行われることによる利益を享受できない（当該債権譲渡登記ファイルを閉鎖するためには、譲受人と共同で抹消登記を申請するほかなく、譲受人が当該抹消登記の申請に協力しない場合は、譲受人を被告とする抹消登記手続請求訴訟を提起する手続を踏まざるを得ない）という結果を招くことになってしまいます（なお、債権譲渡登記の存続期間を短縮する登記の申請をすることはできないので、債権譲渡登記をした後は、登記官の職権による債権譲渡登記ファイルの閉鎖処理の実施時期を早めることはできません。）。

債権 Q28 債権譲渡登記の延長登記に合わせて当該債権譲渡登記に係る譲渡対象債権の終期を延長する登記をすることの可否

債権譲渡登記の存続期間を延長するために延長登記をするのに合わせて、当該債権譲渡登記に係る譲渡対象債権の終期を延長する登記をすることはできるでしょうか。

債権譲渡登記に係る延長登記をすることにより存続期間の満了日を延長したとしても、譲渡対象債権の終期を延長することはできません。

解説

1　まず、債権譲渡登記の存続期間満了日と譲渡対象債権の終期の意義についてみると、以下のとおりです。

債権譲渡登記制度においては、債権譲渡登記の存続期間を当事者に定めさせて登記事項とすることとし（特例法8条2項柱書き、同項5号）、対抗力はその存続期間の満了日まで付与されることとしています。すなわち、債権譲渡登記の存続期間満了日は、債権譲渡登記の有効期間の終了日ということになります。

他方、譲渡対象債権の終期は、対抗力を付与する対象となる債権の範囲を定めるための要素であって、譲渡対象債権を特定するための要素となるものです（【図4】参照）。

このように、債権譲渡登記の存続期間満了日と譲渡対象債権の終期は、それらが画する対象・性質が異なるものであり、債権譲渡登記の存続期間満了日が延長されたからといって、譲渡対象債権の終期も延長されるという論理的関係にはありません[注]。

2　次に、債権譲渡登記に係る譲渡対象債権の終期を延長する登記の可否についてみると、以下のとおりです。

債権譲渡登記の延長登記は、当該債権譲渡登記に係る譲渡対象債権につき弁済期が到来しても債務者から全額の弁済がされず、当該債権譲渡登記に係る存続期間の満了日が迫っている場合に、全額の弁済がされるまで引き続き当該債権譲渡登記の効力を保持する（譲渡対象債権の譲渡につき対抗要件を保持する）必要が生ずることに基づき行われるものです。つまり、債権譲渡登記の延長登記は、譲渡対象債権の同一性が維持されていることを前提に、当該譲渡対象債権の譲渡に係る対抗要件を保持する期間を延長するものです（堀龍兒編『Q&A 債権・動産譲渡担保の実務』174頁）。

他方、譲渡対象債権の終期は譲渡対象債権を特定するための登記事項の１つであるところ、債権譲渡登記が完了した後に登記事項に変更が生じた場合であっても、譲渡対象債権の同一性を変更し、いったん登記により対抗要件が生じた事項について変更登記をすることはできないものと解されます（Q53参照）。

3　以上述べたところによれば、債権譲渡登記に係る延長登記をすることにより存続期間の満了日を延長したとしても、譲渡対象債権の終期を延長する登記はできないこととなります。そして、譲渡対象債権の終期を延長する登記をしたいときは、新たに債権譲渡登記を申請する必要があるということになります。

（注）　なお、債権譲渡登記の存続期間満了日については、譲渡対象債権の終期と一致しなければならないということはありません。また、譲渡対象債権の終期よりも債権譲渡登記の存続期間満了日の方が先の日付で設定されることもあり得ます（例えば、不動産賃料債権の発生年月日の始期・終期を当該不動産の賃貸借期間に基づいて特定した場合において、当該賃料の支払時期につき前払の特約があるときなど。）。

【図4】 登記の存続期間と譲渡対象債権の終期との関係

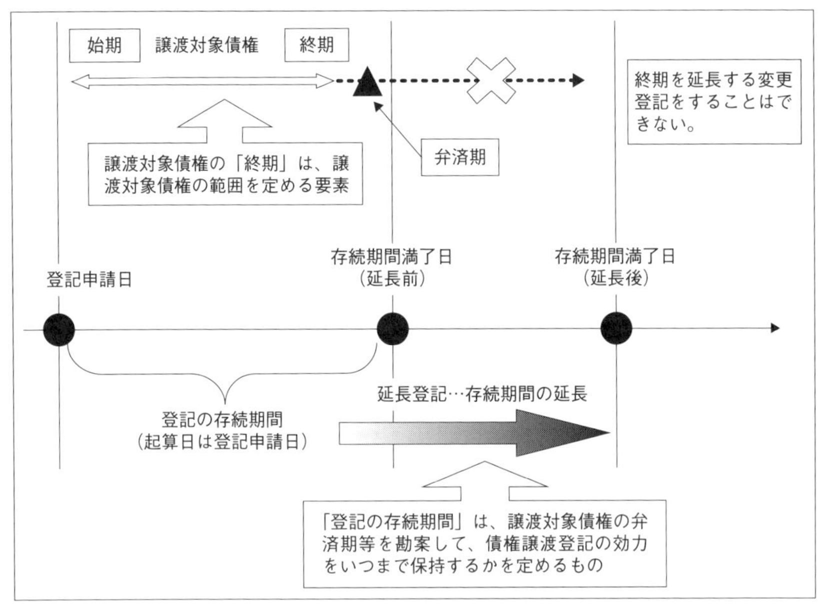

債権 Q29 債務者対抗要件を具備するために債務者に対して登記事項証明書の原本を交付する必要の有無

債権譲渡登記をした債権の譲渡についての債務者対抗要件を具備するためには、必ず債務者に対して登記事項証明書の原本を交付しなければならないのでしょうか。債務者に登記事項証明書の写しを交付する等の方法によって、登記事項証明書の原本を交付せずに債務者対抗要件を具備することはできるでしょうか。

必ず登記事項証明書の原本を交付しなければならないものと解されます。

解説

1　特例法４条２項は、債権譲渡登記がされた場合に、当該債権譲渡登記がされたことについて当該債権の債務者に「登記事項証明書」を交付して通知をしたときは、民法467条の規定による確定日付のある証書による通知があったものとみなすと規定しています。

この特例法４条２項の文言からすれば、債権譲渡登記をした債権の譲渡についての債務者対抗要件を具備するためには、「登記事項証明書の原本」を送付する必要があり、「登記事項証明書の写し」を債務者に送付することによっては、債務者に対する対抗要件は具備できないものと考えられます。

この点については、東京地裁平成11年９月17日判決（金融法務事情1561号76頁）が、実質的な根拠についても言及しています。同判決は、債権譲渡登記の譲受人から債務者に対し、登記事項証明書の写しの一部の交付がされた事案に関するものですが、民法の規定による対抗要件具備方法では譲受人から債務者に対する債権譲渡の通知では対抗要件を備えることが認められないのと異なり、特例法においては譲受人から債務者に対する登記事項証明書の交付・通知により対抗要件を備えることが認められる趣旨について、「公の機関が発行する登記事項証明書の交付を要件とすることにより、自称譲受人による譲渡証の偽造その他による虚偽通知の弊害を防止できるからであると解されるので、右登記事項証明書の交付がその写しの交付で足りるとすると、その趣旨を達成することができなくなる恐れがある。」と判示した上で、「少なくとも譲受人からの登記事項証明書の写しの交付による債権譲渡の通知は、債権譲渡特例法２条２項（注：現在の特例法４条２項）の『登記事項証明書を交付して通知し』た場合に当たらないと解するのが相当である。」と判示しています。

さらに、本判決は、譲渡人から通知がされた場合についても、「譲渡人による通知の場合はかかる弊害はないので、登記事項証明書の写しの交付であっても、二重譲受人相互間の優劣の基準となる譲渡の登記の日時を債務者に知らせることが可能と考えられるが、写しで足りるとすれば、登記事項証明書の全部の写しが必要か一部の写しで足りるかなどの問題が生じ、債務者は債務者対抗要件の具備の有無につき困難な判断を強いられることが考えられ、債権譲渡特例法の目的である債権譲渡の円滑化・迅速化を阻害することになりかねない。」と言及しています。

以上のとおり、本判決は、飽くまでも譲受人からの登記事項証明書の写しの交付による債権譲渡の通知について判断したものですが、本判決の考え方からすれば、譲受人のみならず、譲渡人についても、「登記事項証明書の原本」の交付により債務者に対する通知を行わない場合は、特例法4条2項の交付・通知をした場合に当たらないとの司法判断がされる可能性は否めないものと考えられます。

2　なお、債権譲渡登記がされた場合に、債務者に対して登記事項概要証明書を交付しても債務者対抗要件を具備することはできず、また、債務者に対して債権譲渡登記をした旨を通知し、当該通知に債権譲渡契約書の写しを添付したとしても、登記事項証明書の原本を添付していないのであれば、債務者対抗要件を具備することはできないものと考えられます。

債権 Q30 債務者対抗要件を具備するために債務者に対して交付する登記事項証明書の有効期限についての規定の有無

債務者対抗要件を具備するため、特例法4条2項に基づき債務者に対して登記事項証明書を交付・通知する場合、当該登記事項証明書については、当該交付・通知から3か月以内に作成されたものである必要があるなど、有効期限についての定めはあるのでしょうか。

有効期限についての定めはありません。

本問の趣旨については、譲渡登記申請手続において、登記申請書に添付する資格証明書若しくは代理権限証明書のうち官庁若しくは公署の作成したも

の又は印鑑証明書については、各証明書が作成されてから3か月以内のものである必要があるとの規定（登記規則13条3項。Q67参照）が存在するほか、不動産登記申請手続などの行政手続や、民間同士の取引等の場面において、官公署の作成した証明書を使用する場合に当該証明書の有効期限を作成後3か月以内のものとする取扱いが広く見られることとの関連から、債務者に対し、特例法4条2項に基づく交付・通知を行うための登記事項証明書についても、同様の有効期限の定めがあるのではないかとの問題意識に基づくものと思われます。

しかしながら、当該登記事項証明書については、登記規則13条3項のような規定は置かれていませんので、当該交付・通知から3か月以内に作成されたものである必要はありません。

債権 Q31 譲渡担保を登記原因とする債権譲渡登記と質権設定登記との相違点

譲渡担保を登記原因とする債権譲渡登記と質権設定登記は、どのような点で異なりますか。

A 登記の手続や登記の効力は基本的に同様ですが、①譲渡担保を登記原因とする債権譲渡登記は不動産登記手続でいう「移転登記」の形式で行われるのに対し、質権設定登記は「設定登記」の形式で行われること、②質権設定登記においては「被担保債権の額又は価格」が必要的登記事項とされている点が異なります。

解説

1　債権譲渡登記と質権設定登記（法人が指名債権である金銭債権を目的として質権を設定した場合の債権質の設定の登記）は、登記の手続や登記の効果については、基本的に同様です。

もともと、民法の規定においても、債権譲渡の対抗要件具備方法と質権設定の対抗要件具備方法はその基礎を同じくするものとされており、また、対抗要件を具備することにより生ずる効果も同様のものとして定められています。

つまり、債権質の対抗要件の具備方法（具備手続）及びその効果について定める民法364条１項は、「指名債権を質権の目的としたときは、第467条の規定に従い、第三債務者に質権の設定を通知し、又は第三債務者がこれを承諾しなければ、これをもって第三債務者その他の第三者に対抗することができない。」と規定しており、債権譲渡の対抗要件に関する民法467条の規定に従うものとしています。

そして、特例法の下においても、質権設定登記について定める特例法14条は、債権譲渡登記についての規定を質権設定登記について準用することとし、必要に応じた読替規定（「債権譲渡登記」を「質権設定登記」、「譲渡人」を「質権設定者」、「譲受人」を「質権者」、「債権の債務者」を「質権の目的とされた債権の債務者」と読み替えるなど）を置いています（読替後の具体的な規定については、資料２の読替表（496頁）を参照）。

2　上記１を前提として、譲渡担保を登記原因とする債権譲渡登記と質権設定登記の相違点につきみてみると、譲渡担保を登記原因とする債権譲渡登記と質権設定登記は、譲渡の対象となる債権又は質権を設定する債権を、担保の目的で、譲受人又は質権者に供するという点で、その目的や機能を同じくするものということができます（注１）。

しかしながら、両者は、その登記の形式及び登記事項につき、以下の点で異なります。

(1)　譲渡担保を登記原因とする債権譲渡登記は、飽くまでも「債権譲渡登記」の形式を採りつつ、譲渡の対象となる債権を担保目的で譲受人に譲渡するものですので、登記の形式は「譲渡登記」（不動産登記手続に当てはめると「移転登記」に当たります。）となります（抵当権設定登記のような「設定登記」の形式を採るものではありません。）。そして、「譲渡登記」の形式を採ることから、担保に供する債権の債権者は、譲渡人から譲受人に変更されることとなります

他方、質権設定登記は、担保の対象となる債権に質権を設定するものですから、「設定登記」の形式を採ります。そして、「設定登記」の形式を採ることから、担保の対象となる債権の債権者は変更されることとはなりません（債権者は、質権設定者のままとなります。）。

(2) 質権設定登記においては、「被担保債権の額又は価格」が必要的登記事項とされています（特例法14条1項中の読替規定）（注2）が、債権譲渡登記においては、（譲渡担保を登記原因とする債権譲渡登記であっても）「被担保債権の額又は価格」は登記事項とされていません。

（注1） 債権譲渡担保と債権質の関係について、道垣内教授は、「個々的な金銭債権について、民法上の質権を回避して、譲渡担保を用いることの合理的理由は少ない。すなわち、まず、目的物の占有はいずれにせよ問題にならない。次に、対抗要件は、質権のときは民法364条により債権譲渡と同様の方法になるし、譲渡担保においては当事者間で債権を譲渡した形式を採るのだから、これまた債権譲渡の方法によることになる（民467条）。特別法（注：特例法のこと）による対抗要件の具備の場合も同様である。最後に、実行の局面では、質権でも第三債務者に対する直接取立てが質権者に認められる結果（民366条1項）、譲渡担保権の私的実行を認めるのとほぼ変わらない結果になるのである。根本的には、譲渡を受けるという債権者の心理的満足をもって説明するほかはあるまい。」と述べています（道垣内弘人『担保物権法　第4版（現代民法Ⅲ）』350頁）。もっとも、実務上は、譲渡担保を登記原因とする債権譲渡登記が利用される件数に比べ、質権設定登記が利用される件数は僅少にとどまっているようです。

（注2） 質権設定登記において「被担保債権の額又は価格」が必要的登記事項とされている理由については、被担保債権は質権設定契約の本質的要素であると考えられているので、質権設定登記を特定するために登記事項とされたことによります（一問一答132頁）。

▶譲渡担保を登記原因とする債権譲渡登記

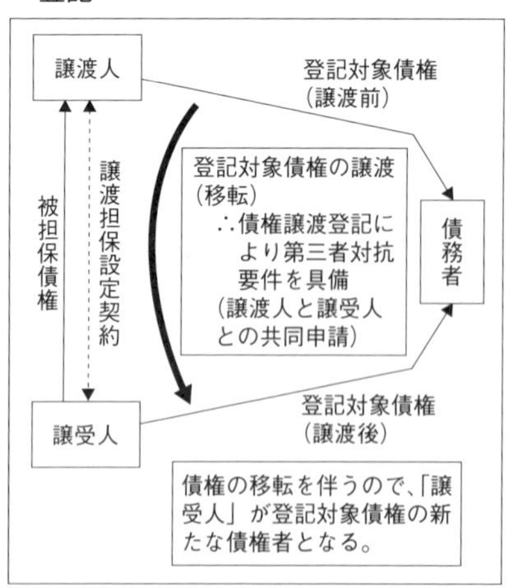

▶（金銭債権を対象とする）質権設定登記

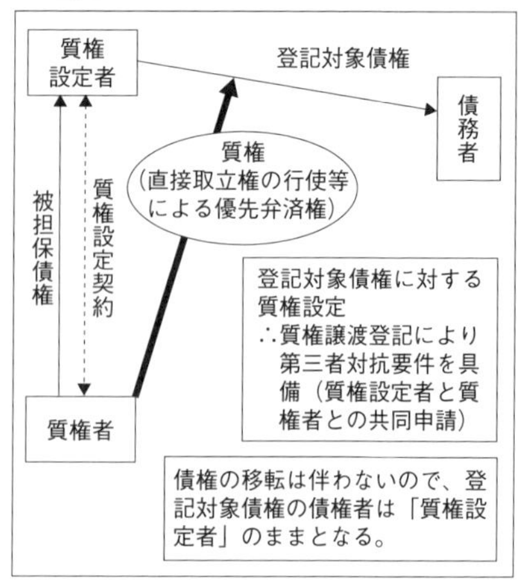

第2章

動産・債権譲渡登記の申請方法／登記申請書の添付書面

共通 Q32 譲渡登記の申請方法の詳細に関する情報の入手方法

譲渡登記の申請方法の詳細について知りたいのですが、その情報を入手するには、どのようにしたらよいですか。

A 譲渡登記の申請方法の詳細については、法務省ホームページ中の「登記－動産譲渡登記－」及び「登記－債権譲渡登記－」の各案内ページに掲載しています。

解説

1　譲渡登記の申請方法の詳細については、法務省ホームページ中の「登記－動産譲渡登記－」及び「登記－債権譲渡登記－」の各案内ページに掲載していますので、同案内ページを参照してください。

また、同案内ページでは、譲渡登記の登記申請書や証明書交付申請書の書式等をダウンロードすることもできます。

なお、同案内ページでは、譲渡登記制度や譲渡登記に関する手続の案内を掲載しているパンフレットのダウンロードをすることもできます。

同案内ページへのアクセス方法及びアドレスは、以下のとおりです（平成30年10月現在)。

▼アクセス方法

法務省ホームページのトップページの「分野別」の「国民の基本的な権利の実現」をクリック→「国民の基本的な権利の実現のメニュー」の「登記」をクリック→「民事局の業務」の「動産譲渡登記」又は「債権譲渡登記」をクリック→「登記－動産譲渡登記－」又は「登記－債権譲渡登記－」が表示される。

▼アドレス

「登記－動産譲渡登記－」http://www.moj.go.jp/MINJI/dousanjouto.html

「登記－債権譲渡登記－」http://www.moj.go.jp/MINJI/saikenjouto.html

2　また、譲渡登記制度の改正や、登記申請手続・証明書交付請求手続の変更等があった場合には、上記の「登記－動産譲渡登記－」又は「登記－債権譲渡登記－」の各案内ページの「お知らせ」に逐次掲載されますので、譲渡登記に関する申請手続や証明書交付請求手続を行う際には、同案内ページにて最新の情報を確認してください。

3　なお、「登記－動産譲渡登記－」及び「登記－債権譲渡登記－」の各案内ページについては、東京法務局ホームページ（http://houmukyoku.moj.go.jp/tokyo/index.html）のトップページ右上の「業務のご案内」を経由してアクセスすることもできます。

▼参　考

狭義の「動産譲渡登記」及び「債権譲渡登記等」と広義の「動産譲渡登記」及び「債権譲渡登記等」

「動産譲渡登記」及び「債権譲渡登記等」とは、本来的には、動産若しくは債権の譲渡又は債権への質権設定をしたことにつき動産譲渡登記ファイル又は債権譲渡登記ファイルに記録する登記（特例法７条、８条、14条）のことをいいます（狭義の「動産譲渡登記」及び「債権譲渡登記等」）。このほかに、「動産譲渡登記」及び「債権譲渡登記等」という用語は、延長登記（特例法９条）や抹消登記（特例法10条）等も含めた登記手続を表す総称として用いられることもあります（広義の「動産譲渡登記」及び「債権譲渡登記等」）。

共通　Q33　譲渡登記所の執務時間（譲渡登記申請の受付時間）及び譲渡登記申請の処理完了に要する時間

譲渡登記所の執務時間（譲渡登記申請の受付時間）を教えてください。また、申請した登記事件の処理が完了するのにかかる日数は、どのぐらいですか。

A　譲渡登記所の執務時間は、午前８時30分から午後５時15分までです。

譲渡登記は、登記以外の対抗要件具備方法（確定日付のある証書による通知等）

と競合するものであり、登記が遅れることは申請人に重大な不利益を及ぼしかねないことから、原則として、申請の受付をしたその日に処理を完了します。

処理完了までに要する時間の目安は、事案や申請日にもよりますが、標準的な申請内容であれば、１件当たり、窓口における受付時からおおむね30分～１時間程度です。

なお、月末（特に３月、６月、９月及び12月の月末）は、登記申請が集中し、窓口が大変混雑するため、登記完了まで長時間お待ちいただく場合があります。可能な限り、月末を避けて申請いただくことをお勧めいたします。

共通 Q34 譲渡登記の登録免許税を納付する際の注意事項

譲渡登記の登録免許税を納付する際の注意事項として、どのようなことがありますか。

A 譲渡登記の登録免許税を印紙で納付する場合には、収入印紙で納入する方法以外の方法で納付することはできません。

また、納付する収入印紙については、申請人等の印鑑又は署名で消印（割印）をしないでください。

1　譲渡登記に係る登録免許税の額は、以下のとおりです。

登記の種類	登録免許税額		
債権譲渡登記	１件につき	債権個数が5,000個以下の場合	7,500円　※
質権設定登記		債権個数が5,000個を超える場合	15,000円　※
動産譲渡登記	１件につき		7,500円　※
延長登記	１件につき		3,000円　※
抹消登記	１件につき		1,000円

（注）　※印の登録免許税の額は、租税特別措置法84条の６の規定により軽減された額です。
　なお、否認の登記及び否認の登記の抹消は、非課税とされています（破産法261条、民事再生法14条、会社更生法264条１項）。

２　登録免許税は、申請書の別紙（様式については、下記参照）に税額分の収入印紙を貼付して納付（登録免許税法22条）するか、日本銀行若しくは国税の収納を行う代理店又は国税の収納を行う税務署発行の領収証書を貼付（登録免許税法21条）して納付します。

貼付した収入印紙につき、申請人等の印鑑又は署名で消印（割印）をする方がおられますが、絶対にしないでください。

また、登記印紙、県収入印紙、税印の押印（印紙税法９条１項）、印紙税納付計器の使用による納付印の押印（印紙税法10条１項）等によって納付

〔収入印紙を貼付する申請書の別紙の様式例〕

（登録免許税納付用台紙）

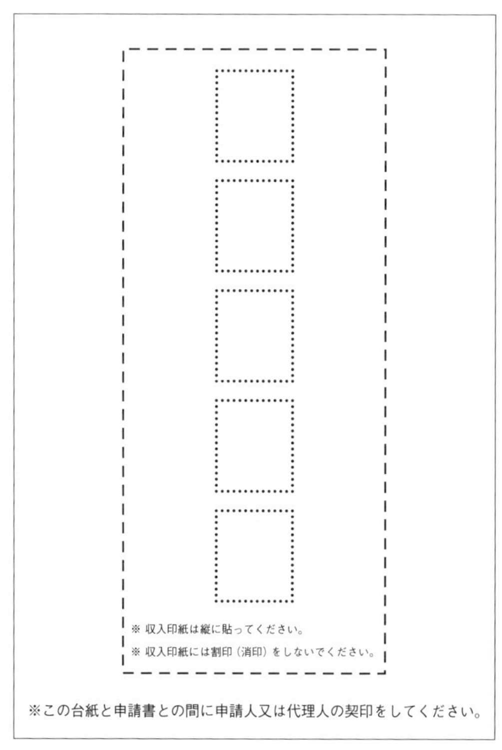

※ 収入印紙は縦に貼ってください。
※ 収入印紙には割印（消印）をしないでください。
※この台紙と申請書との間に申請人又は代理人の契印をしてください。

第２章 共通 Q34

することはできませんので、注意してください。

なお、オンラインによる申請をした場合の登録免許税の納付方法については、Q223を参照してください。

共通 Q35 窓口申請の場合に申請書提出日よりも後の日を受付日として指定することの可否

譲渡登記所の窓口に登記申請書を提出して登記申請をする場合に、登記申請書を窓口に提出した日よりも後の日を当該登記申請書の受付日として指定したいのですが、そのようなことは可能でしょうか。

A 譲渡登記所の登記官は、登記申請書を受け取ったときは、直ちにその受付をしなければならないとされています（登記令９条本文）。したがって、本問のような対応をすることはできません。

なお、登記原因年月日が登記申請書の受付日よりも後の日付となっている登記申請は受理することができませんので、注意してください（Q82参照）。

共通 Q36 送付による登記申請の可否

譲渡登記の申請を郵送等の送付の方法により行うことは可能ですか。

A 可能です。なお、郵送等の送付の方法による登記申請の場合、当該登記申請の受付日は、登記申請書が登記所に到達した日の翌執務日となります。

1　譲渡登記の申請は、いずれも郵送等の送付の方法によることが可能です。送付先については、Q３を参照してください。

その送付の方法については、書留郵便又は信書便（民間事業者による信書の送達に関する法律２条６項に規定する一般信書便事業者若しくは同条９項に規定する特定信書便事業者による同条２項に規定する信書便の役務であって、当該一般信書便事業者若しくは当該特定信書便事業者において引受け及び配達の記録を行うものに限る。）によらなければならないとされています（登記規則10条）。

この送付の方法による登記申請については、当該申請書が動産譲渡登記所（東京法務局民事行政部動産登録課）又は債権譲渡登記所（東京法務局民事行政部債権登録課）に到達した日の翌執務日に、同日に受付をすべき他の登記申請に先立ち、受付がされることとなります（登記令９条ただし書）(注)。

これは、譲渡登記は、登記をすることにより第三者対抗要件を備えるものであるところ、送付の方法による登記申請については、登記所の窓口における申請との先後関係が問題となるため、統一的に翌執務日にその受付をすることとされたものです。

したがって、仮に、申請書が執務日の午前中に譲渡登記所に到達したとしても、同日に当該登記申請の受付をすることはできません。

特に、登記申請書が譲渡登記所に到達した日が登記所の休日の前日になる場合には、受付日が「翌日」ではなく「翌執務日」となりますので、注意してください。

2　以上のとおり、送付の方法による登記申請の受付日は、登記申請書が登記所に到達した日の翌執務日となりますが、オンラインによる登記申請については、譲渡登記所の執務時間内に到達した場合は、速やかに当該申請の受付がされます（Q222参照）。

3　なお、送付の方法による申請の場合、登記申請書の添付書類の有効期限の起算日は、譲渡登記所への到達日ではなく、譲渡登記所での受付日となりますので、注意してください（Q68の解説３参照）。

（注）　譲渡登記所の執務時間は午前８時30分からとされています（Q33参照）

ので、送付の方法による登記申請の受付時刻は、一律に午前８時30分となります。

譲渡登記を送付（郵送等）の方法にて申請する場合における、登記申請書の譲渡登記所への到達日と受付日時との関係

譲渡登記所への到達日	譲渡登記所での受付日時（＝登記日時）
平成29年11月21日（火）	平成29年11月22日（水）午前８時30分
平成29年11月22日（水）	平成29年11月24日（金）午前８時30分 ※11月23日（木）は祝日ですので、受付日（＝登記日）は24日（金）となります。
平成29年11月24日（金）	平成29年11月27日（月）午前８時30分 ※11月25日は土曜日、26日は日曜日ですので、受付日（＝登記日）は27日（月）となります。

共通 Q37 送付による申請の場合に特定日に登記申請の受付がされるようにする方法

郵便等の送付の方法により譲渡登記を申請する場合に、特定の日に当該登記申請の受付がされるようにしたいのですが、どのようにすればよいですか。

A 郵便又は信書便事業者が行っている配達日指定サービスを利用し、当該登記の申請書が譲渡登記所に到達する日を指定する方法を採ることが考えられます。

なお、当該申請書の登記所への到達日は、登記の受付を希望する日の直前の執務日とする必要があります。

1　譲渡登記の申請をしようとする者が当該登記の申請書を譲渡登記所に送付する場合には、書留郵便又は信書便（民間事業者による信書の送達に関す

る法律2条6項に規定する一般信書便事業者若しくは同条9項に規定する特定信書便事業者による同条2項に規定する信書便の役務であって、当該一般信書便事業者若しくは当該特定信書便事業者において引受け及び配達の記録を行うものに限る。）によらなければならないとされています（登記規則10条。Q36参照）。

この方法により申請をする場合において、特定の日に当該登記の受付がされるようにするためには、郵便又は信書便事業者が行っている配達日指定サービスを利用し、当該譲渡登記の申請書の譲渡登記所への到達日を指定する方法を採ることが考えられます。

2　Q36の解説で説明したとおり、送付の方法による登記申請については、当該申請書が譲渡登記所に到達した日の翌執務日に受付処理を行うことが法定されています（登記令9条ただし書）。したがって、例えば、当該登記申請の登記年月日を平成29年11月22日（水）としたい場合には、配達日指定サービスを利用する際に、当該申請の登記申請書の譲渡登記所への到達日を当該受付日の前執務日、つまり同月21日（火）に指定する必要がありますので、注意してください。

共通

Q38　取下書を提出するメリット

譲渡登記の登記申請書と共に「登記申請の一部に却下事由が存すると登記官が認めたことを停止条件として、当該登記申請の全部を取り下げる」旨の記載をした取下書を提出するメリットは何ですか。

A 登記申請書と共に当該取下書を提出することにより、登記申請の内容に却下事由がある場合でも、登記申請書等の返却を受けることができます。

解説

1　譲渡登記の申請の内容に却下すべき事由があるときは、当該登記申請は却下されます（登記令11条）が、登記申請が却下されると、登記申請書、添付書面、登記すべき事項を記録した電磁的記録媒体（登記令7条1項。具体的には、CD-R又はCD-RWをいいます。）及び貼付された収入印紙は返却されません（登録免許税については、譲渡登記所において還付手続を行います。）。

ただし、登記申請につき受理又は却下決定がされるまでの間であれば、書面により当該登記申請を取り下げることができます。

そして、譲渡登記の実務においては、「登記申請の一部に却下事由が存すると登記官が認めたことを停止条件として、当該登記申請の全部を取り下げる」旨の記載をした取下書を登記申請書と共に提出する取扱いを認めています。

2　当該取下書が提出されている場合において、登記申請後、登記官において登記申請の一部に却下すべき事由が存すると認めるときは、登記官は、登記申請の一部の却下をすることなく、登記申請の全部の取下げがされたものとして、申請人に対し、登記申請書、添付書面及びCD-R又はCD-RWを返却します。また、登記申請書に貼付した収入印紙については、再使用の有無を申請人に確認し、申請人が譲渡登記所に登記の再申請をするときは、収入印紙の再使用証明の手続（登録免許税法31条1項2号、同条3項）を行っています（収入印紙の再使用の申出をしないときは、登録免許税の還付手続を行った上で、登記申請書等を返却します。）。

3　なお、当該取下書に基づいて取下げを行い、登記の再申請をした場合、取下げをした登記申請書に付された受付年月日及び登記番号は保全されず、再申請の際の受付年月日及び登記番号をもって登記がされることになります。

Q39 登記完了通知書の送付

譲渡登記申請が受理されると、譲渡登記所からその旨の連絡がされるのでしょうか。

A 譲渡登記が受理されると、譲渡登記所の登記官から、当該登記をしたことを知らせる通知書（登記完了通知書）が送付されます。

1　譲渡登記所の登記官は、以下の①及び②の登記の申請を受理したとき（注1）は、登記番号等を記載した通知書（登記完了通知書）を、以下の①及び②にそれぞれ記載のある当事者に送付します（登記規則17条各号）。

なお、登記完了通知書は、窓口又は送付による登記申請の場合のほか、オンラインによる登記申請の場合にも送付されます

① 動産譲渡登記、債権譲渡登記等及びそれらの延長登記の場合は、譲受人又は質権者

② 一部抹消登記及び全部抹消登記の場合は、譲渡人又は質権設定者

2　当事者が数人ある場合は、登記完了通知書は、そのうちの一人宛て（上記①の場合は一人目の譲受人又は質権者、上記②の場合は一人目の譲渡人又は質権設定者）に送付します（登記規則17条柱書き後段）。代理人によって登記が申請された場合は、代理人宛てに登記完了通知書を送付します（準則23条2項）。

3　当事者宛てに登記完了通知書を送付する場合は、譲渡登記ファイルに記録されている商号等及び本店等（個人の場合は氏名及び住所）を宛先として送付します。この場合、当事者の指定する特定の営業所や部署の担当者等を宛先として送付する取扱いはできません（この取扱いを希望する場合は、当該担当者等を代理人として登記申請をすることになります。）。

代理人宛てに登記完了通知書を送付する場合は、動産譲渡登記又は債権譲渡登記等を受理したときは、代理人ファイル（DAIRI.xml）に記録され

た代理人の住所及び氏名（これは登記申請書の代理人の記載と一致する必要があります。）を宛先として送付し、延長登記又は抹消登記を受理したときは、登記申請書に記載された代理人の住所及び氏名を宛先として送付します。このことから、代理人の住所については、登記完了通知書が確実に届くよう、ビル・マンション名、部屋番号、部署名等まで記録又は記載しておく必要があります。

4　登記完了通知書は普通郵便にて送付しますが、書留や速達で送付することも可能です。この場合、窓口申請のときは、登記申請書を譲渡登記所の窓口に提出する際に、書留や速達の扱いをするために必要な額の郵券を合わせて提出してください。送付による申請のときは、登記申請書を譲渡登記所に送付する際に、書留や速達による送付の扱いをするために必要な額の郵券を同封して送付してください。

なお、登記完了通知書を再発行する取扱いは行っておりません。

5　登記完了通知書の様式については、準則掲載の別記第16号様式から第21号様式まで（566頁～567頁）を参照してください（注２）。

（注１）　登記規則17条には、否認の登記の申請を受理したときに登記完了通知書を送付すべき旨の規定は置かれていません。したがって、否認の登記の申請を受理したときには、登記完了通知書は送付されません。また、譲渡登記の存続期間が満了したことにより、登記官の職権により当該譲渡登記に係る譲渡登記ファイルを閉鎖する処理がされたとき（登記令４条１項）にも、登記完了通知書は送付されません。

（注２）　登記事項証明書及び登記事項概要証明書には記載されないが登記完了通知書には記載される特有の記載事項として、「動産個数」及び「債権個数」があります。動産譲渡登記に係る登記完了通知書には「動産個数」として、登記された動産の総数が記載され、動産譲渡登記の抹消登記に係る登記完了通知書には「抹消後の動産個数」として、抹消登記後の動産の総数が記載されます（債権譲渡登記等についても同様です。）。

共通 Q40 譲渡登記の申請が受理されたことの証明方法

譲渡登記の申請が受理されたことは、どのようにして証明することができますか。

A 譲渡登記所の登記官から送付される登記完了通知書により、証明することができます。

また、譲渡登記の申請が受理された直後から、当該譲渡登記が反映された登記事項証明書及び登記事項概要証明書の交付を請求することができるので、当該証明書により証明することができます。なお、受領証の交付の請求をすることはできません。

1 譲渡登記の申請が受理されたことは、譲渡登記所の登記官から送付される登記完了通知書（Q39参照）により、証明することができます。

2 また、譲渡登記所においては、登記官が登記申請を受理した直後から、登記事項証明書及び登記事項概要証明書の発行をすることができる（Q189参照）ので、登記完了後にこれらの証明書の交付を受けることにより、申請が受理されたことを証明することができます。

3 以上のほか、譲渡登記の申請が受理されたことを公的に証明するものではありませんが、オンライン申請による場合及び事前提供方式による申請の場合は、譲渡登記所の処理状況をオンラインで確認することが可能なので（Q49の解説3⑷、Q224参照）、オンラインにより登記手続の終了や登記番号を把握することができます。

4 なお、譲渡登記制度においては、不動産登記制度や商業登記制度と異なり、受領証の交付の請求をすることができる規定（不動産登記規則54条、商業登記法22条）がありませんので、譲渡登記申請書を譲渡登記所に提出したとしても、受領証の交付を請求することはできません。

Q41 送付により譲渡登記の申請を行う場合における証明書同時申請の可否

送付により譲渡登記の申請を行う場合、登記申請書と併せて登記事項証明書又は登記事項概要証明書の交付申請書も送付した上で、譲渡登記の申請が受理された直後に当該証明書の交付を受けることは可能でしょうか。

A 可能です。

1　送付による譲渡登記の申請がされる場合、登記申請書と併せて登記事項証明書又は登記事項概要証明書の交付申請書が送付されたときには、譲渡登記所では、実務上、譲渡登記の申請が受理された直後に当該証明書の発行を行い、返送する取扱いを行っています（この取扱いを、実務上、「証明書同時申請」等と称しています。）。

譲渡登記所では、証明書同時申請がされた場合、登記事項証明書又は登記事項概要証明書の交付申請に係る書類に不備がなければ、原則として、当該証明書を登記完了日に発行し、登記完了日か、遅くとも翌執務日には申請人宛てに発送します。

2　証明書同時申請を行うときに注意していただく事項については、以下のとおりです。

(1)　登記事項証明書の証明書同時申請を行うときは、当該同時申請を行うために必要な添付書面（申請人に係る資格証明書や印鑑証明書等）は、登記申請書に添付する添付書面に同一のものがあるときであっても、別途添付する必要があります（登記申請書の添付書面を証明書同時申請のために援用することはできません。）。

(2)　登記事項証明書の証明書同時申請を行うときは、交付申請書の様式については、検索条件として債務者名で特定する必要があるなどの特段の事由がない限り、「当事者指定検索用」様式ではなく、「登記番号・通番指定検索用」様式を使用してください。

また、登記事項概要証明書の証明書同時申請を行うときは、検索条件として譲受人名で特定する必要があるなどの特段の事由がない限り、証明書交付申請書上の「検索条件」については、「譲渡人検索」ではなく、「登記番号検索」にチェックしてください。

なお、証明書同時申請を行うときには、交付申請書に記載することとされている登記番号については、空白のままで構いません（なお、一部

【書式１】 登記事項証明書の証明書同時申請を行う場合の委任状

委　任　状

【注：登記事項証明書の証明書同時申請を行うときは，交付申請書の様式については，検索条件として債務者名で特定する必要があるなどの特段の事由がない限り，「当事者指定検索用」様式ではなく，「登記番号・通番指定検索用」様式を使用すること。】

私は，東京都○○区○○町○丁目○番○号△△△△ を代理人と定め，次の権限を委任します。

譲渡人東京都○○区○○町○丁目○番○号株式会社◇◇◇◇から
譲受人東京都○○区○○町○丁目○番○号□□□□株式会社への
平成３０年１月２５日売買による債権譲渡につき，債権譲渡登記の登記事項証明書の交付申請及び同証明書受領に関する一切の件
【注：証明書同時請求の場合は，登記番号により請求対象の証明書を特定できないので，登記の当事者並びに登記原因及びその日付により特定する。】

ただし，登記番号第　　　－　　　号債権譲渡による個別事項証明（又は一括証明）
【注：証明書同時請求の場合は，登記番号については空白のままでよい。】

【注：債権通番検索の場合は，次のように，債権通番も記載する。】
債権通番１－５，８，１５

平成３０年１月３１日

譲渡人　　東京都○○区○○町○丁目○番○号

株式会社　◇◇◇◇

代表取締役　○○○○　（実印）

第2章 共通 Q41

の通番についてのみ登記事項証明書の交付を請求する場合は、交付申請書上の「通番検索」にチェックした上で、登記番号の記載は空白のままとして、該当する通番のみを記載してください。)。

また、代理人が登記事項証明書の証明書同時申請を行う場合は、添付書面として委任状が必要ですが、当該委任状においては、申請に係る証明書の登記番号がまだ確定していないことから、登記番号を記載することにより交付を申請する証明書を特定することができません。したがって、委任状の記載については、譲渡登記の当事者並びに登記原因及びその日付を記載することにより交付を申請する証明書を特定し、委任状及び証明書交付申請書に記載することとされている登記番号については、空白のままにしておいてください(なお、委任状の記載例は、**【書式1】**を参照してください。)。

(3) 証明書同時申請を行うときは、併せて、必要額分の郵券を貼付した返送用の封筒等を同封してください(返送を速達や書留扱いとする場合には、そのために必要な郵券も貼付してください。)。

なお、譲渡登記の完了通知書(Q39参照)については、譲渡登記所側で通知書送付用の封筒及び費用を負担しますので、送付により譲渡登記の申請を行う場合であって、証明書同時申請を行わないときは、返信用の封筒を同封する必要はありません。

共通 Q42　１件の動産・債権譲渡登記申請により登記可能な動産・債権の個数

１件の動産・債権譲渡登記申請により登記可能な動産又は債権の個数に制限はありますか。

A　動産譲渡登記の場合は1,000個まで、債権譲渡登記等の場合は10万個までです。

動産譲渡登記又は債権譲渡登記等のいずれについても、複数の動産又は債権を一括して譲渡等した場合（同一の契約によって譲渡担保等を行った場合）には、これらを１件の登記申請により登記することができますが、その個数については、動産譲渡登記については、動産1,000個まで（注）、債権譲渡登記等については、債権10万個までとされています（記録方式告示第２の１(1)、第３の１(1)）。

（注）　ここでいう「動産1,000個まで」というのは、「個別動産又は集合動産として特定した動産の数、つまり動産通番の数が1,000個まで」という意味です。個別動産として動産を特定する場合、その動産は物理的にも１つの動産によって構成され、動産通番もその動産ごとに付すことになりますが、集合動産として動産を特定する場合、物理的には複数の動産を１つの集合物として特定することとなり、動産通番はその集合物ごとに付すことになります。したがって、ここでいう「動産1,000個まで」というのは、「集合動産として動産を特定する場合に、当該集合動産を構成する個々の動産の数が1,000個までに限られる」という意味ではありません。

共通 Q43 動産・債権譲渡登記の申請に当たり設定することができる登記の存続期間

動産・債権譲渡登記の申請に当たり設定することができる登記の存続期間は、最長で何年ですか。

A 動産譲渡登記については、特別の事由がない限り、登記申請の日から10年以内です。

また、債権譲渡登記等については、譲渡等に係る債権の債務者が全て特定している場合は、特別の事由がない限り、登記申請の日から50年以内、債務者が特定していない債権を含む場合は、特別の事由がない限り、登記申請の日から10年以内です。

1　動産譲渡登記又は債権譲渡登記等の存続期間については、動産譲渡登記については、特別の事由がない限り、登記申請の日から10年以内とされています（特例法7条3項）。

また、債権譲渡登記等については、譲渡等に係る債権の債務者が全て特定している場合は特別の事由がない限り、登記申請の日から50年とされ、債務者が特定していない債権を含む場合は特別の事由がない限り、登記申請の日から10年とされています（同法8条3項）(注)。

この期間の制限は、延長登記をする場合にも適用され、延長後の存続期間も、特別の事由がない限り、当初の動産譲渡登記又は債権譲渡登記等において制限された期間内である必要があります（同法9条1項ただし書）。

例えば、動産譲渡登記の申請日が平成29年（2017年）6月30日であり、当該動産譲渡登記の存続期間満了日を平成34年（2022年）6月30日と登記した場合において、当該動産譲渡登記の延長登記を申請するときは、登記することができる延長後の存続期間満了日は、最長で平成39年（2027年）6月30日までとなります。すなわち、当初の動産譲渡登記の存続期間満了日から更に10年存続期間が延長され、登記することができる存続期間満了日が平成44年（2032年）６月30日までとなるわけではありません。

なお、この存続期間満了日が日曜日、休日などに当たったとしても、民法142条の適用はなく、存続期間満了日が延長することもありません。

また、存続期間満了日の起算日は登記の申請日からであり、登記原因年月日からではありませんので、注意してください。

2　もっとも、譲渡登記の存続期間については、「特別の事由がある場合」には、法定の存続期間を超えて定め、又は延長することができます（特例法７条３項ただし書、８条３項ただし書、９条１項ただし書）。

この「特別の事由がある場合」の例としては、登記原因を「譲渡担保」とする譲渡登記を申請する場合においては、その被担保債権に係る契約において法定存続期間を超える返済期間や償還期間を定めているときが挙げられます（一問一答86頁、100頁）。

これに対して、単に「債権保全」のために念のため長めの存続期間とするというだけでは「特別の事由」とはいえないと解されており（高山崇彦「『債権譲渡の対抗要件に関する民法の特例等に関する法律の一部を改正する法律』の施行に伴う関係政省令の改正の解説」金融法務事情1750号18頁）、被担保債権の返済期間や償還期間が譲渡登記の法定の存続期間を超えている等の事情がないにもかかわらず、譲渡登記の当事者の合意のみによって法定の存続期間を超える存続期間を定めた譲渡登記をすることは認められないものと考えられます。

例えば、動産譲渡担保権設定契約書において、「譲渡担保権設定者は、本件譲渡担保権設定日において速やかに、本件譲渡担保権の設定について、動産・債権譲渡特例法に基づく譲渡担保権設定登記の申請を行うものとする。ただし、当該登記の存続期間は20年とする。」という条項を置いたとしても、この条項の存在のみでは、譲渡登記の当事者の合意のみによって法定の存続期間を超える存続期間を定めたものにすぎないと扱われてしまいます。この場合に法定の存続期間を超える存続期間を登記しようとするときは、「特別な事由」があること、すなわち、被担保債権に係る契約において返済期間が20年と定められているなどの事情があることを証する書面も添付書面として提出する必要があります（登記令８条３号・４号）（Q70、Q71参照）。

3　この動産譲渡登記又は債権譲渡登記等の存続期間の定めは、登記原因の内容にかかわらず必要となりますので、例えば、登記原因が「売買」の場合であっても、登記の存続期間を定める必要があります。

(注) 譲渡登記の存続期間につき制限が設けられている理由は、制限を設けないと、譲渡登記ファイルのデータが半永久的に動産譲渡登記システム及び債権譲渡登記システムに存在することになり、システムへの負荷が過大となり、検索等の作業に支障を来すおそれがあるためです。なお、存続期間の範囲については、①動産譲渡登記については、現行の実務上、動産の譲渡担保契約は5年から10年の範囲内で契約内容の見直しがされるのが一般的であるといわれていること、また、②債権譲渡登記等のうち譲渡等に係る債権の債務者が特定している場合については、実務上想定されている取引として、住宅ローン債権のように弁済期が相当長期に及ぶ債権の流動化等の取引も含まれていることを考慮して50年という長期の存続期間を設けることとする一方、③債権譲渡登記等のうち譲渡等に係る債権の債務者が特定していない場合は、実務上想定されている取引は、通常、取引期間が10年を超えることはないといわれていることを考慮して定められたものです（一問一答86頁、99頁）。

債権 Q44 1件の債権譲渡登記申請において債務者特定債権と債務者不特定債権とが混在する形で登記申請をすることの可否

1件の債権譲渡登記申請において、譲渡に係る債権として、債務者が特定されている債権と債務者が特定されていない債権の両方が含まれる形で登記申請をすることは可能でしょうか。可能な場合、登記の存続期間はどのように定めることになるでしょうか。

A 本問のとおりの形で登記申請をすることは可能です。この場合、登記の存続期間の満了年月日は、譲渡に係る債権の中に債務者が特定されていない債権が1個でも含まれる場合は、一律に、登記の日から10年以内の範囲で定めることとなります。

債権譲渡登記においては、譲渡に係る債権が数個であっても、譲渡人及び譲受人が同一であり、譲渡の原因及び年月日を同じくするものであれば、1件の申請で一括して申請することが可能です。

この場合、譲渡に係る債権として、債務者が特定されている債権と債務者が特定されていない債権の両方が含まれる形で登記申請をすることも可能です。

ただし、債権譲渡登記の存続期間については、原則として、譲渡に係る債権の債務者の全てが特定しているときは登記の日から50年以内、その他のときは登記の日から10年以内で定めるものとされている（特例法8条3項）ところ、債権譲渡登記の存続期間については、登記申請ごとに定める必要があり、譲渡に係る債権が数個含まれる場合であっても、譲渡に係る債権ごと（債権通番ごと）に定めることは認められません。

そして、譲渡に係る債権中に債務者が特定されていない債権が1個でも含まれる場合は、その存続期間は登記の日から10年以内で定めるという制限が債権譲渡登記申請に含まれる譲渡に係る債権全てに及ぶので、一律に、登記の日から10年以内の範囲で定めることとなります。

共通

Q45　申請データ作成に当たっての注意点

動産・債権譲渡登記を申請したいのですが、申請データを作成するに当たり、どのような点に注意する必要がありますか。

A　1　申請データを作成するに当たっては、使用できる文字の種類の制限や入力できる文字数等の制限事項があります。詳細については、「資料7　申請データの入力方法・入力例」（638頁）及び「資料8　申請データを作成するに当たり注意すべき事項」の「第1　申請データの作成（入力）について」（653頁）を参照してください。

2　事前提供方式（Q49参照）によらずにCD-R又はCD-RWに申請データ

を記録して提出する場合（登記令7条1項）は、申請人の氏名（法人にあっては、商号等）及び申請年月日を記載した書面を貼り付けなければなりません（登記規則12条3項）。

具体的には、提出するCD-R又はCD-RWの表面に申請人の商号等及び申請年月日を記載したラベルを貼り付けます（ラベルがない場合は、提出するCD-R又はCD-RWの表面に、マジックペン等で直接記載してください。）。

ラベルの記載例については、以下のとおりです。

申請人
譲渡人　動産商事株式会社
譲受人　東京法務株式会社
申請年月日　平成30年10月1日

共通 Q46 CD-R又はCD-RWに記録した申請データに対するパスワード設定の可否

事前提供方式によらずにCD-R又はCD-RWに申請データを記録して提出する場合、当該申請データにパスワードを設定することはできますか。

A パスワードを設定することはできません。

解説

1　一般的に、コンピュータで使用するデータについて、特定のプログラムを使用してパスワードを設定することは可能です。しかし、そのパスワードを解除するためにもまた、特定のプログラムが必要です。

この点、動産譲渡登記システム及び債権譲渡登記システムでは、登記令

7条1項の規定により提出された電磁的記録媒体（CD-R 又は CD-RW）に記録されている申請データを用いて自動的に処理をしているところ、同システムにおいては、提出された申請データにパスワードが設定されていた場合には、当該パスワードを解除するためのプログラムを使用することができないため、申請データのパスワードを解除することができず、その結果、登記申請の受付処理ができないこととなります。

したがって、CD-R 又は CD-RW に記録した申請データにパスワードを設定することはできません。

2　なお、上記1のように CD-R 又は CD-RW に記録した申請データにパスワードを設定する目的は、申請データに債務者に関する個人情報等の要保護情報が含まれることがあるところ、そのような情報を CD-R 又は CD-RW のような記録媒体に記録した上で外部に持ち出すことにつき、セキュリティ上の対策を講ずる必要があることによるものと思われます。

このように要保護情報を記録媒体に記録した上で外部に持ち出すことに伴い発生するセキュリティ上の問題については、事前提供方式を利用して、申請データをオンラインにより直接譲渡登記所に送信することにより、回避することが可能です（Q49の解説3(2)参照）。

共通 Q47 動産・債権譲渡登記の申請に当たり事前に確認しておくべきチェックポイント

動産・債権譲渡登記の申請に当たり、事前に確認しておくべきチェックポイントを教えてください。

A 1　登記申請書を提出する前に、「資料9　動産・債権譲渡登記申請チェックリスト」（656頁）を参照して、登記申請書等に不備がないかどうかを再度確認してください。

2　事前提供方式（Q49参照）によらずに、電磁的記録媒体（CD-R 又は CD-RW）に申請データを記録して提出する場合（登記令7条1項）、CD-R 又は CD-RW は、温度等の周辺環境の影響により状態が悪くなる可能性があります。状態の悪い CD-R 又は CD-RW を使用して申請すると、動産譲渡登記システム又は債権譲渡登記システムでCD-R又はCD-RW内のデータを読み込むことができず、登記申請を受理することができない可能性がありますので、CD-R又はCD-RWの状態をよく確認してください。

3　パソコン等で作成した申請データをCD-R又はCD-RWに書き込む作業をする際に、「書込み準備完了」の段階でCD-R又はCD-RWをパソコン等から取り出してしまい、作成した申請データが完全に書き込まれていない状態のCD-R又はCD-RWが譲渡登記所に提出される例が見られます。

したがって、CD-R又はCD-RWを譲渡登記所に提出する際には、特にCD-R又はCD-RWに申請データが完全に書き込まれているかどうかを慎重に確認してください。

共通 Q48 「申請人プログラム」による申請データのチェックの効力

電磁的記録媒体（CD-R又はCD-RW）に記録すべき申請データについては、「申請人プログラム」中の「データチェック」メニューによりチェックすれば、その内容には不備はなく、登記申請が受理されることが保証されるのでしょうか。

A　「データチェック」メニューによって、申請データの形式が記録方式告示において定める記録方式に適合しているかどうかを形式的にチェックすることができます。しかし、申請データにつき「データチェック」メニューによるチェックを行ったことのみによって、当該申請データの内容に不備はなく、登記申請が受理されることが保証されるものではありません。

「申請人プログラム」(注) 中の「データチェック」メニューによって、申請データの形式が記録方式告示において定める記録方式に適合しているかどうかを形式的にチェックすることができます（具体的な手順については、「資

料8　申請データを作成するに当たり注意すべき事項」の「第2　申請データの提出について」(653頁) を参照してください。)。

具体的には、以下のような点をチェックします。

① CD-R又はCD-RWに記録されているXMLファイルの形式的適合性(CD-R又はCD-RW内に必要なXMLファイルが保存されているかどうか、不要なXMLファイルが含まれていないかどうか等)

② 項目の形式的適合性 (各XMLファイル内に必須項目が記録されているかどうか、記録してはならない項目中に記録事項がないかどうか、各項目に記録された文字数が制限を超えていないかどうか等)

③ 項目に記録されている文字の形式的適合性 (使用できない文字が含まれていないかどうか、全角文字で記録すべき文字が半角文字で記録されていないかどうか等)

他方、上記以外の点に不備がある場合、例えば、譲渡人の商号等を記録すべき項目に譲受人の商号等を記録してしまった場合には、「データチェック」メニューによって不備があることをチェックすることはできません。また、申請データの内容が法令に照らして不備がないかどうか (例えば、登録された自動車を動産譲渡登記の目的物としたような場合) ということをチェックすることもできません。

もっとも、当該チェックを行うことにより、申請データの形式が所定の記録方式に適合していないため登記申請が受理されない (実務上、このような例が多く見られます。) というリスクを軽減することができるので、登記申請前には、必ず当該チェックをするようにしてください。

なお、以上で述べたことについては、事前提供方式による場合でも同様です (詳細については、Q49の解説3(1)を参照)。

(注) 「申請人プログラム」は、法務省ホームページ中の「登記－債権譲渡登記－」の各案内ページ (アクセス方法及びアドレスについては、Q32参照) 中の「登記申請の方法」から無償でダウンロードすることができます。

第2章 共通 Q48

共通

Q49 「事前提供方式」の概要及びメリット

「事前提供方式」とは、どのようなものでしょうか。従前の動産・債権譲渡登記申請の方式と比べて、どのようなメリットがありますか。

A 「事前提供方式」とは、登記申請書及び添付書面と共に電磁的記録媒体に記録して提出する情報（申請データ）を、登記申請前にオンラインで送信して提出した上で、登記申請書及び添付書面については、書面で提出するという登記申請の方式です。
この「事前提供方式」には、申請データに係る形式的な不備により登記申請が受理されないというトラブルを避けることができるなどのメリットがあります。

解説

1　動産・債権譲渡登記令の一部を改正する政令（平成26年政令第185号）及び動産・債権譲渡登記規則の一部を改正する省令（平成26年法務省令第23号）が平成26年6月2日から施行され、同日から、新たな登記申請の方式として、登記・供託オンライン申請システムを使用した「事前提供方式」が開始されました（平26・5・23民商49号民事局長通達（634頁）参照）。

2　動産・債権譲渡登記の申請方式としては、従前、①登記申請書及び添付書面と電磁的記録媒体（CD-R又はCD-RWのみ。フロッピーディスク及びMOは使用することができなくなりました。また、DVDも使用できません。）を窓口に出頭して、又は郵便や信書便によって提出する方式（以下「書面方式」という。）と、②登記申請に必要な情報を全てオンラインで送信する方式（以下「オンライン方式」という。）の2種類が認められていました。

新たに3種類目として創設された事前提供方式は、書面方式において電磁的記録媒体に記録して提出するとされていた申請データについては、登記申請前に、譲渡登記所に対し、オンラインで送信（電子署名や電子証明書は不要）して提出した上で、登記申請書及び添付書面については、譲渡登記所に書面で提出するという方式です（登記令7条5項前段、登記規則12条の2等。なお、【表1】も参照してください。）(注)。

3　この事前提供方式には、以下のようなメリットがあります。

(1)　申請データに係る形式的な不備により登記申請が受理されないというトラブルを避けることができます。

書面方式においては、譲渡登記所で登記申請を受け付けたとしても、申請データが記録されたCD-R又はCD-RWに品質上の問題があったり、

【表1】　書面方式、オンライン方式及び事前提供方式の比較

<table>
<tr><th>申請の方式</th><th>提出物</th><th>提出方法</th><th>登記申請の受付時点</th></tr>
<tr><td rowspan="3">書面方式</td><td>申請データ
※CD-R（CD-RW）に記録</td><td rowspan="3">窓口に持参して提出
又は
郵送等により提出</td><td rowspan="3">【窓口に持参して提出した場合】
登記申請書、添付書面及び申請データを譲渡登記所窓口に提出した時
【郵送等により提出した場合】
登記申請書、添付書面及び申請データが譲渡登記所に到達した日の翌執務日の午前8時30分</td></tr>
<tr><td>登記申請書</td></tr>
<tr><td>添付書面</td></tr>
<tr><td rowspan="3">事前提供方式</td><td>申請データ</td><td>→①　事前提供データとしてオンラインにより提出</td><td rowspan="3">【②を窓口に持参して提出した場合】
②の登記申請書及び添付書面を譲渡登記所窓口に提出した時
【②を郵送等により提出した場合】
②の登記申請書及び添付書面が譲渡登記所に到達した日の翌執務日の午前8時30分
【注意】①の事前提供データをオンラインで提出しただけでは登記申請が受け付けられたことにはなりません。</td></tr>
<tr><td>登記申請書</td><td rowspan="2">②　窓口に持参して提出
又は
郵送等により提出</td></tr>
<tr><td>添付書面</td></tr>
<tr><td rowspan="3">オンライン方式</td><td>申請データ</td><td rowspan="3">オンラインにより提出</td><td rowspan="3">譲渡登記所において受け付けられた時（システムによる自動受付）
【注意】譲渡登記所の受付時間外（午後5時15分以降）に登記・供託オンライン申請システムに到達した場合は、当該申請は翌執務日の受付となります。</td></tr>
<tr><td>登記申請書</td></tr>
<tr><td>添付書面</td></tr>
</table>

申請人が作成した申請データに形式エラーが存在するなどの理由により、譲渡登記所において申請データを読み込むことができず、登記申請を受理することができないといった、申請データに係る形式的な不備に伴うトラブルが生じ得ます。

しかしながら、事前提供方式においては、「申請人プログラム」の「事前提供データ作成」機能を使用して譲渡登記所に送信する申請データを作成する作業（事前提供データの作成作業）の際に、作成した申請データに形式エラーがあるときには、形式エラーがあるため申請データを作成することができない旨のメッセージが表示されます。さらに、申請人が、登記申請（登記申請書及び添付書面の提出）の前に、譲渡登記所に対し申請データを送信すると、自動的に申請データの形式チェックが行われ、申請データに形式エラーがあることが判明した場合は、その旨のメッセージが返信されます。このように、事前提供方式では、事前に申請データに形式エラーが存在するかどうかをチェックすることが可能となります。

また、譲渡登記所に送信された申請データに形式エラーがなければ、譲渡登記所で登記申請を受け付けた後に、当該申請データを登記事項として取り込むことになりますので、登記申請時に申請データを読み込めないといったトラブルも避けることができます。

なお、譲渡登記所に送信された申請データは、譲渡登記所で2週間保管されますので、譲渡登記所に申請データを送信してから2週間以内に登記申請を行わない場合は、当該申請データは消去されます（登記規則12条の2第3項参照）。譲渡登記所に申請データを送信してから2週間を経過した後に事前提供方式により登記申請をする場合には、改めて申請データを事前に譲渡登記所に送信してください。

(2) 作成した申請データを直接譲渡登記所に送信することができるので、債務者に関する個人情報等の要保護情報をCD-R又はCD-RWのような記録媒体に記録した上で外部に持ち出すことに由来するセキュリティ上の問題（近時、情報管理体制の強化により、要保護情報を記録媒体に記録した上で外部に持ち出すことを禁止・制限する対応をとる企業が増えているという問題や、要保護情報を記録媒体に記録することにより、当該要保護情報が分散してしまうと、要保護情報の漏洩・紛失のリスクを高めることにつながるという問題など）を回避・軽減することができます。

(3)　登記申請前に、送信した申請データの内容について事前相談を受けることができます。

(4)　オンライン方式による場合と同様に、譲渡登記所の処理状況をオンラインで確認することが可能ですので、登記手続の終了や登記番号を把握することができます。

(5)　書面方式の場合には登記事項を記録するためのCD-R又はCD-RWが必要ですが、事前提供方式の場合は不要であるため、コスト削減になります。

4　以上のようにメリットの多い事前提供方式ですが、他方で、以下のような誤解に基づくトラブルも見られますので、ご注意ください。

(1)　事前提供方式は、飽くまでも申請データのみを事前にオンラインで送信する方式であり、申請データは、オンライン方式用のものではなく、書面方式用のものを使用することとなります。したがって、申請データの作成に当たっては、オンライン方式用の申請データひな形ではなく、必ず書面方式用（窓口・送付申請用）の申請データひな形を使用してください。

また、「申請人プログラム」を使用してデータチェックを行う場合は、「データチェック【動産】」画面又は「データチェック【債権】」画面の「申請方法」は、「オンライン」のボタンではなく、「送付・出頭」のボタンを選択してください（「資料8　申請データを作成するに当たり注意すべき事項」の第2の1「『申請人プログラム』による申請データの形式チェックについて」(653頁）を参照)。

(2)　事前提供方式による場合は、登記申請書と添付書面を別途、譲渡登記所に提出又は送付する必要があります。申請データの送信だけで登記申請手続が完了するわけではありません。

(3)　事前提供方式による場合における登記申請の受付時点は、オンラインにより送信した申請データが譲渡登記所に到達した時点ではありません。したがって、オンラインにより送信した申請データが譲渡登記所に到達しても、その時点で受付番号が付番されるわけではありません。

受付番号が付番されるのは、申請データを送信した後、登記申請書及び添付書面を譲渡登記所に直接提出して申請する場合（窓口申請の場合）

は登記申請書及び添付書面を譲渡登記所の窓口に提出した時点、登記申請書及び添付書面を郵便書留等で譲渡登記所に送付して申請する場合（送付申請の場合）は、登記申請書及び添付書面が譲渡登記所に到達した日の翌執務日の午前8時30分となります。

5　なお、事前提供方式については、法務省ホームページの『登記・供託オンライン申請システムを使用した事前提供方式について』（http://www.moj.go.jp/MINJI/minji06_00080.html）に詳細な案内を掲載していますので、参照してください。

（注）申請データの容量が20MBを超える場合には、当該申請データをオンラインにより送信することができないので、「事前提供方式」によることはできません（「オンライン方式」によることもできません。）。この場合は、「書面方式」により申請してください。

共通 Q50 動産・債権譲渡登記の申請後に申請データを修正することの可否

動産・債権譲渡登記の申請後に、提出した申請データに誤りがあることを発見しました。この場合、申請の取下げをせずに、当該誤りを修正することはできますか。

登記申請後は、申請の取下げをしない限り、申請データの修正をすることはできません。

1　動産・債権譲渡登記の申請（延長登記申請及び抹消登記申請を除く。）を事前提供方式によらずに行う場合には、申請データを法務省令（登記規則11条）で定める構造の電磁的記録媒体（CD-R又はCD-RW）に記録して提出する必要があり（登記令7条1項）、また、事前提供方式により行う場合には、登記申請前に、申請データを譲渡登記所にオンラインで送信して提出する必要があります（同条5項）。

譲渡登記所に提出された申請データは、登記申請の受付後、動産譲渡登記システム又は債権譲渡登記システムで自動的に読み込まれますが、その内容に誤りがあったとしても、登記申請に却下事由（登記令11条参照）がない場合には、そのまま譲渡登記ファイルに記録され、当該申請は受理されることになります。

そして、譲渡登記制度においては、一旦登記により対抗要件が生じた事項について変更又は更正の登記申請をすることはできない（Q53参照）ので、受理された登記に係る登記事項を修正する必要がある場合は、改めて、正しい内容の登記申請をすることになります。

なお、事前提供方式（Q49参照）による場合は、申請データを譲渡登記所に送信した後、当該申請データに誤りがあることを発見したときは、登記申請の受付前、すなわち、登記申請書及び添付書面を譲渡登記所に提出する前であれば、改めて正しい内容の申請データを譲渡登記所に送信した上で、当該申請データに基づく登記申請書を作成し、提出することが可能です。

2　譲渡登記制度においては、申請データに誤りがあるために却下事由に当たる場合、例えば、申請データに記録されたデータの形式が登記令７条４項の告示（記録方式告示）において定める記録方式と一致しない場合（登記令11条３号）や、申請データに記録された譲渡人の商号等と当該譲渡人に係る登記事項証明書に記載されている商号等とが一致しない場合（同条５号）に、申請人にその不備を補正させて登記申請を受理することができません。また、申請データに誤りがあることに登記官が気付いたとしても、登記官自らが当該データを修正することによって当該登記申請を受理することはできません。

したがって、申請データに誤りがあるために却下事由に当たる場合には、窓口での登記申請の場合は、登記申請書と共に提出している取下書に基づき一旦登記申請を取り下げ、申請データの誤りを修正した上で、再申請する必要があります（なお、既に受理された譲渡登記につき、当該登記の対象である動産又は債権に誤りがある場合は、登記原因を「錯誤」として、当該登記の抹消登記を申請することができます。Q95参照）。また、送付による申請の場合には、登記申請書と共に提出している取下書に基づき、譲渡登記所において当該申請の取下げの手続をした後、登記申請書、添付書類及び電磁的記録媒体を申請人に返送しますので、返送後、申請人において申請データを修正し、再申請をする必要があります。

3　なお、申請データに記録されたデータの形式が記録方式告示において定める記録方式に適合しているかどうかについては、法務省のホームページで公開している「申請人プログラム」中の「データチェック」メニューよりチェックすることが可能（Q48参照）です。

登記申請手続をスムーズに進めるために、登記申請前には、申請データの形式の適合性を当該「データチェック」メニューによりチェックし、かつ、申請データの内容を印刷して再度確認するなどして、申請データの記録内容を十分確認した上で登記申請をしてください。

共通

Q51　当事者並びに登記原因及び年月日を同一とする複数の延長登記又は抹消登記を申請する場合における一括申請の可否

譲渡登記の延長登記又は抹消登記を申請する場合において、当該延長登記又は抹消登記の対象となる譲渡登記が複数あるときに、当該延長登記又は抹消登記の当事者が同一であって、かつ、当該延長登記又は抹消登記の登記原因及びその日付が同一であるときは、１通の登記申請書に当該延長登記又は抹消登記に係る譲渡登記の登記番号をまとめて記載して登記申請をすることができますか。

A　できません。

延長登記又は抹消登記に係る譲渡登記の登記番号ごとに登記申請書を作成して登記申請をする必要があります。

解説

1　譲渡登記の延長登記又は抹消登記を申請する場合には、登記申請書に、当該延長登記又は抹消登記の当事者や、当該延長登記又は抹消登記の登記原因及びその日付（登記令７条６項１号）等のほか、当該延長登記又は抹消登記に係る譲渡登記の登記番号（同項２号。以下「原登記番号」という。）を記載することとされています。

そこで、本問のように、延長登記又は抹消登記の対象となる譲渡登記が複数ある場合に、当該延長登記又は抹消登記の当事者が同一であって、かつ、当該延長登記又は抹消登記の登記原因及びその日付が同一であるときは、１通の登記申請書に当該延長登記又は抹消登記に係る原登記番号をまとめて記載することによって登記申請をすることができるかどうかが問題になります。

しかし、本問のような場合であっても、以下の理由から、原登記番号ごとに登記申請書を作成して登記申請をする必要があります。

2　まず、特例法においては、延長登記又は抹消登記をしたときは、動産譲渡登記ファイル又は債権譲渡登記ファイル（これらには、ファイルごとに原登記番号が付与されています。）に当該延長登記又は抹消登記の登記番号を記録することとされています（特例法9条2項3号、10条2項3号）。

これは、譲渡登記ファイルに延長の登記がされたときは、当該延長登記によって延長される存続期間について新たに対抗要件が具備される（もっとも、当該延長登記による対抗要件具備の開始時は、延長前の譲渡登記を具備した時からとなります。）という効果が生じ、また、譲渡登記ファイルに抹消の登記がされたときは、譲受人から譲渡人へのいわゆる復帰的物権変動につき第三者対抗要件が具備されるという効果が生ずるため、譲渡登記と同様に登記番号を付与する必要があることによります。

3　また、延長登記又は抹消登記がされている譲渡登記の登記事項証明書又は登記事項概要証明書の交付を請求する場合において、登記番号を検索条件として特定する方法（登記番号・通番指定検索）によって交付を請求するときには、証明書交付請求書に記載する登記番号については、延長登記又は抹消登記の登記番号を特定することにより交付を請求することができます（Q181参照）。さらに、延長登記及び抹消登記が完了した当日に、当該延長登記又は抹消登記が記載された登記事項証明書又は登記事項概要証明書の交付を請求する場合は、原登記番号ではなく、延長登記又は抹消登記の登記番号を特定することにより交付を請求する必要があります（Q189参照）。

しかし、複数の譲渡登記に係る延長登記又は抹消登記の登記番号が同一のものとなってしまうと、延長登記又は抹消登記の登記番号を記載して交付の請求があった場合、どの原登記番号に係る証明書の交付請求があったのか特定できないことになってしまいます。

4　このようなことから、譲渡登記制度においては、本問のような場合であっても、原登記番号ごとに登記申請書を作成して登記申請をすることとされています。

共通

Q52　延長登記の申請可能日

譲渡登記の存続期間の満了日が間近に迫っているので、当該登記に係る延長登記を申請したいのですが、いつまでに申請すればよいでしょうか。また、延長登記の申請は、いつから可能でしょうか。

A　存続期間の満了日（当該満了日が登記所の休日である場合は、その前執務日）までに延長登記を申請する必要があります。また、延長登記については、当該延長登記の対象となる譲渡登記の受理後から当該譲渡登記の存続期間の満了日までの間であれば、いつでも申請することができます。

延長登記の申請を郵便又は信書便による送付の方法によってする場合は、当該満了日（当該満了日が登記所の休日である場合は、その前執務日）の前執務日までに、登記申請書が登記所に到達する必要があるので、注意が必要です。

なお、オンラインにより登記申請を行う場合については、Q222も参照してください。

1　譲渡登記の存続期間が満了した場合には、登記官は、職権で、当該譲渡登記に係る譲渡登記ファイルの記録を閉鎖し、譲渡登記ファイル中に設けた閉鎖登記ファイルに記録しなければならないこととされています（登記令4条1項）が、登記官は、その処理を当該存続期間の満了後の最初の執務日に行います。

　したがって、例えば、ある動産譲渡登記の存続期間の満了日が平成29年11月28日（火）である場合、登記官は翌執務日の同月29日（水）に当該動産譲渡登記に係る動産譲渡登記ファイルの記録を閉鎖することとなりますので、当該動産譲渡登記の譲渡人及び譲受人は、存続期間の満了日である同月28日までに延長登記の申請をすることにより、存続期間を延長することができます。

なお、延長登記については、当該延長登記の対象となる譲渡登記の受理後から当該譲渡登記の存続期間の満了日までの間であれば、いつでも申請することができます。

2　登記官が譲渡登記ファイルの記録を閉鎖した日以降は、もはや延長登記をすることができないため、延長登記の申請をしたとしても、その申請は登記令11条1号（申請をした事項が登記すべきものでないとき）に当たることから、却下されることとなります。

この場合において、当事者が、当該譲渡登記の対象動産又は債権に係る譲渡等につき対抗要件を具備したいときは、新たに譲渡登記を申請する必要があります。

3　なお、譲渡登記に係る延長登記の申請に当たっては、以下の点に特に注意する必要があります。

(1)　譲渡登記の存続期間の満了日が登記所の休日（行政機関の休日に関する法律1条1項により、①日曜日及び土曜日、②国民の祝日に関する法律に規定する休日、③12月29日から翌年の1月3日までがこれに当たります。）に該当する場合には、当該譲渡登記に係る延長登記は、当該満了日の前執務日までに申請しなければなりません。

(2)　譲渡登記に係る延長登記の申請を郵便又は信書便による送付によってする場合には、当該申請に係る受付処理は、登記官が当該申請に係る登記申請書を受け取った日後最初に執務を行う日にすることとなります（登記令9条ただし書）。

したがって、ある譲渡登記の存続期間の満了日が平成29年11月25日であれば、当該満了日の前執務日、つまり同月24日までに（仮に、24日が登記所の休日に該当する場合には、その前執務日までに）、当該登記申請書が登記所に到達するように送付する必要があります。

譲渡登記を送付（郵送等）の方法にて申請する場合における、延長登記申請の受否
※　存続期間満了日が平成29年11月28日（火）の場合

申請書到達日	申請書受付日	登記原因年月日（注）	延長登記申請の受否
H29.11.24(金)	H29.11.27(月)	H29.11.21延長	受理
H29.11.24(金)	H29.11.27(月)	H29.11.28延長	却下…受付日よりも後の日を登記原因年月日とすることはできない（Q82参照）
H29.11.27(月)	H29.11.28(火)	H29.11.21延長	受理
H29.11.28(火)	H29.11.29(水)	H29.11.21延長	却下…受付日には既に存続期間が満了している。

（注）延長登記の登記原因年月日は、延長登記をすることについて当事者が合意した日となります。

共通 Q53 譲渡登記の登記事項に係る変更・更正登記の可否

譲渡登記が完了した後、動産の保管場所を変更したり、債権の種類に誤りがあったことを発見したなどの事情が発生した場合に、登記事項に係る変更又は更正の登記申請をすることはできますか。

A　変更又は更正の登記申請をすることはできません。

解説

1　譲渡登記が完了した後に登記事項に変更が生じたり、登記事項に誤りがあったような場合であっても、一旦登記により対抗要件が生じた事項について変更又は更正の登記申請をすることはできません（注）。

ただし、譲渡登記の存続期間の延長登記又は譲渡登記の全部の抹消登記若しくは動産（債権）通番を単位とする一部抹消登記を申請することは可

能です（一部抹消登記については、Q55の解説１も参照）。

2　譲渡登記の登記事項に係る変更・更正登記をすることができない理由は、以下のとおりです（以下では、動産譲渡登記を採り上げて説明していますが、債権譲渡登記等についても同様です。）。

例えば、平成30年４月２日に、譲渡に係る動産として「パソコン」のみを対象とする譲渡人Ａから譲受人Ｂへの動産譲渡登記を完了した後、同年５月１日に、譲渡に係る動産として「事務用机」を対象とする譲渡人Ａから譲受人Ｃへの動産譲渡登記を完了したとします。

この場合に、同年４月２日付けで完了している譲渡人Ａから譲受人Ｂへの動産譲渡登記の譲渡に係る動産として、「事務用机」を追加する変更又は更正の登記を同年５月１日に申請できるとすると、譲渡人Ａから譲受人Ｂへの「事務用机」の譲渡が譲受人Ｃへの譲渡よりも優先してしまうことになり、動産譲渡登記制度の意義が失われてしまうことになるからです。

（注）　なお、登記の錯誤又は遺漏が登記官の過誤によるものであるときは、職権により登記の更正がされるほか（登記令12条１項）、登記すべきでない事項が登記されたときには、職権抹消の手続がとられることになります（登記令13条）。

共通 Q54 譲渡登記の譲渡人又は譲受人の表示に係る変更・更正登記の可否

譲渡登記を完了した後、譲渡人又は譲受人の表示（商号等、本店等）に変更又は更正の事由が発生した場合、その旨の変更又は更正の登記をすることはできますか。

変更又は更正の登記申請をすることはできません。

1　商業法人登記制度においては、会社等の登記事項に変更が生じたときは、本店等の所在地において2週間以内にその旨の変更の登記をしなければならないこととされています（会社法915条等）が、譲渡登記制度においては、登記された譲渡人等の表示（商号等、本店等）に変更又は更正の事由が発生したときに、その旨の変更又は更正の登記申請をすることとはされていません。

これは、そのような変更又は更正の登記の申請を義務付けることとすると、譲渡人等は、商業法人登記の変更又は更正の登記の申請に加えて、同旨の譲渡登記の変更又は更正の登記を申請しなければならなくなり、特に、譲渡人等が多数の譲渡登記を行っている場合には、その数に応じた変更又は更正の登記の申請を行わなければならないこととなって、この制度の利用者に過大な負担を強いることとなるからです（Q&A 特例法119頁）。

2　しかし、その反面、譲渡登記制度においては、譲渡登記をした後、譲渡人の商号等や本店等に変更又は更正の事由が生じた場合は、当該譲渡人の変更後又は更正後の商号等や本店等に基づいて当該譲渡人に係る譲渡登記を検索することができない結果となってしまいます。そのため、譲渡人の商号等や本店等の変更又は更正の登記が行われた時点における譲渡人の商号等や本店等によって、当該譲渡人に係る譲渡登記を検索することができる措置を講ずる必要があります。

そこで、譲渡登記制度においては、譲渡人の本店等の所在地を管轄する商業法人登記所に概要ファイルを備えることとし、譲渡人の本店等の所在地を管轄する商業登記所の登記官は、譲渡人の商号等や本店等の変更又は更正の登記がされた場合には、概要ファイル中の譲渡人の商号等や本店等の記録を変更し（登記規則7条）、本店等が他の登記所の管轄区域内に移転する場合には、当該他の登記所において新たな概要ファイルが備えられる（登記規則6条2項）などの措置を講ずることとしています。

このような措置を講ずることによって、譲渡登記をした後に譲渡人の商号等や本店等につき変更又は更正の登記がされた場合であっても、当該譲渡人に係る概要記録事項証明書の交付を請求することによって、当該譲渡人に係る譲渡登記の有無を検索することが可能となっています（Q４参照)。

3　なお、譲渡登記をした後に譲渡人又は譲受人の表示に変更が生じ、その後、延長登記又は抹消登記を申請する場合には、変更を証する証明書（履歴事項全部証明書等）を添付する必要があります（登記規則13条１項４号)。

共通 Q55 個々の動産通番・債権通番の中の一部の事項のみを抹消する登記をすることの可否

個々の動産通番・債権通番の中の一部の事項のみを抹消する登記をすることはできますか。

A　できません。

解説

1　譲渡登記制度においては、既に登記されている内容について、変更登記又は更正登記を申請することはできません（Q53参照)。

もっとも、動産通番又は債権通番を単位として一部抹消登記を申請することはできます（特例法10条３項)。

これは、複数の動産又は債権について一括して譲渡登記をした場合であっても、個々の動産又は債権ごとに対抗力を具備しているものと考えられるところ、譲渡登記をしている動産又は債権のうち抹消事由（特例法10条１項）の生じた動産又は債権については、その対抗力を具備しておく必要がないことになるので、個々の動産又は債権ごとに抹消登記をすることを認める必要があるからです。

そして、譲渡登記をしている動産又は債権のうち一部の動産又は債権について抹消登記を申請する場合は、一部抹消登記を申請すべき譲渡登記に係る登記番号のほかに、抹消すべき動産又は債権に係る「１で始まる連続番号」（動産通番・債権通番）も特定することとされています（特例法10条

3項2号、登記令7条6項4号、登記規則8条3項、9条2項)。

このように、登記番号及び動産通番・債権通番によって抹消登記をすべき動産又は債権を特定した上で、動産通番・債権通番の単位で一部抹消登記を行うことはできます。

しかしながら、個々の動産通番・債権通番の中の一部の事項のみの抹消登記をすることはできません。

2　具体例を挙げて説明すれば、例えば、譲渡に係る動産を集合動産として特定する方法によって動産譲渡登記を申請し、「動産の種類」について、「指輪、イヤリング及びネックレス」と1つの動産通番の中で列挙して登記をしましたが、今般、この中の「指輪」のみを動産譲渡登記の対象から外す必要が生じたとします。

この場合、登記されている「動産の種類」から「指輪」のみを抹消する登記をすることはできないため、「指輪」のみを動産譲渡登記の対象から外すためには、当該動産通番を特定して、一旦一部抹消登記を申請した上で、「動産の種類」を「イヤリング及びネックレス」として、改めて動産譲渡登記を申請する必要があります。

ただし、この方法によると、一部抹消登記を申請した動産について具備していた第三者対抗要件は、一部抹消登記をした時点で失われることになり、改めて動産譲渡登記をした時点から第三者対抗要件を具備することになる点に留意する必要があります。

このようなことから、上記の例で言えば、動産譲渡登記を申請するに当たり、「動産の種類」に列挙する動産について、将来、その一部を抹消する必要が生じる可能性があるときは、抹消する可能性のある動産については、他の動産と同じ動産通番に列挙するのではなく、あらかじめ動産通番を分けておく（例えば、「動産の種類」を「指輪」と「イヤリング及びネックレス」に分けて、別の動産通番を付して登記しておく）のも1つの方法と考えられます。

共通

Q56 判決に基づく譲渡登記の申請手続

当社は、譲渡担保を登記原因とする債権譲渡登記の譲渡人です。この度、譲受人との間の債権譲渡担保設定契約を解除したので、債権譲渡登記の抹消登記を申請したいのですが、譲受人がこれに応じてくれません。
そこで、判決により単独で債権譲渡登記の抹消登記申請をしたいのですが、この場合、登記手続をすべきことを求める訴状中の請求の趣旨の記載は、どのようなものである必要がありますか。また、当該判決に基づき単独で登記の申請をする場合に、執行文の付与を要しますか。

A 債権譲渡登記の抹消登記手続を求める訴状中の請求の趣旨の記載については、以下の解説中の【記載例1】や【記載例2】のように記載すればよいものと考えられます。また、執行文の付与については、原則として要しません。
なお、本問では、説明を簡便にするために、債権譲渡登記を採り上げて説明していますが、以下の解説は、基本的に、動産譲渡登記についても同様に当てはまります。

解説

1 譲渡登記手続においては、判決による登記の申請については、当事者の一方が単独ですることが認められています（登記令6条）。
この判決による登記の基本的な仕組みについては、不動産登記手続におけるそれと同様に解されます。
すなわち、不動産登記手続においては、権利に関する登記の申請については、原則として、登記権利者及び登記義務者が共同してしなければならない（不動産登記法60条）が、当事者の一方が登記申請に協力しないときは、その他方は、一方に対して登記手続をすべきことを命ずる確定判決を得て、その判決を一方の登記申請行為に代えることにより、単独で登記の申請をすることができます（同法63条１項）。

そして、以上については、不動産登記手続と同様に譲渡人及び譲受人の共同申請によるものとされている（特例法７条２項、８条２項、９条１項、10条１項）譲渡登記手続においても同様です（登記令６条）。

2　ここで、不動産登記請求訴訟において登記手続を命ずる主文の記載につき、実務上、「登記原因及びその日付」（不動産登記令３条６号）を特定する必要があるかどうかをめぐり、問題となる例がしばしば見られるようですが、以下のとおり、「登記原因及びその日付」については、判決の主文にこれを明確に表示すべきと解されています（青山正明編『新訂民事訴訟と不動産登記一問一答』86～89頁〔大内俊身〕）。

すなわち、ここにいう「登記原因」とは、登記の原因となる事実又は法律行為をいい、「その日付」とは、登記原因たる事実が発生し、又は法律行為の効力が生じた日を指しますが、登記原因及びその日付が登記事項とされているのは、登記される権利関係を特定し、権利変動の過程、態様を正確に公示するためのものですので、判決の主文においてこれが明示されていることが相当というべきです（注１）。

そして、この点については、不動産登記と同様に、登記される権利関係を特定するため、「登記原因及びその日付」が登記事項とされている（特例法７条２項４号、８条２項２号、10条２項２号、登記令７条６項１号、登記規則16条１項３号）譲渡登記手続においても、同様と解されます。

3　次に、債権譲渡登記の抹消登記手続を命ずる判決の主文において、抹消されるべき債権譲渡登記をどのように特定すればよいかについてですが、抹消されるべき債権譲渡登記を特定するための要素としては、抹消すべき登記が債権譲渡登記であること、抹消すべき債権譲渡登記の当事者の表示（譲渡人及び譲受人）、抹消すべき債権譲渡登記の登記番号、登記原因及びその日付、並びに一部抹消の場合は、抹消すべき債権通番が挙げられます（注２）。

4　以上のことから、本件における債権譲渡登記の抹消登記手続を求める訴状中の請求の趣旨の記載については、以下の**【記載例１】**や**【記載例２】**のように記載すればよいものと考えられます。

【記載例１】 債権譲渡登記の全部抹消登記手続を求める場合の例

〔請求の趣旨〕 被告は、（原告に対し、）別紙登記目録記載の各債権譲渡登記につき、平成○年○月○日解除を原因とする（全部）抹消登記手続をせよ。

〔登記目録〕

１ 譲渡人 東京都千代田区神田一丁目○番○号
株式会社○○商事
譲受人 東京都港区江南二丁目○番○号
株式会社○○ファイナンス
登記番号 第２０１６－○○○○号
登記原因及びその日付 平成２８年4月１日譲渡担保

２ 譲渡人 東京都千代田区神田一丁目○番○号
株式会社○○商事
譲受人 東京都港区江南二丁目○番○号
株式会社○○ファイナンス
登記番号 第２０１６－△△△△号
登記原因及びその日付 平成２８年5月１日譲渡担保

【記載例２】 債権譲渡登記の一部抹消登記手続を求める場合の例

〔請求の趣旨〕 被告は、（原告に対し、）別紙登記目録記載の債権譲渡登記につき、平成○年○月○日解除を原因とする（一部）抹消登記手続をせよ。

〔登記目録〕

譲渡人 東京都千代田区神田一丁目○番○号
株式会社○○商事
譲受人 東京都港区江南二丁目○番○号
株式会社○○ファイナンス
登記番号 第２０１６－○○○○号
登記原因及びその日付 平成２８年4月１日譲渡担保
債権通番 ０００００１～０００００３、０００００５

5 次に、債権譲渡登記の抹消登記手続を命ずる判決に基づき単独で登記の申請をする場合に、執行文の付与を要するかどうかについては、以下のとおりです。

すなわち、強制執行は、執行文が付与された債務名義の正本に基づいて実施されるのが原則です（民事執行法25条本文）が、被告に対し、登記手続をすべきことを命ずる判決は、その確定の時に被告（債務者）の登記申請の意思表示が擬制され（民事執行法174条１項本文）、判決の執行が完了しますので、特段の執行手続を要しません。

したがって、判決の主文において、単純に「登記手続をせよ。」と命じられている限りは、執行文の付与を要しません。そして、判決による申請を行うための添付書類としては、確定判決の判決書の正本又は謄本及びその確定証明書を添付すればよいこととなります（注３）（注４）（注５）。

もっとも、登記手続をすべきことを命ずる確定判決であっても、例外的に執行文の付与を要する場合があります。すなわち、債務者の登記申請の意思表示が、①債権者の証明すべき事実の到来に係るとき、②反対給付との引換えに係るとき、③債務の履行その他の債務者の証明すべき事実のないことに係るときは、執行文が付与された時に意思表示があったものとみなされる（民事執行法174条１項ただし書）ので、これらの場合には、執行文の付与を要します。登記令６条が、「登記手続を命ずる判決であって執行力を有するもの」と規定しているのも、この点を明記する趣旨であると解されます。

6　なお、登記申請書に執行力のある判決の正本又は謄本を添付したときは、譲渡人又は譲受人の印鑑証明書は添付することを要しません（登記規則13条２項）。もっとも、申請人が法人である場合の資格証明書（登記令８条１号）、譲渡登記を申請する場合の譲受人の住所を証する書面（登記規則13条１項１号）及び譲渡人又は譲受人の表示が譲渡登記ファイルに記録された表示と異なる場合の変更を証する書面（同項４号）は、添付しなければなりません（注６）。

（注１）　この点につき、大審院判例の中には、登記義務の履行を命ずる判決において判決主文に登記原因の日付が明記されていない場合でも、その判決全部に徴し、登記原因の年月日を知ることができれば足りるとするものがあり（大判昭４・５・22法律新報186号15頁）、最高裁判所の判例にも、売買による所有権移転登記手続を命ずる場合には、その売買の日付は必ずしも主文に表示する必要はなく、理由中にこれが明示されていれば足りるとしたもの（最三小判昭32・９・17民集11巻９号1555頁）があります。しかし、これらはいわば救済判決であって、これを一般化するのは適当でないと考えられます。

また、不動産登記実務上も、判決書に記載すべき権利の変動の原因の記載があればそれに従い、その記載がないときは「判決」とする例であるとする先例があります（昭29・５・８民甲938号民事局長回答（登記関係先例集下2193頁）、登記研究79号37頁）。しかし、登記手続をすべきことを命ずる判決は、当事者の一方の登記申請の意思表示を擬制するにとどまり、登記原因たる権利変動事実を当該判決によって創設するものではありませんから、上記先例は、判決書の記載（理由中の判断を含む。）から、これが明らかな場合であっても、判決によって司法の判断が示され、一定の登記手続が命じられている以上、これを尊重すべきとの立場から、便宜的な事後の救済措置を示したものと理解すべきです（幸良秋夫『設問解説　判決による登記　改訂増補版』29～30頁。）

（注２）　登記所の名称を特定することについては、債権譲渡登記並びにその延長登記及び抹消登記の申請に関する事務をつかさどるのは債権譲渡登記所として指定されている東京法務局民事行政部債権登録課のみであることが明らかである（特例法５条１項。「動産及び債権の譲渡の対抗要件に関する法律第５条第１項の登記所を指定する告示」（平成17年法務省告示第501号。14頁参照））ことから、必ずしも特定することを要しないものと考えられます。

また、登記の受付日を特定することについては、債権譲渡登記の登記官は、登記申請書を受け取ったときは、受付の順序に従い、登記番号を付すこととされ（登記規則15条１項）、この登記番号は１年ごとに更新され（同条２項）、また、登記番号は債権譲渡登記ファイルへの記録事項とされている（特例法８条２項１号、７条２項７号、９条２項３号、10条２項３号）ことからすれば、登記番号を特定することができれば抹消登記手続の対象となる登記を一義的に特定することができる（Ｑ９参照）ので、必ずしも登記の受付日を特定することを要しないものと考えられます。

（注３）　登記令６条は、単に「登記手続を命ずる判決」と規定していますが、同時に「執行力を有するもの」とも規定しており、判決が執行力を有する前提として当該判決が確定している必要がある（民事執行法22条１号参照）ことから、登記令６条にいう「登記手続を命ずる判決」は、確定判決である必要があります。また、登記令６条にいう「登記手続を命ずる判決」として、執行文の付与された判決書の正本が添付されるときは、既に当該判決が確定していることが前提となっているので、改めて確定証明書の添付を要しません。

（注４）　不動産登記法63条１項にいう「確定判決」には、裁判上の和解調書、調停調書など民事訴訟法その他の法令の規定により確定判決と同一の効力を有するもので、当事者の一方の登記申請の意思表示がされているものも含まれると解されていますが、登記令６条にいう「判決」についても同様と解されます（民事執行法174条１項本文参照）。

（注５）　不動産登記手続においては、判決による単独登記申請の場合における登記原因証明情報については、判決書の正本に限定しています（不動産登記令７条１項５号ロ⑴）が、譲渡登記手続においては、判決による単

独登記申請の場合における添付書面については、判決書の正本のほか、謄本も認められています（登記令６条）。ただし、執行文の付与を要する場合は、執行文は債務名義である確定した判決書の正本の末尾に付与される（民事執行法26条２項）ので、正本を添付する必要があります（正本を提出することができない場合は、登記申請の当事者が原本であることを証明した奥書をした写しでも可）。

（注６） 判決による登記は、当事者双方の共同申請によらずに、単独で申請することができるところ、判決により登記申請の意思表示を命じられた当事者は登記申請人とならないので、登記申請の意思表示を命じられた当事者（登記申請人とならない当事者）が法人の場合であっても、当該法人の資格証明書(登記令８条１号)の添付は要しないこととなります。もっとも、譲渡登記を申請する場合の譲受人の住所を証する書面（登記規則13条１項１号）及び譲渡人又は譲受人の表示が譲渡登記ファイルに記録された表示と異なる場合の変更を証する書面（同項４号）の添付については、当該譲渡人又は譲受人が登記申請人となるか否かにかかわらず、添付を要することとなります。

共通

Q57 譲渡登記制度において破産手続開始の登記に関する規定の適用がない理由

特例法15条１項が破産手続開始の登記の嘱託に関する規定を適用除外しているのは、なぜですか。

A 譲渡登記制度は、動産又は債権の譲渡等について、登記による対抗要件具備の効果を付与することを目的とするところ、破産手続開始の登記の性質は、破産者（登記名義人）の処分権が喪失したという事実を公示するものにすぎないことによるものです。

1　破産手続開始の決定があると、法律上当然に破産財団に属する財産の管理処分権は破産管財人に専属し（破産法78条１項）、また、破産者が破産手続開始後に破産財団に属する財産についてした法律行為は、相手方の善意・悪意に関係なく、破産手続との関係においては、その効力を主張する

ことができない（破産法47条１項）ことから、破産手続開始の登記には、対抗要件としての意義はなく、警告的な意味を有するにとどまり、その性質については、破産者（登記名義人）の処分権が喪失したという事実を公示する一種の「処分の制限の登記」であると解されています。

2　ところで、譲渡登記制度は、動産又は債権の譲渡等について、登記による対抗要件具備の効果を付与することを目的とするものであって、不動産登記における「処分の制限の登記」に相当するものは、そもそも制度上予定されていません。

したがって、「処分の制限の登記」の性質を有する破産手続開始の登記の嘱託は、制度上、当然に適用がないことになります。しかし、保全処分の登記の嘱託等（破産法259条）とは異なり、破産手続開始の登記は、解釈上「処分の制限の登記」と解されているにすぎず、文言上は譲渡登記に適用があるかどうか定かではありません。

そこで、特例法15条１項は、破産手続開始の登記の嘱託に関する規定（破産法258条１項２号、２項、４項）は、動産譲渡登記がされている譲渡に係る動産、債権譲渡登記がされている譲渡に係る債権及び質権設定登記がされている質権については、適用されないことを明らかにしています。

3　なお、破産財団に属する財産に係る破産手続開始の登記は、破産者が個人（自然人）である場合にのみ嘱託されることから、特例法15条１項は、動産又は債権の譲受人等が個人（自然人）の場合についてのみ適用除外の意味を有することとなります（一問一答135頁）。

共通

Q58 譲渡登記につき差押え、仮差押え及び処分禁止仮処分の登記をすることの可否

譲渡登記につき差押えの登記や仮差押えの登記をすることはできますか。また、譲渡登記につき処分禁止の仮処分の登記をすることはできますか。

いずれもできません。

1　譲渡登記制度は、動産又は債権の譲渡の事実を登記によって公示し、その譲渡に対抗力を付与することを目的とするものであって、不動産登記における「処分の制限の登記」（不動産登記法76条２項参照）(注)や、電子記録債権における「強制執行等の電子記録」（電子記録債権法49条１項）に相当するものは、そもそも制度上予定されていません。

したがって、「処分の制限の登記」の性質を有する登記は、譲渡登記制度上、当然に適用がないことになる（一問一答134頁）ところ、差押えの登記、仮差押えの登記及び処分禁止の仮処分の登記は「処分の制限の登記」の性質を有する登記に当たると解されますから、譲渡登記につきこれらの登記をすることは認められません。

2　実際にも、動産又は債権に対する強制執行及び仮差押えの手続に関する法令中には、譲渡登記について「処分の制限の登記」の性質を有する登記を行うための手続規定は設けられておりません（民事執行法122条ないし166条、民事保全法49条、50条参照）。

また、動産又は債権に関する権利を保全するための仮処分の執行については、「仮差押えの執行又は強制執行の例による」（民事保全法52条１項）との規定があるのみで、その効力あるいは具体的な執行方法については、解釈と運用に委ねられていますが、例えば、債権を対象とする処分禁止の仮処分の執行については、管轄裁判所である本案の裁判所又は係争物である当該債権の所在地を管轄する地方裁判所（民事保全法12条１項）が、仮処分債務者に対する当該債権の取立て及び譲渡等の処分の禁止命令とともに、当該債権の債務者（第三債務者）に対する弁済禁止命令が発せられる方法により行われるのが通例であり（原井龍一郎＝河合伸一『実務民事保全法〔三訂版〕』350頁）、債権譲渡登記により譲渡の対抗要件が具備されている債権につき、その譲渡等の処分を禁止するための仮処分については、そのような方法で執行がされることで足りるものと思われます。

なお、民事保全法54条にいう「不動産に関する権利以外の権利で、その処分の制限につき登記又は登録を対抗要件（中略）とするもの」とは、その登記又は登録が不動産登記と同様の機能を果たしているものをいうところ（加藤新太郎＝山本和彦編『裁判例コンメンタール民事保全法』502頁〔長谷部由紀子〕)、譲渡登記は処分制限の登記を想定しておらず、不動産登記と同様の機能を果たしているということはできません。したがって、譲渡登記は、同条にいう「登記又は登録」には含まれないと解されます(加藤=山本・前掲504、505頁参照)。

(注) 不動産登記における「処分の制限の登記」の例としては、以下のようなものがあります(鎌田薫=寺田逸郎編『新基本法コンメンタール不動産登記法』230頁〔宮本俊忠〕)。①強制競売開始決定に係る差押えの登記(民事執行法48条1項)、②強制管理の開始決定に係る差押えの登記(民事執行法111条)、③仮差押えの登記(民事保全法47条1項)、④仮処分の登記(民事保全法52条1項)、⑤破産及び破産前の保全処分等の登記(破産法258条1項、259条1項)、⑥再生手続開始前の保全処分等の登記(民事再生法12条1項)、⑦会社更生手続開始前の保全処分等の登記(会社更生法260条1項)、⑧清算会社の財産に関する保全処分等の登記(会社法938条)、⑨滞納処分による差押えの登記(国税徴収法68条3項)、⑩収用又は使用の裁決手続開始の登記(土地収用法45条の2)

共通 Q59 譲渡登記制度において否認の登記及び否認の登記の抹消に関する規定の適用がある理由

特例法が否認の登記及び否認の登記の抹消に関する規定の適用を排除していないのは、なぜですか。

A 否認権の行使による復帰的な権利変動について対抗要件を備える必要があること、また、譲渡登記が否認されたことや否認の登記が効力を失っていることを公示する必要があることによるものです。

1　特例法は否認の登記及び否認の登記の抹消に関する規定(破産法260条等)の適用を排除していませんが、その理由については、以下のとおりです(Q&A 特例法142頁参照)。

2　すなわち、動産又は債権の譲渡等の対抗要件の特例として譲渡登記の制度を創設したのは、1個の登記により多数の動産又は債権の譲渡等につき一括して迅速かつ容易に第三者対抗要件を具備することを可能にし、これによって企業が多数の動産又は債権の譲渡等により行う資金調達を容易にするためです。

そこで、このようにして資金の調達をした企業が破産し、否認権が行使された場合には、否認権の行使による多数の財産の復帰的な権利変動について、破産法260条1項を適用して、特例法による譲渡登記により対抗要件を備えさせることが、破産財団への財産の帰属を確実にし、破産の目的を達成するために非常に有益であると考えられます。また、譲渡登記そのものが否認された場合には、その登記が否認された旨の登記を行い、これによって破産財団に対する関係で、当該権利変動の登記が効力を失っているものである旨を公示する必要もあります。

そして、このように、譲渡登記がされた権利について、破産法260条1項の適用を認めるならば、破産手続開始の決定の取消し等により否認の登記が効力を失った場合にも、これを何らかの方法で公示する必要があるので、破産手続開始の決定の取消しが確定した場合等に、否認の登記の抹消を嘱託すべきこととする破産法260条4項も適用すべきこととなります。

3　なお、特例法が民事再生手続や会社更生手続における否認の登記及び否認の登記の抹消に関する規定の適用を排除していない理由についても、以上の説明と同旨と考えられます。

共通 Q60 譲渡登記に係る否認の登記の申請手続

譲渡登記に係る否認の登記を申請する際の方法について教えてください。

A　否認の登記は、当該否認の裁判であって執行力を有するものの正本又は謄本を添付することにより、破産管財人、監督委員又は管財人が単独で申請することができます。

登記申請書の記載例については、本解説末尾の【書式2】を参照してください。

解説

1　譲渡登記に係る動産若しくは債権の譲渡又は譲渡登記が否認されたことによる破産法260条１項、民事再生法13条１項又は会社更生法262条１項（他の法律において準用する場合を含む。）による否認の登記は、当該否認の裁判であって執行力を有するものの正本又は謄本を添付することにより、破産管財人、監督委員（民事再生法56条に基づき裁判所から否認権を行使する権限を付与された場合）又は管財人が単独で申請することができます（登記令６条前段。平10・９・22民四1822号民事局長通達第２の５⑵（595頁）、平17・９・30民商2291号民事局長通達第３の４⑵（613頁））。

なお、破産管財人、監督委員又は管財人以外の者が否認の登記を申請した場合、当該申請は、登記令11条２号（申請の権限を有しない者の申請によるとき）により却下されます。ただし、破産管財人、監督委員又は管財人から委任を受けた代理人が申請をすることは可能です。

2　譲渡登記に係る否認の登記の登記申請書の主な記載事項は、以下のとおりです（具体的な登記申請書の記載例については、**【書式2】**を参照してください。）。

⑴　登記の目的

「否認登記」と記載します。

⑵　否認登記の対象となる動産（債権）譲渡登記の登記番号

否認登記の対象となる譲渡登記の登記番号を記載します。

否認登記の対象となる譲渡登記の登記番号が複数あるときに、１通の登記申請書に当該登記番号をまとめて記載して登記申請をすることはできません。このときは、登記番号ごとに登記申請書を作成して登記申請をする必要があります（**Q51**参照）。

⑶　登記原因及びその日付

否認の訴えに基づく場合は、登記の原因である行為の否認であるか、登記の否認であるかにより、「平成○年○月○日判決（破産法による登記原因の否認）」又は「平成○年○月○日判決（破産法による登記の否認）」のように記載し、否認の請求に基づく場合は、同様に、「平成○年○月○日決定（破産法による登記原因の否認）」又は「平成○年○月○日決定（破産法による登記の否認）」のように記載します。

登記原因の日付は、判決又は決定が確定した日です。

(4) 譲渡人及び譲受人の記載

譲渡人及び譲受人の表示として、譲渡人の本店（主たる事務所）及び商号（名称）並びに譲受人の氏名及び住所（法人にあっては、本店（主たる事務所）及び商号（名称））を記載します。譲渡人又は譲受人の表示が譲渡登記ファイルに記録されている表示と異なる場合は、変更後の表示を記載します。

(5) 添付書類

否認の訴えに基づく場合は、当該訴えに係る請求を認容する判決の判決書の正本（又は謄本）及び確定証明書を添付し、否認の請求に基づく場合は、当該請求を認容する決定の裁判書の正本（又は謄本）及び確定証明書を添付します（登記令6条後段）。

また、登記申請書に執行力のある判決の正本又は謄本を添付したときは、申請人である破産管財人、監督委員又は管財人に係る印鑑証明書を添付することは要しません（登記規則13条2項）が、これらの者に係る資格証明書（これらの者が記載されている商業登記所が発行する登記事項証明書又はこれらの者の選任を証する裁判所書記官が交付する証明書（破産規則23条3項、民事再生規則20条3項、27条、会社更生規則20条3項））、を添付する必要があります。

なお、代理人によって申請する場合は代理権限証書（登記令8条1号・2号）、譲渡人又は譲受人の表示が譲渡登記ファイルに記録された表示と異なる場合はその変更を証する書面（登記規則13条1項4号）も添付する必要があります。

(6) 登録免許税の額

「非課税（破産法261条）」のように記載します。

3 なお、譲渡登記所の登記官は、登記の申請を受理したときは、登記番号等を記載した完了通知書を所定の者に送付することとされていますが、否認の登記の申請を受理したときは、当該完了通知書は送付されません（Q39の（注1）参照）。

また、否認の登記の申請が受理されたとしても、当該否認の登記がされた譲渡登記ファイルは、閉鎖されません（登記令4条1項参照）。

【書式2】 譲渡登記に係る否認登記の登記申請書

登　記　申　請　書

登記の目的　　否認登記

否認の対象となる債権譲渡登記の登記番号　　第２０１８－１０５００号

登　記　原　因　　平成３０年３月２３日判決（破産法による登記原因の否認）

譲　　渡　　人　　東京都千代田区九段南一丁目××番××号
甲乙産業株式会社

譲　　受　　人　　東京都中野区野方一丁目×番×号
丙丁ファイナンス株式会社

添　付　書　類　　資格証明書　判決正本　確定証明書

登録免許税　　非課税（破産法第２６１条）

上記のとおり申請します。

平成３０年６月１日　　東京法務局　御中

申　請　人
破産者甲乙産業株式会社破産管財人
東京都千代田区〇〇町二丁目〇〇番〇〇号〇〇ビル３階
〇〇〇〇法律事務所
弁護士　△△　△△　㊞
（連絡先：０３－３００３－××××）

共通

Q61 原本還付や登記申請書に「前件添付」の表示をすることにより添付書面の添付を省略することの可否

譲渡登記の申請書に添付する資格証明書及び印鑑証明書の原本の還付請求をすることはできますか。
また、同時に複数の譲渡登記の申請をする場合、最初の登記申請書に原本を添付し、後件の各登記申請書に「前件添付」の表示をすることにより、添付書類の添付を省略することは認められますか。

A　譲渡登記制度においては、資格証明書及び印鑑証明書の原本の還付請求は認められていません。
また、最初の登記申請書に原本を添付し、後件の各登記申請書に「前件添付」の表示をすることにより添付書類の添付を省略することも認められていません。
ただし、一定の要件を満たす場合には、最初の登記申請書に原本を添付し、後件の各登記申請書には、申請人（代理人による申請の場合は当該代理人）が原本の写しに相違ない旨を記載した謄本を添付することにより、原本の添付を省略することができます。

解説

1　譲渡登記の申請書に添付する資格証明書や印鑑証明書については、原本還付を請求することはできず、必ず原本の提出が必要となります（譲渡登記に関する法令には、不動産登記に関する法令（不動産登記規則55条）のような原本還付に関する規定がありません。）。

また、同時に複数の譲渡登記の申請をする場合、添付書類の援用（前件添付の表示）も認められません（譲渡登記に関する法令には、不動産登記に関する法令（不動産登記規則37条）のように添付書類の省略を認める規定がありません。）。

この取扱いは、登記原因及び登記原因年月日が同一であるが、動産の個数が1,000個を超えるため、又は債権の個数が10万個を超えるため、登記申請書を複数に分けて申請する場合（Q42参照）でも同様です。

2　また、譲渡登記の延長登記又は抹消登記を申請する場合において、当該延長登記又は抹消登記の対象となる譲渡登記が複数あるときに、当該延長登記又は抹消登記の当事者が同一であって、かつ、当該延長登記又は抹消登記の登記原因及びその日付が同一であるときであっても、１通の登記申請書をもって延長登記又は抹消登記を申請すること（いわゆる一括申請）はできず、当該延長登記又は抹消登記の対象となる譲渡登記ごとに登記申請書を提出する必要があります（Q51参照）が、この場合も、添付書類の援用は認められません。

例えば、１通の委任状中に、委任事項として、抹消する債権譲渡登記の登記番号が「第2018－100号」と「第2018－200号」のようにまとめて記載されている場合であっても、当該委任状を「第2018－100号」に係る抹消登記の申請書にのみ添付して、「第2018－200号」に係る抹消登記の申請書に「前件添付」の表示をすることによって委任状の添付を省略することは認められず、「第2018－200号」に係る抹消登記の申請書にも別途委任状を添付する必要があります。

3　ただし、一定の要件を満たす場合には、最初の登記申請書に原本を添付し、後件の各登記申請書には、申請人（代理人による申請の場合は当該代理人）が原本の写しに相違ない旨を記載した謄本を添付することにより、原本の添付を省略することができます。詳細は、Q62を参照してください。

共通 Q62 同時に申請する各登記申請書の添付書面に内容の同一のものがある場合に、後件の登記申請書につき添付書面の原本の添付を省略することの可否

同時に数個の譲渡登記の申請をする場合において、各登記申請書の添付書面に内容の同一のものがあるときに、後件の登記申請書に係る添付書面につき、原本の添付は省略できるのでしょうか。

A 一定の要件を満たす場合には、最初の登記申請書に原本を添付し、後件の各登記申請書には、申請人（代理人による申請の場合は当該代理人）が原本の写しに相違ない旨を記載した謄本を添付することにより、原本の添付を省略することができます。

1　動産・債権譲渡登記規則の一部を改正する省令（平成26年法務省令第23号）の施行により、添付書面の一部省略を認める規定が新設され、同一の登記所に対して同時に数個の申請をする場合において、各登記申請書の添付書面に内容が同一のものがあるときは、1個の登記申請書に1通の添付書面の原本を添付すれば足りるとされました（登記規則13条の2第1項）。

2　この添付書面の一部省略が認められるためには、以下の要件を満たす必要があります。

(1)　同一の登記所に申請すること（登記規則13条の2第1項）

動産譲渡登記所と債権譲渡登記所は同一の登記所ではないことから、動産譲渡登記所に提出する登記申請書の添付書面を債権譲渡登記所に提出する登記申請書の添付書面として省略することはできません。

(2)　同時に数個の登記を申請すること（登記規則13条の2第1項）

送付による登記申請の受付（登記令10条ただし書）のみならず、同時に登記申請書を窓口に提出して、連続した受付番号で受け付けられた場合にも認められます。

なお、例えば、５件の連続した登記申請を行った後に、そのうちの１件が取り下げられ、申請人等が再度その１件を申請（再申請）する場合には、申請人等において添付書面の原本が添付されている登記申請書の登記番号を再申請の登記申請書に記載の上、再申請を当初の登記申請の受付日と同一日に行ったときに限り、添付書面の一部省略をすることができます。

(3) 添付書面に内容が同一のものがあること（登記規則13条の２第１項）

添付書面に内容が同一のものがあることとは、法令上の添付書面の性質を同じくするものという意味であり、事実上同一のものという意味ではありません。

したがって、一部省略をする書面は、同一の内容及び性質を有するものでなければならないので、例えば、譲渡登記の登記申請書に住所証明書として添付した印鑑証明書（登記規則13条１項１号）を、同時提出の抹消登記の登記申請書に添付すべき印鑑証明書（同項３号）として省略することはできないものと解されます（昭32・６・27民甲1220号民事局長回答（登記関係先例集追加編Ⅱ107頁）、登記研究117号29頁参照）。

なお、添付書面の内容及び性質が同一であればよいので、例えば、同一の法人である譲渡人及び譲受人を当事者とする債権譲渡登記及び債権譲渡登記の抹消登記を同時に申請する場合のように、数個の登記の申請内容が異なるときであっても、前件である債権譲渡登記の登記申請書に当該譲渡人及び譲受人が資格証明書の原本を添付し、後件である債権譲渡登記の抹消登記の登記申請書に当該譲渡人及び譲受人の資格証明書の添付を省略しようとする場合のように、添付書面の内容及び性質が同一であれば、添付書面の一部省略をすることができると解されます（前掲民事局長回答参照）。

(4) 他の登記申請書に添付書面の原本の写しに相違ない旨を記載した謄本を添付すること（登記規則13条の２第２項）

具体的な記載としては、添付書面の写しの末尾に「これは添付書面の原本の写しに相違ない。」と記載し、申請人の商号等及び本店等並びに代表者の資格氏名を記載の上、登記申請書に押印した印鑑で押印します。ただし、代理人による申請の場合には、当該代理人の記名・押印のみで足ります。

また、謄本の提出を求める趣旨は、登記申請書とともに保存して、その登記の申請が適法なものであったかどうかの事後的な審査を行う際に、どのような書面により登記官が審査したかを明らかにする点にあります。したがって、謄本の作成に当たっては、必ずしも原本の全ての部分を謄写する必要はなく、上記の趣旨に反しない限り、その一部を省略して謄写することも差し支えないと考えられます。具体的には、登記の申請の審査の対象となる部分（資格証明書であれば、商号等、本店等、代表者の資格氏名及び認証日付）が漏れなく謄写されていれば足りると考えられます。

3　なお、登記規則13条の2の規定は、飽くまでも、同時に数個の登記を申請する場合に、そのうちの1個の登記申請書に1通の添付書面の原本を添付すれば、他の登記申請書には原本の写しに相違ない旨を記載した謄本を添付することで足りることを認めたものにすぎません。

したがって、登記規則13条の2が新設された後も、従前どおり、動産譲渡登記及び債権譲渡登記の登記申請書の添付書面については原本還付をすることはできませんし、数個の登記を同時に申請する場合に、登記申請書に「前件添付」の表示をすることにより添付書面の添付を省略すること（不動産登記規則37条参照）もできません（Q61参照）。

4　また、動産譲渡登記又は債権譲渡登記の存続期間が法定の期間（動産譲渡登記については登記の日から10年以内。債権譲渡登記については、譲渡に係る債権の債務者の全てが特定しているときは登記の日から50年以内、その他のときは登記の日から10年以内）を超過する場合に登記申請書に添付する「特別の事由があることを証する書面」（登記令8条3号・4号）につき、当該書面の原本を添付することが困難なときは、便宜、登記申請の当事者が原本であることを証明した奥書をした写しを提出することにより、原本の添付に代える取扱いをしています（Q69参照）。

この取扱いは登記規則13条の2の規定とは別のものであって、文書の作成名義人が譲渡登記所に提出する写しの内容が原本と同一である旨を自ら証明することを条件として、その文書の写しを原本に代えて添付することを認めるという趣旨に基づくものです。

したがって、当該文書に付す奥書については、代理人による申請の場合には、当該代理人が奥書を付すのではなく、文書作成名義人である登記申請の当事者自身が奥書を付す必要があります。

共通 Q63 登記申請書に会社法人等番号を記載することにより資格証明書の添付を省略することの可否

譲渡人又は譲受人の会社法人等番号を譲渡登記の登記申請書に記載することにより、譲渡人又は譲受人の資格証明書の添付を省略することは認められますか。

A 認められません。

不動産登記手続においては、不動産登記令等の一部を改正する政令（平成27年政令第262号）及び不動産登記規則等の一部を改正する省令（平成27年法務省令第43号）により、平成27年11月２日から、法人が申請人又は代理人である場合は、当該法人の資格証明情報については、申請情報（書面による申請の場合は、登記申請書）に会社法人等番号を記録又は記載することにより、資格証明情報の提供を省略することができる取扱いが認められています（詳細については、法務省ホームページに掲載されている『不動産登記令等の改正に伴う添付情報の変更について（平成27年11月２日施行）』（http://www.moj.go.jp/MINJI/minji05_00232.html）を参照してください。）。

ところで、不動産登記手続と同様に上記取扱いを認める登記手続（船舶登記手続等）については、不動産登記令等の一部を改正する政令及び不動産登記規則等の一部を改正する省令により、その根拠法令が併せて改正されています。

しかしながら、譲渡登記手続の根拠法令である動産・債権譲渡登記令や動産・債権譲渡登記規則は改正されておらず、譲渡登記手続に関する法令中には、上記取扱いを認める規定は設けられておりません。

したがって、譲渡登記手続においては、譲渡人又は譲受人の資格証明書の添付を省略することはできません（登記令8条1項1号・2号参照）。

共通 Q64 再生債務者を譲渡人とする譲渡登記又は延長登記を申請する場合における監督委員の同意書の添付の要否

民事再生手続の申立てがあった法人たる再生債務者に対し、裁判所が監督委員による監督を命ずる処分を行い、当該再生債務者が監督委員の同意を得なければすることができない行為として、「再生債務者の財産に係る権利の譲渡、担保権の設定、賃貸その他一切の処分」が指定されている場合において、当該再生債務者が譲渡人となる譲渡登記又は当該再生債務者が譲渡人となっている譲渡登記に係る延長登記を申請するときは、登記申請書に、再生債務者が当該登記の申請をすることについて監督委員が同意していることを証する書面を添付する必要がありますか。

監督委員の同意書を添付する必要があるものと解されます。

1　民事再生手続開始の申立てがあった再生債務者に対し、裁判所が監督委員による監督を命ずる処分を行い、当該監督命令において監督委員の同意を得なければ再生債務者がすることができない行為が指定されている場合、監督委員の同意を得ないでした行為は無効とされています（民事再生法54条2項、4項）。

そこで、再生債務者が監督委員の同意を得なければすることができない行為として、監督命令で「再生債務者の財産に係る権利の譲渡、担保権の設定、賃貸その他一切の処分」と指定されている場合において、当該再生債務者が譲渡人となる譲渡登記又は当該再生債務者が譲渡人となっている譲渡登記に係る延長登記を申請する行為がこの監督委員の同意を得なければならない行為であるかどうかが問題となりますが、この点については、以下のとおりと考えられます。

すなわち、譲渡登記により対抗要件を具備する行為は、動産又は債権の譲渡の効力を完全なものとするために重要な要素であり、動産又は債権を譲渡する行為の一部であるということができるところ、再生債務者がする「再生債務者の財産に係る権利の譲渡」が民事再生法54条２項に規定する監督委員の同意を要する行為として指定されている場合には、当該譲渡に係る登記の申請行為についても、同様に監督委員の同意を要する行為に含まれると考えられます。このような行為が前記の「再生債務者の財産に係る権利の譲渡、担保権の設定、賃貸その他一切の処分」に含まれないとすれば、民事再生法54条２項及び４項の趣旨は没却されることとなってしまいます。

また、譲渡登記を申請する行為と譲渡登記に係る延長登記を申請する行為とでは、当該延長登記によって延長される存続期間について新たに対抗要件を具備する点において、法的効果に差異はないということができますから、上記のように監督委員の同意を要する行為が指定されている場合には、当該再生債務者が譲渡登記に係る延長登記を申請する行為についても、監督委員の同意を要する行為に含まれるものと考えられます。

2　ところで、法人が譲渡登記の譲渡人として登記申請を行うためには、当該法人の代表者が当該登記を申請する権限を有していることが必要ですが、本問のように、再生債務者たる法人が譲渡人として譲渡登記を申請するに当たって監督委員の同意を要するとされている場合には、監督委員の同意を得ることによって、当該法人の代表者が有効な登記申請を行うことができる権限を有することになると解されます。

したがって、当該再生債務者を譲渡人とする譲渡登記又は当該再生債務者が譲渡人となっている譲渡登記に係る延長登記の登記申請書には、当該再生債務者が当該譲渡登記又は延長登記の申請をするための権限を有していることを登記官が確認するために、当該再生債務者の代表者の資格証明書（登記事項証明書）のほか、監督委員の同意書を添付することを要し、これらが一体となって法人の「代表者の資格を証する書面」（登記令８条１号）として扱われるものと考えられます（注１）（注２）。

（注１） 法人たる再生債務者について監督命令が発令された場合には、裁判所書記官の嘱託により、当該再生債務者の商業登記簿その他の再生債務者の登記簿に、監督命令が発令された旨、監督委員の氏名又は名称及び住所並びに監督委員の同意を得なければならない行為が登記されます（民事再生法11条２項、３項１号）。この登記は、当該再生債務者の商業登記簿その他の再生債務者の登記簿の社員区又は役員区にされ（商業登記規則112条１項１号）、登記事項証明書にも記載されます。

（注２） 監督命令において再生債務者が監督委員の同意を得なければすることができない行為が指定されている場合であっても、当該行為につき「ただし、再生計画認可決定があった後は、この限りではない。」との条件が付されていることがあります。この場合、再生債務者が当事者となる譲渡登記（その抹消登記等も含む。）を申請することが当該行為に該当するときであっても、登記申請書に当該当事者につき再生計画認可決定があったことを証する書面の添付があれば、当該当事者が当該譲渡登記を申請することについての監督委員の同意書を添付する必要はないものと考えられます（この場合、再生計画認可決定があれば、その確定（民事再生法176条）を待たなくとも、上記条件は成就したものと解されます。）。

共通 Q65 再生債務者を譲渡人とする譲渡登記の抹消登記を申請する場合における監督委員の同意書の添付の要否

動産又は債権の譲受人（譲渡担保権者）が「譲渡担保」を登記原因として譲渡登記により譲渡担保による動産又は債権の譲渡について対抗要件を具備した後に、譲渡人（譲渡担保設定者）につき民事再生手続開始決定がされ、監督命令において再生債務者である譲渡人が監督委員の同意を得なければすることができない行為として「別除権の目的である財産の受戻し」が指定されています。この場合に、譲渡人が譲受人と共同して当該譲渡登記の抹消登記を申請するときに、当該抹消登記の申請書には、当該譲渡人が当該抹消登記を申請することについての監督委員の同意書を添付する必要があるでしょうか。

 監督委員の同意書を添付する必要があるものと解されます。

1　民事再生手続開始決定の申立てがあった再生債務者に対し、裁判所が監督委員による監督を命ずる処分（監督命令）を行い、当該監督命令において監督委員の同意を得なければ再生債務者がすることができない行為が指定されている場合、監督委員の同意を得ないでした行為は無効となります（民事再生法54条2項、4項）。

そして、再生債務者が監督委員の同意を得なければすることができない行為として、監督命令において「別除権の目的である財産の受戻し」（民事再生法41条1項9号参照）が指定されることがあります（「受戻し」とは、譲渡担保との関係で言えば、譲渡担保権者が譲渡担保権の実行を完結するまでの間に、弁済等によって被担保債権を消滅させることにより、譲渡担保の目的物の所有権等を回復することを言います。）(注1)。

ところで、民事再生法53条1項に規定する別除権、すなわち、民事再生手続開始の時において再生債務者の財産につき存する担保権に関し、譲渡担保が同項にいう別除権に該当するかどうかについては、当該財産の譲渡担保権者は所有者として取戻権を有するという説もありますが、当該財産は再生債務者の所有に属し、譲渡担保権者は担保権者として別除権を有すると解するのが通説的見解です（東京地裁破産再生実務研究会『破産・民事再生の実務〔第3版〕民事再生・個人再生編』167頁）。

そうすると、民事再生手続における再生債務者が監督委員の同意を得なければすることができない行為として、監督命令において「別除権の目的である財産の受戻し」が指定された場合は、再生債務者が民事再生手続開始決定より前に自らが有する財産を譲渡担保に供した後、同開始決定後に当該財産を受け戻すためには、監督委員の同意を要する（同意を得ない場合は、当該受戻しは無効となる）ものと解されます。

2(1)　では、動産又は債権の譲渡担保権者が「譲渡担保」を登記原因として譲渡登記により対抗要件を具備した後に、譲渡担保設定者につき民事再生手続開始決定がされ、監督命令において再生債務者が監督委員の同意を得なければすることができない行為として「別除権の目的である財産の受戻し」が指定された場合に、譲渡人が譲受人と共同して当該譲渡登記の抹消登記を申請するときに、当該譲渡人が当該抹消登記を申請することにつき監督委員の同意を要することとなるでしょうか。

(2) この点については、監督委員の同意を要するものと解されます。

すなわち、当該動産又は債権の受戻しは当該動産又は債権に係る復帰的権利変動であり、当該譲渡登記の抹消登記を申請する行為は、当該権利変動の効力を完全なものとするために重要な要素であるといえるため、当該動産又は債権の受戻しという行為に含まれるものということができます。それにもかかわらず、譲渡登記の抹消登記を申請する行為が監督委員の同意を要するものに含まれないとすれば、民事再生法54条2項及び4項の趣旨は没却されることとなってしまうことになります。

そして、法人が譲渡登記の当事者として登記申請を行うためには、当該法人の代表者が譲渡登記を申請する権限を有していることが必要ですが、再生債務者たる法人が当事者として譲渡登記を申請するに当たって、監督委員の同意を要するとされている場合は、監督委員の同意を得ることによって、当該法人の代表者が有効な登記申請を行うことができる権限を有することになると解されます。この場合、登記申請書には、当該再生債務者が当該登記の申請をするための権限を有していることを登記官が確認するために、当該再生債務者の代表者の資格証明書（登記事項証明書）のほか、監督委員の同意書を添付することを要し、これらが一体となって法人の「代表者の資格を証する書面」（登記令8条1項）として扱われるものと考えられます（以上につき、Q64参照）。

(3) したがって、上記(1)の場合は、譲渡人が譲渡登記の抹消登記を申請することにつき監督委員の同意を要することとなり、その同意があったことを登記官が確認するために、当該抹消登記の登記申請書には、当該譲渡人が当該抹消登記を申請することについての監督委員の同意書を添付する必要があるものと解されます。

3 なお、民事再生法53条1項に規定する別除権は、民事再生手続開始の時において再生債務者の財産につき存する担保権をいいます。したがって、民事再生手続開始決定後に、再生債務者を譲渡人とし、登記原因を「譲渡担保」とする譲渡登記がされ、その後に、当該譲渡人が譲受人と共同して当該譲渡登記の抹消登記を申請する場合は、監督命令において再生債務者が監督委員の同意を得なければすることができない行為として「別除権の目的である財産の受戻し」が指定されたときであっても、当該抹消登記の申請は「別除権の目的である財産の受戻し」という行為に含まれるとはいえません。そうすると、当該抹消登記の登記申請書には、当該抹消登記を申請することについての監督委員の同意書を添付する必要はないものと解されます（注２）（注３）。

（注１） 法人たる再生債務者について監督命令が発令された場合には、裁判所書記官の嘱託により、当該再生債務者の商業登記簿その他の再生債務者の登記簿に、監督命令が発令された旨、監督委員の氏名又は名称及び住所並びに監督委員の同意を得なければならない行為が登記されます（民事再生法11条２項、３項１号）。この登記は、当該再生債務者の商業登記簿その他の再生債務者の登記簿の社員区又は役員区にされ（商業登記規則112条１項１号）、登記事項証明書にも記載されます。

（注２） もっとも、当該譲渡登記の抹消登記を申請する行為が「別除権の目的である財産の受戻し」に含まれないとしても、この行為が監督命令において再生債務者が監督委員の同意を得なければすることができない旨指定されている他の行為に含まれるときは、当該抹消登記を申請することについての監督委員の同意書を添付する必要があるものと解されます。例えば、監督命令において再生債務者が監督委員の同意を得なければすることができない行為として「再生債務者の常務に属する財産の譲受けを除く財産の譲受け」が指定されている場合において、譲渡登記の抹消登記を申請する行為が「再生債務者の常務に属する財産の譲受けを除く財産の譲受け」に含まれるときは、譲渡人が当該抹消登記を申請することについての監督委員の同意書を添付する必要があるものと解されます。

（注３） 監督命令において再生債務者が監督委員の同意を得なければすることができない行為が指定されている場合であっても、当該行為につき「ただし、再生計画認可決定があった後は、この限りではない。」との条件が付されていることがあります。この場合、再生債務者が当事者となる譲渡登記（その抹消登記等も含む。）を申請することが当該行為に該当するときであっても、登記申請書に当該当事者につき再生計画認可決定があったことを証する書面の添付があれば、当該当事者が当該譲渡登記を申請することについての監督委員の同意書を添付する必要はないものと考えられます（この場合、再生計画認可決定があれば、その確定（民事再生法176条）を待たなくとも、上記条件は成就したものと解されます。）。

譲渡登記の対象となる債権や動産の譲渡が利益相反行為に当たる場合の添付書面の取扱い

譲渡登記の対象となる債権や動産の譲渡が株式会社である譲渡人にとって利益相反行為に当たる場合、当該譲渡登記の申請書に、当該債権や動産を譲渡することにつき譲渡人の株主総会等が承認したことを証する書面を添付する必要はありますか。

添付する必要はありません。

1　不動産登記手続においては、「登記原因について第三者の許可、同意又は承諾を要するとき」は、登記申請書に「当該第三者が許可し、同意し、又は承諾したことを証する情報」を添付することが必要です（不動産登記令7条1項5号ハ）。

そのため、例えば、株式会社である登記義務者が有する不動産の譲渡が利益相反行為（会社法356条1項2号・3号）に当たる場合は、登記申請書には、不動産登記令7条1項5号ハに基づき、当該譲渡を行うことにつき当該登記義務者の株主総会又は取締役会による承認があったことを証する情報（株主総会議事録又は取締役会議事録等）を添付する必要があります。

2　これに対し、譲渡登記手続においては、不動産登記手続と異なり、登記原因について第三者の許可、同意又は承諾を要するときであっても、登記申請書に、不動産登記令7条1項5号ハが規定する情報に相当する書面を添付することを要するとする規定は置かれていません。

したがって、譲渡登記の対象となる債権や動産の譲渡が株式会社である譲渡人にとって利益相反行為に当たる場合であっても、当該譲渡登記の申請書に、当該債権や動産を譲渡することにつき譲渡人の株主総会等が承認したことを証する書面を添付する必要はありません（もっとも、譲渡登記手続上は当該株主総会等が承認したことを証する書面を添付する必要はないとしても、実体法上の手続として、当該株主総会等の承認が必要である取引である場合は、その承認を得ておくべきことは当然です。)(注)。

(注) なお、本問の結論からすれば、例えば、破産管財人が破産財団に属する動産の任意売却や債権の譲渡をする場合において、裁判所の許可を得る必要があるとき(破産法78条2項7号・8号)についても、当該債権又は動産の譲渡につき対抗要件を具備するために譲渡登記を申請する際には、登記申請書には、登記原因について第三者の許可を要する場合において、当該第三者である裁判所の許可があったことを証する書面を添付する必要はないものと解されます。

ところで、譲渡登記実務においては、民事再生手続の申立てがあった法人たる再生債務者が当事者として譲渡登記を申請するに際し、譲渡対象債権又は動産の譲渡につき監督委員の同意を要するとされている場合は、登記申請書には、監督委員の同意書を添付することを要するものとされています。その理由は、再生債務者たる法人につき監督委員が選任されている場合は、監督委員の同意を得ることによって当該法人の代表者が有効な登記申請を行うことができる権限を有することになるため、当該再生債務者の代表者の資格証明書(登記事項証明書)のほか、監督委員の同意書を添付することを要し、これらが一体となって法人の「代表者の資格を証する書面」(登記令8条1項)として扱われると考えられることによります(Q64参照。この点、破産管財人の場合は、破産財団に属する財産の管理及び処分をする権利は破産管財人に「専属する」(破産法78条1項)とされている点において、再生債務者の場合と取扱いを異にするものと考えられます。)。

したがって、この場合に監督委員の同意書を添付することを求めているのは、登記原因について第三者の同意を要する場合において、当該第三者である監督委員の同意があったことを証する書面の添付を求めているという趣旨に基づくものではないものと解されます。

共通

Q67 添付書面の有効期限

譲渡登記の申請書に添付する添付書面の有効期限について、規定はありますか。

A 登記申請書に添付する資格証明書若しくは代理権限証明書のうち官庁若しくは公署の作成したもの又は印鑑証明書については、各証明書の作成後３か月以内のものである必要があります。

1　登記申請書に添付する資格証明書若しくは代理権限証明書のうち官庁若しくは公署の作成したもの（支配人が代理人である場合における、支配人の登記がされている登記事項証明書等。また、司法書士法人が代理人となっている場合に添付する当該司法書士法人に係る代表者事項証明書等についても同様です。）又は印鑑証明書については、各証明書が作成されてから３か月以内のものである必要があります（登記規則13条３項）。

特に、送付の方法による申請の場合、登記申請書の添付書類の有効期限は、登記申請書が譲渡登記所に到達した日ではなく、譲渡登記所での受付日（登記申請書の到達日の翌執務日）を基準日として起算されますので、注意してください（Q68参照）。

2　なお、個人（自然人）を譲受人とする譲渡登記を申請する場合には、当該個人の住所を証する書面として、住所証明書（住民票の写し）を添付する必要があります（登記規則13条１項１号。なお、延長登記を申請する場合には、添付不要です。）が、この住所証明書については、３か月以内のものでなければならないという規定はありません。もっとも、譲受人の住所を正確に登記するためには、できるだけ新しい日付のものを添付することが望ましいと考えられます。

他方、当該譲渡登記の抹消登記を申請する際の添付書類である当該個人の印鑑証明書（登記規則13条１項３号）については、登記規則13条３項の適用があるので、３か月以内のものである必要があります。

共通

Q68 送付申請の場合における添付書面の有効期限の起算日

郵送により譲渡登記の申請をするに当たり、受付日が平成29年５月２日（火）となるように、同月１日（月）に登記申請書が譲渡登記所に到達するよう配達日を指定した上で、発送手続をとりました。当該登記申請書の添付書面である譲渡人の印鑑証明書の作成日（発行日）が平成29年１月30日（月）なのですが、この場合、当該印鑑証明書については、「その作成後３月以内のもの」（登記規則13条３項）の添付があったものとして認められるでしょうか。

A 認められません。

1　譲渡登記の添付書面として添付する印鑑証明書（登記規則13条１項２号・３号）については、「その作成後３月以内のもの」を添付する必要があります（同条３項）。

この有効期間の算定方法については、譲渡登記に関する法令には特別の定めがないことから、民法の規定する期間の計算方法によることになります（民法138条）。

2　民法の規定によれば、日、週、月又は年によって期間を定めたときは、期間の初日は算入しないこととされています（民法140条本文）。そうすると、本件に係る印鑑証明書の有効期間については、月によって定められており、初日は算入しないこととなるので、その起算日は平成29年１月31日（火）となります。

次に、民法の規定によれば、週、月又は年の初めから期間を起算しないときは、その期間の満了日は、「その起算日に応当する日の前日」とされています（民法143条２項本文）。そうすると、本件に係る印鑑証明書の有効期間は、月の初めから期間を起算しない場合に当たりますから、その有効期間の満了日は、平成29年4月30日（日）となりそうです。

もっとも、民法の規定によれば、期間の満了日が日曜日、国民の祝日に関する法律に関するその他の休日に当たるときは、その日に取引をしない慣習がある場合は、期間は、その翌日に満了するとされています（民法142条）。この点、譲渡登記の添付書面である印鑑証明書の有効期間の計算についても民法142条が適用又は準用されるものと解されます（登記研究308号77頁参照）。したがって、本件に係る印鑑証明書の有効期間については、平成29年4月30日が日曜日であることから、その有効期間の満了日は、その翌日である平成29年5月1日（月）となります。

3　ところで、送付の方法により譲渡登記を申請する場合、その申請の受付は、登記申請書が譲渡登記所に到達した日の翌執務日に受付処理を行うことが法定されています（登記令9条ただし書）。そして、送付の方法による申請の場合、登記申請書の添付書面の有効期限についても、譲渡登記所への到達日ではなく、譲渡登記所での受付日を基準日として判断されることとなります（Q36参照）。

そうすると、本件に係る登記申請書が平成29年5月1日（月）に譲渡登記所に到達したとしても、その受付日は平成29年5月2日（火）となりますから、本件に係る印鑑証明書の有効期限についても、同日を基準日として判断されることとなります。そして、本件に係る印鑑証明書の有効期限は平成29年5月1日（月）をもって満了していますから、「その作成後3月以内のもの」（登記規則13条3項）の添付があったものとは認められないこととなります。

共通

Q69 譲渡登記の存続期間が法定期間を超えることにつき「特別の事由があることを証する書面」についての留意事項

登記原因を「譲渡担保」とする譲渡登記を申請する場合において、法定の存続期間を超えて存続期間の設定又は延長をするときに添付する「特別の事由があることを証する書面」（登記令8条3号・4号）について留意すべき事項として、どのようなことがありますか。

A 譲渡担保設定に係る契約書とその被担保債権に係る契約書とが別個に作成されている場合には、両方の契約書を登記申請書に添付しないと、譲渡登記の法定の存続期間を超える返済期間や償還期間が定められている被担保債権を担保するために当該譲渡登記の対象である動産又は債権に対して譲渡担保権が設定されていることが明らかにならず、「特別の事由があることを証する書面」として必要な書面の添付がないものとして扱われることがあることに留意する必要があります。

なお、これらの契約書の添付につき、原本の添付が困難な場合は、原本の写しに相違ないことを証明する旨の当事者の奥書・押印を付した上で、契約書の写しを添付します。

解説

1　譲渡登記の存続期間については、「特別の事由がある場合」には、法定の存続期間を超えて定め、又は延長することができます（特例法7条3項ただし書、8条3項ただし書、9条1項ただし書）が、その登記申請書には、「特別の事由があることを証する書面」を添付しなければなりません（登記令8条3号・4号）。

この「特別の事由があることを証する書面」については、譲渡登記の当事者の合意によって法定の存続期間を超える存続期間を定めたことを証する書面のみでは足りず、例えば登記原因を「譲渡担保」とする譲渡登記を申請する場合においては、その被担保債権に係る契約において法定存続期間を超える返済期間や償還期間を定めていることを証する書面も必要となります（Q43の解説２参照）。

２　ところで、譲渡担保を設定する場合、①譲渡担保設定に係る契約書（集合動産譲渡担保契約書等）と②その被担保債権に係る契約書（金銭消費貸借契約書等）とが別個に作成される例が多いと思われます。この場合、①の契約書に当該譲渡担保に係る被担保債権の返済期間や償還期間が記載されていないときに、登記申請書に①の契約書しか添付されていないと、登記官が、被担保債権に係る契約において法定存続期間を超える返済期間や償還期間が定められているかどうかを判断することができません。

また、登記申請書に②の契約書しか添付されていないと、登記官が、当該契約書に記載されている契約に基づき発生する債権が当該譲渡登記の対象である動産又は債権に係る被担保債権であるのかどうかを判断することができません。

このように、①の契約書と②の契約書が別個に作成されている場合には、両方の契約書を登記申請書に添付しないと、「特別の事由があることを証する書面」として必要な書面の添付がないものと判断されてしまうことに注意する必要があります。

３　なお、これらの契約書の添付につき、原本の添付が困難な場合は、原本の写しに相違ないことを証明する旨の当事者の奥書・押印を付した上で、契約書の写しを添付書面として提出することになります（Q62の解説４参照）。

共通 Q70 登記の存続期間が法定の存続期間を超える譲渡登記をした後に、当該存続期間を更に延長する延長登記を申請する場合の添付書面

登記原因を「譲渡担保」とし、登記の存続期間が法定の存続期間を超える譲渡登記をした後に、当該存続期間を更に延長する延長登記を申請することはできるでしょうか。申請することができる場合、当該延長登記申請書の添付書面としてどのようなものが必要となるでしょうか。

A 当初の譲渡登記の存続期間が満了する前であれば、当該延長登記を申請することは可能です。ただし、「特別の事由があることを証する書面」として、被担保債権に係る返済期限や償還期限を定めた金銭消費貸借契約書及び当該被担保債権のために担保に供されている債権又は動産が当初の譲渡登記の譲渡対象債権又は動産と同一であることを証する書面を添付する必要があります。

解説

1　登記の存続期間が法定の存続期間（特例法7条3項ただし書、8条3項ただし書）を超える譲渡登記を申請する場合は、その登記申請書に「特別の事由があることを証する書面」を添付しなければなりません（登記令8条3号イ、4号イ(1)・ロ(1)）。

この「特別の事由」とは、登記原因を「譲渡担保」とする譲渡登記を申請する場合においては、その被担保債権に係る契約において譲渡登記に係る法定の存続期間を超えた存続期間を定める必要がある実体関係が生じていること、すなわち、当該契約において譲渡登記に係る法定の存続期間を超える返済期間や償還期限が定められていることをいうものと解されます。これに対して、被担保債権に係る返済期間や償還期限の定めといった実体関係の裏付けがなく、譲渡登記の当事者の合意のみによって、単に

「債権保全」のために念のため長めの存続期間とするというだけでは、「特別の事由」には当たるとはいえず、法定の存続期間を超える存続期間を定めた譲渡登記をすることは認められないものと解されます。

そして、この場合における「特別の事由があることを証する書面」に当たるものの例としては、譲渡担保設定に係る契約書及び当該譲渡担保に係る被担保債権の返済期間や償還期限が記載されている金銭消費貸借契約書が挙げられます（Q69参照）。

2　ところで、登記の存続期間が法定の存続期間を超える譲渡登記の完了後に、当初の譲渡登記において設定した登記の存続期間を更に延長する必要が生ずることもあり得ます。

そのような場合、当初の譲渡登記において設定した登記の存続期間を更に延長する登記を申請することも可能です。ただし、延長後の登記の存続期間の満了日は、当然、法定の存続期間を超えることになりますから、当該延長登記の登記申請書には、「特別の事由があることを証する書面」を添付する必要があります（登記令８条３号ロ、４号イ(2)・ロ(2)）。

このような延長登記を申請する場合においても、譲渡登記の申請の場合と同様に、単に「債権保全」のために当初の譲渡登記において設定した登記の存続期間を更に延長しておきたいというだけでは「特別の事由」には当たらないものと解され、被担保債権に係る当初の返済期限や償還期限が変更されるなど、具体的な返済期間や償還期限の定めの裏付けがあってはじめて、「特別の事由」があるということができるものと解されます。

すなわち、被担保債権に係る当初の返済期限や償還期限が変更されるなど、被担保債権の内容について変更が生じたという事情があるのであれば、単に譲渡登記の当事者の合意のみによって法定の存続期間を超える存続期間を定めたということではなく、実体関係に変更が生じたことに基づき当初の譲渡登記において設定した登記の存続期間を延長する必要が生じているということができるため、「特別の事由」があるということができるものと解されます。

そして、この場合における「特別の事由があることを証する書面」の例としては、①被担保債権に係る返済期間や償還期限が定められている金銭消費貸借契約書（注）及び②前記①の被担保債権のために担保に供されている債権又は動産が当初の譲渡登記の譲渡対象債権又は動産と同一であることを証する書面が挙げられます。

3　なお、延長登記は、当初の譲渡登記における譲渡対象債権や動産の同一性が維持されていることを前提に、当該債権や動産の譲渡に係る対抗要件を保持する期間を延長するものです（Q28参照）から、当初の譲渡登記における譲渡対象債権の終期を変更したり、当初の譲渡登記に新たな譲渡対象債権や動産を追加するような変更・更正登記をすることはできません。

また、延長登記は、当初の譲渡登記の存続期間が満了すると申請することができません（Q52参照）から、本問のように、登記の存続期間が法定の存続期間を超える譲渡登記の完了後に、当該存続期間を延長する延長登記を申請することが見込まれるときは、譲受人としては、譲渡人と協議の上、当該延長登記の申請前に、上記２の「特別の事由があることを証する書面」をあらかじめ準備しておく必要があります。

（注）　例えば、当初の譲渡登記時の被担保債権に係る金銭消費貸借契約書であって、変更後（延長後）の返済期間や償還期限が定められているもの（当初の被担保債権に係る返済期間や償還期限が延長された場合）や、当初の譲渡登記時の被担保債権とは別の被担保債権に係る金銭消費貸借契約書（当初の金銭消費貸借契約書に係る変更契約書等）であって、当初の被担保債権に係る返済期間や償還期限よりも後の返済期間や償還期限が定められているもの（譲渡対象債権又は動産が当初の被担保債権とは別の被担保債権に係る担保とされた場合）などが考えられます。

第3章

動産・債権譲渡の契約内容等を特定する事項

（譲渡登記の申請当事者／登記原因等）

共通 Q71　投資事業有限責任組合を譲渡登記の譲渡人とすることの可否

投資事業有限責任組合を譲渡人とする譲渡登記の申請をすることはできますか。できないとした場合、当該組合の組合員全てが法人であるときは、当該法人をそれぞれ譲渡登記の譲渡人とした上で、譲渡登記の申請をすることはできますか。

A 投資事業有限責任組合を譲渡人とする譲渡登記の申請をすることはできませんが、当該組合の組合員全てが法人であるときは、その組合員をそれぞれ譲渡人とした上で譲渡登記の申請をすることが可能です。この場合、「登記共通事項ファイル」（COMMON.xml）中の「備考」欄に、有益事項として、譲渡に係る動産又は債権が当該投資事業有限責任組合の組合財産であることを明らかにするための記録をすることも可能です。

解説

1　譲渡登記の譲渡人は法人に限定されている（特例法３条１項、４条１項）ところ、投資事業有限責任組合契約に関する法律２条２項に規定する投資事業有限責任組合は、民法に基づく組合と同様に法人格を有せず、私法上の権利義務の主体となることはできませんので、当該組合を譲渡人とする譲渡登記の申請をすることはできません。

しかしながら、投資事業有限責任組合の組合財産は、私法上、組合員全員の共有に属するとされているところ（投資事業有限責任組合契約に関する法律16条、民法668条）、組合員全員が法人である場合における組合財産たる動産又は債権の譲渡は、当該法人らの共有財産の譲渡であるといえ、これは組合契約に基づくものではない共有財産の譲渡と私法上の位置付けが異なるものではないといえることから、特例法３条１項又は４条１項の法人がする譲渡に含まれるものと解されます。

したがって、投資事業有限責任組合の組合員全員が法人である場合は、その組合員をそれぞれ譲渡人とした上で譲渡登記の申請をすることは可能と解されます。

2　ところで、譲渡登記における「登記共通事項ファイル」中の「備考」欄には、「他の項目で記録すべき事項以外の事項であって、動産譲渡又は債権譲渡の契約内容等を特定するために有益なもの」（有益事項）を記録することができます（記録方式告示第2の2(2)の注6、第3の2(2)の注6。Q96参照）。この点、動産譲渡又は債権譲渡の契約において、その譲渡人を特定するための情報は、契約内容を特定するに当たっての基本的な事項ですから、譲渡登記ファイルに記録される譲渡人と、譲渡された動産又は債権に係る譲渡契約書の譲渡人との関係を明らかにするための事項も有益事項に含まれるものと解されます。

本件についてみると、法人である投資事業有限責任組合の組合員をそれぞれ譲渡人として譲渡登記ファイルに記録する場合、譲渡された組合財産たる動産又は債権に係る譲渡契約書には、譲渡人として当該投資事業有限責任組合の名称が表示されていることから、譲渡登記ファイルに記録される譲渡人の表示と異なることとなりますから、両者が実質的には同一の主体であることを明らかにするための事項は、有益事項として記録することができるものと解されます。

3　具体的には、「登記共通事項ファイル」中の「備考」欄に、有益事項として、例えば、「譲渡人△△及び□□は、○○投資事業有限責任組合（事務所：東京都千代田区丸の内○丁目○番○号）が組合財産として譲渡した債権の共有者である。」等と記録した上で、譲渡登記を申請することができるものと解されます。

共通 Q72 投資事業有限責任組合を譲渡登記の譲受人とすることの可否

投資事業有限責任組合を譲受人とする譲渡登記の申請をすることはできますか。できないとした場合、当該組合員のそれぞれを譲受人とするなどして、譲渡登記の申請をすることは可能でしょうか。

A 投資事業有限責任組合を譲受人とする譲渡登記の申請をすることはできませんが、その組合員をそれぞれ譲受人とするか、全組合員からの受託者としての地位において一部の業務執行者を譲受人とした上で、「登記共通事項ファイル」(COMMON.xml) 中の「備考」欄に、有益事項としてその旨を記録して、譲渡登記を申請することはできるものと解されます。

解説

1　投資事業有限責任組合契約に関する法律2条2項に規定する投資事業有限責任組合は、民法に基づく組合と同様に法人格を有せず、私法上の権利義務の主体となることはできませんので、当該組合を譲渡人とする譲渡登記の申請をすることはできません。

2　ところで、譲渡登記における「登記共通事項ファイル」中の「備考」欄には、「他の項目で記録すべき事項以外の事項であって、動産譲渡又は債権譲渡の契約内容等を特定するために有益なもの」(有益事項) を記録することができます (記録方式告示・第2の2⑵の注6、第3の2⑵の注6。Q96参照)。この点、動産譲渡又は債権譲渡の契約において、その譲受人を特定するための情報は、契約内容を特定するに当たっての基本的な事項ですから、譲渡登記ファイルに記録される譲受人と、譲渡された動産又は債権に係る譲渡契約書の譲受人との関係を明らかにするための事項も有益事項に含まれるものと解されます。

そうすると、投資事業有限責任組合が譲受人となる場合、譲渡された動産又は債権の共有者たる組合員全員を表示するか、当該組合員全員からの受託者としての地位において一部の業務執行者を表示した上で、「登記共通事項ファイル」中の「備考」欄に、有益事項としてその旨を記録して、譲渡登記を申請することは認められるものと解されます。

3　具体的には、「登記共通事項ファイル」中の「備考」欄に、有益事項として、例えば、「譲受人△△及び□□は、○○投資事業有限責任組合 (事務所：東京都千代田区丸の内○丁目○番○号) が組合財産として譲り受けた債権の共有者である。」、あるいは「譲受人△△は○○投資事業有限責任組合 (事務所：東京都千代田区丸の内○丁目○番○号) の無限責任組合員であり、同組合が組合財産として譲り受けた債権につき、組合員からの受託により同譲受人の名義で登記するものである。」等と記録した上で、譲渡登記を申請することができるものと考えられます。

共通 Q73 譲渡登記の当事者が清算結了した場合に当該譲渡登記の抹消登記を申請することの可否

譲渡登記の譲受人である株式会社が解散し、その清算結了前に譲渡登記の抹消の事由が発生していたにもかかわらず、当該譲渡登記の抹消登記がされないまま清算結了した場合、当該株式会社は、譲渡人と共同して、当該譲渡登記の抹消登記を申請することが可能でしょうか。可能である場合、その登記申請書には、譲受人に係る添付書面としてどのような書面を添付する必要があるでしょうか。

A　当該株式会社は、清算結了により閉鎖された当該株式会社の旧清算人を代表者として、譲渡人と共同して、当該譲渡登記の抹消登記を申請することができます。この場合の登記申請書には、譲受人たる当該株式会社の「代表者の資格を証する書面」（登記令8条1号）として、当該株式会社の閉鎖登記事項証明書を添付し、「譲受人又は質権者の印鑑の証明書」（登記規則13条1項3号）として、旧清算人の住所地の市町村長の作成した旧清算人個人の印鑑証明書を添付します。

解説

1　不動産登記手続においては、会社その他の法人がいわば事務の終了行為としての登記の申請義務を未了のままに清算結了し、清算結了後においてその登記の申請を必要とするときは、旧清算人を法定代理人として、その登記を申請することができ、この場合の当該法人の代表権限を証する書面としては、当該法人の閉鎖登記事項証明書（閉鎖登記簿謄本）等を添付することができるものとして取り扱われています（昭24・７・２民甲1537号民事局長通達（登記研究21号25頁）、昭26・12・６民甲2290号民事局長通達（登記研究48号12頁）、昭28・３・16民甲383号民事局長通達（登記研究65号26頁）等参照）。また、この場合において、当該法人の印鑑証明書の添付を要するときは、その印鑑証明書については、旧清算人個人の住所地の市町村長の作成した印鑑証明書で足りるものとされています（昭30・４・14民甲708号民事局長回答（登記研究90号27頁）、登記研究480号132頁（質疑応答）参照）。

もっとも、上記の取扱いは、当該法人が清算結了前に当然に履行すべき登記申請義務が残存していることを前提とするものであって、登記原因の発生が清算結了の登記前である場合に限って便宜的に認められるものと解されます。そして、登記原因の発生が清算結了の登記後であるときは、結局のところ、当該法人の清算手続は未了であるということになりますから、清算結了をした当該法人の登記について、錯誤による更正の登記等の手続により当該会社の登記を回復し、清算人就任の登記をした上で、不動産登記申請手続（抵当権抹消登記手続等）を行い、当該不動産登記をした後に、再度清算結了の登記をする必要があるものと解されます（登記研究編集室編『増補不動産登記先例解説総覧』1505～1507頁参照）。

2　この上記１の取扱いについては、不動産登記手続と同様に、譲渡人と譲受人とによる共同申請を原則とし、登記申請書の添付書面として、登記の当事者である法人の「代表者の資格を証する書面」や当該法人の「印鑑の証明書」が規定されている等の点において不動産登記手続と同様の仕組みを有する譲渡登記手続についても適用できるものと考えられることから、本問の事例についても、上記１の取扱いに準じ、本問回答のとおり取り扱うことで差し支えないものと解されます。

なお、本問回答にいう当該株式会社に係る「代表者の資格を証する書面」及び「譲受人又は質権者の印鑑の証明書」については、いずれもその作成後３か月以内のものに限られます（登記規則13条３項）。また、当該譲渡登記の譲渡人又は譲受人の表示が譲渡登記ファイルに記録された表示と異なる場合は、その変更を証する書面（同条１項４号）を添付する必要があります。

共通 Q74 譲渡登記後に会社分割を行った場合における当該譲渡登記の抹消登記の申請人

譲渡登記をした後に譲受人が会社分割を行い、吸収分割承継会社又は新設分割設立会社が、当該登記の対象である動産又は債権を承継しました。当該登記の抹消登記を申請する場合、登記手続は、どのように行うことになりますか。

A 当該登記における譲渡人と吸収分割承継会社又は新設分割設立会社とが共同して、当該登記の抹消登記を申請します。

なお、当該登記申請に係る登記申請書には、譲受人の表示の変更を証する書面（登記規則13条１項４号）として、①会社分割があった旨が記載されている吸収分割承継会社又は新設分割設立会社の商業登記簿に係る登記事項証明書及び②吸収分割契約書又は新設分割計画書を添付する必要があります。

1　譲渡登記における譲受人である会社が会社分割を行い、当該譲受人の権利義務を吸収分割承継会社又は新設分割設立会社が承継した場合において、当該登記の抹消登記の申請をするときは、当該抹消登記を申請する時点において当該譲渡登記の対象である動産又は債権に係る権利義務を分割会社から包括的に承継している吸収分割承継会社又は新設分割設立会社が、譲受人となると考えられます（注）。

そうすると、当該譲渡登記に係る譲渡登記ファイルに記録されている譲受人の表示（分割会社）と、抹消登記の申請における譲受人の表示（吸収分割承継会社又は新設分割設立会社）とが異なることになるので、「その変更を証する書面」（登記規則13条１項４号）を添付する必要があります。

2　具体的にどのような書面が「その変更を証する書面」になるかということについては、以下のように考えられます。

まず、抹消登記申請における譲受人（吸収分割承継会社又は新設分割設立会社）の表示が譲渡登記ファイルに記録された表示と異なることになったのは会社分割がされたことによるので、「その変更を証する書面」の1つとして、会社分割についての記載がある吸収分割承継会社又は新設分割設立会社の商業登記簿に係る登記事項証明書（具体的には、吸収分割承継会社又は新設分割設立会社に係る履歴事項証明書）が必要となります。このほかに、譲渡登記の対象である動産又は債権が分割会社から吸収分割承継会社又は新設分割設立会社に承継されることを定めた吸収分割契約書又は新設分割計画書（会社法758条2号、760条2号、763条5号、765条5号）についても、添付する必要があります。

このように、会社分割の記載がある吸収分割承継会社又は新設分割設立会社の登記事項証明書及び吸収分割契約書又は新設分割計画書が一体となって「その変更を証する書面」として扱われるものと考えられます。

（注）　これに対し、会社分割によって譲渡登記の対象である動産又は債権が吸収分割承継会社又は新設分割設立会社に承継されず、分割会社が引き続き当該譲渡登記の対象である動産又は債権に係る権利を有する場合において、分割会社が当該譲渡登記の対象である動産又は債権を売買等によって他者に譲渡したとき（当該他者が特定承継によって当該譲渡登記の対象である動産又は債権を取得したとき）は、当該譲渡登記に係る抹消登記を申請するのであれば、当該譲渡登記の譲渡人と譲受人（分割会社）が当事者となって共同して申請することとなり、特定承継者である当該他者は当該抹消登記の当事者とはならないものと考えられます。

共通 Q75 譲渡登記の申請人となる法人につき破産、民事再生又は会社更生の手続開始の申立てがされている場合において当該譲渡登記の申請権限を有する者

譲渡登記の申請人となる法人につき破産、民事再生又は会社更生の手続開始の申立てがされている場合において、当該譲渡登記の申請権限を有する者は誰になりますか。

破産手続開始の申立てがされている場合は保全管理人又は破産管財人が、会社更生手続開始の申立てがされている場合は保全管理人又

は管財人が、当該譲渡登記（延長登記及び抹消登記も含む。以下同じ。）の申請権限を有する者となります。

民事再生手続が開始されている場合は、保全管理人又は管財人が選任されているときは、保全管理人又は管財人が当該譲渡登記の申請権限を有する者となります。他方、保全管理人又は管財人が選任されていないときは、引き続き再生債務者たる法人の代表者が申請権限を有しますが、監督委員が選任され、要同意行為とされているときは、登記申請書に、当該代表者が当該譲渡登記の申請をすることについて監督委員が同意していることを証する書面を添付する必要があります。

なお、破産、民事再生又は会社更生の手続において否認権の行使がされ、譲渡登記に係る否認の登記が申請されるときは、破産管財人、監督委員又は管財人が単独で申請することになります。

1　破産手続においては、保全管理命令が発せられたときは、破産者の財産の管理処分権は、裁判所が選任した保全管理人に専属し（破産法93条１項）、破産手続開始後は、破産財団に属する財産の管理処分権は、裁判所が選任した破産管財人に専属することとなります（破産法78条１項）。

　したがって、これらの財産が譲渡登記の対象動産（債権）となっているときは、保全管理人（保全管理命令が発せられたとき）又は破産管財人が、譲渡登記の申請権限を有する者として、他方の当事者と共同して、譲渡登記を申請することとなります（注）。

2　また、会社更生手続においては、保全管理命令が発せられたときは、更生手続開始前会社の財産の管理処分権は、裁判所が選任した保全管理人に専属し（会社更生法32条１項）、更生手続開始決定後は、会社更生法72条４項の権限付与の決定がされない限り、更生会社の財産の管理処分権は、裁判所が選任した管財人に専属することとなります（会社更生法72条１項）。したがって、これらの財産が譲渡登記の対象動産（債権）となっているときは、保全管理人（保全管理命令が発せられたとき）又は管財人が、譲渡登記の申請権限を有する者として、他方の当事者と共同して、譲渡登記を申請することとなります（注）。

3(1)　これに対し、民事再生手続においては、保全管理命令が発せられたときは、再生債務者の財産の管理処分権は保全管理人に専属します（民事再生法81条1項）が、破産手続及び会社更生手続と異なり、再生手続開始決定があっても、原則として、再生債務者の財産の管理処分権は、引き続き再生債務者たる法人の代表者が有することとなります（民事再生法38条1項）。ただし、再生手続開始後に裁判所により管理命令が発せられ、管財人が選任されたとき（民事再生法64条1項、2項）は、再生債務者の財産の管理処分権は管財人に専属することとなります（民事再生法66条）。

したがって、これらの財産が譲渡登記の対象動産（債権）となっている場合において、保全管理人又は管財人が選任されているときは、保全管理人又は管財人が、譲渡登記の申請権限を有する者として、他方の当事者と共同して、譲渡登記を申請することとなります(注)。

(2)　他方、(1)で述べたことからすれば、民事再生手続において保全管理人又は管財人が選任されていないときは、再生債務者たる法人の代表者が、譲渡登記の申請権限を有する者として、他方の当事者と共同して、譲渡登記を申請することとなります。

しかしながら、このように再生債務者が引き続き再生債務者の財産の管理処分権を有することとされていても、裁判所は、必要があると認めるときは、監督委員を選任し、監督委員の同意を得なければ再生債務者がすることができない行為を指定することができるとされており（民事再生法54条1項、2項）、実務上は監督委員が選任される事案がほとんどといわれています。

このように監督委員が選任され、当該行為が要同意行為として指定されているときは、再生債務者たる法人の代表者が、譲渡登記の申請権限を有する者として、他方の当事者と共同して、譲渡登記を申請することとなりますが、当該登記申請を行うことにつき監督委員の同意があったことを証する書面を添付する必要があります（Q64、Q65参照）。

3　なお、倒産手続において否認権の行使がされた場合には、否認の登記がされることになりますが、その申請は、破産管財人、監督委員又は管財人が単独で申請することになります（Q76の解説1参照）。

（注）　なお、破産管財人が破産財団に属する動産の任意売却や債権の譲渡をす

る場合において、裁判所の許可を得る必要があるとき（破産法78条２項７号・８号）についても、当該債権又は動産の譲渡につき対抗要件を具備するために譲渡登記を申請する際には、登記申請書には、当該譲渡につき裁判所の許可があったことを証する書面を添付する必要はないものと解されます（Q66の解説の（注）参照。この点については、保全管理人や管財人の場合も同様と解されます。）。

共通 Q76 譲渡登記制度において共同申請による方法以外により登記がされる事例

譲渡登記制度において当事者双方が共同して申請する方法以外で登記がされる事例はありますか。

A 以下の事例があります。

① 判決による登記の申請は、当事者双方の共同申請によらずに、単独で申請することができます。

② 否認の登記の抹消は、裁判所書記官の嘱託に基づき行われます。

③ 登記の存続期間が満了した譲渡登記ファイルに対する閉鎖処理など、登記官の職権により登記がされることがあります。

解説

1 譲渡登記制度においては、判決による登記は、当事者双方の共同申請によらずに、単独で申請することができます（登記令６条前段）。

なお、判決に基づく譲渡登記の申請手続の詳細については、Q56を参照してください。

また、譲渡登記に係る動産若しくは債権の譲渡等又は譲渡登記が否認されたことによる破産法260条１項、民事再生法13条１項又は会社更生法262条１項（他の法律において準用する場合を含む。）による否認の登記は、当該否認の裁判であって執行力を有するものの正本又は謄本を添付することにより、破産管財人、監督委員（民事再生法56条に基づき裁判所から否認権を行使する権限を付与された場合）又は管財人が単独で申請することになります（破産管財人、監督委員又は管財人以外の者が否認の登記を申請した場合、当該申請は、登記令11条２号により却下されます。）。

なお、この否認の登記の申請手続の詳細については、Q60を参照してください。

2　裁判所書記官は、否認の登記がされている場合において、破産者について、破産手続開始の決定の取消し若しくは破産手続廃止の決定が確定したとき又は破産手続終結の決定があったときは、職権で、遅滞なく、当該否認の登記の抹消を嘱託しなければならないとされています（破産法260条４項前段）。

なお、破産管財人が否認された行為を登記原因とする登記又は否認された登記に係る権利を放棄し、否認の登記の抹消の嘱託の申立てをしたときも、同様とされています（同項後段）。

また、裁判所書記官は、民事再生法13条１項の否認の登記がされている場合において、再生債務者について、再生計画認可の決定、再生手続開始の決定の取消し若しくは再生計画不認可の決定が確定したとき、又は再生計画認可の決定が確定する前に再生手続廃止の決定が確定したときは、職権で、遅滞なく、当該否認の登記の抹消を嘱託しなければならないとされています（民事再生法13条４項、６項）。

さらに、裁判所書記官は、会社更生法262条１項の否認の登記がされている場合において、更生会社について、更生計画認可の決定が確定したとき、更生手続開始の決定の取消し若しくは更生計画不認可の決定が確定したとき又は更生が困難な場合若しくは更生手続開始原因が消滅した場合の更生手続廃止の決定が確定したときは、職権で、遅滞なく、当該否認の登記の抹消を嘱託しなければならないとされています（会社更生法262条４項、６項。以上においては、これらの規定を他の法律において準用する場合を含みます。）。

3　譲渡登記所の登記官は、譲渡登記の存続期間が満了したときは、職権で、当該登記に係る譲渡登記ファイルを閉鎖することとされています（登記令４条１項）。

また、譲渡登記所の登記官は、登記に錯誤又は遺漏があることを発見した場合において、その錯誤又は遺漏が登記官の過誤によるものであるときは、所定の手続を経た上で、職権により更正登記を行う（登記令12条）ほか、登記した事項が登記すべきものでないことを発見したときは、所定の手続を経た上で、職権により抹消登記を行います（登記令13条）。

なお、譲渡登記の譲渡人の本店等の所在地を管轄する商業登記所の登記官は、譲渡登記所の登記官からの通知に基づき、当該譲渡人に係る概要ファイルを備えることとされています（特例法12条３項）が、譲渡登記所の登記官は、①当該譲渡登記の抹消登記を行い譲渡登記ファイルを閉鎖したとき、②登記令４条１項に基づき譲渡登記ファイルを閉鎖したとき、③登記令12条による職権更正登記又は登記令13条に基づく抹消登記を行ったときは、その旨を当該商業登記所の登記官に通知し、通知を受けた当該商業登記所の登記官は、当該譲渡人に係る概要ファイルにつき、職権で登記を行います（登記令４条３項、４項、12条３項、13条５項）。

4　なお、譲渡登記制度においては、上記２で述べた裁判所書記官による嘱託の登記を認める個別的な規定はありますが、不動産登記制度のように官庁又は公署の嘱託による登記（不動産登記法16条１項）を認める一般的な規定はありませんので、国又は地方公共団体が譲渡登記の譲渡人又は譲受人となる場合であっても、当事者双方の共同申請による必要があります。

債権 Q77 債権譲渡登記の債務者が申請人となって当該債権譲渡登記の抹消登記の請求をすることの可否

既にされている債権譲渡登記について債務者として登記されている者が、自らを債務者として登記されている債権が存在せず、または消滅しているような場合に、当該債務者が申請人となって、当該債権譲渡登記の抹消登記の請求をすることはできますか。

債権の存否にかかわらず、債務者は、抹消登記の請求をすることはできません。

解説

債権譲渡登記は、債権の譲渡の事実を登記によって公示することを目的とするものであって、譲渡の対象となった債権の存在を公示することを目的とするものではありません。また、債権譲渡登記に付与される効果は、債務者以外の第三者との関係では、民法467条に規定による確定日付のある証書による通知があったものとみなすというものであって、債権の存在や譲渡の真実性を証明するものではありません（Q２の解説５(2)参照）。

このようなことから、債権譲渡登記の申請人は、譲渡の当事者である譲渡人及び譲受人とされ（特例法８条２項）、債務者の関与は必要としないこととされており、譲渡の対象となった債権が存在せず、または消滅したような場合にも、譲渡人及び譲受人が共同してする方法のみにより抹消登記の申請をすることができる（特例法10条１項）こととされており、債務者からの抹消登記の請求は認められておりません。

なお、このように債務者からの抹消登記の請求が認められないとしても、債権譲渡登記は、上記のとおり、登記された債権の存在を証明するものではなく、また、債務者の氏名・商号等が登記事項とされるのは、譲渡の対象となった債権を特定するためであって、債権の存否につき事実と異なる債権譲渡登記がされたとしても、債務者には何ら法律上の効果は及びません。また、債務者が法律上の不利益を受けるおそれもありません（注）。さらに、登記事項中の債務者に関するものは、一般には開示しないものとして（特例法11条２項）、債務者のプライバシーの保護を図っています（一問一答90頁、111～112頁）。

（注）　債務者は、特例法４条２項の通知を受け、支払を請求された場合でも、自らを債務者として登記されている債権が存在することを否認し（当該債権が存在することについては、債権者側が主張立証責任を負います。）、または、当該債権は存在していたものの、弁済等により消滅したことを抗弁として主張立証するなどして（特例法４条３項参照）、その支払義務を争うことができます。

動産 Q78 動産譲渡登記がされている動産を別途譲り受けた者が、当該動産譲渡登記の譲渡人及び譲受人に対し、当該動産譲渡登記の抹消登記手続を求める訴訟を提起して、当該抹消登記の申請をすることの可否

動産を譲り受けた者が、当該動産に関する無効な動産譲渡登記が存在するとして、当該動産譲渡登記の譲渡人及び譲受人に対し、当該動産譲渡登記の抹消登記手続を求める訴訟を提起し、その認容判決に基づき、単独で当該抹消登記の申請をすることは認められますか。

認められ得るものと考えます。

1　本問のような事例において参考となる裁判例として、広島高判平23・4・26判タ1366号186頁があります。

この事案は、根抵当権の実行により建物（以下「本件建物」という。）を買い受けた原告Ｘが、本件建物内には根抵当権設定者Y_1が設置したレントゲン機器及びエレベータ（以下「本件物件」という。）が存在し、本件物件には、Y_1を譲渡人、Y_2を譲受人、登記原因を譲渡担保とする動産譲渡登記（以下「本件登記」という。）が備えられているところ、本件物件は本件建物の従物又は付合物であるから上記根抵当権の効力が及び、その実行によりＸは本件物件の所有権を取得したなどとして、Y_1及びY_2を被告として、本件物件につき所有権を有することの確認及び本件登記の抹消登記手続等を求めたものです。

本判決は、Ｘが本件物件の所有権を有することを認めた上で、本件登記は、Y_1が権原もなく行った効力を生じない本件物件の譲渡を登記原因とする不実・無効な登記であるところ、特例法に基づく「動産登記が動産譲

渡の事実を公示することを目的とするものであり、動産の所有権の存在や真実に動産の譲渡されたことを公示するものではないとしても、本件物件に関する無効な登記が存在することは、本件物件の所有権の完全性を妨害することになるから、本件物件の所有者は、所有権を妨害する登記名義人に対し、所有権に基づく妨害排除請求権として、本件登記に係る抹消登記を請求できる」とし、さらに、「本件登記に係る抹消登記を申請する権限は、登記手続上、本件登記の譲渡人及び譲受人とされている（同法10条1項）から、本件物件の所有者…は、譲渡人…及び譲受人…に対し、登記官に対する本件登記に係る抹消登記の申請の意思表示（すなわち抹消登記手続）を求めることができる」として、本件登記の譲渡人 Y_1 及び譲受人 Y_2 は、本件物件の所有者であるXに対し、本件登記に係る抹消登記を申請する義務を負うと判示しました。

2　本判決のような考え方によれば、本問のような事例において、動産を譲り受けた者が、当該動産に係る無効な動産譲渡登記の抹消登記手続を求める訴えを認容する判決に基づき、単独で、当該動産譲渡登記の抹消登記の申請をすることが認められることもあり得るものと考えます（注）。

（注）不動産登記手続においては、真正所有者が、所有権保存登記を経由している無権利者に対し、その抹消登記手続を請求し得ることは、判例・学説とも特に異論をみないとされているところ（『最高裁判所判例解説民事篇（平成6年度）』381頁注⑽〔井上繁規〕）、その真正所有者が抹消登記手続を請求し得る登記手続上の根拠については、見解が分かれているようです。登記先例においては、乙所有敷地上に甲が建築した甲所有建物を、乙が、自己名義に所有権保存登記した場合に、甲が訴えを提起し、「乙は甲のために被告（乙）名義にした建物所有権保存登記を抹消せよ。右建物は甲の所有であることを確認する。」旨の請求認容判決を取得した場合には、甲は、乙に代位することなく、単独で所有権保存登記の抹消を申請することができるものとされています（昭28・10・14民甲1869民事局長通達）。この先例によれば、所有権保存登記の抹消請求を認容する判決を得た真実の所有者が、上記判決に基づいて抹消登記申請をする不動産登記法上の根拠規定は、不動産登記法46条ノ2（現不動産登記令7条1項3号）ではなく、不動産登記法27条（現63条）であることになりますが、不動産登記法27条（現63条）の直接適用ではなく、同条の類推適用とすべきとの見解もあるようです（幾代通＝浦野雄幸『判例・先例コンメンタール新編不動産登記法1』357頁）。また、上記先例とは異なり、代位申請によるべきとする説もあるようです（細川清「判決による登記の基礎」登記研究557号19頁）。

ところで、本判決は、動産譲渡登記手続においても、真実の所有者が不実・無効な動産譲渡登記の抹消登記手続を請求し得ることを認めていますが、特例法10条１項は譲渡登記の抹消登記の申請人を譲渡人及び譲受人とし、それ以外の者に抹消登記の申請権を認めていないところ、動産譲渡登記の当事者でない者が抹消登記手続を請求し得る登記手続上の根拠規定については、本判決では必ずしも明らかとされていない点があると思われます。この点については、既に議論の集積がある不動産登記手続における議論を参考にしつつ、更なる考察が必要と思われます。

共通 Q79 譲渡登記の当事者又は債権譲渡登記等における原債権者・債務者が国又は地方公共団体である場合の申請データの記録方法

譲渡登記の当事者（譲渡人若しくは譲受人）又は債権譲渡登記等の原債権者若しくは債務者が国又は地方公共団体である場合、当該当事者、原債権者又は債務者に係る申請データの記録はどのように行えばよいでしょうか。

A 当該当事者、原債権者又は債務者が国の場合は、「識別コード」欄に「0251」、「商号等」欄に「国」、「本店等所在」欄（譲渡人若しくは譲受人のとき）又は「所在」欄（債務者のとき）に「－」（全角ハイフン）を記録します。また、当該当事者、原債権者又は債務者が地方公共団体の場合は、識別コード欄に「0252」、「商号等」欄に地方公共団体の名称を記録し、「本店等所在」欄又は「所在」欄には、普通地方公共団体及び特別区のときは「－」を記録し、特別地方公共団体（特別区を除く）のときは、その主たる事務所の所在地を記録します。

なお、併せて、具体的な省庁名や部署名等を「取扱店」欄等に記録しておくことが適切です。

解説

1　国が私人と私法上の契約を締結する場合、国側の契約締結行為については、国の出先機関の長たる支出負担行為担当官が、法令に定める権限に基づき行うこととなりますが、この行為は単に国の事務を処理したということにすぎず、当該契約の当事者は、飽くまでも国と当該私人となります。

このように譲渡登記の当事者（譲渡人若しくは譲受人）又は債権譲渡登記等の原債権者若しくは債務者が国である場合の申請データ（譲渡人ファイル（JT.xml）、譲受人ファイル（JJ.xml）、原債権者ファイル（GS.xml）又は債務者ファイル（SM.xml））の記録方法については、「識別コード」欄に「0251」、「商号等」欄に「国」、「本店等所在」欄（譲渡人若しくは譲受人のとき）又は「所在」欄（債務者のとき）に「－」（全角ハイフン）と記録します。

2　また、譲渡人、譲受人又は債務者が地方公共団体である場合の申請データの記録方法についても、上記1とほぼ同様に考えられます。すなわち、「識別コード」欄に「0252」、「商号等」欄に例えば「○○県○○市」などのように地方公共団体の名称を記録し（当事者、原債権者又は債務者が市町村の場合でも、都道府県名から記録します。）、「本店等所在」欄（譲渡人若しくは譲受人のとき）又は「所在」欄（原債権者若しくは債務者のとき）には、普通地方公共団体及び特別区（東京都の区）のときは「－」（全角ハイフン）を記録し、特別地方公共団体（特別区を除く。）のときは、その主たる事務所の所在地を記録します。

3　なお、実務上は、各ファイルの「商号等」欄に「国」や地方公共団体の名称、「本店等所在」欄又は「所在」欄に「－」を記録するだけでは、動産（債権）譲渡契約や譲渡対象債権の特定に支障が生じることが考えられます。そこで、当該契約に係る事務を実際に担当する具体的な省庁名や部署名等を、各ファイルの「取扱店」欄等に記録しておくことが適切であると考えられます。

共通

Q80 「識別コード」の「0153」（登記されている登録免許税が免除される法人）及び「0201」（登記されていない日本に本店のある法人）を記録する法人の例

譲渡登記の申請の際に提出する申請データにつき、「識別コード」の「0153」（登記されている登録免許税が免除される法人）を記録する法人には、どのようなものがありますか。また、識別コードの「0201」（登記されていない日本に本店のある法人）を記録する法人には、どのようなものがありますか。

A 「識別コード」の「0153」を記録する法人には、登録免許税法別表第二に掲げる者（地方公共団体を除きます。）等があります。また、「0201」を記録する法人には、健康保険組合、国民健康保険組合、国民健康保険団体連合会等があります。

1(1) 登録免許税法の規定によれば、以下に掲げる譲渡登記（以下、本解説における「譲渡登記」とは、特に区別しない限り、譲渡登記に係る延長登記及び抹消登記を含むものとします。）については、登録免許税を課さないものとされています。

ア 国及び別表第二に掲げる者が自己のために受ける登記（登録免許税法4条1項）。

ただし、別表第二に掲げる者のうち独立行政法人については、「登録免許税法別表第二独立行政法人の項の規定に基づき、自己のために受ける登記等につき登録免許税を課さない独立行政法人を指定する件」（平成13年3月15日財務省告示第57号）に基づき指定されたものに限られます(注)。

イ 別表第三に掲げる者のうち株式会社国際協力銀行、株式会社日本政策金融公庫又は独立行政法人が自己のために受ける登記（登録免許税法4条2項、別表第三の一の二、一の三、十九の二)。

ただし、独立行政法人については、別表第二に掲げるものを除き、かつ、別表第三の第四欄に財務省令(登録免許税法施行規則4条の6)で定める書類の添付がある場合に限ります(登録免許税法4条2項括弧書き)。

(2) 譲渡登記制度との関係で言えば、登録免許税法4条1項及び2項にいう「自己のために受ける登記」とは、上記(1)ア及びイに掲げる者が譲渡登記をすることにより利益を受ける場合の登記をいうものと解されます(藤谷定勝『不動産・商業等の登記に関するQ&A 登録免許税の実務 第2版』44頁参照)。具体的に言えば、①譲渡登記及び譲渡登記に係る延長登記については、上記(1)ア及びイに掲げる者を譲受人とするもの、②譲渡登記に係る抹消登記については、上記(1)ア及びイに掲げる者を譲渡人とするものをいうものと解されます。

(3) なお、譲渡登記において登録免許税を課さないとされている者とそれ以外の者が共同して譲受人(譲渡登記及び譲渡登記に係る延長登記の場合)又は譲渡人(譲渡登記に係る抹消登記の場合)となるときは、その登記の申請に当たっては、登録免許税を納付する必要があるものと解されます(昭43・3・13民甲401号民事局長回答、昭43・6・11民甲1989号民事局長回答、昭44・10・3民三983号第三課長回答参照)。

2(1) 「識別コード」は、譲渡登記の申請の際に提出する申請データ中の譲渡人ファイル(JT.xml)及び譲受人ファイル(JT.xml)並びに債権譲渡登記の原債権者ファイル(GS.xml)及び債務者ファイル(SM.xml)に記録することとされています(記録方式告示第2の2(3)及び(4)並びに第3の2(3)、(4)及び(6))。

(2) 譲渡登記の譲渡人又は譲受人が上記1(1)ア及びイに掲げる者であるときは、申請データ中の譲渡人ファイル(JT.xml)又は譲受人ファイル(JJ.xml)の「識別コード」に「0153」を記録することとなります(上記1(1)ア及びイに掲げる者を譲渡人とする譲渡登記及び譲渡登記に係る延長登記については登録免許税が免除されませんが、当該譲渡登記に係る抹消登記については登録免許税が免除されることとなるので、「0153」を記録することとなります。)。ただし、譲渡人又は譲受人が国であるときは常に「0251」を記録し、地方公共団体であるときは常に「0252」を記録します。

⑶　また、上記１⑴ア及びイに掲げる者が債権譲渡登記等の原債権者又は債務者である場合には、これらの者が原債権者又は債務者であるかどうかは当該債権譲渡登記等に係る登録免許税の免除規定の適用に関係はありませんが、上記⑵に倣い、「識別コード」として「0153」を記録することで差し支えありません。ただし、原債権者又は債務者が国のときは常に「0251」を、地方公共団体のときは常に「0252」を記録します。

3　識別コードの「0201」（登記されていない日本に本店のある法人）を記録する法人の例としては、健康保険組合（健康保険法９条）、国民健康保険組合（国民健康保険法14条）、国民健康保険団体連合会（同法83条）、国民年金基金（国民年金法117条）、国家公務員共済組合（国家公務員共済組合法４条）、土地改良区（土地改良法13条）、市街地再開発組合（都市再開発法８条）、土地区画整理組合（土地区画整理法22条）、マンション建替組合（マンションの建替え等の円滑化に関する法律６条）等があります。

（注）　告示の内容については、財務省ホームページの「所管の法令・告示・通達等」の「告示（平成13年）」のページで確認することができます。

【参考】　識別コード一覧

0101	登記されている日本に本店のある法人	0203	個人
0102	登記されている日本に本店のない法人	0251	国
0153	登記されている登録免許税が免除される法人	0252	地方公共団体
0201	登記されていない日本に本店のある法人	0253	登記されていない登録免許税が免除される法人
0202	登記されていない日本に本店のない法人		

共通 Q81　登記共通事項ファイル中の「登記原因」欄に記録すべき事項

申請データの登記共通事項ファイル（COMMON.xml）中の「登記原因」欄は、どのような場合に記録するのでしょうか。

A　登記原因コードが「その他」の場合（「登記原因コード」の項に「99」を記録した場合）には、「登記原因」欄に、登記原因を必ず記録しなければなりません。他方、登記原因コードのうち「01」から「10」までのいずれかを選択した場合は、「登記原因」欄には、登記原因を記録する必要はありません（ただし、任意記載事項として、契約の名称等を記録することができます。）。

解説

1　申請データの登記共通事項ファイル（COMMON.xml）中の「登記原因」欄には、「登記原因コードが『その他』の場合（『登記原因コード』の項に『99』を記録した場合）には、登記原因を必ず記載しなければならない。それ以外の場合には、契約の名称を任意に記録することができる。」とされています（記録方式告示第２の２⑵注５、第３の２⑵注５）（注）。

2⑴「登記原因コード」のうち「01」から「10」までのいずれかを選択した場合は、記録したコードが登記原因として証明書に記載されます。

【○】

例えば、「登記原因コード」で「03」（譲渡担保）を選択した場合は、証明書には、以下のとおり記載されます。
【登記原因（契約の名称）】　：　譲渡担保

⑵「登記原因コード」のうち「01」から「10」までのいずれかを選択した場合に「登記原因」欄にその「登記原因コード」の内容を記録してしまうと、証明書に同じ文言が重複して記載されてしまうので、「登記原因」欄には「登記原因コード」の内容を記録しないでください。

【×】

例えば、「登記原因コード」で「03」を選択した場合に、「登記原因」欄に「譲渡担保」と記録しないでください。証明書には、以下のとおり記載されてしまいます。
【登記原因（契約の名称）】　：　譲渡担保　譲渡担保

3 「登記原因コード」のうち「01」から「10」までのいずれかを選択した場合であっても、「登記原因」欄に、任意記載事項として、契約の名称等を記録することができます。

【○】

例えば、「登記原因コード」で「03」を選択した上で、「登記原因」欄に「集合動産譲渡担保設定契約」と記録した場合は、証明書には、以下のとおり記載されます。
【登記原因（契約の名称）】　：　譲渡担保　集合動産譲渡担保設定契約

4 「登記原因コード」のうち「99」（その他）を選択した場合は、「登記原因」欄に、その登記原因を必ず記録してください。

【○】

例えば、「登記原因コード」で「99」を選択した上で、「登記原因」欄に「会社分割」と記録した場合は、証明書には、以下のとおり記載されます。
【登記原因（契約の名称）】　：　会社分割

（注）登記原因コードとして「その他」を選択して記録する登記原因の例としては、「被担保債権の譲渡に伴う譲渡担保権の移転の合意」（「譲渡担保権の移転の合意」又は「譲渡担保権の譲渡」）（Q84）、「信託財産引継」（Q88）、「会社分割」（Q90）などがあります。

共通 Q82 「譲渡登記の仮登記」や「登記申請日よりも後の日を登記原因年月日とする譲渡登記」の申請の可否

次に掲げる譲渡登記の申請をすることができますか。

① 停止条件付代物弁済や代物弁済予約等を登記原因とする譲渡登記の仮登記の申請

② 登記申請書に係る申請データに登記申請日よりも後の登記原因年月日が記録されている譲渡登記の申請

いずれの登記申請もすることができません。

1 ①について

不動産登記制度においては、本登記の制度のほか、仮登記の制度が認められていますが、動産又は債権の譲渡についても、停止条件付代物弁済や代物弁済予約等の契約形態が考えられ、この場合、譲渡登記についても仮登記ができるかどうかが問題になります。

しかし、譲渡登記については、特例法3条1項が「法人が動産…を譲渡した場合において」と規定しており、また、特例法4条1項も「法人が債権…を譲渡した場合において」と規定しており、共に登記申請前に既に動産又は債権が譲渡されていることを前提としていると解されることから、対抗力を生ずる本登記の制度のみを設けたものであって、対抗力が付与されるのではなく、単に順位保全の効力を有する仮登記というものを認める制度にはなっていないものと解されます（座談会（上）19頁〔植垣勝裕発言〕）。

したがって、停止条件付代物弁済や代物弁済予約等を登記原因とした譲渡登記の仮登記の申請をすることはできません。

2 ②について

例えば、譲渡登記の申請日が「平成30年4月2日」である場合において、当該登記申請に係る申請データに登記原因年月日が「平成30年4月9日」と記録されているときのように、登記申請日よりも後の登記原因年月日が申請データに記録されている譲渡登記の申請については、当該登記申請日においては、まだ動産又は債権の譲渡がされていないことは明らかです。

したがって、このような譲渡登記の申請をすることはできません（特例法3条1項、4条1項参照）。

共通 Q83 停止条件付譲渡登記や解除条件付譲渡登記の申請の可否

申請データの登記共通事項ファイル（COMMON.xml）中の「登記原因コード」欄に「01」（売買）と記録した上で、同ファイルの「備考」欄に「本件登記に係る動産（又は債権）の譲渡の効力発生は、○○が○○することを条件とする。」というような停止条件を記録することにより、停止条件付譲渡登記の申請をすることはできるでしょうか。また、同様に、「登記原因コード」欄に「01」（売買）と記録した上で、「備考」欄に「○○が○○した場合は、本件登記に係る動産（又は債権）の譲渡は、その効力を失う。」というような解除条件を記録することにより、解除条件付譲渡登記の申請をすることはできるでしょうか。

いずれもできません。

1　まず、停止条件付譲渡登記の申請をすることができるかどうかについてですが、特例法3条1項は「法人が動産…を譲渡した場合において」と規定しており、また、特例法4条1項は「法人が債権…を譲渡した場合にお

いて」と規定していることから、譲渡登記の申請については、登記申請前に既に動産又は債権が譲渡されていることを前提としていると解されます。

この点、停止条件付譲渡登記の申請については、登記申請日においては譲渡対象とされている動産又は債権はまだ譲渡されていないことが明らかですから、これをすることはできないものと解されます。

2　次に、解除条件付譲渡登記の申請をすることができるかどうかについてですが、解除条件付譲渡登記を申請しようとする意図は、その解除条件の成就により譲渡の効力が失効することを登記事項として明示しておきたいためと思われます。しかしながら、譲渡登記制度は、「動産の譲渡又は債権の譲渡が…効力を失った」場合には、譲渡登記の当事者が共同して譲渡登記の抹消登記を申請する方法を認めている（特例法10条1項2号）ことから、譲渡が効力を失ったことについては、制度上、一律に、譲渡登記の抹消登記をする方法によりその旨を明らかにする方法が想定されているということができます。

よって、仮に、解除条件付譲渡登記の申請が認められるとすれば、譲渡が効力を失ったことを公示する方法として、抹消登記を申請する方法と、解除条件付譲渡登記を申請する方法とが併存することになり、その公示内容につき混乱を招き、譲渡登記制度への信頼が失われることとなってしまいます。

そして、譲渡の効力が失われたかどうかは、極めて重要かつ本質的な登記事項であり、その事実が明確かつ簡潔に公示されることが要請されるところ、抹消登記による方法については、このような要請を満たすことは明らかですが、解除条件付譲渡登記の申請を認めるとすると、その条件が成就したか否かについて譲渡登記の当事者しか把握することができない事項や、条件の定義が曖昧な事項などが登記事項とされることにより、このような要請を満たさない結果を招くことが想定されます。

以上によれば、本問のような解除条件付譲渡登記申請をすることはできないものと解されます。

3　なお、以上の理由からすれば、申請データの登記共通事項ファイル（COMMON.xml）中の「登記原因コード」欄に「99」（その他）と記録した上で、同ファイルの「備考」欄に「停止条件付売買」や「○○が○○することを条件とする停止条件付売買」、あるいは「解除条件付売買」や「○○が○○することを条件とする解除条件付売買」と記録することにより、停止条件付き又は解除条件付きの譲渡登記の申請をすることもできないものと解されます。

共通 Q84 登記原因を「被担保債権の譲渡に伴う譲渡担保権の移転」とする譲渡登記の申請の可否

登記原因を「譲渡担保」とする譲渡登記に係る被担保債権が譲渡された場合に、当該被担保債権に係る譲渡担保権の移転につき対抗要件を具備するために新たに譲渡登記を申請する際、その登記原因は「被担保債権の譲渡に伴う譲渡担保権の移転」とすることでよいでしょうか。

A 「被担保債権の譲渡に伴う譲渡担保権の移転」という登記原因については認められないものと考えられます。もっとも、「被担保債権の譲渡に伴う譲渡担保権の移転の合意」を登記原因とすることは可能と考えられます。

1　譲渡登記制度は、動産又は債権の譲渡の公示に関する民法の規定による対抗要件の特例を定めた法制度であり、「動産の譲渡」（特例法３条１項）又は「債権の譲渡」（特例法４条１項）に当たるもの以外の動産又は債権の移転について公示することは予定されていません。

ここでいう「動産の譲渡」又は「債権の譲渡」、つまり民法178条にいう「動産に関する物権の譲渡」又は民法467条１項にいう「債権の譲渡」とは、当事者の意思に基づく譲渡のことをいうものと解されます（舟橋諄一ほか編『新版注釈民法⑹〔補訂版〕』775頁〔徳本鎮〕参照）。

本問の趣旨は、登記原因を「譲渡担保」とする譲渡登記に係る被担保債権が譲渡された場合に、当該被担保債権に係る譲渡担保権の移転につき対抗要件を具備するために新たに譲渡登記を申請する際、譲渡担保権の随伴性により当該譲渡担保権も移転したことに基づき、登記原因を「被担保債権の譲渡に伴う譲渡担保権の移転」とする譲渡登記をしたいというものと考えられますが、この「随伴性による移転」は、当事者の意思に基づくまでもなく発生しているものであるので、譲渡登記の対象となる「動産の譲渡」又は「債権の譲渡」には当たりません(注)。

したがって、「被担保債権の譲渡に伴う譲渡担保権の移転」という登記原因については認められないものと考えられます。

2　もっとも、被担保債権の譲渡当事者間で随伴性を排除する合意がされていなかったということは、譲渡担保権の移転の黙示の合意がされたと考えることもできます。そうすると、本問の事例においては、「被担保債権の譲渡に伴う譲渡担保権の移転の合意」を登記原因として申請することが考えられます。その場合は、「動産の譲渡」又は「債権の譲渡」に当たることは明らかであるので、当該登記原因については認められるものと考えられます。

この場合の登記原因の文言としては、「譲渡担保権の移転の合意」又は「譲渡担保権の譲渡」でも許容されるものと考えられます。

(注)　この点、不動産登記においては、例えば、登記された抵当権の被担保債権の譲渡があった場合には、随伴性により当該抵当権も移転し、かつ、この移転を登記原因とする登記をすることが認められています。しかし、この移転の登記は、被担保債権の譲渡人が取得した当該抵当権の処分や実行の円滑のために、付記登記としてされるものであり、随伴性による抵当権の移転の対抗要件としてされるものではありません(山野目章夫『不動産登記法』448頁参照)。

Q85 共通 登記原因を「代位弁済」とする譲渡登記の申請の可否

登記原因を譲渡担保とする動産譲渡登記に係る被担保債権を保証人が弁済した場合、当該保証人が①当該被担保債権の移転及び②当該動産譲渡登記の対象である動産に係る譲渡担保権の移転につき対抗要件を具備するために、当該動産譲渡登記の譲受人を譲渡人、当該保証人を譲受人とし、登記原因を「代位弁済」とする債権譲渡登記（上記①について）又は動産譲渡登記（上記②について）を新たに申請することはできますか。

登記原因を「代位弁済」とする譲渡登記を申請することはできないものと考えられます。

弁済をするについて正当な利益を有する者（保証人がこれに該当することにつき、大判昭6・3・16民集10巻157頁）は、弁済によって当然に債権者に代位します（民法500条）。この民法500条に規定する「当然に債権者に代位する」とは、債務者の意思に関係なく、当然に代位することができるということを意味するものであり、「法定代位」と呼ばれるものです。

そして、この民法500条の規定により債権者に代位した者は、自己の権利に基づいて求償をすることができる範囲内において、債権の効力及び担保としてその債権者が有していた一切の権利を行使することができる（民法501条本文）ことから、動産譲渡登記における譲受人の有する譲渡担保権についても、被担保債権の移転に随伴して、弁済者に当然に移転するものと解されます。

この場合、法定代位に係る被担保債権又は動産譲渡登記の対象である動産に対する権利については、当事者の意思に基づくのではなく、法定代位によって当然に移転することから、民法178条又は467条１項にいう「動産に関する物権の譲渡」又は「債権の譲渡」に当たるとはいえません（Q84参照）。

したがって、当該被担保債権又は当該動産譲渡登記の対象である動産に対する権利につき、当該動産譲渡登記における譲受人（譲渡担保権者）を譲渡人、弁済者を譲受人とし、登記原因を「代位弁済」とする債権譲渡登記又は動産譲渡登記を申請することはできないものと解されます（注）。

（注）本問については、「動産・債権譲渡登記の現場Q&A」のQ85（月刊登記情報581号55頁）の回答において、「登記原因を『代位弁済』として新たに譲渡登記を申請することができる」とされておりますが、本問の回答のとおり改められるべきものと考えます。

共通

Q86 登記原因を「自己信託」とする譲渡登記及び譲渡対象の債権又は動産が信託財産であることを第三者に対抗するための「信託の登記」（信託法14条に基づく登記）を申請することの可否

自己信託の対象とした動産又は債権につき、登記原因を「自己信託」とする譲渡登記を申請することはできますか。また、当該動産又は債権が信託財産に属することを第三者に対抗するために、「信託の登記」（信託法14条に基づく登記）をすることはできますか。

いずれもできないものと考えられます。

1　自己信託とは、信託の方法の一種であり、委託者自身が受託者となり、委託者が自己の有する一定の財産の管理・処分を自ら（受託者として）すべき旨の意思表示を書面等によりする方法による信託のことです（信託法3条3号）。そのため、当該信託の対象となる権利は、自己信託がされても、受託者に属するものである点は変わらず、権利の移転は伴わないことになります。

そこで、信託財産が動産又は債権の場合における登記原因を「自己信託」とする譲渡登記の申請の可否について検討すると、譲渡登記は民法178条又は467条に規定する「譲渡」がされた場合に申請することが可能である（特例法3条1項、4条1項参照）ところ、上記のとおり、自己信託がされても権利の移転は伴わず、民法178条又は467条に規定する「譲渡」がされたとはいえないことから、登記原因を「自己信託」とする譲渡登記は申請することはできないものと考えられます。

2　また、信託法14条は「登記又は登録をしなければ権利の得喪及び変更を第三者に対抗することができない財産については、信託の登記又は登録をしなければ、当該財産が信託財産に属することを第三者に対抗することができない。」と規定しているところ、譲渡した動産又は債権が信託財産である場合、当該信託財産につき信託法14条に基づく「信託の登記」をしなければそのことを第三者に対抗することができないのかどうか、すなわち、信託財産である動産又は債権が「登記又は登録をしなければ権利の得喪及び変更を第三者に対抗することができない財産」に当たるのかどうかが問題となります。

この点については、譲渡登記は、民法上の対抗要件の代わりに登記をすることを可能にするものにすぎず、動産又は債権自体が「登記又は登録をしなければ権利の得喪及び変更を第三者に対抗することができない財産」に当たることになるわけではないので、信託法14条の適用はありません（道垣内弘人『信託法入門』84頁）。

さらに、そもそも譲渡登記制度においては、不動産登記制度（不動産登記法98条）や自動車登録制度（自動車登録令61条ないし69条）のような「信託の登記（登録）」の規定も設けられていません。

したがって、譲渡登記の対象となる動産又は債権が信託財産に属することを第三者に対抗するために「信託の登記」をすることはできません。

共通 Q87 信託財産に属する債権又は動産を受託者の固有財産に帰属させた場合の譲渡登記の申請の可否（登記原因を「委付」とする譲渡登記の申請の可否）

信託財産に属する債権又は動産を受託者の固有財産に帰属させた場合、これに伴う譲渡登記を申請することはできますか。

申請することができないものと考えられます。

1　信託財産に属する財産を受託者の固有財産に帰属させること（自己取引）及び信託財産に関する財産を他の信託財産に属する財産に帰属させること（信託財産間取引）については、原則、利益相反行為に当たるものとして禁止されています（信託法31条1項1号・2号）が、受益者の利益が害されるおそれのない場合には、禁止の例外を認めることが相当であるとの考えから、「信託行為に当該行為をすることを許容する旨の定めがあるとき」（同条2項1号）又は「受託者が当該行為について重要な事実を開示して受益者の承認を得たとき」（同条2項2号。ただし、信託行為に反対の定めがない場合に限る（同条2項柱書き）。）には、例外的に許容されています。

このように、信託行為に自己取引等について許容する旨の定めがあるとき又は受益者の承諾が得られる場合において、例えば、委託者又は受益者が受託者に債務を負っており、信託財産を委付により受託者の固有財産としたときは、不動産登記手続においては、受託者を登記権利者、受益者を登記義務者とし、登記原因を「委付」として、権利の変更の登記（不動産登記法104条の2第2項前段）をすることができます（信託登記実務研究会編『信託登記の実務〔第3版〕』431～438頁）。

2　他方、譲渡登記手続においては、民法178条又は467条に規定する「譲渡」がされた場合に申請することが可能である（特例法3条1項、4条1項参照）ところ、本問のように、信託財産に属する債権又は動産を受託者の固有財産に帰属させた場合は、信託財産も固有財産も「受託者に属する財産」であることには変わりはなく（信託法２条３項、８項）、信託財産に属する財産を受託者の固有財産に帰属させることとしても権利の移転を伴うものではありませんから、民法178条又は467条に規定する「譲渡」がされたものとはいえません（上記１の不動産登記手続における取扱いも、権利の変更の登記として認められているものであり、権利の移転の登記として認められているものではありません。）。

したがって、本問のような譲渡登記の申請は、することができないものと考えられます。

共通

Q88 登記原因を「信託財産引継」とする譲渡登記の申請の可否

信託の終了に伴い、残余財産である動産又は債権を受益者に給付する場合において、受託者である法人を譲渡人、受益者を譲受人とし、登記原因を「信託財産引継」とする譲渡登記の申請をすることはできますか。

申請することができるものと考えられます。

解説

1　信託の信託終了事由（信託法163条ないし166条）が発生した場合には、信託が終了した時以後の受託者（清算受託者（同法177条））は、信託財産に属する財産及び信託財産に係る債務等を清算し、これらの手続が終了すると、その残余財産を、その帰属主体となる者に対して給付（信託財産の引継）することになります（同条４号）。

これらの残余財産の帰属主体については、第１順位は、①信託行為において残余財産の給付を内容とする受益債権に係る受益者（残余財産受益者）

となるべき者として指定された者又は②信託行為において残余財産の帰属すべき者（帰属権利者）となるべき者として指定された者（同法182条１項１号・２号）であり、第２順位は、委託者又はその相続人その他の一般承継人（同条２項）であり、第３順位は、清算受託者（同条３項）とされています。

信託の終了により、信託財産の引継ぎがされると、信託財産は受託者から残余財産受益者等に移転し、信託財産ではなくなります（信託登記実務研究会編『信託登記の実務〔第３版〕』388頁）。

2　本問のように、信託の終了に伴い、受託者が残余財産である動産又は債権を受益者に給付する場合、当該動産又は債権について、受託者から受益者に対する権利の移転が発生していることから、その移転につき対抗要件を具備することが可能と考えられます。

したがって、受託者（法人の場合に限られます（特例法３条１項、４条１項）。）を譲渡人、受益者を譲受人とする譲渡登記を申請することができるものと考えられます。

この場合の登記原因については、不動産登記手続の取扱いに倣い（信託登記実務研究会編・前掲102頁）、「信託財産引継」とすることでよいものと考えます。

共通

Q89 登記原因を「合併」とする譲渡登記の申請の要否

譲渡登記における譲受人である会社が合併により消滅した場合、合併後存続する会社（以下「吸収合併存続会社」という。）又は合併により設立する会社（以下「新設合併設立会社」という。）は、従前の譲渡登記の対象である動産又は債権の譲受けを第三者に対抗するためには、合併により消滅する会社（以下「消滅会社」という。）を譲渡人とし、吸収合併存続会社又は新設合併設立会社を譲受人とする譲渡登記を新たに申請する必要がありますか。

A 新たに譲渡登記を申請するまでもなく、従前の譲渡登記の対象である動産又は債権の譲受けを第三者に対抗することができるものと考えられます。

1　会社の合併の方式には、吸収合併（会社法２条27号）と新設合併（同条28号）とがありますが、いずれの合併の方式においても、消滅会社の権利義務の全部は、吸収合併存続会社又は新設合併設立会社に包括的に承継されます（同法750条１項、752条１項、754条１項、756条１項）。

譲渡登記における譲受人である会社が合併により消滅した場合、吸収合併存続会社又は新設合併設立会社は、消滅会社を譲渡人とし、吸収合併存続会社又は新設合併設立会社を譲受人とする譲渡登記を新たに申請しなければ、従前の譲渡登記の対象である動産又は債権に係る権利の承継を第三者に対抗できないことになるかどうかについては、以下のように考えられます。

すなわち、特例法３条１項及び４条１項は、法人が動産を譲渡した場合において、動産譲渡登記ファイルに譲渡の登記がされたときは、その動産の「引渡し」（民法178条）があったものとみなし、また、法人が債権を譲渡した場合において、債権譲渡登記ファイルに譲渡の登記がされたときは、当該債権の債務者以外の第三者について、確定日付のある証書による「通知」（民法467条）があったものとみなす旨規定しているところ、合併による権利の承継は、権利の包括承継として「譲渡」には当たらないことから、それに関する対抗要件は必要ないものと解されます（前田庸『会社法入門〔第12版〕』689頁参照）。

したがって、譲渡登記における譲受人である会社が合併により消滅した場合、吸収合併存続会社又は新設合併設立会社は、新たに譲渡登記を備える必要はなく、従前の譲渡登記と包括承継という合併の法的効果に基づいて、対象動産又は対象債権の譲渡につき対抗要件を具備しているということができるものと考えられます（注）。

2　なお、吸収合併存続会社又は新設合併設立会社が従前の譲渡登記の対象である動産又は債権の譲渡につき対抗要件を具備していることについては、①従前の譲渡登記に係る登記事項証明書と、②合併があった旨が記載されている吸収合併存続会社若しくは新設合併設立会社の商業登記簿に係る登記事項証明書又は当該会社に係る概要記録事項証明書とを合わせることにより、立証することができるものと考えられます。

3　また、従前の譲渡登記につき延長登記又は抹消登記を申請する場合は、消滅会社ではなく、吸収合併存続会社又は新設合併設立会社が当該譲渡登記の申請の当事者となりますが、当該登記の申請の際には、当事者の表示に変更があったことを証する書面（登記規則13条1項4号。具体的には、吸収合併存続会社又は新設合併設立会社の商業登記簿に係る履歴事項証明書が該当します。）の添付が必要となります。

（注）　登記手続の面からみても、譲渡登記については、譲渡人及び譲受人の共同申請によることとされている（特例法7条2項、8条2項）ところ、合併があった場合、消滅会社は解散する（会社法471条4号）とともに消滅するため、登記の譲渡人となることができず、共同して登記申請をすることもできません。また、登記申請書に添付することが必要な書面についても、譲渡人である消滅会社に係る資格証明書（登記令8条1号）や印鑑証明書（登記規則13条1項2号）を添付することができません。

Q90 共通　譲渡登記後に譲受人が会社分割を行った場合において、分割会社を譲渡人とし、分割承継会社等を譲受人とする譲渡登記を申請することの可否

譲渡登記における譲受人である会社が会社分割を行い、当該譲受人の権利義務を既に存在する他の会社（以下「吸収分割承継会社」という。）又は分割により設立する会社（以下「新設分割設立会社」という。）が承継した場合、吸収分割承継会社又は新設分割設立会社は、当該権利義務に含まれる従前の譲渡登記の対象である動産又は債権の譲受けを第三者に対抗するために、分割する会社（以下「分割会社」という。）を譲渡人とし、吸収分割承継会社又は新設分割設立会社を譲受人とする譲渡登記を新たに申請することができますか。

 登記原因を「会社分割」とした上で、譲渡登記を新たに申請することができるものと考えられます。

解説

1　会社の分割の方式には、吸収分割（会社法２条29号）と新設分割（同条30号）とがありますが、いずれの分割の方式においても、分割会社の権利義務の全部又は一部は、吸収分割契約（吸収分割の場合）又は新設分割計画（新設分割の場合）の定めに従って、吸収分割承継会社又は新設分割設立会社に承継されます（同法759条１項、761条１項、764条１項、766条１項）。

そこで、譲渡登記における譲受人である会社が会社分割を行い、吸収分割契約又は新設分割計画の定めに従って、当該登記の対象である動産又は債権を吸収分割承継会社又は新設分割設立会社が承継した場合、吸収分割承継会社又は新設分割設立会社は、分割会社を譲渡人とし、吸収分割承継会社又は新設分割設立会社を譲受人とする譲渡登記を新たに申請しなければ、従前の譲渡登記の対象である動産又は債権に係る権利の承継を第三者に対抗できないかどうかが問題になります。

この点について、会社分割の場合も、合併の場合と同様に、分割会社が譲渡の対象である動産又は債権に対して有していた権利は、吸収分割契約又は新設分割計画の定めに従って、吸収分割承継会社又は新設分割設立会社に包括的に承継されます（ただし、会社分割の場合、合併とは異なり、分割会社は会社分割後も存続し、吸収分割契約又は新設分割計画の内容によっては、分割会社が当該動産又は債権に対する権利を引き続き有することとした上で、吸収分割承継会社又は新設分割設立会社以外の第三者に対して権利の移転を行うこともあり得ます。）。したがって、会社分割による権利の承継を第三者に対抗するためには、民法178条及び467条の適用（ないし類推適用）があることから、譲渡登記による第三者対抗要件の具備が必要であると考えられます（前田庸『会社法入門〔第12版〕』735頁）。

2　このように、吸収分割承継会社又は新設分割設立会社が従前の譲渡登記の対象とされた動産又は債権の譲受けにつき、更に対抗要件を具備したい場合には、分割会社を譲渡人、吸収分割承継会社又は新設分割設立会社を譲受人として、登記原因を「会社分割」とした上で、新たな譲渡登記を申請することができるものと考えられます。

3　なお、会社分割を行う場合、分割前に譲渡登記の対象とされた動産又は債権が分割会社から吸収分割承継会社又は新設分割設立会社に承継されるか否かについては、吸収分割契約又は新設分割計画により定められることとなります（会社法758条2号、760条2号、763条5号、765条5号）が、譲渡登記の申請に当たっては、譲渡があったことを証する書面の添付は必要とされていません。したがって、会社分割を登記原因として新たに申請する譲渡登記に係る登記申請書には、吸収分割契約書又は新設分割計画書を添付する必要はありません。

債権 Q91 登記原因を「債権譲渡」とする債権譲渡登記の申請の可否

債権譲渡登記を申請するに当たり、登記原因を「債権譲渡」として登記の申請をすることはできますか。

A できないものと考えられます。

解説

債権譲渡登記制度においては、債権譲渡登記ファイルに「債権譲渡登記の登記原因及びその日付」を記録するものとされています（特例法8条2項2号）が、この「登記原因」とは、不動産登記制度における「登記原因」、すなわち「登記の原因となる事実又は法律行為」（不動産登記法5条2項）と同様の概念であると解されます。

そして、不動産登記制度においては、不動産の所有権は、売買・贈与・交換などの特定された法律行為により移転するものであり、「不動産を譲渡する」というような登記原因は認められないと解されています（山野目章夫『不動産登記法』298頁）が、債権譲渡登記制度についても、登記原因については、「登記の原因となる法律行為」を摘示することを要し、債権譲渡の登記の原因となる法律行為の中から債権譲渡についての合意部分のみを取り出して、登記原因を「債権譲渡」と摘示することは認められないと考えられます。

共通 Q92 譲渡登記の抹消登記が認められる事由の例

譲渡登記の抹消登記が認められる事由には、どのようなものがありますか。譲渡登記の登記原因に無効事由等はないのですが、登記を具備する必要がなくなったので、当事者の合意により抹消登記を申請することは認められますか。

A 譲渡登記の抹消登記が認められるのは、特例法10条1項各号に掲げる事由があるときに限られます。

特例法10条1項各号に掲げる事由がない場合は、登記の当事者の合意によっても、抹消登記を申請することはできません。

1　抹消登記が認められる事由について

(1)　譲渡登記の抹消登記については、①動産又は債権の譲渡が効力を生じないこと（特例法10条1項1号）、②動産又は債権の譲渡が取消し、解除その他の原因により効力を失ったこと（同項2号）、③譲渡に係る動産又は債権が消滅したこと（同項3号）が登記の抹消事由とされています。

①の「譲渡が効力を生じないこと」とは、譲渡登記の登記原因が当初から効力を有しなかった場合をいいます。例えば、動産又は債権の譲渡の原因である売買契約等が当初から不存在である場合や、公序良俗違反や錯誤によって無効である場合等がこれに当たります。

②の「譲渡が取消し、解除その他の原因により効力を失ったこと」とは、登記原因が登記の時点では存在していたが、その後、取消し、解除その他の原因により遡及的に存在しなくなった場合をいいます。「その

第3章 債権 Q91 〜 共通 Q92

他の原因」としては、売買、譲渡担保等の譲渡の原因となった契約についての合意解除や解除条件付契約の条件成就が考えられます。

③の「譲渡に係る動産又は譲渡に係る債権が消滅したこと」とは、譲渡の対象となった動産又は債権が消滅した場合をいいます。この場合には、実質的に登記の対象を欠くことになるため、当該譲渡に対抗力を付与する必要がなくなることから、これを登記の抹消事由としています。

(2) ところで、動産譲渡登記及び債権譲渡登記等（特例法7条、8条、14条。延長登記や抹消登記を含まない狭義の意味の「動産譲渡登記」及び「債権譲渡登記等」）を申請する場合には、申請データに「登記原因コード」を必ず記録する必要があることから、「登記原因コード」が「99」の場合を除き、登記原因の表記が定型化されています。

しかしながら、譲渡登記所の窓口に登記申請書を提出して抹消登記の申請をする場合又は郵送等送付の方法によって抹消登記の申請をする場合には、（狭義の意味の）動産譲渡登記及び債権譲渡登記等を申請する場合と異なり、申請データを提出する必要はなく（登記令7条1項、5項参照）、「登記原因コード」を記録する必要がないことから、登記申請書に記載する登記原因をどのような表記で摘示すればよいかが問題になります。

この点について、オンラインによる抹消登記の申請においては、以下のとおり抹消の登記原因の文言の表記が定型化されています。

譲渡登記所の窓口に登記申請書を提出して抹消登記の申請をする場合又は郵送等送付の方法によって抹消登記の申請をする場合にも、オンラインによる抹消登記の場合の登記原因コードが表す登記原因の「内容」欄の記載を参照して、登記原因を記載すれば足ります。

2 当事者の合意による抹消登記の申請について

1で説明したように、譲渡登記の抹消が認められる事由は、登記に対応する実体関係が存在しなくなるような場合に限定されています。また、仮に当事者の合意による抹消登記を認めるとすると、合意による抹消が実体関係とは無関係にされて、登記が実体を反映しないという事態が生じ得るため、登記制度に対する信頼が損なわれるおそれがあります。

したがって、実体関係に変更がないのに、例えば譲渡登記を具備する必要がなくなったことを原因として、当事者の合意によって抹消登記を申請することは認められません（一問一答108〜109頁）。

オンラインによる抹消登記申請における登記原因コード及び内容

コード	内容
61	錯誤
62	解除
63	合意解除
64	取消

コード	内容
65	弁済
66	放棄
67	混同
68	更改

コード	内容
69	相殺
70	免除
71	不存在
99	その他（注）

（注） オンラインによる抹消登記申請における登記原因コードとして「99」を記録した場合は、申請データの＜登記原因＞欄に、その登記原因の名称を具体的に記録します。

共通 Q93 抹消登記の登記原因を「解約」とする場合の留意事項

甲を譲受人（譲渡担保権者）、乙を譲渡人（譲渡担保設定者）とする債権譲渡担保契約において、乙から甲への譲渡対象債権（譲渡担保の対象となる債権）を「債権者を乙とし、債務者を丙とする、乙と丙との間で月ごとに発生する将来売掛債権（始期：平成28年４月１日、終期：平成31年３月31日）」としているところ、当該債権の譲渡につき、平成28年４月１日に、譲渡担保を登記原因とする債権譲渡登記をしました。当該債権譲渡担保契約には、「乙が期限の利益を喪失した場合、甲は本契約を解約することができる」旨、「甲又は乙は、１か月の予告をおいて、いつでも本契約を解約することができる」旨及び「本契約が解約により終了したときは、乙は甲に対し、一切の債務を弁済し、甲は乙から譲渡を受けて保有する一切の債権を乙に返還する」旨の特約条項が設けられているところ、平成28年９月30日に当該条項に基づき当該債権譲渡担保契約が終了した場合、登記原因及びその日付を「平成28年９月30日解約」として、当該債権譲渡登記の抹消登記の申請をすることは認められるでしょうか。

A 認められます。ただし、本件事案においては、登記原因を「解約」とした場合、当該抹消登記の効力の及ぶ範囲について争いが生ずることも考えられるため、登記原因を「解除」として申請することが適切であると考えられます。

解説

1　法律用語としての「解約」の意味については、「契約当事者一方の意思表示によって、継続的債権関係（賃貸借・雇用・委任・組合等）を終了させ、その効力を将来に向かって消滅させること（民617・618等）。将来に向かって消滅させる点で、契約の効力を過去にさかのぼって消滅させる解除と異なる。」と説明されています（竹内昭夫ほか編『新法律学辞典〔第３版〕』127頁）。

もっとも、契約実務においては、契約の解除と解約は、同じ意味の用語として使用されることが少なくなく、その意味が明確でないことがあることから、契約実務において解除特約、解約特約の意味を解釈する場合には、その特約の内容を検討し、合理的に解釈した上で、その内容を明確化することが必要であるとの指摘がされています（升田純『現代取引社会における継続的契約の法理と判例』64～65頁）。

2　そこで、本件における「乙が期限の利益を喪失した場合、甲は本契約を解約することができる」旨、「甲又は乙は、１か月の予告をおいて、いつでも本契約を解約することができる」旨及び「本契約が解約により終了したときは、乙は甲に対し、一切の債務を弁済し、甲は乙から譲渡を受けて保有する一切の債権を乙に返還する」旨の特約条項（以下「本件条項」という。）について、その内容を検討し、合理的に解釈してみると、本件条項の効果である「甲は乙から譲渡を受けて保有する一切の債権を乙に返還する」という点に着目すれば、ここにいう「解約」とは、本来的には、契約の効力を過去に遡って消滅させるという「解除」の意味と解するのが適切であって、契約の効力を将来に向かってのみ消滅させるという本来の意味の「解約」と解することは適切ではないものと考えられます。

そして、本件においては、甲を譲渡担保権者、乙を譲渡担保設定者とする債権譲渡担保契約（以下「本件債権譲渡担保契約」という。）において、乙から甲への譲渡対象債権を「債権者を乙とし、債務者を丙とする、乙と丙との間で月ごとに発生する将来売掛債権（始期：平成28年４月１日、終期：平成31年３月31日）」（以下「本件譲渡対象債権」という。）とする、譲渡担保を登記原因とする債権譲渡登記（以下「本件債権譲渡登記」という。）がされているところ、本件条項により本件債権譲渡担保契約が終了した場合は、本件譲渡対象債権の全てについて甲から乙への復帰的移転が生じ（もっとも、本件譲渡対象債権のうち、丙による弁済等により既に消滅しているものについては、甲から乙への復帰的移転は生じないものと解されます。）、本件債権譲渡登記の抹消登記がされると、本件譲渡対象債権に係る甲から乙への復帰的移転について対抗要件が具備されるものと解されます。

他方、本件条項にいう「解約」の意味を文言どおりに捉え、契約の効力を将来に向かってのみ消滅させるという本来の意味の「解約」であるとすると、本件条項に基づき本件債権譲渡担保契約が終了した場合、本件譲渡対象債権のうち「解約」日である平成28年９月30日以後に発生するものについてのみ甲から乙への復帰的移転が生じ、他方、「解約」日より前に発生したもの（「解約」日より前に発生したものであり、丙による弁済等によりいまだ消滅していないもの）については甲から乙への復帰的移転は生じず、甲に帰属したままとなるという解釈がされる可能性もあり、本件条項が本来想定していた結果とは異なる事態を招いてしまうことも想定されます（**Q23**の解説の（注）参照）。

3　もっとも、登記原因を「平成28年９月30日解約」として本件債権譲渡登記の抹消登記が申請された場合であっても、①上記１のとおり、契約実務においては、契約の解除と解約は同じ意味の用語として使用されることが少なくなく、登記官としては、登記原因を「解除」としている場合と「解約」としている場合の効果の違いについて厳密に追究することは相当ではないと考えられること、また、②債権譲渡登記の抹消登記の申請においては、登記原因を証する書面は登記申請書の添付書面とはされておらず、登記官としては本件条項の内容を知り得ないことからすれば、登記官が、当該抹消登記申請につき却下事由（登記令11条各号）があると判断することは困難であることから、このような債権譲渡登記の抹消登記の申請も認められるものと考えられます（注）。

しかしながら、本件条項の内容を知り得る立場にある本件債権譲渡登記の抹消登記の当事者とすれば、本件条項を合理的に解釈した上で、登記原因をどのように定めるかを検討すべきであるところ、本件債権譲渡登記の抹消登記の登記原因を「解約」とした場合は、2で上述したような事態を招くことも想定されることからすれば、登記原因を「解除」として申請することが適切であると考えられます。

4　なお、以上述べたところは、登記原因を「合意解約」とする場合においても、同様と解されます。すなわち、「解約」と「合意解約」の違いは、単独行為であるか契約当事者双方の合意であるかの違いであり（竹内ほか・前掲384頁）、契約の効力を将来に向かって消滅させることを意味するという点では同一であることから、以上述べたところがそのまま当てはまるものと解されます。

（注）　不動産登記手続においても、例えば、根抵当権の抹消の登記原因については、「解除」と「解約」は、その相違を認識せず使用されており、「解約」を登記原因とする根抵当権の抹消登記を申請することも認められています（青木登『登記官からみた登記原因証明情報作成のポイント』249頁）。

債権 Q94　譲渡に係る債権が全額弁済されたことに基づき債権譲渡登記の抹消登記を申請する場合の登記原因

譲渡に係る債権が全額弁済されて消滅したので、債権譲渡登記の抹消登記を申請したいのですが、この場合の登記原因はどのように記載すればよいでしょうか。

「譲渡に係る債権の弁済」のように記載するのが相当と考えます。

譲渡に係る債権が消滅したときは、譲渡登記の当事者はその抹消登記を申請することができる（特例法10条1項3号）ところ、①譲渡に係る債権が全

額弁済された場合、その債権は消滅することから、特例法10条１項３号に基づき抹消登記を申請することができます。

ところで、上記①の場合の登記原因につき、単に「弁済」と記載すると、例えば、②譲渡担保を登記原因として譲渡登記をしていた場合において、譲受人が譲渡人に対して有する被担保債権が全額弁済されたときは、「債権の譲渡が取消し、解除その他の理由により効力を失った」（特例法10条１項２号）ことに基づき抹消登記を申請することができ、その登記原因は（被担保債権の）「弁済」と記載される（Q23の解説２を参照）ことから、この場合と区別がつかなくなってしまいます。

そして、債権譲渡登記における登記原因は、譲渡人と譲受人との間で譲渡に係る債権が移転（復帰的移転を含む。）した事実又は法律行為を記載することが通常であるため、上記①の場合における抹消登記の登記原因を単に「弁済」と記載すると、上記②のような事由により抹消登記がされたものと解されてしまう可能性が高いものと思われます。

そこで、上記②の場合と区別するために、本問のように上記①の場合により債権譲渡登記の抹消登記を申請するときは、その登記原因については、例えば「譲渡に係る債権の弁済」のように記載することが相当と考えます。

共通 Q95 譲渡登記の対象動産又は債権に誤りがあった場合の抹消登記の登記原因

譲渡登記を完了した後に、当該譲渡登記の対象である動産又は債権に誤りがあったことを発見したため、当該譲渡登記に係る抹消登記を申請したいと考えています。この場合、当該抹消登記に係る登記申請書に記載する登記原因を「錯誤」として、登記申請をすることができますか。

申請することができるものと考えられます。

譲渡登記制度においては、登記した事項に誤りがあった場合であっても、その更正登記をすることはできません（Q53参照）。このような場合には、譲渡登記をすべきであった動産又は債権について、新たに譲渡登記を申請するほかありません。

また、対象である動産又は債権を誤って登記した譲渡登記をどのようにすべきかですが、そのような登記は、実体関係を欠くものであり、無効な登記であると考えられるため、特例法10条１項１号に規定する「譲渡が効力を生じないこと」（Q92の解説１(1)参照）に準じて、抹消登記をすることができると考えられます。

この場合の抹消登記の登記原因は、「錯誤」と記載し、登記原因年月日を記載しないこととして差し支えないものと考えられます。

共通 Q96 登記共通事項ファイルの「備考」欄に記録することができる事項

登記共通事項ファイル（COMMON.xml）の「備考」欄には、どのような事項を記録することができるのですか。

A 「動産（債権）譲渡の契約内容等を特定するために有益な事項」を記録することができます。

解説

1　登記共通事項ファイルの「備考」欄には、他の項目で記録すべき事項以外のものであって、動産（債権）譲渡の契約内容等を特定するために有益なものを記録することができます（記録方式告示第２の２⑵注６、第３の２⑵注６）。

ここで、「動産（債権）譲渡の契約内容等を特定するために有益な事項」とは、譲渡登記は「ある者からある者に対し動産（債権）が譲渡された」という一定の時点における事実を公示することにより第三者対抗要件を具備するための手段である（Q７の解説３⑵参照）ことに鑑みると、動産（債権）譲渡契約の当事者（譲渡人及び譲受人）に関する事項、動産（債権）譲渡契約の締結年月日（これが「登記原因年月日」として記録されます。）、債権譲渡契約における譲渡対象債権の額（なお、当該譲渡対象債権の総額は、債権個別事項ファイル（CREDIT.xml）の記録事項とされています。）、動産（債権）譲渡契約の名称等のことをいい、他方、動産（債権）譲渡契約の当事者以外の利害関係人等に関する事項、動産（債権）譲渡契約に付随・関連する他の契約の内容、動産（債権）譲渡契約に付された条件等の付款、当該条件が成就したときの法的効果の内容等については、これに含まれないものと解されます。

2⑴　１で上述したことに照らすと、「動産（債権）譲渡の契約内容等を特定するために有益な事項」の具体例としては、投資事業有限責任組合の譲渡人又は譲受人を特定するために有益な事項（Q75、Q76）や、譲渡に係る債権（譲渡対象債権）の一部を譲渡する場合における譲渡額（Q152）のほか、以下の事項が挙げられます。

① 動産（債権）譲渡の契約締結時における譲渡人又は譲受人と譲渡登記申請時における譲渡人又は譲受人とが異なる場合に、両者の同一性を明らかにするための事項

例えば、譲渡人を株式会社A、譲受人を株式会社Xとする動産（債権）譲渡の契約の締結をした後、当該譲渡に係る譲渡登記を申請する前に、株式会社Aを消滅会社、株式会社Bを存続会社とする吸収合併が行われた場合には、当該譲渡登記については譲渡人を株式会社Bとして申請することになりますが、その際、両者の同一性を明らかにするために、以下のような記録をすることが考えられます。

「譲渡人株式会社Bは、本登記の登記原因たる譲渡担保設定契約締結時の譲渡人である株式会社A（本店：東京都中野区野方一丁目34番1号）を消滅会社とする平成30年4月1日付け吸収合併における存続会社である。」

② 既にされている譲渡登記の登記原因たる動産（債権）譲渡の契約との関係を明らかにするための事項

今回行おうとする譲渡登記の登記原因たる動産（債権）譲渡の契約が、既にされている譲渡登記の登記原因たる動産（債権）譲渡の契約と同一関係にあることや、承継関係にあることなどを明らかにするために、既にされている譲渡登記の登記番号を明示した上で、以下のような記録をすることが考えられます。

「本登記の登記原因たる譲渡担保設定契約は、第2018－1234号で登記された動産譲渡登記の登記原因たる譲渡担保設定契約と同一であり、当該譲渡担保設定契約における譲渡対象動産を追加するために行うものである。」

「本登記は、第2018－1234号で登記された債権譲渡登記の譲受人が会社分割をし、当該債権譲渡登記の譲渡対象債権が新設分割設立会社に承継したことに基づき行うものである。」

(2) 以上に対し、例えば、登記原因たる譲渡担保設定契約に係る被担保債権の債務者に関する情報は、「動産（債権）譲渡の契約内容等を特定するために有益な事項」には当たらないものと考えられます（Q99参照）。

また、登記原因たる譲渡担保設定契約における譲受人（譲渡担保権者）が複数の場合に、当該譲渡担保設定契約においてそれぞれの譲受人につき定める持分の割合も、譲受人間の内部的権利関係を表す情報にすぎないので、「動産（債権）譲渡の契約内容等を特定するために有益な事項」には当たらないものと考えられます。

債権

Q97 譲渡担保を登記原因とする債権譲渡登記において被担保債権額を債権譲渡登記ファイルに記録することの可否

譲渡担保を登記原因とする債権譲渡登記において、被担保債権額を任意的登記事項として債権譲渡登記ファイルに記録することはできますか。

A 債権譲渡の契約内容等を特定するために有益な事項として、登記共通事項ファイル（COMMON.xml）の「備考」欄に記録することができると解されます。もっとも、被担保債権額を登記することによる効果としては、債権譲渡の契約内容等を特定することにとどまり、例えば、登記した被担保債権の優先弁済額を明らかにする効果があるとまでは言い難いものと考えられます。

解説

1　質権設定登記においては、「被担保債権の額又は価格」が必要的登記事項とされています（特例法14条1項中の読替規定、記録方式告示第3の2(5)の注3）。これは、被担保債権は質権設定契約の本質的要素であると考えられているので、質権設定登記を特定するために登記事項とされたことによります（Q31参照）。

これに対し、債権譲渡登記においては、「被担保債権の額又は価格」は必要的登記事項とされていません。その理由については、以下のとおりと考えられます。

すなわち、質権設定登記については、専ら担保目的のために利用されること、そして被担保債権が存在するということを、定型的・画一的に判断することができます。これに対し、債権譲渡登記については、譲渡人と譲受人との合意により債権譲渡を行うのであれば、担保目的以外にも幅広く利用することが可能です。そして、質権設定登記と異なり、担保目的で債権が譲渡されるのかどうかを登記原因から定型的・画一的に判断することは困難であり（例えば、登記原因が「売買」であっても、その実質は売渡担保であることもあり得ます。)、また、譲渡対象債権に係る被担保債権の存在を観念することができるかどうかについて定型的・画一的に判断することも困難であると思われます（例えば、真正売買の場合は、被担保債権の存在を観念し得ないといえます。)。

そうすると、債権譲渡登記においては、被担保債権が債権譲渡登記の本質的要素であるとは一概にはいえないことから、必要的登記事項とはされなかったものと解されます。

2　もっとも、債権譲渡登記をする場合に、被担保債権額を任意的登記事項として債権譲渡登記ファイルに記録することまでは否定されるものではないと解されます。

例えば、譲渡担保を登記原因とする債権譲渡登記をする場合は、被担保債権の額は債権譲渡登記の原因たる譲渡担保契約を特定するために有益な事項に当たるということができることから、債権譲渡の契約内容等を特定するために有益な事項（記録方式告示第3の2(2)の注6）として、登記共通事項ファイルの「備考」欄に記録することは可能と解されます。

3　ただし、被担保債権額を登記共通事項ファイルの「備考」欄に記録する意義については、債権譲渡の契約内容等を特定する以上の効果はなく、例えば、登記した被担保債権につき優先弁済額を明らかにする効果があるとまでは言い難いものと思われます。

債権譲渡登記において被担保債権額を登記しようとする申請人の意図としては、債権譲渡登記をいわば「不動産登記制度における抵当権設定登記の債権版」と捉えた上で、抵当権設定登記において被担保債権の「債権額」（不動産登記法83条1項1号）が公示されることにより発生する効果と同様の効果、すなわち、登記した被担保債権につき優先弁済額を明らかにする効果が生じることを期待してのこととも思われます（注1）。

しかしながら、債権譲渡登記ファイルが、不動産登記簿と異なり、物的編成主義を採用していない（したがって、ある債権譲渡登記ファイルに記録されている譲渡対象債権と同一の債権が他の債権譲渡登記ファイルにも記録されていることが、当然にあり得ます。）ことに加え、債権譲渡に係る第三者対抗要件を具備するための方法は債権譲渡登記に限られるものではなく、民法467条に基づく対抗要件具備方法によることも可能であることから、債権譲渡登記に係る登記事項証明書を見ることにより、その登記事項証明書に記載されている譲渡対象債権に係る譲渡担保権設定の状況を一元的・網羅的に把握することはできません。

そうすると、譲渡担保を登記原因とする債権譲渡登記において被担保債権額を登記したとしても、当該債権譲渡登記における譲渡対象債権について当該被担保債権以外の被担保債権が存在するのかどうか、存在するとした場合に他の被担保債権との関係でいかなる優先弁済権を有するのかなどの情報が完全に公示されているということにはなりません。

したがって、債権譲渡登記において被担保債権額を登記したとしても、抵当権設定登記において被担保債権額が公示されることにより発生する効果と同様の効果を発揮させるための前提を欠くことから、登記した被担保債権の優先弁済額を明らかにする効果が生じると解することは困難であると考えられます（注２）（注３）。

4　なお、譲渡登記が完了した後に登記事項に変更が生じた場合であっても、その変更の登記申請をすることはできません（Q53参照）。したがって、被担保債権額を債権譲渡登記ファイルに記録した場合、当該被担保債権額に変更が生じたことに基づく変更登記をすることはできません（被担保債権額を債権譲渡登記ファイルに記録していなければ、そもそも変更登記の要否が問題になることはありません。）。

（注１）　抵当権設定登記においては被担保債権の「債権額」（不動産登記法83条１項１号）が必要的登記事項とされているところ、これを登記事項とする意義については、①被担保債権を特定するため、そして、②優先弁済額を明らかにするためという点にあると解されます。もっとも、②の点については、登記後に弁済を受けている場合は、その分について被担保債権額は減少することは当然ですから、登記した被担保債権額は、弁済を受けることができる額の上限を示すものにすぎません（鎌田薫ほか編『新不動産登記講座・第５巻　各論Ⅱ』45～46頁〔道垣内弘人〕）。

そして、この②の点について、更に道垣内教授は、「抵当権においては、（中略）設定者の利益保護の視点から考えることも重要になる。すなわち、抵当権の存在・内容が登記により公示されていれば、たとえば、新たな信用供与を行おうとしている第三者は、自らに優先する抵当権者の存在、および、その優先弁済額を知ることができる。そして、それでもし目的物に剰余価値があれば、それを担保として信用供与を行えばよいのである。ところが、仮に、公示がなければ、第三者は安心して担保を取得できなくなり、それゆえ設定者は新たな信用供与を受けえないことになりかねない。（中略）抵当権の存在・内容が公示されているからこそ、譲受人は、それを予想した上で、当該不動産の価値を測定できるのである。」と述べています（道垣内弘人『担保物権法〔第4版〕』132～133頁）。

これによれば、抵当権設定登記において個々の被担保債権の「債権額」が公示されることにより、個々の抵当権に基づく優先弁済額が明らかにされ、抵当権付不動産の剰余価値を測定でき、その測定結果に基づき、抵当権設定者は新たな信用供与を受け得るという効果が生じるものと思われます。

その前提として、不動産登記手続においては、登記簿が物的編成主義を採用しており、また、登記が不動産に関する物権の得喪及び変更に係る第三者対抗要件を具備するためのほぼ唯一の方法とされていることから、ある不動産に係る抵当権の存在については、当該不動産の登記記録に一元的・網羅的に記録されることになるので、登記事項証明書を見れば、当該不動産に係る抵当権設定の現況を知ることができ、当該不動産の剰余価値を測定することができるという制度的担保があると思われます。

（注2） この点は、被担保債権額が登記事項とされている質権設定登記においても同様と解され、質権設定登記において被担保債権額を必要的登記事項としている意義についても、質権設定契約を特定するために資するという以上の効果は生じないものと思われます。

（注3） なお、被担保債権額を登記すると、当該被担保債権額は登記共通事項ファイルの「備考」欄に記録されることから、何人でも交付を請求することができる登記事項概要証明書にも記載され、公示されます（特例法11条1項）。その結果、被担保債権額、つまり、譲渡人の譲受人に対する債務額という情報が、何らの制限なく公示されることとなってしまいます。

このような情報は、譲渡人の立場からすれば、何らの制限なく公示されることは望まないのが通常と思われます。そうすると、債権譲渡登記において被担保債権額を公示する必要性が本当にあるかどうかについては、それを公示することにより発生する具体的効果がどのようなものであるかを踏まえた上で判断する必要があるものと考えられます。

債権 Q98 債権譲渡登記において譲渡対象債権についての「限度額の定め」を債権譲渡登記ファイルに記録することの可否

譲渡対象債権が混在型債権又は将来債権である場合に、登記共通事項ファイル（COMMON.xml）中の「備考」欄又は債権個別事項ファイル（CREDIT.xml）中の「備考」欄に、譲渡対象債権についての「限度額の定め」を記録することはできるでしょうか。

A 記録することができると解されます。ただし、この「限度額の定め」については、この定めをすることにより、かえって譲渡対象債権の特定を欠くことになるという指摘があることに注意すべきです。

1 譲渡対象債権が債務者特定の混在型債権（以下、単に「混在型債権」ともいう。）又は将来債権である場合に、登記共通事項ファイル中の「備考」欄又は債権個別事項ファイル中の「備考」欄に、譲渡対象債権を特定するための「有益事項」として、「限度額の定め」を記録することとし、例えば、「譲渡対象債権の総額は○○円に満つるまでとする。」のように記録することは可能と解されます。

もっとも、上記のように、単に「譲渡対象債権の総額は○○円に満つるまでとする。」として債権譲渡をし、これを記録することについては、例えば、譲受人が担保実行した時点において、譲渡対象債権たる譲渡人の債務者に対する売掛債権としてａ、ｂ、ｃ、ｄの４個が残っており、いずれか３個で当該債務者について設定された限度額に達する場合に、ａ、ｂ、ｃ、ｄのどれが譲渡対象から除外されたことになるのか分からないことになり、譲渡対象債権の特定を欠くことになるという指摘がされています（道垣内弘人「債権譲渡特例法５条１項にいう「譲渡に係る債権の総額」について」金融法務事情1567号58頁）。

2 そこで、上記のような指摘に対する対応策として、例えば、「限度額」

の定めを「譲渡の対象となる債権は、限度額（○○万円）の範囲内において、債権発生日の古い順によるものとする。」とすることにより、譲渡対象債権の特定を確保することができるとの提唱がされています（森井英雄ほか『債権譲渡特例法の実務〔新訂第２版〕』152頁、160頁の注11）。

もっとも、譲渡対象債権が将来債権である場合に、このような「限度額」の定めをすることについては、かえって譲渡対象債権の特定を欠くことになるという見解も見られます。

すなわち、仮に、「限度額の定め」につき、例えば発生時期の古い順、弁済期の到来順といった限定を更に付けたとしても、確かに譲渡人・譲受人の間では識別可能性が確保され得るとしても、債務者からすれば、ある特定の債権が譲渡対象になっているのかどうかを、登記事項証明書から判断することができません。そして、これを判断するには、当該債権が、発生時期や弁済期といった更なる特定基準に関して、他の債権とどのような関係にあるのかを知ることが必要となります。しかしながら、このような関係については、債務者としては、交付された登記事項証明書の内容だけでは判断することができないことから、譲渡債権額につき限度額の定めを置くと、かえって、債務者に対しては譲渡対象債権の特定性が欠けることとなるという指摘がされています（道垣内・前掲金融法務事情1567号58頁、佐久間毅「将来債権の譲渡－（第三）債務者不特定の場合を中心に」ジュリスト1217号36頁の脚注14）。

したがって、「限度額の定め」をして債権譲渡をし、これを記録することについては、この定めをすることにより、かえって譲渡対象債権の特定を欠くことになるという上記のような指摘がされていることも踏まえて判断すべきものと考えます。

共通 Q99 被担保債権の債務者を登記共通事項ファイルの「備考」欄に記録することの可否

譲渡登記を申請するに当たり、登記申請書と共に提出する申請データ中の登記共通事項ファイル（COMMON.xml）の「備考」欄に、当該登記の登記原因である譲渡担保に係る被担保債権の債務者を記録して、登記の申請をすることができますか。

A 譲渡登記の登記原因である譲渡担保に係る被担保債権の債務者を、登記共通事項ファイルの「備考」欄に記録することはできないものと考えられます。

1　譲渡担保の設定は、当該譲渡担保に係る被担保債権の債務者以外の第三者が、いわゆる物上保証人として、当該第三者の有する動産又は債権を担保に供することによって行うことが可能ですが、この場合、当該第三者を譲渡人、譲渡担保権者を譲受人として、譲渡登記を申請することになります。

2　ところで、譲渡登記における登記すべき事項は、動産譲渡登記については特例法７条２項各号並びに登記規則８条１項、２項及び12条２項、債権譲渡登記等については特例法８条２項各号（質権設定登記については、特例法14条により特例法８条２項を読み替えた事項）並びに登記規則９条１項及び12条２項に規定されていますが、譲渡登記の登記原因である譲渡担保に係る被担保債権の債務者については、いずれにおいても、登記すべき事項として規定されていません。

また、譲渡登記の登記申請書と共に提出する申請データ（登記令７条１項、５項）中の登記共通事項ファイルの「備考」欄には、「他の項目で記録すべき事項以外の事項であって、動産（債権）譲渡の契約内容等を特定するために有益なものを記録することができる。」（記録方式告示第２の２⑵注６、第３の２⑵注６）とされていますが、譲渡登記の登記原因である

第3章 共通 Q 99

譲渡担保に係る被担保債権の債務者については、譲渡人及び譲受人以外の第三者に係る事項であり、「動産（債権）譲渡の契約内容等を特定するために有益な事項」であるとはいえません（Q96参照）。

さらに、登記共通事項ファイルの「備考」欄に記録した内容は、登記事項証明書（特例法11条２項）のみならず、誰でも交付を請求できる登記事項概要証明書（特例法11条１項）にも記載されることから、申請当事者ではない債務者に係る情報が「備考」欄に記録されていると、当該債務者本人のあずかり知らないところで自己に関する情報が公示されてしまうという問題が生ずることとなります。

3　したがって、譲渡登記を申請するに当たり、登記申請書と共に提出する電磁的記録媒体の登記共通事項ファイルの「備考」欄に、当該譲渡登記の登記原因である譲渡担保に係る被担保債権の債務者を記録することはできないものと考えられます。

▶譲渡登記の当事者と被担保債権の債務者との関係図（債権譲渡登記の場合）

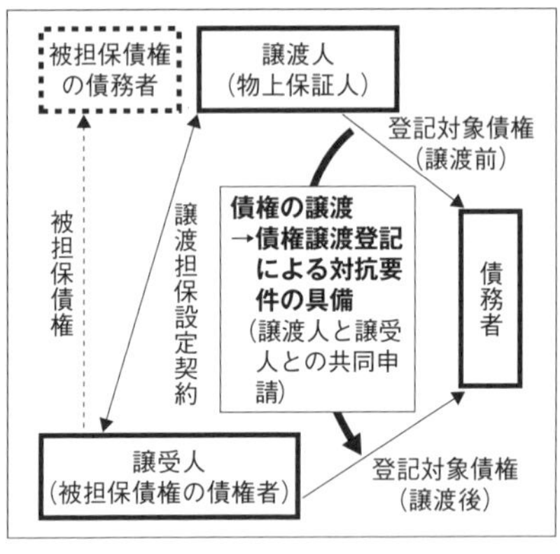

▶譲渡登記の当事者と被担保債権の債務者との関係図（動産譲渡登記の場合）

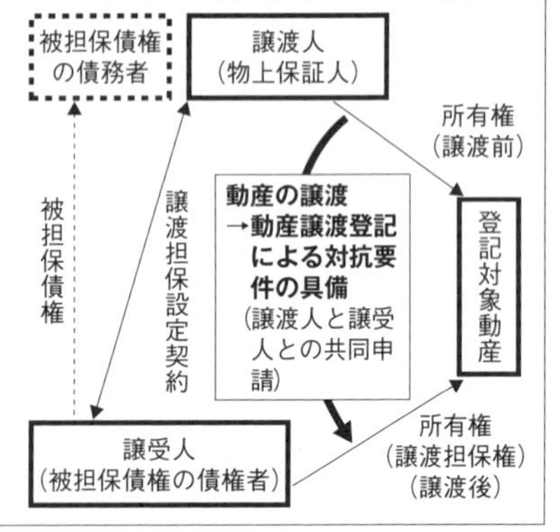

第4章

動産譲渡登記の対象となる動産の適格／譲渡対象動産の特定方法

Q100　特別法による登録又は登記の制度が存在する動産（自動車、船舶等）

自動車や船舶のように特別法による登録又は登記の制度が存在する動産の譲渡の譲渡についても、動産譲渡登記をすることができますか。

A　既に特別法による登録又は登記がされた動産の譲渡は、動産譲渡登記の対象とはなりません。

解説

1　自動車や船舶のように特別法によって民法の対抗要件とは別個に所有権の得喪に関する対抗要件が設けられている動産のうち、既に特別法による登録又は登記（以下「登録等」という。）がされたものの譲渡については、動産譲渡登記をすることはできません。

すなわち、これらの動産は、登録等がされるまでは民法の対抗要件の規定の適用があるものの、登録等がされた後はその適用はなく、民法所定の対抗要件を具備しても、その効力は認められません。そして、動産譲渡登記も民法上の対抗要件である引渡しと同等の効力を有するもの（特例法３条１項）ですので、既に登録等がされた動産については動産譲渡登記をすることができず、仮に既に登録等がされた自動車等の譲渡について動産譲渡登記がされたとしても、その効力は認められません（一問一答38頁）。

このように、特別法によって民法の対抗要件とは別個に所有権の得喪に関する対抗要件が設けられている動産の例としては、【表２】に掲げたものがあります。

2　また、農業用動産のように、所有権の得喪については特別法に登録等による対抗要件具備の規定がなく、抵当権の得喪についてのみ特別法に登録等による対抗要件具備の規定がある（農業動産信用法13条１項）動産もあります（注）。

このような動産については、当該動産につき当該特別法に基づく抵当権設定登記がされていても、動産譲渡登記をすることは可能と考えられますが、譲受人は、抵当権の負担のある動産を取得することになります（座談会（上）17頁〔植垣勝裕発言〕）。

（注） なお、農業動産信用法13条１項以外にも、動産に対する抵当権の得喪及び変更についての対抗要件具備について民法の規定とは別に特別法に基づく規定があるものとして、自動車抵当法５条１項（自動車抵当権）、航空機抵当法５条１項（航空機抵当権）、商法848条３項（船舶抵当権。なお、建設中の船舶に対する抵当権につき、商法851条）、建設機械抵当法７条１項（建設機械抵当権。根拠条文は所有権の得喪に関するものと同一）等があります。

【表２】 特別法によって民法の対抗要件とは別個に所有権の得喪に関する対抗要件が設けられている動産の例

動産の種類	根拠条文	条文内容	登録等申請先
自動車（注１）	道路運送車両法５条１項	登録を受けた自動車の所有権の得喪は、登録を受けなければ、第三者に対抗することができない。	自動車の使用の本拠の位置を管轄する運輸支局又は自動車検査登録事務所
船舶（注２）	商法687条	船舶の所有権の移転は、その登記を受け、かつ、船舶国籍証書にこれを記載しなければ、第三者に対抗することができない。	船籍港の所在地を管轄する登記所（注４）
小型船舶（注３）	小型船舶の登録等に関する法律４条	登録を受けた小型船舶の所有権の得喪は、登録を受けなければ、第三者に対抗することができない。	日本小型船舶検査機構
航空機	航空法３条の３	登録を受けた飛行機及び回転翼航空機の所有権の得喪及び変更は、登録を受けなければ、第三者に対抗することができない。	国土交通省（航空局監理部総務課）
建設機械	建設機械抵当法７条１項	既登記の建設機械の所有権の得喪及び変更は、建設機械登記簿に登記をしなければ、第三者に対抗することができない。	建設機械の打刻記号によって表示される都道府県の区域内に置かれている法務局本局又は地方法務局本局（注５）

（注１） 軽自動車、小型特殊自動車及び二輪の小型自動車を除く（道路運送車両法４条）。これらの自動車については、所有権の得喪の対抗要件につき定める特別法が設けられ

ていないため、その対抗要件具備方法は、原則どおり民法の規定による引渡し（民法178条）によることとなり、動産譲渡登記の対象とすることもできる。

また、大型特殊自動車のうち、建設機械（建設工事の用に供される機械類であって、建設機械抵当法施行令別表に掲げるもの）も除かれる（道路運送車両法5条2項、自動車抵当法2条ただし書、建設機械抵当法2条）。建設機械に係る所有権の得喪の対抗要件については、特別法である建設機械抵当法の規定が適用される。

（注2） 総トン数20トン未満の船舶を除く（商法686条2項）。また、端舟及びろかい又は主としてろかいをもって運転する舟を除く（商法684条2項。なお、平成30年5月18日に成立した「商法及び国際海上物品運送法の一部を改正する法律」（施行日は、公布日（平成30年5月25日）から1年以内の政令で定める日）により、この商法684条2項に該当する規定は、改正後の「商法684条括弧書き」に置かれている。）。

（注3） 総トン数20トン未満の船舶のうち、漁船（漁船法2条1項に規定するもの）及びろかい又は主としてろかいをもって運転する舟、係留船その他国土交通省令（小型船舶登録規則2条）で定める船舶を除く（小型船舶の登録等に関する法律2条）。

（注4） 船籍港の所在地が東京23区内の場合は東京法務局本局、神奈川県川崎市の場合は横浜地方法務局川崎支局が取り扱う（船籍港の所在地を管轄する登記所が二以上ある船舶の管轄登記所を指定する省令1条）。

（注5） 北海道にあっては札幌法務局本局が取り扱う（建設機械登記令1条）。

動産

Q101 特別法による登録がされていない自動車（未登録の自動車）

特別法による登録をしていない自動車の譲渡につき、動産譲渡登記をすることができますか。できるとした場合、動産譲渡登記の申請に際して留意すべき事項には、どのようなものがありますか。

A 登録をしていない自動車（まだ登録をしていないもののほか、一旦登録がされたが、当該登録が抹消されたものを含みます。）の譲渡については、動産譲渡登記をすることができます。これらの自動車の譲渡につき動産譲渡登記を申請する場合、登録をしていない状態であることを明らかにするために、「動産の種類」を「未登録自動車」、「四輪車（登録抹消済）」等と表記することが望ましいと考えられます。

1　自動車のように特別法によって民法の対抗要件とは別個に所有権の得喪に関する対抗要件が設けられている動産のうち、既に特別法による登録等がされたものの譲渡については、動産譲渡登記をすることはできません（Q100参照）が、登録等をしていない動産（まだ登録等をしていないもののほか、一旦登録等がされたが、当該登録等が抹消されたものを含みます。）の譲渡については、引渡しによって民法上の対抗要件を具備することができる（民法178条）ものと解されます。そして、動産譲渡登記は民法上の対抗要件である引渡しと同等の効力を有するものである（特例法3条1項）ことから、動産譲渡登記をすることによって対抗要件を具備することができるものと解されます。

2　登録をしていない自動車の譲渡につき動産譲渡登記をする場合に、「動産の種類」を単に「自動車」や「四輪車」と表記してしまうと、第三者から見て、既に登録がされている自動車の譲渡につき動産譲渡登記をしているように受け取られてしまい、当該登記が効力を有しないものであると判断されてしまうおそれがあります。

そこで、登録をしていない自動車の譲渡につき動産譲渡登記を申請する場合は、当該自動車の譲渡が動産譲渡登記の対象であることを明らかにするために、「動産の種類」を「未登録自動車」、「四輪車（登録抹消済）」等と表記することが望ましいと考えられます。

動産

Q102　知的財産権

特許権等の知的財産権の譲渡を動産譲渡登記の対象とすることはできますか。

動産譲渡登記の対象とはなりません。

特許権等の知的財産権は、融資実務においては、いわゆるABL（Asset Based Lending：動産・債権担保融資）の実施に際して、融資先の企業が有する動産や債権と併せて担保権が設定されることが多いようですが、これらの知的財産権は、民法上の「有体物」に当たらないため、動産譲渡登記の対象とすることはできません。

もっとも、知的財産権そのものは動産譲渡登記の対象とすることはできませんが、知的財産権に基づいて作成された動産については、動産譲渡登記の対象とすることができるものと考えられます。

なお、知的財産権のうち工業所有権（特許権、実用新案権、意匠権及び商標権）については、工場財団の組成物とすることができる（工場抵当法11条5号）ほか、知的財産権については、その根拠法令において、担保権の設定を登録することができる（質権の設定を登録するか、譲渡担保を設定する方法によります。譲渡担保を設定する方法による場合は、権利の移転を登録する形式で担保権を設定することとなります。）旨の規定が置かれているものがあり、当該規定に基づき担保権の設定を登録することができます。

このように、知的財産権に対する担保権の設定を登録することができる法令の規定が置かれているものの例としては、【表3】に掲げたものがあります。

【表3】 知的財産権に対する担保権の設定を登録することができる規定が置かれている法令の例（平成30年10月現在）

根拠法	権利名	質権設定の条項	権利の移転の条項（譲渡担保）	登録の効果	登録機関
特許法	特許権	98条1項3号	98条1項1号	効力発生要件	特許庁
実用新案法	実用新案権	25条3項において準用する特許法98条1項3号	26条において準用する特許法98条1項1号	効力発生要件	特許庁
意匠法	意匠権	35条3項において準用する特許法98条1項3号	36条において準用する特許法98条1項1号	効力発生要件	特許庁

商標法	商標権	34条4項において準用する特許法98条1項3号	35条において準用する特許法98条1項1号	効力発生要件	特許庁
著作権法	著作権	77条2号	77条1号	第三者対抗要件	文化庁
(著作権法78条の2による特例) プログラムの著作物に係る登録の特例に関する法律	著作権のうちプログラムの著作物に関するもの	著作権法77条2号	著作権法77条1号	第三者対抗要件	一般財団法人ソフトウェア情報センター(注1)
種苗法	育成者権	32条1項3号	32条1項1号	効力発生要件	農林水産省
半導体集積回路の回路配置に関する法律	回路配置利用権	21条1項4号	21条1項1号	第三者対抗要件	一般財団法人ソフトウェア情報センター(注2)

※なお、上記各法令においては、上表に掲げる各知的財産権の利用権(専用実施権、通常実施権等)に対する担保権の設定の登録に関する規定も設けられているが、上表では当該規定の記載は省略している。

(注1) プログラムの著作物に係る登録の特例に関する法律5条1項により文化庁長官が指定した登録機関

(注2) 半導体集積回路の回路配置に関する法律28条1項により経済産業大臣が指定した登録機関

動産 Q103 民法上の「物」に当たるかどうかが問題となる動産(ガス、生物)

次に掲げる物の譲渡を動産譲渡登記の対象とすることはできますか。

① タンクの中に気体又は液体の状態で保管されているガス

② 家畜(牛、豚、鶏等)や養殖魚等の飼養されている生物

いずれも動産譲渡登記の対象とすることができると考えられます。

解説

1　①について

動産譲渡登記は「動産」（民法86条２項）の譲渡を登記するものであることから、動産譲渡登記の対象となる「動産」は、民法上の「物」に該当する必要があります。

民法上の「物」とは「有体物」のことをいいます（民法85条）。この「有体物」とは何を指すかについては、「固体・液体・気体など空間の一部を占めて存在するもの」を指すとする説（有体性説）と、有体性説による「物」の概念を拡大して、「法律上の排他的な支配が可能であるもの」を指すとする説（管理可能性説）とがありますが、いずれの説によっても、気体又は液体の状態で存在しているガスについては、「有体物」に当たるということができます。

さらに、動産譲渡登記の対象となる「動産」は、所有権の客体となる「物」である必要があります。

所有権の客体となる「物」と認められるためには、「有体物」であることのほかに、①権利主体による排他的支配が可能であること、②特定かつ単一の物であること及び③独立の物であることを要するものと解されます（内田貴『民法Ⅰ総則・物権総論〔第４版〕』357頁）が、「タンクの中に気体又は液体の状態で保管されているガス」については、これらの要件を満たしているということができることから、動産譲渡登記の対象とすることができると考えられます。

なお、タンクの中に保管されているガスを集合動産として特定する方法によって動産譲渡登記の対象とする場合において、対象動産を特定するための有益事項（登記規則12条２項）として、「対象動産の数量：100リットル中40リットル」のような数的な制限事項を記録することは認められません（Q131参照）。

2　②について

家畜（牛、豚、鶏等）や養殖魚等の生物については、「有体物」であることは明らかであり、所有権の客体となる「物」と認められるための要件、すなわち①権利主体による排他的支配が可能であること（家畜や養殖魚として飼養している生物については、この要件を満たすといえます。）、②特定かつ単一の物であること及び③独立の物であることも満たすものといえます。

そして、これらの生物は、民法上の「不動産」(民法86条1項）に当たらない以上、「動産」に当たり、動産譲渡登記の対象とすることができると考えられます。

動産

Q104 有価証券

株券その他の有価証券の譲渡を動産譲渡登記の対象とすることはできますか。

対象とすることができないものと考えられます。

一般に、有価証券は、証券の交付が対抗要件ではなく譲渡の効力発生要件とされていることから、有価証券の譲渡は動産譲渡登記の対象とはならないと解されます。例えば、株券については、その交付が譲渡の効力発生要件とされている（会社法128条1項）ことから、動産譲渡登記の対象とはならないと解されます（植垣ほか（中）59頁)。

なお、無記名債権は動産とみなされます（民法86条3項）が、有価証券ではないものの、有価証券に準じて扱うべきと解されている（内田貴『民法I総則・物権総論〔第4版〕』355～356頁）ので、その譲渡は、動産譲渡登記の対象とはならないということとなります。

動産

Q105 金銭、金券

金銭を動産譲渡登記の対象とすることはできますか。また、収入印紙や郵便切手といった金券を動産譲渡登記の対象とすることができますか。

A 既に強制通用力を失った金銭又は金券をコレクションの対象として取引する場合など、当該金銭又は金券がその本来的機能を失い、単なる物として取り扱われるような例外的な場合を除き、動産譲渡登記の対象とならないと考えられます。

解説

1(1) 金銭も動産の一種ですが、①通貨として、物の交換価値そのものを表す存在として機能する場合と、②単なる通常の物として取り扱われるにすぎない場合とがあります。

通常、金銭は、①に当たるものとして流通しますが、この場合、その性質が特殊なものであることから、動産譲渡登記の対象となるかどうかが問題となります。

(2) ①に当たる金銭は、強制通用力が国家によって保障され、その内容である価値が重視される特殊性を持ち、流通性・代替性が強いことが特徴です。

このように、金銭が①に当たるものとして扱われる場合、動産としての性質は抽象的・観念的なものになり、金銭の有する価値は、金銭そのものを離れては存在し得ないものとなります。したがって、金銭は、その占有者の所有に属するということができます。

この点につき、判例（最二小判昭39・1・24判例時報365号26頁、最二小判昭29・11・5刑集8巻11号1675頁）も、「金銭は、特別の場合を除いては、物としての個性を有せず、単なる価値そのものと考えるべきであり、価値は金銭の所在に随伴するものであるから、金銭の所有権者は、特段の事情のないかぎり、その占有者と一致すると解すべき」としています。このようなことから、金銭は、民法178条の動産には該当せず（舟橋諄一ほか編『新版注釈民法(6)〔補訂版〕』774頁〔徳本鎮〕）、金銭の所有権の移転については、引渡しは、対抗要件ではなく、効力発生要件と解すべきと考えられます（我妻栄『新訂物権法（民法講義Ⅱ）』185～186頁）。

(3) 他方、金銭が②に当たるものとして取り扱われる例としては、既に強制通用力を失った金銭をコレクションの対象として取引する場合などがあります。このように、金銭が金銭としての本来的機能を失い、単なる物として取り扱われるような例外的な場合には、金銭は通常の動産として取り扱われることとなります。

(4) 以上のことから、金銭については、②に当たるものとして取り扱われるような例外的な場合を除き、その譲渡については民法の対抗要件制度の適用はなく、動産譲渡登記の対象とはならないと考えられます。

そして、金銭を②に当たるものとして動産譲渡登記の対象としようとする場合は、当該動産譲渡登記申請に係る動産個別ファイル（MOVABLES.xml）の「動産の種類」あるいは「備考」に記録する有益事項において、その旨を明らかにする必要があると考えられます。

2 次に、金券についてですが、「金券」とは、収入印紙や郵便切手等、表示された金額に応ずる価値を法律上当然に持つと認められ、金銭の代用となる証券のことをいいます。また、金券は、有価証券のように財産権を表章するにすぎないものではなく、証券そのものが表示どおりの価値があるものと認められ、証券が滅失すればその価値も当然消滅するものです（竹内昭夫ほか編集代表『新法律学辞典〔第３版〕』301ページ）。

これらの金券も動産の一種ですが、金銭と同様の性質を有することから、金銭と同様に、動産譲渡登記の対象となるかどうかが問題となります。

この点について、金券は、一定の法律関係の範囲内ではあるものの、強制通用力を有し、その内容である価値が重視される特殊性を持ち、流通性・代替性が強いという特徴を有することが認められる点では、金銭と同様の性質を有するということができます。

そうすると、金券についても、金銭と同様に、単なる通常の物として取り扱われるような例外的な場合を除き、その譲渡については引渡しが効力発生要件であると解すべきであり、動産譲渡登記の対象とはならないと考えられます。

動産

Q106 外国に所在する動産

外国に所在する動産を譲渡した場合にも、動産譲渡登記をすることができますか。

A　することができます。ただし、当該動産の譲渡の対抗要件の効力の有無については、我が国及び当該動産が所在する国の国際私法の規定によって判断されることになります。

動産の譲渡の対抗力についての準拠法は、当該動産が所在する国の法律によることとされています（法の適用に関する通則法13条）。

したがって、我が国において動産の譲渡の対抗力が問題となる場合に、外国に所在する動産の譲渡について、我が国において登記したとしても、当該登記は対抗要件としての効力を有しません。

もっとも、動産の譲渡の対抗力について、登記をした国又は譲渡人の所在地国の法律を準拠法とする国があり、当該国において動産の譲渡の対抗力が問題となる場合においては、動産譲渡登記が対抗力の一つとなる可能性があります（現時点では、米国及びカナダでは、担保取引に限り、担保権の対抗力の準拠法は、担保権を設定した者の住所地の法律によることとされています。）。

このように、動産譲渡登記が外国において効力を有する可能性があることを考慮すれば、譲渡の目的物である動産が外国に所在したとしても、そのことをもって登記申請の却下事由とすることは相当でなく、外国に所在する動産の譲渡についても動産譲渡登記をすることができると考えられます（一問一答41頁）。

動産

Q107 賃貸借契約等の対象となっている動産

賃貸借契約やファイナンス・リース契約の対象となっている動産につき、当該契約に基づく動産譲渡登記をすることはできますか。

できません。

動産譲渡登記は、動産の譲渡につき、民法178条の定める第三者対抗要件（引渡し）に関する特例として、登記により第三者対抗要件を具備することを可能とする手段として設けられたものです（特例法３条１項）。

つまり、動産譲渡登記をするためには、動産譲渡登記の当事者間において、民法178条にいう「動産に関する物権の譲渡」、具体的には動産の所有権の移転が生じていることが必要となります。

しかしながら、賃貸借契約やいわゆるファイナンス・リース契約においては、対象となる動産の所有権は、依然として賃貸人やリース提供者側に残り、賃借人や利用者側は当該動産を使用収益する権利を取得するにとどまるため、当該動産の所有権の譲渡を伴うことはありません。賃貸借契約やファイナンス・リース契約に伴い、対象となる動産の占有が賃借人や利用者側に物理的・外形的には移転することになりますが、それは飽くまでも占有が移転したにすぎないのであって、所有権の譲渡に基づくものではありません。

したがって、賃貸借契約やファイナンス・リース契約の対象となっている動産については、当該契約に基づく動産譲渡登記をすることはできません。

動産

Q108 動産譲渡登記制度の運用開始以前に譲渡された動産

動産譲渡登記制度の運用は平成17年10月3日から開始されていますが、それ以前にされた動産の譲渡についても、動産譲渡登記をすることができますか。

動産譲渡登記をすることができます。

動産譲渡登記制度は、「債権譲渡の対抗要件に関する民法の特例等に関する法律の一部を改正する法律」(平成16年法律第148号。以下「一部改正法」という。)が平成17年10月3日から施行されたことにより、その運用が開始されましたが、この一部改正法の施行前にされた動産の譲渡についても、動産譲渡登記をすることができます(一部改正法附則2条1項本文)。

なお、この場合に、ある動産の譲受人が当該動産の譲渡について一部改正法の施行前に占有改定によって第三者対抗要件を具備していて、一部改正法の施行後に動産譲渡登記をしたときであっても、当該譲受人は、第三者対抗要件を具備した時を占有改定の時として主張することが可能です。

動産

Q109 動産譲渡登記の対象動産を特定するための基本的事項（個別動産・集合動産／有益事項）や動産を特定する方法の参考記録例

動産譲渡登記の対象となる動産を特定する方法には、①動産の特質によって特定する方法（個別動産として特定する方法）と、②動産の所在によって特定する方法（集合動産として特定する方法）とがあるとのことですが、それぞれを特定するために必要な事項はどのようなものですか。

また、動産譲渡登記の対象となる動産を特定する方法につき、参考になる記録例はありますか。

A 個別動産として特定する方法による場合は、「動産の種類」及び「動産の特質」が譲渡に係る動産を特定するために必要な事項となります。

集合動産として特定する方法による場合は、「動産の種類」及び「動産の所在地」が譲渡に係る動産を特定するために必要な事項となります。

その上で、いずれの方法による場合であっても、譲渡に係る動産の特定をより明確にするための事項（有益事項）を任意で追加することができます。

なお、法務省ホームページに掲載されている「動産を特定する方法の記録例」に、動産を特定する方法の具体的な記録例が記載されています。

解説

1　動産譲渡登記において譲渡に係る動産を特定するために必要な事項は、法務省令で定めることとされています（特例法7条2項5号）。

これを受けて、登記規則8条1項は、「譲渡に係る動産を特定するために必要な事項」を定めるに当たり、譲渡に係る動産を特定する方法として、「動産の特質によって特定する方法」（同項1号）と、「動産の所在によって特定する方法」（同項2号）の2種類を設け、当事者が事案に応じていずれかの方法を選択することができるようにし、それぞれの方法について譲渡に係る動産を特定するために必要な事項を定めています。

そして、一般に、動産の特質によって特定した動産のことを「個別動産」と称し、動産の所在によって特定した動産のことを「集合動産」と称しています。

2　個別動産として特定する方法による場合には、①「動産の種類」及び②「動産の記号、番号その他の同種類の他の物と識別するために必要な特質」が譲渡に係る動産を特定するための必要的事項となります（登記規則８条１項１号イ・ロ）。

この場合、製造番号や製品番号等のシリアルナンバーなど、同種類の他の動産と識別することができる固有の情報を②として記録することによって、対象動産を特定することになります。その際、②の「動産の記号、番号その他の同種類の他の物と識別するために必要な特質」を動産個別事項ファイルの「動産の特質」欄に記録するときに、「２０１０ＡＢＣ０００１」のように当該特質のみを記録すると、当該特質の属性が判然としないため、「製造番号：２０１０ＡＢＣ０００１」、「機械番号：Ａ６０－９０４０」のように、当該特質の表題を付して記録します。

個別動産として動産を特定する場合、当該動産を同種類の他の動産と識別することができる固有の情報により特定が行われるので、個別の動産ごとに分けて特定する必要があることから、対象動産の数量は、必然的に１個となります。

なお、①の「動産の種類」の特定方法については、Q113～Q122を参照してください。

3　集合動産として特定する方法による場合は、①「動産の種類」及び②「動産の保管場所の所在地」が譲渡に係る動産を特定するための必要的事項となります（登記規則８条１項２号イ・ロ）。

この場合、「動産の保管場所の所在地」に存在する特定の種類の動産全てが、集合物として、譲渡の対象となる動産となります。ただし、「動産の保管場所の所在地」に存在する動産の一部のみを対象にしたい場合は、譲渡に係る動産を限定したり、保管場所を限定するなどの有益事項を任意に記録することにより、譲渡の対象となる動産の範囲を限定することができます（下記４参照）。

このことを明示するため、登記事項証明書の欄外には、注意書きとして「動産の所在によって特定する場合には、保管場所にある同種類の動産のすべて（備考でさらに特定されている場合には、その動産のすべて）が譲渡の対象であることを示しています。」と付記されています。

なお、①の「動産の種類」の特定方法については、Q113～Q122を参照してください。

4　動産譲渡登記制度においては、利用者の便宜を考慮し、上記２及び３の必要的記録事項は最小限度のものにとどめ、後日の紛争を回避する等のために当事者がより詳細な動産の特定を望む場合には、そのための個別の詳細な情報を任意に動産譲渡登記ファイルに記録できる仕組みとし（登記規則12条２項）、当事者の自由度を尊重した制度設計としています（一問一答76頁）。このような、より詳細な動産の特定のための情報のことを「有益事項」と称しています。有益事項として認められるものの例としては、個別動産については、「動産の名称」、「型式」、「製造社名」、「保管場所の所在地」、「保管場所の名称」などが、集合動産については、「動産の内訳」、「保管場所の名称」、「保管場所の範囲」、「対象動産の範囲」などがあります（詳細については、Q126～Q132を参照してください。）。

これらの有益事項は、動産個別事項ファイル（MOVABLE.xml）の「備考」欄に記録します。そして、当該有益事項は、登記事項証明書の「動産個別事項」中に、【備考】として表示されます。

5　なお、動産譲渡登記の対象となる動産を特定する方法の具体的な記録例が、法務省ホームページの「動産譲渡登記」の案内ページ中に掲載されている「動産を特定する方法の記録例」（平成30年３月更新）（http://www.moj.go.jp/content/001178301.pdf）に記載されていますので、参考にしてください。

動産 Q110 製造番号がない動産を個別動産として特定することの可否

譲渡の対象となる動産を個別動産として特定する方法によって動産譲渡登記を申請しようと考えていますが、譲渡の対象となる動産に製造番号がありません。このように製造番号のない動産であっても、個別動産として特定する方法により、動産譲渡登記をすることはできますか。また、いわゆる「型番」あるいは「型式」をもって個別動産として特定することは可能ですか。

A 譲渡の対象となる動産に製造番号がない場合であっても、当事者において、当該動産を個別に識別することが可能な番号等を当該動産に表示するなどの任意の明認方法を施すことによって、個別動産として特定する方法により動産譲渡登記をすることができるものと考えられます。

なお、「型番」あるいは「型式」をもって個別動産として特定することは、適切ではありません。

解説

1　譲渡の対象となる動産を個別動産として特定する方法によって動産譲渡登記を申請する場合、①「動産の種類」(登記規則8条1項1号イ) 及び②「動産の記号、番号その他の同種類の他の物と識別するために必要な特質」(同号ロ) が譲渡に係る動産を特定するために必要な事項となります。この②の例としては、具体的には製造番号や製品番号等のシリアルナンバー (通し番号) などが挙げられますが (Q109の解説2参照)、対象動産の製造者が当該動産の出荷時にあらかじめ付した製造番号や製品番号等がないものであっても、動産譲渡登記の当事者において、任意に、当該動産を個別に識別するための一種の明認方法 (例えば、当該動産に通し番号を刻印したり、ナンバリングされたシールやプレートを貼付するなどの方法が考えられます。) を施していれば、当該明認方法を登記規則8条1項1号ロに規定する「同種類の他の物と識別するために必要な特質」として登記することによって、個別動産として特定することができると考えられます（一問一答77頁）(注)。

2　これに対し、いわゆる「型番」あるいは「型式」は、ある動産が有する性能等と他の動産が有する性能等を識別する指標となるものにすぎず、同種類の動産であれば同じ「型番」又は「型式」が付されることから、登記規則8条1項1号ロにいう「同種類の他の物と識別するために必要な特質」に当たりません。

したがって、「型番」あるいは「型式」をもって個別動産として特定することは、適切とはいえません。

（注）　明認方法として用いる情報は、必ずしも数字のみで構成される必要はなく、数字以外の文字や記号によって構成されたものであっても差し支えありませんが、動産譲渡登記の申請データとして使用できる文字や記号の範囲には制限がありますので、注意する必要があります（記録方式告示第1の4（526頁））。

この明認方法として用いる情報を動産個別事項ファイル（MOVABLES.xml）の「動産の特質」欄に記録する際には、「2020D001」のように当該明認方法のみを記録すると、当該明認方法の属性が判然としないため、「管理番号：2020D001」のように、当該明認方法の属性を付して記録します（Q126の解説の（注2）参照）。

動産

Q111 個別動産又は集合動産の登記の効力の及ぶ範囲

譲渡に係る動産を個別動産として特定する方法により登記する場合と、集合動産として特定する方法により登記する場合につき、それぞれの登記の効力の及ぶ範囲は、どのようになるのでしょうか。

A　個別動産として特定する方法により登記する場合、その動産が当該登記の時点において所在していた場所から搬出されたとしても登記の効力は及びます。他方、その搬出した動産と入替えに搬入した動産については登記の効力は及びません。

集合動産として特定する方法により登記する場合、「動産の保管場所の所在地」から搬出された動産については、譲渡人における通常の営業の範囲内で搬出された場合等には登記の効力が及びません。他方、「動産の種類」によって特定される動産と同種類の動産については、登記後に「動産の保管場所の所在地」に搬入されたものであっても、登記の効力が及びます。

解説

1　動産譲渡登記の対象にしようとする動産について、個別動産として特定するか集合動産として特定するかを選択する際の要素の1つとして、それぞれの特定の方法によって登記した場合の効力の及ぶ範囲がどのようになるかということが挙げられます。

そこで、ここでは、牛を動産譲渡登記の対象にしようとする場合を例に挙げて、それぞれの方法によって登記した場合における登記の効力の及ぶ範囲について説明します(注)。

2　「動産の種類」を「牛」と表記した上で、個別動産として登記する場合、動産譲渡登記の対象となる牛は個体識別番号によって特定されるので、その牛が動産譲渡登記をした時点において飼養されていた牧場等から搬出され、別の牧場等で飼養されることになったとしても、動産譲渡登記の効力が及びます。

他方、搬出した牛と入替えに、同じ牧場等に新たな牛を搬入したとしても、当然のことながら、新たに搬入した牛に対しては、搬出した牛を対象とした動産譲渡登記の効力は及ばないので、新しく搬入した牛を動産譲渡登記の対象とするためには、その牛を個別動産として特定する方法によって、改めて動産譲渡登記をしなければなりません。

なお、個別動産として登記する場合、譲渡に係る動産の数量は必然的に1個に限られることとなるため（Q109の解説2参照）、個別動産として特定する動産の数が多くなると、動産通番の数も多くなります（牛の頭数分だけ動産通番を付した上で、登記申請をすることになります。）。

3　「動産の種類」を単に「牛」と表記した上で、集合動産として登記する場合、その登記の対象となる牛は「保管場所の所在地」によって特定されるので、その「保管場所の所在地」に存在する牛であるならば、その登記がされた後に搬入された牛であっても、その牛に付された個体識別番号やその牛の属性（雄か雌か、乳牛か肉牛か等）にかかわらず、全ての牛に対して登記の効力が及びます。

反面、その「保管場所の所在地」から搬出された牛については、譲渡人（債務者）における通常の営業の範囲内で搬出された場合や、搬出につき譲受人（債権者）の同意があるような場合、対抗要件の具備を問題とする必要はなくなると解されています（一問一答83～84頁）。判例は、構成部分の変動する集合動産を目的とする譲渡担保において、「譲渡担保設定者には、その通常の営業の範囲内で、譲渡担保の目的を構成する動産を処分する権限が付与されており、この権限内でされた処分の相手方は、当該動産について、譲渡担保の拘束を受けることなく確定的に所有権を取得することができる」と判示しています（最一小判平18・7・20民集60巻6号2499頁）。

他方、通常の営業の範囲を逸脱して搬出された場合において、登記による対抗要件の効力が及ぶかどうかは、占有改定によって対抗要件が具備された場合と同様、肯定・否定の両方の考え方があり得るところです（一問一答84～85頁）。否定する見解によれば、譲渡担保権の目的は集合動産そのものであり、集合動産から分離された個々の動産は、集合動産とは別個の存在ということになるので、特定性の基準で定まった範囲の外に出されれば譲渡担保権が消滅するということになります。この点、前掲判例では、「通常の営業の範囲を超える売却処分をした場合、（中略）譲渡担保契約に定められた保管場所から搬出されるなどして当該譲渡担保の目的である集合物から離脱したと認められる場合でない限り、当該処分の相手方は目的物の所有権を承継取得することはできない」旨を判示しています。

このように、集合動産とする登記した場合、「動産の保管場所の所在地」を特定することにより動産譲渡登記の効力の及ぶ範囲を特定することができる簡便性がある一方で、「動産の保管場所の所在地」から搬出された動産については、登記の効力が及ばなくなることがあるため、在庫の入れ替わりとともに動産譲渡登記がされた動産に係る担保価値が変動することがあり得ます。そのため、譲受人（債権者）においては、譲渡人（債務者）に定期的に報告を求めるなどして、在庫の内容をチェックしておくことが必要になると考えられます。

（注）　我が国で飼養されている牛には、いわゆるBSE問題に端を発して制定さ

れた「牛の個体識別のための情報の管理及び伝達に関する特別措置法」に基づき、１頭ごとに個体識別番号が付されており、かつ、１頭ごとに当該個体識別番号を表示した耳標を着けることとされています（同法２条１項、９条２項）。このように、我が国で飼養されている牛については、ある牛と他の牛とを区別する客観的指標が付されていますので、個別動産として特定する方法により登記することが可能です。また、動産譲渡登記の対象としようとする牛が飼養されている牧場等の所在地を特定することにより、集合動産として特定する方法により登記することも可能です。

動産 Q112 有益事項として「動産の保管場所の所在地」を記録した個別動産を当該保管場所から搬出した場合の登記の効力

譲渡に係る動産を個別動産として特定する方法によって動産譲渡登記をしましたが、その際、有益事項として当該個別動産の「保管場所の所在地」も記録しました。この場合、当該個別動産が当該保管場所から搬出されても、登記の効力は及ぶのでしょうか。

A 譲渡人と譲受人との間において、「有益事項として動産譲渡登記ファイルに記録した当該動産の保管場所の所在地から譲渡に係る動産が搬出された場合には動産譲渡の効力が消滅する」旨の特約がされているなどの事情がない限り、保管場所から搬出された個別動産に対しても、登記の効力は及ぶものと考えられます。

解説

1　譲渡に係る動産を個別動産として特定する場合、動産譲渡登記ファイルに記録すべき事項は、「動産の種類」及び「動産の記号、番号その他の同種類の他の物と識別するために必要な特質」とされています（登記規則８条１項１号イ・ロ）。

しかし、譲渡に係る動産を個別動産として特定する場合であっても、動産譲渡登記の当事者がより詳細な動産の特定を望むときには、当該個別動産の「保管場所の所在地」を有益事項として動産譲渡登記ファイルに記録することもできます。このように、当該個別動産の保管場所の所在地を有益事項として動産譲渡登記ファイルに記録したとしても、当該個別動産は、飽くまでも「動産の種類」及び「動産の記号、番号その他の同種類の他の物と識別するために必要な特質」をもって特定されているため、有益事項として記録された保管場所から搬出された場合であっても、譲渡人と譲受人との間において「有益事項として動産譲渡登記ファイルに記録した譲渡に係る動産の保管場所の所在地から当該動産が搬出された場合には動産譲渡の効力が消滅する」旨の特約があるなどの事情がない限り、登記の効力は及ぶものと考えられます。

この点、譲渡に係る動産を集合動産として特定する場合においては、「動産の保管場所の所在地」は譲渡に係る動産を特定するための必要的事項とされ、当該保管場所から搬出された動産については、譲渡人における通常の営業の範囲内で搬出されたときなどには、登記の効力が及ばないこととなるのとは異なります（Q111の解説３参照）。

2　このように、譲渡に係る動産を個別動産として特定する場合であって、当該動産の保管場所の所在地を有益事項として動産譲渡登記ファイルに記録するときには、当該保管場所から当該動産が搬出されたときであっても当該動産に登記の効力が及ぶことを登記上も明らかにしておくために、動産個別事項ファイル（MOVABLES.xml）の「備考」欄に「保管場所の所在地：○県○市○町○丁目○番○号。なお、本動産が本所在地から搬出された場合も登記の効力が及ぶものとする。」等と記録して申請することが望ましいと考えられます。

動産 Q113 「動産の種類」の特定のために必要な具体性の程度

「動産の種類」を表記する場合に必要とされる具体性の程度は、どのようなものですか。

A 個別動産の場合は、品目を表記する程度の具体性が必要となります。他方、集合動産の場合は、属性を表記するなど、ある程度概括的な表記も認められますが、「全ての動産」のように余りに包括的な表記は認められません。

解説

1 動産譲渡登記ファイルに「動産の種類」を記録することとされている(登記規則8条1項1号イ・2号イ)のは、譲渡に係る対象動産を特定することにより、①登記の効力が及ぶ範囲を当事者及び第三者に対して明確にするとともに、②特に集合動産を動産譲渡登記の対象とする場合には、不当な包括担保や過剰担保を抑止し、譲渡人や他の債権者の利益を保護する必要があることによるものと解されます。

2 この①の観点に鑑みれば、「動産の種類」とは、当該動産自体が有する客観的な性質・形態などに基づき、共通の点を持つものごとに分けたそれぞれの類型をいうものと考えられます。もっとも、動産の種類は千差万別であり、明確かつ一義的な基準は必ずしも存在しないので、ある程度の幅のあるものでもやむを得ないと考えられます(一問一答77頁)。

3 この点、個別動産として動産を特定する場合は、通常、当該動産自体が有する客観的な性質・形態として、品目で特定することは十分可能であると考えられることから、品目を表記する程度の具体性が必要となると考えられます。

したがって、例えば、「パソコン」という表記であれば、品目での特定ができているので問題ありませんが、「家電製品」という表記については、品目の表記としては包括的にすぎるため、個別動産に係る「動産の種類」

の表記としては適切ではありません（注1）。

4(1) 他方、集合動産として動産を特定する場合は、当該動産自体が有する客観的な性質・形態として常に品目での特定を厳密に求めることは実際的ではなく、また、動産譲渡登記制度において集合動産として動産を特定する方法を認めた意義が損なわれることにもなるので、ある程度包括的な表記も認める必要があるものと考えられます。

この点、共通の属性を有するかどうかについては、集合動産という概念が取引上の便宜を図るための概念であることに照らすと、当該集合動産を構成する動産同士に取引通念上あるいは経済的な一体性が認められるかどうかなどの要素も考慮して判断すべきものと考えられます（注2）。

(2) 例えば、家電製品の販売業を営む企業が、その在庫品を集合動産として動産譲渡登記の対象とする場合、「動産の種類」の表記として、「パソコン」、「テレビ」又は「洗濯機」等の品目で表記することはもちろん問題ありませんが、「家電製品」のように、取引通念上１つの類型として確立している概念により属性を表記することにより、「動産の種類」を表記することも認められるものと考えられます。

しかしながら、例えば、「全ての動産」のようにあまりに包括的な表記については、そもそも動産の属性が特定されているといえないことに加え、このような表記が認められると、譲渡担保権者が安易に包括担保や過剰担保の提供を求める傾向を促すことにもつながり、②の要請に反するものであることから、「動産の種類」の表記としては認められません。

（注１） この点に関連して、「動産の種類」の表記につき、そもそも「品目」あるいは「動産」であることを示していることが読み取れない表記がされた上で、動産譲渡登記を申請しようとする例が見られますので、注意してください。

そのような表記の例を紹介すると、例えば、「高圧電源」（「高圧電源制御装置」と表記すべき）、「蛍光Ｘ線」（「蛍光Ｘ線分析装置」と表記すべき）、「シャーリング」あるいは「板金加工」（「シャーリングマシン」と表記すべき。なお、「シャーリングマシン」とは、一定の大きさの板金を必要なサイズに切り出すのに使われる機械のこと）、「コピー」（「コピー機」等と表記すべき）、「ソフトウェア」（「ソフトウェア製品」等と表記すべき。「ソフトウェア」は、コンピュータシステム上で処理を行うプログラムのことをいい、プログラムとしてのソフトウェアについては著作権の登録が認められる（Q102参照）。したがって、単に「ソフトウェア」と表記するだけでは、知的財産権としての「ソフトウェア」について動産譲渡登記をしているように受け取られてしまうことになる。）、「POS」（「POSレジスタ」、「POS端末」等と表記すべき。「POS(point of sale system)」は、「販売時点情報管理」（物品販売の売上実績を単品単位で集計する経営の実務手法のことをいう。）等があります。

（注２）「集合物」として認められるには、単なる動産群ではなくして、取引通念上あるいは経済的に一体性が認められ、１つの物と観念するにふさわしい状態（集合物性）を必要とするのが通説的見解とされています（道垣内弘人「集合物と集合債権」法学教室303号33頁）。

動産

Q114 同一の動産通番において「動産の種類」を列挙して表記することの可否

譲渡に係る動産を集合動産として特定する場合に、同じ場所に保管されている「オフセット印刷機」と「貴金属製品」を同一の動産通番で登記するために、「動産の種類」を「オフセット印刷機及び貴金属製品」と列挙して表記しても差し支えないでしょうか。

A 「オフセット印刷機」と「貴金属製品」のように、取引通念上、共通の属性を有するものとはいえない動産については、１つの集合動産とは言い難いことから、それぞれ別の動産通番を付して登記することが適切と考えられます。

1　集合動産として動産を特定する場合は、当該集合動産の構成要素が有する共通の属性により特定するなど、ある程度包括的な表記も認められ得るところ、共通の属性を有するかどうかについては、当該集合動産の構成要素につき取引通念上あるいは経済的な一体性が認められるかどうかなども考慮して判断すべきものと考えられます（Q113の解説４(1)参照）。

そうすると、集合動産として動産を特定する場合において、同一の動産通番において異なる「動産の種類」を列挙することも直ちに禁じられるわけではなく、取引通念に照らし、列挙した「動産の種類」同士になお一体性が認められると判断できるときには、列挙することも認められるものと考えられます。

2　この点、集合動産として動産を特定する場合において、例えば、同一の動産通番において「動産の種類」を「味噌及び醤油」と表記した場合、両者は、取引の場面において一体的に取り扱われるのが通常である動産同士ということができ、取引通念に照らし一体性が認められ、１つの集合動産として考えられることから、列挙して表記することも許容されると考えられます。

他方、本問における「オフセット印刷機及び貴金属製品」という表記については、両者は取引の市場や流通経路が異なるものと考えられ、取引通念上の一体性は認められず、１つの集合動産とは言い難いことから、それぞれ別の動産通番を付して登記することが適切と考えられます。

動産 Q115 品目の種類が多い場合の「動産の種類」の表記方法

譲渡に係る動産を集合動産として特定する方法によって動産譲渡登記を申請するに当たり、指輪、イヤリング、ネックレス等を始めとする、いわゆる貴金属製品を対象動産としたいと考えています。
その際、対象動産をできるだけ明確に特定したいので、「動産の種類」の表記について、単に「貴金属製品」と表記するのではなく、指輪、イヤリング、ネックレス等、具体的な品目も表記したいと考えていますが、品目の種類が多いため、全ての品目を書き切れません。
このような場合、どのように「動産の種類」を表記したらよいでしょうか。

次のような方法が考えられます。

①「動産の種類」を「指輪、イヤリング、ネックレス等の貴金属

製品」又は「指輪、イヤリング、ネックレス等の貴金属製品一切」と表記する。

② 「動産の種類」を「貴金属製品」と表記した上で、動産個別事項ファイル（MOVABLES.xml）の「備考」欄に「有益事項」として、「動産の内訳：指輪、イヤリング、ネックレス等の貴金属製品」又は「動産の内訳：指輪、イヤリング、ネックレス等の貴金属製品一切」と表記する。

解説

指輪、イヤリング、ネックレス等は、その客観的な性質・形態などから「貴金属製品」として1つに類型化することができ、同種類の動産と考えられます。このような場合、対象動産をできるだけ明確に特定するために、①のように、指輪、イヤリング、ネックレス等の品目を「貴金属製品」の前に例示することにより、又は、その品目を列挙した上で「○○等の貴金属製品一切」という表記をすることにより、同一の動産通番における「動産の種類」として表記することが可能です。

また、②のように、「動産の種類」を「貴金属製品」と表記した上で、動産個別事項ファイル（MOVABLES.xml）の「備考」欄に「有益事項」（Q109の解説4参照）として、「動産の内訳：指輪、イヤリング、ネックレス等の貴金属製品」又は「動産の内訳：指輪、イヤリング、ネックレス等の貴金属製品一切」と表記することも可能です[(注)]。

（注）「動産の種類」欄に記録できる文字数については全角文字で90字以内という制限があり、また、「備考」欄に記録できる文字数については全角文字で300字以内という文字数の制限があります（記録方式告示第2の2⑸（531頁）参照）ので、その制限文字数内で表記する必要があります。

動産

Q116 「動産の種類」を「在庫品」、「貯蔵品」、「加工品」と表記することの可否

譲渡に係る動産を集合動産として特定する場合、「動産の種類」について、「在庫品」、「貯蔵品」、「加工品」という表記をすることはできますか。

「在庫品」、「貯蔵品」、「加工品」という表記は、「動産の種類」の表記として適切ではないものと考えられます。

集合動産として動産を特定する場合は、当該集合動産の構成要素が有する共通の属性により特定するなど、ある程度包括的な表記も認められ得るところです（Q113の解説4(1)参照）。

しかしながら、「在庫品」、「貯蔵品」又は「加工品」といった表記は、単に「動産がどのように保管されているか」という状態を示しているにすぎず、集合動産の構成要素が有する「共通の属性」が表記されているとはいえません。したがって、このような表記は、「動産の種類」の表記としては適当ではないものと考えられます。

もっとも、「パソコンの在庫品」、「からし明太子の貯蔵品」又は「木材の加工品」といったように、具体的な品目を付加して表記するのであれば、対象動産自体が有する客観的な性質・形態が表記された上で、併せて動産の保管状態も表記されているということができるので、「動産の種類」の表記として認められるものと考えられます（注）。

（注） 同様に、「製品」、「商品」、「家財」、「備品」、「部品」、「機械」、「機器」、「器具」、「資材」、「雑貨」、「設備」又は「装置」といった表記についても、これらの用語だけでは集合動産の構成要素が有する共通の属性が表記されているとはいえないことから、「動産の種類」の表記としては適当ではないものと考えられます。もっとも、「自動車電装部品」、「菓子製造用機械」、「包装資材」、「日用品雑貨」のように、品目や共通の属性を付加して表記するのであれば、差し支えないと考えられます。なお、「設備」、「装置」については、Q118

も参照してください。

動産
Q117 「動産の種類」を「○○の原材料、仕掛品、半製品及び製品」と表記することの可否

譲渡に係る動産を集合動産として特定する方法によって動産譲渡登記を申請するに当たり、原材料から製品に至るまでの各製造過程にある動産を登記の対象とする場合、それらに同一の動産通番を付し、「動産の種類」を「○○の原材料、仕掛品、半製品及び製品」と表記することはできますか。

A 表記することができるものと考えられます。

1　集合動産として動産を特定する場合は、当該集合動産の構成要素が有する共通の属性により特定するなど、ある程度包括的な表記も認められ得るところ、共通の属性を有するかどうかについては、当該集合動産の構成要素につき取引通念上あるいは経済的な一体性が認められるかどうかなども考慮して判断すべきものと考えられます（Q113の解説4(1)参照）。

2　ところで、企業が加工や販売のために保有している在庫品については、会計処理上や在庫管理上、その状態によって、「原材料」、「仕掛品」、「半製品」、「製品」等に区分されて管理されるのが通例です。

このようなことから、本問のように、これらに同一の動産通番を付し、「動産の種類」を「○○の原材料、仕掛品、半製品及び製品」と表記することができるかどうかということが問題になるものと思われます。

この点について、例えば、ワインを製造している会社が保有するワインの原材料から製品に至るまでの各製造過程にある動産を、集合動産として特定する方法により、動産譲渡登記の対象としようとする場合についてみ

ると、「ワインの原材料」、「ワインの仕掛品」、「ワインの半製品」、「ワインの製品」といった区分に係るそれぞれの動産は、当該会社がワインを製造するための原材料であるぶどう等が、その製造過程で物理的状態を変化させているものにすぎず、最終的には製品となって出荷されることから、取引通念上あるいは経済的な一体性が認められ、１つの集合動産として認められるための共通の属性を有するということができます。

したがって、これらの動産について、１つの動産通番を付し、「動産の種類」を「ワインの原材料、仕掛品、半製品及び製品」又は「ワイン（原材料、仕掛品、半製品及び製品）」と表記することができるものと考えられます（注）。

（注）　本問のように各製造過程にある動産を列挙して「動産の種類」を表記しようとする場合に、例えば、「動産の種類」を「マグロの原材料、仕掛品、半製品及び製品」あるいは「木材の原材料、仕掛品、半製品及び製品」と列挙して表記した上で、動産譲渡登記を申請しようとする例が見られます。

しかしながら、これらの表記については、前者については、例えば「マグロの原材料」とは具体的に何を指すのか不明ですし、後者についても、例えば「木材の原材料」とは具体的に何を指すのか判然としません（仮に樹木のことを指すとしても、樹木のような「土地の定着物」は不動産とされる（民法86条１項）ので、動産譲渡登記の対象とはなりません。）。

おそらく、前者については本来「マグロ加工品の原材料、仕掛品、半製品及び製品」を、後者については本来「木材加工品の原材料、仕掛品、半製品及び製品」として表記するつもりであったところ、動産の品目名と会計処理上の区分名とを単純に組み合わせて「動産の種類」として表記してしまったことから、意味が不明あるいは判然としない表記が生じたものと考えられます。

このように、動産を列挙する場合は、言葉の係り方等によって意味が不明確になりがちであることから、安易に列挙するのではなく、列挙した動産それぞれが具体的かつ客観的に何を指すのか分かるような表記とするよう留意すべきです。

動産

Q118 「動産の種類」を「○○設備」、「○○装置」と表記することの可否

食品加工業を営む会社の特定の工場内に備え付けている当該会社所有の機械類をまとめて集合動産として特定する方法によって動産譲渡登記の対象としたいのですが、譲渡の対象となる機械類の数が多く、その品目も多岐にわたっているため、各機械類の品目によって「動産の種類」を表記することが困難な状況です。
このような場合、譲渡に係る動産をどのように特定して登記すればよいでしょうか。

A 譲渡の対象となる動産の数が多く、その品目も多岐にわたるため、「動産の種類」として全ての品目を表記することが困難なときには、各動産が特定の業務を行うことを目的として経済的に一体のものとして使用されるという共通の属性を有するものと捉えて、「動産の種類」を「食品加工設備」等と表記する方法が考えられます。
なお、このような表記を用いる場合、有益事項として「動産の内訳」を表記する等の方法を併せて用いることが適切と考えられます。

解説

1　集合動産として動産を特定する場合は、当該集合動産の構成要素が有する共通の属性により特定するなど、ある程度包括的な表記も認められ得るところ、共通の属性を有するかどうかについては、当該集合動産の構成要素につき取引通念上あるいは経済的な一体性が認められるかどうかなども考慮して判断すべきものと考えられます（Q113の解説4(1)参照）。

2　本問のように、動産譲渡登記の対象とする機械の数が多く、その品目も多岐にわたる場合は、「動産の種類」を品目によって特定するのに煩雑な作業を伴いますし、また、機械に付属品や接続部品等が付いているときは、各機械について、「動産の種類」をどのように表記したらよいのかということが問題となります。

このような場合、譲渡に係る動産は、特定の業務を行うことを目的として一体的に使用されることから、経済的な一体性を有しているということができるという点で、１つの集合動産として認められるための共通の属性を有しているということができます。そうすると、「(○○のための) 設備」や「(○○のための) 装置」のような表記も認められるものと考えられます。

ただし、この場合、例えば、「太陽光発電設備」、「厨房設備」、「水質浄化処理設備」、「半導体製品製造設備」のように、どのような業務を行う目的のために使用されるものなのを特定することができる表記とする必要があるものと考えられます。これに対し、例えば、「機械設備」、「製造設備」、「処理設備」、「事務設備」などのような表記は、これだけではどのような業務を行う目的のために使用されるものであるのか判然とせず、経済的な一体性を有しているかどうかが判然としないため、適切ではないと考えられます。

3　もっとも、「(○○のための) 設備」や「(○○のための) 装置」のような表記をする場合、譲渡に係る動産の全ての品目を列挙して表記する場合と比較すると、登記の効力の及ぶ範囲が不明確になるという問題があります。そこで、例えば「動産の種類」について「食品加工設備」というような表記をする場合は、動産をより詳細に特定するために、併せて、動産個別事項ファイル (MOVABLES.xml) の「備考」欄に有益事項として、「動産の内訳：裁断機、攪拌機、ベルトコンベア、真空充填機、包装機、計量器等」と表記しておく方法を採ることが考えられます (注１)(注２)。

(注１)　この点、「動産の種類」欄に、例えば「太陽光パネル、パワーコンディショナー、架台等の太陽光発電設備一式」のように、設備を構成する要素を列挙するような表記をすることでも差し支えありませんが、「動産の種類」欄には、全角90文字までしか記録できないのに対し、「備考」欄には全角300文字まで記録できるので、「備考」欄を利用した方が、設備を構成する要素を多く記録できます。

(注２)　なお、譲渡の対象となる動産に、個別動産として特定することが可能であるものが含まれている場合は、当該動産については、別の動産通番を付した上で、個別動産として特定する方法によって登記しておく方法も考えられます。

Q119 「動産の種類」を「エコ商品」、「プライベートブランド商品」、「リサイクル商品」、「サービス品」と表記することの可否

譲渡に係る動産を集合動産として特定する方法によって動産譲渡登記を申請するに当たり、「動産の種類」として、「エコ商品」、「プライベートブランド商品」、「リサイクル商品」、「サービス品」という表記をすることはできますか。

A 「動産の種類」の表記として適切ではないものと考えられます。

動産譲渡登記ファイルに「動産の種類」を記録することとされているのは、譲渡に係る対象動産を特定することにより、登記の効力が及ぶ範囲を当事者及び第三者に対して明確にすることにより、譲渡人や他の債権者の利益を保護することにあるものと解されます。その観点からは、「動産の種類」とは、当該動産自体が有する客観的な性質・形態などに基づき、共通の点を持つものごとに分けたそれぞれの類型をいうものと解されます（Q113の解説1及び2参照)。

この点、例えば「エコ商品」という表記については、ある商品が「エコ商品」に当たるかどうかは、個々人が行う判断や定義により左右され得るものであり、それゆえ、ある動産自体が有する客観的な性質・形態に基づき「エコ商品」に当たるかどうかを判断することも困難であると言わざるを得ません。そして、仮に「エコ商品」という表記を「動産の種類」とする登記がされたとすると、譲渡人の有する財産を差し押さえようとする第三者など、他の債権者との間で多種多様な見解が対立する結果を招くといった問題が発生するおそれがあります。

以上のことは、「プライベートブランド商品」、「リサイクル商品」、「サービス品」という表記をする場合でも同様と考えられます。

したがって、これらの表記は、「動産の種類」の表記としては適切ではないものと考えられます。

動産 Q120 「動産の種類」を「高級腕時計」、「若者向け衣料品」、「大型家電製品」と表記することの可否

動産譲渡登記を申請するに当たり、「動産の種類」として、「高級腕時計」、「若者向け衣料品」、「大型家電製品」という表記をすることはできますか。

「動産の種類」の表記として適切ではないものと考えられます。

動産譲渡登記ファイルに「動産の種類」を記録することとされているのは、譲渡に係る対象動産を特定し、登記の効力が及ぶ範囲を当事者及び第三者に対して明確にすることにより、譲渡人や他の債権者の利益を保護することにあるものと解されます。その観点からは、「動産の種類」とは、当該動産自体が有する客観的な性質・形態などに基づき、共通の点を持つものごとに分けたそれぞれの類型をいうものと解されます（Q113の解説1及び2参照）。

この点からすれば、「動産の種類」として「腕時計」という表記をすることについては、特に問題はないものと考えられます。しかし、「高級腕時計」という表記をすることについては、ある腕時計が「高級腕時計」に当たるかどうかは個人の主観により左右され得るものであり、どこで「線引き」を行うかが困難です。それゆえ、ある腕時計自体が有する客観的な性質・形態に基づき「高級腕時計」に当たるかどうかを判断することも困難であると言わざるを得ません[(注)]。そして、仮に「高級腕時計」という表記を「動産の種類」とする登記がされたとすると、譲渡人の有する商品を差し押さえようと

する第三者など、他の債権者との間で多種多様な見解が対立する結果を招くといった問題が発生するおそれがあります。

以上のことは、「若者向け衣料品」や「大型家電製品」という表記をする場合でも同様と考えられます。

したがって、これらの表記は、「動産の種類」の表記としては適切ではないものと考えられます。

（注） なお、動産譲渡登記の対象とする動産を特定の製品名や製造社名の腕時計に限定したい場合は、「動産の種類」を「腕時計」と表記した上で、譲渡の対象となる動産をより詳細に特定するための「有益事項」として「製品名」や「製造社名」等を記録する方法を採ることができます（Q121参照）。

動産

Q121 「動産の種類」として製品名や製造会社名を表記することの可否

譲渡に係る動産を集合動産として特定する方法によって動産譲渡登記を申請するに当たり、A社が生産している「パソコン」のうち「Bシリーズ」という名称のパソコンを登記の対象にしたいと考えています。

この場合、「動産の種類」の表記につき、例えば、「Bシリーズ」や「A社製パソコン（Bシリーズ）」のように、製品名や製造会社名を使用して表記してもよいでしょうか。

A 「動産の種類」については、「パソコン」と表記した上で、製品名や製造会社名については、有益事項として、「動産の名称：Bシリーズ（A社製）」のように表記することが適切と考えられます。

「動産の種類」とは、当該動産自体が有する客観的な性質・形態などに基づき、共通の点を持つものごとに分けたそれぞれの類型をいいます（Q113の解説2参照）。

この点、個々の動産を販売する際に付される製品名や個々の動産を製造した会社名は、その動産自体が有する客観的な性質・形態とは別の概念と考えられますから、「動産の種類」には当たらないものと考えられます(注)。

したがって、本問の場合、「動産の種類」の表記については、「パソコン」と表記すべきであり、製品名である「Bシリーズ」と表記すべきではありません。なお、製品名や製造会社名を含めて、「A社製パソコン」、「パソコン(Bシリーズ)」、「パソコン(A社製Bシリーズ)」などと表記することも適切ではないと考えられます。

もっとも、製品名や製造会社名については、譲渡の対象となる動産をより詳細に特定するための有益事項として動産譲渡登記ファイルに記録することは可能ですから、「動産の種類」を「パソコン」と表記した上で、製品名や製造会社名については、有益事項として、「動産の名称:Bシリーズ」、「動産の名称:Bシリーズ(A社製)」のように表記することは可能です。

(注) なお、高い市場シェアを占めている動産や、長年にわたって市場に流通している動産などについては、その商品名・商標名が一般名詞化して使用されている場合があります(「ウォシュレット」、「テプラ」、「エレクトーン」等)が、このような場合、「動産の種類」の表記と「動産の名称」の表記とを混同しないよう、注意することが必要です(これらについては、「動産の種類」としては、それぞれ、「温水洗浄便座」、「ラベルプリンター」、「電子オルガン」等と表記するのが適当であると考えられます。)。

動産 Q122 「動産の種類」の表記として専門用語を用いることの可否

動産譲渡登記の申請をするに当たり、「動産の種類」の表記として専門用語を用いることは差し支えないでしょうか。

A 当該専門用語について、辞書・辞典やインターネットで入手できる情報や、公的機関や業界団体が作成している文書等に基づき、一般人においても当該専門用語の定義を容易に理解することができるのであれば、「動産の種類」の表記に専門用語を用いることも差し支えないと考えられます。

解説

動産譲渡登記ファイルに「動産の種類」を記録することとされているのは、譲渡に係る対象動産を特定し、登記の効力が及ぶ範囲を当事者及び第三者に対して明確にすることにより、譲渡人や他の債権者の利益を保護することにあるものと解されます（Q113の解説１参照）。

その観点からは、「動産の種類」の表記については、動産譲渡登記の当事者以外の第三者から見ても譲渡の対象となる動産を特定することができるよう、できるだけ一般になじみのある平易な用語を用いることが望ましいということができます。

もっとも、「動産の種類」を表記するために一般になじみのある平易な用語を必ず用いなければならないとすると、譲渡の対象となる動産をうまく定義することができず、他の動産と区別することが困難となり、譲渡の対象となる動産を特定するのにかえって支障が生じてしまうという場合もあり得ます。

したがって、「動産の種類」を表記するためには、一律に専門用語を用いるべきではないということではなく、辞書・辞典やインターネットで入手できる情報や、公的機関や業界団体が作成している文書等に基づき、一般人においても当該専門用語の定義を容易に理解することができるのであれば、「動産の種類」の表記に専門用語を用いることも差し支えないと考えられます（注）。

（注）　なお、専門用語としてアルファベット略語が使用される例がよく見られますが、アルファベット略語については、日本語の略語よりも意味が分かりにくい傾向があるところ、「動産の種類」の表記としてはできるだけ一般になじみのある平易な用語を用いるべきという観点からは、「動産の種類」の表記として用いることが適切でないと思われるものもあります。

例えば、「構内交換機」（外線電話と内線電話及び内線電話同士を交換・接続する装置）を表す専門用語として「PBX」（Private Branch eXchangeの略）というアルファベット略語が用いられることがあります。しかしながら、仮にこの略語の意味を検索した上で理解することが容易であるとしても、「構内交換機」という表記と比較すると意味が分かりにくいことには変わりはなく、そもそも「動産の種類」としてどうしても「PBX」という略語を使用しなければならない必要性は乏しいものと考えられます。

また、アルファベット略語を用いると、他の内容を指す略語と混同されてしまうという場合もあります。例えば、「PCB」という略語で表記される用語には、「プリント回路板」(Printed - Circuit Board) を指す場合と、「ポリ塩化ビフェニル」(Polychlorinated Biphenyl) を指す場合とがあり、その区別は困難です。

このようなことから、「動産の種類」の表記としてアルファベット略語を用いることはできるだけ避け、どうしてもアルファベット略語を用いる必要がある場合は、「PBX (構内交換機)」や「PCB (プリント回路板)」のように、略語の意味を補う表記をするなどの方法を採るべきと考えられます。

動産 Q123 「動産の保管場所の所在地」の特定のために必要な具体性の程度

譲渡に係る動産を集合動産として特定する方法によって動産譲渡登記を申請する場合において、「動産の保管場所の所在地」を表記するときに必要とされる具体性の程度は、どのようなものですか。

A 「動産の保管場所の所在地」については、保管場所の地番又は住居表示番号までを記録する必要があります。その際の表記については、「○市○町○－○－○」のように略記せずに、原則として、都道府県名から表記し、例えば地番を記録する場合には「○県○市○町○丁目○番地○」と、住居表示番号を記録する場合には「○県○市○町○丁目○番○号」と、それぞれ表記します。

なお、「動産の保管場所の所在地」の特定を更に明確にしたり、特定の範囲を限定したいときは、動産個別事項ファイル（MOVABLES.xml）の「備考」欄に、有益事項として、「保管場所の名称」（保管場所が土地の場合は敷地名、牧場名、施設名等。保管場所が建物である場合は、倉庫名、店舗名、家屋番号等）を記録することができます。

解説

1　譲渡に係る動産を集合動産として特定する方法によって動産譲渡登記を申請する場合は、動産を特定するために必要な事項（特例法７条２項５号）として、「動産の種類」のほか、「動産の保管場所の所在地」を動産譲渡登記ファイルに記録することとされています（登記規則８条１項２号イ・ロ）。

そして、動産譲渡登記の申請人は、この「動産の保管場所の所在地」として記録する事項を、動産個別事項ファイルの「動産の保管場所の所在地」欄に記録して提出することになります。

この「動産の保管場所の所在地」については、譲渡当事者間の契約の有効性という観点からは包括的な記録でも足りると考えられるものの、対抗要件具備に関する第三者の判断リスクに対する配慮、不当な包括担保の抑制、円滑な執行手続の確保といった観点からは、譲渡に係る動産が具体的に特定されることが必要と考えられることから、「東京都内」、「千代田区内」といった包括的な記録は認められず、保管場所の地番又は住居表示番号まで記録する必要があると解されています（一問一答78頁）。

2　ところで、土地や建物等の所在地の表記の一般的な方法として、「○県○市○町○－○－○」のように略記する方法が用いられることがあります。しかし、「動産の保管場所の所在地」の表記としてこのような略記を用いると、それが地番としての表記であるのか、それとも住居表示番号としての表記であるのかが判然としない場合もあることから、このように略記せずに、地番を記録する場合は「○県○市○町○丁目○番地○」、住居表示番号を記録する場合は「○県○市○町○丁目○番○号」のように、正確な表記をすることが望ましいと考えられます。

また、「動産の保管場所の所在地」の表記について、都道府県名を省略して申請データを作成する例が見られますが、都道府県名の記録がない場合、第三者が保管場所の具体的な所在地を把握することが困難な場合があるほか、同一市町村名が存在する場合（「府中市」、「伊達市」等）や類似した市町村名が存在する場合において、その具体的な所在地の特定につき疑義が生じる可能性があります。したがって、都道府県名は、省略せずに表記することが必要です（注）。

3　なお、同一地番上に複数の倉庫が存在する場合において、特定の倉庫内に存在する動産のみを譲渡の対象として特定する必要があるときなど、保管場所の地番又は住居表示番号をもって特定した「動産の保管場所の所在地」について、その特定を更に明確にし、又は特定の範囲を更に限定したいときは、動産個別事項ファイルの「備考」欄に、有益事項として、「保管場所の名称」を記録することができます。

具体的には、「保管場所の名称：○○株式会社資材置場」、「保管場所の名称：○○牧場」、「保管場所の名称：○○スキー場」（以上、保管場所が土地の場合）、「保管場所の名称：○○株式会社第三工場」、「保管場所の名称：○○商店店舗」、「保管場所の名称：家屋番号１番２の建物及び符号１の付属建物」（以上、保管場所が建物の場合）等と記録することが考えられます。

（注）　ただし、商業法人登記実務においては、商業登記簿及び各種法人登記簿

第4章 動産 Q123

に記載する本店、支店、事務所又は役員等の住所に関し、都道府県名と同一名称の市又は政令指定都市について都道府県名の記載を省略することができるとの扱いがされています（昭32・12・24民事甲第2419号法務省民事局長通達）。この扱いが登記実務一般において定着していることに鑑みると、この扱いに倣って、「動産の保管場所の所在地」が都道府県名と同一名称の市又は政令指定都市に存在する場合は、都道府県名の記載を省略することも差し支えないものと考えられます。

動産

Q124 「動産の保管場所の所在地」が複数筆にわたる場合の特定方法

譲渡に係る動産を集合動産として特定する方法により動産譲渡登記を申請したいのですが、「動産の保管場所の所在地」が複数筆の土地にわたっています。以下の各場合について、申請データの作成に当たり、「動産の保管場所の所在地」はどのように特定したらよいでしょうか。

① 保管場所の所在地が「○県○市大字甲１番地１」、「同市大字甲１番地２」及び「同市大字乙１番地」と、隣接する３筆の土地にわたっている場合

② 保管場所である牧場（牧場の名称は「○○第一牧場」）が主たる敷地である「○県○市○○ １番地」のほか隣接する40筆の土地にわたっているが、これらを全て列記すると、「動産の保管場所の所在地」欄の入力制限文字数である90文字を超える場合

③ 保管場所が「○県○市○町１番地」上にある「株式会社Ａ工場」を中心として、その隣接地である「同市同町２番地１」上にある「株式会社Ａ第一倉庫」と「同市同町２番地２」上にある「株式会社Ａ第二倉庫」の３か所にわたっている場合

④ 保管場所の所在地が「北海道○市○町○丁目○番地○」と「東京都○市○町○丁目○番地○」の２か所に分かれており、互いに隣接していない場合

A ①について…保管場所の所在地が隣接している場合、「動産の保管場所の所在地」欄に「○県○市大字甲１番地１、１番地２、大字乙１番地」のように地番を列記して記録することができます。

②について…「動産の保管場所の所在地」欄の入力制限文字数を超える場合、「動産の保管場所の所在地」欄に「○県○市○○１番地ほか40筆」と記録した上で、「備考」欄に「ほか40筆の表示：○県○市○○２番地、３番地、…」のように記録することができます。なお、「備考」欄に「保管場所の名称：○○第一牧場」のように保管場所の名称が記録されているときは、「動産の保管場所の所在地」欄に全ての地番を記録する必要はなく、「○県○市○○１番地ほか40筆」と記録することで足ります。

③について…隣接する土地上にある複数の建物（各建物のある土地の地番は異なる。）が保管場所である場合、「備考」欄に「保管場所の名称：株式会社Ａ工場、株式会社Ａ第一倉庫、株式会社Ａ第二倉庫」と保管場所の名称が全て記録されていれば、「動産の保管場所の所在地」欄に「○県○市○町１番地ほか２筆」のように主要な保管場所の地番を記録することで足ります。

④について…複数の保管場所の所在地が隣接していない場合は、「動産の保管場所の所在地」欄に列記して記録することはできません。別々の動産通番を付した上で、それぞれの「動産の保管場所の所在地」欄に「北海道○市○町○丁目○番地○」、「東京都○市○町○丁目○番地○」と記録することとなります。

解説

1　譲渡に係る動産を集合動産として特定する方法によって動産譲渡登記を申請するに当たり、「動産の保管場所の所在地」については、保管場所の地番又は住居表示番号まで記録する必要があります（Q123の解説１参照）。

ところで、この「動産の保管場所の所在地」を地番をもって特定する場合、その「動産の保管場所の所在地」が１筆のみならず複数筆にわたることもあります。

このような場合、「動産の保管場所の所在地」が隣接している土地同士であるときにおいては、それらがまとまって対象動産の「動産の保管場所の所在地」を構成していると考えることが可能ですから、各地番ごとに動産通番を付して記録する必要はなく、同一の動産通番において、隣接する土地の地番を「動産の保管場所の所在地」欄に列記して記録することができます。

2　ただし、「動産の保管場所の所在地」欄には90文字までしか記録することができません（記録方式告示第2の2(5)）。

そこで、「動産の保管場所の所在地」として記録する文字数が90文字を超える場合、「動産の保管場所の所在地」欄には、「○県○市○町○丁目○番地ほか○筆」のように代表的な地番を記録し、残りの土地の地番については、動産個別事項ファイルの「備考」欄に「ほか○筆の表示：○県○市○町○丁目○番地○、…」と記録する方法が考えられます（なお、「備考」欄には、300文字まで記録することができます。記録方式告示第2の2(5)）。

もっとも、「備考」欄に有益事項として「保管場所の名称」が記録されているときは、「動産の保管場所の所在地」について、全ての地番を記録する必要はなく、保管場所が特定できる程度の筆数の地番の記録があれば、保管場所の特定がされているものと解されています。また、隣接する土地上にある複数の倉庫（各倉庫のある土地の地番は異なる。）に保管されている同種類の動産の譲渡を登記する場合においても、有益事項として「保管場所の名称」が全て記録されているときは、「動産の保管場所の所在地」には、各倉庫の地番を全て記録するまでの必要はなく、主要な保管場所の地番が記録されていれば、保管場所の特定がされているものと解されています（一問一答78頁）。

なお、このように有益事項として「保管場所の名称」を記録した場合において、主要な保管場所の地番のみを動産個別事項ファイルの「動産の保管場所の所在地」欄に記録するときは、主要な保管場所以外の地番については、「ほか○筆」という形でその筆数を明示することが望ましく、登記事項の適正な公示を確保する観点からは、「○県○市○○1番地ほか」という表記はできるだけ避けることが望ましいと考えられます。

3　他方、「動産の保管場所の所在地」が隣接していない複数の土地である場合には、同種類の動産であっても、異なる場所に保管されていることとなるため、それぞれに別の動産通番を付した上で、動産個別事項ファイルに記録することになります。

動産

Q125 「動産の保管場所の所在地」が海上の場合の特定方法

海上に存する漁船の船倉内の漁獲物や養殖場の魚について、集合動産として特定する方法によって動産譲渡登記をすることができますか。できるとした場合、「動産の保管場所の所在地」はどのように記録したらよいでしょうか。

A 「動産の保管場所の所在地」として、船舶の名称や漁船登録番号、生け簀の所在地等を記録することにより、譲渡に係る動産を特定することができると認められる場合には、登記することができるものと考えられます。

解説

譲渡に係る動産を集合動産として特定する方法によって動産譲渡登記を申請する場合には、動産譲渡登記ファイルに「動産の種類」及び「動産の保管場所の所在地」を記録する必要があります（登記規則8条1項2号）が、この「動産の保管場所の所在地」については、譲渡に係る動産を具体的に特定することができるよう、保管場所の地番又は住居表示番号まで記録する扱いとされています（Q123の解説1参照）。

この点について、海上に存する漁船の船倉内の漁獲物や養殖場の魚について譲渡した場合には、当該譲渡の対象となる動産の保管場所の所在地として地番や住居表示番号を記録することはできません。しかしながら、例えば、動産の保管場所として、海上に存する漁船の船倉内の漁獲物については当該漁船の名称や漁船登録番号、また養殖場の魚については生け簀の所在地（漁業法11条1項に定める「漁場の位置及び区域」等）等を記録することにより、譲渡の対象となる動産を特定することができる程度の明確性及び客観性が認められる場合には、海上に存する漁船の船倉内の漁獲物（＝水産物。**【記録例1】**参照）や、養殖場の魚（**【記録例2】**参照）を譲渡の対象となる動産として登記することができるものと考えられます。

【記録例１】〔動産個別ファイル（MOVABLES.xml）の記録例〕
【動産の種類】水産物
【動産の保管場所の所在地】以下の漁船内の船倉内。漁船名：第八動産丸，漁船登録番号：ＨＫ２－１００００

【記録例２】〔動産個別ファイル（MOVABLES.xml）の記録例〕
【動産の種類】養殖魚
【動産の保管場所の所在地】○○県○○市○○町大字○○地先の下記備考に示す点ア・イ・ウ・エ・アの各点を順次直線で結んだ線によって囲んだ区域
【備考】基点甲：○○市○○町大字○○番地に設置した標柱，点の位置「ア：基点甲から××度××分××メートルの点，イ：基点甲から××度××分××メートルの点，ウ：基点甲から××度××分××メートルの点，エ：基点甲から××度××分××メートルの点」，漁業免許番号：区第△△号

動産 Q126 「有益事項」として記録することができる事項

動産個別事項ファイル（MOVABLES.xml）の「備考」欄に「有益事項」として記録することができる事項は、どのようなものでしょうか。

A 動産個別事項ファイルに記録することができる「有益事項」とは、「譲渡に係る動産の名称その他の当該動産を特定するために有益」な事項のことをいいます。したがって、「有益事項」として記録できる事項は、それを記録することにより、譲渡に係る動産の特定を更に明確にし、又は特定の範囲を更に限定することができるものである必要があると考えられます。

1　動産譲渡登記制度においては、譲渡に係る動産を特定する方法として、個別動産として特定する方法と集合動産として特定する方法とが定められていますが、いずれの方法による場合であっても、利用者の便宜を考慮し、「譲渡に係る動産を特定するために必要な事項」は必要最小限度のものにとどめ、後日の紛争を回避する等のために当事者がより詳細な動産の特定を望むときには、そのための個別の詳細な情報を任意に動産譲渡登記ファイルに記録できる仕組みとし、当事者の自由度を尊重した制度設計としています。

このようなより詳細な動産の特定のための情報のことを「有益事項」と称しており、「有益事項」を記録する場合は、動産個別事項ファイル（MOVABLES.xml）の「備考」欄に記録した上で登記申請をすることになります（Q109の解説4参照）。

2　この有益事項についての法令上の定義は、「譲渡に係る動産の名称…その他の当該動産…を特定するために有益な」事項とされています（登記規則12条2項）。したがって、「有益事項」として記録することができる事項は、それを記録することにより、譲渡に係る動産の特定を更に明確にし、又は特定の範囲を更に限定することができるものである必要があり、当事者が記録することを望めばいかなる情報でも「有益事項」して記録することができるとはいえないものと解されます。

例えば、譲渡の対象となる動産の譲受人が複数の場合にそれぞれの譲受人が当該動産に対して有することとなる持分の割合は、譲受人間の内部的権利関係を表す情報にすぎず、このような情報は第三者に対する対抗要件としての効力を有するものとは考えられません。そして、これを記録したとしても、対外関係においては、譲渡に係る動産の特定を更に明確にし、又は特定の範囲を更に限定することにはつながらないことから、「有益事項」には当たらないものと考えられます（注1）。

また、例えば、譲渡に係る動産を集合動産として特定する方法によって動産譲渡登記を申請するに当たり、申請データに「動産の種類」を「指輪、イヤリング、ネックレス」と表記した上で、「備考」欄に「対象動産の範囲：その他の貴金属製品一切」と記録した場合に、「備考」欄に記録したその事項が「有益事項」に当たるかどうかについては、これを記録したとしても、譲渡に係る動産の特定を更に明確にし、又は特定の範囲を更に限定することにはつながらず、かえって、譲渡に係る動産の特定の範囲を拡張しようとするものですから、「有益事項」には当たらないものと考えられます（注2）。

（注1） なお、持分の割合については、譲渡登記をした後に変更されることがあり得るところ、譲渡登記においては変更・更正登記をすることができない（Q53参照）ことから、仮に持分の割合を登記してしまうと、持分の割合に変更が生じた場合であっても、その変更を登記上に反映できないこととなります。そもそも、譲渡登記は権利関係の現況を公示するものではありませんから（Q７の解説3(2)）、持分の割合を登記することは、譲渡登記制度にはなじまないものと考えられます。

（注2） 動産譲渡登記の登記事項証明書の動産個別事項に記載される各項目中、「備考」については、他の項目、すなわち、「動産通番」、「種類」、「特質・所在」及び「動産区分」とは異なり、記載事項の内容を説明する表題が付されるものではありません。そのため、申請データを作成するに当たっては、「備考」欄に記録する事項について、その内容を説明する表題を付して表記しないと、記録した事項が具体的に何を表しているのかが不明確になることがあります。

例えば、動産個別事項ファイルの「動産の種類」欄に「麺製品」と記録した場合において、有益事項として、「備考」欄に表題を付さずに単に「○○うどん」と記録してしまうと、それが「動産の名称」（麺製品の商品名）を表すために記録したものなのか、それとも「保管場所の名称」（麺製品が保管されている店舗名）を表すために記録したものなのかが判明せず、当事者以外の第三者との間で、その記録内容について、多種多様な見解が対立する結果を招くといった問題が発生するおそれがあります。

また、動産個別事項ファイルの「備考」欄は、複数の記録事項を列挙して表記されることが多いことから、記録事項の区切りごとに、「:」や「、」のような区切り文字を入れることにより、記録事項の区切りを明確にすることが望ましいといえます。具体的には、「動産の名称：○○、保管場所の所在地：○○、保管場所の名称：○○」のように表記します。

なお、「備考」欄への記録については、「空白（スペース）」は使用することができません。このほかにも、申請データの作成において使用できる文字の種類等には制限事項がありますので、詳細については、記録方式告示並びに「資料７　申請データの入力方法・入力例」（638頁）及び「資料８　申請データを作成するに当たり注意すべき事項」（653頁）を参照してください。

動産

Q127 有益事項として「動産の保管場所の名称及び範囲」を記録する場合の記録方法

倉庫業者の倉庫に寄託している動産を、集合動産として特定する方法によって動産譲渡登記の対象にしたいのですが、保管場所である倉庫の中には、「動産の種類」は同一であるものの、譲渡の対象とならない動産が混在しています。そこで、当該倉庫内において譲渡の対象となる動産が存在する特定の場所を、「有益事項」として動産個別事項ファイル（MOVABLES.xml）に記録したいと考えていますが、以下の各場合、動産が存在する特定の場所を「有益事項」として記録することができますか。できるとした場合、どのように記録すればよいでしょうか。

① 倉庫内において他の部分と物理的に区分けされており、「A区画」という名称が付されている部分に存在する動産のみを対象とする場合

② 3階建ての倉庫の1階部分に存在する動産以外の動産を対象とする場合

③ 倉庫内の北側部分に存在する動産のみを対象とする場合

④ 倉庫内のうち30平方メートルに相当する部分に存在する動産のみを対象とする場合

A ①について…有益事項として、動産個別事項ファイルの「備考」欄に「保管場所の名称及び範囲：○○倉庫のA区画」と記録することができます。

②について…有益事項として、動産個別事項ファイルの「備考」欄に「保管場所の名称及び範囲：○○倉庫の2階及び3階部分」と記録することができます。

③について…有益事項として、動産個別事項ファイルの「備考」欄に「保管場所の名称及び範囲：○○倉庫の北側部分」と記録することができます。ただし、実際に「○○倉庫」内において明確に「北側部分」が区分けされていない場合には、動産譲渡登記をしたとしても、譲渡の効力が生じないことに

なる可能性が生じますので、注意が必要です。

④について…「保管場所の名称及び範囲：○○倉庫のうち30平方メートル」と記録するだけでは、動産が存在する場所が特定されているとはいえませんので、有益事項として記録することはできません。

解説

1　譲渡に係る動産を集合動産として特定する方法によって動産譲渡登記をする場合、その登記の効力（譲渡の対抗力）は、動産譲渡登記ファイルに記録された「動産の種類」に属する動産であって、「動産の保管場所の所在地」に存在するもの全てに及びます。

譲渡の対象となる動産が「○○倉庫」という倉庫内に存在する場合、「動産の保管場所の所在地」については当該保管場所の地番又は住居表示番号によって特定した上で、有益事項として「保管場所の名称：○○倉庫」と記録することが可能です（Q123の解説3参照）。

しかしながら、当該倉庫の中に「動産の種類」は同一であるが譲渡の対象とならない動産が混在している場合において、当該倉庫の中の特定の場所に存在する動産のみを対象としたいときは、「動産の保管場所の所在地」を更に限定するための「有益事項」を記録することによって、譲渡の対象となる動産の範囲を限定する必要が生ずることになります。

2　この「有益事項」として記録する事項が「動産の保管場所の所在地」を更に限定する事項に当たるかどうかについては、「有益事項」として記録する当該倉庫の中の特定の場所が物理的に他の部分と区分されているなど、客観的に他の部分と区分されているものといえるかどうかによると考えられます。

例えば、特定の場所が壁、シャッター、パーテーション等により物理的に他の部分と区分されており、当該特定の場所に付した名称をもって他の部分と客観的に区分することができる場合は、当該特定の場所を「動産の保管場所の所在地」を更に限定するための有益事項として、「保管場所の名称及び範囲：○○倉庫のＡ区画」、「保管場所の名称及び範囲：○○株式会社営業部のＢ戸棚」、「保管場所の名称及び範囲：○○百貨店３階△△内」（注：△△は、店舗名やテナント名等を表す。）、「保管場所の名称及び範囲：○○工場内機械加工エリア」のような表記により、動産譲渡登記ファイルに記録することができると考えられます。

また、例えば、3階建ての倉庫のうち1階部分に存在する動産については対象動産としない場合は、当該特定の場所について「動産の保管場所の所在地」を更に限定するための有益事項として、「保管場所の名称及び範囲：○○倉庫の2階及び3階部分」のような表記、あるいは「保管場所の名称及び範囲：○○倉庫。ただし、1階部分を除く。」のような表記により、記録することもできると考えられます。

さらに、「動産の保管場所の所在地」を更に特定するための有益事項として、「保管場所の名称及び範囲：○○倉庫の北側部分」のような表記により、記録することも可能です。ただし、この場合、実際に当該倉庫内において北側部分が明確に区分けされていなければ、実体法的には特定されているとはいえないものと考えられます（道垣内弘人『担保物権法〔第4版〕』340頁）。

3　以上に対し、「保管場所の名称及び範囲：○○倉庫のうち30平方メートル」のような表記が、「動産の保管場所の所在地」を更に限定するための有益事項として認められるかどうかについてみると、特定の場所を物理的な面積により特定しただけでは、例えば「倉庫の北の端から5メートル、その幅が6メートルの長方形部分」であるのか、あるいは「倉庫の東の端から10メートル、その幅が3メートルの長方形部分」であるのかが定まらず、客観的に他の部分と区分されているとはいえません。

したがって、この場合、特定の場所を物理的な面積により特定しただけでは、その範囲を客観的に特定することができないため、適切ではないものと考えられます。

動産

Q128 有益事項として「建築中の倉庫の予定名称」を記録することの可否

集合動産として特定する方法によって動産譲渡登記をしたいのですが、動産の保管場所となる予定の倉庫が建築中であり、当該倉庫の中にはまだ動産は現実には存在していません。このような場合、動産譲渡登記をすることはできますか。できるとした場合、当該倉庫の名称がまだ確定していないのですが、当該倉庫の予定名称を「有益事項」として、動産譲渡登記ファイルに記録することはできますか。

A 動産譲渡登記をすることができると考えられます。なお、倉庫の予定名称が決まっているのであれば、当該倉庫の予定名称を「有益事項」として、動産個別事項ファイル（MOVABLES.xml）の「備考」欄に「保管場所の名称：○○倉庫（完成後の予定名称）」のように記録することが可能です。

解説

1　本問のように、動産の保管場所となる予定の倉庫が建築中であり、当該倉庫の中にはまだ動産は現実には存在していないような場合に動産譲渡登記をすることができるかどうかについては、契約時又は登記時に現実に動産が「動産の保管場所の所在地」に存在しないことは登記申請の却下事由とはならないと考えられます。

すなわち、流動性のある集合動産を担保目的で譲渡する場合における当事者の意思は、契約時又は登記時において保管場所に存在する動産の交換価値を譲受人に把握させるというよりも、当該流動集合動産によって生み出される事業収益を債権回収の裏付けとしようとしているのが通常であると考えられます。そして、このような意思に基づいて流動集合動産を目的とする譲渡担保設定契約が締結された場合には、契約時又は登記時において現実に動産が保管場所に存在していないとしても登記を無効とする理由はないことから、契約時又は登記時において、保管場所に現実に動産が存在することを登記の形式的有効要件とすることは相当ではないと考えられます（一問一答82～83頁）。

2　次に、本問においては、当該倉庫の名称がまだ確定していないところ、当該倉庫の予定名称を有益事項として、動産譲渡登記ファイルに記録することができるかどうかが問題となっています。すなわち、動産譲渡登記制度においては変更登記又は更正登記をすることができません（Q53参照）。そうすると、動産譲渡登記の完了後、動産譲渡登記ファイルに、確定した倉庫の名称を追加しようとしても、その旨の登記申請をすることはできません。そこで、登記の当事者が動産譲渡登記ファイルに有益事項として「保管場所の名称」を記録することを望む場合、登記申請時に当該倉庫の予定名称が決まっているのであれば、動産譲渡登記ファイルに有益事項として当該予定名称を記録することができるかどうかが問題になります。

この点については、動産の保管場所自体は必要的登記事項である「動産の保管場所の所在地」によって特定されており、当該予定名称は有益事項として任意的に記録をするにすぎないことに鑑みると、当該予定名称を「保管場所の名称：○○倉庫（完成後の予定名称）」のように表記した上で、動産個別事項ファイルの「備考」欄に記録することができるものと考えられます。

動産

Q129 有益事項として「対象動産の所有権者」を記録することの可否

倉庫業者の倉庫に寄託している動産を集合動産として特定する方法によって動産譲渡登記を申請するに当たり、「動産の保管場所の所在地」である当該倉庫の中に「動産の種類」は同一であるが当社の所有物ではない動産が混在しているため、当社の所有物である動産のみを特定して譲渡の対象として登記したいと考えています。そこで、譲渡の対象となる動産を特定するための有益事項として、動産個別事項ファイル（MOVABLES.xml）の「備考」欄に、「保管場所の名称：○○倉庫、対象動産の範囲：株式会社△△の所有物に限る。」のように記録することはできますか。

A 「対象動産の範囲：株式会社△△の所有物に限る。」という表記では、どの動産が株式会社△△の所有物であるかということが動産自体の外見からは判明せず、第三者から見て譲渡の対象となる動産を特定することができる程度の明確性及び客観性を有する表記とはいえないことから、有益事項として記録することはできないと考えられます。

これに対し、当該動産を個別に識別するための明認方法を施した上で、「対象動産の範囲：株式会社△△の印が付されている物件に限る。」という表記をするのであれば、第三者から見て譲渡の対象となる動産を特定することができる程度の明確性及び客観性を有するといえることから、有益事項として記録することができると考えられます。

解説

1　譲渡に係る動産を集合動産として特定する方法によって動産譲渡登記をする場合、その登記の効力（譲渡の対抗力）は、動産譲渡登記ファイルに記録された「動産の種類」に属する動産であって、同ファイルに記録された「動産の保管場所の所在地」に存在するもの全てに及びます。

しかし、「動産の保管場所の所在地」の中に、「動産の種類」は同一であるが譲渡の対象とならない動産が混在しているという場合もあり得ます。

そのような場合、譲渡の対象となる動産と譲渡の対象とならない動産を「対象動産の所在地」と「それ以外の動産の所在地」という場所的要素をもって区分し、その区分の内容を有益事項として記録することにより、譲渡の対象となる動産を特定する方法が考えられます（Q127参照）が、場所的要素をもって両者を区分することが困難な場合、他の手段として、譲渡の対象となる動産自体の属性に着目して両者の区別をすることが考えられます。

2　このように動産自体の属性をもって「譲渡の対象となる動産」と「譲渡の対象とならない動産」とを区別しようとする場合、その区別がされていると認められるためには、「譲渡の対象となる動産」に係る動産譲渡登記の当事者のみならず、第三者も両者を容易に区別することができるような明確性及び客観性を有することが必要と考えられます。なぜならば、例えば、「譲渡の対象とならない動産」の所有者の債権者が当該「動産の保管場所の所在地」に存在する当該「動産の種類」の動産に強制執行をしようとした場合などに、「譲渡の対象となる動産」に係る動産か否かを容易に区別することができないと、「譲渡の対象となる動産」に対して強制執行をしてしまう等、「譲渡の対象となる動産」及び「譲渡の対象とならない動産」の所有権の帰属を巡り、紛争が生ずる可能性を否定することができないからです。

この点、「譲渡の対象となる動産」と「譲渡の対象とならない動産」とをその所有権者が誰であるかという基準をもって区別しようとしても、その所有権の帰属が動産自体の外見から判明しなければ、「譲渡の対象となる動産」と「譲渡の対象とならない動産」が第三者から見て容易に区別することができるような明確性及び客観性を有するとはいえません。たとえ管理帳簿や管理伝票等を手掛かりにして調査をすれば所有権の帰属を明らかにすることができるとしても、このことをもって「譲渡の対象となる動産」と「譲渡の対象とならない動産」との区別を明確にすべきという要請を充足させるものではないと考えられます（米倉明『譲渡担保の研究』214頁）ので、有益事項として記録することはできません。

3　また、「対象動産の範囲：○○株式会社の取扱商品に限る。」、「対象動産の範囲：仕入先が○○株式会社の物件に限る。」、「対象動産の範囲：○○

株式会社からのリース物件を除く。」のような表記についても、同様に、個々の動産自体の外見から、「どの商品が○○会社の取扱商品なのか」、「どの物件の仕入先が○○株式会社なのか」、「どの物件が○○株式会社からのリース物件なのか」ということが判明せず、第三者から見て譲渡の対象となる動産を特定することができる程度の明確性及び客観性を有する表記であるとはいえないことから、譲渡の対象となる動産を特定するための有益事項として記録することはできないと考えられます。

4　他方、当該動産を個別に識別するための明認方法を施した上で、「対象動産の範囲：株式会社△△の印が付されている物件に限る。」、「対象動産の範囲：株式会社△△製と表示されている物件に限る。」、「対象動産の範囲：梱包資材に株式会社△△と表示されている物件を除く。」、「対象動産の範囲：株式会社△△からのリース物件である旨の管理票が貼付されている物件を除く。」のように表記した場合には、第三者から見て譲渡の対象となる動産を特定することができる程度の明確性及び客観性を有していることから、対象動産を特定するための有益事項として記録することができると考えられます。

動産

Q130 有益事項として「対象動産に貼付したバーコードの情報により対象動産を特定することができる旨」を記録することの可否

倉庫業者の倉庫に寄託している動産を、集合動産として特定する方法によって動産譲渡登記を申請するに当たり、「動産の保管場所の所在地」である当該倉庫の中に「動産の種類」は同一であるが当社の所有物でない動産が混在しているため、当社が寄託している動産のみを譲渡の対象となる動産として特定したいと考えています。

当該倉庫業者では、保管している動産ごとにバーコードを貼付し、当該動産の寄託者、商品名、入庫年月日等について、在庫管理データベースによって管理を行っており、当社が寄託している動産については、当該データベースを検索することにより、容易かつ迅速に特定することができます。この場合、対象動産を特定するための有益事項として、動産個別事項ファイル（MOVABLES.xml）の「備考」欄に、「保管場所の名称：○○倉庫、対象動産の範囲：貼付されたバーコードの情報を○○株式会社が管理する在庫管理データベースの情報と照合することにより、△△株式会社名義の物件と特定できるものに限る。」のように表記して記録することはできますか。

記録することができるものと考えられます。

譲渡に係る動産を集合動産として特定する方法によって動産譲渡登記を申請するに当たり、「動産の保管場所の所在地」の中に「動産の種類」は同一であるが譲渡の対象とならない動産が混在している場合、譲渡の対象となる動産について、当該動産に係る動産譲渡登記の当事者のみならず、第三者か

ら見て譲渡の対象となる動産を特定することができる程度の明確性及び客観性のある明認方法が付されているのであれば、当該明認方法の内容を、対象動産を特定するための有益事項として記録することができると考えられます（Q129の解説2参照）。

ところで、現在、コンピュータシステムの発達に伴い、在庫管理データベースによる在庫管理が一般に普及しつつあり、バーコードやICチップを商品等に貼付することによる在庫管理が行われるようになっていることから、譲渡の対象となる動産が「動産の保管場所の所在地」において、バーコードやICチップによる在庫管理が行われていることがあります。このような場合、バーコードやICチップが、「譲渡の対象となる動産」を個別に識別するための明認方法であるといえるかどうかが問題になります。

「譲渡の対象となる動産」に貼付されたバーコードやICチップは、「譲渡の対象とならない動産」に貼付されているバーコードやICチップと外見上区別するのは困難であり、また、バーコードやICチップに含まれる情報の内容は可視的なものではありません。しかしながら、在庫管理がデータベース化されており、商品等に貼付されたバーコードやICチップに記録された情報をコンピュータシステムを使用して読み取り、検索を行うことによって、そのデータベース上から当該商品等の寄託者、商品名、入庫年月日等を容易かつ迅速に確認することができる場合には、商品等に貼付されたバーコードに記録されている情報と当該データベースが管理している情報を容易かつ迅速にリンクさせることが可能と考えられることから、譲渡の対象となる動産を個別に識別するための明認方法が施されているものということができると考えられます。

そして、このことは、動産自体に「譲渡の対象となる動産」と「譲渡の対象とならない動産」を区別するための明確で客観的な明認方法が付されていることと同視することができますので、対象動産を特定するための有益事項として記録することができると考えられます。

動産

Q131 有益事項として「対象動産の数量」を記録することの可否

譲渡に係る動産を集合動産として特定する方法によって動産譲渡登記を申請するに当たり、譲渡の対象となる動産を限定するための有益事項として、動産個別事項ファイル（MOVABLES.xml）の「備考」欄に、「対象動産の個数：○個」、「対象動産の数量：○トン」、「対象動産の数量：全体の３分の１」等の数量的な制限を記録することはできますか。

A 記録することはできないものと考えられます。

1　一般に、ある動産の集合体が「集合物」として物権の客体として認められるためには、物権という強力な権利の対象がどこまで及ぶかが明らかでないと、第三者の信頼を害し、取引の安全を図ることができないことから、「特定性」の要件を満たしていることが必要と解されています。この「特定性」の要件に関し、判例は、「第１倉庫の内にある乾燥ネギ44トン中28トン」という特定の仕方では、44トンのうちどの部分が集合物を構成しているかが不明であり、特定性を満たさないとしており（最三小判昭54・2・15民集33巻１号51頁）、学説においても、同様に解する見解が有力です（内田貴『民法Ⅲ債権総論・担保物権〔第３版〕』541頁、道垣内弘人『担保物権法〔第４版〕』339〜340頁）。

このような集合物の特定性についての判例（前掲最三小判昭54・2・15のほか、最三小判昭62・11・10民集41巻８号1559頁等）の理解としては、例えば、特定倉庫内にある商品の一部だけを譲渡担保の目的物とする場合にあっては、その種類、所在場所、量的範囲等をできるだけ客観的に識別できるよう表示する必要があるところ、このような措置をとらず、単に特定倉庫内の商品の数量的一部（○○トン、○○梱、総個数の３分の１）で示しても、目的物の特定は不十分である（『最高裁判所判例解説民事篇（昭和54年度）』60頁〔時岡泰〕）とか、一定の所在場所にある物の一部が担保に供される場合に、例えば「○○倉庫内にあるサケ缶詰３分の１」と指定されただけでは、「３分の１」が具体的に物件のどの部分なのか判然としないから、目的物の特定を欠くこととなり、この場合は、標識を付したり、別置したりして、他の動産と区別する必要がある（『最高裁判所判例解説民事篇（昭和62年度）』671頁〔田中壮太〕）ものと解されているようです。

2　動産譲渡登記には、民法178条の引渡しと同様の法律効果、すなわち、登記された動産の譲渡に対抗力が付与されるという効果が認められる（特例法３条１項）ので、登記される動産の譲渡は具体的に特定されている必要があります。この点につき、例えば、集合物としての鋼材加工用機械「20台」を担保目的とする譲渡担保契約において、そもそも契約時に当該機械が21台以上存在していた場合や、契約締結後に当該機械が増えた場合は、どの20台が目的物であるかが特定できないことになるなどの問題があります。したがって、「○個」、「○トン」、「全体の３分の１」等の記録は、特定性を欠くものとして認められないと解されます（植垣ほか（中）62頁）。

このようなことから、譲渡に係る動産を集合動産として特定する方法によって動産譲渡登記をする場合は、有益事項として動産が存在する特定の場所又は譲渡の対象とならない動産を識別するための明認方法の内容や動産の特質を動産譲渡登記ファイルに記録しない限り、当該動産の保管場所にある同種類の動産の全てが譲渡に係る動産となることが制度上予定されており、必然的に譲渡に係る動産の数量は全部となるので、数量は特定に必要な事項としていません。このことを明示するため、登記事項証明書の欄外には、注意書きとして、「動産の所在によって特定する場合には、保管場所にある同種類の動産のすべて（備考でさらに特定されている場合には、その動産のすべて）が譲渡の対象であることを示しています。」と付記されているのです。

したがって、数的な制限を動産個別事項ファイルの「備考」欄に有益事項として記録することは認められません（一問一答80頁）。

動産

Q132 有益事項として「対象動産の範囲：動産譲渡登記をした時点のものに限る。」という記録をすることの可否

譲渡に係る動産を集合動産として特定する方法によって動産譲渡登記を申請するに当たり、譲渡の対象となる動産を登記の時に存在する動産に限定するため、有益事項として、動産個別事項ファイル（MOVABLES.xml）の「備考」欄に、「対象動産の範囲：動産譲渡登記をした時点のものに限る。」という記録をすることはできますか。

A 「対象動産の範囲：動産譲渡登記をした時点のものに限る。」という表記については、譲渡の対象となる動産が登記の時に存在していたかどうかが動産自体の外見からは判明せず、第三者から見て譲渡の対象となる動産を特定することができる程度の明確性及び客観性を有する表記であるとはいえないことから、有益事項として記録することはできないと考えられます。

なお、譲渡の対象となる動産を登記の時に存在する動産に限定するためには、動産の記号、番号、その他の同種類の物と識別するために必要な特質を有益事項として動産個別事項ファイルの「備考」欄に記録するか、そのような特質がない場合には、当該動産に明認方法を施すなどして、それを有益事項として動産個別事項ファイルの「備考」欄に記録しなければならないと考えられます。

解説

1　譲渡に係る動産を集合動産として特定する場合、原則として、「動産の保管場所の所在地」に存在する特定の種類の動産全てが集合物として譲渡に係る動産となるため、「動産の種類」によって特定される動産と同種類の動産については、登記の後に「動産の保管場所の所在地」に搬入されたものであっても、登記の効力が及ぶことになります（Q111の解説３参照）。

このような効果を避け、動産譲渡登記をした時において存在する在庫品にのみ登記の効力が及ぶこととしたい場合、譲渡の対象となる動産の範囲を限定するため、時間的な制限を有益事項として動産個別事項ファイルに記録することができるかどうかが問題となります。

しかし、「対象動産の範囲：動産譲渡登記をした時点のものに限る。」のような時間的な制限をもって対象動産の範囲を限定しようとしても、ある動産が動産譲渡登記をした時に当該登記に係る「動産の保管場所の所在地」に存在していたものかどうかということは、動産自体の外見からは判明せず、第三者から見て譲渡の対象となる動産を特定することができる程度の明確性及び客観性を有しているとはいえないことから、有益事項として記録することはできないと考えられます。

2　したがって、譲渡に係る動産を集合動産として特定する方法によって動産譲渡登記を申請するに当たり、その対象動産を登記の時に存在する動産に限定するためには、有益事項として当該動産の記号、番号その他の同種類の他の物と識別するために必要な特質を記録するか、そのような特質がない場合には、当該動産に明認方法を施す（対象動産とそれ以外の動産とを明確に区別することができる客観的指標を付す）などして、それを有益事項として記録しなければならないと考えられます（Q129の解説４参照）。

3　なお、上記２のように動産の特質を有益事項として記録したとしても、飽くまでも集合動産として特定する方法によって動産譲渡登記を行うものですから、動産個別事項ファイルに記録された動産の保管場所の所在地から搬出された対象動産については、譲渡人（債務者）における通常の営業の範囲内で搬出された場合等には登記の効力が及ばなくなるものと解されます（Q111の解説３参照）。

第5章

債権譲渡登記の対象となる債権の適格／譲渡対象債権の特定方法

債権 Q133 債務者の住所地が日本国外である債権

債権譲渡登記を申請するに当たり、日本国外に住所を有する個人や日本国外に本店を有する法人を債務者とする登記申請は受理されますか。

A 「譲渡に係る債権について適用すべき法」が日本法ではないことが登記官にとって明らかであるときでない限り、受理されます。

債権の譲渡の対抗力についての準拠法は、「譲渡に係る債権について適用すべき法」によることとされています（法の適用に関する通則法（以下「通則法」という。）23条）。

したがって、我が国において債権の譲渡の対抗力が問題となる場合には、譲渡人又は譲受人の住所地法や、債務者の住所地法などによって判断されるのではなく（注）、「譲渡に係る債権について適用すべき法」（通則法7条、8条、14条、17条等を参照）によって判断されることになり、「譲渡に係る債権について適用すべき法」が日本法でないときは、その債権の譲渡は効力を有しないこととなります。

もっとも、債権譲渡登記においては、「譲渡に係る債権について適用すべき法」は登記事項とはされておらず、また、登記官は、登記申請書、添付書面及び申請データからは、「譲渡に係る債権について適用すべき法」を知り得ないことが通常と思われます。

そうすると、日本国外に住所を有する個人や日本国外に本店を有する法人を債務者とする債権譲渡登記申請については、登記官が、登記申請書、添付書面及び申請データに基づいて、「譲渡に係る債権について適用すべき法」が日本法でないことを明らかに判断できるような例外的な場合は、「申請をした事項が登記すべきものでないとき」（登記令11条1項）に当たるものとして却下されますが、そのような場合に当たらない限りは、受理されることとなります。

なお、譲渡登記の効力は飽くまでも「譲渡に係る債権について適用すべき法」により客観的に決せられるべきものですから、仮に登記官が「譲渡に係る債権について適用すべき法」が日本法でないことを看過して登記を受理したとしても、直ちにその登記の効力が実体法的にも有効とされるものではなく、その登記の実体法的効力については、最終的には、訴訟等の場において司法の判断が示されることにより決せられるものと解されます。

（注）　通則法施行前の法例12条は、債権の譲渡の対抗力についての準拠法は、債務者の住所地法によるものと規定していました。しかしながら、この債務者の住所地法主義に対しては立法論的批判が強かったこと、そして、債権の譲渡の対抗力についての準拠法を譲渡対象債権の準拠法とすれば、異なる国に住所を有する多数の債務者が混在している債権の一括譲渡において、対抗要件の具備に関する統一的な処理が可能となり、債権流動化の円滑化が図られることが期待されることなどから、通則法23条の規定に改められたものです（小出邦夫『逐条解説　法の適用に関する通則法〔増補版〕』270～271頁）。

なお、通則法附則３条５項は、通則法の施行日（平成19年１月１日）前にされた債権の譲渡の債務者その他の第三者に対する効力については、通則法23条の規定にかかわらず、なお従前の例によると規定しています。したがって、通則法の施行日前にされた、日本国外に住所を有する個人や日本国外に本店を有する法人を債務者とする債権の譲渡の登記は、効力を有しないこととなるので、注意が必要です。

債権

Q134 信託受益権

信託行為に基づく受益権（信託受益権）を譲渡した場合、これに伴う債権譲渡登記の申請をすることができますか。

申請することができないものと考えられます。

解説

信託行為に基づく受益権（以下、単に「信託受益権」という。）とは、「信託行為に基づいて受託者が受益者に対し負う債務であって信託財産に属する財産の引渡しその他の信託行為に係る給付をすべきものに係る債権（中略）及びこれを確保するためにこの法律の規定に基づいて受託者その他の者に対し一定の行為を求めることができる権利」と定義されており（信託法２条７項）、受益者の有する権利の総称あるいは包括的な地位をいうものとされています（寺本昌広『逐条解説新しい信託法〔補訂版〕』274頁）。

ところで、債権譲渡登記の対象は金銭債権の譲渡に限定されている（特例法４条１項前段括弧書き）ところ、上記の信託受益権の定義によれば、信託受益権の内容としては、金銭債権以外の複数の権利（例えば、信託法92条１号ないし26号に掲げる権利（寺本・前掲268頁））も当然に包含されることとなり、もはや単純な金銭債権とはいえません。そうすると、信託受益権を譲渡した場合には、金銭債権の譲渡のみを対象とする債権譲渡登記の対象とすることはできないものと考えられます。

なお、信託受益権を譲渡した場合の対抗要件の具備方法については、信託法94条が規定しており、指名債権の譲渡の対抗要件に関する民法467条の規定に準じた手続により行うこととなります（注）。

（注）　受益証券が発行されている受益権を譲渡した場合の対抗要件の具備方法は、受益権取得者の氏名又は名称及び住所を受益者原簿に記載・記録することによります（信託法195条１項）。ただし、無記名受益権については、受益者原簿に受益者の氏名等が記載・記録されないことから（信託法186条３号参照）、同法195条１項の規定を適用しないこととされ（同条３項）、有価証券法理に従い、受益証券の占有をもって、受託者その他の第三者に対する対抗要件となるものとされています（寺本・前掲397頁）。

債権

Q135 譲渡禁止特約の付されている債権

譲渡禁止特約の付されている債権を債権譲渡登記の対象とすることができるでしょうか。その登記申請が受理された場合、譲渡禁止特約の効力はどのようになるのでしょうか。

A 譲渡禁止特約の付されている債権であっても債権譲渡登記の対象とすることができます。そして、当該登記申請が受理された場合の譲渡禁止特約の効力については、現行の民法規定及びその解釈がそのまま適用されることとなります。

解説

1　債権の譲渡禁止特約（民法466条２項本文）は、一般に、事務の煩雑化や過誤払いを避ける目的でされるものですが、その効力について、判例（大判大14・４・30民集４巻５号209頁、大判昭６・８・７民集10巻10号783頁等）・通説は、特約により当該債権は当然に譲渡性を失い、その譲渡は無効になるが、特約を知らない第三者に対しては譲渡禁止による譲渡性の欠如を対抗することができないものであるとしています（物権的効力説）(注１)。

これに対し、特例法は、債権譲渡がされた場合の対抗要件についての特例を定めるものであり、譲渡される債権の性質や債権譲渡の有効性に触れるものではありません。

したがって、特例法においては、譲渡禁止特約について格別の手当はしておらず、現行の民法規定及びその解釈がそのまま適用されることとなります（Q&A 特例法29頁）(注２)(注３)。

2　譲渡禁止特約の存在を知らなかった第三者（すなわち善意の第三者）に対しては、債務者は特約の存在を対抗することができません（民法466条２項ただし書）。この「善意」とは、譲渡禁止特約の存在を知らないことのみならず、判例（最一小判昭48・７・19民集27巻７号823頁）は、重過失がある場合も悪意と同様に取り扱うべきであると解しています(注４)。

この点につき、大阪高判平16・2・6金融法務事情1711号35頁（同判決に対しては上告及び上告受理申立てがされましたが、上告棄却・不受理決定がされ（最一小決平16・6・24金融法務事情1723号41頁）、控訴審の判断が維持されています。）は、譲渡禁止特約の付された売掛債権を譲り受けた銀行にその特約の存在を知らなかったことにつき重大な過失があると認定しましたが、その理由中で、一般に、銀行は、銀行取引、取り分け融資及び担保に関し、実務上及び法律上の高度な専門的知識・経験並びにこれらの点に関する高い調査能力を有していると解されるところ、当該銀行の担当者は「特例法に基づく債権譲渡登記を経由すれば譲渡禁止特約の問題も生じないというきわめて初歩的な誤解をして」おり、当該銀行としても、この点について更に調査検討することもなく、譲渡禁止特約が付された売掛債権の譲渡を受けたものであり、そうすると、当該銀行には、悪意と同視し得る重大な過失があると述べています（もっとも、本判決は、譲受人が融資・担保実務における高度な専門的知識や調査能力を有するとされる銀行である事案であり、譲受人が銀行でない一般の事業会社などの場合についてまで射程が及ぶかどうかについては、定かではありません。）。

3　以上によれば、譲渡禁止特約の付されている債権であっても、譲受人が善意の場合は当該債権を取得できることから、「申請をした事項が登記すべきものでないとき」（登記令11条1号）には当たらないので、債権譲渡登記の対象とすることができます。そして、当該債権譲渡登記申請が受理された場合の譲渡禁止特約の効力については、現行の民法規定及びその解釈がそのまま適用されることとなりますが、当該債権譲渡登記申請が受理されたことにより当然に譲渡禁止特約の効力が失効するとの解釈を採ることはできないと思われます。

（注1）　現行の民法466条2項の規定は、民法の一部を改正する法律（平成29年法律第44号）により改正されました。改正後の規定は、「債権の譲渡を禁止し、又は制限する旨の意思表示」（以下「譲渡制限特約」という。）に反する債権譲渡も「その効力を妨げられない」とした上で（改正後の民法466条2項）、債務者は、譲渡制限特約について悪意又は重過失がある譲受人その他の第三者に対しては、債務の履行を拒むことができ、かつ、譲渡人に対する弁済その他の債務の消滅事由をもって当該第三者に対抗できるとしました（改正後民法466条3項）。ただし、以上の規定は、預貯金債権については適用されません（改正後民法466条の5第1項）。

（注２） 譲受人が悪意であること又は善意であるものの重過失があることについては、債務者が立証しなければなりません（大判明38・２・28民録11輯278頁）。なお、譲渡禁止特約のある債権が譲渡され、その特約の存在について譲受人に悪意又は善意ではあるものの重過失があった場合でも、債務者が当該譲渡を承諾したときは、当該債権の譲渡は、譲渡の時に遡って有効となります（最一小判昭52・３・17民集31巻２号308頁、最一小判平９・６・５民集51巻５号2053頁）。もっとも、判例は、債務者の承諾がある前に他の第三者が現れた場合には、民法116条の法意に照らし、その第三者との関係では、遡及効は否定されるとしています（前掲最一小判平９・６・５）。

（注３） なお、将来債権の譲渡と譲渡禁止特約との関係については、明文の規律が存在しなかったところ（債権の譲渡禁止の特約についての善意（民法466条２項ただし書）とは、譲渡禁止の特約の存在を知らなかったことを意味し、その判断の基準時は、債権の譲渡を受けた時であるところ、将来債権の譲渡後に譲渡禁止特約が付された場合には民法466条２項ただし書が適用されることはなく、譲渡禁止特約は有効になると判示したものとして、東京地判平24・10・４判例時報2180号63頁があります。）、民法の一部を改正する法律（平成29年法律第44号）により民法466条の６第３項が新設されました。同項の規律によれば、将来債権の譲渡につき、①債務者対抗要件が具備されるより前に譲渡制限特約が付されたときは、譲受人は悪意であると擬制されるため、債務者は譲渡制限特約をもって譲受人に対抗することができ、②債務者対抗要件が具備された後に譲渡制限特約が付されたときは、譲受人の主観的態様のいかんを問わず、債務者は譲渡制限特約をもって譲受人に対抗できないこととなります。

（注４） 本問で引用している大阪高判平16・２・６も、「特例法所定の債権譲渡登記は、法人がする債権譲渡の対抗要件に関し民法の特例を定めたものにすぎず、譲渡禁止特約がある場合の債権譲渡の効力について特則を定めたものではないことも、同法の趣旨、法文に照らし明らかである」と述べています。

債権

Q136 電子記録債権

電子記録債権を譲渡した場合、これに伴う債権譲渡登記の申請をすることができますか。

申請することができないものと考えられます。

電子記録債権の譲渡については、「電子記録債権の譲渡は、譲渡記録をしなければ、その効力を生じない。」として（電子記録債権法17条。なお、譲渡記録の内容については、同法18条参照）、その譲渡につき厳格な効力要件が法定されており、対抗要件具備に関する民法の定めが適用されないため、その特則である特例法を適用する余地はありません。

したがって、債権譲渡登記によって電子記録債権の譲渡の対抗要件を具備することはできないものと解されます（池田真朗＝太田穣編著『解説電子記録債権法』107頁、183頁）(注)。

また、債権譲渡登記の対象となる債権は指名債権に限られるところ（特例法４条１項前段括弧書き）、電子記録債権は指名債権とは異なる類型の債権と解されており（池田＝太田・前掲６頁）、この点からも、債権譲渡登記によって電子記録債権の譲渡の対抗要件を具備することはできないものと解されます。

（注） 電子記録債権の質権の設定についても、電子記録債権法36条1項は、「電子記録債権を目的とする質入の設定は、質権設定記録をしなければ、その効力を生じない。」としており（電子記録債権法36条１項。なお、質権設定記録の内容については、同法37条参照）、電子記録債権の譲渡の場合と同様、質権設定登記により対抗要件を具備することはできないものと解されます。

債権

Q137 手形債権

手形上に権利が表章されている債権（手形債権）の譲渡につき、債権譲渡登記をすることができますか。

A 譲渡対象債権が表章されている手形が指図禁止手形であるという例外的な場合を除き、債権譲渡登記をすることはできないものと考えられます。

解説

1　手形上に権利が表章されている債権（手形債権）については、手形は法律上当然の指図証券であることから、手形の裏書により譲渡することができます（手形法77条1項1号、11条1項）。

もっとも、手形の振出人は、手形上に「指図禁止」「裏書禁止」又はこれと同一の意義を有する文言（指図禁止文句）を記載することによって、手形の指図証券性を奪うことができます。このような文言を記載した手形を指図禁止手形（裏書禁止手形）といいます。この指図禁止手形については、指名債権譲渡の方式及び効力をもってのみ譲渡することができます（手形法77条1項1号、11条2項）。ここで、指名債権譲渡の方式をもってとは、意思表示のほかに対抗要件として民法467条の定める債務者への通知又は承諾を要することを意味します（弥永真生『リーガルマインド手形法・小切手法』〔第2版補訂2版〕118頁）。

なお、指図禁止手形の譲渡の効力としては、指名債権譲渡の効力のみを有するので、通常の譲渡裏書の被裏書人に認められる人的抗弁の主張制限・善意取得の余地がないだけではなく、仮に裏書をしても、その裏書には資格授与的効力は認められないこととなります。また、このような手形については、仮に裏書をしても、法律行為としての裏書の効力は生じないので、担保的効力も認められません。

2　ところで、債権譲渡登記の対象となる債権は、法人が有する指名債権であって、金銭の支払を目的とするものとされています（特例法4条1項）。

この点、指図禁止手形上に権利が表章されている手形債権は、指名債権譲渡の方式をもって対抗要件を具備することができる金銭債権ですから、当該手形債権の譲渡人が法人であるときは、債権譲渡登記をするにより、当該手形債権の譲渡に係る対抗要件を具備することができるものと考えられます。この場合、譲渡対象債権が表章されている手形が指図禁止手形であることを債権個別事項ファイル（CREDIT.xml）中に記録して明示する必要があります。

ただし、指図禁止手形においても、手形の有価証券性は指図禁止文句を記載することによって失われるものではなく、譲受人は証券の交付を受けておき、これを振出人に呈示しないと権利行使し得ない（手形法77条1項3号、38条1項）ばかりか、譲渡人による権利行使又は二重譲渡を完全には防止できないので、意思表示のみにより権利が移転するといっても意味がなくなることから、手形の交付も、譲渡の方式として要求されるものと解されています（弥永・前掲119頁）。このような考え方からすると、債権譲渡登記により対抗要件を具備したとしても、現実には、指図禁止手形の交付を受けないと権利を行使できないものと考えられます。

3　他方、判例（大判昭7・12・21民集11巻2367頁）・通説は、指図禁止手形以外の手形も指名債権譲渡の方式によって譲渡し得るものとしています。

しかしながら、このことから直ちに、指図禁止手形以外の手形上に権利が表章されている手形債権の譲渡についても、債権譲渡登記をすることが認められると結論付けることには問題があると考えられます。

すなわち、そもそも、指図禁止手形以外の手形に係る手形債権の譲渡の方式については、裏書の方式による譲渡を前提にしていると考えられるところ、これを指名債権譲渡の方式により譲渡すると、当事者が想定していない複雑かつ不安定な法律関係が生じることとなります（注）。

そして、指図禁止手形以外の手形上に権利が表章されている手形債権の譲渡に係る対抗要件につき、私人間において、民法467条に基づく債権譲渡通知の方式により具備することにより、そのような複雑かつ不安定な法律関係が作り出されるのであればともかく、行政機関である登記官が関与する債権譲渡登記の方式により、あえてそのような複雑かつ不安定な法律関係を積極的に作り出すことは相当ではないと考えられます。

4　以上によれば、譲渡対象債権を手形債権とする債権譲渡登記の申請については、当該譲渡対象債権が表章されている手形が指図禁止手形であることを明らかにして申請しない限り、却下事由に該当し（登記令11条１号の「申請をした事項が登記すべきものでないとき」に当たる。）、受理できないものと解されます。

（注）　例えば、①指図禁止手形以外の手形上に権利が表章されている手形債権の譲渡についても債権譲渡登記をすることにより対抗要件が具備することができるとすると、手形債権の譲渡に係る対抗要件具備方法につき、手形の裏書による方式と、指名債権譲渡の方式が併存することとなるため、振出人（債務者）としては、債権譲渡登記の譲受人に支払うべきか、手形の所持人に支払うべきか迷う事態が発生することになり、当事者が想定していない複雑かつ不安定な法律関係が生じることとなります（もっとも、現実には、手形の交付を受けないと、権利を行使できないものと考えられます。）。

また、②指図禁止手形以外の手形上に権利が表章されている手形債権につき指名債権譲渡の方式により譲渡をし、債権譲渡登記により対抗要件を具備する場合は、当該手形債権の譲受人は、裏書による譲渡に認められる手形法的保護（人的抗弁の主張制限、善意取得等）を享受することができないことになります。指図禁止手形ではない手形につき、このような手形法的保護がない手形が流通することになると、その手形に係る法律関係をめぐって、当事者が想定していない複雑かつ不安定な法律関係が生じることとなります。

債権

Q138 既発生債権、混在型債権、債務者特定の将来債権、債務者不特定の将来債権の各定義並びに各債権区分ごとの「債権個別事項ファイル」及び「債務者ファイル」の記録事項の違い

債権譲渡登記における譲渡対象債権の区分には、①債務者が特定している既発生の債権（既発生債権）、②債務者が特定している混在型債権（混在型債権）、③債務者が特定している将来の債権（債務者特定の将来債権）及び④債務者が不特定の将来の債権（債務者不特定の将来債権）があるとのことですが、それらの定義はどのようなものですか。また、各債権区分ごとの「債権個別事項ファイル」（CREDIT.xml）及び「債務者ファイル」（SM.xml）の記録事項には、どのような違いがありますか。

A ①から④までの各債権の定義については、本解説末尾の【表４－１】を参照してください。

また、①から④までの各債権区分ごとの記録事項の違いについては、以下のとおりです。

1　債権個別事項ファイルに記録する債権の全てが①の債権である場合には、債権譲渡時における「債権の総額」を記録しなければなりません。

2　①の債権については、譲渡に係る個々の債権の発生の時における債権額（発生時債権額）及び譲渡の時における債権額（譲渡時債権額）を記録しなければなりませんが、それ以外の②ないし④の債権については、これらの事項を記録することができません。

3　④の債権については、「債権の発生原因」を記録しなければなりませんが、それ以外の①ないし③の債権については、この事項を任意に記録することができます。

4　④の債権については、債務者ファイルを作成してはなりません。債権個別事項ファイルに①ないし③の債権と④の債権とが混在しているときは、①ないし③の債権についてのみ、債務者ファイルを作成します。

1　債権譲渡登記の申請を行うには、記録方式告示の指定する方式に従って記録をした申請データを提出する必要がありますが、この申請データ中の「債権個別事項ファイル」及び「債務者ファイル」に、譲渡対象債権を特定するための事項を記録します。

記録方式告示は、譲渡対象債権を、①債務者が特定している既発生の債権（既発生債権）、②債務者が特定している混在型債権（混在型債権）、③債務者が特定している将来の債権（債務者特定の将来債権）及び④債務者が不特定の将来の債権（債務者不特定の将来債権）に区分した上で（記録方式告示第3の2(9)注1ないし4。なお、①から④までの各債権の詳細な定義については、**【表4－1】**を参照してください。）、各区分に応じた記録事項を定めています。

以下、①から④までの各債権に係る申請データの記録事項の違いについて説明いたします（譲渡対象債権の区分ごとの「債権個別事項ファイル」及び「債務者ファイル」の記録事項の違いについては、**【表4－2】**及び**【表4－3】**も参照してください。）が、①から④までのいずれの債権が含まれる場合においても、債権個別事項ファイルの「債権個数」には、債権個別事項ファイルに記録する債権の総数（債権通番の総数）を記録しなければなりません。

2　債権個別事項ファイルに記録する譲渡対象債権の全てが①の債権（既発生債権）である場合には、譲渡時（質権設定登記の場合は質権設定時）における「債権の総額」を記録しなければなりません。この「債権の総額」は、債権個別事項ファイルに記録する各譲渡対象債権（各債権通番）の「譲渡時債権額」の合計額と一致しなければなりません。

それ以外の場合（譲渡対象債権に将来債権が含まれる場合）は、「債権の総額」を記録してはなりません。

3　譲渡対象債権の区分が①の債権（既発生債権）である場合は、必須記録事項として、「債権個別事項ファイル」に譲渡対象債権の「債権通番」、「債権の種類コード」（「その他の債権」を選択した場合には「債権発生原因」を含む。）、「債権発生年月日の始期及び終期」、「発生時債権額」及び「譲渡時債権額」を、「債務者ファイル」に債務者に関する事項をそれぞれ記録します。

この場合、債権譲渡登記の申請が受理されると、これらの事項が登記事項証明書に記載されますので、当該登記事項証明書の送付を受けた譲渡対象債権の債務者としては、登記事項証明書に記載されている譲渡対象債権と自己を債務者とする債権との同一性を判断することは、容易です。

4　譲渡対象債権の区分が②の債権（混在型債権）又は③の債権（債務者特定の将来債権）である場合は、共に将来債権を含んでいることから、①の債権（既発生債権）に関する上記の必須記録事項のうち、「発生時債権額」及び「譲渡時債権額」を記録することはできませんが、それ以外の事項は、①の債権に関するものと同様になります。

したがって、この場合も、これらの事項が登記事項証明書に記載されている当該登記事項証明書の送付を受けた譲渡対象債権の債務者としては、譲渡対象債権と自己を債務者とする債権との同一性を判断することは、容易です。

5　譲渡対象債権の区分が④の債権（債務者不特定の将来債権）である場合は、譲渡対象債権の債務者が特定されていないため、「債務者ファイル」に債務者情報を記録することができません。そうすると、登記事項証明書に債務者情報が記載されないことから、当該登記事項証明書の送付を受けた譲渡対象債権の債務者としては、当該登記事項証明書に記載されている譲渡対象債権と自己を債務者とする債権との同一性を判断することは困難となります。そこで、この場合には、譲渡対象債権の債務者に関する情報の代わりに、「債権個別事項ファイル」に債権の発生原因を記録しなければならないものとされています（登記規則9条1項3号）。この「債権の発生原因」とは、債務者の氏名・商号等（同項2号）及び債権の種別（同項4号）等以外の要素で債権の特定に資する情報をいいます（一問一答93頁）。

例えば、マンションの賃料債権の場合、この債権の発生原因としては、単に「マンションの賃貸借契約に基づく賃料債権」と記録するだけでなく、「○○県○○市○○町1－34－1所在のAマンション201号室の賃借人との賃貸借契約に基づく賃料債権」のように、マンション所在地、名称及び対象戸を具体的に特定することができる程度に記録し、譲渡債権の債務者が自己を債務者とする債権と同一であると容易に判断できるようにする必要があります（その具体的な記録方法例については、Q160を参照してください。)。

6　なお、①の債権、②の債権又は③の債権（債務者が特定している債権）の場合には、「債権個別事項ファイル」の「債権の種類コード」において「その他の債権」(コード末尾が999）を選択した場合を除き、「債権発生原因」は任意記録事項とされています。

「その他の債権」を選択した場合、「債権発生原因」には「○○契約」又は「○○契約に基づく△△債権」のように記録します。

【表4－1】 各債権区分ごとの定義

譲渡債権の区分	債務者特定の既発生債権	債務者特定の混在型債権	債務者特定の将来債権	債務者不特定の将来債権
定義（記録方式告示第3の2(9)注1～注4）	特定の債務者に対する金銭債権であって、債権譲渡契約又は質権設定契約の締結の時以前に既に具体的に発生しているもの	特定の債務者に対する金銭債権であって、債権譲渡契約又は質権設定契約の締結の時において既に具体的に発生している部分と将来具体的に発生する部分とが存するもの	特定の債務者に対する金銭債権であって、債権譲渡契約又は質権設定契約の締結の時以後に具体的に発生するもの	債務者以外の要素によって特定される金銭債権であって、債権譲渡契約又は質権設定契約の締結の時以後に具体的に発生するもの

【表4－2】 各債権区分ごとの債権個別事項ファイル（CREDIT.xml）の記録事項

※譲渡に係る債権又は質権の目的とされた債権が複数であるときは、各債権ごとに、下表の**太線枠**部分を繰り返して作成します。

譲渡債権の区分	債務者特定の既発生債権	債務者特定の混在型債権	債務者特定の将来債権	債務者不特定の将来債権
債権個数	債権個別事項ファイルに記録する債権の総数を記録する（必須)。			
債権総額（注1）	債権個別事項ファイルに記録する債権の全てが債務者特定の既発生債権である場合は必須。それ以外の場合は、記録してはならない。			
被担保債権額	質権設定登記の場合のみ必須			
債権通番	必須	必須	必須	必須
債権の種類コード	必須。冒頭は「数字」で開始	必須。冒頭は「A」で開始	必須。冒頭は「B」で開始	必須。冒頭は「C」で開始
契約年月日（注2）	任意	任意	任意	任意

第5章 債権 Q138

債権発生年月日＿始期 ※右記の①～③を満たす必要がある。	必須 ①債権発生日が一つの日であるときはその年月日、数日に及ぶときはその初日の年月日 ②登記原因年月日以前の日付であること。 ③契約年月日を記録した場合は、契約年月日以後の日付であること。	必須 ①債権発生日が一つの日であるときはその年月日、数日に及ぶときはその初日の年月日 ②登記原因年月日以前の日付であること。 ③契約年月日を記録した場合は、契約年月日以後の日付であること。	必須 ①債権発生日が一つの日であるときはその年月日、数日に及ぶときはその初日の年月日 ②登記原因年月日以後の日付であること。 ③契約年月日を記録した場合は、契約年月日以後の日付であること。	必須 ①債権発生日が一つの日であるときはその年月日、数日に及ぶときはその初日の年月日 ②登記原因年月日以後の日付であること。 ③契約年月日を記録した場合は、契約年月日以後の日付であること。
債権発生年月日＿終期 ※右記の①、②を満たす必要がある。	必須 ①債権発生日が一つの日であるときはその年月日、数日に及ぶときはその末日の年月日 ②登記原因年月日以前の日付であること。	必須 ①債権発生日が一つの日であるときはその年月日、数日に及ぶときはその末日の年月日 ②登記原因年月日以後の日付であること。	必須 ①債権発生日が一つの日であるときはその年月日、数日に及ぶときはその末日の年月日 ②登記原因年月日以後の日付であること。	必須 ①債権発生日が一つの日であるときはその年月日、数日に及ぶときはその末日の年月日 ②登記原因年月日以後の日付であること。
債権発生原因	債権の種類コードが「9999」の場合のみ必須（「○○契約」又は「○○契約に基づく△△契約」のように記録） それ以外の場合は、契約の名称等、譲渡債権の特定に資する事項を任意に記録できる。	債権の種類コードが「A999」の場合のみ必須（「○○契約」又は「○○契約に基づく△△契約」のように記録） それ以外の場合は、契約の名称等、譲渡債権の特定に資する事項を任意に記録できる。	債権の種類コードが「B999」の場合のみ必須（「○○契約」又は「○○契約に基づく△△契約」のように記録） それ以外の場合は、契約の名称等、譲渡債権の特定に資する事項を任意に記録できる。	必須 契約の客体を特定すること等によって、できるだけ具体的に特定する。 記録例「○○県○○市○○町1－34－1所在のAマンション201号室の賃借人との賃貸借契約に基づく賃料債権」
発生時債権額（注3）	必須（外貨建債権の場合は日本円換算額を記録）	記録してはならない。	記録してはならない。	記録してはならない。

第5章 債権 Q138

譲渡時債権額（注4）	必須（外貨建債権の場合は日本円換算額を記録）	記録してはならない。	記録してはならない。	記録してはならない。
弁済期の定め	任意	任意	任意	任意
債権の管理番号	任意	任意	任意	任意
外貨建債権の表示（注5）	任意	記録してはならない。	記録してはならない。	記録してはならない。
備考	任意	任意	任意	任意

（注1） 譲渡時債権額の合計額と一致します。
（注2） 譲渡の対象となる債権が（原）債権者と債務者間との間で発生する原因となった契約の成立年月日。契約年月日が不明な場合等については、必ずしも記録する必要はありません。債権譲渡契約又は質権設定契約の契約年月日ではないことに注意してください。
（注3） 譲渡の対象となる債権の発生日が一つの日である場合にはその日に発生した債権額、数日に及ぶ場合にはその間に発生した債権額
（注4） 譲渡の対象となる債権譲渡（質権設定）契約締結時における債権額（残高）
（注5） 外貨建債権について日本円に換算した額を記録したときには、その旨を記録することができます。例：「発生時債権額は、債権額100,000米ドルを2017年9月1日時点において換算した額である。」

【表4－3】 各債権区分ごとの債務者ファイル（SM.xml）の記録事項

譲渡債権の区分	債務者特定の既発生債権	債務者特定の混在型債権	債務者特定の将来債権	債務者不特定の将来債権
	譲渡に係る債権又は質権の目的とされた債権が複数であるときは、各債権ごとに、以下の事項を繰り返して作成する。			債権個別事項ファイルにおいて「C」で始まる債権の種類コードを選択した債権通番（債務者不特定の将来債権の債権通番）については、債務者ファイルを作成してはならない（注）。
債権通番	必須			
債務者の数	必須　※各債権通番における債務者数を記録			
識別コード	必須		債務者が複数いる場合、各債務者について作成する。	
商号等	必須			
フリガナ	必須			
取扱店	任意			
所在	必須			
会社法人番号等	任意			

（注） 債権個別事項ファイルにおいて、「C」で始まる債権の種類コードを選択した債権通番と「C」以外で始まる債権の種類コードを選択した債権通番とが混在している場合は、「C」以外で始まる債権の種類コードを選択した債権通番についてのみ、債務者ファイルを作成する。

Q139 債権 債権の発生日が数日に及ぶ場合の債権区分の特定方法

債権譲渡登記等において譲渡等の対象となる債権の発生日が数日に及ぶ場合、債権区分（既発生債権、混在型債権、債務者特定の将来債権、債務者不特定の将来債権）はどのように特定すればよいですか。

A 債権譲渡登記等において譲渡等の対象となる債権の発生日が数日に及ぶ場合、債権区分につきどのように特定するかについては、当該債権の発生期間の「始期」と「終期」をどのように定めるかによって変わってきます。

具体例については、以下の解説を参照してください。

債権譲渡登記の申請に当たり、債権区分（既発生債権、混在型債権、債務者特定の将来債権、債務者不特定の将来債権）をどのように特定するかについて、以下の例を用いて説明します。

【例】

◎譲渡人・譲受人間の債権譲渡契約締結日
平成29年12月20日

◎登記申請日
平成29年12月22日

◎譲渡対象となる債権
以下の３つの債権

ア　平成29年10月１日から平成30年１月31日までの間に譲渡人・債務者Ｘ間において継続的に発生する売掛債権

イ　平成29年10月１日に譲渡人・債務者Ｙ間において発生した売掛債権

ウ　債権譲渡契約締結時から平成30年12月31日までの間に継続的に発生する東京都内に本店及び主たる営業所を有する法人に対する事務用機器の売掛債権

※　既発生債権であるか将来債権であるかは、債権譲渡契約締結日（登記原因年月日）を基準として区分します。

上記の【例】に掲げる債権につき、アの債権については、例えば、①全体を１つの債権として特定する方法、②「既発生債権」部分と「将来債権」部分とに分けて特定する方法、③１か月単位で発生する債権ごとに分けて特定する方法が考えられます。

これに対し、イの債権については、債権の数が１つであり、また、債権の区分については「既発生債権」であることは明らかであるので、「１つの既発生債権」として特定する方法に限られることになります。

また、ウの債権については、債権の区分は「債務者不特定の将来債権」であることは明らかです。また、債権発生年月日による特定については、理論的には、例えば、１か月単位で発生する将来債権ごとに分けて特定することも考えられますが、その実益はないと思われるため、通常は「１つの債務者不特定の将来債権」として特定することになると思われます。

そこで、以下、アの債権を①の方法により特定する場合を【特定方法例：その１】、②の方法により特定する場合を【特定方法例：その２】、③の方法により特定する場合を【特定方法例：その３】とした上で、具体的な特定方法を説明します（なお、イの債権及びウの債権については、いずれの特定方法例でも、その特定方法は同じとなります。）。

【特定方法例：その１】

アの債権を〔債権通番000001〕として特定する。

イの債権は〔債権通番000002〕、ウの債権は〔債権通番000003〕として特定する。

⇒譲渡対象債権は、以下のとおり特定される。

〔債権通番000001〕

債権の種類コード：A201（「混在型債権」の「売掛債権」）

始期：平成29年10月１日、終期：平成30年１月31日

〔債権通番000002〕

債権の種類コード：0201（「既発生債権」の「売掛債権」）

始期：平成29年10月１日、終期：平成29年10月１日

〔債権通番000003〕

債権の種類コード：C201（「債務者不特定の将来債権」の「売掛債権」）

始期：平成29年12月20日、終期：平成30年12月31日

【特定方法例：その２】

アの債権のうち、「既発生債権」部分を〔債権通番000001〕とし、「将来債権」部分を〔債権通番000002〕として特定する。

イの債権は〔債権通番000003〕、ウの債権は〔債権通番000004〕として特定する。

⇒譲渡対象債権は、以下のとおり特定される。

〔債権通番000001〕

債権の種類コード：0201（「既発生債権」の「売掛債権」）

始期：平成29年10月１日、終期：平成29年12月20日

〔債権通番000002〕

債権の種類コード：B201（「債務者特定の将来債権」の「売掛債権」）

始期：平成29年12月21日、終期：平成30年１月31日

〔債権通番000003〕

債権の種類コード：0201（「既発生債権」の「売掛債権」）

始期：平成29年10月１日、終期：平成29年10月１日

〔債権通番000004〕

債権の種類コード：C201（「債務者不特定の将来債権」の「売掛債権」）

始期：平成29年12月20日、終期：平成30年12月31日

【特定方法例：その３】

アの債権を、１か月単位で発生する債権ごとに、〔債権通番000001〕から〔債権通番000004〕までに分けて特定する。

イの債権は〔債権通番000005〕、ウの債権は〔債権通番000006〕として特定する。

⇒譲渡対象債権は、以下のとおり特定される。

〔債権通番000001〕

債権の種類コード：0201（「既発生債権」の「売掛債権」）

始期：平成29年10月１日、終期：平成29年10月31日

〔債権通番000002〕

債権の種類コード：0201（「既発生債権」の「売掛債権」）

始期：平成29年11月１日、終期：平成29年11月30日

〔債権通番000003〕

債権の種類コード：A201（「混在型債権」の「売掛債権」）

始期：平成29年12月１日、終期：平成29年12月31日

〔債権通番000004〕

債権の種類コード：B201（「債務者特定の将来債権」の「売掛債権」）

始期：平成30年１月１日、終期：平成30年１月31日

〔債権通番000005〕

債権の種類コード：0201（「既発生債権」の「売掛債権」）

始期：平成29年10月１日、終期：平成29年10月１日

〔債権通番000006〕

債権の種類コード：C201（「債務者不特定の将来債権」の「売掛債権」）

始期：平成29年12月20日、終期：平成30年12月31日

債権 Q140 譲渡対象債権を「混在型債権」として特定する場合の留意事項

譲渡対象債権を「混在型債権」として特定しようとする際に、留意すべき事項にはどのようなものがありますか。

A ①債権の発生日が数日に及ぶ譲渡対象債権につき、当該譲渡対象債権の「債権発生年月日_始期」と登記原因年月日が同一日の場合は、「混在型債権」として特定するのではなく、「債務者特定の将来債権」として特定すべきと考えます。②「混在型債権」として特定することが可能な譲渡対象債権のうち既発生債権の部分についての「発生時債権額」及び「譲渡時債権額」を記録する必要があるときは、当該譲渡対象債権を「混在型債権」として特定するのではなく、「既発生債権」と「債務者特定の将来債権」とに分けて特定した上で、「既発生債権」の部分に係る「発生時債権額」と

「譲渡時債権額」を記録するのが相当です。

解説

1　「混在型債権」は、「特定の債務者に対する金銭債権であって、債権譲渡契約又は質権設定契約の締結の際において既に具体的に発生している部分と将来具体的に発生する部分とが存在するものをいう。」と定義されています（記録方式告示第3の2(9)の注2。Q138の【表4－1】参照）。この定義によれば、混在型債権は、債務者が特定している既発生債権と将来債権の両者が含まれ、これらの債権を併せて1個の譲渡対象債権として特定することができることに特徴があるということができます。

2　ところで、混在型債権に係る時間的な条件関係については、「債権発生年月日＿始期」≦「登記原因年月日」≦「債権発生年月日＿終期」という制限事項があります（Q157の解説2(2)②参照。「≦」は、左に記載している事項については、右に記載している事項以前の日を記録しなければならない関係にあることを表しています。）。そして、制限事項がこのように定められていることから、登記事項共通ファイル（COMMON.xml）に記録する「登記原因年月日」と債権個別事項ファイル（CREDIT.xml）に記録する「債権発生年月日＿始期」を同一日とした場合でも、「申請人プログラム」の「データチェック」メニューによりデータチェック（Q48参照）を行った際には、申請データに「異常」がある旨のエラーメッセージは表示されず、登記申請も受理されることになります。

しかしながら、上記1の混在型債権の定義に鑑みれば、「登記原因年月日」と「債権発生年月日＿始期」が同一日である場合は、債務者が特定している既発生債権と将来債権の両者が含まれているとはいえないことから、本来的には混在型債権として特定すべきものではなく、「債務者特定の将来債権」として特定すべきものと考えられます。

3　債権個別事項ファイル中の「発生時債権額」欄及び「譲渡時債権額」欄は、譲渡対象債権が既発生債権の場合にのみ記録することができます（Q151の解説1参照）。したがって、譲渡対象債権を混在型債権として特定した場合は、「発生時債権額」欄及び「譲渡時債権額」欄には記録をすることができません（記録をすると、「申請人プログラム」の「データチェック」

メニューによるデータチェックの際に、「異常」がある旨のエラーメッセージが表示されます。)。

そこで、譲渡対象債権を「混在型債権」として特定しようとする場合において、既発生債権の部分に係る「発生時債権額」及び「譲渡時債権額」を記録する必要があるときは、当該譲渡対象債権を「混在型債権」として特定するのではなく、「既発生債権」と「債務者特定の将来債権」とに分けて記録した上で（譲渡対象債権のうち、「債権発生年月日_始期」が登記原因年月日の翌日以降となる部分を「債務者特定の将来債権」として特定し、それ以外の部分を「既発生債権」として特定する。)、「既発生債権」の部分に係る「発生時債権額」欄及び「譲渡時債権額」欄に各該当額を記録することが相当と考えられます。

債権 Q141 債権個別事項において「有益事項」として記録することができる事項

債権個別事項ファイル（CREDIT.xml）の「備考」欄に「有益事項」として記録することができる事項は、どのようなものでしょうか。

A 「有益事項」とは、①譲渡に係る債権又は質権の目的とされた債権に係る弁済期の定め、②当該債権に係る契約年月日、③当該債権の管理番号、④当該債権に係る外貨建債権の表示、⑤原債権者及び債務者の「取扱店」のほか、⑥①〜⑤以外の事項であって、「譲渡に係る債権又は質権の目的とされた債権を特定するために有益」な事項のことをいいます。

このうち、債権個別事項ファイルの「備考」欄に「有益事項」として記録することができる事項は⑥に該当しますが、この事項は、それを記録することにより譲渡に係る債権若しくは質権の目的とされた債権の特定を更に明確にし、又は特定の範囲を更に限定するものである必要があると考えます。

1　債権譲渡登記等における申請データに記録すべき事項は登記令7条3項

並びに登記規則９条１項及び12条１項に掲げられています。これらに加えて、登記規則12条２項は、任意的な記録事項として、債権個別事項ファイルに「譲渡に係る債権又は質権の目的とされた債権の弁済期その他の当該債権を特定するために有益」な事項を記録することを認めています。このような事項のことを、「有益事項」と称しています。

この「有益事項」については、登記規則12条２項において、①「（譲渡に係る債権又は質権の目的とされた債権に係る）弁済期」が明記されている（記録方式告示第３の２⑸の項番26においても「弁済期の定め」として定められています。）ほか、記録方式告示において、②「（当該債権に係る）契約年月日」（同告示第３の２⑸の項番８）、③「（当該）債権の管理番号」（同告示第３の２⑸の項番27）（注１）、④「（当該債権が外貨建債権である場合における）外貨建債権の表示」（同告示第３の２⑸の項番28）、⑤（当該債権に係る）原債権者及び債務者の「取扱店」（同告示第３の２⑹の項番９及び⑺の項番９。この⑤は、①ないし④及び⑥と異なり、原債権者ファイル（GS.xml）及び債務者ファイル（SM.xml）に記録されます。）のほか、⑥「（他の項目で記録すべき事項以外の事項であって、当該）債権を特定するために有益なもの」が定められています（同告示第３の２⑸の項番20及び注15）（注２）（Ｑ176の【表７】も参照してください。）。

2　このような「有益事項」を記録することが認められた趣旨は、債権譲渡登記等の当事者としては、個々の譲渡等に係る債権（譲渡対象債権）を特定するための事項として登記令７条３項及び登記規則12条１項で要求されている以上に詳細な事項を債権譲渡登記ファイルに記録したいと考える場合があり得ることから、そのような当事者の便宜のために有益事項が用意されたものであり、併せて、個々の譲渡対象債権の特定をより明確にすることにより、債権譲渡登記等において譲渡対象債権が十分に特定されたかどうかをめぐる紛争を未然に防止することが期待されることによります（Q&A 特例法91頁）。

したがって、「有益事項」として記録することができる事項は、それを記録することにより、譲渡対象債権の特定を更に明確にし、又は特定の範囲を更に限定することができるものである必要があり、当事者が記録することを望めばいかなる情報でも「有益事項」として記録することができるとはいえないものと解されます。

3　このような「有益事項」のうち、債権個別事項ファイルの「備考」欄に記録することができるもの（上記のうち⑥に該当するもの）の例としては、原債権者や債務者の表示の変更等に関する事項（Q143、Q147参照）、債権の一部を譲渡する場合の譲渡金額（Q152）、譲渡対象債権が債務者不特定の将来債権の場合に、特定の債務者に対する債権を除いて譲渡を受ける旨を明らかにする事項（Q161）などがあります。

他方、動産譲渡登記における有益事項（Q126参照）の場合と同様に、例えば、譲渡対象債権の譲受人が複数の場合にそれぞれの譲受人が当該債権に対して有することとなる持分の割合は、譲受人間の内部的権利関係を表す情報にすぎず、このような情報は第三者に対する対抗要件としての効力を有するものとは考えられません。そして、これを記録したとしても、対外関係においては、譲渡対象債権の特定を更に明確にし、又は特定の範囲を更に限定することにはつながらないことから、「有益事項」には当たらないものと考えられます。

また、例えば、「債権の種類（コード）」として「その他の報酬債権」を選択し、「債権発生原因」を「木材加工品製作契約に基づく報酬債権」と記録した上で、債権個別事項ファイルの「備考」欄に「その他債務者が行った一切の業務にて発生した報酬債権を含む。」という記録をした場合に、この「備考」欄の記録が「有益事項」に当たるかどうかについては、これを記録したとしても、譲渡に係る債権の特定を更に明確にし、又は特定の範囲を更に限定することにはつながらず、かえって、譲渡に係る債権の特定の範囲を拡張あるいは不明確にするものですから、「有益事項」には当たらないものと考えられます。

（注１）「債権の管理番号」の利用例としては、債権譲渡登記の対象となっている債権が、更に譲渡され、別の債権譲渡登記の対象となることが想定される場合に、それぞれの債権譲渡登記における譲渡対象債権に管理番号を記録することにより、譲渡対象債権同士の関連性を分かりやすくすることが考えられます。例えば、譲渡人をＡ（クレジット会社）、譲受人をＢ（サービサー）として多数の債権が一括譲渡され、それらの譲渡につき債権譲渡登記をする際に、それらの債権が更にＢからＣ（別のサービサー）に譲渡され、それらの譲渡につき別途の債権譲渡登記がされることが想定されるようなときに、ＡＢ間の債権譲渡登記において、ある譲渡対象債権に「1000」と管理番号を付した上で登記し、当該譲渡対象債

権がＢＣ間の債権譲渡登記においても譲渡対象債権として登記されるときに、当該譲渡対象債権につき管理番号を「1000－１」と付して登記することにより、ＡＢ間の譲渡対象債権「1000」とＢＣ間の譲渡対象債権「1000－１」の関連性を分かりやすくする（管理番号を照合することにより、両者が同一債権であることを把握しやすくする）などの使用方法が考えられます。

（注２）　この点、動産譲渡登記においては、有益事項は全て動産個別事項ファイル（MOVABLES.xml）の「備考」欄に記録することにされているのとは異なっています。また、債権個別事項ファイルに記録された有益事項は、債権の管理番号を除き、「個別事項証明」形式の登記事項証明書には記載されますが、「一括証明」形式の登記事項証明書には記載されません。この点、動産個別事項ファイルに記録された有益事項は、「個別事項証明」形式か「一括証明」形式かを問わず記載されるのとは異なっています（Q177の解説１(2)参照）。

なお、上記のとおり、債権個別事項ファイルに記録された有益事項は、「債権の管理番号」を除き、「一括証明」形式の登記事項証明書に記載されないことから、有益事項であって債権の発生原因に関する事項としても捉えることができるもの（債権の種類が不動産賃料債権である場合における目的不動産の所在など）については、「一括証明」形式の登記事項証明書にも記載されるようにするために、債権の発生原因たる契約の名称等とともに、債権個別事項ファイルの「債権発生原因」欄に記録しておくことも考えられます。

債権 Q142 「原債権者」の定義及びこれを記録する理由

原債権者ファイル（GS.xml）に記録する「原債権者」とは、どのような者のことをいうのでしょうか。また、「原債権者」を記録することとされている理由は、どのような点にあるのでしょうか。

A 原債権者ファイルに記録する「原債権者」とは、譲渡対象債権が発生した時点における当該譲渡対象債権の債権者のことをいいます。また、「原債権者」を記録することとされている理由は、債権発生時の債権者（原債権者）は債権を特定するための重要な要素であり、これを公示することが債権譲渡登記制度の利用者の便宜に資することによるものと考えられます。

1　原債権者ファイルに記録する「原債権者」とは、譲渡対象債権が発生した時点における当該譲渡対象債権の債権者のことをいいます。

債権譲渡登記を申請する際に原債権者ファイルに「原債権者」を記録することとされたのは、以下のことが考慮されたものと思われます。

すなわち、債権譲渡は債権の同一性を変えることなく帰属主体を変更するものであり、例えば、Yが、ＸＺ間の消費貸借契約に基づくＸのＺに対する貸金債権を買い受けたと主張して、Ｚに対し貸金の返還を請求する場合には、Ｙ主張の請求権の実体法上の性質はＸＺ間の消費貸借契約に基づく貸金返還請求権であり、Ｙはその帰属主体であるにすぎません（司法研修所編『改訂紛争類型別の要件事実』124頁）。

このことからすると、債権発生時の債権者（原債権者）は、債権を特定するための重要な要素であると位置付けることができ、債権譲渡登記の内容としてこれを公示することが債権譲渡登記制度の利用者の便宜に資する（特に譲渡対象債権が転譲渡されたような場合は、原債権者の記録があることにより、当初の譲渡対象債権と転譲渡された譲渡対象債権との同一性を判断するのに資するものと考えられます。）ことから、債権譲渡登記の登記事項とされたものと考えられます。

2　原債権者ファイルに記録する「原債権者」の定義については上記１のとおりですが、債権譲渡登記手続の実務においては、以下のように、この「原債権者」の定義を誤って理解してしまったことによると思われる事例が見られますので、注意してください。

⑴　例えば、①Ｂを債権者、Ａを債務者とする債権譲渡担保契約が締結され、②ＢがＡから、Ａを債権者、Ｃを債務者として発生した売掛債権を担保として譲り受けた上で、③Ａを譲渡人、Ｂを譲受人、登記原因を「譲渡担保」とする債権譲渡登記を申請する場合（【図５】を参照）、本来は「原債権者」としてＡを記録すべきですが、誤って「原債権者」としてＢを記録してしまう例が見られます。これは、登記原因である債権譲渡担保契約においては、譲受人たる譲渡担保権者（本件で言えばＢ）は「債権者」に当たるので、Ｂが「原債権者」に当たると誤解してしまったことによるものと思われます。

⑵　発生してから債権者に変更を生じていない債権を譲渡対象債権として債権譲渡登記をする場合は、原債権者と譲渡人が一致することとなります。他方、既に発生した債権がある者に譲渡され、その者から更に当該債権の譲渡を受けた上で債権譲渡登記をする場合などは、原債権者と譲渡人が一致しないことがあり得ます。

例えば、①Ｐを債権者、Ｓを債務者として発生した貸付債権をＱがＰから買い受け、②更にその後当該貸付債権をＲがＱから買い受けた上で、③Ｑを譲渡人、Ｒを譲受人、譲渡対象債権を当該貸付債権とし、登記原因を「売買」とする債権譲渡登記を申請する場合（【図６】を参照）、「原債権者」はＰとなります。

しかしながら、この場合に、「原債権者」としてＰを記録せず、誤って「原債権者」としてＱやＲを記録してしまう例が見られます。これは、譲渡対象債権の「前債権者」（Ｑ）が「原債権者」に当たると誤解してしまったり、「現債権者」（Ｒ）が「原債権者」に当たると誤解してしまったことによるものと思われます。

【図5】 事案の概略

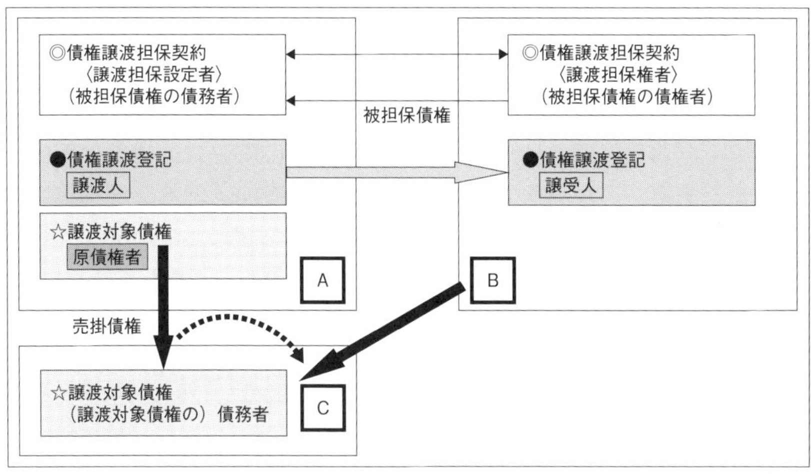

【図6】 事案の概略

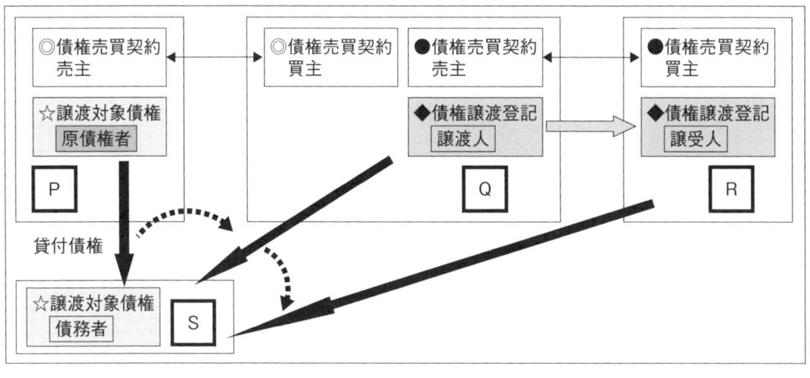

第5章 債権 Q 142

債権 Q143 債権譲渡契約の締結後に原債権者である法人が商号変更や本店移転をしている場合の原債権者ファイルの記録方法

譲渡人と譲受人間の債権譲渡契約の締結後に譲渡対象債権の原債権者である法人が商号変更や本店移転をしている場合、債権譲渡登記の申請を行うに当たり、原債権者ファイル（GS.xml）には、原債権者の商号や本店はどのように記録すればよいのですか。

原債権者の商号や本店として、譲渡対象債権の発生の時における商号や本店を記録することとなります。

1　原債権者ファイルには、債権の発生の時における債権者の数、氏名及び住所（法人にあっては、氏名及び住所に代え、商号又は名称及び本店等）を記録することとされている（登記規則９条１項２号・３号）ことから、原債権者の商号及び本店としては、譲渡対象債権の発生の時における商号及び本店を記載することとなります。

この場合、譲渡対象債権の内容を確認するための資料としては、契約書、債務者に対する請求書の控え等が考えられるところですが、これらの資料には、当然ながら、譲渡対象債権の発生の時における商号及び本店が記載されているでしょうから、原債権者の表示も、それらの資料を参考にして記録することとなるのが通常と考えられます。

2　なお、譲渡対象債権の原債権者である法人が債権譲渡契約の締結後に商号変更や本店移転をしている場合において、譲渡対象債権の原債権者と債権譲渡登記の譲渡人が同一の法人であるときは、譲渡人としての表記については、添付書面である代表者の資格を証する書面及び代表者の印鑑証明書（いずれも作成後３か月以内のもの）の表記と一致しなければならないので、商号変更後の商号及び本店移転後の本店を登記申請書等に記載し、かつ、譲渡人ファイル（JT.xml）に記録することに注意する必要があります。

その際、原債権者と譲渡人の同一性を明らかにするために、債権個別事項ファイル（CREDIT.xml）の「備考」欄に、「有益事項」として、原債権者と譲渡人が同一法人である旨を記録した上で登記申請をする方法を採ることが考えられます。

債権

Q144 原債権者ファイル又は債務者ファイルの「識別コード」として「0153」（登記されている登録免許税が免除される法人）及び「0201」（登記されていない日本に本店のある法人）を記録する法人の例

譲渡登記の申請の際に提出する申請データにつき、原債権者ファイル（GS.xml）又は債務者ファイル（SM.xml）の「識別コード」として「0153」（登記されている登録免許税が免除される法人）を記録する法人には、どのようなものがありますか。また、識別コードとして「0201」（登記されていない日本に本店のある法人）を記録する法人には、どのようなものがありますか。

本問については、Q79を参照してください。

債権

Q145 譲渡対象債権の債務者が屋号や通称名を用いている場合における債務者ファイルへの記録方法

債権譲渡登記を申請するに当たり、譲渡対象債権の債務者が屋号や通称名を用いている場合、債務者ファイル（SM.xml）中の「商号等」欄には、その屋号や通称名を記録すべきでしょうか。それとも、当該債務者の本来の氏名を記録すべきでしょうか。

A 債務者ファイル中の「商号等」欄には、債務者の本来の氏名を記録することが相当と考えます。もっとも、屋号や通称名については、債務者ファイル中の「商号等」欄に、債務者の氏名と併記して記録することはできるものと考えられます。

解説

1　債務者ファイル中の「商号等」欄に記録する事項は、譲渡対象債権の義務主体を特定するための主要な要素です。

ところで、債務者をその屋号や通称名によって特定しようとする場合、債務者の本来の氏名とその屋号や通称名との同一性を証明する公的な証明書が存在しない例が多いものと想定されます。

そうすると、債務者の本来の氏名とその屋号や通称名との同一性が問題とされた場合に、公的な証明書によってはその同一性を立証できず、公的な証明書以外の資料（これらの資料は、一般的に、公的な証明書よりも証明力が低いものと思われます。）によってもその同一性を立証できないときは、債務者を特定するための主要な要素の特定を欠くとして、譲渡対象債権が特定されているとはいえないのではないかということが問題になる可能性があり、債権譲渡登記の有効性にも影響を及ぼすことが考えられます。

また、債権譲渡登記の譲渡対象債権の債務者は、当該債権譲渡登記の利害関係人として登記事項証明書の交付を請求することができます（特例法11条2項3号）が、その請求の際には、登記事項証明書交付申請書の添付書面として、当該債務者に係る市町村長が作成した印鑑証明書（当該債務者が法人の場合は、商業登記所が作成した印鑑証明書）及び当該債務者が法人の場合は、当該法人の代表者に係る資格証明書を添付する必要があります（登記令16条4項1号、登記規則22条1項1号。Q211参照）。

しかしながら、債務者ファイル中の「商号等」欄に債務者の屋号や通称名を記録して債権譲渡登記がされてしまうと、実体的には当該債務者ファイルに記録されている債務者に当たる者が登記事項証明書の交付請求をした際に、当該債務者ファイルの記録内容と登記事項証明書交付請求書に係る添付書面の記載内容が一致せず、その同一性を公的な証明書その他の資料によっても立証することができないことがあり得ます。そのような場合、登記官において、登記事項証明書の交付請求者と当該交付請求に係る債務者ファイルに記録されている債務者との同一性が確認できないと判断せざるを得ないことにより、登記事項証明書の交付をすることができない場合も生じ得ることとなり、債務者に不利益が及ぶ可能性があります。

このように、債務者ファイル中の「商号等」欄に債務者の屋号や通称名を記録してしまうと上記のような問題が生じ得ることから、債務者ファイル中の「商号等」欄には、債務者の本来の氏名を記録することが相当と考えられます。

2　もっとも、債務者ファイル中の「商号等」欄に本来の債務者の氏名を記録した上で、債務者の屋号や通称名を併記することはできるものと考えられます。

具体的には、例えば、債務者の本来の氏名が「野方一郎」、屋号が「ABC 企画」である場合、債務者ファイル中の「商号等」欄に、「ABC 企画こと野方一郎」あるいは「野方一郎（ABC 企画)」のように記録することができるものと考えられます（注１）（注２）。

（注１）　なお、債権個別事項ファイル（CREDIT.xml）中の「備考」欄には「他の項目で記録すべき事項以外の事項であって、債権を特定するために有益なもの」（有益事項）を記録することができる（記録方式告示第３の２⑸の注15）ところ、譲渡対象債権の当事者である債務者を特定する事項は有益事項に当たると解されますが、屋号や通称名に係る事務所等の所在地が債務者の住所とは異なるときは、その事務所等の所在地は債務者を特定するために有益な事項に当たるといえることから、債権個別事項ファイル（CREDIT.xml）の「備考」欄に記録することができるものと考えます。

例えば、①債務者ファイル中の「商号等」欄に「ABC 企画こと野方一郎」、「所在」欄に「東京都中野区野方一丁目１番１号」と記録した上で、②債権個別事項ファイルの「備考」欄に「ABC 企画の事務所の所在地：東京都杉並区高円寺北一丁目１番１号」と記録することができます。

（注２）　なお、債務者ファイル中の「商号等」欄に債務者の氏名を記録した上で、債務者の屋号や通称名を、有益事項として、債権個別事項ファイル（CREDIT.xml）中の「備考」欄に記録する方法によることも考えられます。

例えば、債務者の本来の氏名が「野方一郎」、屋号が「ABC 企画」である場合、債務者ファイル中の「商号等」欄に「野方一郎」と記録した上で、債権個別事項ファイルの「備考」欄に「債務者野方一郎の屋号：ABC 企画」のように記録する方法によることも考えられます。

債権 Q146 譲渡対象債権が連帯債務である場合における債務者ファイルの記録方法

債権譲渡登記における譲渡対象債権が連帯債務であり、その全額が同一の譲受人に譲渡された場合、債務者ファイル（SM.xml）中の「商号等」欄や「所在」欄に記録する債務者については、同一の「商号等」欄や「所在」欄に列挙して記録すればよいでしょうか。

A 同一の「商号等」欄や「所在」欄に列挙して記録するのではなく、個々の債務者に対応する「商号等」欄や「所在」欄等を作成した上で、記録します。

解説

1　連帯債務とは、数人の債務者が同じ内容の給付について各自が独立して全部の給付を負担し、その中の１人が履行をすると他の債務者は義務を免れるという関係にある債務をいいます（川井健『民法概論３（債権総論）〔第２版補訂版〕』180頁）。

債権譲渡登記の譲渡対象債権が連帯債務であり、その全額が同一の譲受人に譲渡された場合、当該債権には債務者が複数存在しますが、当該債務者は、同じ内容の給付について各自が独立して全部の給付を負担する、つまり、同じ債権についてその債権額全額について義務を負担するという関係にあります。そこで、まず、譲渡対象債権の数に応じた債権個別事項ファイル（CREDIT.xml）を作成し、次いで、同じ債権につき各自が独立してその債権額全額について義務を負担する債務者が複数存在することを表すために、各譲渡対象債権に係る債務者ファイル（SM.xml）の「債権通番」欄に、債権個別ファイルに記録した債権通番と同一の債権通番を記録し、その債務者ファイルにおいて、債務者の数に対応したデータを作成することとなります。つまり、債務者ファイルには、同一の「商号等」欄や「所在」欄等に複数の債務者に係る事項を列挙するのではなく、「債務者の数」欄に連帯債務者の数を記録した上で、連帯債務者ごとに「商号等」欄や「所在」欄を作成することとなります(注)。

具体的には、以下の**【記録例3】**のとおり記録します。

2　なお、債権譲渡登記の譲渡対象債権が連帯債務であることについては、債務者同士の義務負担の割合を表す事項にすぎず、譲渡対象債権そのものを特定するために有益な事項には当たらないので（Q141参照）、債権個別事項ファイルの「備考」欄に記録する必要はありません。

（注）　債務者ファイルへの記録事項につき、記録方式告示第3の2(6)の注6は、「債務者が複数である場合には、各債務者ごとに、項番5から12までの事項（注:「識別コード」、「商号等」、「フリガナ」、「取扱店」、「所在」及び「会社法人等番号」のこと）を記録しなければならない。」と規定しています。

【記録例3】

◎譲渡対象債権の内容

債権太郎と債権花子（両債務者の所在：東京都中野区野方一丁目1番1号）が連帯債務者である、既発生の住宅ローン債権（債権の種類コード：0101）1個

原債権者との契約締結日（債権個別事項ファイルにいう「契約年月日」）平成30年4月18日

発生時債権額　3000万円

譲渡時債権額　2750万円

債権の始期及び終期　平成30年4月18日

【債権個別事項ファイル（CREDIT.xml）】

```
<債権個別事項>
    <債権個数>1</債権個数>
    <債権総額>27500000</債権総額>
    <被担保債権額></被担保債権額>
    <債権個別>
        <債権通番>000001</債権通番>
        <債権の種類コード>0101</債権の種類コード>
        <契約年月日>
            <元号コード>02</元号コード>
```

<年>30</年>
<月>04</月>
<日>18</日>
</契約年月日>
<債権発生年月日_始期>
<元号コード>02</元号コード>
<年>30</年>
<月>04</月>
<日>18</日>
</債権発生年月日_始期>
<債権発生年月日_終期>
<元号コード>02</元号コード>
<年>30</年>
<月>04</月>
<日>18</日>
</債権発生年月日_終期>
<債権発生原因></債権発生原因>
<発生時債権額>30000000</発生時債権額>
<譲渡時債権額>27500000</譲渡時債権額>
<弁済期の定め></弁済期の定め>
<債権の管理番号></債権の管理番号>
<外貨建債権の表示></外貨建債権の表示>
<備考></備考>
<予備></予備>
</債権個別>
</債権個別事項>

【債務者ファイル（SM.xml）】（注：グレー網掛け部分は、債務者が複数の場合に、該当する債務者の分を追加して作成する。）

<債務者情報>
<債権情報>
<債権通番>000001</債権通番>

```
    <債務者の数>2</債務者の数>
    <債務者>
      <識別コード>0203</識別コード>
      <商号等>債権太郎</商号等>
      <フリガナ>サイケンタロウ</フリガナ>
      <取扱店></取扱店>
      <所在>東京都中野区野方一丁目１番１号</所在>
      <会社法人等番号></会社法人等番号>
      <予備></予備>
    </債務者>
    <債務者>
      <識別コード>0203</識別コード>
      <商号等>債権花子</商号等>
      <フリガナ>サイケンハナコ</フリガナ>
      <取扱店></取扱店>
      <所在>東京都中野区野方一丁目１番１号</所在>
      <会社法人等番号></会社法人等番号>
      <予備></予備>
    </債務者>
  </債権情報>
</債務者情報>
```

Q147 債権譲渡契約の締結後に譲渡対象債権の債務者に住所変更が生じた場合の記録方法

譲渡人と譲受人間の債権譲渡契約の締結後に譲渡対象債権の債務者に住所変更が生じた場合、債権譲渡登記の申請を行うに当たり、当該債務者の住所はどのように記録すればよいのでしょうか。

A 登記申請時の債務者の住所（変更後の住所）を記録すべきものと考えられます。

解説

1　債権譲渡登記に係る譲渡対象債権につき債務者対抗要件を具備するためには、譲渡対象債権の債務者に対し、特例法4条2項に基づく登記事項証明書の交付・通知を行うこととなります。その場合、当該交付・通知を受けた債務者は、当該登記事項証明書に記載された債務者の表示に基づき、自分が債務者に当たるかどうかを確認することとなります（Q194参照）。このことを考慮すると、登記事項証明書に記載される債務者に関する情報については、できるだけ新しい情報に基づくことが望ましいと考えられます。

したがって、債権譲渡契約の締結後に譲渡対象債権の債務者に住所変更が生じた場合は、債権譲渡登記の申請時における債務者の住所である変更後の住所を記録すべきものと考えられます。

2　この場合、登記事項証明書に記載される債務者の住所が譲渡対象債権の発生時の債務者の住所と異なることから、債務者の同一性が問題になり得ることもあり得ます。

この点、債務者の同一性を明らかにする事項は、譲渡対象債権の特定を更に明確にするために有益であるといえることから（Q141参照）、債権個別事項ファイル（CREDIT.xml）の「備考」欄に、「有益事項」として、「譲渡対象債権の発生時における債務者の住所：○県○市○町○丁目○番地」

のように変更前の住所を記録した上で登記申請をすることが考えられます。

債権

Q148 譲渡対象債権の発生時の債務者が債権譲渡登記の申請の前に死亡した場合における債務者ファイルへの記録方法

①譲渡対象債権の発生時の債務者である「法務太郎」が債権譲渡登記の申請の前に死亡し、その債務については「法務一郎」が相続しました。この場合、債務者ファイル（SM.xml）に債務者をどのように記録して債権譲渡登記を申請すればよいでしょうか。
また、②上記の場合において、相続人が判明しないときは、債務者ファイルに債務者をどのように記録して債権譲渡登記を申請すればよいでしょうか。

①の場合には、債務者ファイルに債務者を「法務一郎」と記録して債権譲渡登記の申請をすることとなります。
②の場合には、譲渡対象債権に係る債務者の相続人が判明しない以上、債務者ファイルに当該譲渡対象債権の発生時の債務者を記録した上で債権譲渡登記を申請するほかないものと考えられます。

1　譲渡対象債権の発生時の債務者が債権譲渡登記の申請の前に死亡した場合において、当該債務者の相続人が判明しているときは、債務者ファイルにはその相続人を記録して債権譲渡登記を申請することになると考えられます。

例えば、譲渡対象債権の発生時の債務者である「法務太郎」が債権譲渡登記の申請の前に死亡した場合において、その債務について「法務一郎」が相続したときは、債務者ファイルの「債務者」には「法務一郎」と記録して債権譲渡登記の申請をすることになります。

この場合、第三者において当該債権に係る契約の同一性を容易に判断できるようにするため、債権個別事項ファイル（CREDIT.xml）の「債権発生原因」欄に「平成○年○月○日付けで（亡）法務太郎と締結した○○契約」のように、被相続人に関する事項を組み込んだ上で記録することが考えられます。

2　他方、譲渡対象債権の発生時の債務者が債権譲渡登記の申請の前に死亡した場合において、当該債務者の相続人が判明しないときは、債務者ファイルに当該譲渡対象債権の発生時の債務者を記録した上で債権譲渡登記を申請するほかないものと考えられます。

3　なお、上記2のように債務者ファイルに譲渡対象債権の発生時の債務者を記録した上で債権譲渡登記を申請した場合において、当該債権譲渡登記の完了後に、当該債務者の相続人が判明したり、当該譲渡対象債権に係る相続財産管理人が選任されるといったような事態が生じたとしても、その登記事項について変更登記や更正登記をすることはできません（Q53参照）。

もっとも、そのような事態が発生したような場合は、当該債権譲渡登記に係る譲受人は、別途、例えば債務者ファイルに記録されている債務者とその後に判明した相続人との相続関係を立証すること等により、当該債権譲渡登記の対抗力を主張することができるものと考えられます。

債権 Q149 過誤により譲渡対象債権における原債権者と債務者とを取り違えて記録した債権譲渡登記の効力

債権譲渡登記を申請するに当たり、誤って、譲渡対象債権の原債権者と債務者とを取り違えて債権譲渡登記をしてしまいました。このような債権譲渡登記であっても、他の登記事項と照らし合わせてみれば原債権者と債務者とを取り違えて登記をしてしまったことは明らかであると思われることからすれば、効力を有するものと考えられますか。

 効力を有しないものと考えられます。

解説

本問のような事例において参考となる裁判例として、東京地判平18・3・1金融法務事情1783号46頁があります。

この事案は、Xが訴外A、B、C及びD（以下「Aら」と総称する。）に対して有していた各売掛代金債権（以下「本件各売掛債権」という。）につき、譲渡人をX、譲受人をYとする債権譲渡登記（以下「本件各債権譲渡登記」という。）をしたが、本件各債権譲渡登記の債権個別事項欄において、本来「原債権者X、債務者A」のように記録すべきところ、過誤により「原債権者A、債務者X」のように原債権者と債務者とを取り違えて記録してしまい、その後、YがAらから本件各売掛債権の支払を受けたところ、Xの破産管財人が、原債権の表示を取り違えた本件各債権譲渡登記によっては本件各売掛債権の譲渡が公示されているとはいえないとして、Yに対して、Aらからの弁済金につき不当利得として返還を求めた事案です。

本事案においては、本件各債権譲渡登記の対抗力が争点になりましたが、本判決は、原債権者及び債務者の氏名の記録は譲渡対象債権の特定のために不可欠かつ本質的な情報であることに照らせば、譲渡対象債権の当事者が誰であるかについては登記の記録自体から客観的に判断するほかはないところ、本件各債権譲渡登記が公示している譲渡対象債権は、Aらを原債権者、Xを債務者とする債権であると解するほかはない旨判示して、本件各債権譲渡登記の対抗力を否定しました（なお、控訴審である東京高判平18・6・28（金融法務事情1783号44頁）も、原審の判断を維持しました。）（注1）。

本判決のような考え方によれば、本問のように、過誤により譲渡対象債権の原債権者と債務者とを取り違えて記録をしてしまった債権譲渡登記については、効力を有しないものと考えられます（注2）。

（注1） 本判決（原審）の判示内容は、債権譲渡登記における登記事項の位置付けや解釈方法などについても言及しているところ、これを理解しておくことは債権譲渡登記実務において有用と考えられますので、以下に当該判示部分の原文を紹介しておきます。「そもそも、同法（注：特例法の

第5章 債権 Q149

こと）が譲渡債権の特定に関する事項を登記事項とする趣旨は、登記の記載によって譲渡される債権の範囲を明確にし、以後債権を譲り受けようとする者に対し、その債権が既に他者に譲渡されているか否かにつき的確な情報を与え、取引の安全を保護するという点にあるところ、原債権者及び債務者の氏名は、譲渡債権の特定という点に関して、正に不可欠かつ本質的な情報というべきである。そして、債権譲渡登記において原債権者及び債務者の氏名の記録がそのような重要な意味を有する以上、これらの事項について、登記外の事情を考慮、加味してその意味内容を判断する余地はないというべきであって、登記の記録自体から客観的に判断される範囲、限度で、その対抗力が認められるとするのが同法の趣旨に適うと解される。このような観点からすると、本件各債権譲渡登記についてもその記録自体から客観的に意味内容を判断するほかはなく、それは、Ａらを原債権者、Ｘを債務者とする債権を譲渡債権として公示したと解するほかはない。この点、Ｙは、本件各債権譲渡登記の登記事項証明書の概要事項には譲渡人としてＸ、譲受人としてＹが記載されており、これと上記債権個別事項欄の記載を照合すれば、債権個別事項の記録が一見して不合理であり、原債権者と債務者とを取り違えた誤記であることは明らかであると主張するが、前記のとおり、登記外の事情を考慮、加味して判断することは許されないというべきであるから、これを採用することはできない。」

（注２） 本問に類似する例として、「原債権者」として債権譲渡登記の譲受人、「債務者」として債権譲渡登記の譲渡人を記録してしまう例も見られます（Q142参照）。その理由については、譲渡対象債権の債権者・債務者と、債権の譲渡の原因たる契約（債権譲渡担保契約等）の債権者・債務者とを取り違えてしまい、「原債権者」として、譲渡対象債権の債権者（＝債権譲渡登記の譲渡人）ではなく、債権譲渡担保契約等の債権者（＝債権譲渡登記の譲受人。典型例として、銀行等の金融機関）を記録し、また、「債務者」として、譲渡対象債権の債務者ではなく、債権譲渡担保契約等の債務者（＝債権譲渡登記の譲渡人。譲受人である銀行等の金融機関から融資を受ける者）を記録してしまうことによるものと想定されます。

債権

Q150　「債権の総額」の意味及びこれを記録する理由

債権個別事項ファイル（CREDIT.xml）中の記録事項である「債権の総額」とは、何を表すのでしょうか。また、「債権の総額」が登記事項とされている理由はどのような点にあるのでしょうか。

A　「債権の総額」とは、「既発生債権である各譲渡対象債権の譲渡時債権額の総額」を表します。また、「債権の総額」が登記事項とされている趣旨は、それが譲渡人と譲受人との間の債権譲渡行為を特定するための事項の１つであり、また、譲渡対象債権の合計額についての情報を提供する意義があることによります。

解説

1　債権個別事項ファイル中の「債権総額」欄（登記事項証明書及び登記事項概要証明書においては、「債権の総額」と記載されます。）に記録する事項については、「譲渡に係る債権又は質権の目的とされた債権の全てが…債務者特定の既発生債権である場合…には、譲渡時又は質権設定時における債権の合計額を記録しなければならず、かつ、この金額は、譲渡時債権額の合計額と一致しなければならない。それ以外の場合には、記録してはならない。」と定義されています（記録方式告示第３の２(5)の注２）(注１)。

「債権総額」の定義は上記のとおりですから、「債権の総額」とは、「既発生債権である各譲渡対象債権の譲渡時債権額の総額」ということになります。また、上記の定義によれば、各譲渡対象債権の中に１つでも既発生債権以外の債権が含まれる場合（１つでも将来債権が含まれる場合）には、「債権の総額」を記録することはできないことになります。

なお、上記の「債権総額」の定義によれば、「債権総額」は譲渡人と譲受人間で締結した債権譲渡担保契約に係る被担保債権の額を表すものではありません。このことは、質権設定登記においては、「債権総額」とは別に、「被担保債権額」が登記事項とされている（特例法14条１項中の読替規定、記録方式告示第3の2(5)の注3）ことからも明らかです。

2　譲渡対象債権の全てが既発生債権である場合の債権譲渡登記につき「債権の総額」が登記事項とされているのは、それが譲渡人と譲受人との間の債権譲渡行為を特定するための事項の1つであり（Q&A 特例法80頁）、また、譲渡対象債権の合計額についての情報を提供する意義があると考えられたことによります（座談会（下）103頁〔植垣勝裕発言〕、一問一答95頁）（注2）（注3）。

3　なお、「債権の総額」には担保される債権額の限度を画する効力があるとの見解もあるようです（森井英雄ほか『債権譲渡特例法の実務〔新訂第2版〕』149頁以下）が、立法趣旨とは異なるとの説明がされています（座談会（下）103頁〔植垣勝裕発言〕）。

（注1）「債権の総額」を登記事項とする特例法上の根拠は、特例法8条2項3号です。同号は、債権譲渡登記ファイルへの記録事項として、「譲渡に係る債権（既に発生した債権のみを譲渡する場合に限る。第10条第3項第3号において同じ。）の総額」と定めています。なお、「第10条第3項第3号において同じ。」というのは、一部抹消登記がされた後においては、一部抹消登記後の「債権の総額」を登記事項とするということを意味します。

（注2）債権個別事項ファイルの記録事項は、原則として、登記事項証明書の「債権個別事項」（2枚目）に記載され、誰でも交付を請求することができる登記事項概要証明書には記載されません（特例法11条1項参照）。しかしながら、例外として、「債権総額」及び「被担保債権額」（質権設定登記の場合のみ）は、登記事項証明書の「概要事項」（1枚目）に記載され、登記事項概要証明書にも記載されます。

（注3）現在の特例法8条2項3号は「債権譲渡の対抗要件に関する民法の特例等に関する法律の一部を改正する法律」（平成16年法律第148号。平成17年10月3日施行）により改正されていますが、現行の特例法8条2項3号に当たる改正前の特例法5条1項5号の規定は、単に「譲渡に係る債権の総額」とされており、譲渡対象債権が既発生債権であるか将来債権であるかを問わず、譲渡対象債権の総額を登記事項としていました。

しかしながら、将来債権については、その総額は見積額とならざるを得ず、見積額と実際に発生する債権額との間に食い違いが生じるのが一般です。そのため、譲渡対象債権に将来債権が含まれる場合に「譲渡に係る債権の総額」を登記事項としても、その総額について正確な情報が提供されることとはならず、かえって利害関係人を混乱させるおそれがあります。そこで、現行の特例法8条2項3号では、「譲渡に係る債権の総額」につき正確な情報を提供することができる場合、すなわち譲渡対象債権の全てが既発生の債権である場合に限って、その総額を登記事項とすることとされました（座談会（下）103頁〔植垣勝裕発言〕、一問一答95頁）。

債権 Q151 「発生時債権額」と「譲渡時債権額」を記録することとしている理由

譲渡対象債権が既発生債権である場合において、「発生時債権額」と「譲渡時債権額」とをそれぞれ記録することとしている理由はどのような点にあるのでしょうか。

A 「発生時債権額」のほか「譲渡時債権額」をも記録することにより、譲渡対象債権の特定を容易にし、債権譲渡登記制度の利用者の便宜を図ろうとすることにあるものと解されます。

解説

1　債権譲渡登記ファイルへの記録事項につき、「譲渡に係る債権を特定するために必要な事項で法務省令で定めるもの」（特例法８条２項４号）として、登記規則９条１項６号は、「債権の発生の時及び譲渡又は質権設定の時における債権額（既に発生した債権のみを譲渡し、又は目的として質権を設定する場合に限る。）」を定めています。

このように、譲渡対象債権が既発生債権の場合に「発生時債権額」及び「譲渡時債権額」が登記事項とされていますが、それぞれを債権譲渡登記ファイルに記録することとされた意義についてみると、譲渡対象債権の「発生時債権額」のほか、「譲渡時債権額」をも記録することにより、譲渡対象債権の特定を容易にし、債権譲渡登記制度の利用者の便宜を図ろうとすることにあるものと解されます。

すなわち、既発生の債権について、債権額を登記事項とするのであれば、まずは、譲渡対象債権が発生した時の債権額を登記事項とするのが便宜であると解されます。しかしながら、債権は、その発生後に弁済や相殺がされるなどして、発生時の債権額が変動することがあり得ます。このことを考慮すると、発生時の債権額だけではなく、譲渡対象債権を譲渡する時点における債権額をも登記事項とすることにより、債権譲渡登記の利用者の一層の便宜を図ることができるということができます。

例えば、1億円の既発生債権である貸金債権があり、そのうち既に4000万円が弁済されているとする場合に、当該貸付債権を譲渡対象債権とするとき、債権を特定するという観点からは、まずは、発生時債権額である1億円を登記事項とすることが相当と考えられます（譲渡対象債権の発生に係る契約書と照らし合わせて譲渡対象債権を特定するためには、「1億円の貸金債権」という表示の方が、「6000万円の貸金債権」という表示より分かりやすいということがいえます。）。しかし、当該貸付債権につき「1億円の貸金債権」ということのみを登記事項とし、これを公示するだけでは、当該貸付債権の譲渡時においても1億円の債権が存在したように見られ、譲渡対象債権を特定するために支障が生じるおそれがあります。また、譲渡対象債権が既発生債権の場合、少なくとも譲渡人においては譲渡時債権額を把握することができるはずですから、これを登記事項とすることについては、債権譲渡登記の当事者に特段の負担を強いるものではないものと考えられます。

以上のことから、「発生時債権額」とは別個に、「譲渡時債権額」をも登記事項とすることとされたものと解されます。

2　なお、「譲渡時債権額」は、「譲渡時における譲渡対象債権の額」をいうのであり、「譲渡した債権額」のことをいうものではないことに注意する必要があります。

譲渡人が譲渡対象債権の全部を譲渡する場合は、「譲渡時債権額」と「譲渡した債権額」は一致することとなりますが、譲渡対象債権の一部を譲渡する場合は、「譲渡時債権額」と「譲渡した債権額」が異なることとなります。そのような場合の債権譲渡登記ファイルへの記録方法については、注意する必要があります（Q152も参照）。

例えば、1億円の既発生債権である貸金債権を譲渡対象債権とし（譲渡対象債権は当該貸付債権1個のみとします。）、そのうち既に4000万円が弁済されている場合において、その残額の6000万円のうち2000万円のみを譲受人に譲渡するときは、各登記事項については、以下のとおり記録することとなります（なお、④については、譲渡対象債権を特定するための「有益事項」として、また、⑤については、譲渡人と譲受人間の債権譲渡契約の内容を特定するための「有益事項」として、それぞれ記録することができるものと解されます。）。

① 債権個別事項ファイル（CREDIT.xml）中の「債権総額」欄
→「60000000」（6000万円）

② 債権個別事項ファイル（CREDIT.xml）中の「発生時債権額」欄
→「100000000」（１億円）

③ 債権個別事項ファイル（CREDIT.xml）中の「譲渡時債権額」欄
→「60000000」（6000万円）

④ 債権個別事項ファイル（CREDIT.xml）中の「備考」欄
→「譲渡した債権は本債権の一部であり、その額は2000万円である。」

⑤ 登記共通事項ファイル（COMMON.xml）の「備考」欄
→「譲渡した債権の総額は2000万円である。」

債権

Q152 債権の一部を譲渡する場合の記録方法

債権額500万円の既発生の債権を有していますが、そのうち300万円分について譲渡し、債権譲渡登記をしたいと考えています。この場合、登記事項証明書において譲渡の対象が500万円の債権のうちの300万円分であることを表示させるためには、どのような方法がありますか。

A 電磁的記録媒体に保存する「債権個別事項ファイル」（CREDIT.xml）の「備考」欄及び「登記共通事項ファイル」（COMMON.xml）の「備考」欄に譲渡金額を記録するという方法を採ることが考えられます。

1　既発生の債権を譲渡債権とする場合に「譲渡時債権額」が必須事項となることは、Q151の解説１でも説明したところです。この「譲渡時債権額」とは、登記規則９条１項６号に規定されているとおり、譲渡に係る債権（譲渡の対象となる債権）を特定するために必要な事項であり、譲渡に係る債権の「債権譲渡（質権設定）契約締結時における債権額（残高）」を記録するものとされていることから、本問のように譲渡債権の一部を譲渡する場合には、その額は「譲渡時債権額」とは異なることとなります。

また、譲渡債権が全て既発生債権の場合の「債権総額」は、「債権個別事項ファイル」に記録された各譲渡債権における「譲渡時債権額」の合計と一致するものとされている（記録方式告示第３の２(5)注２）ことから、本問のように譲渡債権の一部を譲渡する場合には、「債権総額」に実際に譲渡した部分の合計額を記録することもできません。

そこで、譲渡債権の一部を譲渡する場合には、「債権個別事項ファイル」の「備考」欄に「譲渡した債権は本債権の一部であり、その額は300万円である。」と記録した上、「登記共通事項ファイル」の「備考」欄にも「譲渡した債権の総額は300万円である。」と記録する方法が考えられます。

2　なお、債権譲渡登記に係る登記事項証明書のうち、１個の譲渡債権ごとに証明する「個別事項証明」形式と異なり、数個の譲渡債権に係る登記事項を一括して証明する「一括証明」形式においては、「登記共通事項ファイル」の「備考」欄に記録された事項は同証明書の「概要事項」部分（陶器事項証明書の１枚目）に記載されますが、「債権個別事項ファイル」の「備考」欄に記録された事項は同証明書の「債権個別事項」部分（登記事項証明書の２枚目以降）に記載されません（登記規則23条３項、Q177参照）。

したがって、譲渡対象債権の一部のみを譲渡した場合に、「債権個別事項ファイル」の「備考」欄にのみその旨を記録し、「登記共通事項ファイル」の「備考」欄にその旨を記録しないと、「一括証明」形式の登記事項証明書には、譲渡対象債権の一部のみを譲渡したとの情報は何ら記載されないことになるので、注意する必要があります。

債権 Q153 譲渡対象債権が再譲渡された債権である場合の「発生時債権額」及び「譲渡時債権額」の記録方法

①Pを債権者、Sを債務者として発生した貸付債権をQがPから買い受け、②その後更に当該貸付債権をRがQから買い受けた上で、③Qを譲渡人、Rを譲受人、譲渡対象債権を当該貸付債権とし、登記原因を「売買」とする債権譲渡登記を申請します。この場合において、PS間で当該貸付債権が発生した時点での債権額が1億円、PがQに当該貸付債権を譲渡した時点での債権額が8000万円、QがRに当該貸付債権を譲渡した時点での債権額が6000万円であったとき（【図7】を参照）、債権個別事項ファイル（CREDIT.xml）に記録する「発生時債権額」及び「譲渡時債権額」は、それぞれいくらになりますか。

「発生時債権額」は1億円、「譲渡時債権額」は6000万円を記録することとなります。

1　債権個別事項ファイルの記録事項である「発生時債権額」とは「債権の発生の時における債権額」をいい、「譲渡時債権額」とは「債権の譲渡の時における債権額」をいいます（Q151の解説1参照）。

2　したがって、本問においては、「発生時債権額」とは、譲渡対象債権である貸付債権（以下「本件貸付債権」という。）がPS間で発生した時点での債権額である1億円をいうものであり、Pが債権譲渡登記の譲渡人であるQに本件貸付債権を譲渡した時点での債権額である8000万円をいうものではありません。

よって、「発生時債権額」としては1億円を記録することとなります。

3　また、「譲渡時債権額」としては、本件貸付債権を譲渡人Qが譲受人Rに譲渡した時点での債権額である6000万円を記録することとなります。

なお、「譲渡時債権額」は、「譲渡時における譲渡対象債権の額」をいうのであり、「譲渡した債権額」のことをいうものではないですから（Q151の解説２参照）、ＱがＲに本件貸付債権の全額（6000万円）を譲渡する場合はもちろん、仮にＱがＲに本件貸付債権の一部（6000万円の一部）を譲渡する場合でも、「譲渡時債権額」は6000万円と記録することとなります（一部を譲渡する場合の記録方法については、Q151の解説２を参照してください。）。

【図７】　事案の概略

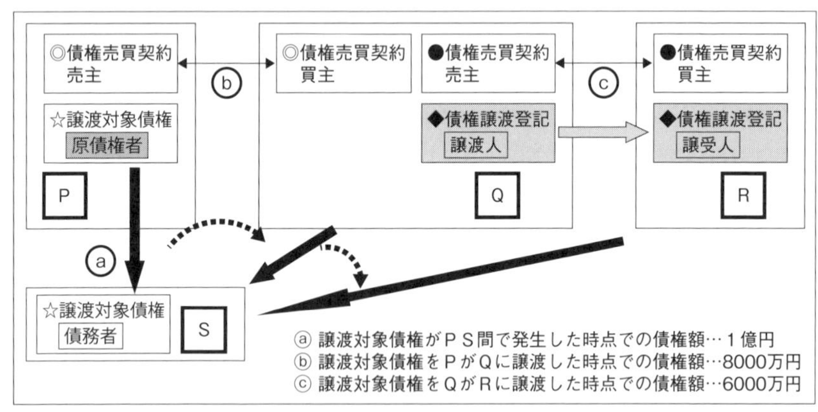

債権

Q154 割賦販売契約に基づく代金債権が譲渡対象債権である場合において当該契約締結日から第１回目の支払期日までの間に当該債権額が変更になる可能性があるときに記録すべき「発生時債権額」及び「譲渡時債権額」

譲渡対象債権が割賦販売契約に基づき発生する既発生の代金債権である場合に、商品の代金の額が、契約締結日から第１回目の支払期日までの間に変更になる可能性があります。このような場合、「発生時債権額」として当該割賦販売契約の締結時において取り決めた代金の額、「譲渡時債権額」として譲渡対象債権に係る債権譲渡契約の締結時において取り決めた譲渡額を記録することで差し支えないでしょうか。

差し支えないものと考えられます。

1　債権譲渡登記においては、譲渡対象債権が既発生債権の場合、「発生時債権額」及び「譲渡時債権額」が登記事項とされています。これらが登記事項とされている意義は、「発生時債権額」及び「譲渡時債権額」を債権譲渡ファイルに記録することにより、譲渡対象債権の特定を容易にし、債権譲渡登記制度の利用者の便宜を図ろうとすることによるものであり（Q151参照）、これらの「発生時債権額」や「譲渡時債権額」は、譲渡対象債権の譲受人が債務者から実際に支払を受けることができる金額を意味するものではありません。

2　売買契約に基づき発生する代金債権の発生時期については、一般的には、当事者間で特段の定めをしない限り、契約締結により直ちに代金債権が発生するものと解されています（Q156の解説２参照）。そうすると、本問のような割賦販売契約における「発生時債権額」としては、通常は、割賦販売契約の締結時において取り決めた代金債権額を記録することになり、債権譲渡登記の申請の際には、割賦販売契約書の記載等から「発生時債権額」を特定した上で、「発生時債権額」を記録することになると考えられます。

また、「譲渡時債権額」についても、通常は、譲渡対象債権に係る債権譲渡契約の締結時において取り決めた譲渡額を記録することになり、債権譲渡登記の申請の際には、債権譲渡契約書の記載等から「譲渡時債権額」を特定した上で、「譲渡時債権額」を記録することになると考えられます。

3　ところで、本問のように、債権譲渡登記の譲渡対象債権が割賦販売契約に基づき発生する既発生の代金債権である場合において、商品の代金が当該割賦販売契約の締結時から第1回目の支払期日までの間に変更になる可能性があるときは、その変更後の代金の額が、既に登記されている「発生時債権額」や「譲渡時債権額」と一致しない結果となることがあり得ます。

しかしながら、上記1のとおり、そもそも「発生時債権額」及び「譲渡時債権額」を債権譲渡ファイルに記録する意義は、譲渡対象債権の特定を容易にし、債権譲渡登記制度の利用者の便宜を図ろうとすることにあります。

そして、仮に、当該代金債権に係る第1回目の弁済期日までに「発生時債権額」や「譲渡時債権額」に変更があったとしても、譲受人は、割賦販売契約書に記載されている商品の代金の額と債権譲渡登記ファイルに記録されている「発生時債権額」が一致していることや、債権譲渡契約書に記載されている譲渡対象債権の譲渡額と債権譲渡登記ファイルに記録されている「譲渡時債権額」が一致していることを示すことなどにより、譲渡対象債権を特定することは可能であることには変わりはないので、特段の問題が生じることにはならないものと考えられます。

4　なお、割賦販売取引においては、商品や役務の対価に係る代金債権自体は契約締結時に発生しており、実際の支払について延払い（後払い）をしているだけですから、「発生時債権額」や「譲渡時債権額」については、各弁済期日ごとの弁済額ではなく、「発生時債権額」や「譲渡時債権額」の全額を記録することとなります。また、「債権発生年月日_始期」については割賦販売契約の契約締結日を記録し、「債権発生年月日__終期」も「債権発生年月日__始期」と同一日を記録すればよいものと考えられます。

債権 Q155 「債権発生年月日の始期・終期」の意味及び譲渡対象債権に係る弁済期と「債権発生年月日の終期」との関係

債権個別事項ファイル（CREDIT.xml）中の記録事項である譲渡対象債権に係る「債権発生年月日_始期」及び「債権発生年月日_終期」にいう、「債権の発生日が一つの日である場合」又は「債権の発生日が数日に及ぶ場合」の意味は、どのようなものですか。
また、譲渡対象債権に係る弁済期は、「債権発生年月日_終期」を定めるに際して、何か関係を有するのでしょうか。

A 「債権の発生日が一つの日である場合」とは、例えば、単発的な契約に基づき発生する金銭債権を譲渡対象債権とする場合がこれに当たり、この場合は、「債権発生年月日_始期」及び「債権発生年月日_終期」として、同一日を記録することとなります。
他方、「債権の発生日が数日に及ぶ場合」とは、例えば、継続的契約や継続的取引関係に基づき発生する複数の金銭債権を合わせて１個の譲渡対象債権とする場合がこれに当たり、この場合は、「債権発生年月日_終期」として、当該複数の金銭債権のうち最後に発生するものに係る債権の発生日を記録することとなります。
なお、譲渡対象債権に係る弁済期は、「債権発生年月日_終期」を定めるに際して直接関係を有する事項とはなりません。

解説

1　債権個別事項ファイル中の記録事項である譲渡対象債権に係る「債権発生年月日_始期」欄には、「債権の発生日が一つの日である場合」にはその年月日を記録し、「債権の発生日が数日に及ぶ場合」にはその初日の年月日を記録するものとされ、他方、「債権発生年月日_終期」欄には、「債権の発生日が一つの日である場合」にはその年月日（すなわち「債権発生年月日_始期」と同一年月日）を記録し、「債権の発生日が数日に及ぶ場合」

にはその末日の年月日を記録するものとされています（記録方式告示第3の2(5)の注10及び11）。

2　ここにいう「債権の発生日が一つの日である場合」又は「債権の発生日が数日に及ぶ場合」とは、以下の場合のことをいうものと解されます。

(1)　まず、「債権の発生日が一つの日である場合」とは、例えば、1回の履行で契約関係が終了する単発的な契約（通常の売買契約、消費貸借契約、請負契約等）に基づき発生する金銭債権を譲渡対象債権とする場合がこれに当たります。

この場合は、「債権発生年月日＿始期」及び「債権発生年月日＿終期」として、同一日を記録することとなります。

(2)　次に、「債権の発生日が数日に及ぶ場合」の例としては、次の2つが考えられます。

①　契約に満了期間を観念でき（契約書に満了期間を定める条項がない場合もあり得ます。）、その間、個々の履行が、定期的に、相当の確実性をもって繰り返される契約（賃貸借契約、雇用契約等。民事執行法151条にいう「継続的給付に係る債権」がこれに当たるものと解されます。）に基づき発生する複数の金銭債権を合わせて1個の譲渡対象債権とする場合

②　1つ1つの契約は単発的な契約であっても、それが同じ当事者間で繰り返し行われることによって、継続的な取引関係が生じ（継続的売買契約、継続的請負契約等の、ある特定の種類に属する取引関係を成立させる契約が締結されており、継続的な取引関係が生じているような場合。この場合、あらかじめ基本契約が交わされて、その上で、個別契約に基づいて、単発的な個別の取引の履行が繰り返されることが多いものと思われます。）、その継続的な取引関係に基づき発生する複数の金銭債権を合わせて1個の譲渡対象債権とする場合

これら①②の場合、「債権発生年月日＿終期」については、譲渡人及び譲受人の合意により譲渡対象債権として定める範囲の債権のうち最後に発生するものの発生日を記録することとなりますが、その最長日として定め得る日としては、継続的契約や継続的取引関係における個々の履行のうち最終のものに係る債権の発生日となります。

3　このように、「債権発生年月日＿始期」及び「債権発生年月日＿終期」

については、いずれも譲渡対象債権に係る「債権の発生日」を記録するものとされているところ、譲渡対象債権に係る弁済期は、発生する債権に係る債務の履行に関する事項であり、「債権発生年月日__始期」としてはもちろん、「債権発生年月日__終期」としても記録すべき情報ではないということになり、例えば、譲渡対象債権に係る最終弁済期を「債権発生年月日__終期」として記録するということにはなりません。

また、当該金銭債権の弁済期が数回にわたるかどうかといった弁済期に関する事項は、当該金銭債権の「債権の発生日が一つの日である場合」に当たるかどうかの判断に影響を与えるものではないので、注意してください。

なお、弁済期に関する事項は、必要に応じて、債権個別事項ファイル中の記録事項である「弁済期の定め」欄に記録することができます（記録方式告示第3の2(5)項番26）。

債権

Q156 譲渡対象債権が契約により発生する場合の「債権の発生日」の考え方

譲渡対象債権が契約により発生する場合、債権個別事項ファイル（CREDIT.xml）中の記録事項である譲渡対象債権に係る「債権発生年月日__始期」及び「債権発生年月日__終期」にいう「債権の発生日」としては、どの日を記録すればよいのでしょうか。

A 債権譲渡登記手続としては、譲渡対象債権に係る「債権発生年月日__始期」及び「債権発生年月日__終期」にいう「債権の発生日」については、Q157で述べる制限事項に抵触するなどの事由がない限り、基本的には、登記の当事者が判断した「債権の発生日」を記録して申請すれば、不備はないということになります。

なお、契約により発生する債権の発生日についての一般的な考え方については、本解説の2を参照してください。

1　債権譲渡登記所の登記官は、債権譲渡登記の当事者が申請データに記録した「債権発生年月日＿始期」及び「債権発生年月日＿終期」については、原則として、Q157で述べる制限事項に抵触するかどうかを審査するにとどまり（注1）、申請データに記録した「債権発生年月日＿始期」及び「債権発生年月日＿終期」を定めた根拠の相当性についてまで審査をするものではありません。

したがって、債権譲渡登記手続としては、譲渡対象債権に係る「債権発生年月日＿始期」及び「債権発生年月日＿終期」にいう「債権の発生日」については、Q157で述べる制限事項に抵触するなどの事由がない限り、基本的には登記の当事者が判断した「債権の発生日」を記録して申請すれば、不備はないということになります。

2　なお、契約に基づき発生する債権の発生時期につき、民法には、契約債権の発生時期を明確に定めた規定は存在せず、民法614条・624条・633条・648条も、直接にはそれぞれ賃料・賃金・請負報酬・委任報酬の支払時期を定めたものであって、これらの債権の発生時期を定めたものとは当然に解することはできないとされているようです（白石大「債権の発生時期に関する一考察（一）」早稲田法学88巻1号97〜98頁）。

この点につき、契約に基づき発生する債権の発生時期についての判例・通説の考え方についてみると、賃貸借契約に基づく賃料債権の発生時期については、判例（大判大4・12・11民録21輯2058頁）（注2）・通説・要件事実論においては、具体的な賃料債権は、契約締結時に発生するのではなく、賃貸目的物の使用収益に応じて日々発生すると解しているようです（注3）。

また、請負契約に基づく報酬債権の発生時期については、判例（大判昭5・10・28民集9巻1055頁）（注4）・通説は、報酬後払の場合でも、契約締結と同時に発生すると解しているようです（注5）。

なお、売買代金債権の発生時期については、一般的には、当事者間で特段の定めをしない限り、契約締結により直ちに代金債権が発生するものと解されているようです（白石・前掲92頁、115頁）。

（注1）　ただし、登記の存続期間が法定最長期間を超える場合の添付書面であ

る「特別の事由があることを証する書面」（登記令8条4号）に記載されている譲渡対象債権に係る債権発生年月日の始期及び終期と、申請データに記録されている譲渡対象債権に係る「債権発生年月日＿始期」及び「債権発生年月日＿終期」とが異なる場合は、登記令11条5号により却下されることはあり得ます。

（注2）「賃貸人ガ賃借人ヲシテ使用収益ヲ為サシムルノ義務ハ賃貸借ノ期間継続シテ時時刻刻ニ之ヲ履行スベク、賃料ナルモノハ其既ニ為サシメタル使用収益ニ対シ之ヲ支払フノ義務アルモノナルコトハ、賃貸借ガ使用収益ノ継続給付ヲ目的トスルモノナルコトノ性質、殊ニ賃料支払ノ時期ニ関スル民法第614条ノ規定ニ照シ疑ヲ容レザル所ナ（リ）」（句読点、濁点及び括弧書き部分は引用者による。注4に引用した判決についても同じ。）

（注3） なお、賃料前払の合意の存在と賃料債権の発生時期との関係につき、森田宏樹『賃借物の使用収益と賃料債権との関係(1)』法学教室360号78頁では、具体的な賃料債権が発生する前の段階で当該賃料を支払う旨を当事者が合意した場合に、文字どおりの賃料の前渡しを請求することを認めるにすぎないと説明されています。

（注4）「請負人ノ報酬債権ハ請負契約ノ成立ト同時ニ発生スルモノニシテ、請負工事ノ完成ニ依リテ発生スルモノニ非ラズ。固ヨリ報酬ノ支払時期ニ付テ当事者間ニ何等ノ特約ナキトキハ、請負人ハ工事完成ノ後ニ非ザレバ報酬ヲ請求スルキトヲ得ズト雖、是報酬支払ノ時期ガ工事完成ノ時ナリト謂フニ過ギズ、請負工事ノ完成後ニ非ザレバ報酬債権ソノモノガ発生セザルモノニ非ザルヲ以テ、請負工事未完成ノ故ヲ以テ報酬債権ガ一定ノ券面額ヲ有スル債権ニ非ズト為スヲ得ズ。」

（注5） なお、幾代通編『新版注釈民法（16）債権(7)』258頁〔明石三郎〕では、委任契約に基づく報酬債権の発生時期につき、「委任は要物契約ではないから、有償委任においては、報酬の特約をもって委任契約が成立したときに、報酬請求権は成立するとみなければならない。」と述べられています。

債権 Q157 「契約年月日」、「債権発生年月日の始期・終期」、「登記原因年月日」及び「存続期間の満了年月日」の相互関係

債権個別事項ファイル（CREDIT.xml）中の記録事項である「契約年月日」、「債権発生年月日_始期」及び「債権発生年月日_終期」並びに登記共通事項ファイル（COMMON.xml）中の記録事項である「登記原因年月日」及び「存続期間の満了年月日」の時間的な条件関係について、注意すべき制限事項はありますか。

A 「契約年月日」、「債権発生年月日_始期」及び「債権発生年月日_終期」の時間的な条件関係については、「契約年月日」≦「債権発生年月日_始期」≦「債権発生年月日_終期」という制限事項があります。なお、「債権発生年月日_終期」と「存続期間の満了年月日」の時間的な条件関係については、「債権発生年月日_終期」≦「存続期間の満了年月日」という関係が常に成り立つわけではありません。

「登記原因年月日」、「債権発生年月日_始期」及び「債権発生年月日_終期」の時間的な条件関係については、以下のとおりです。

① 譲渡対象債権が既発生債権の場合は、「債権発生年月日_終期」≦「登記原因年月日」

② 譲渡対象債権が混在型債権の場合は、「債権発生年月日_始期」≦「登記原因年月日」≦「債権発生年月日_終期」

③ 譲渡対象債権が債務者特定の将来債権及び債務者不特定の将来債権の場合は、「登記原因年月日」≦「債権発生年月日_始期」

解説

1 まず、債権個別事項ファイル中の記録事項とされている「契約年月日」、「債権発生年月日_始期」及び「債権発生年月日_終期」については、記録方式告示において以下のとおり定義されています。

(1) 「契約年月日」とは、「債権の発生原因となった契約の成立年月日」を

いいます（記録方式告示第3の2⑸の注7。なお、この「契約年月日」は任意的記録事項です。）。

ここにいう「債権」とは、譲渡対象債権のことをいい、この「契約年月日」が債権個別事項ファイル中の記録事項とされている理由は、「契約年月日」が譲渡対象債権の発生に関わる情報であり、譲渡対象債権を特定するための要素であることによるものと解されます。

以上によれば、この「契約年月日」とは、譲渡人と譲受人間で締結する債権譲渡契約（債権売買契約、債権譲渡担保契約等）の成立年月日のことをいうものではありません（債権譲渡契約の成立年月日は、登記共通事項ファイル中の必須の記録事項である「登記原因年月日」として記録します。）。

しかしながら、実務上、「契約年月日」と「登記原因年月日」とを混同してしまい、債権個別事項ファイル中の「契約年月日」欄に、債権譲渡契約の締結年月日（登記原因年月日）を記録してしまう例が散見されますので、注意してください。

⑵ 「債権発生年月日＿始期」については、譲渡対象債権の発生日が1つの日である場合にはその年月日を記録し、譲渡対象債権の発生日が数日に及ぶ場合にはその初日の年月日を記録しなければなりません。

そして、「契約年月日」の記録がある場合には、契約年月日以後の日付を記録しなければなりません。

なお、譲渡対象債権が既発生債権又は混在型債権である場合（「債権の種類コード」欄に「0」、「1」、「9」又は「A」で始まるコードを記録した場合）は登記原因年月日以前の日付を記録し、債務者特定の将来債権又は債務者不特定の将来債権である場合（「債権の種類コード」欄に「B」又は「C」で始まるコードを記録した場合）は登記原因年月日以後の日付を記録しなければなりません（以上につき、記録方式告示第3の2⑸の注10）。

⑶ 「債権発生年月日＿終期」については、譲渡対象債権の発生日が1つの日である場合にはその年月日（「債権発生年月日＿始期」と同一年月日）を記録し、譲渡対象債権の発生日が数日に及ぶ場合にはその末日の年月日を記録しなければなりません。

なお、既発生債権である場合（「債権の種類コード」欄に「0」、「1」又は「9」で始まるコードを記録した場合）には登記原因年月日以前の日付を記録し、それ以外の場合（「債権の種類コード」欄に「A」、「B」又は「C」で始まるコードを記録した場合）は登記原因年月日以後の日付を記録しなければなりません（以上につき、記録方式告示第3の2(5)の注11)。

2　上記1の定義によれば、債権個別事項ファイル中の記録事項である「契約年月日」、「債権発生年月日__始期」及び「債権発生年月日__終期」並びに登記共通事項ファイル中の記録事項である「登記原因年月日」及び「存続期間の満了年月日」の時間的な条件関係については、以下のとおりの制限事項があることになります（「≦」は、左に記載している事項については、右に記載している事項以前の日を記録しなければならない関係にあることを表しています。)。

(1)「契約年月日」、「債権発生年月日__始期」及び「債権発生年月日__終期」の時間的な条件関係については、「契約年月日」≦「債権発生年月日__始期」≦「債権発生年月日__終期」という制限事項があります。

これは、「契約年月日」が「債権の発生原因となった契約の成立年月日」と定義されている以上、この「契約年月日」より前の日が譲渡対象債権の始期、すなわち譲渡対象債権に係る「債権の発生日」となることはあり得ないためです。

なお、「債権発生年月日__終期」については、「債権発生年月日__終期」≦「存続期間の満了日」という関係が常に成り立つものではなく（**Q28**の解説の（注）参照)、記録方式告示も、「債権発生年月日__終期」と「存続期間の満了日」との時間的な条件関係については、特に制限事項を定めていません。

(2)「登記原因年月日」、「債権発生年月日__始期」及び「債権発生年月日__終期」の時間的な条件関係については、以下の制限事項があります（**【図8】**も参照してください。)。

①　譲渡対象債権が既発生債権の場合は、「債権発生年月日__終期」≦「登記原因年月日」

②　譲渡対象債権が混在型債権の場合は、「債権発生年月日__始期」≦「登記原因年月日」≦「債権発生年月日__終期」

③　譲渡対象債権が債務者特定の将来債権及び債務者不特定の将来債権の場合は、「登記原因年月日」≦「債権発生年月日__始期」

3　上記２の制限事項に反した申請データを提出して行った債権譲渡登記の申請は、「登記の申請が法令の規定により定められた方式に適合しないとき」（登記令11条３号）に当たり、却下されることとなります（これらの制限事項違反については、登記申請前に「申請人プログラム」の「データチェック」メニューによりデータチェックを行うことにより検出することができます（Q48参照）。なお、事前提供方式により申請データを作成する場合は、作成した申請データに形式エラーがあるときには、形式エラーがあるため申請データを作成することができない旨のメッセージが表示されます。）。

【図８】「登記原因年月日」、「債権発生年月日＿始期」及び「債権発生年月日＿終期」の時間的な条件関係について

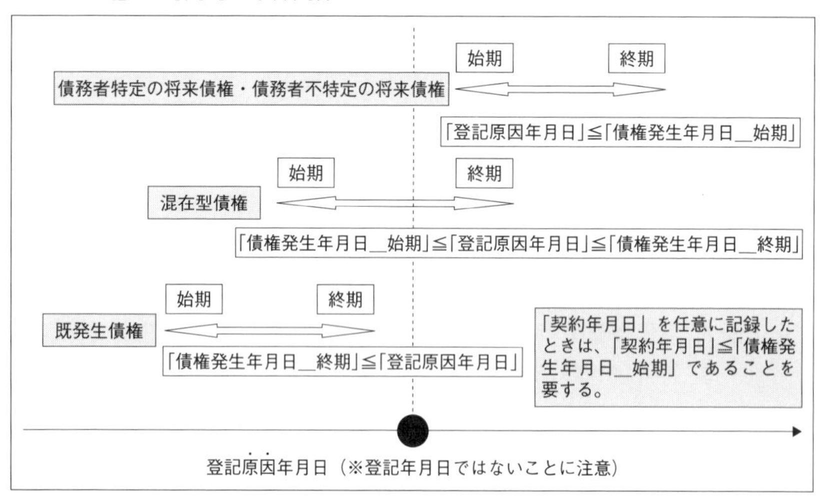

債権

Q158 譲渡対象債権の「債権の種類コード」の選択や「債権発生原因」欄の記録方法についての参考記録例・一般的な留意事項

譲渡対象債権の「債権の種類コード」の選択や「債権発生原因」欄の記録方法につき、参考となる記録例はありますか。また、それらの記録方式につき、どのような点に留意する必要がありますか。

A 法務省ホームページに掲載されている「債権を特定する方法の記録例」に、具体的な記録例や、債権個別事項ファイル（CREDIT.xml）の「債権発生原因」欄の記録事項についての一般的・通則的な留意事項が記載されています。

解説

1　譲渡対象債権の「債権の種類コード」の選択や「債権発生原因」の記録方法については、法務省ホームページの「登記－債権譲渡登記－」の案内ページ中に掲載されている「債権を特定する方法の記録例」（平成30年3月更新）（http://www.moj.go.jp/content/001138052.pdf）に、具体的な記録例を掲載していますので、参考にしてください。

2　なお、同記録例には、具体的な記録例を掲載するとともに、債権個別事項ファイルの「債権発生原因」欄や「備考」欄の記録事項についての一般的・通則的な留意事項も掲載しています。この留意事項から主なものを若干ふえんして紹介すると、以下のとおりです（なお、譲渡対象債権が「債務者不特定の将来債権」である場合については、Q160も参照してください。）。

(1)「原債権者と債務者間の」や「譲渡人が債務者に対して有する」などの契約上当然の内容は、「債権発生原因」欄及び「備考」欄に記録する必要はありません。

(2)「平成○年○月○日から平成○年○月○日までの間に発生する債権」や「譲渡日から債権発生終期までに発生する将来債権」などの債権発生

の始期・終期の内容は、他の項目（「債権の発生年月日_始期」、「債権の発生年月日_終期」）に記録することとされているため、「債権発生原因」欄や「備考」欄に記録する必要はありません。

(3) 「債権の種類コード」については、譲渡を受ける個々の債権ごとに選択することが原則ですが、主たる債権に付従・付帯して発生する債権も合わせて譲渡を受けるときは、主たる債権に係る「債権の種類コード」を選択し、その主たる債権を「債権発生原因」欄に記録した上で、付従・付帯して発生する債権については、その後に続けて「これに付従（又は付帯）する一切の債権」のように記録することでも差し支えありません（例えば、「○○（商品名）の売買契約に基づく売掛債権及びこれに付従する一切の債権」のように記録してください。）。

この場合、譲渡対象債権に「これに付従（又は付帯）する一切の債権」が含まれることになりますが、それゆえに「債権の種類コード」について一律に「その他の債権」を選択するまでの必要はなく、基本的には、主たる債権に係る「債権の種類コード」を選択すればよいものと考えます。

なお、付従・付帯して発生する債権を具体的に明記することもできます。例えば、「債権発生原因」欄に、「○○の売買契約に基づく売掛債権並びにこれに付従する利息債権及び遅延損害金債権」又は「○○の売買契約に基づく売掛債権（利息及び遅延損害金を含む。）」のように、付従（付帯）する債権を具体的に明記して記録することもできます（注）。

(4) 1つの契約に基づいて複数の異なる債権が発生し、それらの債権も合わせて譲渡を受けるときは、主要な債権に係る「債権の種類」を選択し、その主要な債権を「債権発生原因」欄に列挙して記録した上で、それ以外の債権については、その後に続けて「その他一切の債権」のように記録することでも差し支えありません。

例えば、リース契約に基づくリース料債権及び同契約の約定に基づくメインテナンス料債権その他一切の債権の譲渡を受ける場合は、「債権の種類コード」として主要な債権である「リース債権」を選択した上で、「債権発生原因」欄に、「○○（リース対象物件）のリース契約に基づくリース料債権及び同契約の約定に基づくメインテナンス料債権その他一切の債権」と記録することで差し支えありません。

この場合、譲渡対象債権に「その他一切の債権」が含まれることになりますが、それゆえに「債権の種類コード」について一律に「その他の債権」を選択するまでの必要はなく、基本的には、主要な債権に係る「債権の種類コード」を選択すればよいものと考えます（もっとも、同一契約内において主要な債権の占める要素とそれ以外の債権の占める要素が均衡しているような場合であって、特定の「債権の種類コード」を選択してしまうと債権の特定に問題が生じると考えられるようなときは、「債権の種類コード」として「その他の債権」を選択することもあり得るものと考えます。)。

（注） 金銭債権が譲渡される場合に、利息債権も譲渡の対象に含まれるかどうかについては、一般的には、基本権としての利息債権（一定期に一定額の利息を生じることを目的とする基本的債権）は、元本債権に付従し、随伴するので、元本債権と独立に譲渡することはできませんが、既に発生した支分権としての利息債権（基本権たる利息債権の効果として一定期に一定額を支払うべきことを請求できる具体的権利）は、元本債権と分離して譲渡することができると解されています。既に発生した支分権としての利息債権のみを譲渡する場合には、当該支分権としての利息債権に係る「債権の種類」を特定する事項については、「債権の種類コード」は元本債権と同じものを選択し、「債権発生原因」欄や「備考」欄には、どのような元本債権に係る利息債権であるかという事項も含んだ上で記録することになるものと考えられます（Q&A 特例法83頁）。

債権 Q159 譲渡対象債権が債務者特定の債権である場合に「債権発生原因」欄に記録する事項

譲渡対象債権が債務者特定の債権である場合、債権個別事項ファイル（CREDIT.xml）の「債権発生原因」欄にはどのような事項を記録するのでしょうか。

A 「譲渡対象債権の発生原因たる契約又は事件（以下「契約等」という。）の名称・内容」を任意に記録することができます。

ただし、譲渡対象債権の「債権の種類コード」として「その他の債権」を選択した場合には、「債権の種別」に当たる事項を含んだ「譲渡対象債権の発生原因たる契約等の名称・内容」を必ず記録する必要があります。

解説

1　債権個別事項ファイルの「債権発生原因」欄の記録事項については、記録方式告示では、「『債権の種類コード』の項に『9999』、『A999』若しくは『B999』又は『C』で始まるコードを記録した場合には必ず記録しなければならない。それ以外の場合には、任意に記録することができる。」と規定されています（記録方式告示第３の２(5)の注12）。

すなわち、「債権発生原因」欄には、①譲渡対象債権が債務者特定の債権であって「債権の種類コード」が「その他の債権」である場合及び②譲渡対象債権が債務者不特定の将来債権である場合には必ず記録することとされ、③譲渡対象債権が上記①及び②以外の場合は、任意に記録することができるということになります。

もっとも、記録方式告示では、上記①ないし③の場合に、具体的にどのような事項を記録すべきか、あるいは記録することができるのかについてまでは言及していません。

そこで、「債権発生原因」欄には具体的にどのような事項を記録するべきか、あるいは記録することができるかが問題になります。以下、本問においては、上記①及び③の場合について説明します（上記②については、Q160で説明します。）。

2(1)　上記１の③の場合において、譲渡対象債権の発生原因を特定することにより、譲渡対象債権の範囲や内容を明確にしたいときは、「債権発生原因」欄に、「譲渡対象債権の発生原因たる契約等の名称・内容」を任意に記録することができます。

例えば、「債権の種類コード」として「売掛債権」を選択した場合において、「債権発生原因」欄に「紳士服、婦人服、子供服等の衣料品及び服飾雑貨に係る売買契約」のように「譲渡対象債権の発生原因たる契約等の名称・内容」を記録して、譲渡対象債権の範囲や内容を明確にすることができます。

(2)　他方、上記１の①の場合、すなわち、譲渡対象債権が債務者特定の債権であって「債権の種類コード」が「その他の債権」である場合には、「債権発生原因」欄には、「譲渡対象債権の発生原因たる契約等の名称・内容」を必ず記録する必要がありますが、この「譲渡対象債権の発生原因たる契約等の名称・内容」は、「債権の種別」（登記規則9条1項4号）に当たる事項を含む必要があります。

すなわち、債権譲渡登記ファイルには、譲渡対象債権が債務者特定の債権であるか債務者不特定の将来債権であるかにかかわらず、「譲渡に係る債権を特定するために必要な事項で法務省令で定めるもの」（特例法8条2項4号）として、「貸付債権、売掛債権その他の債権の種別」を記録しなければならない（登記規則9条1項4号）とされています。

ここにいう「債権の種別」の記録内容については、第三者から見ても譲渡対象債権の法的性質を識別できる程度の具体性（「貸付債権」や「売掛債権」と同程度の具体性）を要するものと解されます。

この点、上記1の①のように「債権の種類コード」として「その他の債権」を選択した場合は、それのみでは第三者から見ても譲渡対象債権の法的性質を識別できる程度の具体性のある情報は記録されておらず、「債権の種別」に当たる事項が含まれているとはいえません。そこで、「債権発生原因」欄には、「債権の種別」に当たる事項を含んだ「譲渡対象債権の発生原因たる契約等の名称・内容」を記録する必要があります。

この場合の「債権発生原因」欄の記録例としては「○○契約（債権発生原因たる契約等の名称・内容）に基づく○○債権（債権の種別）」や、「○○契約」（この場合、債権発生原因たる契約等の名称・内容から「債権の種別」が判明する必要があります。）のように記録するのが一般的です（この点については、Q162も参照してください。）。

債権 Q160 譲渡対象債権が債務者不特定の将来債権である場合に「債権発生原因」欄に記録すべき特有の事項

譲渡対象債権が債務者不特定の将来債権である場合、債権個別事項ファイル（CREDIT.xml）の「債権発生原因」欄に記録すべき特有の事項として、どのようなものがあるでしょうか。

A 譲渡対象債権を特定するための事項として、債務者の氏名・商号等に関する事項に代えて、「債権の特定に資する情報」を記録する必要があります。

解説

1 (1) 譲渡対象債権が債務者不特定の将来債権である場合、「債権発生原因」欄は必ず記録するものとされているところ（Q159の解説1参照）、債権個別事項ファイルには、譲渡対象債権を特定するための事項として、「債権の特定に資する情報」を記録する必要があります。

そこで、まず、「債権の特定に資する情報」を記録する必要がある理由及び当該情報の内容について説明します。

(2) 登記規則9条1項2号は、譲渡対象債権が債務者特定の債権の場合は、譲渡対象債権を特定するために必要な事項として、「債務者及び債権の発生の時における債権者の数、氏名及び住所（法人にあっては、氏名及び住所に代え商号又は名称及び本店等）」を規定しています。

他方、登記規則9条1項3号は、譲渡対象債権が債務者不特定の将来債権の場合は、譲渡対象債権を特定するために必要な事項として、「債権の発生原因及び債権の発生の時における債権者の数、氏名及び住所（法人にあっては、氏名及び住所に代え商号又は名称及び本店等）」を規定しています。

上記2つの規定を比較すると、譲渡対象債権が債務者不特定の将来債権の場合、譲渡対象債権を特定するために必要な事項として、「債務者」

の代わりに「債権の発生原因」を記録することが求められていることが分かります。

(3) ここにいう「債権の発生原因」とは何を指すかについては、債務者の氏名・商号等（登記規則9条1項2号）及び「債権の種別」（同項4号）以外の要素で、「債権の特定に資する情報」をいうものと解されます（一問一答93頁）。

そして、債務者特定の債権における記録事項である債務者の氏名・商号等は債権の当事者を特定するための要素であることからすると、ここにいう「債権の特定に資する情報」とは、債務者の氏名・商号と同等かこれに準じる明確さをもって、その文言自体から債務者の範囲や属性を特定できる程度の具体性を有する情報のことをいうものと考えられます（注）。

「債権の特定に資する情報」の具体例としては、以下のものが挙げられます。

① 譲渡対象債権が売掛債権である場合
具体的な商品名や契約の主体の属性（「○○区内に在住している者」等の債務者の地域属性等）

② 譲渡対象債権が請負代金債権や委託料債権である場合
契約の目的たる具体的な業務の内容や契約の主体の属性（「○○県内の顧客」等の債務者の地域属性等）

③ 譲渡対象債権が不動産賃料債権である場合
当該不動産の所在地・名称・部屋番号等

④ 譲渡対象債権がリース債権である場合
リースの対象物件名及びその製造番号等

2 次に、具体的な記録方法については、「債権発生原因」欄に、「債権の特定に資する情報」を組み入れた上で、「○○（発生原因たる契約等の名称・内容）に基づく○○債権（債権の種別）」のように記録する（必要に応じ、有益事項を「備考」欄に記録する。）のが一般的です。

例えば、「債権の種類コード」として「売掛債権」を選択した上で、「債権の特定に資する情報」について、「債権発生原因」欄には「紳士服、婦人服、子供服等の衣料品及び服飾雑貨に係る売買契約」と記録し、「備考」欄には「債務者の本店、支店、営業所又は居宅が、香川県、徳島県、高知県及び愛媛県に所在する契約当事者に限る。」と記録することが考えられます。

また、「債権の種類コード」として「その他の債権」を選択したときは、「債権発生原因」欄には、「債権の種別」に当たる事項を含んだ「譲渡対象債権の発生原因たる契約等の名称・内容」を必ず記録する必要があることは、譲渡対象債権が債務者特定の債権である場合（Q159の解説2(2)参照）と同様です。

3　なお、譲渡対象債権が債務者不特定の将来債権である場合の具体的な記録例については、法務省ホームページに掲載されている「債権を特定する方法の記録例」（Q158の解説1参照）に掲載されていますので、参考にしてください。

（注）　例えば、譲渡対象債権が債務者不特定の将来債権の場合に、「債権発生原因」欄に「商品に係る売掛債権」や「商品に係る売買契約」と記録したとしても、具体的な商品名を記録せずに単に「商品」という抽象的な情報を付け加えただけでは、実質的には「売掛債権」、「売買契約」という文言を記録したのと変わらず、債務者の氏名・商号と同等かこれに準じる明確さをもって、その文言自体から債務者の範囲や属性を特定できる程度の具体性を有する情報とはいえません。したがって、このような記録は「債権の特定に資する情報」を欠くものと考えられます。

債権 Q161 譲渡対象債権が債務者不特定の将来債権の場合において特定の債務者に対する債権を除いて譲渡を受ける旨を有益事項として記録することの可否

譲渡対象債権が債務者が特定されていない将来債権（債務者不特定の将来債権）である場合に、特定の債務者に対する債権を除いて譲渡を受ける旨を債権個別事項ファイル（CREDIT.xml）に記録して債権譲渡登記をすることはできますか。

することができます。

本問のように譲渡対象債権が債務者不特定の将来債権である場合に、特定の債務者に対する債権を除いて譲渡を受けるときは、その旨を、「他の項目で記録すべき事項以外の事項であって、債権を特定するために有益なもの」（登記規則12条2項、記録方式告示第3の2⑸の注15。いわゆる「有益事項」）として債権個別事項ファイルの「備考」欄に記録した上で、債権譲渡登記をすることができます。

具体的な記録例を挙げれば、以下のとおりです。

【債権の種類】　売掛債権

【債権発生原因】　東京都内の顧客との○○（具体的な商品名）の販売契約に基づく売掛債権

【備考】　○○株式会社（本店：○○県○○市○○町○丁目○番○号）に対する売掛債権及び△△株式会社（本店：△△県△△市△△町△丁目△番△号）を支払企業（債務者）とする一括ファクタリング契約の対象となる売掛債権を除く。

債権 Q162 「債権の種類コード」として「その他の債権」を選択した場合において「債権発生原因」欄に記録すべき譲渡対象債権の法的性質の具体性の程度

債権個別事項ファイル（CREDIT.xml）の「債権の種類コード」として「その他の債権」を選択した場合に、①「債権発生原因」欄に「譲渡人が債務者に対して有する一切の債権」と記録して債権譲渡登記をすることは認められますか。また、②「債権発生原因」欄に「平成30年３月１日付け請求書に基づく債権」と記録して債権譲渡登記をすることや、③「債権発生原因」欄に「平成30年３月１日付け基本取引書に基づく債権」と記録して債権譲渡登記をすることは認められるでしょうか。

いずれも認められないものと考えます。

解説

1　「債権の種類コード」として「その他の債権」を選択した場合は、それのみでは具体的な「債権の種別」は何も特定されていませんから、「債権発生原因」欄に「債権の種別」に当たる事項を含んだ「譲渡対象債権の発生原因たる契約等の名称・内容」を記録する必要があります。ここにいう「債権の種別」の記録内容については、第三者から見ても譲渡対象債権の法的性質を識別できる程度の具体性（「貸付債権」や「売掛債権」と同程度の具体性）を要するものと解されます（Q159の解説2⑵参照）。

2　この点、本問の①のように、「債権発生原因」欄に「譲渡人が債務者に対して有する一切の債権」という包括的な記録をしただけでは、第三者から見ても譲渡対象債権の法的性質を識別できる程度の具体性を欠くものといわざるを得ません（一問一答97頁）。

また、本問の②や③のような「平成30年３月１日付け請求書に基づく債権」や「平成30年３月１日付け基本取引書に基づく債権」という記録については、確かに譲渡対象債権を特定することは可能かもしれませんが、「請求書」や「基本取引書」という文言からはその譲渡対象債権の法的性質は何も読み取ることはできないので、この場合も、第三者から見て譲渡対象債権の法的性質を識別できる程度の具体性があるとはいえません。

したがって、「債権発生原因」欄に本問の①ないし③のような記録をして債権譲渡登記をしたとしても、申請データとして記録すべき「債権の種類コード」の記録を実質的に欠くものであり（記録方式告示第３の２⑸注６、注12参照）、「登記の申請が法令の規定により定められた方式に適合しないとき」（登記令11条３号）に当たることになるため、このような登記は認められないものと考えられます。

3　なお、「債権の種類コード」として「その他の債権」以外の14種類のコードのいずれかを選択した場合は、そのコードを選択したことにより、具体的な「債権の種別」が債権譲渡登記ファイルに記録されることになりますので、この場合は、「債権発生原因」欄に本問の②や③のような記録をして債権譲渡登記の申請をしたとしても、（そのような記録をする必要性があるかどうかはおくとして）受理されることとなります。

債権

Q163 固定価格買取制度に基づく売電債権を譲渡対象債権とする場合の記録方法

固定価格買取制度に基づき再生可能エネルギー電気を電力会社に供給することにより発生する売電債権を譲渡対象債権とする場合、債権個別事項ファイル（CREDIT.xml）の「債権発生原因」欄にはどのように記録すればよいでしょうか。

A 「債権発生原因」欄には、「電気事業者による再生可能エネルギー電気の調達に関する特別措置法（平成23年法律第108号）第２条第５項に基づく特定契約」と記録すればよいものと考えられます。

解説

一般に、電気事業者に対して電気を供給することを約する契約のことを電力受給契約と呼んでいます。

そして、電力受給契約のうち、いわゆる固定価格買取制度（注１）について定める「電気事業者による再生可能エネルギー電気の調達に関する特別措置法」（以下「再エネ特措法」という。）の適用のある契約のことを、再エネ特措法では、「特定契約」と称しています（再エネ特措法２条５項）（注２）。

したがって、電力受給契約の中には、固定価格買取制度の適用のないもの（「特定契約」に当たらないもの）も含まれ得ることとなります。

もっとも、電気事業者が特定契約に関して作成している契約書様式や要綱等では、特定契約を表すのに、広く「電力受給契約」という名称が使用されているようです。

そのようなこともあり、債権譲渡登記実務においては、譲渡対象債権が再エネ特措法上の特定契約に基づき発生する売掛債権である場合でも、当該譲渡対象債権に係る「債権の種類コード」として「売掛債権」（注３）や「その他の債権」を選択した上で、「債権発生原因」欄に「電力受給契約」と記録して登記申請をする例も見られます（なお、債権譲渡登記所では、譲渡対象債権の債権発生原因となる契約が再エネ特措法上の特定契約に当たるものであるかどうかについては、通常、登記申請書の添付書面からは把握することができません。)。

そのような登記申請も、「債権発生原因」欄に「(債権の種別に当たる事項を含んだ)譲渡対象債権の発生原因たる契約等の名称・内容」が記録されているといえる以上、認められるものと解されます(注4)が、譲渡対象債権が固定価格買取制度の適用のある電力受給契約であることを明らかにする必要がある場合は、「債権発生原因」欄に、「譲渡対象債権の発生原因たる契約等の名称・内容」として、「電気事業者による再生可能エネルギー電気の調達に関する特別措置法(平成23年法律第108号)第2条第5項に基づく特定契約」と記録することが適切であると考えられます(注5)。

(注1)「固定価格買取制度」とは、再生可能エネルギー(太陽光、風力、水力、地熱、バイオマス)を用いて発電された電気を、一定期間、一定価格で電気事業者が買い取ることを義務付けた制度です。本制度の適用を受けて電気事業者に電気を供給する事業を行うには、発電設備ごとに再生可能エネルギー発電事業計画を作成し、経済産業大臣の認定を受ける必要があります。

(注2) 再エネ特措法上、「特定契約」は、再生可能エネルギー発電事業計画(同法9条1項)につき経済産業大臣の認定を受けた者(認定事業者)と電気事業者(電気事業法にいう一般送配電気事業者及び特定送配電事業者をいう。再エネ特措法2条1項)が締結する契約であって、経済産業大臣の認定を受けた再生可能エネルギー発電設備(認定発電設備)に係る調達期間を超えない範囲内の期間にわたり、当該認定事業者が電気事業者に対し再生可能エネルギー電気を供給することを約し、電気事業者が当該認定発電設備に係る調達価格により再生可能エネルギー電気を調達することを約する契約のことをいうとされています(同法2条5項)。なお、特定契約について定める現行の再エネ特措法2条5項に相当する規定は、平成29年3月31日以前は、同法4条1項に置かれていました。

(注3) なお、電気のような有体物ではないものを供給する契約が売買契約に当たるといえるか(すなわち、「債権の種類コード」につき「売掛債権」を選択することでよいかどうか)が一応問題となります。この点については、判例(大判昭12・6・29民集16巻1014頁)は、電気供給契約により発生する代金債権の消滅時効につき、民法173条1項にいう「売却した産物及び商品の代価」に該当すると判示していることからすると、少なくとも売買に準じる有償契約として解することが可能であり(我妻榮＝有泉亨『コンメンタール民法V契約法』〔新版〕152頁)、「債権の種類コード」についても「売掛債権」を選択することで差し支えないものと考え

られます。

（注４） この場合、「電力受給契約」と類似する用語に「電力需給契約」というものがあります（電力会社から需要家への電力供給に関する契約を、一般に「電力需給契約」と呼んでいます（深津功二『再生可能エネルギーの法と実務』39頁））ので、誤って「電力需給契約」と記録しないように注意する必要があります。

（注５） 「債権発生原因」欄に記録する契約の内容・名称につき、単に「特定契約」とのみ記録しても、一般に再エネ特措法に基づく特定契約のことを指すということが定着しているとまではいえず、「債権の種類」を更に特定するための事項とは言い難いため、上記のとおり、「特定契約」の根拠規定も併せて記録することが適切と考えます。

債権 Q164 「債権の種類コード」として「割賦販売代金債権」及び「クレジット債権」を選択すべき譲渡対象債権

「債権の種類コード」の「割賦販売代金債権」及び「クレジット債権」は、譲渡対象債権がどのような債権の場合に選択すればよいのでしょうか。

A 「割賦販売代金債権」は、譲渡対象債権が販売店と購入者との二者間の割賦販売取引に基づき発生する売掛債権である場合に選択します。

また、「クレジット債権」は、譲渡対象債権が、信用購入あっせん取引に基づきクレジット会社が購入者に対して取得する金銭債権であって、①購入者が購入した商品の代金若しくは役務の提供を受けた対価の支払請求権（債権譲渡方式の場合）又は②当該代金若しくは対価の立替払に基づき発生する費用償還請求権（立替払方式の場合）である場合に選択します（「債権譲渡方式」、「立替払方式」については、本解説の（注４）を参照してください。）。

1　記録方式告示は、「債権の種類コード」として「割賦販売代金債権」及

び「クレジット債権」を定めています（記録方式告示第3の2(9)の項番5）が、その具体的な内容については定義していません。

そこで、譲渡対象債権がどのような債権の場合に「割賦販売代金債権」及び「クレジット債権」を選択すればよいかが問題となりますが、「割賦販売代金債権」及び「クレジット債権」とも、その文言からすれば、販売信用取引により発生する金銭債権、すなわち、購入者が購入した商品の代金又は役務の提供を受けた対価の延払い（後払い）に係る金銭債権のことをいうものと考えられます(注1)。

2　ところで、販売信用取引の形態は、購入者（消費者）と契約当事者の数によって大きく2つに分けることができます。すなわち、ⓐ販売店と購入者との二者間の取引である「割賦販売取引」(注2)と、ⓑ販売店（加盟店）と購入者の間に信販会社等のいわゆるクレジット会社が入る三者間の取引形態（更に金融機関等が入り、四者間以上の取引になることもあります。）である「信用購入あっせん取引」(注3)(注4)との2つに分けられます（一般社団法人日本クレジット協会ウェブサイト「クレジットの基礎知識」中の「クレジットの契約関係」及び「割賦販売法による分類」を参照。なお、【図9】も参照）。

この「割賦販売取引」と「信用購入あっせん取引」とでは、購入者に対する金銭債権の債権者が誰であるかが異なります。すなわち、割賦販売取引では販売店が債権者となり、他方、信用購入あっせん取引ではクレジット会社が債権者となります。また、「割賦販売取引」と「信用購入あっせん取引」とでは、購入者に対する金銭債権の法的性質も異なります。すなわち、割賦販売取引では売掛債権となり、他方、信用購入あっせん取引では、債権譲渡方式（本解説の（注4）参照）の場合は割賦販売取引と同様に売掛債権となりますが、立替払方式（本解説の（注4）参照）の場合は会員契約に基づく委任事務処理（加盟店への立替払という事務委託）の費用償還請求権（民法650条）となります。

このように「割賦販売取引」と「信用購入あっせん取引」とではその内容に違いがあることに鑑みると、譲渡対象債権の「債権の種類」を特定するに当たっては、「割賦販売取引」により発生する債権の場合と「信用購入あっせん取引」により発生する債権の場合とで「債権の種類」を区別することが相当であると考えられます。そして、「債権の種類コード」として「割賦販売代金債権」と「クレジット債権」がそれぞれ設けられているのも、このような考え方が反映されたものと考えられます。

3　以上のことからすると、「債権の種類コード」の「割賦販売代金債権」は、譲渡対象債権が販売店と購入者との二者間の割賦販売取引に基づき発生する売掛債権（【図9】アの④の債権又は【図9】イの⑥の債権）である場合に選択することが相当であると考えられます。

また、「クレジット債権」は、譲渡対象債権が、信用購入あっせん取引に基づきクレジット会社が購入者に対して取得する金銭債権（【図9】ウの⑦の債権又は【図9】エの⑦の債権）である場合に選択することが相当と考えられます。

（注1）クレジット業者が、消費者との会員契約に基づき、消費者が信用販売取引を行うためのカード（ショッピングカード）にキャッシング機能を付加した上で、消費者に対して金銭の貸付け（キャッシング）を行うことがあります。この場合、キャッシングにより発生する債権については、信用販売取引を行うためのカードと同じカードを用いることにより発生するとしても、その法的性質は金銭消費貸借契約に基づく貸付債権であり、「割賦販売代金債権」又は「クレジット債権」とは法的性質が異なるものと解されます。したがって、キャッシングにより発生する債権の「債権の種類コード」については、「その他の貸付債権」又は「消費者ローン債権」を選択した上で、信用販売取引により発生する債権とは別個の債権として特定することが相当と考えられます。

もっとも、キャッシングにより発生する債権と販売信用取引により発生する債権（割賦販売代金債権又はクレジット債権）が同一の会員規約により発生し、これらの債権の管理や処分が一括して行われる実態があり、両者をそれぞれ別の譲渡対象債権として特定するとかえって問題が生じるようなとき（Q158の解説2(4)参照）は、「債権の種類コード」として「その他の債権」を選択した上で、「債権発生原因」欄を「○○カード会員規約に基づく売掛債権及び貸付債権」（又は「○○カード会員規約に基づくショッピング債権及びキャッシング債権」など）のように特定することも可能と考えます（なお、譲渡対象債権を更に特定しやすくするために、カード会員規約の締結日を「契約年月日」欄に記録したり、債務者に係る会員番号を「債権の管理番号」欄や「備考」欄に記録することも考えられます。）。

（注2）「割賦販売取引」の方式には、①証票（クレジットカード）等を利用しない方式（個別方式・割賦販売法2条1項1号参照）と、②証票等を利用する方式（包括方式・同項2号参照）とがありますが、いずれの方式

により発生する割賦販売代金債権も、「債権の種類コード」の「割賦販売代金債権」を選択することで差し支えないものと考えられます。

（注3）「信用購入あっせん取引」の方式には、①証票等を利用する方式（包括方式・割賦販売法2条3項参照）と、②証票等を利用しない方式（個別方式・同条4項参照）とがありますが、いずれの方式により発生する債権も、「債権の種類コード」の「クレジット債権」を選択することで差し支えないものと考えられます。

（注4）「信用購入あっせん取引」においては、信用購入あっせん取引を実施するための契約として、販売店（加盟店）とクレジット会社との間で「加盟店契約」が締結されますが、信用購入あっせん取引に基づきクレジット会社が購入者に対して支払を請求するための法律構成は、加盟店契約の内容により、2つに分けられます。すなわち、購入者と販売店（加盟店）との取引が行われた後、①販売店（加盟店）がクレジット会社に対して購入者の商品等の購入代金に関する立替払の請求を行い、クレジット会社が第三者弁済をした上で、購入者に対して期日に当該立替払金の求償を行う方式（立替払方式）と、②販売店（加盟店）が購入者に対して有する売掛債権をクレジット会社に譲渡し、当該売掛債権に基づきクレジット会社が購入者に対し期日に弁済を求める方式（債権譲渡方式）があります。

【図9】 販売信用取引の仕組み

◎売買契約	購入者と販売店（加盟店）との間で締結される商品等の引渡しに関する契約
◎立替払契約	購入者とクレジット会社との間で締結される代金の支払に関する契約
◎加盟店契約	販売店（加盟店）とクレジット会社との間で締結されるクレジットの取扱いに関する契約

〈ア　割賦販売取引（個別方式）〉

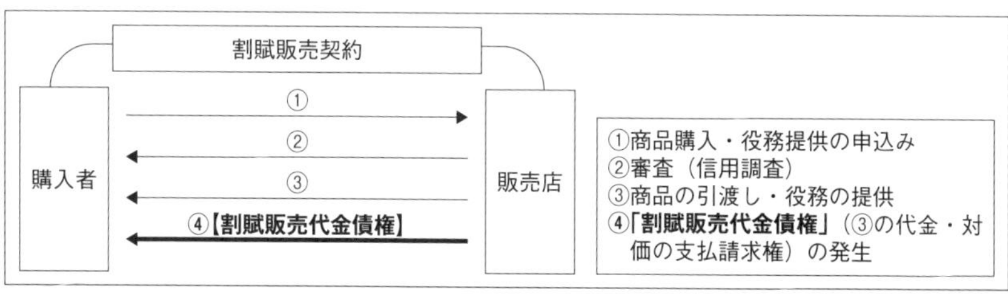

〈イ　割賦販売取引（包括方式）〉

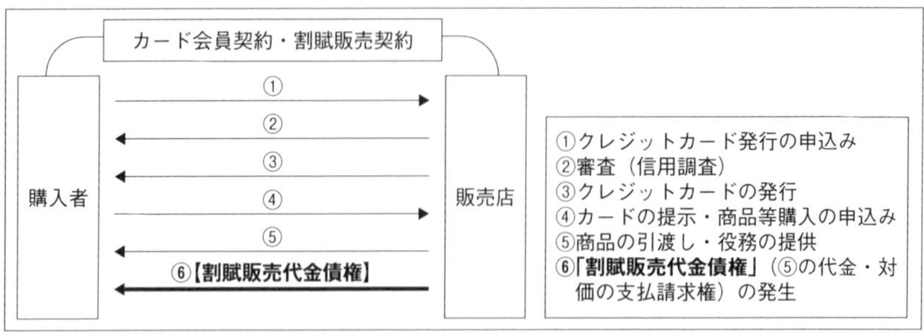

〈ウ　信用購入あっせん取引（個別方式（立替払方式）の場合）〉

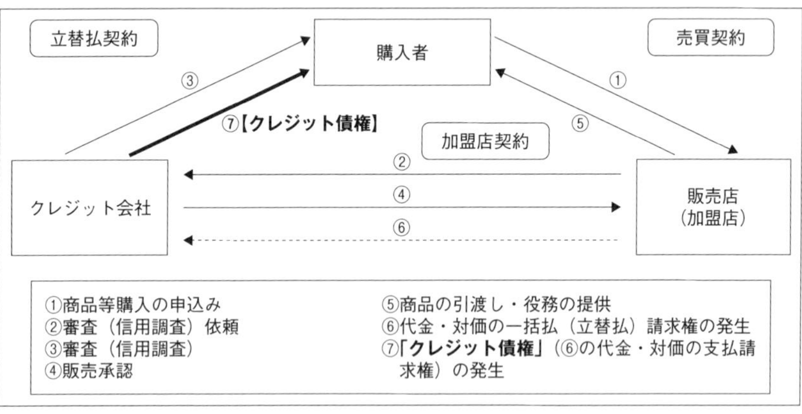

〈エ　信用購入あっせん取引（包括方式（立替払方式）の場合）〉

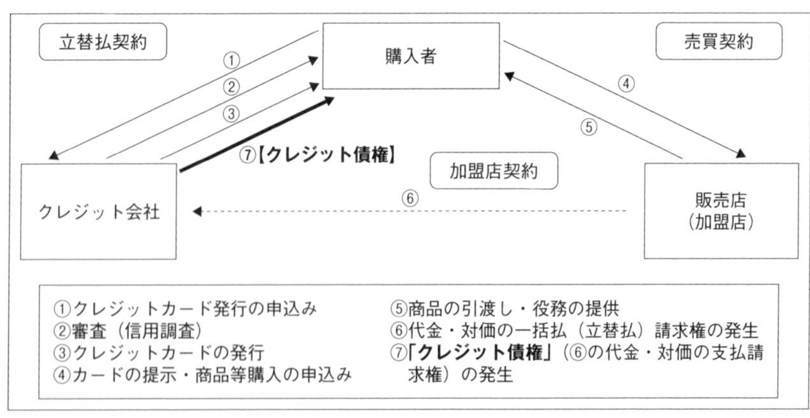

※なお、<ウ　信用購入あっせん取引（個別方式）>及び<エ　信用購入あっせん取引（包括方式）>につき、「債権譲渡方式」の場合は、「⑤商品の引渡し・役務の提供」により販売店（加盟店）が購入者に対して有する売掛債権が、加盟店契約に基づき、販売店（加盟店）からクレジット会社に譲渡されます（この譲渡された売掛債権が「クレジット債権」となります。「立替払方式」における⑦の債権に相当します。）。そして、販売店（加盟店）は、加盟店契約に基づき、クレジット会社に対して、当該売掛債権代金の支払請求権（「立替払方式」における⑥に相当する債権）を有することになります。

債権 Q165 「債権の種類コード」として「住宅ローン債権」及び「消費者ローン債権」を選択すべき譲渡対象債権

「債権の種類コード」の「住宅ローン債権」及び「消費者ローン債権」は、譲渡対象債権がどのような債権の場合に選択すればよいのでしょうか。また、「その他の貸付債権」との使い分けは、どのようにすればよいのでしょうか。

A　「債権の種類コード」の「住宅ローン債権」及び「消費者ローン債権」は、それぞれ、貸付債権の一類型であると考えられます。そして、「債権の種類コード」の「その他の貸付債権」との使い分けについては、譲渡対象債権の原債権者や貸付目的等から判断して、譲渡対象債権が取引通念上一般的に「住宅ローン債権」又は「消費者ローン債権」に当たるときに、「債権の種類コード」として「住宅ローン債権」又は「消費者ローン債権」を選択すれば足りるものと考えられます。

解説

1　記録方式告示は、「債権の種類コード」として「住宅ローン債権」及び「消費者ローン債権」を定めています（記録方式告示第3の2(9)の項番5）が、その具体的な内容については定義していません。

もっとも、「債権の種類コード」にいう「住宅ローン債権」及び「消費者ローン債権」の法的性質については、「ローン（Loan）」とは、「貸付け」（名詞）あるいは「貸し付ける」（動詞）という意味であることからすれば、それぞれ、貸付債権の一類型であることは明らかであるといえます。

2　ところで、「債権の種類コード」には、「住宅ローン債権」及び「消費者ローン債権」のほかに「その他の貸付債権」がありますが、その使い分けについては、譲渡対象債権の原債権者や貸付目的等に基づき、譲渡対象債権である貸付債権が取引通念上一般的に「住宅ローン債権」又は「消費者ローン債権」と言われるものであるときに、「債権の種類コード」として「住宅ローン債権」又は「消費者ローン債権」を選択すれば足りるものと考えられます(注)。

3　なお、譲渡対象債権の「債権の種類コード」は、譲渡対象債権が発生した時点の債権の種別に基づき特定することとなります。

したがって、例えば、原債権者が住宅ローンを取り扱っている金融業者、譲受人がサービサーである貸付債権の譲渡につき、「債権の種類コード」を「住宅ローン債権」として特定した上で債権譲渡登記を備えた後、当該サービサーが別のサービサーに当該貸付債権を再譲渡し、その再譲渡についても債権譲渡登記を備えようとする場合、その再譲渡に係る債権譲渡登記における「債権の種類コード」については、譲渡対象債権が発生した時点の債権の種別である「住宅ローン債権」とすればよく、「その他の貸付債権」に変更する必要はないものと考えられます。

(注)「住宅ローン債権」に当たるかどうかの判断については、例えば、原債権者が住宅ローンを取り扱っている金融業者であるかどうか、また、資金を貸し付ける目的が住宅の建築や購入のためであるかどうかなどが判断要素になると考えられます。そして、「消費者ローン債権」に当たるかどうかの判断についても、例えば、原債権者がいわゆる消費者金融業を営む者であるかどうか、また、資金を貸し付ける目的が、事業のためのものではなく、日常生活を営むためのものであるかどうかなどが判断要素になると考えられます。このような判断要素に基づき、最終的には、債権譲渡登記の申請人において、譲渡対象債権が「住宅ローン債権」又は「消費者ローン債権」に当たるかどうかを判断すれば足りるものと考えられます。

債権

Q166 住宅ローン債権譲渡契約に基づき発生する債権の譲渡代金の支払請求権を譲渡対象債権とする場合の記録方法

ＡＢ間の住宅ローン債権譲渡契約に基づき、ＡがＳに対して有する住宅ローン債権をＢに譲渡することにより発生する債権譲渡代金債権を譲渡対象債権として、Ａを譲渡人、Ｃを譲受人とする債権譲渡登記を申請する場合（【図10】を参照）、譲渡対象債権はどのように記録すればよいでしょうか。

A 「債権の種類コード」として「売掛債権」（又は「その他の債権」など）を選択した上で、「債権発生原因」欄については、「住宅ローン債権譲渡契約に基づく債権譲渡代金の支払請求権」のように記録すればよいものと考えられます。

住宅ローン債権譲渡契約に基づき住宅ローン債権を譲渡することにより発生する当該住宅ローン債権額相当額（実際は、手数料等が差し引かれるため、譲渡した住宅ローン債権の総額を下回るものと思われます。）の支払請求権は、当該住宅ローン債権そのものではありませんので、「債権の種類コード」としては、「住宅ローン債権」ではなく、「売掛債権」を選択した上で(注)、「債権発生原因」欄には、譲渡対象債権の範囲や内容を明確にするための任意的な記録として（Q159の解説2(1)参照）、「住宅ローン債権譲渡契約に基づく債権譲渡代金の支払請求権」のように「譲渡対象債権の発生原因たる契約等の名称・内容」を記録すればよいものと考えられます（なお、譲渡対象債権を更に特定しやすくするために、住宅ローン債権譲渡契約の締結日を「契約年月日」欄に記録することなども考えられます。）。

なお、当該支払請求権の法的性質が純粋な売買契約とは言い難い場合は、「債権の種類コード」として「その他の債権」を選択することも考えられます。この場合は、「債権発生原因」欄に「債権の種別」に当たる事項を含んだ「譲渡対象債権の発生原因たる契約等の名称・内容」を必ず記録する必要がありますが（Q159の解説2(2)参照)、この場合でも「住宅ローン債権譲渡契約に基づく債権譲渡代金の支払請求権」という表記であれば、特に問題はないものと考えられます。

（注） 住宅ローン債権譲渡契約の実質が、当該住宅ローン債権の譲渡人に対して金融上の便宜（資金融資）を付与することにある場合は､「債権の種類コード」として「その他の貸付債権」を選択することも考えられます。

【図10】 事案の概略

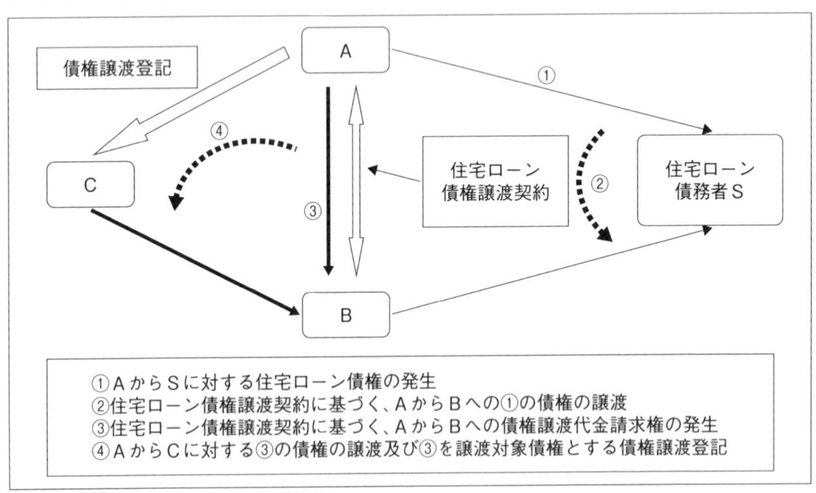

債権 Q167 「債権の種類コード」として「リース債権」を選択すべき譲渡対象債権

「債権の種類コード」の「リース債権」は、譲渡対象債権がどのような債権の場合に選択すればよいのでしょうか。

A 譲渡対象債権がリース取引において発生する債権であって、リース会社がリース物件のユーザーに対して有する、当該物件に係るリース料の支払請求権であるときに選択します。

1　記録方式告示は、「債権の種類コード」として「リース債権」を定めています（記録方式告示第3の2(9)の項番5）が、その具体的な内容については定義していません。

もっとも、「リース債権」という文言からすれば、「債権の種類コード」の「リース債権」は、リース取引において発生する債権について選択することになるものと考えられます。

2　そこで、リース取引の仕組みについてみると、リース取引の代表例であるファイナンス・リース取引（注1）は、取引全体としては、リース会社（賃貸人）、ユーザー（賃借人）、サプライヤー（販売会社）の三者が関与し、ユーザーが選択・決定した物件をリース会社がユーザー指定のサプライヤーから取得して、それをリースの対象とするものであり、三者の契約関係としては、ⓐリース会社とユーザーとのリース契約と、ⓑリース会社とサプライヤーとの売買契約からなるものということができます（公益社団法人リース事業協会ウェブサイト「リースのご案内」中の「リース契約の特徴」を参照。なお、【図11】も参照）。

このうち、「債権の種類コード」の「リース債権」とは、その文言からすると、上記ⓐのリース契約により発生する債権（リース物件に係るリース料の支払請求権・【図11】の⑦に係る債権）をいうものと考えられます。

したがって、「債権の種類コード」の「リース債権」は、譲渡対象債権がリース取引において発生する債権であって、リース会社がユーザーに対して有するリース物件に係るリース料の支払請求権であるときに選択すればよいものと考えられます（注2）。

3　なお、リース債権に付帯（付従）する債権がある場合でも、「債権の種類コード」については、「その他の債権」を選択する必要はなく、「リース債権」を選択すればよいものと考えます（Q158の解説2(3)(4)参照）。

（注1）　ファイナンス・リース契約の性質について、判例（最一小判平5・11・25裁判集民事170号553頁。最二小判平7・4・14民集49巻4号1063頁も同旨）は、「ファイナンス・リース契約は、物件の購入を希望するユーザーに代わって、リース業者が販売業者から物件を購入のうえ、ユーザーに長期間これを使用させ、右購入代金に金利等の諸経費を加えたものをリー

第5章 債権 Q167

ス料として回収する制度であり、その実体はユーザーに対する金融上の便宜を付与するものである」と判示しています。

このようにファイナンス・リース契約の性質は賃貸借と金銭消費貸借の両方の側面を有するものと考えられますが、ファイナンス・リース契約に基づくリース債権の発生時期をいかに特定するかにつき、賃貸借の側面に着目すれば、リース債権はリース物件の使用収益に応じて日々発生すると捉えた上で、リース債権の「債権発生年月日＿始期」をリース期間開始日、「債権発生年月日＿終期」をリース期間終了日とすることが考えられます。

他方、金銭消費貸借の側面に着目すれば、リース債権の「債権発生年月日＿始期」をファイナンス・リース契約の契約締結日とし、「債権発生年月日＿終期」も「債権発生年月日＿始期」と同一日とすることが考えられます。

なお、上記判例は、ファイナンス・リース契約に基づくリース債権の発生時期について、「リース料の支払債務は契約の締結と同時にその全額について発生し、ユーザーに対して月々のリース料の支払という方式による期限の利益を与えるものにすぎず、また、リース物件の使用とリース料の支払とは対価関係に立つものではないというべきである。」（傍点は引用者による。）と判示しています。

（注２）　これに対し、リース取引において発生する債権であって、リース会社とサプライヤーとのリース物件の売買契約に基づく債権（上記解説２のⓑの債権・【図11】の⑧に係る債権）が債権譲渡登記の譲渡対象債権となる場合もあり得ます。この場合の「債権の種類コード」としては、「売掛債権」を選択すればよいものと考えられます。

【図11】　ファイナンス・リース取引の仕組み

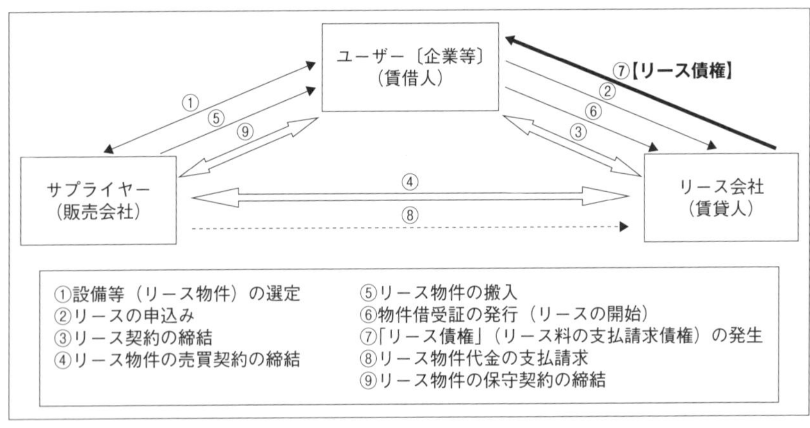

債権 Q168 譲渡対象債権がレンタル契約やライセンス契約に基づき発生する使用料債権である場合に選択すべき「債権の種類コード」

「レンタル契約」に基づき発生する使用料債権（レンタル料債権）が譲渡対象債権である場合、どの「債権の種類コード」を選択すればよいでしょうか。また、「ライセンス契約」に基づき発生する実施料債権（使用料債権）が譲渡対象債権である場合、どの「債権の種類コード」を選択すればよいでしょうか。

A 「レンタル契約」に基づき発生する使用料債権（レンタル料債権）が譲渡対象債権である場合には、当該契約の法的性質を個別具体的に判断した上で、適宜の「債権の種類コード」を選択すべきものと考えられます。

「ライセンス契約」に基づき発生する実施料債権（使用料債権）が譲渡対象債権である場合には、一般的には、「債権の種類コード」として「その他の債権」を選択することになると考えられます。

解説

1(1) 「レンタル契約」に基づき発生する使用料債権（レンタル料債権）が譲渡対象債権である場合、どの「債権の種類コード」を選択すればよいかという点については、「レンタル契約」という用語は法令に定義はなく、取引実務においては多義的に使用されていることから、当該契約の法的性質を個別具体的に判断した上で、適宜の「債権の種類コード」を選択すべきものと考えられます。

(2) 例えば、「レンタル契約」に基づき発生する使用料債権（レンタル料債権）が動産の賃貸借契約から発生する賃料のことをいうのであれば、「債権の種類コード」としては、「その他の賃料債権」を選択することでよいものと考えられます。

すなわち、民法601条は「賃貸借は、当事者の一方がある物の使用及び収益を相手方にさせることを約し、相手方がこれに対してその賃料を支払うことを約することによって、その効力を生ずる。」と規定しています。この規定から明らかなとおり、民法の賃貸借契約は、その対象を「物」としており、不動産に限定しているわけではありません。したがって、この場合は、「債権の種類コード」として「その他の賃料債権」を選択することでよいものと考えます。

なお、この場合において、譲渡対象債権が債務者不特定の将来債権であるときは、「債権の特定に資する情報」を記録する必要があり（Q160参照）、例えば、「債権発生原因」欄に「東京都中野区内の顧客との有線放送契約に基づく受信機器レンタル料債権」のように記録する必要があります。

(3)　次に、「レンタル契約」という名称であっても、その法的性質の実質はリース契約である場合もあり得ます。その場合は、「債権の種類コード」としては、「リース債権」を選択することもあり得るものと考えられます。

(4)　さらに、使用及び収益をさせる対象が「物」ではなかったり、「レンタル契約」という名称が付されていてもその法的性質が直ちには決定し難く、民法に規定する賃貸借契約に当たるかどうか判断しかねるような場合は、「債権の種類コード」として「その他の債権」を選択した上で、「債権発生原因」欄に「債権の種別」に当たる事項を含んだ「譲渡対象債権の発生原因たる契約等の名称・内容」を記録することも考えられます（譲渡対象債権が債務者不特定の将来債権であるときは、更に「債権の特定に資する情報」も付加して記録する必要があります。）。

例えば、譲渡対象債権が「レンタルサーバ提供契約」に基づく使用料債権である場合、使用収益の対象は「物」ではないと解するのであれば賃料債権とは言い難く、また、当該譲渡対象債権の法的性質も直ちには決定し難い（賃貸借契約に基づく賃料債権ではないとした場合、他に考えられるものとして報酬債権として捉える考え方もあり得ますが、異論もあるところだと思われます。）ことから、「債権の種類コード」として「その他の債権」を選択し、「債権発生原因」欄に、例えば「レンタルサーバ提供契約に基づく使用料債権」（債務者不特定の将来債権の場合は、「株式会社○○サービス（本店：東京都中野区○○一丁目○番○号）が設置し、運用管理するレンタルサーバに係るレンタルサーバ提供契約に基づく使用料債権」）などと記録することが考えられます。

2(1)　次に「ライセンス契約」に基づき発生する実施料債権（使用料債権）が譲渡対象債権である場合、どの「債権の種類コード」を選択すればよいかという点については、「ライセンス契約」という用語も、法令に定義はありません。しかしながら、一般に、ライセンス契約は、技術情報の所有者（ライセンサー）が、その技術情報を利用して物を製造・販売したいという相手方（ライセンシー）に対し、技術情報を実施・使用する権利を許諾した上で、ライセンシーが、ライセンサーに対し、技術情報の実施・使用の対価（ロイヤルティー）を支払うことを内容とする契約であると解されており（佐藤孝幸『実務契約法講義』〔第４版〕325頁）、このようなライセンス契約の内容及び法的性質については、取引実務において定着しているものと考えられます。

(2)　では、ライセンス契約に基づき発生する実施料債権（使用料債権）を譲渡対象債権とする場合、「債権の種類コード」として「その他の賃料債権」を選択することが相当かどうかが問題となります。

しかしながら、賃貸借契約について規定する民法601条は、その対象を「物」としているところ、ライセンス契約に基づき発生する実施料債権（使用料債権）は、技術情報の実施・使用の対価であり、物の使用収益の対価ではありませんから、民法上の賃貸借契約とは言い難いところがあります。

そうすると、１つの考え方として、この場合には、「債権の種類コード」として「その他の債権」を選択した上で、「債権発生原因」欄に、例えば「ライセンス契約に基づく実施料（使用料）債権」（債務者不特定の将来債権の場合は、「○○（具体的な技術情報の内容）に係るライセンス契約に基づく実施料（使用料）債権」）などと記録することが考えられます。

債権 Q169 譲渡対象債権が駐車場利用契約に基づく料金債権である場合に選択すべき「債権の種類コード」

駐車場利用契約に基づき発生する料金債権が譲渡対象債権である場合、どの「債権の種類コード」を選択すればよいでしょうか。

A 駐車場利用契約に基づき発生する料金債権が譲渡対象債権である場合は、当該駐車場の利用形態や管理状況等に基づき当該駐車場利用契約の法的性質を個別具体的に判断した上で、適宜の「債権の種類コード」を選択すべきものと考えられます。

解説

1　駐車場利用料金が債権譲渡登記の譲渡対象債権とされるのは、いわゆるコインパーキングのような駐車場や、ホテル・デパート等の客の集来を目的とする施設が設置する駐車場のような、一時利用を前提とした駐車場の利用料金債権ではなく、月極駐車場のように、一定の期間、一定の区画を専用的に使用させる駐車場の利用料金債権に限定されるものと想定されます。その上でもなお、駐車場利用契約の法的性質については、駐車場の利用形態や管理状況等が様々であることから、これを一律に扱うのは相当ではないと思われます。

例えば、土地所有者と駐車場利用者との間の契約内容が車の格納場所の提供という場合には、土地の一部（保管場所）の賃貸借契約と解することができますし、また、駐車場管理者（受寄者）が利用者（寄託者）のために自動車を保管することを目的とするなら車両保管の契約（寄託契約）と解することができます。そして、結局のところ、駐車場利用契約の内容が駐車場所の賃貸借であるか、それとも自動車の寄託であるかは、結局は当事者の意思内容や駐車場管理の実態等を個々的に判断して決すべきとならざるを得ないものと考えられます（遠藤浩ほか監修『現代契約法体系 第3巻 不動産の賃貸借・売買契約』259～260頁〔大澤正男〕）。また、そもそも民法が規定する典型契約に当てはめて考えるのが適切かどうかという問題もあり、一種の無名契約として捉えるべきとの考え方もあり得ると思われます。

2　そうすると、1つの考え方として、駐車場利用契約に基づき発生する料金債権が譲渡対象債権である場合は、当該駐車場の利用形態や管理状況等に基づき当該駐車場利用契約の法的性質を個別具体的に判断した上で、①賃貸借契約に当たると考えられるときは、「債権の種類コード」については「不動産賃料債権」又は「その他の賃料債権」を選択する、②寄託契約に当たると考えられるときは、「債権の種類コード」については「その他の債権」を選択し、「債権発生原因」欄については、「寄託契約」という文言を用いた上で「譲渡対象債権の発生原因たる契約等の名称・内容」を記録する、③その法的性質が直ちには決定し難く、民法に規定する賃貸借契約又は寄託契約に当たるかどうか判断しかねるようなときは、「債権の種類コード」として「その他の債権」を選択し、「債権発生原因」欄に「駐車場利用契約に基づく駐車場利用料金債権」という文言を組み入れて「譲渡対象債権の発生原因たる契約等の名称・内容」を記録することも、債権譲渡登記において譲渡対象債権を特定するために必要なレベルは満たしていると考えられることから（少なくとも、譲渡対象債権が「駐車場を利用した対価に係る請求権」ということが明らかにされていれば、通常は、債務者としては、自らが譲渡対象債権の債務者に当たるかどうかを判断することは可能であると思われます。）、許容されるものと考えられます（譲渡対象債権が債務者不特定の将来債権であるときは、例えば、「駐車場利用契約に基づく駐車場利用料金債権（駐車場の名称：中野パーキング、所在地：東京都中野区○○一丁目○番○号）」のように駐車場の名称や所在地を特定するなどして、更に「債権の特定に資する情報」を付加して記録する必要があります。）。

譲渡対象債権が準消費貸借契約の場合において旧債務を特定する記録をすることの要否

譲渡対象債権が準消費貸借契約の場合、「債権発生原因」欄に旧債務の内容を特定するための記録をする必要があるでしょうか。

A 旧債務を特定するための記録をすることが相当と考えられます。

1　準消費貸借は、「消費貸借によらないで金銭その他の物を給付する義務を負う者がある場合において、当事者がその物を消費貸借の目的とすることを約した」ことにより成立します（民法588条）。

この民法588条の文言によれば、準消費貸借の成立のためには、①消費貸借の目的となる従前の債務（旧債務）の存在と、②旧債務を準消費貸借とすることの合意が必要であると考えられることから、譲渡対象債権が準消費貸借契約の場合には、「債権発生原因」欄に、旧債務の内容を特定するための記録をする必要があるようにも見えます。

2　この点、要件事実論においては、準消費貸借に基づいて金銭の返還を請求する場合、原告は①及び②双方につき主張立証責任があるとする説（原告説）もありますが、原告は旧債務の不存在を主張すれば足り、新債務の存在を争う被告において、抗弁として主張立証しなければならないとする説（被告説）が一般的であり、判例（最二小判昭43・2・16民集22巻2号217頁）も被告説の立場に立っています。もっとも、被告説による場合でも、旧債務の存否の主張立証責任とは別に、原告は特定の準消費貸借契約に基づく請求であることを明らかにするために旧債務を特定する必要があり、実務的には、原告は、旧債務の金額、種類のほか債権発生事実まで含めて特定するのが相当とされています（加藤新太郎・細野敦『要件事実の考え方と実務〔第2版〕』243〜245頁）。

3　以上の要件事実論の考え方も踏まえると、債権譲渡登記における譲渡対象債権につき、「債権発生原因」欄に旧債務の内容を特定するための記録を欠いた上で登記をした場合に当該登記の効力が認められるかどうかという問題はおくとして、実務的には、「債権発生原因」欄に旧債務の内容を特定するための記録をした上で譲渡対象債権の特定を行うことが相当と考えられます。

そして、具体的な記録方法については、例えば、「債権の種類コード」につき「その他の貸付債権」を選択した上で、「債権発生原因」欄に「原債権者と債務者間で締結した平成30年1月10日付け自動車売買契約の代金債務100万円を目的とする準消費貸借契約」のように記録することが考えられます。

債権 Q171 「債権の種類コード」として「その他の報酬債権」を選択すべき譲渡対象債権

債権個別事項ファイル（CREDIT.xml）の「債権の種類コード」の「その他の報酬債権」は、譲渡対象債権がどのような債権の場合に選択すればよいのでしょうか。

A　報酬債権とは、基本的には、請負契約における仕事の完成や委任契約における事務の処理等の対価（報酬）の請求権のことをいうものと解されます。その上で、譲渡対象債権である金銭債権が、①運送という仕事の完成に対する報酬請求権であるときは「運送料債権」を、②工事という仕事の完成に対する報酬請求権であるときは「工事請負代金債権」を、③保険診療という行為に対する報酬請求権であるときは「診療報酬債権」を選択し、④それら以外の仕事の完成や事務の処理等の報酬請求権であるときは「その他の報酬債権」を選択すればよいものと考えられます。

なお、譲渡対象債権が仕事の完成や事務の処理等の報酬請求権である場合に、「債権の種類コード」につき「売掛債権」を選択すると、譲渡対象債権の特定に誤りがあり、債権譲渡登記による対抗力が生じないと判断されることもあり得るため、注意する必要があると考えられます。

1　一般に、「報酬」とは、「労務、仕事の完成、事務の処理等の対価として支払われる金銭・物品」のことをいうものと解されています（竹内昭夫ほか編『新法律学辞典』（第三版）1287頁）。

実際、民法や商法では、請負契約における仕事の結果の対価や、（準）委任契約における事務や行為の対価を「報酬」と呼んでいます（民法648条、656条、商法512条）。

このことからすると、譲渡対象債権である金銭債権が請負契約における仕事の完成や委任契約における事務の処理等の対価（報酬）の請求権である場合（注１）には、報酬請求権としての性質を有することを表しているといえる「債権の種類コード」を選択して、譲渡対象債権に係る「債権の種別」を特定すればよいものと考えられます。その場合、選択し得る「債権の種類コード」としては、「運送料債権」、「工事請負代金債権」、「診療報酬債権」及び「その他の報酬債権」の４つがあるものと考えられます。

そして、譲渡対象債権が、①運送という仕事の完成に対する報酬請求権であるときは「運送料債権」を、②工事という仕事の完成に対する報酬請求権であるときは「工事請負代金債権」を、③保険診療という行為に対する報酬請求権であるとき（Q172参照）は「診療報酬債権」を選択し、④それら以外の仕事の完成や事務の処理等の報酬請求権であるときは「その他の報酬債権」を選択することが適切であると考えられます（注２）。

2(1)　ところで、取引実務においては、法的性質としては報酬請求権に当たるであろう債権であっても、「売掛債権」と呼んだり、経理上は「売掛債権」として取り扱われる例が見られるようです（注３）。そのため、債権譲渡登記実務においても、譲渡対象債権の法的性質が報酬請求権に当たるであろう場合であっても、「債権の種類コード」につき「売掛債権」を選択する例が見られます。

しかしながら、「債権の種類コード」を選択することにより特定される「債権の種別」は、譲渡対象債権を特定するための要素である（特例法８条２項４号、登記規則９条１項４号）ことから、その特定を誤った場合は、譲渡対象債権の特定に誤りがあり、ひいては債権譲渡登記の対抗力が否定されることもあり得るものと考えられます。

(2) この点が問題となった裁判例として、東京高判平13・11・13高民54巻2号119頁が挙げられます。

これは、訴外A社から、A社が顧客である訴外B社らに対して有する、法人会員契約又は業務委託契約に基づきB社の社員らの海外赴任に関する各種サービス（カウンセリングサービス、代行サービス、研修サービス等）を提供するなどしたことに対する報酬債権（以下「本件報酬債権」という。）を譲り受け、最初に、債権の種類を「その他の報酬債権」と記録した上で債権譲渡登記をしたXと、後れて、債権の種類を「売掛債権」と記録した上で債権譲渡登記をしたYとの間で、それぞれの債権譲渡の対抗の可否が争われた事案であり、争点の1つとして、Yのした債権譲渡登記は本件報酬債権の譲渡を公示しているといえるかどうかが問題となりました。

本裁判例は、その判示事項中で、①債権の種類の表示が適切でない登記の効力についても一概に対抗力がないと解するのは相当ではないが、その齟齬の程度等に鑑みて譲渡債権の識別に支障を来すと認められる場合には、譲渡債権について公示がないものとして対抗力を否定するのが相当であり、②「売掛債権」と「その他の報酬債権」とは明らかに性質を異にする債権であるとした上で、③本件報酬債権につき債権の種類を売掛債権としたYの債権譲渡登記は、その譲渡債権を特定するための記録に誤りがあり、本件報酬債権を公示しているものとは認められない（したがって、Yの債権譲渡登記は対抗力を生じない）との判断を示しています（注4）（注5）。

本裁判例に鑑みれば、譲渡対象債権が仕事の完成や事務の処理等の対価の支払請求権である場合に、当該支払請求権を譲渡対象債権とする債権譲渡登記において「債権の種類コード」につき「売掛債権」を選択してしまうと、当該債権譲渡登記の効力について争いが生じた際に、譲渡対象債権の特定に誤りがあり、当該債権譲渡登記による対抗力が生じないとの司法判断がされることもあり得るため、その選択は慎重に行うべきであると考えられます。

（注1） 報酬請求権の典型例としては、他に雇用契約に基づく賃金債権が挙げられますが、通常、賃金債権が債権譲渡登記の譲渡対象債権として登記されることはないので、本問における検討の対象からは外しています。

（注２） 法務省ホームページの「債権譲渡登記」の案内ページ中に掲載されている「債権を特定する方法の記録例」（平成30年３月更新）（http://www.moj.go.jp/content/001178303.pdf）では、譲渡対象債権の債権の種類が報酬債権になり得る債権の特定例につき、以下のとおり紹介しています。

◎当事者の一方が相手方の注文に応じて自分の材料で製作した物を供給し、相手方がこれに対して報酬を支払う契約（製作物供給契約）（※１）に基づく委託料債権の譲渡を受けるケース

【債権の種類】 その他の報酬債権 又は 売掛債権（※２）

【債権発生原因】 ○○（製作物の名称）の製作に係る製作物供給契約（※３）

※１ 例えば、注文者の注文に応じて機械・家具・洋服等を製作し、販売する契約があります。

※２ 製作物供給契約は、請負と売買の混合契約と解されているところ、【債権の種類】として「その他の報酬債権」と「売掛債権」のいずれを記録するかについては、一律に決定することはできないため、具体的な契約内容に即して判断することとなります。

※３ 【債権の種類】として選択した「その他の報酬債権」又は「売掛債権」の発生原因たる契約の名称・内容を更に特定する必要がある場合に、任意に記録します。

◎運送（委託）契約に基づく運送料債権の譲渡を受けるケース

【債権の種類】 運送料債権（※）

※ 運送（委託）契約は、運送という仕事の完成を目的とする請負契約と解されることから、【債権の種類】として「その他の報酬債権」を選択することも考えられます。しかしながら、「債権の種類コード」として特に「運送料債権」を設けていることからすれば、「運送料債権」を選択することが、より適切と考えられます。

◎業務委託契約に基づく委託料債権等の譲渡を受けるケース

【債権の種類】 その他の報酬債権 又は 工事請負代金債権
（若しくは その他の債権）（※１）

【債権発生原因】 ○○（委託する業務の内容）の委託に係る業務委託契約（※２）

※１ 業務委託契約は、委託者から支払われる委託料等が業務の対価（報酬）としての性質を有するのであれば、【債権の種類】として「その他の報酬債権」（業務の内容によっては「工事請負代金債権」）を選択し、報酬としての性質を有するものでないときは、「その他の債権」を選択することが適切と考えられます。

※２ 【債権の種類】として「その他の報酬債権」又は「工事請負代金債権」を選択した場合は、その発生原因たる契約の名称・内容を更に特定する必要があるときに、任意に記録します。「その他の債

権」を選択した場合は、その発生原因たる契約の名称・内容を具体的に記録する必要があります。

◎診療報酬債権の譲渡を受けるケース

【債権の種類】 診療報酬債権

【備考】 保険医療機関コード：○○○○、保険医療機関名：○○クリニック（開設場所：○○県○○市○○町○丁目○番○号）

◎介護保険法に基づく介護報酬債権の譲渡を受けるケース

【債権の種類】 その他の報酬債権

【債権発生原因】 介護給付費及び公費負担医療等に関する費用等の請求に関する省令（平成12年厚生省令第20号）第１条所定の介護給付費及び公費負担医療等に関する報酬債権

【備考】 介護保険事業所番号：○○○○、施設名：○○グループホーム（開設場所：○○県○○市○○町○丁目○番○号）

（注３） 例えば、池田真朗ほか「<座談会>売掛債権担保融資保証制度の特徴と運用上の留意点」（金融法務事情1643号22頁以下）では、「一般に中小企業というのは、財務経理上、売掛債権ですべてといっていいぐらいに認識し、計上しています。」（同号32頁〔中村廉平発言〕）、「『売掛債権』という言葉が実務的には非常に広い意味で使われている。売買取引に基づいて発生した債権のみならず、広く役務提供なり、請負においても『売掛債権』という言葉が使われている」（同号33頁〔小林昭彦発言〕）という実情が紹介されています。

（注４） 本判決の判示内容は、債権譲渡登記実務上極めて重要なものですので、以下に当該判示部分の原文を紹介しておきます。「Ｙの債権譲渡登記における債権の種類についての『売掛債権』という記録は、訴外Ａの事業内容、その有する債権の内容等の諸事情を知悉した状況にはない第三債務者その他の第三者にとっては、商品等の売買代金債権と理解されるのが普通であると認められ、殊に債権譲渡登記における債権の種類についての記録は本件告示の付録コード表に示された15種類の債権の中から選択されたものとして表示されていると認識されるであろうから、余計にその傾向は顕著なものと考えられる。債権譲渡特例法が登記の対象とする債権は様々なものがあり、上記の15種類（『その他の債権』を除くと14種類）の分類では必ずしも適切なものがない等の場合も想定され、その場合にすべて『その他の債権』として記録するのが適切とも思われないから、債権の種類の表示が適切でない登記の効力についても一概に対抗力がないと解するのは相当ではないが、その齟齬の程度等にかんがみて譲渡債権の識別に支障を来すと認められる場合には、譲渡債権について公示がないものとして対抗力を否定するのが相当である。Ｙの債権譲渡登

記の場合、本件報酬債権の性質を売掛債権と理解する余地はなく、『売掛債権』と『その他の報酬債権』とは明らかに性質を異にする債権であることからすれば、本件報酬債権につき債権の種類を売掛債権としたＹの債権譲渡登記は、その譲渡債権を特定するための記録に誤りがあり、本件報酬債権を公示しているものとは認められないものと解するのが相当である。」

（注５） 上記２⑵の東京高裁の判断に対しては、Ｙが上告をしましたが、最高裁は、平成14年10月１日、Ｙの主張は単なる法令違反をいうものにすぎないとして、決定でＹの上告を棄却しました（なお、Ｘは、Ｙの主張とは別の争点につき、別途上告受理申立てをしましたが、最高裁はＸの上告を棄却する判断をしています（最一小判平14・10・10民集56巻８号1742頁）。）。

債権

Q172 譲渡対象債権が調剤報酬債権である場合に選択すべき「債権の種類コード」

譲渡対象債権が調剤報酬債権である場合には、どの「債権の種類コード」を選択すればよいでしょうか。

A 「債権の種類コード」として「診療報酬債権」を選択することで差し支えないものと考えられます。その上で、任意的記録事項として、「債権発生原因」欄に「調剤報酬債権」のように記録することもできるものと考えられます。

解説

1　一般に、診療報酬債権とは、医師等の保険医療機関（注１）が被保険者及びその扶養者（患者）に対して保険診療を行ったことの対価として、保険医療機関が支払を担当する社会保険診療報酬支払基金又は国民健康保険団体連合会（以下、併せて「基金等」といいます。）（注２）（注３）（注４）から支払を受ける債権のことをいい（伊藤眞ほか編『〔新訂〕貸出管理回収手続双書　債権・動産担保』493頁）、医師等が個々の患者に対して取得する債権のことをいうものではないと解されています（鎌田薫編『債権・動産・知財担保利用の実務』188頁)。

診療報酬の保険医療機関への支払は、保健医療機関が、毎月1日から末日までに発生した診療報酬債権につき、翌月10日までに、基金等に対し、診療報酬明細書(レセプト)により請求し、基金等は、請求の内容を審査した上、診療の翌々月に、請求の返戻又は減額の対象となっていない診療報酬債権につき、保健医療機関への支払を行います(**【図12】**も参照)。

2 ところで、調剤報酬債権と診療報酬債権との関係ですが、診療報酬は、医科、歯科、調剤報酬に分類されます(厚生労働省ウェブサイト「診療報酬制度について」(http://www.mhlw.go.jp/bunya/iryouhoken/iryouhoken01/dl/01b.pdf)中の「保険診療の概念図」参照)。このことからすれば、調剤報酬債権は、診療報酬債権の一類型と考えることができます。

したがって、譲渡対象債権が調剤報酬債権である場合、「債権の種類コード」は「診療報酬債権」とすることで差し支えないものと考えられます。その上で、譲渡対象債権が調剤報酬債権であることを明確にしたいときは、任意的記録事項として、「債権発生原因」欄に、「譲渡対象債権の発生原因たる契約等の名称・内容」に当たる事項として、「調剤報酬債権」のように記録することもできるものと考えられます(**Q159**の解説の2⑴参照)(注5)(注6)。

(注1) 調剤報酬債権の場合、その請求者は保険薬局となります。

(注2) 社会保険診療報酬支払基金は、社会保険診療報酬支払基金法に基づき設立された法人(現在は民間法人)であり(社会保険診療報酬支払基金法2条)、国民健康保険を除く各保険者からの委託に基づき保険医療機関から申請のあった診療報酬の審査・支払を行っています。主たる事務所を東京都に置くほか、従たる事務所(支部)を各都道府県に置いています(社会保険診療報酬支払基金法3条)。他方、国民健康保険団体連合会は、国民健康保険法83条の規定に基づき、保険者(都道府県、市町村又は国民健康保険組合。国民健康保険法3条参照)が設立した公法人であり、各都道府県に一団体ずつ設立されています。

(注3) 譲渡対象債権の債務者が社会保険診療報酬支払基金の場合、債務者ファイル(SM.xml)に記録する「識別コード」は、「0101」(登記されている日本に本店のある法人)となります。他方、譲渡対象債権の債務者が国民健康保険団体連合会の場合、当該「識別コード」は、「0201」(登記されていない日本に本店のある法人)となります(**Q80**参照)。

(注4) なお、基金等による保険医療機関への診療報酬の支払は保険者の保険

料収入を原資としており、基金等は保険者から診療報酬の支払委託を受ける関係にあることから、診療報酬債権の債務者が誰であるかが問題になります。この点につき、最一小判昭48・12・20民集27巻11号1594頁は、基金等が診療報酬債権の債務者となる旨判示しています。したがって、診療報酬債権を譲渡対象債権とする場合、その債務者については基金等とすることで差し支えないものと考えられます。

（注５） もっとも、実務的には、調剤報酬債権を譲渡対象債権とするときは、債権個別事項ファイル（CREDIT.xml）の「備考」欄に、有益事項として、保険薬局コードや保険薬局名等を記録するものと思われることから、通常は、「債権発生原因」欄に「調剤報酬債権」と記録しなくとも、譲渡対象債権が調剤報酬債権であることは明らかになるものと思われます。

（注６） 「債権の種類コード」を「その他の報酬債権」とした上で、「債権発生原因」欄に「調剤報酬債権」と記録することでも差し支えないものと考えられます。

【図12】 診療報酬債権の支払の流れ

（厚生労働省ウェブサイト「診療報酬制度について」（http://www.mhlw.go.jp/bunya/iryouhoken/iryouhoken01/dl/01b.pdf）中の図表「保険診療の概念図」から引用（一部引用者において加工）

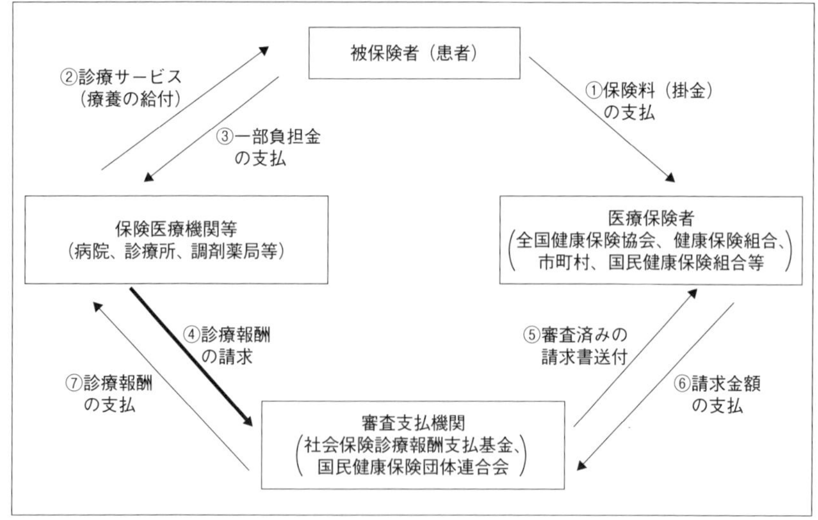

債権 Q173 譲渡対象債権が敷金返還請求権である場合に選択すべき「債権の種類コード」

譲渡対象債権が敷金返還請求権である場合には、どの「債権の種類コード」を選択すればよいでしょうか。

A 当該敷金に係る建物賃貸借契約の名称や当該建物の種類、敷金の額等の要素を個別具体的に判断した上で、適宜の「債権の種類コード」を選択すべきものと考えられます。

解説

1　敷金及び敷金返還請求権の性質について、判例（最二小判昭48・2・2民集27巻1号80頁）は、「敷金は、賃貸借存続中の賃料債権のみならず、賃貸借終了後家屋明渡義務履行までに生ずる賃料相当損害金の債権その他賃貸借契約により賃貸人が賃借人に対して取得することのあるべき一切の債権を担保」するために賃貸人に預けられる金銭であり、「賃貸借終了後、家屋明渡がなされた時において、それまでに生じた右の一切の被担保債権を控除しなお残額があることを条件として、その残額につき敷金返還請求権が発生する」としています（注1）。

2　ところで、建物賃貸借契約に関し、その法的性質や賃貸人に提供される場面が敷金と類似しているものとして、入居保証金があります。そして、「債権の種類コード」には「入居保証金債権」が設けられていることから、譲渡対象債権が敷金返還請求権である場合に、「債権の種類コード」として「入居保証金債権」と「その他の債権」とのいずれを選択すべきかが問題となります。

この点、入居保証金については、敷金と異なり、その提供される目的が多様であり、また、入居保証金の法的性質についても、これを賃貸人に提供することとされている目的により変わり得ることから、入居保証金の法的性質を一律に論じることは相当ではないと考えられます（注2）。

したがって、譲渡対象債権が敷金返還請求権である場合に、「債権の種類コード」として「入居保証金債権」と「その他の債権」とのいずれを選択すべきかについては、結局のところ、当該敷金に係る建物賃貸借契約の名称や当該契約書中の該当条項の見出しの名称、当該敷金の対象である建物の種類、当該敷金の額の多寡等の要素を個別具体的に判断した上で、適宜の「債権の種類コード」を選択すべきものと考えられます(注3)。

（注1） なお、敷金については、民法の一部を改正する法律（平成29年法律第44号）により新設された民法622条の2第1項において、「いかなる名目によるかを問わず、賃料債務その他の賃貸借に基づいて生ずる賃借人の賃貸人に対する金銭の給付を目的とする債務を担保する目的で、賃借人が賃貸人に交付する金銭をいう。」と定義されました。

（注2） 敷金と異なり、入居保証金という用語は実務上の概念であり、法令や判例においてその内容が明確に定まっているものではありません。この点、例えば、伊藤眞ほか編『〔新訂〕貸出管理回収手続双書　債権・動産担保』476～477頁では、入居保証金の意義について、「個人向けアパートなどと異なり、ビルの一部または全部を店舗、事務所等の事業用に賃貸する場合には、敷金をとらず、あるいは敷金とともに、敷金とは比較にならない多額の金員が保証金等の名の下に賃貸人に預け入れられることが多い。これが入居保証金である。」、「入居保証金の法的性質について判例は、①敷金としての性質を有するとするもの（東京地判昭45・6・4判時612号64頁）、②敷金と権利金の性質を有するもの（東京高判昭48・7・31判時716号42頁）、③いわゆる建設協力金に該当するもの（最判昭51・3・4民集30巻2号25頁）などがある。結局は、当事者間の契約関係がどうであるのかにより決せられることになろう」と説明されています。

なお、同書476頁では、建設協力金の意義及び法的性質について、「スーパーマーケットや大型店舗など特殊仕様の比較的大型の建物賃貸が行われる場合に、建築着工前に賃貸借契約予定段階に授受される金員を建設協力金といい、入居後は入居保証金に振り替えるというケースが多い。性質上は金銭消費貸借契約と解される。」と説明されています。

（注3） 法務省ホームページの「債権譲渡登記」の案内ページ中に掲載されている「債権を特定する方法の記録例」（平成30年3月更新）（http://www.moj.go.jp/content/001178303.pdf）では、譲渡対象債権が敷金返還請求権である場合の債権の特定例につき、以下のとおり紹介しています。

◎敷金返還請求権の譲渡を受けるケース
【債権の種類】　入居保証金債権 又は その他の債権（※1）
【債権発生原因】　東京都○○区○○町○丁目○番○号所在の○○ビル

地下１階部分建物賃貸借契約の約定に基づく敷金返還請求権（※２）

※１　「債権の種類コード」として「入居保証金債権」が設けられていますが、入居保証金と類似するものに、建設協力金や敷金などがあります。これらについては、その性質が入居保証金と異なる場合は、【債権の種類】として「その他の債権」を選択することもできます。

※２　【債権の種類】として「入居保証金債権」を選択した場合は、その発生原因たる契約の名称・内容を更に特定する必要があるときに、任意に記録します。「その他の債権」を選択した場合は、その発生原因たる契約の名称・内容を具体的に記録する必要があります。

債権

Q174 譲渡対象債権が代理店契約における売上金の返還請求権（引渡請求権）である場合に選択すべき「債権の種類コード」

代理店契約において委任者（メーカー）が受任者（代理店）に対して有する売上金の返還請求権（引渡請求権）が譲渡対象債権である場合には、どの「債権の種類コード」を選択すればよいでしょうか。

「債権の種類コード」として「その他の債権」を選択することになると考えられます。

解説

1　代理店契約とは、典型的な例で説明すれば、代理店がメーカーの代理人となり、代理店がメーカーの製造した商品を顧客に販売する契約をいいます（法律上は、委任契約に該当します。）。顧客との商品販売契約の契約当事者は、代理店ではなく、メーカーであり、代理店はあくまでメーカーの代理店として商品を販売します。代理店にとっては、顧客への商品の販売数量等に応じてメーカーから支払われる手数料が報酬となります（阿部・井窪・片山法律事務所編『契約書作成の実務と書式』272頁）。

ところで、代理店契約においては、顧客から支払われる販売代金の扱いにつき、契約条項において、「代理店は、メーカーの代理人として、販売代理に係る商品の販売代金を顧客から受領した上で、当該販売代金から販売手数料及び販売代理に要した費用を控除した上で、月ごとに定められた期日までにメーカーに支払う」旨の条項が置かれることがあります。

この条項をメーカー側から見ると、代理店契約の委任者であるメーカーは、受任者である代理店に対して、代理店が受領した販売代金（売上金）の返還請求権（引渡請求権）を有していることとなります（【図13】も参照してください。）(注１)。

2　本問においては、この売上金の返還請求権（引渡請求権）が譲渡対象債権である場合に、どの「債権の種類コード」を選択すればよいかが問題になっています。

そこで、この売上金の返還請求権（引渡請求権）の法的性質についてみると、この売上金の返還請求権（引渡請求権）はメーカーと代理店間の委任契約たる代理店契約に基づき発生するところ、その法的性質は、委任者が受任者に対して有する、受任者による受取物の引渡請求権（民法646条１項）の性質を有するものと解されます。

この点、「債権の種類コード」には、受任者による受取物の引渡請求権に相当するような法的性質を有する債権に当てはめるべき適切なコードは存在しないと考えられます。そこで、「債権の種類コード」として「その他の債権」を選択した上で、「債権発生原因」欄に、例えば「代理店契約に基づく売上金の返還請求権（引渡請求権）」（債務者不特定の将来債権の場合は、「東京都中野区に所在する代理店との間の○○（具体的な製品名）に係る代理店契約に基づく売上金の返還請求権（引渡請求権）」）などと記録することが考えられます(注２)。

（注１）　本問は委任者と受任者との間で代理店契約が締結された場合（受任者は、法的には、締結代理商（商法27条）に当たるものと考えられます。）についての説明ですが、販売委託契約が締結された場合において、契約条項中に、例えば「受任者は、毎月末日までに、その月内に受任者が販売した商品の販売代金を計算し、翌月○日までに、その販売代金額から販売手数料及び販売に要した費用を控除した残額を、委任者に支払う」旨の条項が置かれるときも、本問と同様の結論になるものと考えられます。

【図13】 代理店契約に基づく売上金の返還請求権（又は引渡請求権）

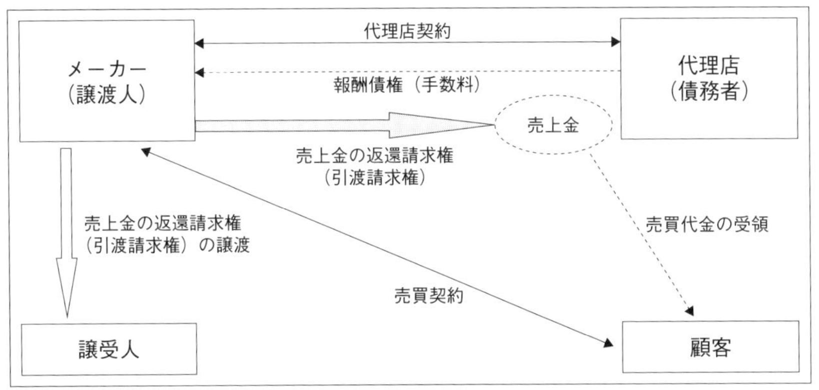

すなわち、販売委託契約については、その実質は問屋契約である契約が締結されることが多いとされています（大村多聞ほか編『契約書式実務全書』〔第２版〕第３巻192頁）。問屋とは、自己の名をもって他人のために物品の販売又は買入れをなすことを業とする者をいうところ（商法551条）、「自己の名をもって」とは、問屋が自ら取引の当事者として権利義務の主体となることであり、「他人のために」とは、委託者の計算においてということを意味します。そして、販売委託契約の法的性質を問屋契約と解した場合、問屋は、委託者から物品の販売又は買入れという法律行為をなすことの委託を受けるのであるから、その法的性質は委任契約（民法643条）であると解されます。そうすると、上記の「受任者は、毎月末日までに、その月内に受任者が販売した商品の販売代金を計算し、翌月○日までに、その販売代金額から販売手数料及び販売に要した費用を控除した残額を、委任者に支払う」旨の条項に基づき委任者が受任者たる問屋に対して有する、売上金の返還請求権（引渡請求権）は、代理店契約の場合と同様に、受任者による受取物の引渡請求権（民法646条１項）の性質を有するものと解されます。

（注２） ところで、特例法４条１項が債権譲渡登記の対象を金銭債権の譲渡に限定している理由は、金銭債権は、物の引渡請求権や債務者の行為を求める請求権等金銭債権以外の債権に比べ、一般的に債権の内容が非個性的であるため、債務者が認識しない間に譲渡の第三者対抗要件を具備することを可能とする債権譲渡登記制度のスキームになじむと考えられたことによります（一問一答50頁）。この点、「代理店契約に基づく売上金の返還請求権（引渡請求権）」の法的性質についてみると、物の引渡請求権に当たるものであり、特例法４条１項にいう金銭債権に当たらないの

ではないかとも考えられます。しかしながら、この「代理店契約に基づく売上金の返還請求権（引渡請求権）」に対する履行については、通常の物の引渡請求権とは異なり、通常は、委任者に対し、特定の金銭を引き渡すことが要求されるわけではない（顧客から受領した紙幣や貨幣そのものを引き渡すことが要求されるわけではなく、同額の金銭を引き渡せばよい）と考えられ、その履行の内容が非個性的であることを踏まえると、契約上特定の金銭を引き渡すことが要求されているという特殊な事情がない限り、特例法4条1項にいう金銭債権に当たり得るものと考えられます。

債権

Q175 譲渡対象債権が不動産賃料保証委託契約に基づく求償債権である場合に選択すべき「債権の種類コード」

譲渡対象債権が不動産賃料保証委託契約に基づく求償債権である場合には、債権個別事項ファイル（CREDIT.xml）において、どの「債権の種類コード」を選択すればよいでしょうか。

A 「債権の種類コード」として「その他の債権」を選択することになると考えられます。

解説

1　保証人は、通常、主たる債務者の委託を受けて、債権者との間で保証契約を締結します。この場合、主たる債務者と保証人との間で保証委託契約が締結されます。

保証人は、債権者に対する関係においては、自己の債務（保証債務）を弁済するものですが、主たる債務者に対する関係においては、他人の債務（主たる債務）を弁済することになります。したがって、保証人が、主たる債務者に代わって債権者に弁済し、主たる債務を消滅させたときには、保証人は、主たる債務者に対して、弁済額を支払うよう要求することができます（民法459条1項）。これを保証人の求償権といいます。

債務者の委託を受けて保証人となった場合、保証人が、主たる債務者に代わって弁済することは、主たる債務者との委任契約に基づく事務処理ということができます。したがって、保証人の求償権の法的性質は、受任者による委任事務処理費用の償還請求権（民法650条1項）ということになります（佐藤孝幸『実務契約法講義』〔第4版〕435～437頁）(注)。

2　上記1を前提として本問についてみると、「債権の種類コード」における債権の例示の中には、不動産賃料保証委託契約に基づく求償債権、すなわち、受任者による委任事務処理費用の償還請求権に相当するような法的性質を有する債権に当てはめるべき適切なコードは存在しないと考えられます（不動産賃料債権と不動産賃料保証委託契約に基づく求償債権とでは法的性質が異なるので、「債権の種類コード」として「不動産賃料債権」を選択することは適切ではないものと考えられます。）。

そこで、「債権の種類コード」として「その他の債権」を選択した上で、「債権発生原因」欄に、「債権の種別」に当たる事項を含んだ「譲渡対象債権の発生原因たる契約等の名称・内容」として（Q159の解説2(2)参照）、例えば「不動産賃料保証委託契約に基づく求償債権」（債務者不特定の将来債権の場合は、「東京都中野区野方一丁目○番○号所在の○○マンション201号室ないし210号室に係る賃料債権の保証委託契約に基づく求償債権」）などと記録することが考えられます。

(注)　なお、主たる債務者の委託を受けずに保証人になった場合、保証人が主たる債務者に代わって弁済することは、事務管理ということになり、この場合の保証人の求償権は、事務管理者の費用償還請求権（民法702条、462条）としての性質を有します（佐藤・前掲437頁）。

第6章

動産・債権譲渡登記に関する証明書の種類・内容／証明書の交付請求の方法／登記申請書等の閲覧

共通 Q176 譲渡登記に関する証明書の種類、証明事項及び交付請求先

譲渡登記に関する証明書にはどのようなものがあり、それらの証明書の証明事項はどのようになっていますか。また、証明書の交付の請求は、どこにすればいいのですか。

A 譲渡登記に関する証明書には、「登記事項証明書」、「登記事項概要証明書」及び「概要記録事項証明書」の３種類があります。各証明書における相違点の概要及び証明事項については、【表5】ないし【表7】を参照してください。

登記事項証明書及び登記事項概要証明書の交付の請求は、譲渡登記所の登記官に対してすることになります。概要記録事項証明書の交付の請求は、譲渡登記の譲渡人の本店等の所在地を管轄する商業登記所の登記官に対してすることができるほか、それ以外の登記所（譲渡登記所を除く。）の登記官、あるいは法務局証明サービスセンターに対してすることもできます。

解説

1　譲渡登記に関する証明書には、「登記事項証明書」（特例法11条２項）、「登記事項概要証明書」（特例法11条１項）及び「概要記録事項証明書」（特例法13条１項）の３種類があります。

各証明書における相違点の概要及び証明事項については、【表5】ないし【表7】を参照してください。また、各証明書の相違点の詳細については、Q177～Q179を参照してください。

各証明書の様式例については、準則に定められている記載例（573～589頁）及び「資料10　証明書の記載例」（658頁）を参照してください。

なお、登記事項証明書、登記事項概要証明書及び概要記録事項証明書のいずれについても、閉鎖されていないファイルに記録されている登記事項について証明する「現在事項証明書」と、閉鎖したファイルに記録されている登記事項について証明する「閉鎖事項証明書」とがあります（Q186、

Q187参照)。

2　譲渡登記の登記事項証明書又は登記事項概要証明書の交付の請求は、動産譲渡登記所又は債権譲渡登記所の登記官に対して行うことになります(特例法11条)。この動産譲渡登記所及び債権譲渡登記所としては、東京法務局が指定されており、東京都中野区に所在する東京法務局民事行政部動産登録課及び債権登録課においてその事務を取り扱っています(Q3参照)。

3(1)　他方、譲渡登記の概要記録事項証明書の交付の請求は、譲渡登記の譲渡人の本店等の所在地を管轄する商業登記所の登記官に対して行うことができます(特例法13条1項)。また、概要記録事項証明書については、譲渡登記の譲渡人の本店等の所在地を管轄する商業登記所以外の登記所の登記官に対しても交付の請求をすることができる(同条2項)ほか、法務局証明サービスセンターで交付の請求をすることもできます。ただし、動産譲渡登記所及び債権譲渡登記所の登記官に対しては、概要記録事項証明書の交付を請求することはできません。

さらに、概要記録事項証明書に記載されている内容については、インターネットによる登記情報提供サービス(http://www1.touki.or.jp/)(Q226参照)により情報提供を受けることが可能です。

(2)　なお、譲渡登記の譲渡人が日本における営業所又は事務所を登記していない外国会社又は外国法人である場合は、当該譲渡人に係る概要ファイルは作成されません(Q4の解説2(3))。したがって、当該譲渡登記に係る概要記録事項証明書は発行されません(登記事項証明書及び登記事項概要証明書は発行されます。)。

【表5】 登記事項証明書、登記事項概要証明書及び概要記録事項証明書の相違点の概要

<table>
<tr><th></th><th>登記事項証明書</th><th>登記事項概要証明書</th><th>概要記録事項証明書</th></tr>
<tr><td>請求先</td><td colspan="2">東京法務局民事行政部動産登録課・東京法務局民事行政部債権登録課
(動産譲渡登記所・債権譲渡登記所：165-8780東京都中野区野方一丁目34番1号)
※登記情報提供サービス（Q226参照）の利用は不可</td><td>譲渡人の本店等の所在地の管轄登記所
(最寄りの登記所及び法務局証明サービスセンターに請求することも可能)
※登記情報提供サービス（Q226参照）の利用が可能（データ量が3メガバイト以内の場合）</td></tr>
<tr><td>記録されたファイル</td><td colspan="2">譲渡登記ファイル</td><td>概要ファイル</td></tr>
<tr><td>譲渡人の商号・本店の変更履歴の記載の有無</td><td colspan="2">記載されない。</td><td>記載される。</td></tr>
<tr><td>請求権者</td><td>譲渡登記の当事者、利害関係人、譲渡人の使用人、譲渡等債権の債務者（債権譲渡登記・質権設定登記の場合）</td><td colspan="2">誰でも請求できる。</td></tr>
<tr><td>請求可能時期</td><td colspan="2">譲渡登記完了後</td><td>譲渡登記所から本店等の所在地管轄登記所への通知に基づき概要ファイルへの記録がされた後</td></tr>
<tr><td>譲渡人に譲渡登記が複数存在する場合</td><td>個々の譲渡登記（個々の登記番号）ごとに作成される（個々の動産通番又は債権通番単位での作成も可能）。</td><td>個々の譲渡登記（個々の登記番号）ごとに作成される。</td><td>譲渡人に係る譲渡登記がまとめて記載される（ただし、動産譲渡登記と債権譲渡登記等は、別々に記載される。)。</td></tr>
</table>

※　各証明書の交付手数料については、「資料12　証明書交付手数料額一覧」(688頁）を参照してください。

【表6】 動産譲渡登記に係る各証明書の記載事項

証明事項＼証明書の種類		登記事項証明書（個別・一括）	登記事項概要証明書	概要記録事項証明書
概要事項	登記の目的（注1）	○	○	○
譲渡人	本店等	○	○	○（注2）
	商号等	○	○	○（注2）
	会社法人等番号　【任意】	○	○	○（注2）
	取扱店　【任意】	○	○	
	日本における営業所等	○	○	（注3）
譲受人	住所・本店等	○	○	○（注4）
	氏名・商号等	○	○	○（注4）
	会社法人等番号　【任意】	○	○	
	取扱店　【任意】	○	○	
	日本における営業所等	○	○	○（注4）
	登記原因日付	○	○	
	登記原因（契約の名称）【条件付き必須】	○	○	
	登記の存続期間の満了年月日	○	○	
	申請区分	○	○	
	登記番号	○	○	○
	登記の年月日	○	○	○
	登記の時刻	○	○	
	備考（動産譲渡の契約内容等を特定するために有益な事項）【任意】	○	○	
個別事項	動産通番	○		
	動産の種類	○		
	動産の特質　【個別動産の場合は必須】	○		
	動産の保管場所の所在地　【集合動産の場合は必須】	○		
	動産区分	○		
	備考（動産を特定するために有益な事項）【任意】	○		

※【　】は、当該事項が任意的記録事項かどうか等を表しています。

（注1）「動産譲渡登記」と表示されます。

（注2） 概要記録事項証明書においては、譲渡人が複数の場合、その概要記録事項証明書に記載されている譲渡人以外の譲渡人は記載されません（Q179の解説2参照）。なお、概要記録事項証明書には、会社法人等番号は必ず記載されます。

（注3） 譲渡人が外国会社の登記をした外国会社である場合であっても、概要記録事項証明書には、日本における営業所（日本に営業所を設けていないものにあっては、日本における代表者の住所）は表示されません。

（注4） 概要記録事項証明書においては、譲受人が複数の場合、1人目の譲受人についてのみ表示されます。他の者については、「株式会社●●ほか○名」のように、数のみが表示されます（Q179の解説2参照）。

【表7】 債権譲渡登記等に係る各証明書の記載事項

証明事項			登記事項証明書 個別	登記事項証明書 一括	登記事項概要証明書	概要記録事項証明書
概要事項	登記の目的（注1）		○	○	○	○
概要事項	譲渡人	本店等	○	○	○	○（注3）
概要事項	譲渡人	商号等	○	○	○	○（注3）
概要事項	譲渡人	会社法人等番号 【任意】	○	○	○	○（注3）
概要事項	譲渡人	取扱店 【任意】	○	○	○	
概要事項	譲渡人	日本における営業所等	○	○	○	（注4）
概要事項	譲受人	住所・本店等	○	○	○	○（注5）
概要事項	譲受人	氏名・商号等	○	○	○	○（注5）
概要事項	譲受人	会社法人等番号 【任意】	○	○	○	
概要事項	譲受人	取扱店 【任意】	○	○	○	
概要事項	譲受人	日本における営業所等	○	○	○	○（注5）
概要事項	登記原因日付		○	○	○	
概要事項	登記原因（契約の名称）【条件付き必須】		○	○	○	
概要事項	債権の総額 【債務者特定の既発生債権のみの譲渡等の場合は必須】		○	○	○	
概要事項	被担保債権額 【質権設定登記の場合は必須】		○	○	○	
概要事項	登記の存続期間の満了年月日		○	○	○	
概要事項	申請区分		○	○	○	
概要事項	登記番号		○	○	○	○
概要事項	登記の年月日		○	○	○	○
概要事項	登記の時刻		○	○	○	
概要事項	備考（債権譲渡の契約内容等を特定するために有益な事項）【任意】		○	○	○	
個別事項	債権通番		○	○		
個別事項	債権の管理番号 【任意】		○	○		
個別事項	原債権者	住所・本店等	○	○（注2）		
個別事項	原債権者	氏名・商号等	○	○（注2）		
個別事項	原債権者	会社法人等番号 【任意】	○	○（注2）		
個別事項	原債権者	取扱店 【任意】	○			
個別事項	債務者	住所・本店等	○	○（注2）		
個別事項	債務者	氏名・商号等	○	○（注2）		
個別事項	債務者	会社法人等番号 【任意】	○	○（注2）		
個別事項	債務者	取扱店 【任意】	○			

個別事項	債権の種類	○	○
	契約年月日　【任意】	○	
	債権の発生年月日（始期）	○	○
	債権の発生年月日（終期）	○	○
	債権の発生原因　【条件付き必須】	○	○
	発生時債権額 【既発生債権の場合のみ必須】	○	○
	譲渡時債権額 【既発生債権の場合のみ必須】	○	○
	弁済期　【任意】	○	
	外貨建債権の表示　【任意】	○	
	備考（債権を特定するために有益な事項） 【任意】	○	

※【　】は、当該事項が任意的記録事項かどうか等を表しています。また、**太線枠**の項目は、いわゆる「有益事項」（登記規則12条２項。Q141の解説１参照）です。

（注１）「債権譲渡登記」又は「質権設定登記」と表示されます。

（注２）一括証明においては、原債権者又は債務者が複数の場合、１人目の原債権者又は債務者についてのみ表示されます。他の者については、「株式会社●●ほか○名」のように、数のみが表示されます。

（注３）概要記録事項証明書においては、譲渡人が複数の場合、その概要記録事項証明書に記載されている譲渡人以外の譲渡人は記載されません（Q179の解説２参照）。なお、概要記録事項証明書には、譲渡人の会社法人等番号は必ず記載されます。

（注４）譲渡人が外国会社の登記をした外国会社である場合であっても、概要記録事項証明書には、日本における営業所（日本に営業所を設けていないものにあっては、日本における代表者の住所）は表示されません。

（注５）概要記録事項証明書においては、譲受人が複数の場合、１人目の譲受人についてのみ表示されます。他の者については、「株式会社●●ほか○名」のように、数のみが表示されます（Q179の解説２参照）。

共通 Q177 登記事項証明書における「個別事項証明」形式と「一括証明」形式の違い

譲渡登記に係る登記事項証明書の交付形式には「個別事項証明」形式と「一括証明」形式とがあるとのことですが、どのような違いがあるのですか。また、「一括証明」形式の交付請求手続を採る際に注意すべき事項にはどのようなものがありますか。

A ①　債権譲渡登記等に係る「一括証明」形式の登記事項証明書では、債権個別事項の「備考」欄に記録された事項のほか、一部の登記事項の記載が省略されます。また、「個別事項証明」形式と「一括証明形式」では、交付手数料の額及び算定方法が異なります。

②「一括証明」形式の登記事項証明書は、登記事項証明書に記載される動産（債権）の個数が２個以上の場合に限って交付を受けることができます。登記事項証明書に記載される動産（債権）の個数が１個の場合及び交付される登記事項証明書が「ないこと証明書」である場合は、「一括証明」形式の登記事項証明書は交付されません。また、証明の対象となる動産（債権）の登記番号が異なる場合は、譲渡人が同一であったとしても、それらの動産（債権）が一括して記載された「一括証明」形式の登記事項証明書の交付を受けることはできません。

解説

1⑴　譲渡登記に係る登記事項証明書の交付形式には、同一の登記番号中に該当する動産（債権）が２個以上ある場合について、２個以上の動産（債権）に係る登記事項を一括して証明するもの（一括証明）と、それぞれの登記事項を個別に証明するもの（個別事項証明）の２種類があります。「個別事項証明」形式と「一括証明」形式との違いは、以下のとおりです。

なお、「個別事項証明」の様式と「一括証明」の様式については、準則に定められている登記事項証明書の記載例（578～589頁）を参照してください。

⑵「個別事項証明」形式の場合は、動産（債権）通番ごとに証明書が作成されるので、同一登記番号中に複数の動産（債権）通番があるときは、その動産（債権）通番の個数分の証明書が作成されます。

他方、「一括証明」形式の場合は、同一の登記番号ごとに１通の証明書が作成され、１通の証明書に複数の動産（債権）通番に係る登記事項がまとめて記載されます。

なお、「一括証明」形式の場合は登記事項証明書の表題は「登記事項証明書（一括）」と表記されますが、「個別事項証明」形式の場合は単に

「登記事項証明書」と表記されます（注1）。

(3) また、債権譲渡登記に係る登記事項証明書については、「個別事項証明」形式と「一括証明」形式とで証明書に記載される事項が異なり、「一括証明」形式の場合は、記載が省略される事項があります。

すなわち、債権譲渡登記に係る登記事項証明書の「一括証明」形式では、債権個別事項のうち、①「備考」欄に記録された事項、②原債権者の取扱店、③債務者の取扱店、④契約年月日、⑤弁済期、⑥外貨建債権の記載がそれぞれ省略される（すなわち、有益事項（Q141の解説1参照）のうち、「債権の管理番号」以外の記載が省略される。）ほか、⑦原債権者及び債務者が複数存在する場合には、1人目の原債権者及び債務者についてのみ表示され、他の者については、「株式会社●●ほか○名」のように、数のみが記載されます。

これに対し、動産譲渡登記に係る登記事項証明書に係る登記事項証明書については、「個別事項証明」形式でも、「一括証明」形式でも、証明書に記載される事項に違いはありません（注2）。

なお、「個別事項証明」形式と「一括証明」形式との記載事項の相違点についての詳細は、Q176の【表6】及び【表7】も参照してください。

(4) さらに、「個別事項証明」形式と「一括証明」形式とでは、交付手数料の額及び算定方法が異なります。この点については、「資料12　証明書交付手数料額一覧」（688頁）を参照してください。

2 「一括証明」形式の交付請求手続を採る際に注意すべき事項としては、以下のことが挙げられます。

(1) 「一括証明」は、登記事項証明書により証明される動産（債権）の個数が2個以上の場合に限って交付を受けることができます（登記規則23条3項参照）。

したがって、①登記事項証明書に記載される動産（債権）が1個の場合及び②請求内容に該当する動産（債権）がない旨の登記事項証明書（いわゆる「ないこと証明書」）の場合は、「一括証明」形式の登記事項証明書は交付されません。

(2) 「一括証明」は、飽くまでも同一の登記番号中の動産（債権）を一括して1通の証明書に記載して交付するものであり、証明の対象となる動

第6章 共通 Q 177

産（債権）の登記番号が異なる場合は、その譲渡人が同一であったとしても、それらの動産（債権）が一括して記載された「一括証明」形式の登記事項証明書の交付を受けることはできません。

例えば、証明の対象となる債権の譲渡人が同一であったとしても、証明の対象となる債権が「登記番号2018－100号・債権通番１番」の債権及び「登記番号2018－101号・債権通番１番」の債権であるときは、証明の対象となる債権の登記番号が異なるので、「一括証明」形式の登記事項証明書の交付を受けることはできません。

（注１）　なお、登記事項証明書の交付請求の対象となる譲渡登記ファイル及び登記事項を特定するための検索条件として、登記番号に加えて一部の動産（債権）通番を指定し、かつ、「一括証明」の交付請求をした場合、交付される証明書の内容は、当該登記番号に係る譲渡登記ファイルに記録されている登記事項の一部のみを証明したものとなりますが、当該登記事項証明書の表題及び証明文は、検索条件として、登記番号のみを指定して「一括証明」の交付請求をした場合と同じもの（当該登記番号に係る譲渡登記ファイルに記録されている登記事項の全部を証明した場合と同じもの）となります。つまり、どちらの場合も、表題には「登記事項証明書（一括)」と表記され、証明文には「上記のとおり動産（又は債権）譲渡登記ファイル（除く閉鎖分）に記録されていることを証明する。」と記載されます。

この点、不動産登記及び商業法人登記において、登記事項の一部のみを証明する証明書の表題について、「何区何番事項証明書」（不動産登記)、「現在事項一部証明書」（商業法人登記）などのように、全ての登記事項を証明する証明書との違いが分かる表記がされるのとは異なります。

（注２）　このように動産譲渡登記と債権譲渡登記等において異なる扱いをする理由については、債権譲渡登記等の場合、有益事項の情報量が多いため、これを「一括証明」として記載すると枚数がかさみ、かえって利用者の便宜を損なうことになるのに対し、動産譲渡登記については登記事項が限定されており、全体として情報量が少ないことから、「一括証明」にこれを記載しても、前述のような不都合が生じないことによります（高山崇彦「『債権譲渡の対抗要件に関する民法の特例等に関する法律の一部を改正する法律』の施行に伴う関係政省令の改正の解説」金融法務事情1750号29頁)。

共通 Q178 登記事項証明書と登記事項概要証明書との違い

登記事項証明書と登記事項概要証明書には、どのような違いがありますか。

登記事項証明書と登記事項概要証明書の主な相違点は、以下のとおりです。

① 登記事項証明書は、譲渡に係る動産若しくは債権の譲渡の当事者又は利害関係人だけが交付を請求することができますが、登記事項概要証明書は、誰でも交付を請求することができます。

② 登記事項証明書には、いわゆる概要事項と個別事項が記載されますが、登記事項概要証明書には、概要事項のみが記載されます。

③ 手数料の額及び算定方法が異なります。

登記事項証明書及び登記事項概要証明書は、譲渡登記所に対し交付の請求をする点では同じですが、以下の点で異なっています。

1 登記事項証明書は、譲渡に係る動産若しくは債権の譲渡人若しくは譲受人又は譲渡につき利害関係を有する者等、一定の者だけが交付を請求することができます（Q204参照）が、登記事項概要証明書は、何人も交付を請求することができます（特例法11条1項、2項）。

なお、登記事項証明書及び登記事項概要証明書ともに、請求方法として、窓口申請、送付申請及びオンライン申請のいずれも可能です。

2 登記事項証明書には、いわゆる概要事項と個別事項が記載されます（特例法11条2項）。他方、登記事項概要証明書には、概要事項のみ記載されます（特例法11条1項）。概要事項及び個別事項の内容については、以下の(1)及び(2)のとおりです（Q176の【表6】及び【表7】も参照してください。）。

(1) 概要事項としては、動産譲渡登記及び債権譲渡登記等に共通なものとして、①譲渡人の商号等及び本店等、②譲受人の氏名及び住所（法人にあっては、商号等及び本店等)、③譲渡人又は譲受人の本店等が外国にあるときは、日本における営業所又は事務所、④登記原因及びその日付、⑤登記の存続期間、⑥登記番号並びに⑦登記の年月日及び時刻があります。さらに、債権譲渡登記及び質権設定登記については、⑧譲渡等に係る債権の総額(既に発生した債権のみを譲渡する場合に限られます。)、質権設定登記については、⑨被担保債権の額があります(特例法7条2項1号から4号まで、6号から8号まで、8条2項1号から3号まで、同項5号、14条1項、登記規則23条1項)。

(2) 個別事項とは、譲渡等に係る動産又は債権を特定するために必要な事項であり、動産譲渡登記の個別事項としては、動産の特質によって特定する方法(個別動産)の場合は①動産の種類及び②動産の記号、番号その他の同種類の他の物と識別するために必要な特質が、動産の所在によって特定する方法(集合動産)の場合は①動産の種類及び②動産の保管場所の所在地のほか、個別動産・集合動産いずれについても、各動産に付される1で始まる連続番号(動産通番)があります(登記規則8条1項、2項)。

また、債権譲渡登記等の個別事項としては、①貸付債権、売掛債権その他の債権の種別、②債権の発生年月日、③債権の発生の時及び譲渡の時における債権額(既に発生した債権のみを譲渡する場合に限られます。)、④譲渡に係る債権の債務者が特定しているときは、債務者及び債権の発生の時における債権者の数、氏名及び住所(法人にあっては、商号等及び本店等。本店等が外国にある法人にあっては、日本における営業所又は事務所。外国会社の登記をした外国会社であって日本における営業所を設けていないものにあっては、日本における代表者の住所)、特定していないときは、債権の発生原因並びに債権の発生の時における債権者の数、氏名及び住所(法人にあっては、氏名及び住所に代え商号等及び本店等)ほか、⑤各債権に付される1で始まる連続番号(債権通番)があります(登記規則9条1項)。

3 登記事項証明書又は登記事項概要証明書の交付を請求する者は、所定の手数料を納めなければなりません(特例法21条1項)。

登記事項証明書又は登記事項概要証明書の交付の手数料については、「資料12 証明書交付手数料額一覧」(688頁)を参照してください。

共通

Q179 登記事項概要証明書と概要記録事項証明書との違い

登記事項概要証明書と概要記録事項証明書には、どのような違いがありますか。

登記事項概要証明書と概要記録事項証明書の主な相違点は、以下のとおりです。

① 登記事項概要証明書には、概要記録事項証明書の記載事項のほか、登記原因及びその日付、登記の存続期間並びに譲渡人の本店等が外国にあるときの日本における営業所等が記載されます。

② 各譲渡登記において譲渡人や譲受人が複数いる場合、登記事項概要証明書には、全ての譲渡人や譲受人の商号等が個別に記載されますが、概要記録事項証明書には、全ての譲渡人や譲受人の商号等が記載されるわけではありません。

③ 譲渡登記の譲渡人の商号等及び本店等に変更があった場合、概要記録事項証明書には当該変更が反映されますが、登記事項概要証明書には当該変更は反映されません。

④ 登記事項概要証明書は、登記が完了した後、直ちに交付を受けることができますが、概要記録事項証明書は、譲渡登記所から譲渡人の本店等の所在地を管轄する商業登記所への通知に基づく記録がされた後に交付を受けることができます。

⑤ 概要記録事項証明書には、同一の譲渡人に係る動産譲渡登記又は債権譲渡登記等がまとめて記載されますが、登記事項概要証明書は、譲渡登記に付された登記番号ごとに証明書が作成されます。

⑥ 手数料の額及び算定方法が異なります。

譲渡登記所で交付される登記事項概要証明書と譲渡人の本店等の所在地を管轄する商業登記所等で交付される概要記録事項証明書は、登記事項証明書

とは異なり、誰でも交付を請求することができ、その請求方法も、窓口申請、送付申請及びオンライン申請のいずれも可能である点で共通しています（ただし、概要記録事項証明書は、オンラインによる交付（電子公文書をオンラインにより送信することによる提供）を受けることはできません。Q225参照）が、次の点で異なっています。

1　概要記録事項証明書には、①譲渡人の商号等及び本店等、②譲受人の住所及び氏名（法人にあっては、商号等及び本店等）、③譲受人の本店等が外国にあるときは、日本における営業所又は事務所、④登記番号、⑤登記の年月日が記載されます（特例法13条１項、12条３項、登記規則19条１項１号・２号）。

登記事項概要証明書には、概要記録事項証明書の記載事項である①から⑤までの事項に加えて、⑥譲渡人の本店等が外国にあるときの日本における営業所又は事務所、⑦登記原因及びその日付、⑧登記の存続期間、⑨登記の時刻、⑩債権譲渡登記及び質権設定登記については、譲渡等に係る債権の総額（既に発生した債権のみを譲渡する場合に限られます。）、⑪質権設定登記については被担保債権の額が記載されます（特例法11条１項、14条１項、登記規則23条１項）。

2　各譲渡登記において譲受人が複数いる場合には、登記事項概要証明書には、全ての譲受人の商号等が個別に記載されますが、概要記録事項証明書には、そのうちの１名（譲受人又は質権者の１人目）の商号等が記載された上で、「株式会社●●ほか○名」と記載されます（Q176の【表６】及び【表７】参照）。

したがって、譲渡登記の譲受人が複数いる場合に全ての譲受人の商号等及び本店等（譲受人が個人の場合は氏名及び住所）を知る必要があるときは、登記事項概要証明書の交付を受ける必要があります。

また、各譲渡登記において譲渡人が複数いる場合には、登記事項概要証明書には、全ての譲渡人の商号等が個別に記載されますが、概要記録事項証明書には、その概要記録事項証明書に記載されている譲渡人以外の譲渡人は記載されません。

3　譲渡人の商号等及び本店等に変更があった場合、譲渡人の本店等の所在地を管轄する商業登記所においては、譲渡人の商業法人登記簿の記録の変更と概要ファイルの記録の変更とをリンクさせることにより、当該概要ファイルの譲渡人の商号等や本店等の記録にその変更を反映することができる（Q４参照）ので、概要記録事項証明書には変更後の商号等や本店等が記載されます（676～677頁参照）。

しかし、譲渡登記制度においては、譲渡人又は譲受人の商号等及び本店等に変更が生じた場合も含め、変更又は更正の登記をすることはできません（Q54参照）ので、譲渡人の商号等及び本店等に変更があった場合でも、登記事項概要証明書には変更後の商号等や本店等は記載されません。

4　登記事項概要証明書については、譲渡登記が完了した後、直ちに交付を請求することができます（Q189参照）。

他方、概要記録事項証明書については、譲渡登記が完了した後に譲渡登記所から譲渡人の本店等の所在地を管轄する商業登記所に対して行われる通知（特例法12条２項）に基づき、当該商業登記所に備えられている概要ファイルに記録処理がされる（同条３項）ことから、この記録がされた後でなければ、その概要記録事項証明書の交付を請求することができません（Q191参照）。

5　同一の譲渡人につき複数の動産譲渡登記又は債権譲渡登記等がある場合、概要記録事項証明書には、当該譲渡人に係る動産譲渡登記又は債権譲渡登記等がまとめて記載されます（ただし、動産譲渡登記と債権譲渡登記等が同一の証明書に記載されるわけではありません。）。

これに対し、登記事項概要証明書は、譲渡登記に付された登記番号ごとに作成されます。したがって、同一の譲渡人に係る譲渡登記であっても、その登記番号が異なる場合は、登記事項概要証明書としては別のものが交付されることになります。

6　登記事項概要証明書及び概要記録事項証明書の交付の手数料については、「資料12　証明書交付手数料額一覧」（688頁）を参照してください。

共通 Q180 延長登記又は（一部）抹消登記がされた場合の譲渡登記に係る証明書への記載のされ方

譲渡登記に係る延長登記、一部抹消登記又は全部抹消登記がされた場合、譲渡登記に係る証明書にはどのように記載されますか。

A 延長登記、一部抹消又は全部抹消登記の内容は、登記事項証明書及び登記事項概要証明書に記載されます。これらの内容は、登記事項証明書又は登記事項概要証明書の「概要事項」欄に、順次欄を追加して記載されます。

また、一部抹消登記又は全部抹消登記がされた場合には、登記事項証明書のみに記載される「動産個別事項」欄及び「債権個別事項」欄の下にあらかじめ設けられている「一部抹消事項」欄にも、その内容が記載されます。

なお、概要記録事項証明書については、全部抹消登記がされた場合にはその旨が記載された上で、当該全部抹消登記の対象である譲渡登記の記載が抹消されますが、延長登記及び一部抹消登記がされた場合には、その旨は記載されません。

解説

1　延長登記、一部抹消又は全部抹消登記の内容は、登記事項証明書及び登記事項概要証明書に記載されます。これらの内容は、登記事項証明書又は登記事項概要証明書の「概要事項」欄に、順次欄を追加して記載されます（注１）（注２）。

具体的には、延長登記がされた場合は、「概要事項」欄に追加される欄に、①登記の目的、②登記原因日付、③登記原因（契約の名称）、④登記番号、⑤登記年月日時及び⑥延長後の登記の存続期間満了年月日が記載されます。

また、一部抹消登記又は全部抹消登記がされた場合は、上記①から⑤までに掲げる事項が記載されるほか、債権譲渡登記及び質権設定登記の一部抹消登記がされたときは、⑥抹消後の債権の総額が記載されます。

2　さらに、一部抹消登記又は全部抹消登記がされた場合には、登記事項証明書のみに記載される「動産個別事項」欄及び「債権個別事項」欄の下にあらかじめ設けられている「一部抹消事項」欄にも、その内容が記載されます。

具体的には、「一部抹消事項」欄に①登記番号、②登記年月日時、③登記原因日付及び④登記原因（契約の名称）が記載され、各動産や債権に係る抹消登記の有無が分かるようになっています。

この点、登記事項概要証明書には概要事項のみが記載され、動産個別事項又は債権個別事項については記載されませんので（Q178の解説２参照）、一部抹消登記がされた場合に、具体的にどの動産や債権が抹消されたのかについては、登記事項概要証明書の記載から把握することはできません。

3　譲渡登記の全部を抹消する登記がされたとき、又は存続期間が満了した譲渡登記ファイルを閉鎖したときは、譲渡登記所の登記官から譲渡人の本店等の所在地を管轄する商業登記所に対しその旨の通知がされます（特例法12条２項、登記令４条２項）が、延長登記及び一部抹消登記がされたときは、譲渡登記所の登記官から譲渡人の本店等の所在地を管轄する商業登記所に対しその旨の通知はされません（注３）。

そのため、概要記録事項証明書については、全部抹消登記がされた場合にはその旨が記載された上で、当該全部抹消登記の対象である譲渡登記の記載が抹消されますが、延長登記及び一部抹消登記がされた場合には、その旨は記載されません。

4　なお、譲渡登記に係る延長登記、一部抹消登記又は全部抹消登記がされた場合に譲渡登記に係る証明書に具体的にどのように記載されるかについては、「資料10　証明書の記載例」の各記載例（658頁以下）を参照してください。

（注１）　譲渡登記に係る登記事項証明書及び登記事項概要証明書には、一部抹消登記又は全部抹消登記がされた場合でも、不動産登記や商業法人登記に係る証明書と異なり、変更又は抹消された事項に対して、抹消された記号を記録する（下線を付す）処理は行われません。これに対し、概要記録事項証明書には、全部抹消登記がされた場合には、当該全部抹消登記の対象である譲渡登記の記載に対して、抹消された記号を記録する処理が行われます。

（注２） 譲渡登記の存続期間が満了した場合も、登記事項証明書又は登記事項概要証明書の「概要事項」欄にその旨が追記されます。具体的には、①登記の目的（「閉鎖」と記載されます。）及び②閉鎖年月日が記載されます（「資料10　証明書の記載例」の【証明書記載例５】（668頁）を参照）。

（注３） その理由は、概要記録事項証明書には譲渡登記の存続期間の満了年月日は記載されず、また、動産（債権）個別事項も記載されないので、延長登記及び一部抹消登記がされたときに、譲渡登記所の登記官から譲渡人の本店等の所在地を管轄する商業登記所に対しその旨の通知をしたとしても意味がないことによります。

共通 Q181 延長登記又は（一部）抹消登記がされている譲渡登記に係る証明書交付申請書に検索条件として記載する登記番号

延長登記又は抹消登記がされている譲渡登記の登記事項証明書又は登記事項概要証明書の交付を請求する場合において、登記番号を検索条件として指定する方法（登記番号検索）によって交付を請求するときには、証明書交付申請書に記載する登記番号は、延長登記又は抹消登記の登記番号を記載するのでしょうか。それとも、延長登記又は抹消登記がされている譲渡登記の登記番号（原登記番号）を記載するのでしょうか。

A いずれの登記番号でも構いません。ただし、延長登記又は抹消登記が完了した当日に、当該延長登記又は抹消登記が記載された登記事項証明書又は登記事項概要証明書の交付を請求する場合は、原登記番号ではなく、延長登記又は抹消登記の登記番号を指定する必要があります（Q189参照）。

共通

Q182 一部抹消登記がされた旨が証明された登記事項証明書を請求する場合の注意事項

複数の通番が付されている譲渡登記について、その一部の通番に係る動産又は債権を抹消する一部抹消登記をした場合に、抹消された動産又は債権について一部抹消登記がされた旨が証明された登記事項証明書の交付を請求するときは、どのように行えばよいでしょうか。

A 譲渡登記の一部の通番を抹消する登記がされている場合、登記事項証明書交付申請書の「登記番号・通番指定検索用」様式を使用し、検索条件として譲渡登記に係る登記番号及び一部抹消登記により抹消された動産又は債権に係る通番を指定して、登記事項証明書の交付を請求することにより、当該動産又は債権について抹消登記がされた旨が証明された登記事項証明書の交付を受けることができます。

この場合、登記事項証明書交付申請書のファイル区分欄において「閉鎖されていないファイル」を選択する必要があります。

譲渡登記所の登記官は、譲渡登記の全部を抹消したとき、又は譲渡登記ファイルに記録されている譲渡登記の存続期間が満了したときは、当該譲渡登記に係る譲渡登記ファイルの記録を閉鎖し、これを譲渡登記ファイル中に設けた閉鎖登記ファイルに記録するものとされています（登記令4条1項）。

そうすると、数個の動産又は債権を譲渡の対象として譲渡登記がされている場合において、その一部を抹消する登記がされたものの、当該譲渡登記にいまだ抹消されていない動産又は債権が存在するときは、当該譲渡登記に係る譲渡登記ファイルの記録は、まだ閉鎖登記ファイルに記録されていないこととなります（Q186参照）(注)。

したがって、このような場合に、抹消された動産又は債権についての一部抹消登記に係る登記事項証明書の交付を請求するときには、「閉鎖されていないファイル」に記録されている証明書の交付を請求する必要があります。

具体的には、登記事項証明書交付申請書（動産・債権譲渡登記用）の「登記番号・通番指定検索用」様式を使用し、ファイル区分については「閉鎖されていないファイル」を、検索条件については「通番指定検索」を、それぞれ選択して、譲渡登記に係る登記番号及び抹消された動産又は債権に係る通番を記載します。

なお、一部抹消登記をした場合、登記事項証明書に具体的にどのように記載されるかについては、「資料10　証明書の記載例」の【証明書記載例３】（664頁）を参照してください。

（注）検索条件として「通番指定検索」ではなく「登記番号指定検索」を選択して譲渡登記に係る登記番号のみを記載し、かつ、「一括証明」の交付を請求したときは、指定した登記番号の譲渡登記ファイルに記録されている全ての動産又は債権に係る事項が登記事項証明書に記載されることから、一部抹消されていない動産又は債権も、一部抹消されている動産又は債権も、同一の登記事項証明書に記載されることになります（不動産登記及び商業法人登記のような、「現に効力を有する登記事項」のみを証明するという証明形式は、設けられていません。）。

共通

Q183 「ないこと証明書」の交付条件

登記事項証明書、登記事項概要証明書又は概要記録事項証明書の交付を請求した場合において、当該証明書の検索条件として特定された事項に該当する譲渡登記が存在しないときは、どのような証明書が交付されますか。

A 証明書の検索条件として特定された事項に該当する譲渡登記が存在しない場合には、いわゆる「ないこと証明書」が交付されることになります。

解説

1　譲渡登記に係る登記事項証明書、登記事項概要証明書又は概要記録事項証明書の交付の請求がされた場合において、当該証明書の検索条件として特定された事項に該当する譲渡登記が存在しないときは、証明書交付申請書において特定された検索条件の下では譲渡登記が存在しないことを証明した証明書（いわゆる「ないこと証明書」）が交付されます。

この「ないこと証明書」は、登記事項証明書、登記事項概要証明書又は概要記録事項証明書の交付を請求した場合のいずれについても交付され得るものですが、交付される条件については、次のような違いがあります。

2　登記事項証明書又は登記事項概要証明書の交付の請求がされた場合、譲渡登記所においては、当該証明書の交付申請書に記載された検索条件（譲渡人の商号、本店等。登記事項証明書の場合は、これに加えて「動産（債権）を特定するために必要な事項」）に基づき、譲渡登記所に備えられている譲渡登記ファイルを検索し、該当するデータが当該ファイルの中にあるときには、登記事項証明書又は登記事項概要証明書を交付しますが、該当するデータがないときには、当該検索条件として特定された事項に該当する譲渡登記が存在しないことを証明する旨の「ないこと証明書」を交付します（注1）。

このように、登記事項証明書及び登記事項概要証明書に係る「ないこと証明書」は、飽くまでも、当該証明書の交付申請書において特定された検索条件に該当する譲渡登記が存在しない旨を譲渡登記所に備えられている譲渡登記ファイルを検索した結果に基づき証明するものですので、譲渡人として特定された法人に係る商業登記簿が存在するか否かに関わりなく、交付されます。

3　他方、概要記録事項証明書の交付の申請がされた場合は、概要記録事項証明書の発行に際しての検索処理は、概要ファイルに記録されている情報と譲渡登記の譲渡人の商業法人登記簿の情報とをリンクさせることによって行っているため（Q４参照）、概要記録事項証明書交付申請書において譲渡人として特定された法人の商業法人登記簿（閉鎖登記簿を含みます。）が存在することが概要記録事項証明書の作成の前提となります。

したがって、申請された法人に係る商業法人登記簿はあるものの譲渡登記はない場合には、「ないこと証明書」が交付されます（注２）が、そもそも申請された法人に係る商業法人登記簿がない場合には、概要記録事項証明書の発行処理自体をすることができず、「ないこと証明書」は交付されません。

（注１）　登記事項証明書及び登記事項概要証明書の「ないこと証明書」については、証明書交付申請書に記載した検索条件が証明書に記載された上で、「上記の条件に該当する登記事項は記録されていません。」と記載され、証明文については、「上記のとおり債権（又は動産）譲渡登記ファイル（除く閉鎖分）に記録されていないことを証明する。」又は「上記のとおり閉鎖登記ファイルに記録されていないことを証明する。」と記載されます。

（注２）　概要記録事項証明書の「ないこと証明書」については、交付請求のあった会社法人が証明書に記載された上で、「請求のあった会社法人の債権（又は動産）譲渡登記事項概要ファイルに現に効力を有する登記事項は、現在、記録されていません。」又は「請求のあった会社法人の債権（又は動産）譲渡登記事項概要ファイルに閉鎖されている登記事項は、現在、記録されていません。」と記載され、証明文については、「これは債権（又は動産）譲渡登記事項概要ファイルに記録されている現に効力を有する事項がないことを証明した書面である。」又は「これは債権（又は動産）譲渡登記事項概要ファイルに記録されている閉鎖されている事項がないことを証明した書面である。」と記載されます。

共通 Q184 特定の動産（債権）の譲渡につき自らを譲渡人とする譲渡登記がないことを証明するために「ないこと証明書」の交付を請求することの可否

自らを譲渡人とする譲渡登記が存在する場合に、特定の動産又は債権の譲渡については自らを譲渡人とする譲渡登記がないことを証明するために、特定の動産又は債権を検索条件として特定した上で「ないこと証明書」の交付を請求することはできるでしょうか。

特定の動産又は債権を検索条件として特定した上で、「ないこと証明書」である登記事項証明書の交付請求をすることができます。

1　特定の動産（債権）の譲渡につき自らを譲渡人とする譲渡登記がないことを証明したい場合、そもそも自らを譲渡人とする譲渡登記が存在しないのであれば、検索条件である「譲渡人」として自らを特定した上で「ないこと証明書」である登記事項概要証明書の交付を請求し、又は自らを請求対象会社法人として特定した上で「ないこと証明書」である概要記録事項証明書の交付を請求することにより、これを証明することが可能です。しかしながら、自らを譲渡人とする譲渡登記が存在する場合は、検索条件である「譲渡人」として自らを特定するのみでは、「ないこと証明書」である登記事項概要証明書又は概要記録事項証明書の交付を請求することはできません。

そこで、このように自らを譲渡人とする譲渡登記が存在する場合に、特定の動産又は債権の譲渡については自らを譲渡人とする譲渡登記がないことを証明したいときは、検索条件である「譲渡人」として自らを特定するほか、その特定の動産又は債権も検索条件として特定した上で、「ないこと証明書」である登記事項証明書の交付を請求することにより、これを証明することが可能です。

2　この「ないこと証明書」である登記事項証明書の交付請求をする場合は、「当事者指定検索」様式の登記事項証明書交付申請書を使用し、「譲渡人検索」によって登記事項証明書の交付の請求をします。

その際に特定する必要のある検索条件の通則的説明についてはQ196を参照いただくとして、以下では、自らを譲渡人とし、譲渡対象債権の種類が「その他の貸付債権」である債権譲渡登記が存在する場合に、自らを譲渡人とし、譲渡対象債権の種類が「売掛債権」である債権譲渡登記は存在しないことを証明したいときを例として、「ないこと証明書」である登記事項証明書の交付請求をする方法につき説明します。

この場合、「当事者指定検索」様式の登記事項証明書交付申請書を使用して登記事項証明書の交付の請求をすることとなりますが、「登記を特定するために必要な事項」の「譲渡人」欄には、自らの商号等を記載します。

また、「債権を特定するために必要な事項」については、必須事項である「債務者」欄に債務者の商号等を記載した上で、「債権の種類」欄に「売掛債権」と記載します。

そして、この検索条件の下での「ないこと証明書」の交付を受けることにより、自らを譲渡人とし、譲渡対象債権の種類が「売掛債権」である債権譲渡登記が存在しないことを証明することができることになります。

共通 Q185 「ないこと証明書」の交付を大量に申請する場合の請求方法

譲渡登記所に対して登記事項概要証明書の「ないこと証明書」の交付を大量に申請する場合、通常の請求方法のほか、簡易な請求方法によることができるとのことですが、どのような請求方法でしょうか。

「ないこと証明書」の交付を大量に請求する場合については、簡易な請求方法として、①データフォーマットに譲渡人等の情報を記録

して提出する方法及び②証明書作成用の別紙を申請書に添付して提出する方法によることができます。これらの方法によることにより、通常の請求方法よりも迅速に証明書の交付を受けることができます。
とりわけ①の方法については、事前準備の負担が少なく、証明書の交付もより迅速に受けることができるほか、オンライン申請によることもできるメリットがあります。

1　譲渡登記所で交付する登記事項概要証明書のうち、特定の者を譲渡人又は質権設定者とする譲渡登記ファイルの記録がない旨の証明書（ないこと証明書）の交付を一度に大量に請求する場合、通常の「登記事項概要証明交付申請書」を使用して請求する方法のほか、「登記事項概要証明書交付申請書（ないこと証明用）」を使用して、以下の２通りの簡易な請求方法により請求することができます。

①　データフォーマットに譲渡人等の情報を記録して提出する方法

「登記事項概要証明書交付申請書（ないこと証明用）」にⓐ検索の対象とする譲渡人等の商号、フリガナ、所在及び会社法人等番号を記載した「ないこと証明申請データ」（SEARCH.xml）を保存した電磁的記録媒体、及びⓑ申請人プログラム（Q48参照）の「データ表示」メニューを用いて当該データを印刷した紙を添付して、譲渡登記所に提出する方法です。

この方法により交付請求があった場合、譲渡登記所では、提出された電磁的記録媒体の情報に基づいて譲渡登記所に備えられている譲渡登記ファイルを検索し、その結果に基づいて証明書を作成し、交付します。

１つの電磁的記録媒体に検索の対象として入力することができる譲渡人等は、2,000社が上限となります。2,000社を超える場合には、その超える部分については、別の申請書と電磁的記録媒体及びデータを印刷した紙を提出してください。

②　証明書作成用の別紙を申請書に添付して提出する方法

「登記事項概要証明書交付申請書（ないこと証明用）」に、検索の対象とする譲渡人等ごとに、その商号、フリガナ、所在及び会社法人等番号を記載した「別紙」を作成、添付して、譲渡登記所に提出する方法です。

この方法により交付請求があった場合、譲渡登記所では、「ないこと証明書」を発行するときは、申請書に添付して提出された「別紙」を複写し、証明文を付して証明書を作成し、交付します。

2　上記①の方法と上記②の方法を比べると、①の方法は、②の方法のように、検索の対象とする譲渡人等ごとの商号等を記載した「別紙」を当該譲渡人等の数だけあらかじめ準備した上で譲渡登記所に提出する必要がなく、電磁的記録媒体に「ないこと証明申請データ」を記録し、当該電磁的記録媒体及び当該データを印刷した紙を譲渡登記所に提出すれば足りるので、交付請求者にとって事前準備の負担が少なくて済みます。

また、①の方法は、譲渡登記所に備えられている譲渡登記ファイルの検索に要する時間が短くて済むため、交付請求者はより迅速に証明書の交付を受けることができます。

さらに、①の方法による場合はオンライン申請によることもできる（なお、オンラインにより登記事項概要証明書の交付の請求をする場合は、電子署名をすることや電子証明書を送信する必要はありません。Q216の解説2(2)参照）ので、窓口申請又は送付申請の場合と比較して、より迅速に証明書の交付請求をすることができるメリットもあります。

3　以上の請求方法の詳細や申請書様式のダウンロードの方法等については、法務省ホームページ中の以下の案内ページを参照してください（平成30年10月現在）。

◎動産譲渡登記の場合

【登記事項概要証明書のうち、「ないこと証明」の大量交付請求をされる方へ】

http://www.moj.go.jp/MINJI/minji13-10-1.html

「登記－動産譲渡登記－」のページ（アクセス方法につきQ32参照）の「証明書請求方法」からアクセスすることができます。

◎債権譲渡登記の場合

【登記事項概要証明書のうち、「ないこと証明」の大量交付請求をされる方へ】

http://www.moj.go.jp/MINJI/saikenjouto-07.html

「登記－債権譲渡登記－」のページ（アクセス方法につきQ32参照）の「証明書請求方法」からアクセスすることができます。

共通

Q186 「登記事項証明書交付申請書」及び「登記事項概要証明書交付申請書」の「ファイル区分欄」の「閉鎖されていないファイル」と「閉鎖されたファイル」の意味

譲渡登記の「登記事項証明書交付申請書」及び「登記事項概要証明書交付申請書」の「ファイル区分欄」において、「閉鎖されていないファイル」、「閉鎖されたファイル」を選択するようになっていますが、それぞれどのような場合に選択すればよいのですか。

A 請求の対象が全部抹消登記又は存続期間が満了した譲渡登記に係る譲渡登記ファイルであるときは「閉鎖されたファイル」を選択し、それ以外の譲渡登記ファイルであるときは「閉鎖されていないファイル」を選択します。

なお、一部抹消登記がされている譲渡登記に係る登記事項証明書の交付請求をする場合には、「閉鎖されていないファイル」を選択する必要がありますので、注意を要します。

1　譲渡登記所の登記官は、譲渡登記の全部を抹消したとき、又は譲渡登記ファイルに記録されている譲渡登記の存続期間が満了したときは、当該登記に係る譲渡登記ファイルの記録を閉鎖し、これを譲渡登記ファイル中に設けた閉鎖登記ファイルに記録するものとされています(登記令4条1項)。

したがって、上記の事由によって閉鎖されている譲渡登記ファイルに係る証明書の交付を請求する場合は「閉鎖されたファイル」を、閉鎖されていない譲渡登記ファイルに係る証明書の交付を請求する場合は「閉鎖されていないファイル」を選択します(注)。

「閉鎖されていないファイル」を選択すると「登記事項証明書」又は「登記事項概要証明書」が、「閉鎖されたファイル」を選択すると、「閉鎖登記事項証明書」又は「閉鎖登記事項概要証明書」が交付されます。

2　このように、譲渡登記制度においては、不動産登記制度や商業登記制度と異なり、登記事項の閉鎖は譲渡登記ファイル単位で行われ、各譲渡登記ファイル中の一部の動産又は債権が抹消されたとしても当該登記事項は閉鎖されません。

したがって、一部抹消登記がされている譲渡登記に係る登記事項証明書の交付請求をする場合は、「ファイル区分」について「閉鎖されたファイル」を選択しないよう注意する必要があります（Q182参照）。

（注）　なお、否認の登記の申請が受理されたとしても、当該否認の登記がされた譲渡登記ファイルは、閉鎖されません（登記令4条1項参照）。

したがって、否認の登記がされている譲渡登記に係る登記事項証明書の交付請求をする場合は、「ファイル区分」について「閉鎖されていないファイル」を選択することとなります。

共通 Q187 「現在概要記録事項証明書」と「閉鎖概要記録事項証明書」との違い

譲渡登記の「概要記録事項証明書交付申請書」では、請求する証明書の種類について「現在事項証明書」か「閉鎖事項証明書」を選択するようになっていますが、それぞれどのような証明書が発行されるのでしょうか。

A　「現在事項証明書」を選択すると、その時点において閉鎖されていない譲渡登記の概要が記載された証明書が発行されます。「閉鎖事項証明書」を選択すると、その時点において閉鎖されている譲渡登記の概要が記載された証明書が発行されます。

1　概要記録事項証明書のうち、「現在事項証明書」には、概要ファイルに記録されている事項のうち閉鎖されていない譲渡登記の概要（譲渡登記の登記番号、譲渡登記の登記年月日、譲渡登記の譲受人等）が記載されます。

他方、「閉鎖事項証明書」には、概要ファイルに記録されている事項のうち閉鎖された譲渡登記の概要が記載されます。

概要ファイルに記録されている事項が閉鎖される場合としては、譲渡登記につき全部抹消登記がされた場合又は存続期間が満了した場合があり、譲渡登記の全部を抹消する登記がされたこと、又は存続期間が満了した譲渡登記ファイルを閉鎖したことに伴う譲渡登記所からの通知を受けた譲渡人の本店等の所在地を管轄する商業登記所の登記官は、当該譲渡登記に係る概要ファイルの記録事項を閉鎖しなければならないとされています（登記令4条4項）（注）。

2　概要ファイルは譲渡登記の譲渡人を単位として編成されていますが、登記番号ごとに区分して構成されています。

そして、ある法人の概要ファイルに複数の譲渡登記の登記番号が記録されている場合に、一部の登記番号について抹消登記がされたとき、又は一部の登記番号について存続期間の満了に基づく譲渡登記ファイルの閉鎖がされたときは、その登記番号に係る事項のみが閉鎖されます。

したがって、「現在事項証明書」である概要記録事項証明書の交付を受ければ、その時点で閉鎖されていない譲渡登記の登記番号を知ることができます。

（注）　なお、登記令4条4項に当たる場合のほかに、譲渡登記が全部抹消されたか、あるいは存続期間が満了したかどうかにかかわりなく、概要ファイルの記録事項が閉鎖される場合があります。

すなわち、譲渡人の商業法人登記簿の記録の変更と概要ファイルの記録の変更とはリンクしている（Q4参照）ので、譲渡人の商業法人登記簿の記録が全て閉鎖された場合は、それに伴い、概要ファイルの記録事項も全て閉鎖されます。

具体的には、登記規則6条各項に定める場合、つまり譲渡登記の譲渡人につき管轄転属があった場合（1項）、本店等の移転の登記（本店等が他の登記所の管轄区域内に移転するものに限る。）がされた場合（2項）、合併による解散登記がされた場合（3項）、組織変更又は持分会社の種類の変更による解散登記がされた場合（4項）及びその他の事由により譲渡人の登記記録が閉鎖された場合（5項。具体的には、清算結了の登記や破産手続終結の登記がされた場合等が挙げられます。）には、当該譲渡人に係る概要ファイルが閉鎖されます。

なお、登記規則6条各項に定める事由により閉鎖される概要ファイルに記録されている事項（現に効力を有する事項）については、清算結了の登記等がされる場合を除き、新たに作成される商業法人登記簿に移記処理が行われます。

清算結了の登記等がされることにより概要ファイルが閉鎖される場合には、新たに商業法人登記簿が作成されるわけではないので、当該概要ファイルの移記処理もされません。この場合、当該概要ファイルに記録されている譲渡登記が現に効力を有するにもかかわらず、現に効力を有する概要ファイルが存在しないという状態が生じることとなりますが、概要ファイルは譲渡登記の公示を補完するために備えられるものですから（Q４の解説２(2)参照）、概要ファイルに当該譲渡登記の概要が記録されているかどうかは、当該譲渡登記の効力に影響を及ぼすものではありません。

共通 Q188 閉鎖事項証明書と「ないこと証明書」との違い

閉鎖登記事項証明書、閉鎖登記事項概要証明書又は閉鎖概要記録事項証明書のそれぞれにつき、閉鎖事項証明書が証明する内容と「ないこと証明書」が証明する内容とは、どのような点が異なるのでしょうか。

A　閉鎖事項証明書は、特定の譲渡登記があったことを前提として、「特定の譲渡登記に係る事項が閉鎖されていること」を証明するものです。

他方、「ないこと証明書」は、「一定の時点において、当該証明書の検索条件として特定された事項に該当する譲渡登記が存在しないこと」を証明するものです。

１　例えば、「法務商事株式会社」という法人につき「第2018－100号」という債権譲渡登記が１件のみ存在していた場合に、この「第2018－100号」に係る譲渡登記ファイルが閉鎖されたとします（閉鎖がされる場合としては、譲渡登記の当事者からの抹消登記申請による場合と、譲渡登記の存続期間

満了に基づき登記官が職権で行う場合とがあります。)。

この場合、閉鎖事項証明書の交付請求をすることも、「ないこと証明書」の交付請求をすることも可能です（ただし、登記事項証明書の交付請求をすることができる者は、一定の者に限られます。Q204参照）が、証明の目的によって、いずれの証明書の交付請求をするかを選択します。

2　例えば「『第2018－100号』という債権譲渡登記につき抹消登記がされたこと」を証明したい場合は、「ないこと証明書」には「『第2018－100号』につき抹消登記がされたこと」は記載されませんので、閉鎖事項証明書の交付を請求します。

この場合、登記事項証明書交付請求書又は登記事項概要証明書交付請求書において選択する検索条件としては、「登記番号検索」を選択し（「譲渡人検索」の選択も可能ですが、「第2018－100号」以外の閉鎖された譲渡登記ファイルが存在する場合は、「第2018－100号」以外の譲渡登記ファイルに係る閉鎖事項証明書も発行されます。)、かつ、ファイル区分につき「閉鎖されたファイル」を選択します。

このときに発行される閉鎖事項証明書又は閉鎖登記事項概要証明書には、「上記のとおり閉鎖登記ファイルに記録されていることを証明する。」という証明文が付されます。

また、概要記録事項証明書交付請求書においては、検索条件である商号等及び本店等を記載した上で、請求する証明書の種類として「閉鎖事項証明書（債権譲渡登記事項概要ファイル)」を選択します。

このときに発行される閉鎖概要記録事項証明書には、「これは債権譲渡登記事項概要ファイルに記録されている閉鎖されている事項であることを証明した書面である。」という証明文が付されます。

3　他方、「『法務商事株式会社』を譲渡人とする債権譲渡登記が存在しないこと」を証明したい場合、「第2018－100号」に係る閉鎖事項証明書は「第2018－100号」以外の登記番号に係る債権譲渡登記の有無について証明するものではありませんので、登記事項証明書交付請求書又は登記事項概要証明書交付申請書において選択する検索条件としては、「譲渡人検索」を選択し、かつ、ファイル区分につき「閉鎖されていないファイル」を選択した上で、「ないこと証明書」の交付を請求します。

このときに発行される「ないこと証明書」には、「上記のとおり債権譲渡登記ファイル（除く閉鎖分）に記録されていないことを証明する。」という証明文が付されます。

また、概要記録事項証明書交付請求書においては、検索条件である商号等及び本店等を記載した上で、請求する証明書の種類として「現在事項証明書（債権譲渡登記事項概要ファイル）」を選択します。

このときに発行される「ないこと証明書」には、「これは債権譲渡登記事項概要ファイルに記録されている現に効力を有する事項がないことを証明した書面である。」という証明文が付されます。

なお、これらの場合に、仮に「法務商事株式会社」を譲渡人とする債権譲渡登記が「第2018－100号」と「第2018－150号」の２件存在しており、「第2018－100号」についてのみ抹消登記がされていたとすると、「第2018－150号」については抹消登記がされていませんので、「法務商事株式会社」に係る「ないこと証明書」は発行されません。

共通 Q189 登記事項証明書及び登記事項概要証明書の交付可能時点

譲渡登記所において交付する登記事項証明書及び登記事項概要証明書は、登記が完了した後、直ちに交付を請求することはできますか。

A　請求の対象となる登記につき「登記番号」又は「登記番号及び動産（債権）通番」を検索条件として指定する方法により交付請求をする場合は、当該登記が完了した後、直ちに交付を請求することができます。

解説

1　譲渡登記所に対して登記事項証明書及び登記事項概要証明書の交付を請求する場合において、証明書の交付を請求する譲渡登記ファイルの記録を特定するための方法としては、①「登記番号を検索条件とする方法」（登記番号検索）と、②「譲渡人を検索条件とする方法」（譲渡人検索）があります（Q195参照）。

2　このうち、①の方法により登記事項証明書及び登記事項概要証明書の交付の請求をする場合は、動産譲渡登記、債権譲渡登記及び質権設定登記のほか、これらの延長登記及び（一部）抹消登記の内容が記載された証明書につき、当該登記が完了した直後に交付（即日交付）を請求することが可能です。なお、登記事項証明書の交付請求については、検索条件として、登記番号に加えて、動産通番又は債権通番を指定して、証明対象となる動産又は債権を特定することもできます。

ただし、延長登記及び（一部）抹消登記が記載された登記事項証明書及び登記事項概要証明書の即日交付を請求する場合には、検索条件として、これらの登記の対象となった動産譲渡登記、債権譲渡登記又は質権設定登記の登記番号（原登記番号）ではなく、当該延長登記又は（一部）抹消登記の登記番号を検索条件として指定して、交付を請求する必要があります（原登記番号を検索条件として指定してしまうと、当該延長登記又は（一部）抹消登記の内容の記載がない証明書が交付されてしまいます。)。

証明書の即日交付を請求する場合は、登記事項証明書については「登記番号・通番指定検索用」様式を使用し、登記事項概要証明書については証明書交付請求書に記載されている「検索条件」から「登記番号検索」を指定した上で、交付請求をします。

3　他方、②の方法により登記事項証明書及び登記事項概要証明書の交付の請求をする場合は、動産譲渡登記、債権譲渡登記及び質権設定登記や、これらの延長登記及び(一部)抹消登記の内容が記載された証明書を即日交付することはできず、これらの登記が完了した翌執務日以降であれば、これらの登記の内容が記載された証明書の交付を請求することができます。

共通 Q190 登記事項証明書及び登記事項概要証明書に記載される証明事項の基準日

譲渡登記所において交付する登記事項証明書及び登記事項概要証明書に記載される証明事項は、いつの時点までの情報を検索した結果に基づき記載されますか。

A 当該証明書に記載される証明事項は、その証明書の発行日の前執務日までの情報を検索した結果に基づき記載されます(譲渡登記所における登記完了日当日に、当該登記に係る証明書につき、当該完了した登記の登記番号を検索条件として交付請求をする場合を除きます。)。

解説

1　譲渡登記所において交付する登記事項証明書及び登記事項概要証明書に記載される証明事項は、当該証明書の発行日の前執務日までの情報を検索した結果に基づき記載されます(注)。

そして、これらの証明書には、その検索対象とされた基準日として、当該証明書の発行日の前執務日が、「【検索の対象となった記録】：平成30年○月○日」のように記載されます。

2　ただし、譲渡登記所における登記完了日当日に、証明書の交付請求の対象とする登記につき、当該完了した登記の「登記番号」又は「登記番号及び動産（債権）通番」を検索条件として指定する方法により交付請求をする場合は、当該完了した登記番号に係る登記が記載された証明書を発行することが可能である（Q189参照）ところ、当該証明書には、当該証明書の発行日当日が、「【検索の対象となった記録】：平成30年○月○日」のように記載されます。

（注）　譲渡登記の登記事項証明書及び登記事項概要証明書の交付請求をする場合、検索条件として「登記年月日の範囲」を特定することにより、検索の対象範囲を限定することが可能です。そのため、登記事項証明書交付申請書の「当事者指定検索用」様式及び登記事項概要証明書交付申請書には、「登記年月日の範囲」欄が設けられていますが、当該欄には、「検索可能な期間は申請日の前業務日までです。」との注意書きが記載されています。

共通

Q191　概要記録事項証明書の交付可能時点

譲渡登記又は抹消登記が完了した後、直ちに譲渡人の本店等の所在地を管轄する商業登記所に概要記録事項証明書の交付を請求したところ、当該登記がされた旨が記載された概要記録事項証明書の交付を受けることができませんでしたが、なぜですか。

A　譲渡人の本店等の所在地を管轄する商業登記所において、譲渡登記又は抹消登記がされた旨が反映された概要記録事項証明書を交付することができるのは、譲渡登記所の登記官から当該登記の完了に係る通知を受けた譲渡人の本店等の所在地を管轄する商業登記所の登記官において、当該商業登記所に備えられている概要ファイルに当該通知に係る記録処理をした後になるためです。

譲渡登記所の登記官は、譲渡登記又は抹消登記をした後、譲渡人の本店等

の所在地を管轄する商業登記所に対し、当該譲渡登記又は抹消登記をした旨の通知をオンラインにより送信します（特例法12条２項）。

当該送信は、当該登記の完了後、直ちに譲渡人の本店等の所在地を管轄する商業登記所に対して行われますが、当該通知の内容が当該商業登記所に備えられている概要ファイルに反映されるのは、当該商業登記所の登記官が当該通知に係る記録処理を行った後となります（同条３項参照）。

したがって、譲渡人の本店等の所在地を管轄する商業登記所において交付する概要記録事項証明書に当該譲渡登記又は抹消登記がされた旨の記載がされた概要記録事項証明書の交付を受けることができるのは、当該商業登記所の登記官によって概要ファイルへの記録処理が完了した後となります。

共通 Q192 譲り受けようとする動産（債権）について先行する譲渡登記が存在しないことを調査する方法

譲り受けようとする動産（債権）について、先行する譲渡登記が存在しないことを調査するには、どのようにすればよいでしょうか。

A 動産（債権）譲渡登記の概要記録事項証明書は誰でも請求することができる（特例法13条１項）ので、まず、当該動産（債権）を譲渡しようとする者に係る概要記録事項証明書の交付を請求します（注１）。
そして、当該者を譲渡人とする譲渡登記の記録が全く存在しない場合には、その旨の「ないこと証明書」の交付を受けることにより、先行する譲渡登記が存在しないことを確認することができます。
他方、譲渡登記の記録が存在する場合は、譲り受けようとする動産（債権）が先行する譲渡登記の対象になっていないかどうか確認するため、当該動産（債権）を譲渡しようとする者に対し、登記事項証明書の提示を求め、その登記事項の内容を確認することなどが考えられます（注２）。

（注１） 動産（債権）譲渡登記の登記事項概要証明書も誰でも請求することができる（特例法11条１項）ので、譲り受けようとする動産（債権）につ

いて先行する譲渡登記が存在しないことを調査する方法として、当該譲り受けようとする動産（債権）の譲渡人を検索条件とした上で、「譲渡人検索」により登記事項概要証明書の交付を請求することも考えられます（登記事項概要証明書の方が、記載内容が詳しいという利点もあります。）。

ただし、譲渡人の商号等及び本店等に変更があった場合は、譲渡登記ファイルには変更後の商号等や本店等は記録されないので（Q179の解説3参照）、当該譲渡人につき商号等変更登記や本店等移転登記がされている場合において、その変更後の商号等や本店等を検索条件として登記事項概要証明書の交付請求をすると、譲渡人の変更前の商号等や本店等で記録がされている譲渡登記ファイルは検索対象とされずに登記事項概要証明書が発行されてしまうことから、正しい調査ができない結果になってしまうことがあり得ます（逆に言えば、当該譲渡人の商号等及び本店等の変更登記の履歴の有無やその履歴の内容を把握しているのであれば、登記事項概要証明書の交付を請求する方法により調査を行うことでも問題はないといえます。）。

また、登記事項概要証明書は動産譲渡登記所又は債権譲渡登記所にしか交付を請求できないので（もっとも、オンラインによる請求は可能です。）、最寄りの登記所で交付を請求できる概要記録事項証明書よりは利便性が劣る点があります。

（注2） これから「譲渡に係る動産（債権）」を取得しようとする者が、登記事項の詳細を事前に調査するために登記事項証明書の交付請求をしようとしても、当該者は「譲渡に係る動産（債権）」を「取得した者」には当たらないため、登記事項証明書の交付を請求することはできません（Q204の解説1⑵①参照）。なお、既に動産（債権）の譲渡を受け、その譲渡登記も完了している譲受人が、当該譲渡に係る動産（債権）について譲渡登記が二重にされているかどうかを調べる方法については、Q210を参照してください。

債権

Q193 債権譲渡登記に係る証明書の利用方法

債権譲渡登記に係る登記事項概要証明書及び登記事項証明書は、どのような目的に利用されていますか。

債権譲渡登記に係る登記事項概要証明書及び登記事項証明書は、既に登記されている債権譲渡登記等の内容につき証明や確認をする目

的、あるいは、債権が二重に譲渡されていないかどうかを確認する目的等のために利用されています。
また、債権譲渡登記に係る登記事項証明書については、これを債務者に送付して通知することにより債務者に対する対抗要件を具備するための書面（特例法４条２項）としても利用されています。

1　登記事項概要証明書の利用目的

①　登記が完了したことを証明するため

債権譲渡登記又はその延長登記若しくは抹消登記の完了後に債権譲渡登記所から通知する登記完了通知書（登記規則17条）は当該登記における当事者又は代理人を宛先として郵送されます。そこで、登記完了通知書が送付されない当事者等が、登記が完了したことを証明したいときには、登記事項概要証明書の交付を受けることにより、その旨を証明することが考えられます。なお、登記事項概要証明書は、登記完了後直ちに交付を受けることが可能です（Q189参照）。

②　取引先を譲渡人とする債権譲渡登記の有無を調査するため

取引先から債権を譲り受けようとする者が、当該取引先に係る概要記録事項証明書を取得して調査を行ったところ、当該取引先を譲渡人とする債権譲渡登記があることが判明した場合、概要記録事項証明書よりも詳しい情報が記載されている登記事項概要証明書を取得して調査を進めることが考えられます。

また、１つの債権譲渡登記において譲受人が複数人いる場合、概要記録事項証明書には全ての譲受人の記載はされないことから、全ての譲受人の商号等を調査するために、登記事項概要証明書を取得することが考えられます（Q179の解説２参照）。

③　検索対象を絞り込んで債権譲渡登記の有無を調査するため

現在概要記録事項証明書には現に効力を有する債権譲渡登記の概要が全て記載される（Q203参照）ため、譲渡人として特定した者につき多数の債権譲渡登記がある場合、現在概要記録事項証明書に記載される情報量が多すぎて、債権譲渡登記の有無の効率的な調査に適さないことがあります。他方、登記事項概要証明書については、検索条件として、譲受人に関する事項、登記年月日及び登記原因を特定し、検索対象を絞り込むことが可能（Q201参照）なことから、このような場合に検索対象を絞り込んで債権譲渡登記の有無の調査を行うために、登記事項概要証明書を取得することが考えられます。

④　譲渡登記がないことを証明するため

金融機関から融資を受けようとする者が、当該金融機関から、当該者を譲渡人とする債権譲渡登記がないことの証明を求められた場合、当該者が譲渡人として記録されている債権譲渡登記ファイルが存在しない旨の登記事項概要証明書（ないこと証明書）を取得して、証明をすることが考えられます。

⑤　債権譲渡登記の当事者が登記番号を確認するため

債権譲渡登記の当事者が当該登記の登記番号や満了年月日を失念してしまった場合、登記事項概要証明書を取得することにより、当該債権譲渡登記に係る延長登記又は抹消登記の登記申請書に記載する原登記番号を確認したり、満了年月日の経過によって債権譲渡登記ファイルの記録が既に登記官の職権により閉鎖（登記令4条1項）されていないかどうかを確認しておくことが考えられます。

2　登記事項証明書の利用目的

①　債務者対抗要件を具備するため

ある債権について譲渡があったことにつき当該債権の債務者に対する対抗要件を具備するためには、債権譲渡登記をしたことだけでは足りず、当該債務者に対し債権譲渡登記をしたことを証する登記事項証明書を交付して通知をするか、又は債務者の承諾を得る必要があることから（特例法4条2項）、債権譲渡登記の当事者が特例法4条2項所定の通知をするために登記事項証明書を取得することが考えられます。

なお、特例法4条2項所定の通知は、登記事項証明書の原本を交付して行う必要があります（Q29参照）。

②　特定の債権の債務者が当該債権の二重譲渡等の有無を調査するため

ある債権につき特例法4条2項所定の通知を受けた債務者が、当該債権につき二重譲渡や転譲渡がされているかどうかを調査するため、検索条件として当該債権の譲渡人に関する事項及び当該債権を特定する事項を記載した上で、登記事項証明書を取得することが考えられます（Q211、Q212参照）。

③　債権譲渡登記における譲受人が当該債権の二重譲渡の有無を調査するため

Q210及びQ212を参照してください。

④　特定の債権につき債権譲渡登記がないことを証明するため

金融機関から融資を受けようとする者が、当該金融機関から、特定の債権につき債権譲渡登記の目的債権となっていないことの証明を求められた場合、当該債権につき記録されている債権譲渡登記ファイルが存在しない旨の登記事項証明書（ないこと証明書）を取得して、証明をすることが考えられます（Q184、Q197参照）。

⑤　債権譲渡登記の当事者の破産管財人等が当該登記の内容を確認するため

債権譲渡登記の当事者の財産の管理及び処分をする権利を有する者（破産管財人等）が当該登記の内容を確認するため、当該登記に係る登記事項証明書を取得することが考えられます（Q204の解説1⑵⑨参照）。

債権 Q194 債権譲渡登記に係る登記事項証明書に記載されている債権につき自分が債務者に当たるかどうかを判断する際に確認すべき記載事項

私が債務者である債権の譲渡を受けたとする者から、内容証明郵便により、当該者に対して当該債権の支払をするよう請求を受け、併せて、当該債権の譲渡に係る登記事項証明書の送付も受けました。当該登記事項証明書に記載されている債権につき、自分が債務者に当たるかどうかを判断するには、どの事項を見て確認すればよいのですか。

登記事項証明書に「債権個別事項」として記載されている事項が譲渡対象債権の内容となるので、「債権個別事項」の記載事項を見て

判断します。

譲渡対象債権の内容は、登記事項証明書の２枚目に「債権個別事項」として記載されています。「債権個別事項」には、原債権者、債務者、債権の種類、債権発生原因、譲渡対象債権の契約年月日（任意的登記事項なので、証明書に記載されていない場合もあります。）、債権発生年月日の始期・終期、弁済期（任意的登記事項なので、証明書に記載されていない場合もあります。）、債権額（既発生の債権の場合のみ）等が記載されているので、これらの記載に基づき、自分が債務者に当たるかどうかを判断します（注）。

なお、譲渡対象債権が債務者不特定の将来債権の場合は、登記事項証明書には具体的な債務者名は記載されません（「債務者」欄には「※債務者が特定していない債権」と記載されます。）。この場合は、債権の種類及び債権発生原因（「備考」欄に有益事項の記載がある場合は、「備考」欄の記載も含む。）の記載から、自分が債務者に当たるかどうかを判断します。

（注）　同一の債権につき、当該債権の債務者に対して複数の登記事項証明書の交付・通知がされた場合でも、それぞれの登記事項証明書に記載されている債権発生年月日の始期・終期が重ならないのであれば、それぞれの譲受人が支払を請求することができることに注意する必要があります（重なる部分がある場合の優劣関係については、Ｑ２の解説５⑴を参照してください。）。

また、発生時債権額や譲渡時債権額については、これらが登記事項とされている意義は、発生時債権額及び譲渡時債権額を債権譲渡ファイルに記録することにより、譲渡対象債権の特定を容易にし、債権譲渡登記制度の利用者の便宜を図ろうとすることによるものであり、登記事項証明書に記載されている「発生時債権額」や「譲渡時債権額」は、債務者が特例法４条２項に基づく登記事項証明書の交付・通知を受けた時点において、当該債務者が現に支払義務を有している債務額を指すものではないことに注意する必要があります（Ｑ151、Ｑ154参照）。債務者は、登記事項証明書に記載されている「発生時債権額」を譲渡対象債権に係る契約書に記載されている債権額と照合するなどして、自らが当該譲渡対象債権の債務者に当たるかどうかを確認することになります。

共通 Q195　「登記番号・通番指定検索用」様式と「当事者指定検索用」様式との違い

譲渡登記の登記事項証明書交付申請書の様式には、「登記番号・通番指定検索用」と「当事者指定検索用」とがありますが、どのように使い分ければよいのでしょうか。

A　1　「登記番号・通番指定検索用」の様式を使用する場合の例としては、①登記事項証明書の交付を請求する譲渡登記に係る登記番号が判明している場合、②譲渡登記ファイルに記録されている動産（債権）のうちの一部についての登記事項証明書の交付を請求する場合において、当該譲渡登記に係る登記番号及び証明書の交付を請求する動産（債権）の通番が判明している場合、③譲渡登記、延長登記及び（一部）抹消登記が完了した当日に当該登記に係る登記事項証明書の交付を請求する場合があります。

2　「当事者指定検索用」の様式を使用する場合の例としては、①登記番号や動産（債権）通番が分からない場合、②特定の譲渡人を検索条件として特定する必要がある場合（特定の動産（債権）について二重に譲渡登記がされているかどうかを調査する場合など）、③「ないこと証明書」である登記事項証明書の交付を請求する場合、④譲渡登記の当事者（譲渡人又は譲受人）ではない利害関係人が登記事項証明書の交付を請求する場合があります。

解説

1　譲渡登記に係る登記事項証明書の交付の請求は、オンラインにより請求する場合を除き（登記規則24条１項）、譲渡登記所の登記官に対し、書面でしなければなりません（特例法11条２項、登記令16条１項）。

この登記事項証明書の交付を請求する書面（登記事項証明書交付申請書）には、証明書の交付を請求する譲渡登記ファイルを特定するために必要な事項（登記令16条３項柱書き、２項１号）のほか、当該譲渡登記ファイルに数個の動産又は債権が記録されている場合において一部の動産又は債権についての登記事項証明書の交付請求をするときは、証明書の交付を請求する動産又は債権を特定する事項等を記載する必要があります（登記令16条3項1号）。

この「証明書の交付を請求する譲渡登記ファイルの記録を特定するために必要な事項」（検索条件）の特定方法としては、「登記番号を検索条件とする方法」（登記番号検索）と「譲渡人を検索条件とする方法」（譲渡人検索）とがあり、登記事項証明書交付申請書の様式については、登記番号検索による場合は「登記番号・通番指定検索用」様式、譲渡人検索による場合は「当事者指定検索用」様式を使用します（注）。

以下、両様式の違いについて説明します。

2　①登記事項証明書の交付を請求する譲渡登記に係る登記番号が判明している場合は、原則として「登記番号・通番指定検索用」の様式を使用し（「当事者指定検索用」の様式を使用することもできます。）、検索条件として登記番号を指定する方法によって、登記事項証明書の交付請求をすることができます。

この場合、「登記番号・通番指定検索用」の様式の「●検索条件」の「登記番号指定検索」のチェックボックスにチェックをした上で、登記番号を記載します。

また、②譲渡登記ファイルに記録されている動産又は債権のうちの一部の動産又は債権についての登記事項証明書の交付請求をする場合において、当該譲渡登記に係る登記番号及び証明書の交付を請求する動産又は債権の通番が判明しているときは、「登記番号・通番指定検索用」の様式を使用し、検索条件として、登記番号及び動産（債権）通番を指定する方法によって、登記事項証明書の交付請求をすることができます。

この場合、「登記番号・通番指定検索用」の様式の「●検索条件」の「通番指定検索」のチェックボックスにチェックをした上で、登記番号及び動産（債権）通番を記載します。

なお、③譲渡登記、延長登記及び（一部）抹消登記が完了した当日に当該登記に係る登記事項証明書の交付を請求する場合は、「登記番号指定検索」又は「通番指定検索」の方法でのみ登記事項証明書を請求することができるので、「登記番号・通番指定検索用」の様式を使用することとなります。

3　他方、①登記番号や動産（債権）通番が分からない場合、②特定の譲渡人を検索条件として特定する必要がある場合（特定の動産（債権）について二重に譲渡登記がされているかどうかを調査する場合など）、③「ないこと証明書」である登記事項証明書の交付を請求する場合及び④譲渡登記の当事者（譲渡人又は譲受人）ではない利害関係人が登記事項証明書の交付を請求する場合は、「当事者指定検索用」の様式を使用して、登記事項証明書の交付請求をします（ただし、債権譲渡登記等の債務者が債権譲渡登記ファイルに自らが債務者であると記録されている債権の登記番号及び債権通番を指定して登記事項証明書の交付請求をする場合（Q199の解説３参照）は、「登記番号・通番指定検索用」の様式を使用します。）。

この場合、検索条件として、動産譲渡登記については、「登記を特定するために必要な事項（「譲渡人」の記載は必須）及び「動産を特定するために必要な事項」を特定する必要があり、また、債権譲渡登記等については、「登記を特定するために必要な事項」（「譲渡人」の記載は必須）及び「債権を特定するために必要な事項」（「債務者」欄の記載は必須）を特定する必要があります（Q196参照）。

（注）　なお、登記事項証明書交付申請書の様式は、譲渡登記所の窓口に備え付けられているほか、インターネットを利用して、法務省ホームページの「登記－動産譲渡登記－」及び「登記－債権譲渡登記－」の各案内ページから入手することができます（Q32参照）。

共通 Q196 「譲渡人検索」によって登記事項証明書の交付請求をする場合に特定すべき検索条件

「譲渡人検索」によって登記事項証明書の交付を請求する際に、検索条件として「譲渡人」のみを特定して交付を請求することはできますか。できない場合、ほかにどのような事項を検索条件として特定する必要がありますか。

A 検索条件として「譲渡人」のみを特定して登記事項証明書の交付を請求することはできません。「譲渡人」のほかに、「動産を特定するために必要な事項」又は「債権を特定するために必要な事項」も特定する必要があります。

解説

1 「譲渡人検索」によって登記事項証明書の交付を請求する場合は、検索条件として、「譲渡人」を特定するのみでは足りず、「動産を特定するために必要な事項」又は「債権を特定するために必要な事項」も特定する必要があります。これは、譲渡登記の当事者（譲渡人又は譲受人）が登記事項証明書の交付を請求する場合であっても同じです。

この点、登記事項概要証明書においては、検索条件として譲渡人のみを特定して交付を請求することができるのとは異なっています。

以下、「譲渡人検索」によって動産譲渡登記及び債権譲渡登記等の登記事項証明書の交付請求をする場合にそれぞれ特定する必要がある検索条件につき説明します。

2 まず、「譲渡人検索」により動産譲渡登記の登記事項証明書の交付請求をする場合、検索条件として、「譲渡人」（譲受人からの請求の場合は「譲受人」も）のほか、「動産を特定するために必要な事項」のうち、個別動産の場合は「動産の種類」及び「動産の特質」が、集合動産の場合は「動産の種類」及び「保管場所の所在地」が必須事項となります。

3 次に、「譲渡人検索」により債権譲渡登記等の登記事項証明書の交付請求をする場合、検索条件として、「譲渡人」（譲受人からの請求の場合は「譲受人」も）のほか、「債権を特定するために必要な事項」が必須事項となります。この「債権を特定するために必要な事項」のうち、どの事項を特定することが必須であるかについては、交付請求者が誰であるか、また、対象債権が「債務者が特定している債権」か「債務者が特定していない債権」かによって、異なります。

すなわち、①債権譲渡登記等の当事者（譲渡人又は譲受人）が交付を請求する場合は、「譲渡人」（譲受人からの請求の場合は「譲受人」も）のほか、「債権を特定するために必要な事項」のうち、対象債権が「債務者が特定している債権」のときは、「債務者」欄の債務者に係る情報（フリガナ、商号等、本店等）を特定する必要があり、他方、対象債権が「債務者が特定していない債権」のときは、「債務者」欄の「□債務者が特定していない将来債権」の欄にチェックをする必要があります。

②債務者が交付を請求する場合には、「譲渡人」のほか、「債権を特定するために必要な事項」のうち、対象債権が「債務者が特定している債権」のときは、「債務者」欄の債務者に係る情報（フリガナ、商号等、本店等）を特定する必要があり、他方、対象債権が「債務者が特定していない債権」のときは、「債務者」欄の「□債務者が特定していない将来債権」の欄にチェックをした上で、「債権の種類」欄及び「債権の発生年月日」欄（始期及び終期を記載）の特定が必須となります。

③債務者以外の利害関係人が交付を請求する場合には、「譲渡人」のほか、「債権を特定するために必要な事項」のうち、対象債権が「債務者が特定している債権」のときは、「債務者」欄の債務者に係る情報（フリガナ、商号等、本店等）を特定した上で、「債権の種類」欄及び「債権の発生年月日」欄（始期及び終期を記載）の特定が必須となり、他方、対象債権が「債務者が特定していない債権」のときは、「債務者」欄の「□債務者が特定していない将来債権」の欄にチェックをした上で、「債権の種類」欄及び「債権の発生年月日」欄（始期及び終期を記載）の特定が必須となります。

4　以上をまとめると、**【表8】**のとおりです。

【表８】「譲渡人検索」によって登記事項証明書の交付請求をする場合に検索条件として特定すべき事項

登記種別	交付請求者	検索条件		登記事項証明書交付申請書において検索条件として特定すべき事項
動産	当事者（譲渡人・譲受人） 当事者以外の利害関係人	①②両方必要	①登記を特定するために必要な事項	譲渡人（注１）
			②動産を特定するために必要な事項	個別動産の場合：動産の種類＋動産の特質（注２） 集合動産の場合：動産の種類＋保管場所の所在地（注２）
債権	当事者（譲渡人・譲受人）	①②両方必要	①登記を特定するために必要な事項	譲渡人（注１）
			②債権を特定するために必要な事項	債務者特定債権の場合：債務者（フリガナ、商号等、本店等）（注３） 債務者不特定債権の場合：「□債務者が特定していない将来債権」をチェック（注３）
	債務者	①②両方必要	①登記を特定するために必要な事項	譲渡人（注１）
			②債権を特定するために必要な事項	債務者特定債権の場合：債務者（フリガナ、商号等、本店等）（注３） 債務者不特定債権の場合：「□債務者が特定していない将来債権」をチェック＋債権の種類＋債権の発生年月日（注４）
	債務者以外の利害関係人	①②両方必要	①登記を特定するために必要な事項	譲渡人（注１）
			②債権を特定するために必要な事項	債務者特定債権の場合：債務者（フリガナ、商号等、本店等）＋債権の種類＋債権の発生年月日（注４） 債務者不特定債権の場合：「□債務者が特定していない将来債権」をチェック＋債権の種類＋債権の発生年月日（注４）

◎登記事項証明書交付申請書の様式は、「当事者指定検索用」様式を使用します。

（注１）「譲受人」、「登記年月日の範囲」も追加可能です。譲受人が自己の登記について請求する場合は「譲受人」も必須事項となります。

（注２）「その他の有益事項」も追加可能です。

（注３）債務者の「会社法人等番号」、「原債権者」、「債権の種類」、「債権の発生年月日の範囲」も追加可能です。

（注４）「原債権者」も追加可能です。

債権

Q197 債権譲渡登記の譲渡人が「特定の者を債務者とする債権」の譲渡のほか「債務者が特定していない将来債権」の譲渡についても登記がないことを証明するために登記事項証明書の交付を請求する場合において検索条件の特定につき留意すべき事項

債権譲渡登記の譲渡人が、自らを譲渡人とする債権譲渡登記について、「特定の者を債務者とする債務者特定の債権」の譲渡につき登記がないことを証明するほか、「債務者が特定していない将来債権」の譲渡についても登記がないことを証明するために登記事項証明書の交付を請求する場合に、検索条件の特定につき留意すべき事項はありますか。

A 登記事項証明書交付申請書の記載事項である「債権を特定するために必要な事項」として、特定の者を「債務者」として特定した上で登記事項証明書の交付請求をするほか、別の請求として、「債務者が特定していない将来債権」を特定した上で登記事項証明書の交付請求もする必要があります。

解説

1　債権譲渡登記の登記事項証明書交付申請書の様式には「登記番号・通番指定検索用」様式と「当事者指定検索用」様式とがありますが、「譲渡人」を検索条件とし、かつ、特定の者を「債務者」として特定し（特定の「債務者」を検索条件とし）、又は「債務者が特定していない将来債権」を検索条件とした上で、登記事項証明書の交付請求をする場合には、「当事者指定検索用」様式を使用して交付請求をします。

2　ところで、自らを譲渡人とする債権譲渡登記をしている者が、「特定の者を債務者とする債務者特定の債権」の譲渡については登記がないことを証明したいほか、当該債務者が「債務者が特定していない将来債権」の譲渡についても債務者となる可能性がないことを証明するために、「債務者が特定していない将来債権」の譲渡についても、自らを譲渡人とする債権譲渡登記がないことを証明したい場合には、「譲渡人」を検索条件とした上で、「ないこと証明書」である登記事項証明書の交付請求をすることとなります。

この場合、「譲渡人」かつ特定の者を「債務者」として検索条件の特定をした上で登記事項証明書の交付請求をするだけでは足りないこととなります。なぜなら、この場合、債権譲渡登記所では、検索条件として特定された譲渡人に係る債権譲渡登記ファイル中の債権のうち、「債務者が特定している債権」のみを対象として検索を行い、その結果に基づき登記事項証明書を交付することになるからです。すなわち、仮に、検索条件として特定された譲渡人に係る債権譲渡登記ファイル中に「債務者が特定していない将来債権」が存在したとしても、当該将来債権については検索対象とはせずに、登記事項証明書の交付をすることになります。

要するに、「譲渡人」かつ特定の者を「債務者」として特定した上で登記事項証明書の交付請求をし、「ないこと証明書」が交付されたとしても、その「ないこと証明書」は、「債務者が特定していない将来債権」の譲渡につき登記がないことまでをも証明するものではありません（注１）。

したがって、本問の場合には、登記事項証明書交付申請書の記載事項である「債権を特定するために必要な事項」（検索条件）として、特定の者を「債務者」として特定した上で登記事項証明書の交付請求をするほか、別の請求として、「債務者が特定していない将来債権」を特定した上で登記事項証明書の交付請求もする必要があります（注２）。

（注１）　債務者を特定した上で登記事項証明書の交付請求をした場合において、「ないこと証明書」が交付されるときは、交付される「ないこと証明書」たる登記事項証明書の「債権個別事項」（２枚目）の「債務者」欄に、交付請求者が検索条件として指定した債務者の表示がされます。

他方、「債務者が特定していない将来債権」を検索条件として登記事項証明書の交付請求をした場合において、「ないこと証明書」が交付されるときは、交付される「ないこと証明書」たる登記事項証明書の「債権個別事項」（２枚目）の「債務者」欄に、「※債務者が特定していない債権」と表示されます。

（注２）　なお、債権譲渡登記の譲渡人が、「債権を特定するために必要な事項」における検索条件を「債務者が特定していない将来債権」とする登記事項証明書の交付請求をする場合、更なる検索条件として、「原債権者」、「債権の種類」、「債権の発生年月日」、「登記年月日」も追加することができます。

債権

Q198 検索条件として「債権の発生年月日の範囲」を特定した場合にその特定した範囲に合致したものとされる債権の範囲

「譲渡人検索」によって債権譲渡登記等の登記事項証明書の交付を請求する際に、検索条件として「債権の発生年月日の範囲」を特定した場合、その特定した範囲と完全に「債権の発生年月日」の範囲が一致する債権のみが、検索条件に合致したものとして登記事項証明書が交付されるのでしょうか。それとも、その特定した範囲と一部でも「債権の発生年月日」の範囲が重なる債権についても、検索条件に合致したものとして登記事項証明書が交付されるのでしょうか。

A 登記事項証明書交付申請書において特定した「債権の発生年月日の範囲」と一部でも当該範囲が重なる債権についても、検索条件に合致したものとして登記事項証明書が交付されます。

解説

本問の回答のとおり、登記事項証明書交付申請書において特定した「債権の発生年月日の範囲」と一部でも当該範囲が重なる債権についても、検索条件に合致したものとして登記事項証明書が交付されます。

例えば、登記事項証明書交付申請書（当事者指定検索用様式）中の「債権の発生年月日の範囲」欄を「平成30年３月１日～平成30年３月31日」と特定した場合において、債権譲渡登記ファイル中に、債権発生年月日の始期及び終期が以下の【表９】の①ないし⑤のとおりであり、「債権の種類」などの他の検索条件は一致している譲渡対象債権があるとします。

この場合、①のようにその範囲が完全に重なるものはもちろん、②及び③のように債権発生年月日の始期及び終期が「債権の発生年月日の範囲」欄で特定した範囲内に含まれるもの、そして、④及び⑤のように債権発生年月日の始期又は終期の一部が「債権の発生年月日の範囲」欄で特定した範囲外となるものについても、検索条件に合致するものとして、登記事項証明書が交付されます(注)。

なお、④及び⑤のように債権発生年月日の始期又は終期の一部が「債権の発生年月日の範囲」欄で特定した範囲外となるものについても、登記事項証明書には、債権譲渡登記ファイルに記録された債権発生年月日の始期及び終期がそのまま記載されます。例えば、⑤であれば、交付される登記事項証明書には、「債権発生年月日（始期)」は(「平成30年３月１日」ではなく)「平成29年２月１日」、「債権発生年月日（終期)」は(「平成30年３月31日」ではなく)「平成29年４月30日」と記載されます。

（注） なお、登記事項証明書交付申請書中の「債権の発生年月日の範囲」については、利害関係人が登記事項証明書の交付を申請する場合は、任意の範囲を記載して特定することは認められません。この場合は、交付申請書の添付書面である債権譲渡契約書や差押命令書・差押調書等の内容に基づき二重譲渡関係等が発生しているなど利害関係が生じていると客観的に判断できる範囲でのみ、「債権の発生年月日の範囲」を特定することが認められます（Q200参照)。

【表９】 検索条件として「債権の発生年月日の範囲」を「平成30年３月１日～平成30年３月31日」と特定した場合に当該検索条件に合致するものとされる例

	「債権発生年月日＿始期」	「債権発生年月日＿終期」
①	平成30年３月１日	平成30年３月31日
②	平成30年３月１日	平成30年３月１日
③	平成30年３月10日	平成30年３月20日
④	平成30年２月15日	平成30年３月14日
⑤	平成30年２月１日	平成30年４月30日

共通

Q199 譲渡登記の利害関係人が登記番号を指定することにより登記事項証明書の交付請求をする場合に特定すべき検索条件

譲渡登記の当事者（譲渡人又は譲受人）ではない利害関係人が登記事項証明書の交付を請求する場合において、登記番号により請求に係る譲渡登記ファイルを指定するとき、検索条件としてどのような事項を特定する必要があるでしょうか。

A 債権譲渡登記等の債務者については、債権譲渡登記ファイルに自らが債務者であると記録されている債権に係る登記番号及び債権通番を指定することにより、登記事項証明書の交付請求をすることができます。それ以外の利害関係人については、登記番号及び動産（債権）通番を指定することによっては登記事項証明書の交付を請求することはできず、「当事者指定検索用」の様式を使用して、登記番号のほか、「動産を特定するために必要な事項」又は「債権を特定するために必要な事項」を特定する必要があります。

1　譲渡登記の当事者（譲渡人又は譲受人）が登記事項証明書の交付を請求する場合は、請求に係る譲渡登記の登記番号や請求に係る動産又は債権の通番が判明していれば、登記事項証明書交付申請書の「登記番号・通番指定検索用」様式を使用して、その「登記番号」、あるいはその「登記番号と動産（債権）通番」を指定することにより、登記事項証明書の交付請求をすることができます。

2　これに対し、譲渡登記の当事者（譲渡人又は譲受人）ではない利害関係人（債権譲渡登記等の債務者を除く。）が登記事項証明書の交付を請求する場合は、請求に係る譲渡登記の登記番号及び動産（債権）通番が分かっていたとしても、登記事項証明交付申請書においてその登記番号及び動産（債権）通番のみを指定するだけでは、登記事項証明書の交付請求をすることはできません。この場合は、登記事項証明書交付申請書の「当事者指定検索用」様式を使用して、「登記を特定するために必要な事項」として「登記番号」を指定するほか、「動産を特定するために必要な事項」又は「債権を特定するために必要な事項」を特定する必要があります。

すなわち、譲渡登記の当事者ではない利害関係人が登記事項証明書の交付を請求する場合は、請求に係る動産又は債権につき利害関係を有することを、利害関係を有することを証する書面を添付した上で（登記令16条4項3号）、登記事項証明書交付請求書上で明らかにする必要があります。そのためには、登記番号や動産（債権）通番だけでは請求に係る動産又は債権につき利害関係を有することを明らかにすることはできず、「動産を特定するために必要な事項」又は「債権を特定するために必要な事項」を特定する必要があることから、これらの事項を記載する欄が設けられている「当事者指定検索用」の様式を使用して、登記事項証明書の交付請求をする必要があります。

3　ただし、債権譲渡登記等の債務者については、他の利害関係人とは異なり、債務者を特定する情報（氏名・住所等）が債権譲渡登記ファイルに記録されており、当該債務者を特定する情報が記録されている債権の通番を指定すれば「債権を特定するために必要な事項」が特定されたことになるため、「登記番号・通番指定検索用」の様式を使用して、債権譲渡登記ファイルに自らが債務者であると記録されている債権の登記番号及び債権通番を指定することにより、登記事項証明書の交付請求をすることができます。

4　以上をまとめると、**【表10】**のとおりです。

【表10】 譲渡登記の当事者（譲渡人・譲受人）以外の利害関係人が登記番号を指定する方法により登記事項証明書の交付請求をする場合に検索条件として特定すべき事項

登記種別	交付請求者		検索条件		登記事項証明書交付申請書において検索条件として特定すべき事項
動産	当事者以外の利害関係人		①②両方必要	①登記を特定するために必要な事項	登記番号
				②動産を特定するために必要な事項	個別動産の場合：動産の種類＋動産の特質（注１）
					集合動産の場合：動産の種類＋保管場所の所在地（注１）
債権	債務者（記録されている債権を債権通番で特定できる場合）（注２）		①②両方必要	①登記を特定するために必要な事項	登記番号
				②債権を特定するために必要な事項	債権通番
	債務者（記録されている債権を債権通番で特定できない場合）	債務者特定の債権の債務者	①②両方必要	①登記を特定するために必要な事項	登記番号
				②債権を特定するために必要な事項	債務者（フリガナ、商号等、本店等）
		債務者不特定の債権の債務者	①②両方必要	①登記を特定するために必要な事項	登記番号
				②債権を特定するために必要な事項	「□債務者が特定していない将来債権」をチェック＋債権の種類＋債権の発生年月日（注３）
	債務者以外の利害関係人		①②両方必要	①登記を特定するために必要な事項	登記番号
				②債権を特定するために必要な事項	債務者特定債権の場合：債務者（フリガナ、商号等、本店等）＋債権の種類＋債権の発生年月日（注３）
					債務者不特定債権の場合：「□債務者が特定していない将来債権」をチェック＋債権の種類＋債権の発生年月日（注３）

◎登記事項証明書交付申請書の様式は、債権譲渡登記ファイルに記録されている債務者が「登記番号＋債権通番」によって債権を特定する場合を除き、「当事者指定検索用」様式を使用します。

（注１）「その他の有益事項」も追加可能です。

（注２）「登記番号・通番指定検索用」様式を使用します。

（注３）「原債権者」も追加可能です。

共通

Q200 利害関係人が登記事項証明書の交付請求をする場合に検索条件である「動産（債権）を特定するために必要な事項」として特定することのできる事項

利害関係人が登記事項証明書の交付請求をする場合、検索条件である「動産（債権）を特定するために必要な事項」については、どのように特定することができるのでしょうか。

A 利害関係人が登記事項証明書の交付請求をする場合に検索条件である「動産（債権）を特定するために必要な事項」として特定することができる事項は、登記事項証明書交付請求書の添付書面である「利害関係を有することを証する書面」において譲渡や差押えなどの対象として記載されている動産又は債権に関する事項に限られます。

第6章 共通 Q200

1　利害関係人が登記事項証明書の交付を請求する場合は、検索条件として、「動産（債権）を特定するために必要な事項」を特定する必要があります。

この「動産（債権）を特定するために必要な事項」については、利害関係人が登記事項証明書の交付請求をする場合には当該証明書交付請求書に「利害関係を有することを証する書面」を添付する必要がある（登記令16条4項3号）ところ、利害関係人は、譲渡登記ファイルに記録されている事項のうち自らが利害関係を有する部分についてのみ登記事項証明書の交付を請求することができることから、検索条件として特定することのできる「動産（債権）を特定するために必要な事項」は、添付書面である「利害関係を有することを証する書面」に譲渡や差押えなどの対象として記載されている動産又は債権に関する事項に限られることになります。

2　この「利害関係を有することを証する書面」の例としては、動産（債権）譲渡担保契約書、動産（債権）売買契約書、一括ファクタリング契約書、動産（債権）差押命令書等があります（注１）が、検索条件となる「動産（債権）を特定するために必要な事項」については、これらの書面から、客観的に利害関係が生じていると認められる動産又は債権（すなわち、当該書面において、譲渡担保や、売却や、差押え等の対象とされていることが判明する動産又は債権）につき、「動産の種類＋動産の特質」（個別動産の場合）や「動産の種類＋保管場所の所在地」（集合動産の場合）、あるいは「債務者＋債権の種類＋債権の発生年月日」（債務者が特定している債権）や「債権の種類＋債権の発生年月日」（債務者が特定していない債権）を抽出して特定することとなります（注２）（注３）。

（注１） これらの書面の原本の添付が困難な場合は、原本の写しに相違ないことを証明する旨の当事者の奥書・押印を付した上で、当該書面の写しを添付書面として提出することになります。

（注２） なお、債権譲渡登記の債務者として登記事項証明書の交付を請求する場合において、その対象となる債権が「債務者が特定している債権」であるときは、交付申請人（債務者）の印鑑証明書が「利害関係を有することを証する書面」を兼ねることとなる（Q211の解説２⑴参照）ので、検索条件となる「動産（債権）を特定するために必要な事項」の抽出を行う必要はないこととなります。

（注３） もっとも、実際には、利害関係人が、「利害関係を有することを証する書面」から検索条件となる「動産（債権）を特定するために必要な事項」を抽出したとしても、譲渡等に係る動産（債権）の特定方法の相違等に基づき、その抽出した検索条件が譲渡登記ファイルに記録されている事項と合致しない場合もあり得ると思われます（動産や債権の種類や形態は多様であり、また、動産や債権の特定方法も不動産と異なり一律の基準があるわけではなく、更に譲渡登記ファイルは物的編成主義をとっていないこともあり、「利害関係を有することを証する書面」に記載されている動産（債権）と譲渡登記ファイルに記録されている動産（債権）が実態としては同一であったとしても、それらの動産（債権）同士の表記の仕方が異なることはあり得るものと想定されます。）。そのような場合は、「ないこと証明書」が交付されることになってしまいます。

したがって、その抽出した検索条件が譲渡登記ファイルに記録されている事項と合致しない可能性があるときは、①当該譲渡登記の当事者に対して、譲渡に係る動産（債権）を対象とする譲渡登記に係る登記事項証明書の提示を求めるか、②当該譲渡登記の当事者から、譲渡に係る動産（債権）を対象とする譲渡登記に係る登記事項証明書の交付請求についての委任状の交付を受けた上で、当該当事者の代理人として、登記事項証明書の交付を請求する方法を採ることが考えられます（なお、②の方法によって交付請求をする場合は、当該当事者の代理人として交付請求をすることになるので、「利害関係を有することを証する書面」の添付は不要となります。)。

共通 Q201 登記事項概要証明書の交付申請書に記載する検索条件についての注意事項

登記事項概要証明書の交付申請書に検索条件を記載する際に注意すべき事項には、どのようなことがありますか。

A 譲渡登記ファイルに譲渡人として記録されている法人の商号等又は本店等が変更されている場合、登記事項概要証明書交付申請書に、検索条件として、当該譲渡人の変更後の商号等や本店等を記載して請求すると、当該譲渡人に係る譲渡登記がある場合であっても、該当する記録がないものとして扱われ、「ないこと証明書」が交付されるので、注意する必要があります。

また、譲渡登記の譲渡人の商号等及び本店等を検索条件として登記事項概要証明書の交付を請求した場合において、当該譲渡人に係る複数の譲渡登記があるときは、当該検索条件に該当する全ての譲渡登記ファイルの記録が証明書の交付請求の対象として特定されることとなります。したがって、特定の譲渡登記に係る登記事項概要証明書のみの交付を請求したい場合には、譲渡人の商号等及び本店等以外の検索条件を追加指定することによって、検索対象となる譲渡登記ファイルの範囲を絞る必要があります。

1　譲渡登記後に譲渡人の商号等又は本店等が変更されている場合の注意事項

(1)　登記事項概要証明書は、譲渡登記ファイルに記録されている登記事項の概要を証明する書面をいい（一問一答115頁。Q178の解説2(1)参照）、登記事項概要証明書の交付を請求する者は、オンラインにより請求する場合を除き、登記事項概要証明書の交付を請求する譲渡登記ファイルを

第6章 共通 Q200〜Q201

特定するために必要な事項を書面に記載して請求する必要があります（登記令16条１項、２項）。

ここで注意すべき点は、譲渡登記ファイルに譲渡人として記録されている法人がその後に商号等や本店等を変更した場合であっても、譲渡登記ファイルには、その変更があったことが記録されないため（Q54参照）、登記事項概要証明書交付申請書に、検索条件として当該譲渡人の変更後の商号等や本店等を記載して証明書の交付請求をしてしまうと、当該譲渡人に係る譲渡登記ファイルが存在する場合であっても、請求に係る登記事項概要証明書が交付されないということです。

つまり、このような場合に、登記事項概要証明書交付申請書のファイル区分欄の「●該当する記録がない場合、『記録がない旨の証明書』を請求しますか。」の部分の「請求する。」にチェックをして登記事項概要証明書の交付を請求すると、「ないこと証明書」が交付されることになります。

したがって、当該譲渡人の商号等や本店等が譲渡登記完了後に変更されている場合、登記事項概要証明申請書に検索条件として記載する商号等や本店等は、当該譲渡人の変更後の商号等や本店等ではなく、譲渡登記がされた時点における商号等や本店等とする必要があります。

(2) なお、当該譲渡人の本店等の所在地を管轄する商業登記所において交付される概要記録事項証明書については、譲渡人の商号等や本店等の変更が反映されるので、変更後の商号等や本店等を検索条件として請求することができます（Q202参照）。

2　検索条件の指定方法についての注意事項

(1) 登記事項概要証明書の交付を請求する場合に、検索の対象となる譲渡登記ファイルを特定するための検索条件の指定の方法としては、「登記番号を検索条件とする方法」（登記番号検索）と、「譲渡人を検索条件とする方法」（譲渡人検索）のいずれかを選択することができます（両方を選択することはできません。）。

登記事項概要証明書の交付を請求する譲渡登記に係る登記番号が判明している場合は、「登記番号検索」の方法によって交付請求をすることにより、該当する譲渡登記ファイルを確実に特定することができます。

他方、①登記事項概要証明書の交付を請求する譲渡登記に係る登記番号が分からない場合や、②登記番号が判明している場合であっても、当該登記番号に係る譲渡登記ファイルに限定することなく、特定の譲渡人に係る譲渡登記ファイルについての登記事項概要証明書の交付請求をする等の場合には、「譲渡人検索」の方法によって交付を請求することができます。また、③ある法人を譲渡人とする譲渡登記ファイルが存在しないことを証明するために「ないこと証明書」の交付を請求する場合にも、「譲渡人検索」の方法によって交付請求をすることになります。

(2) 「譲渡人検索」の方法により、譲渡人に関する事項のみを検索条件として、登記事項概要証明書の交付を請求した場合、検索条件として特定された事項に該当する譲渡人に係る譲渡登記ファイルが複数あるときは、その全ての譲渡登記ファイルが、証明書の交付請求の対象として特定されることになります。このため、特定の譲渡登記ファイルに係る登記事項概要証明書の交付を請求する場合、譲渡人に関する事項以外の各種登記事項（譲受人に関する事項、登記年月日、登記原因）についても検索条件として特定することによって、請求の対象として特定される譲渡登記ファイルの範囲を絞り込むことができます。

例えば、【表11－1】のとおりAという法人（後に商号をA'に変更）を譲渡人とする債権譲渡登記がされている場合に、「譲渡人検索」の方法によって登記事項概要証明書の交付を請求するときに特定する検索条件と、当該検索条件に基づき、請求の対象として特定され、交付がされる登記事項概要証明書の種類との関係を整理すると、【表11－2】のとおりとなります。

第6章 共通 Q 201

【表11－1】 A（変更後の商号A'）を譲渡人とする債権譲渡登記

	登記番号	譲渡人	譲受人	登記原因	登記年月日
①	2017－0000001	A	B	譲渡担保	平成29年1月10日
②	2017－0000002	A	C	売買	平成29年2月10日
③	2017－0000003	A'	D	売買	平成29年3月10日
④	2017－0000004	A'	C	譲渡担保	平成29年5月10日
⑤	2017－0000005	A'	E	売買	平成29年7月10日
⑥	2018－0000001	A'	C	売買	平成30年1月10日

【表11－2】 譲渡人検索の方法で特定された各検索条件と、交付される登記事項概要証明書の種類との関係

※表11－2中の「○」は検索条件に合致することを、「－」は合致しないことを示します。

表10の1の登記番号 ＼ 指定する検索条件	①2017-0000001	②2017-0000002	③2017-0000003	④2017-0000004	⑤2017-0000005	⑥2018-0000001	発行される証明書
譲渡人A	○	○	－	－	－	－	①②のあること証明書
譲渡人A 譲受人C	－	○	－	－	－	－	②のあること証明書
譲渡人A'	－	－	○	○	○	○	③～⑥のあること証明書
譲渡人A' 譲受人B	－	－	－	－	－	－	ないこと証明書（注）
譲渡人A' 登記原因：売買	－	－	○	－	○	○	③⑤⑥のあること証明書
譲渡人A' 登記年月日の範囲：平成29年1月1日～同年12月31日	－	－	○	○	○	－	③④⑤のあること証明書
譲渡人A' 譲受人C 登記年月日の範囲：平成29年1月1日～同年12月31日	－	－	－	○	－	－	④のあること証明書
譲渡人A' 登記年月日の範囲：平成30年2月1日～同年2月29日	－	－	－	－	－	－	ないこと証明書（注）

（注） 検索条件に合致するものが1つもない場合、「ないこと証明書」を交付することができます。

共通 Q202 譲渡人につき商号変更登記等がされた場合の概要記録事項証明書への記載のされ方

譲渡登記に係る譲渡人である法人について、商号等の変更の登記や本店等の移転の登記がされた場合、あるいは合併による解散の登記や組織変更又は持分会社の種類の変更による解散の登記がされた場合、概要記録事項証明書には、どのように記載されますか。

A 譲渡登記に係る譲渡人について、商号等の変更の登記や本店等の移転の登記（当該譲渡人の本店等を他の登記所の管轄区域内に移転するものを除く。）がされた場合は、概要記録事項証明書に、当該登記による変更事項が記載されます。

また、当該譲渡人について、本店等の移転の登記（当該譲渡人の本店等を他の登記所の管轄区域内に移転するものに限る。）、合併による解散の登記又は組織変更若しくは持分会社の種類の変更による解散の登記等がされ、当該譲渡人の商業法人登記簿が閉鎖された場合は、当該閉鎖に伴い、当該譲渡人に係る概要ファイルの移記の処理が行われ、当該譲渡人に係る概要ファイルは閉鎖されます。当該概要ファイルが閉鎖された事由については、閉鎖された譲渡人の概要ファイルに係る概要記録事項証明書の「登記記録に関する事項」欄に記載されます。

解説

1　譲渡登記制度においては、譲渡登記に関する公示を補完する観点から、譲渡登記所に備える譲渡登記ファイルのほか、譲渡人の本店等の所在地を管轄する商業登記所に概要ファイルを備えることとしています（特例法12条1項）。

このように当該商業登記所に概要ファイルを備える理由は、譲渡登記制度においては、譲渡人の商号等や本店等に変更の事由が発生した場合であっても、その変更の登記は認められないところ（Q54参照）、変更後の商号等や本店等によって当該譲渡人に係る譲渡登記を検索することができる措置を講ずる必要があるからです（Q４参照）。

そのため、概要記録事項証明書については、概要記録事項証明書交付申請書において、検索条件として、変更後の商号等又は本店等を記載することにより、概要記録事項証明書の交付を受けることが可能です。

2　譲渡人の商号等の変更の登記又は本店等の移転の登記（当該本店等を他の登記所の管轄区域内に移転するものを除く。）がされた場合には、当該譲渡人の概要記録事項証明書に、当該登記による変更事項が記載されます（具体的な様式例については、676頁を参照してください。）。

また、譲渡人の本店等の移転の登記（当該本店等を他の登記所の管轄区域内に移転するものに限る。）、合併による解散の登記又は組織変更若しくは持分会社の種類の変更の登記等がされた場合には、当該譲渡人に係る概要ファイルに記録されている事項（現に効力を有する事項）の移記処理が行われた上で、当該概要ファイルは閉鎖されます（Q187の解説の（注）参照）。そして、当該閉鎖された概要ファイルに係る閉鎖概要記録事項証明書の「登記記録に関する事項」欄に、当該概要ファイルが閉鎖された事由が記載されることとなります（具体的な様式例については、677頁を参照してください。）。

共通

Q203 特定の登記番号のみが記載された概要記録事項証明書の交付請求の可否

特定の登記番号のみが記載された概要記録事項証明書の交付を請求することはできますか。

A 概要記録事項証明書の交付請求に係る検索条件は、「譲渡人の商号・名称、本店・主たる事務所及び会社法人等番号（任意事項）」並びに「現在事項証明書と閉鎖事項証明書との区分」しかないので、特定の登記番号のみが記載された概要記録事項証明書の交付を請求することはできません。

共通

Q204 登記事項証明書の交付請求権者の範囲

登記事項証明書の交付の請求をすることができる者の範囲は、どのようになっていますか。

A 登記事項証明書については交付を請求することができる者が限定されており、①譲渡に係る動産（債権）の譲渡人又は譲受人、②動産（債権）の譲渡等につき利害関係を有する者、③譲渡等に係る動産（債権）の譲渡人の使用人のみが交付を請求することができます。
なお、「動産（債権）の譲渡等につき利害関係を有する者」の具体例については、本解説の1(2)を参照してください。

1　登記事項証明書については、誰でも交付の請求をすることができる登記事項概要証明書及び概要記録事項証明書と異なり、その交付を請求できる者は、以下の者に限られています（特例法11条2項、14条1項、登記令15条）。

(1)　譲渡に係る動産又は譲渡に係る債権（質権の目的とされた債権）の譲渡人（質権設定者）又は譲受人（質権者）（特例法11条2項1号、14条1項）

ここにいう「譲渡人（質権設定者）」又は「譲受人（質権者）」とは、譲渡登記等の当事者である譲渡人（質権設定者）又は譲受人（質権者）のこと（【図14】及び【図15】のC・D）を指します。

(2)　動産の譲渡又は債権の譲渡等につき利害関係を有する者（特例法11条2項2号・3号、登記令15条各号）

ここにいう「動産の譲渡又は債権の譲渡等につき利害関係を有する者」とは、譲渡等に係る動産又は債権についての権利義務関係の当事者となった者であって、当該動産の譲渡又は当該債権の譲渡等が対抗要件を有するかどうか（あるいは、その対抗要件が備えられた時期いかん）により自己の権利義務に影響があるもの（あるいは、そのような者の財産の管理及び処分の権利を有する者）を指し（一問一答118頁、千葉和信「債権譲渡登記について（下）」登記研究613号35頁）、具体的には、登記令15条各号により、下記の①から⑨までのとおり定められています。

① 譲渡に係る動産を取得した者（特例法11条２項２号、登記令15条１号）

ここにいう「取得した者」とは、当該動産を取得したことのある者であればよく、当該動産を取得した後に当該動産を他に譲渡した者であってもこれに当たります（【図14】のＥ）。もっとも、動産譲渡登記の登記原因たる譲渡がされる前に当該動産を取得した者（【図14】のＡ・Ｂ）は、その動産譲渡登記が対抗要件を有するかどうかにより自己の権利義務に影響があるわけではないことから、ここにいう「譲渡に係る動産を取得した者」には当たらないものと解されます。

また、これから「譲渡に係る動産」を取得しようとする者が、登記事項の詳細を事前に調査するために登記事項証明書の交付請求をしようとしても、当該者はいまだ譲渡に係る動産についての権利義務関係の当事者となっておらず、「譲渡に係る動産」を「取得した者」には当たらないため、登記事項証明書の交付を請求することはできません（注）。

② 譲渡に係る動産を差し押さえ、又は仮に差し押さえた債権者（特例法11条２項２号、登記令15条２号）

これから「譲渡に係る動産」を差し押さえ、又は仮に差し押さえようとする者が、登記事項の詳細を事前に調査するために登記事項証明書の交付請求をしようとしても、当該者は「譲渡に係る動産」を「（仮に）差し押さえた債権者」には当たらないため、登記事項証明書の交付を請求することはできません。この点については、滞納処分による（仮）差押えについての差押債権者たる滞納処分庁等（税務署等）においても同様です。

これらの債権者又は滞納処分庁等が「譲渡に係る動産」を「差し押さえ、若しくは仮に差し押さえた債権者」として登記事項証明書の交付請求をする場合は、「譲渡に係る動産」に対する差押え等を行った後に、動産差押命令書や差押調書等の「利害関係を証する書面」（登記令16条４項３号）を添付した上で、（仮）差押えや滞納処分の対象動産を検索条件として特定した上で、登記事項証明書の交付を請求する

第6章 共通 Q204

ことができることになります。

③　譲渡に係る動産を目的とする質権その他の担保権を取得した者（特例法11条２項２号、登記令15条２号）

ここにいう「質権その他の担保権」の例としては、質権のほか、自動車抵当法３条の抵当権、建設機械抵当法５条の抵当権等が挙げられます。特別法による登録制度等のある動産については、既登録のものは動産譲渡登記をすることはできません（Q100参照）が、仮に動産譲渡登記がされた場合には、担保権を適切に行使するためには登記事項の詳細を知る必要があると考えられるので、このような担保権者は、「利害関係を有する者」に当たると考えられます。

また、動産譲渡登記における譲渡対象動産に対して動産売買先取特権を有する者も、ここにいう「担保権を取得した者」に当たると考えられます（Q207参照）。

④　譲渡に係る動産について賃借権その他の使用及び収益を目的とする権利を取得した者（特例法11条２項２号、登記令15条２号）

ここにいう「賃貸借その他の使用又は収益を目的とする権利」とは、賃借権、使用貸借権等をいいます。譲渡に係る動産について、これらの権利を有する者がその権利を適切に行使するためには登記事項の詳細を知ることが必要であると考えられるので、「利害関係を有する者」に当たると考えられます。

⑤　譲渡に係る債権又は質権の目的とされた債権の債務者（特例法11条２項３号、14条１項、登記令15条３号）

ここにいう「債務者」（【図15】のＧ）には、債権譲渡登記等の後に債務引受けをした者も含まれます。

⑥　譲渡に係る債権又は質権の目的とされた債権を取得した者（特例法11条２項３号、14条１項、登記令15条３号）

ここにいう「取得」とは、債権の取得原因を問わず、契約による譲受人のほか、転付命令による取得者も含みます。また、「取得した者」とは当該債権を取得したことのある者であればよく、当該債権を取得した後に当該債権を他に譲渡した者であってもこれに当たります（【図15】のＥ）。もっとも、債権譲渡登記の登記原因たる譲渡がされる前に当該債権を取得した者（【図15】のＡ・Ｂ）は、その債権譲渡登記が対抗要件を有するかどうかにより自己の権利義務に影響があるわけではないことから、ここにいう「譲渡に係る債権又は質権の目的とされた債権を取得した者」には当たらないものと解されます。

また、これから「譲渡に係る債権又は質権の目的とされた債権」を取得しようとする者が、登記事項の詳細を事前に調査するために登記事項証明書の交付請求をしようとしても、当該者はいまだ譲渡に係る債権についての権利義務関係の当事者となっておらず、「譲渡に係る債権又は質権の目的とされた債権」を「取得した者」に当たらないため、登記事項証明書の交付を請求することはできません(注)。

⑦ 譲渡に係る債権又は質権の目的とされた債権を差し押さえ、又は仮に差し押さえた債権者（特例法11条２項３号、登記令15条４号）

これから「譲渡に係る債権（質権の目的とされた債権）」を差し押さえ、又は仮に差し押さえようとする者が、登記事項の詳細を事前に調査するために登記事項証明書の交付請求をしようとしても、当該者は「譲渡に係る債権（質権の目的とされた債権）」を「(仮に）差し押さえた債権者」には当たらないため、登記事項証明書の交付を請求することはできません。この点については、滞納処分による（仮）差押えについての差押債権者たる滞納処分庁等（税務署等）においても同様です。

これらの債権者又は滞納処分庁等が「譲渡に係る債権（質権の目的とされた債権)」を「差し押さえ、若しくは仮に差し押さえた債権者」として登記事項証明書の交付請求をする場合は、「譲渡に係る債権（質権の目的とされた債権)」に対する差押え等を行った後に、債権差押命令書や差押調書等の「利害関係を証する書面」(登記令16条４項３号）を添付した上で、(仮）差押えや滞納処分の対象債権を検索条件として特定した上で、登記事項証明書の交付を請求することができることになります。

⑧ 譲渡に係る債権又は質権の目的とされた債権を目的とする質権を取得した者（特例法11条２項３号、登記令15条４号）

ここにいう「質権を取得した者」については、⑥の「債権を取得した者」と同様に考えられます。すなわち、質権の取得原因は、原始的なもの（質権の設定を受けること）でも、承継的なもの（質権の被担保債権を譲り受けたことにより、これに随伴して質権を承継すること）でも構いません。また、過去に質権を取得した者であれば、その後にこれを他に譲渡していても構いません。ただし、当該債権譲渡登記等に係る債権譲渡・質権設定がされる前に質権を取得した者は含まれません。

⑨　⑴及び①から⑧までに掲げる者の財産の管理及び処分をする権利を有する者（特例法11条２項２号・３号、登記令15条５号）

ここにいう「財産の管理及び処分をする権利を有する者」の例としては、破産法による保全管理人・破産管財人（破産法78条１項、93条１項本文）、民事再生法による保全管理人・管財人（民事再生法66条、81条１項）、会社更生法による保全管理人・管財人（会社更生法32条１項本文、72条１項）などがあります。

⑶　譲渡に係る動産又は譲渡に係る債権（質権の目的とされた債権）の譲渡人（質権設定者）の使用人（特例法11条２項４号、14条１項）

2　このように、登記事項証明書を請求できる者が限定されているのは、登記事項証明書が証明する事項には、譲渡に係る動産や債権を特定する個別事項として、譲渡登記を利用する関係者の営業秘密や事業戦略、あるいは債務者のプライバシーに関わる事項が含まれており、誰でも登記事項証明書の交付を受けてこれらの事項を知ることができるとすることは、相当でないからです。

3　登記事項証明書の交付の請求をするときは、申請者に申請権限があることを証するため、登記事項証明書交付申請書には、申請人の印鑑証明書（発行から３か月以内のものに限られます。）を添付しなければならないものとされています（登記規則22条１項１号、２項）。また、同様に、申請人が法人であるときは代表者の資格を証する書面を、代理人により請求するときは代理権限を証する書面を、利害関係人が請求するときは利害関係を有することを証する書面を、譲渡人の使用人が請求するときは使用人であることを証する書面を添付しなければならないものとされています（登記令16条４項）。

なお、申請書及び添付書類における申請人の氏名又は住所（法人にあっては、商号等又は本店等）の表示が譲渡登記所に備えられている譲渡登記ファイルに記録された表示と異なるとき（すなわち、本店移転や商号変更等があったとき）は、その変更を証する書面も添付しなければなりません（登記規則22条１項２号）。

（注） したがって、当該者が、当該動産（債権）が先行する譲渡登記の対象動産（債権）となっているかどうかを調査する方法としては、当該動産（債権）を譲渡しようとする者に対して、譲渡に係る動産（債権）を対象とする譲渡登記に係る登記事項証明書の提示を求めるなどの方法が考えられます。

【図14】 動産譲渡登記に係る登記事項証明書の交付を請求できる者について

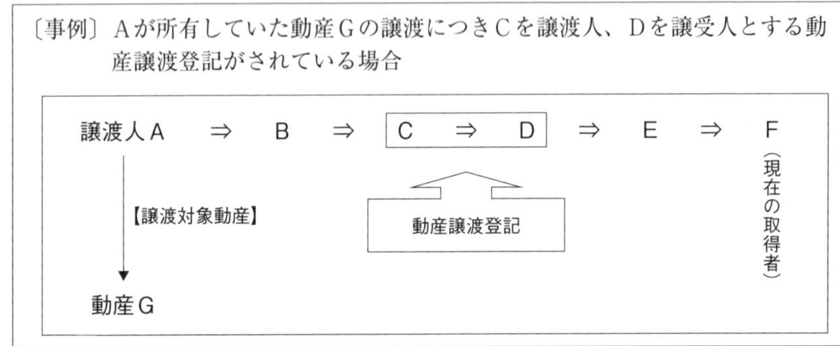

【図15】 債権譲渡登記等に係る登記事項証明書の交付を請求できる者について

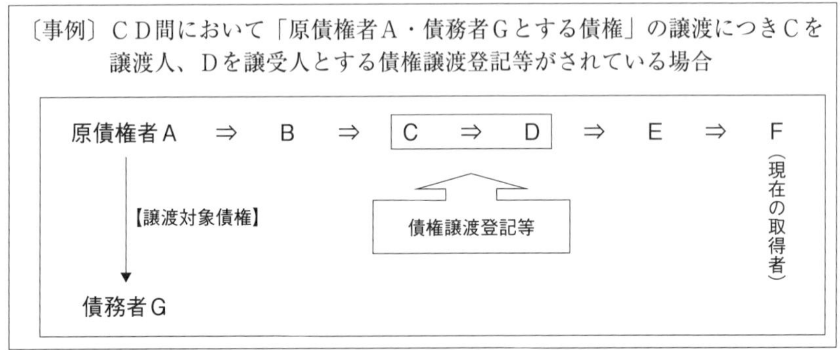

共通 Q205 譲渡登記の登記原因である譲渡担保に係る被担保債権の保証人が当該譲渡登記に係る登記事項証明書の交付を請求することの可否

譲渡登記の登記原因である譲渡担保に係る被担保債権の保証人は、利害関係人として、当該譲渡登記に係る登記事項証明書の交付を請求することができますか。

できません。

譲渡登記に係る登記事項証明書の交付を請求することができる者は、特例法11条２項各号及び登記令15条各号に定められている者に限られます。

ここで、特例法11条２項２号にいう「動産の譲渡につき利害関係を有する者」及び同号３号にいう「債権の譲渡につき利害関係を有する者」とは、譲渡に係る動産又は債権についての権利義務関係の当事者となった者であって、当該動産又は債権の譲渡が対抗要件を有するかどうかにより自己の権利義務に影響があるものをいうものと解されます（Q204の解説１⑵参照）。そして、これらに当たる者が、具体的に、登記令15条１号ないし５号のとおり定められたものと解されます。

この点、譲渡登記の登記原因である譲渡担保に係る被担保債権の保証人は、規定の文言からして、登記令15条１号ないし５号に掲げる者のいずれにも当たるとはいえません。

したがって、当該保証人は、当該譲渡登記に係る利害関係人には当たらないので、登記事項証明書の交付の請求をすることはできません（注）。

（注）　なお、譲渡登記の登記原因である譲渡担保に係る被担保債権の保証人は、当該被担保債権の「弁済をするについて正当な利益を有する者」（民法500条）に該当すると解されるところ、当該保証人が債務者の代わりに当該被担保

債権を弁済した場合は、当該譲渡登記における譲受人の有する譲渡担保権については、法定代位の効果（民法500条、501条本文）により、当該保証人に当然に移転するものと解されます（Q85の解説参照）。その結果、当該保証人は、「譲渡に係る動産を取得した者」（登記令15条1号）又は「譲渡に係る債権…を取得した者」（同条3号）に該当することとなり、登記事項証明書の交付を請求することができるものと解されます。

動産 Q206 動産の賃貸人が賃貸の対象動産を検索条件として登記事項証明書の交付を請求することの可否

動産の賃借人が、自己の占有している動産を第三者に譲渡担保に供したことを原因として動産譲渡登記を具備した場合に、当該動産の賃貸人は、利害関係人として、当該動産譲渡登記に関する登記事項証明書の交付を請求することができますか。

A できません。

解説

譲渡登記に係る登記事項証明書の交付を請求することができる者は、特例法11条2項各号及び登記令15条各号に定められている者に限られます。

ここで、特例法11条2項2号にいう「動産の譲渡につき利害関係を有する者」とは、譲渡に係る動産についての権利義務関係の当事者となった者であって、当該動産の譲渡が対抗要件を有するかどうかにより自己の権利義務に影響があるものをいうものと解されます。そして、これらに当たる者が、具体的に、登記令15条1号、2号及び5号のとおり定められたものと解されます（Q204の解説1(2)参照）。

この点、本問の賃貸人が登記令15条1号にいう「譲渡に係る動産を取得した者」に当たるかどうかにつきみると、同号にいう「譲渡に係る動産」とは、動産譲渡登記がされた譲渡に係る動産を意味するとされ、動産譲渡登記の登記原因たる譲渡がされる前に当該動産を取得した者は、これに該当しないとされています（一問一答118頁）。そうすると、本問の賃貸人は、（当該動産の所有権者ではあるものの）登記令15条1号にいう「譲渡に係る動産を取得した者」には当たらないものと解されます。

また、本問の賃貸人が登記令15条2号及び5号に掲げる者に当たらないことも、その規定の文言から明らかです

したがって、本問の賃貸人は、当該譲渡登記に係る利害関係人には当たらないので、登記事項証明書の交付の請求をすることはできません。

動産

Q207 動産売買先取特権を有する売主が当該動産を検索条件として登記事項証明書の交付を請求することの可否

動産の売主Ａが、その動産につき動産売買先取特権を有するとして、当該動産の買主Ｂを譲渡人とする動産譲渡登記につき、利害関係人として、当該動産を検索条件とした上で、登記事項証明書の交付を請求することができますか（【図16】を参照）。

A 交付を請求することができます。その際、「利害関係を有することを証する書面」として、自らが当該動産に係る動産売買先取特権者に当たることを証する書面を添付する必要があります。また、登記事項証明書を交付することができるのは、登記官において、検索条件である「動産を特定するために必要な事項」と動産譲渡登記ファイルに記録されている動産が同一であることが認定できる場合に限られます。

解説

1　登記事項証明書の交付請求をすることができる「動産の譲渡又は債権の譲渡等につき利害関係を有する者」（特例法11条2項2号・3号、登記令15条各号）とは、譲渡等に係る動産又は債権についての権利義務関係の当事者となった者であって、当該動産の譲渡又は当該債権の譲渡等が対抗要件

を有するかどうか（あるいは、その対抗要件が備えられた時期いかん）により自己の権利義務に影響があるものをいいます（Q204の解説１⑵）。

そして、「動産の譲渡又は債権の譲渡等につき利害関係を有する者」に当たる者として、登記令15条２号は、「譲渡に係る動産を目的とする質権その他の担保権を取得した者」を定めています。

2　ところで、動産の売主が当該動産を売却し、買主に引き渡したものの、その代金及び利息の支払がないときは、当該売主は、当該動産につき担保物権たる先取特権を有することとなり（民法311条５項、321条）、当該売主は、民事執行法等の規定に従い当該動産を競売に付し、その換価金から優先的に売買代金債権を回収する権利を有する（民法303条）こととなります。

この点、動産売買先取特権を有する売主が、登記令15条２号の「譲渡に係る動産を目的とする…担保権を取得した者」に当たるかどうかについては、以下のとおり考えられます。

すなわち、動産売買先取特権は、買主がその対象動産を第三者に引き渡した後は、当該動産について行使できない（民法333条）ところ、ここにいう「引渡し」には当該動産につき動産譲渡登記を備えることも含まれます（Q17参照）。

そうすると、動産売買先取特権権者は、その対象動産につき先取特権を行使することができるかどうかにつき、当該動産を対象とする動産譲渡登記が存在するかどうかにより影響を受けることとなります。そして、先取特権を適切に行使するためには、登記事項の詳細を知る必要があると考えられます。

したがって、動産売買先取特権者は、登記令15条２号の「譲渡に係る動産を目的とする…担保権を取得した者」に当たるということができます。

そして、動産売買先取特権者としての立場で動産譲渡登記の登記事項証明書の交付請求をする場合、その申請人は、自らが登記令15条２号の「譲渡に係る動産を目的とする…担保権を取得した者」に当たることを証する書面（登記令16条４項３号）を添付する必要があります。

3　さらに、登記事項証明書を交付することができるのは、登記官において、検索条件である「動産を特定するために必要な事項」（この事項として記載できる動産の範囲は、添付書面である「利害関係を有することを証する書面」に含まれている事項に限られます。Q200参照）と動産譲渡登記ファイルに記録されている動産が同一であることが認定できる場合に限られます。

この点、動産譲渡登記ファイルに記録されている動産が個別動産として登記されている場合は、「動産の特質」として製造番号等が記録されていることから、登記官は、検索条件である「動産を特定するために必要な事項」と動産譲渡登記ファイルに記録されている動産が同一であることについては、その製造番号等に基づき認定することになると思われます。

これに対し、動産譲渡登記ファイルに記録されている動産が集合動産として登記されている場合は、通常は「動産の特質」に当たる事項は記録されていないことから、登記官において、検索条件である「動産を特定するために必要な事項」と動産譲渡登記ファイルに記録されている動産が同一であることを認定することには困難が伴うものと思われます。したがって、動産譲渡登記ファイルに記録されている動産が集合動産として登記されている場合は、実際上は、登記事項証明書の交付を請求することには困難を伴うものと想定されます。

【図16】 事案の概略

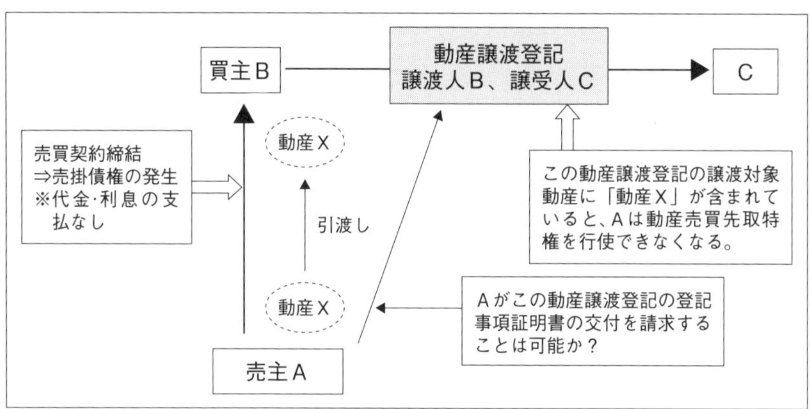

共通

Q208 弁護士等による登記事項証明書の職務上請求の可否

弁護士や司法書士等が受任している事件を遂行するために必要があるとして、自己の名義で譲渡登記の登記事項証明書の交付を請求することができますか。

できません。

譲渡登記の登記事項証明書は、「譲渡に係る動産若しくは債権の譲渡人若しくは譲受人」又は「動産の譲渡若しくは債権の譲渡につき利害関係を有する者等」のみが請求することができ（特例法11条２項、登記令15条）、交付を請求することができる者が限定されています。

また、譲渡登記制度においては、弁護士や司法書士等が受任している事件を遂行するために必要がある場合に、戸籍謄本等、住民票の写し等の交付を請求できる旨の規定（戸籍法10条の２第３項、４項、住民基本台帳法12条の３第２項、３項）もありません。

したがって、弁護士や司法書士等が受任している事件を遂行するために必要がある場合であっても、自己の名義で譲渡登記の登記事項証明書の交付を請求することはできません。

共通

Q209 国等の職員が譲渡登記の証明書を職務上請求する場合の手数料の納付の要否

国又は地方公共団体の職員が譲渡登記の登記事項証明書、登記事項概要証明書又は概要記録事項証明書を職務上請求する場合、手数料の納付は免除されるのでしょうか。

 免除されません。

解説

登記手数料令19条においては、国又は地方公共団体の職員が登記に係る証明書の交付等を職務上請求する場合には手数料を納めることを要しない旨が規定されていますが、一部の証明書の交付の手数料の納付の免除については、同条括弧書きで除外されており、除外される証明書として、動産譲渡登記及び債権譲渡登記等の登記事項証明書（同令2条6項）、登記事項概要証明書（同条7項）及び概要記録事項証明書（同条8項）が含まれています。

したがって、国又は地方公共団体の職員が譲渡登記の登記事項証明書、登記事項概要証明書又は概要記録事項証明書を職務上請求する場合であっても、手数料の納付は免除されません。

共通

Q210 譲渡登記における譲受人が当該譲渡登記の対象である動産又は債権について二重に譲渡登記がされているかどうかを調査するために登記事項証明書の交付を請求する方法及び必要な添付書面

譲渡登記における譲受人が当該譲渡登記の対象である動産又は債権について二重に譲渡登記がされているかどうかを調査するために登記事項証明書の交付を請求するには、どのような方法によればよいですか。また、その際に必要となる添付書面について、どのような点に留意する必要がありますか。

A 当該譲受人は、検索条件として、「登記を特定するために必要な事項」につき自らが譲渡等を受けた動産（債権）の譲渡人を指定し、また「動産（債権）を特定するために必要な事項」につき自らが譲渡等を受けた動産（債権）を特定する事項を指定した上で登記事項証明書の交付請求をし、交付された登記事項証明書の内容を調査することにより、当該動産又は債権について二重に譲渡登記がされているかどうかを確認することができます。

なお、債権についての二重譲渡の有無を調査する場合は、調査対象である債権が、①債務者が特定している債権として登記されているときと②債務者が特定していない債権として登記されているときが考えられるため、①②それぞれについて調査をする必要があることもあり得ます。

この登記事項証明書の交付申請書には、動産（債権）譲渡担保契約書や動産（債権）売買契約書等の「利害関係を有することを証する書面」を添付する必要がありますが、検索条件として指定する「動産（債権）を特定するために必要な事項」については、当該書面に記載されている内容に基づき具体的に特定する必要があることから、当該契約書等において譲渡等の対象動産又は債権につき包括的な内容しか記載されていない場合には、「利害関係を有することを証する書面」としては認められないことに注意する必要があります。

1　譲渡登記制度は、動産又は債権が二重に譲渡され得るものであることを前提としており、そのような場合における譲受人間の優劣関係を決定するための対抗要件についての特例を定めたものであって、動産又は債権の二重譲渡を防止することを目的としていないため（一問一答73頁）、現実には、ある譲渡登記の対象である動産又は債権につき二重に譲渡登記がされていることがあり得ます。

そうすると、ある譲渡登記に係る譲受人は、当該譲渡登記の対象である動産又は債権につき他に譲渡登記が存在することにより自己の権利義務が影響を受けることになることから、当該動産又は債権に係る他の債権譲渡登記があるかどうかにつき利害関係を有することとなります。そのため、当該譲受人は、具体的には「譲渡に係る動産を取得した者」（登記令15条1号）又は「譲渡に係る債権又は質権の目的とされた債権を取得した者」（登記令15条3号）の資格で当該登記事項証明書の交付請求をすることができます（Q204の解説1⑵①又は⑥参照）が、その請求に際しては、登記事項証明書の交付請求をする際に必要となる通則的な添付書面のほか、「利害関係を有することを証する書面」（登記令16条4項3号）も添付する必要があります。

2　この場合における登記事項証明書の交付の請求方法については、登記事項証明書交付申請書の「当事者指定検索用」様式を使用して、検索条件として、「登記を特定するために必要な事項」につき自らが譲渡等を受けた動産（債権）の譲渡人を指定し、「動産（債権）を特定するために必要な事項」につき自らが譲渡等を受けた動産（債権）を特定する事項を指定した上で、交付を請求します（Q196の【表8】参照）。この場合、検索条件に合致する全ての登記事項証明書が交付されることになり、自らを譲受人とする譲渡登記に記録されている譲渡対象動産（債権）に係る登記事項証明書も交付されますが、その他に自分以外の者が譲受人となっている登記事項証明書が交付されたときには、自らを譲受人とする譲渡登記に記録されている譲渡対象動産（債権）が二重に譲渡されていることが疑われることになります。

なお、債権についての二重譲渡の有無を調査する場合は、調査対象である債権が、①債務者が特定している債権として登記されているときと②債務者が特定していない債権として登記されているときが考えられるため、①②それぞれについて調査をする必要があることもあり得ます(注)。

3　この登記事項証明書の交付申請書に添付すべき「利害関係を有することを証する書面」に該当するものの例としては、譲渡人及び譲受人間で締結された動産(債権)譲渡担保契約書や動産(債権)売買契約書等が考えられます(当該契約書等の原本の添付が困難な場合は、原本の写しに相違ないことを証明する旨の当事者の奥書・押印を付した上で、契約書の写しを添付書面として提出することになります。)が、当該交付申請書において検索条件として指定する「動産(債権)を特定するために必要な事項」は、当該書面に記載されている内容に基づき特定する必要があります(Q200参照)。また、利害関係を有するかどうかについては、飽くまでも自らが譲渡等を受けた動産又は債権と他の者が譲渡等を受けた動産又は債権が同一のものと認められるかどうかにより判断されるものであるため、当該契約書等中に、譲渡等に係る動産又は債権の具体的内容が記載されていることが必要です。

したがって、当該契約書等にこれらの具体的内容が記載されておらず、包括的な内容のみが記載されている場合(例えば、「平成○年○月○日現在、債務者に対して有し、または、将来発生する一切の債権を譲渡する」としか記載されていないような場合)には、「利害関係を有することを証する書面」としては認められません。

なお、このように契約書等の記載が包括的な内容であり、「利害関係を有することを証する書面」として必要とされる具体的内容を欠く場合には、当該契約書等の代わりに、自らを譲受人とする譲渡登記に係る登記事項証明書を「利害関係を有することを証する書面」として添付して(登記事項証明書の個別事項欄には、譲渡等に係る動産又は債権の具体的内容が記載されています。)、登記事項証明書の交付を請求することが可能です。

(注)　なお、動産についての二重譲渡の有無を調査する場合にも、調査対象である動産によっては、①個別動産として登記されている可能性と、②集合動産として登記されている可能性の双方が考えられることもあり得ます。このような場合は、①②それぞれについて調査をする必要があることもあり得ます。

債権

Q211 債権譲渡登記の債務者が登記事項証明書の交付を請求する場合に必要な添付書面

債権譲渡登記の債務者として登記事項証明書の交付を請求する場合、登記事項証明書交付申請書の添付書面としてどのようなものが必要でしょうか。

A 債権譲渡登記の債務者として登記事項証明書（「ないこと証明書」を含む。）の交付を請求する場合において、その対象となる債権が「債務者が特定している債権」であるときは、登記事項証明書交付申請書の添付書面として、交付申請人（債務者）の印鑑証明書（加えて、債務者が法人の場合は、その法人の代表者に係る資格証明書等）等の添付を要します。

また、その対象となる債権が「債務者が特定していない将来債権」であるときは、さらに、その「債務者が特定していない将来債権」の譲渡人と交付申請人（債務者）との間に債権債務関係が存在することを証する書面（契約書等）であって、その債権債務関係に係る債権の種類や債権発生年月日の始期・終期等が分かるものも添付する必要があります。

解説

1　債権譲渡登記ファイルに記録されている譲渡対象債権の債務者は、当該債権の譲渡につき利害関係を有する者として、登記事項証明書の交付を請求することができます（特例法11条3号、登記令15条3号）。なお、債務者は、債権譲渡登記ファイルに記録されている譲渡対象債権のうち、自らが債務者に該当する部分についてのみ利害関係を有するので、当該部分に係る記録についてのみ登記事項証明書の交付を請求することができます。

債権譲渡登記の債務者として登記事項証明書の交付を請求する場合は、登記事項証明書の交付請求をする際に必要となる通則的な添付書面（①申請人の印鑑証明書（作成後3か月以内のものに限る。）であって市町村長の作成したもの（法人にあっては、代表者の印鑑の証明書であって登記所が作成したもの）（登記規則22条1項1号、2項）、②申請人が法人であるときは、代表者の資格を証する書面（登記令16条４項１号)、③代理人によって申請するときは、その権限を証する書面（同項２号)）のほか、④申請人が譲渡対象債権の利害関係人であるときは、これを証する書面（同項３号）を添付する必要があります。

2⑴　上記１④の書面とはどのようなものであるかについては、以下のとおりと考えられます。

まず、債権譲渡登記の債務者として登記事項証明書の交付を請求する場合において、その対象となる債権が「債務者が特定している債権」であるときは、交付申請者（債務者）の商号等や本店等が、債権譲渡登記ファイルに記録されている当該「債務者が特定している債権」の債務者の表示と一致することを証することができれば、申請人が譲渡対象債権の債務者であることを証することができることとなります。

したがって、交付請求者（債務者）は、登記事項証明書の交付請求をする際に必要となる通則的な添付書面である印鑑証明書（上記１①）を添付することにより、上記１④の書面の添付も兼ねることができることになります（上記１②及び③の書面の添付が必要な場合は、それらも添付します。)。ただし、添付する印鑑証明書等の記載が債権譲渡登記ファイルに記録された債務者の表示と異なっているときは、その変更を証する書面を添付する必要があります（平10・９・22民四1822民事局長通達第４の２⑶ウ㋐（604頁)）。

⑵　また、債権譲渡登記の債務者として登記事項証明書の交付を請求する場合において、「ないこと証明書」の交付を受けるときに必要となる添付書面についても、「ないこと証明書」も登記事項証明書の一類型であることから、上記⑴で述べた書面と同様のものが必要になるものと考えられます。

3⑴　次に、債務者が、債権譲渡登記の債務者として登記事項証明書の交付を請求する場合において、その対象となる債権が「債務者が特定していない将来債権」であるときは、債権譲渡登記ファイルには、具体的な債務者の表示の記録はありません。したがって、「債務者が特定している債権」の場合のように、申請人が譲渡対象債権の債務者であるかどうかを、交付申請者（債務者）の商号等や本店等が債権譲渡登記ファイルに記録されている譲渡対象債権の債務者の表示と一致するかどうかにより確認するという方法を採ることはできません。

この場合、交付申請人が、債権譲渡登記所の登記官に対し、自らが債務者の地位を有することを証するためには、上記１④の書面として、交付申請人（債務者）と譲渡対象債権である「債務者が特定していない将来債権」の譲渡人（債権者）との間に債権債務関係が存在することを証する書面（契約書等）であって、その債権債務関係に係る債権の種類や債権発生年月日の始期・終期等が分かるものを添付する必要があります（なお、登記事項証明書交付申請書に記載する検索条件である「債権を特定するために必要な事項」については、少なくとも「債権の種類」及び「債権の発生年月日の始期・終期」を指定する必要があります（Q196の【表8】参照)。)。

その上で、債権譲渡登記所の登記官は、当該添付書面の内容と譲渡対象債権である「債務者が特定していない将来債権」の内容とを照合し、両者の内容に重なる部分があるのであれば、交付申請人（債務者）がその部分について利害関係を有しているものと認定した上で「あること証明書」を交付し、他方、全く重なる部分がないのであれば、「ないこと証明書」を交付することとなります。

⑵　なお、これらの書面（契約書等）のほかに、上記２⑴と同様に、登記事項証明書の交付請求をする際に必要となる通則的な添付書面である印鑑証明書（上記１①）も添付する必要があります（上記１②及び③の書面の添付が必要な場合は、それらも添付します。)。

さらに、これらの書面（契約書等）に記載されている債務者の記載と債務者に係る印鑑証明書の記載が異なっている場合や、当該契約書等に記載されている債権者の記載と債権譲渡登記ファイルに記録されている「債務者が特定していない将来債権」の譲渡人の表示とが異なっている場合は、その変更を証する書面も添付する必要があります。

債権

Q212 一括ファクタリング契約における譲受人（金融機関・ファクタリング会社）や債務者（支払企業）が当該契約の対象である売掛債権等につき第三者を譲受人とする債権譲渡登記の有無を調査するために登記事項証明書の交付を請求する方法及び必要な添付書面

一括ファクタリング契約において譲渡の対象とされている売掛債権の譲受人（金融機関・ファクタリング会社）や債務者（支払企業）が、当該契約の対象である売掛債権等につき第三者を譲受人とする債権譲渡登記の有無を調査するためには、どのような方法によればよいですか。また、その際に必要となる添付書面について、どのような点に留意する必要がありますか。

A　金融機関・ファクタリング会社又は支払企業は、検索条件として、「登記を特定するために必要な事項」である「譲渡人」につき納入企業を指定し、「債権を特定するために必要な事項」として一括ファクタリング契約における調査対象債権の「債権の種類」及び「債権の発生年月日の始期・終期」を指定した上で、①「債務者」として支払企業を特定した債権と、②債務者が特定していない債権のそれぞれについて登記事項証明書の交付請求をし、交付された登記事項証明書の内容を調査することにより、当該債権が二重に譲渡されているかどうかを確認することができます。

この登記事項証明書の交付申請書には、「利害関係を有することを証する書面」として、金融機関・ファクタリング会社が当該売掛債権を譲り受けたことを証する書面（一括ファクタリング契約書等）を添付する必要がありますが、当該一括ファクタリング契約書等における当初の契約期間が終了し、自動更新条項により更新されている場合に当該契約書等を添付書面として提出するときは、当該契約が登記事項証明書交付申請日において有効である旨の当事者の奥書・押印を付した上で提出する必要があります。

1 「一括ファクタリング契約」とは、「一括ファクタリングシステム」(「一括ファクタリングサービス」、「一括決済システム」などとも呼ばれます。)を実施するために、支払企業、納入企業及び金融機関又はファクタリング会社(以下、併せて「金融機関等」という。)の三者間で締結される契約です。「一括ファクタリングシステム」とは、支払企業が従来の手形による決済を廃止し、その代わりに、納入企業が支払企業に有する売掛債権等を金融機関等が一括して買い取り、納入企業が当該売掛債権の期日前に資金化を行いたい場合には、従来の手形割引のように、金融機関等が期日までの金利等を差し引いた金額を納入企業の口座に振り込むというシステムによって決済を行うことにより、決済事務の効率化・合理化を図るものです(【図17】参照)。

この一括ファクタリングシステムを導入するメリットとして、手形の発行事務・決済事務の効率化を図ることができること、手形の紛失・盗難等のリスクを回避できること、手形領収書に貼付する印紙税額や手形取立手数料等を軽減できること、対象債権の譲渡により財務内容の改善(オフバランス化)を図ることができることなどがあります。

一括ファクタリング契約においては、支払企業、各納入企業及び金融機関等の三者間で「ファクタリング取引基本契約証書」等の契約書が取り交わされた上で、当該契約書において、納入企業が支払企業に対して有する売掛債権等を金融機関等に譲渡することが定められるとともに(なお、当該契約書においては、通常、当該売掛債権等につき、当該金融機関等以外の者への譲渡や質入れ等の処分を禁止する条項が置かれます。)、契約期間につき、当初の契約期間は1年以内の一定の基準日までとされ、その後については、「ただし、期間満了の3か月前までに当事者のいずれからも反対の意思表示がされない限り、更に1か年自動的に更新されるものとし、その後も同様とします。」とする自動更新条項が置かれるのが通常です。そして、譲渡される売掛債権等(将来債権)については、契約更新時(各年の基準日)ごとに、各基準日から1年内に発生する、一括ファクタリング契約の当事者である納入企業から支払企業に対する売掛債権等を金融機関等に譲渡することにつき、支払企業が公証役場による確定日付のある証書で一括して承諾を行うことにより、当該債権譲渡についての対抗要件を具備するのが通常です。

2　ところで、一括ファクタリング契約の締結後であっても、納入企業が資金繰りに窮したような場合に、納入企業が当該契約により金融機関等に譲渡している売掛債権等を金融機関等以外の者に二重に譲渡をし、その譲渡につき債権譲渡登記を備えてしまうこともあり得ます（債権譲渡登記は、債務者たる支払企業の関与なく具備することができます。）。このような行為は、一括ファクタリング契約上の義務違反になるところ、金融機関等や債務者は、このような義務違反がされていないかどうか定期的に調査する必要があります。

この場合に、金融機関等や債務者は調査の対象とする債権譲渡登記の当事者ではないため、利害関係人として登記事項証明書の交付を請求できるかどうかが問題になります。

この点については、金融機関等は、自らが譲り受け、かつ対抗要件を具備している債権につき、他に債権譲渡登記が存在すると自己の権利義務が影響を受けることになることから、当該債権に係る債権譲渡登記があるかどうかにつき利害関係を有することとなります。また、債務者も、確定日付ある証書による自らの承諾により対抗要件を具備した債権の譲渡につき、更に債権譲渡登記により対抗要件が具備されると、いずれの譲受人からの請求に対して弁済をすれば免責されるかなどの問題が生ずることとなるため、当該債権に係る債権譲渡登記があるかどうかにつき利害関係を有することとなります（Q204の解説1(2)参照）。そのため、金融機関等は「譲渡に係る債権を取得した者」（登記令15条3号）の資格で、また、債務者は「譲渡に係る債権の債務者」（同号）の資格で、当該債権譲渡登記に係る登記事項証明書の交付を請求することができますが、その請求に際しては、登記事項証明書の交付請求をする際に必要となる通則的な添付書面（注1）のほか、「利害関係を有することを証する書面」（登記令16条4項3号）も添付する必要があります。

3　この場合における登記事項証明書の交付の請求方法については、登記事項証明書交付申請書の「当事者指定検索用」様式を使用して、検索条件として、「登記を特定するために必要な事項」である「譲渡人」として納入企業を指定します（検索対象である納入企業が複数の場合は、納入企業ごとに別個の交付申請書を作成します。)。また、調査対象となる債権譲渡登記については、①債務者が特定している債権として登記されている場合と②債務者が特定していない債権として登記されている場合とが考えられることから、通常は、①②のそれぞれについて別個の交付申請書により交付申請をする必要があるものと考えられます(Q210、Q211参照)。

この場合、①債務者が特定している債権については、検索条件である「債権を特定するために必要な事項」については「債務者」として支払企業を指定するほか、「債権の種類」及び「債権の発生年月日の始期・終期」を指定する必要があります。また、②債務者が特定していない債権については、検索条件である「債権を特定するために必要な事項」については「債権の種類」及び「債権の発生年月日の始期・終期」を指定する必要があります(Q196の【表8】参照)。

このようにして登記事項証明書の交付の請求をした結果、検索条件に該当する債権譲渡登記が存在しない場合は「ないこと証明書」が交付されますが、第三者が譲受人となっている登記事項証明書が交付されたときには、一括ファクタリング契約の対象である売掛債権が当該第三者に二重に譲渡されていることが疑われることになります。

4 「利害関係を有することを証する書面」としては、一括ファクタリング契約の契約書等、金融機関等が売掛債権等の譲渡を受けたことを確認することができる書面を添付することとなります(Q210の解説3、Q211の解説2及び3参照)。なお、一括ファクタリング契約に係る契約書が「ファクタリング取引基本契約証書」などの基本契約書の形態を採る場合は、当該契約書においては一括ファクタリングシステムに関する基本的条項のみが定められ、具体的な譲渡対象債権の内容は、確定日付のある支払企業による債権譲渡の承諾書等、基本契約書とは別の書面によらないと明らかにならない場合もあります。その場合は、当該別の書面も添付する必要があります(注2)。

また、1で上述のとおり、通常、一括ファクタリング契約には自動更新条項が設けられていますが、自動更新の都度新たな契約書は作成されないのが通常であると考えられます。そして、当初の契約期間が終了し、契約期間が自動更新されている場合に、「利害関係を有することを証する書面」として当初の契約書が提出されたとすると、登記官は、当該契約書を見ても、それだけでは当該契約書が現に効力を有しているものかどうか判断することができません。そこで、当該当初の契約が自動更新されていることに基づき、当初の契約書を「利害関係を有することを証する書面」として提出する場合は、当該契約の当事者が、「本契約書は、○年○月○日（注：登記事項証明書の交付請求日）現在も継続中であり、有効です。」のように奥書・押印を付した上で提出する必要があります。

（注１）　具体的には、①申請人である法人の代表者の印鑑証明書（作成後３か月以内のものに限る。）であって登記所が作成したもの（登記規則22条１項１号、２項）、②申請人である法人の代表者の資格を証する書面（登記

【図17】　一括ファクタリングシステムの仕組み

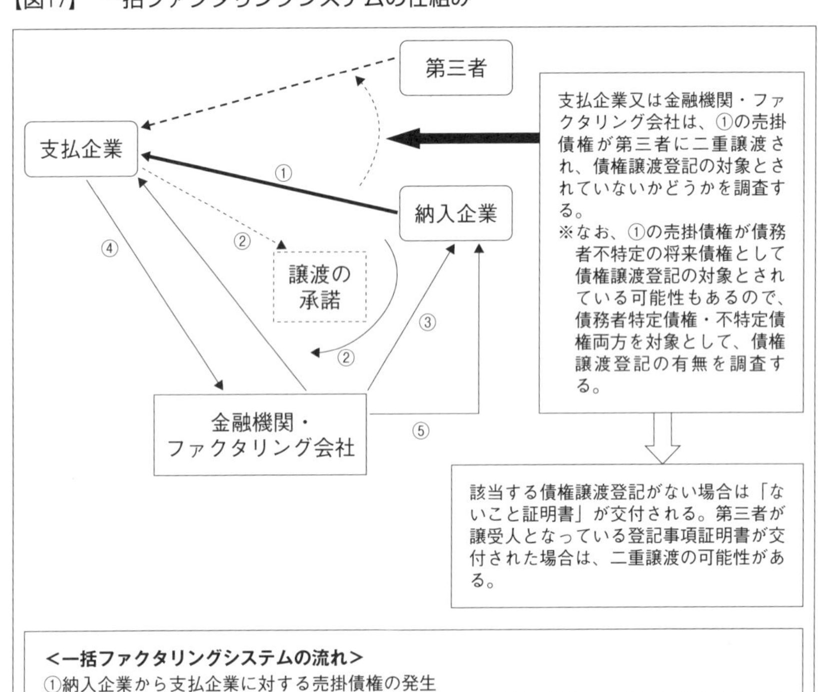

令16条４項１号)、③代理人によって申請するときは、その権限を証する書面（同項２号）をいいます。

（注２） これらの書面の原本の添付が困難な場合は、原本の写しに相違ないことを証明する旨の当事者の奥書・押印を付した上で、当該書面の写しを添付書面として提出することになります。

共通 Q213 譲渡登記の譲受人から譲渡登記の対象である動産又は債権を承継した吸収分割承継会社又は新設分割設立会社が当該譲渡登記に係る登記事項証明書の交付を請求する場合に必要な添付書面

譲渡登記をした後に譲受人が会社分割を行い、吸収分割承継会社又は新設分割設立会社が当該譲渡登記の対象である動産又は債権を承継した場合において、当該吸収分割承継会社又は新設分割設立会社が当該譲渡登記に係る登記事項証明書の交付を請求するとき、登記事項証明書の交付申請書には、登記事項証明書の交付請求をする際に必要となる通則的な添付書面のほかに、どのような書面を添付する必要がありますか。

A 譲受人の表示の変更を証する書面（登記規則22条１項２号）として、①会社分割があった旨が記載されている吸収分割承継会社又は新設分割設立会社の商業登記簿に係る登記事項証明書及び②吸収分割契約書又は新設分割計画書を添付する必要があります。

1 譲渡登記における譲受人である会社が会社分割を行い、当該譲受人の権利義務を吸収分割承継会社又は新設分割設立会社が承継した場合は、当該譲渡登記に係る譲受人の地位は、当該譲渡登記の対象である動産又は債権に係る権利義務を分割会社から包括的に承継している吸収分割承継会社又は新設分割設立会社が承継するものと考えられます。

そうすると、上記の場合において吸収分割承継会社又は新設分割設立会社が当該譲渡登記に係る登記事項証明書の交付を請求するときは、登記事項証明書の交付請求をする際に必要となる通則的な添付書面(注)に加えて、当該譲渡登記ファイルに記録されている譲受人の表示（分割会社）と登記事項証明書の交付請求時における譲受人の表示（吸収分割承継会社又は新設分割設立会社）とが異なることになるので、「その変更を証する書面」（登記規則22条1項2号）を添付する必要があります。

2　具体的にどのような書面が「その変更を証する書面」になるかということについては、以下のように考えられます。

まず、登記事項証明書の交付請求時における譲受人（吸収分割承継会社又は新設分割設立会社）の表示が譲渡登記ファイルに記録された表示と異なることになったのは会社分割がされたことによるので、「その変更を証する書面」の1つとして、会社分割についての記載がある吸収分割承継会社又は新設分割設立会社の商業登記簿に係る登記事項証明書（具体的には、吸収分割承継会社又は新設分割設立会社に係る履歴事項証明書）が必要となります。このほかに、譲渡登記の対象である動産又は債権が分割会社から吸収分割承継会社又は新設分割設立会社に承継されることを定めた吸収分割契約書又は新設分割計画書（会社法758条2号、760条2号、763条5号、765条5号）についても、添付する必要があります。

このように、会社分割の記載がある吸収分割承継会社又は新設分割設立会社の登記事項証明書及び吸収分割契約書又は新設分割計画書が一体となって「その変更を証する書面」として扱われるものと考えられます

（注）　具体的には、①申請人である法人の代表者の印鑑証明書（作成後3か月以内のものに限る。）であって登記所が作成したもの（登記規則22条1項1号、2項）、②申請人である法人の代表者の資格を証する書面（登記令16条4項1号）、③代理人によって申請するときは、その権限を証する書面（同項2号）をいいます。

共通 Q214 譲渡登記の登記申請書等の「閲覧につき利害関係を有する者」の意味及び当該閲覧を請求する場合に添付を要する「利害関係を証する書面」の内容

譲渡登記の登記申請書等の「閲覧につき利害関係を有する者」とはどのような者のことをいいますか。また、閲覧を請求する場合に添付を要する「利害関係を証する書面」とはどのような書面のことをいいますか。

A 譲渡登記の登記申請書等の「閲覧につき利害関係を有する者」とは、不正な登記がされた疑いがあり、登記申請書等を閲覧することによってそれを解消できる可能性を有する者をいうものと解されます。また、閲覧を請求する場合に添付を要する「利害関係を証する書面」とは、譲渡登記の登記事項証明書の交付請求をする場合に必要となる添付書面と同様の書面をいうものと解されます。

解説

1　譲渡登記の①登記申請書、②申請データ及び③登記申請書の添付書面（以下併せて「登記申請書等」ともいう。）の「閲覧につき利害関係を有する者」は、手数料を納付して（注）、その閲覧を請求することができます（登記令18条1項）。

この請求は、書面（以下「閲覧申請書」という。）でしなければなりません（同条2項）。

2　ここにいう登記申請書等の「閲覧につき利害関係を有する者」とは、基本的には、譲渡登記に係る登記事項証明書の交付請求をすることができる者（特例法11条2項各号、登記令15条各号）の範囲と一致するものと考えられます（金森真吾＝吉田勝正『動産・債権譲渡登記令の一部を改正する政令等の施行に伴う動産・債権譲渡登記事務の取扱いについて』登記研究798号15頁）が、単にそれらの者に該当するのみならず、さらに、「不正な登記がされた疑いがあり、登記申請書等を閲覧することによってそれを解消できる可能性を有する者」に当たる必要があるものと考えられます。

すなわち、譲渡登記の登記申請書やその添付書面の記載事項は、譲渡登記ファイルに記録され、登記事項証明書によりその内容を確認することができることから、通常は、登記申請書やその添付書面を開示する必要はありません。しかしながら、偽造の添付書面を用いて登記された疑いがある場合など、登記申請書やその添付書面の原本自体を確認する必要が生ずることもあり得るところ、そのような場合は、登記事項証明書によりその内容を確認するだけでは足りず、登記申請書及びその添付書面の閲覧を請求する必要が生ずることとなります。

また、申請データに記録された内容については、そのまま譲渡登記ファイルに記録され（登記規則16条２項）、登記事項証明書において証明されます。したがって、申請データの内容を確認したいという者においては、やはり登記事項証明書を取得すれば足りるところ、あえて申請データを閲覧してその内容を確認するということであれば、登記事項証明書の交付を請求することでは足りず、不正登記の疑いがある等の事由が生じている必要があるものと考えられます（金森＝吉田・前掲14〜15頁）。

そうすると、例えば譲渡人が登記申請書等の閲覧請求をするためには、単に自らが譲渡登記の譲渡人に当たるというだけでは足りず、「譲渡人に無断で不正な譲渡登記がされた疑いがあるため、登記申請書等の原本を確認する必要がある」などの具体的な事由が必要であると考えられます。そして、そのような事由が、閲覧申請書の記載事項である「利害関係を明らかにする事由」（登記令18条３項２号）として記載されることになるものと考えられます。

3　登記申請書等の閲覧請求をするには、閲覧申請書に「利害関係を証する書面」を添付する必要があります（登記規則32条１項１号）。

登記申請書等の閲覧は、この「利害関係を証する書面」に基づき、閲覧請求者が閲覧につき利害関係を有すると認められる部分についてのみ認められます。

ところで、上記２のとおり、登記申請書等の「閲覧につき利害関係を有する者」とは、基本的には、譲渡登記に係る登記事項証明書の交付請求をすることができる者の範囲と一致するものと考えられます（その上で、登記申請書等の閲覧請求をするには、「利害関係を明らかにする事由」を閲覧申請書に記載して明らかにする必要があります。)。

そうすると、ここにいう「利害関係を証する書面」とは、登記事項証明書の交付請求をする者がその資格を有することを証する書面(登記令16条4項3号)と同様のものをいうものと解されます。

その具体例としては、例えば、譲渡登記の当事者が閲覧請求をする場合は、閲覧請求者が法人のときにあっては代表者の印鑑の証明書であって登記所が作成したもの(印鑑証明書)及び代表者の資格を証する書面(資格証明書)がこれに該当し、譲渡対象債権(動産)の差押権者が閲覧請求をするときは、これらの書面に加えて、譲渡対象債権(動産)を差し押さえたことを証する書面等がこれに該当するものと解されます(金森=吉田・前掲14頁参照)。

(注) 手数料の額は、一事件に関する書類につき500円です(登記手数料令5条3項)。なお、国又は地方公共団体の職員が、職務上、譲渡登記に係る登記申請書等の閲覧を請求する場合には、手数料を納めることを要しません(同令19条)。

共通 Q215 譲渡登記制度における閲覧手続により閲覧することができる登記申請書類及び閲覧対象である登記申請書類の写しの交付を請求すること等の可否

譲渡登記制度における閲覧手続により閲覧することができる登記申請書類(登記申請書及び添付書面)には、どのようなものがありますか。また、譲渡登記の登記申請書類の閲覧の際に、閲覧請求者は、閲覧の対象である登記申請書類の写しの交付を請求したり、コピー機等を使用して複写を行うことはできますか。

A 1 譲渡登記手続においては、動産又は債権の譲渡等の登記原因は登記事項とされている(登記令7条2項4号、8条2項2号、9条2項1号、10条2項2号、14条)ものの、不動産登記手続と異なり、登記申請

書と併せて登記原因を証する情報（登記原因証明情報）を提供しなければならないとする規定（不動産登記法61条参照）はありません。そのため、通常は、譲渡登記申請書の添付書面としては、譲渡登記の当事者である法人の代表者の資格証明書又は個人の住所証明書（住民票の写し）、当該法人の代表者又は個人に係る印鑑証明書、そして代理人によって申請するときは委任状等の代理権限証書など、譲渡登記の当事者や代理人を特定するための書面が添付されるのみであり（登記令８条１号・２号、登記規則13条１項）、登記原因証明情報が含まれる書面（売買契約書や譲渡担保設定契約書等）が添付されることはありません（例外的に、法定の存続期間を超えて存続期間の設定又は延長をするときに添付する「特別の事由があることを証する書面」（登記令８条３号・４号）として譲渡担保設定契約書等が添付されることはあります。）。

したがって、通常は、譲渡登記の登記申請書類を閲覧したとしても、その登記原因の発生に関する具体的情報を入手することはできないものと思われます。

2　譲渡登記の登記申請書類の閲覧の際に、閲覧請求者は、閲覧の対象である登記申請書類の写しの交付を請求することはできません。また、閲覧請求者が、コピー機等を使用して、登記申請書類の複写を行うこともできません。ただし、登記申請書類を損傷したり、他の閲覧者の閲覧を妨げない限り、写真撮影（デジタルカメラによる撮影を含む。）をすることは差し支えないと考えられます（注）。

（注）　なお、譲渡登記の申請データの閲覧については、申請データをＡ４サイズの用紙に出力したものを閲覧する方法によるものとされ、閲覧請求者からの請求があるときは、当該用紙を当該請求者に交付することとされています（登記令18条５項、登記規則32条２項）。当該用紙の交付についても、閲覧請求者が閲覧につき利害関係を有すると認められる部分についてのみ認められることになります（Q214の解説３）。

もっとも、Q214の解説２にあるように、申請データに記録された内容については、そのまま登記事項証明書において証明されます。したがって、通常は、申請データの内容を確認したいというだけであれば、登記事項証明書を取得すれば足り、閲覧の手続による必要はないものと考えられます（あえて申請データを閲覧してその内容を確認するということであれば、登記事項証明書の交付を請求することでは足りず、不正登記の疑いがある等の事由が生じていることを、「利害関係を明らかにする事由」（登記令18条

３項２号）として明らかにする必要があるものと考えられます。)。また、当該Ａ４サイズの用紙については、登記事項証明書と異なり、登記官の証明文や公印等は付加されません。

第7章

動産・債権譲渡登記に関する
オンライン申請手続

共通 Q216 オンラインによる譲渡登記申請及び証明書交付請求の可否

譲渡登記の申請をオンラインにより行うことは可能ですか。また、譲渡登記に関する証明書（登記事項証明書、登記事項概要証明書及び概要記録事項証明書）の交付の請求をオンラインによってすることは可能ですか。

譲渡登記の申請も、譲渡登記に関する証明書の交付の請求も、いずれもオンラインによってすることが可能です。

解説

1　オンラインによる登記申請及び証明書交付請求の可否について

(1)　動産譲渡登記、債権譲渡登記、質権設定登記並びにこれらの登記に係る延長登記及び（一部）抹消登記の申請については、自宅やオフィスのパソコンからインターネットを利用したオンラインによる申請（以下「オンライン登記申請」という。）により行うことができます（登記規則24条1項1号）。

オンライン登記申請には、①窓口申請又は送付申請に要するような時間とコストがかからない、②動産譲渡登記システム又は債権譲渡登記システムにおいて受付がされた時刻をもって動産又は債権の譲渡に係る対抗要件を具備することができる、③登記申請に必要な申請データにつき、電磁的記録媒体（CD-R 又は CD-RW）の提出が不要となる等のメリットがあります。

さらに、オンライン登記申請では、事前提供方式（Q49参照）と同様に、作成した申請データを電磁的記録媒体に記録することなく、直接譲渡登記所に送信することができるので、債務者に関する個人情報等の要保護情報を CD-R 又は CD-RW のような記録媒体に記録した上で外部に持ち出すことに由来するセキュリティ上の問題を回避・軽減することができるというメリットもあります。

⑵　また、譲渡登記に係る登記事項証明書、登記事項概要証明書及び概要記録事項証明書の交付の請求についても、いずれもオンラインによる請求（以下「オンライン証明書交付請求」といい、オンライン登記申請とオンライン証明書交付請求を併せて「オンライン申請」という。）により行うことができます（登記規則24条１項２号、２項）。

オンライン証明書交付請求においては、①証明書交付手数料が窓口申請又は送付申請よりも安いものとされている（具体的には、「資料12　証明書交付手数料額一覧」（688頁）を参照してください。）ほか、②証明書の交付を受ける方法につき、ⓐ窓口で書面の証明書の交付を受ける方法、ⓑ送付により書面の証明書の交付を受ける方法又はⓒオンラインにより電子公文書の送信を受ける方法（電磁的記録の提供による方法）のいずれかを選択することができます（ただし、概要記録事項証明書の交付を請求する場合及び「かんたん証明書請求」（下記３⑴参照）により登記事項概要証明書の交付を請求する場合については、ⓒのオンラインにより電子公文書の送信を受ける方法を選択することはできません。Q225参照）。

２　オンライン申請における注意事項

⑴　窓口申請又は送付申請の方法によって譲渡登記の申請又は譲渡登記に係る登記事項証明書の交付請求を行う場合には、登記申請書又は登記事項証明書交付申請書に申請人又は代理人の押印が必要となるほか、登記申請の譲渡人又は登記事項証明書の交付請求者の印鑑証明書、法人の代表者の資格を証する書面（申請人が法人の場合）、委任状（代理人によって請求する場合）等の添付書類が必要となります。

これと同様に、オンライン申請の場合には、登記申請における譲渡人及び譲受人又は登記事項証明書の交付請求者（代理人によって請求する場合はこれらの者及び代理人）が申請データに電子署名をするとともに、電子署名をした者に係る電子証明書の送信が必要となります（登記事項概要証明書及び概要記録事項証明書の交付を請求する場合は不要です。）。この際に用いることのできる電子証明書については、Q219の解説を参照してください。

なお、電子署名をした者が商業登記所に印鑑を提出した者であるときは、譲渡登記所に送信すべき電子証明書は、電子認証登記所の電子証明書（商業登記に基づく電子認証制度により発行されたもの）に限られることに注意する必要があります（登記規則26条５項、28条３項）。

また、譲渡登記に係るオンライン登記申請においては、不動産登記や商業法人登記とは異なり、事件の即時処理を確保する要請から、添付書類を別送する方法は認められていないので、申請人の印鑑証明書等の添付書類を書面の形で提出することはできません（Q218参照）。

⑵　他方、譲渡登記に係る証明書のうち登記事項概要証明書及び概要記録事項証明書については、不動産登記や商業法人登記に係る登記事項証明書と同様に誰でも交付を請求することができ、電子署名をすることや電子証明書を送信することも必要ありません。

⑶　なお、オンライン申請には制限事項があり、一定の事由がある場合はオンライン申請をすることができません。具体的な事由については、Q220を参照してください。

3　オンライン申請の手続方法

⑴　オンライン申請の手続については、法務省の「登記・供託オンライン申請システム」（http://www.touki-kyoutaku-online.moj.go.jp/）を利用して行います。

「登記・供託オンライン申請システム」によるオンライン申請の手続方法には、「申請用総合ソフト」による請求と、より簡易な手続方法である「かんたん証明書請求」があります。

「かんたん証明書請求」とは、「登記・供託オンライン申請システム」を利用して、オンラインによる「登記事項概要証明書」及び「概要記録事項証明書」の交付請求を、ウェブブラウザのみで行う手続です（「登記事項証明書」の交付請求には対応していません。）。「申請人総合ソフト」による請求の場合と異なり、「申請人プログラム」や「申請用総合ソフト」のインストールや、「申請人プログラム」や「申請用総合ソフト」を使用した作業を行うことなく、証明書の交付請求手続を行うことができます。

なお、「申請人プログラム」とは、申請人が作成した申請データに形式エラーがないかどうかをチェックしたり、当該申請データをオンライン申請のために必要な形式に加工する機能等を含んだプログラムです（Q48参照）。また、「申請用総合ソフト」とは、申請人プログラムにより加工されたオンライン申請データを動産譲渡登記システム及び債権譲渡登記システムに送信するために必要なデータ処理を行ったり（電子署名機能等が含まれています。）、オンライン申請後の処理状況を確認するための機能等を含んだソフトです。

(2)「申請用総合ソフト」による請求の手順については、大きく分けて、ⓐ登記・供託オンライン申請システムを利用するための事前準備（①申請人プログラムのインストール、②申請者情報の登録、③申請書総合ソフトのインストール、④電子証明書の取得）と、ⓑ申請書の作成・送信等（⑤オンライン申請データの作成、⑥送信票の読込み、⑦オンラインデータの添付と署名追加、⑧申請データの送信、⑨登録免許税又は登記手数料の納付）に分けることができます（証明書の発行方法につき、オンラインにより電子公文書の送信を受ける方法を選択した場合は、当該電子公文書をダウンロードする手順も踏むこととなります。）。

他方、「かんたん証明書請求」では、上記ⓐの登記・供託オンライン申請システムを利用するための事前準備においては、②申請者情報の登録を行うことで足り、上記ⓑの申請書の作成・送信等においても、⑤オンライン申請データの作成が不要とされるなど、手続が簡略化されており、ウェブブラウザ上にて必要事項を直接入力するだけで、オンライン交付請求を行うことができます。

4　オンライン申請の手続の案内について

譲渡登記に係るオンライン申請の手続の詳細については、法務省ホームページ中の以下の案内ページに掲載されています（Q32参照）。

なお、これらのページには、東京法務局ホームページの「業務のご案内（メインコンテンツ）」からアクセスすることもできます。

【動産譲渡登記】

「登記－動産譲渡登記－」（http://www.moj.go.jp/MINJI/dousanjouto.html）中の「オンライン申請」（オンライン登記申請について）又は「証明書請求方法」（オンライン証明書交付請求について）

【債権譲渡登記等】

「登記－債権譲渡登記－」（http://www.moj.go.jp/MINJI/saikenjouto.html）中の「オンライン申請」（オンライン登記申請について）又は「証明書請求方法」（オンライン証明書交付請求について）

共通 Q217 オンライン登記申請手続と事前提供方式による登記申請手続との違い

オンライン登記申請手続と事前提供方式による登記申請手続とでは、どのような点が異なるのでしょうか。

A オンライン登記申請は、添付情報を含む登記申請に必要な情報を全てオンラインで送信する方法により行う必要があります。これに対し、事前提供方式は、申請データのみをオンラインで送信する方式です（したがって、申請データの提出の必要がない延長登記及び（一部）抹消登記については、事前提供方式の適用はありません。）。そのため、オンライン登記申請は、申請に当たり、譲渡人及び譲受人双方の電子証明書の送信が必要になりますが、事前提供方式ではこれらの電子証明書を送信する必要はありません。

また、オンライン登記申請は、登記申請に必要な情報が譲渡登記所に到達した時点で受付番号が付番されますが、事前提供方式は、飽くまでも登記申請前に申請データのみを譲渡登記所にオンラインにより送信することを認める手続にとどまるので、事前提供データの送信のみでは登記申請が受け付けられたことにはならないため、受付番号も付番されません。

なお、オンライン登記申請及び事前提供方式のいずれの方法であっても、要保護情報を記録媒体に記録した上で外部に持ち出すことに由来するセキュリティ上の問題を回避・軽減することができることや、登記の終了や登記番号のお知らせをオンラインで確認することができるなどのメリットがあります。事前提供方式の詳細については、Q49を参照してください。

Q218 共通 オンライン登記申請をするに当たり別送方式によることの可否

譲渡登記をオンライン登記申請で行う場合に、不動産登記や商業法人登記のオンライン申請において認められている別送方式により行うことはできますか。

A 譲渡登記のオンライン登記申請においては、別送方式による申請はできません。

解説

譲渡登記制度は、法人がする動産又は債権の譲渡等について登記をすることにより、第三者対抗要件を簡易に具備することを可能とするものであり、民法上の他の対抗要件制度と競合するものであることから、登記申請書が提出されたときは、当該登記申請の受付の順序に従って、直ちに登記することを原則としています（登記令9条本文。Q33参照）。

不動産登記や商業法人登記の申請において認められている別送方式は、一定の申請に係る情報をオンラインにより送信した後、原本を送付し、又は持参する方法で登記所に届けることが認められているものであることから、オンライン申請から申請完了までの間に数日を要することになりますが、受付の順序に従って直ちに登記を完了することを原則としている譲渡登記の申請においては、別送方式は認められていません。

Q219 共通 オンライン登記申請をするに当たり電子証明書の送信を省略することの可否

譲渡登記のオンライン登記申請をする場合に、電子証明書の送信を省略することはできますか。

電子証明書の送信を省略することはできません。

解説

譲渡登記の申請が譲渡登記所の窓口に申請書を提出する方法又は送付による方法で行われる場合には、譲渡登記所の登記官は、当該申請が申請権限のある者によって正しく行われたものであるかどうかについて、申請書に添付された資格証明書及び印鑑証明書に基づき審査します。

他方、譲渡登記の申請をオンラインにより行う場合には、添付情報を含む登記申請に必要な全ての情報をオンラインにより送信する必要があるところ（登記規則26条参照）、書面で作成された資格証明書及び印鑑証明書はオンラインにより送信することができないため、資格証明書及び印鑑証明書に相当するものとして、譲渡人及び譲受人の電子証明書を送信する必要があります。また、代理人による申請の場合には、当該代理人の電子証明書も送信する必要があります（登記規則26条４項）。

譲渡登記のオンライン登記申請で利用することができる電子証明書については、登記規則26条４項各号に規定されていますが、具体的には、法務省の「登記・供託オンライン申請システム」（http://www.touki-kyoutaku-online.moj.go.jp/）のページ中の「オンライン申請ご利用上の注意」をクリックすると表示される、以下の案内に記載されています（注）。

【動産譲渡登記】
「動産譲渡登記制度においてオンライン申請で利用できる電子証明書」
（http://www.touki-kyoutaku-online.moj.go.jp/cautions/security/syoumei_dousanjyouto.html）

【債権譲渡登記等】
「債権譲渡登記制度においてオンライン申請で利用できる電子証明書」
（http://www.touki-kyoutaku-online.moj.go.jp/cautions/security/syoumei_saikenjyouto.html）

（注）　譲渡登記のオンライン申請等で利用することができる電子証明書については、送信する者が印鑑を登記所に提出した者である場合は、電子認証登記所の電子証明書（商業登記に基づく電子認証制度により発行されたもの）

に限定されていることに注意する必要があります（登記規則26条4項1号、5項）。

共通 Q220 オンライン申請により行うことができない事項

オンライン申請により行うことができない事項はありますか。

A オンライン申請においては、その性質上制限を受ける事項があり、この制限事項に該当するときはオンライン申請をすることができません。

オンライン申請においては、以下のような制限事項があり、この制限事項に該当するときは、オンライン申請をすることができません（登記規則25条に掲げるもののほか、システム上の制約によります。）。

オンライン申請では、その申請に必要な情報に電子署名をして電子証明書と共に送信することとされていますが、現状では、以下の申請については、当該申請に必要な情報のうち＜　＞内に記載された情報について存在せず、又はシステム上当該記録を申請情報に添付することができないことから、このような制限事項が設けられているものです。

〔オンライン登記申請の場合〕

① 法定代理人により行う申請＜戸籍謄本＞（登記規則25条1項1号）

② 延長登記及び抹消登記の申請のうち、譲渡人等の表示が譲渡登記ファイルに記録された表示と異なるもの（ただし、その変更を証する書面に代わるべき登記情報を送信することができる場合を除きます。Q221参照）＜商業登記所で発行する登記事項証明書、住民票の写し等＞（登記規則25条1項2号）

③ 判決により単独で行う申請＜判決書の正本又は謄本＞（登記規則25条1項3号、登記令6条）

第7章 共通 Q219〜Q220

④　存続期間が10年を超える動産譲渡登記の申請又は延長後の存続期間が10年を超える動産譲渡登記に係る延長登記の申請<法定の期間を超えて存続期間を定めるべき特別の事由があることを証する弁済期の記載のある契約書その他の書面>（登記規則25条１項３号、登記令８条３号）

⑤　譲渡に係る債権の債務者の全てが特定している場合における存続期間が50年を超える債権譲渡登記等の申請又は延長後の存続期間が50年を超える債権譲渡登記等に係る延長登記の申請<法定の期間を超えて存続期間を定めるべき特別の事由があることを証する弁済期の記載のある契約書その他の書面>（登記規則25条１項３号、登記令８条４号イ）

⑥　⑤以外の場合における存続期間が10年を超える債権譲渡登記等の申請又は延長後の存続期間が10年を超える債権譲渡登記等の申請<法定の期間を超えて存続期間を定めるべき特別の事由があることを証する弁済期の記載のある契約書その他の書面>（登記規則25条１項３号、登記令８条４号ロ）

⑦　提出する申請情報が20ＭＢを超える場合（システム上の制約）

〔オンラインによる登記事項証明書又は登記事項概要証明書の交付請求の場合〕

①　法定代理人により行う請求<戸籍謄本等>（登記規則25条２項１号）

②　登記事項証明書の交付の請求のうち、譲渡登記の当事者又は債務者以外の者が申請人となるもの<利害関係を有することを証する書面>（登記規則25条２項２号）

③　登記事項証明書の交付の請求のうち、申請人の氏名又は住所（法人にあっては、商号等又は本店等）の表示が譲渡登記ファイルの記録と異なるもの（ただし、その変更を証する書面に代わるべき登記情報を送信することができる場合を除きます。Q221参照）<商業登記所で発行する登記事項証明書、住民票の写し等>（登記規則25条２項３号）

④　１通の証明書の枚数が3000枚を超えることとなる請求（システム上の制約）。この場合、窓口交付又は送付の方法による交付となります。

共通 Q221 譲渡登記の当事者の表示が変更された場合におけるオンライン申請の可否

①延長登記及び抹消登記の申請のうち、譲渡人等の表示が譲渡登記ファイルに記録された表示と異なるもの及び②登記事項証明書の交付の請求のうち、申請人の氏名又は住所（法人にあっては、商号等又は本店等）の表示が譲渡登記ファイルに記録された表示と異なるものについては、オンライン申請をすることができますか。

A　①及び②とも、「その変更を証する書面に代わるべき登記情報」として、「登記情報提供サービス」において提供する「照会番号」をオンライン申請等の際に合わせて送信することができるときは、オンライン申請等をすることができます。

1　①延長登記及び抹消登記の申請に係る譲渡人等の表示が譲渡登記ファイルに記録された表示と異なる場合又は②登記事項証明書の交付の請求に係る申請人の氏名又は住所（法人にあっては、商号等又は本店等の表示）が譲渡登記ファイルに記録された表示と異なる場合は、原則として、オンライン申請をすることはできません（Q220参照）が、その変更を証する書面に代わるべき「登記情報」を送信することができる場合は、オンライン申請をすることができます（登記規則26条6項、28条4項）。

この「登記情報」とは、電気通信回線による登記情報の提供に関する法律2条1項に規定する登記情報のことをいいます。具体的には「その変更を証する書面に代わるべき登記情報」として、同法3条2項に規定する指定法人である一般財団法人民事法務協会が運営する「登記情報提供サービス」（Q226参照）において提供する「照会番号」を送信することになります（実際は、登記情報提供サービスにおいて取得した「照会番号」及び「発行年月日」をオンライン申請データとして作成する「譲渡人ファイル」、「譲受人ファイル」（延長登記及び抹消登記申請の場合）又は「証明共通事項ファイル」

（登記事項証明書の交付請求の場合）の「変更登記情報」欄に入力して行うことになります。）(注)。

この「照会番号」の送信を受けた譲渡登記所は、申請人から送信を受けた「照会番号」に基づき、登記情報提供サービスを利用して、「その変更を証する書面に代わるべき登記情報」の確認を行います。

2　なお、登記事項概要証明書は、誰でも交付の請求をすることができ、その交付に当たって請求者の適格性についての審査がされないことから、「その変更を証する書面に代わるべき登記情報」を送信する必要はなく、オンライン申請データにおいても「変更登記情報」を入力する欄は設けられていません。

（注）　この「照会番号」については、取得した翌日から100日間という有効期間があります。また、この「照会番号」は１回しか使用できず、複数のオンライン申請をする場合、添付する登記情報が同じであっても、申請数と同じ数の照会番号を取得する必要があります。

この「照会番号」の取得方法の詳細は、一般財団法人民事法務協会が運営する「登記情報提供サービス」のホームページ（http://www1.touki.or.jp/）中の「よくあるご質問」＞「サービス概要」＞「照会番号の請求方法を教えてください。」等を参照してください。

共通 Q222 オンライン申請をすることができる時間帯

オンライン申請は、いつでもすることができるのですか。

A オンライン申請は、登記・供託オンライン申請システムの運用時間内である平日の午前８時30分から午後９時までの間に行う必要があります。ただし、オンライン申請に係る申請データがその日の午後５時15分を過ぎて動産譲渡登記システム及び債権譲渡登記システムに到達した場合には、当該オンライン申請は、翌日以降の最初の平日の受付となります。

譲渡登記に係るオンライン申請のために申請人が送信した申請データは、登記・供託オンライン申請システムを経由して、動産譲渡登記システム又は債権譲渡登記システムにおいて受付処理がされます。

登記・供託オンライン申請システムの運用時間は、月曜日から金曜日まで（国民の祝日・休日、12月29日から1月3日までの年末年始を除く。以下「平日」という。）の午前8時30分から午後9時までの間とされています。この時間内であれば、オンライン申請をすることができます。ただし、動産譲渡登記システム及び債権譲渡登記システムにおいては、平日の午前8時30分から午後5時15分までの間が登記申請又は証明書交付請求の受付時間となることから、登記・供託オンライン申請システムが平日の午後5時15分頃から午後9時までの間に受信したオンライン申請については、その日に動産譲渡登記システム及び債権譲渡登記システムにおいて受け付けることができません。この場合、当該オンライン申請は、翌日以降の最初の平日（以下「翌執務日」という。）の受付となります。

したがって、オンライン登記申請をする場合において、オンラインによる申請の日を登記年月日とする必要があるときは、動産譲渡登記システム及び債権譲渡登記システムの申請受付終了時刻である平日の午後5時15分までに到達するように法務省の登記・供託オンライン申請システム上の申請をしなければならず、その日の午後5時15分を過ぎて到達した場合には、当該申請に係る受付年月日、すなわち登記年月日は、当該申請手続をした翌執務日となりますので、注意してください。

共通 Q223 オンライン申請をした場合の登録免許税・証明書手数料の納付期限及び納付方法

オンライン申請をした場合の登録免許税又は証明書手数料の納付は、いつまでにする必要がありますか。また、当該登録免許税又は証明書手数料は、どのように納付すればよいですか。

A オンライン申請をした場合の登録免許税又は証明書手数料の納付の期限は、いずれも登記・供託オンライン申請システムに納付期限情報が記録された日の翌執務日までとなります。

また、オンライン登記申請をした場合の登録免許税は、歳入金電子納付システムを利用して納付する方法（電子納付）のほか、領収証書又は収入印紙により納付することもできます。他方、オンライン証明書交付請求をした場合の証明書手数料は、登記事項証明書及び登記事項概要証明書の交付を請求する場合は、電子納付のほか、収入印紙により納付することもできますが、概要記録事項証明書の交付を請求する場合には、電子納付の方法のみ認められます。

解説

1　オンライン申請が動産譲渡登記システム又は債権譲渡登記システムで受け付けられると、譲渡登記所においてオンライン申請に係る情報について審査を行うことになります。

当該情報に問題があった場合には、この時点で取下げを促すか、又は却下をすることとなります。取下げ又は却下がされると、登記・供託オンライン申請システムにおいては、理由を明示したコメント通知を掲示するとともに、オンライン申請に係る申請人又はその代表者若しくは代理人について、コメント通知を掲示した旨の電子メールを受信する旨が登録されている場合は、当該メールを送信します（注1）。

2(1)　譲渡登記所において、オンライン申請に問題がないとして審査が完了すると、登記・供託オンライン申請システムでは、納付すべき納付金額、納付期限、納付番号等の納付情報を掲示するとともに、納付情報が掲示された旨の電子メールをオンライン申請に係る申請人又はその代表者若しくは代理人に送信します（注1）。

その後、電子納付を行う場合、当該申請人等は、納付期限までに、歳入金電子納付システムを利用して、納付番号等の当該納付情報を基に、インターネットバンキング又はペイジー（注2）に対応したＡＴＭを利用して、登録免許税又は証明書手数料を納付します。

掲示される納付期限は、当該納付情報が登記・供託オンライン申請システムに記録された日の翌執務日までとなります。納付期限までに登録免許税又は証明書手数料の納付がない場合は、登記・供託オンライン申請システムの「処理状況表示」画面上の「処理状況」欄に「中止／却下」と表示され、当該登録免許税又は証明書手数料を納付することができなくなります。この場合、当該オンライン申請については、手続を進めることができなくなるので、改めてオンライン申請をした上で、新たに設定された納付期限内に登録免許税又は証明書手数料を納付する必要があります（納付期限が過ぎたオンライン申請については、特段の処理をする必要はありません。）。

(2) なお、オンライン登記申請をした場合の登録免許税は、電子納付のほか、領収証書又は収入印紙を譲渡登記所の窓口に提出又は送付する方法により納付することもできます（登録免許税法21条、22条、24条の２）。

また、オンライン証明書交付請求をした場合の証明書手数料は、登記事項証明書及び登記事項概要証明書の交付を請求する場合は、電子納付のほか、収入印紙を譲渡登記所の窓口に提出又は送付する方法により納付することもできますが、概要記録事項証明書の交付を請求した場合には、電子納付の方法のみ認められます（以上につき、Q225の【表12】も参照してください。）。

登録免許税又は証明書手数料につき領収証書又は印紙を譲渡登記所の窓口に提出又は送付する方法により納付する場合は、受付番号等を記載した登録免許税・登記手数料納付用紙に領収証書又は収入印紙を貼り付けて、譲渡登記所の窓口に提出又は送付してください（納付期限内に当該提出又は送付がなく、登録免許税又は証明書手数料の納付がないときは、そのオンライン申請は却下されます。）。

3　譲渡登記所で登録免許税又は証明書手数料の納付が確認されると、オンライン登記申請については、出頭又は送付による登記申請の場合と同様の処理を行い、登記の申請が受理されると、登記完了通知書（Q39参照）が書面によって送付されます。

また、オンライン証明書交付請求については、当該請求の際に申請人又はその代表者若しくは代理人の選択した交付を受ける方法（Q225参照）により、登記事項証明書又は登記事項概要証明書を交付することになります。

（注１） 電子メールの送信は、申請用総合ソフトを初めて使用する際に行う「申請者情報登録」における「申請者登録」画面の「メールの受信内容選択」欄にて、メールでのお知らせを受信する旨の登録がされている場合に限り行われます。

（注２） 日本マルチペイメントネットワーク推進協議会が運営しているサービスで、パソコンや携帯電話・スマートフォン、ATM などから手数料等の支払手続をすることができます。

共通

Q224 オンライン登記申請をした場合の事件処理の進捗状況の確認方法

オンライン登記申請をした場合、事件処理の進捗状況については、どのように確認できますか。また、登記が完了した旨の通知はされるのでしょうか。

A 事件処理の進捗状況については、登記・供託オンライン申請システムの「処理状況表示」画面上で随時確認することができます。登記申請が受理されると、「処理状況表示」画面上の「処理状況」欄に「手続終了」と表示されます（同画面上で、登記番号も把握することができます。）。

なお、オンラインにより動産譲渡登記又は債権譲渡登記等の申請をした場合であっても、窓口又は送付による登記申請の場合と同様、登記完了通知書が書面によって送付されます（Q39参照）。

共通

Q225 オンライン証明書交付請求をした証明書の交付を受ける方法

オンラインによって譲渡登記に係る登記事項証明書、登記事項概要証明書又は概要記録事項証明書の交付の請求をする場合、交付を受ける方法として、どのような方法を選択することができますか。

A 登記事項証明書又は登記事項概要証明書の交付を受ける方法には、①証明書の窓口交付による方法、②証明書の送付による方法及び③オンラインにより電子公文書の送信を受ける方法（電磁的記録の提供による方法）があります。

ただし、「かんたん証明書請求」により登記事項概要証明書の交付請求をした場合は、③オンラインにより電子公文書の送信を受ける方法によることはできません。

また、概要記録事項証明書の交付については、①証明書の窓口交付による方法及び②証明書の送付による方法は可能ですが、③オンラインにより電子公文書の送信を受ける方法によることはできません。さらに、概要記録事項証明書の交付につき①証明書の窓口交付による方法を選択した場合は、申請人が「受取場所」として指定した登記所（法務局証明サービスセンターを含む。）以外の窓口で交付を受けることはできません。

なお、登記事項証明書、登記事項概要証明書及び概要記録事項証明書のいずれについても、①証明書の窓口交付による方法による場合は、「法務大臣の定める書面」（証明書の受取人の氏名・住所、請求に係る証明書の申請番号及び請求に係る通数が記載された書面）を窓口に提出する必要があるほか、登記事項証明書の交付を受けるには、「本人であることを確認するに足りる法務大臣の定める書類」も提示する必要があります。

解説

1　オンラインにより譲渡登記に係る登記事項証明書、登記事項概要証明書又は概要記録事項証明書の交付を請求する場合、その交付を受ける方法を選択してこれを当該請求に係る「請求情報」として送信する必要があります（法務省の登記・供託オンライン申請システムに当該請求に係る情報を登録すると、その後は当該情報を変更することができませんので、注意してください。）。ここで選択した交付を受ける方法に従い、証明書が交付されることになります。

交付を受ける方法としては、以下の３つがあります（それぞれの交付を受ける方法についての手数料額については、「資料12　証明書交付手数料額一覧」（688頁）のとおりです。）。

(1)　証明書の窓口交付による方法

ア　「証明書の窓口交付による方法」とは、オンラインにより交付を請求した証明書について、登記所の窓口において交付を受ける方法です。

登記事項証明書及び登記事項概要証明書については、譲渡登記所において交付を受けることができます。また、概要記録事項証明書については、譲渡人の本店等の所在地を管轄する登記所その他の全国の登記所（譲渡登記所を除く。）において交付を受けることができるほか、法務局証明サービスセンターにおいて交付を受けることもできます（Q176の解説3(1)参照）。

ただし、概要記録事項証明書については、「かんたん証明書請求」又は「申請人総合ソフト」における請求情報入力において、申請人が「受取場所」として指定した登記所（法務局証明サービスセンターを含む。）以外の窓口では証明書の交付を受けることができないので、入力誤りがないように注意してください。

イ　なお、この「証明書窓口交付による方法」により証明書の交付を受けるには、交付を受ける登記所の窓口に「法務大臣の定める書面」を提出する必要があります（登記規則28条5項）。

この「法務大臣の定める書面」には、①証明書の交付を受ける者の氏名及び住所、②申請番号（一件の交付請求ごとに登記・供託オンライン申請システムにより付番される19桁の番号をいう。登記・供託オンライン申請システムに請求情報を送信することにより、送信者へ通知されます。）、③証明書の合計の請求通数が記載されている必要があります（注）。

実際の運用としては、「申請用総合ソフト」による交付請求の場合には「電子納付情報」画面を、「かんたん証明書請求」による交付請求の場合には「電子納付情報表示」画面を印刷した書面に上記①から③までの事項を記載した上で、登記所の窓口に持参するという方法によっています。

ウ　さらに、この「証明書の窓口交付による方法」により登記事項証明書の交付を受ける場合は、「法務大臣の定める書面」の提出に加えて、「本人であることを確認するに足りる法務大臣の定める書類」を提示する必要があります（登記規則28条６項）。

具体的には、①運転免許証、②在留カード又は特別永住者証明書、③個人番号カード、④旅券（パスポート）、⑤健康保険証、⑥国民年金手帳、⑦その他官公庁から発行・給付された住所、氏名及び生年月日の記載のある写真付きの公的な書類であって、登記官において本人であることを確認するに足りる書類であるもののいずれかを提示する必要があります(注)。これら以外の書類（例：社員証等）の提示によっては、登記事項証明書の交付をすることはできません。

このように、「証明書の窓口交付による方法」により登記事項証明書の交付を受ける際には身分確認を行うことから、請求情報の入力の際には、証明書の交付を受けるために実際に窓口に出頭する方の氏名及び住所を入力する必要があるので、注意してください。

エ　この「証明書の窓口交付による方法」により請求した証明書は、１か月以内に交付を受けてください。交付を受けないまま１か月を経過しますと、当該証明書は、廃棄されることになります。

⑵　証明書の送付による方法

「証明書の送付による方法」とは、オンラインにより交付を請求した証明書について、送付（郵送）により、交付を受ける方法です。

この「証明書の送付による方法」は、原則として、普通郵便によるものとして取り扱われます。この場合、送付に要する費用については手数料に含まれているので、別途納付する必要はありません。

ただし、申請人が書留、簡易書留、速達又は特定記録郵便による送付を求めるときは、その実費に相当する額を手数料に加えて納付することにより、当該取扱いによることもできます。この場合、書留、簡易書留、速達又は特定記録郵便に要する費用相当額は、手数料納付手続時に併せて納付することになります。

⑶　オンラインにより電子公文書の送信を受ける方法（電磁的記録の提供による方法）

ア　「電磁的記録の提供による方法」とは、オンラインにより交付を請求した登記事項証明書又は登記事項概要証明書について、登記事項証明書又は登記事項概要証明書として証明される情報を、オンラインを経由して電磁的記録として提供を受ける（電子公文書として登記事項証明書又は登記事項概要証明書を取得する）方法です。

ただし、「かんたん証明書請求」により登記事項概要証明書の交付請求をした場合は、オンラインにより電子公文書の送信を受ける方法によることはできません。

また、概要記録事項証明書の交付請求については、「かんたん証明書請求」による手続か「申請用総合ソフト」による手続かを問わず、オンラインにより電子公文書の送信を受ける方法によることはできません。さらに、(1)アで前述したとおり、概要記録事項証明書の交付につき証明書の窓口交付による方法を選択した場合は、申請人が「受取場所」として指定した登記所（法務局証明サービスセンターを含む。）以外の窓口で交付を受けることはできません。

イ　電磁的記録の提供による方法の場合には、譲渡登記所の登記官が証明すべき事項に係る情報に電子署名を行った電子公文書と当該電子署名に係る電子証明書とが、併せて法務省の登記・供託オンライン申請システムに備えられたファイルに記録されますので、当該記録を法務省の登記・供託オンライン申請システムからダウンロードすることにより、登記事項証明書又は登記事項概要証明書に係る電磁的記録を取得することができます。

ウ　法務省の登記・供託オンライン申請システムに当該記録が行われると、その取得を促す旨の電子メールが当該請求をした者（申請人又はその代表者若しくは代理人）に送信されます。ただし、このメールの送信は、当該請求に係る申請人又はその代表者若しくは代理人がメールでのお知らせを受信する旨を登記・供託オンライン申請システムに登録している場合に限って行われます（Q223の解説の（注１）参照）。メールでのお知らせを受信する旨の登録を行っていない場合には、「処理状況表示」画面から証明書の交付情報を確認することができますので、その処理状況が「審査終了」となっていれば、登記事項証明書又は登記事項概要証明書に係る電磁的記録を取得することができます。

なお、当該電磁的記録は、一度取得すると登記・供託オンライン申請システムから再取得することはできず、申請人等の使用している申請用総合ソフトに格納されますので、注意してください。

また、当該電磁的記録は、その記録がされた日の翌日から起算して90日間登記・供託オンライン申請システムに保存されます。この期間を経過したときは、その交付を受けられないことになりますので、注意してください。

エ　オンラインにより交付される電磁的記録は、「公文書フォルダ」に格納された状態（ZIP ファイル）で取得することとなります。このZIP ファイルを圧縮解凍ソフトウェアで解凍すると、公文書フォルダには、①証明書圧縮ファイル（○○○○.zip：証明書ごとのフォルダをzip 形式で統合圧縮したファイル。圧縮解凍ソフトを使用して解凍すると、証明書ごとのフォルダ（個別の証明書のフォルダ）が格納されている。)、②証明書送信票（○○○○.xlm：登記官が公文書全体に付与した電子署名及び登記官の電子証明書を格納したファイル（鑑文書))、③証明書送信票スタイルシート（○○○○.xsl：証明書送信票を表示するための書式を規定したファイル）が格納されています。

そして、①の証明書圧縮ファイル（○○○○.zip）を解凍したフォルダに格納されている「個別の証明書のフォルダ」には、ⓐ証明書（○○○○.pdf：交付された証明書の内容を格納したファイル)、ⓑ証明書個別送信票（○○○○.xml：登記官が証明書に付与した電子署名及び登記官の電子証明書を格納したファイル（鑑文書))、ⓒ証明書個別送信票スタイルシート（○○○○.xsl：証明書個別送信票を表示するための書式を規定したファイル）が格納されています。

債務者等の第三者にオンラインによる交付（電磁的記録の提供）を受けた証明書を渡す場合は、「個別の証明書のフォルダ」ごと渡します。ⓐの証明書のファイル（○○○○.pdf）を紙に印刷しても、登記官の公印は付加されていないので、証明書として使用することはできません。

2　以上で説明したオンライン証明書交付請求をした証明書の交付を受ける方法等については、【表12】も参照してください。

（注）　これらの法務大臣の定める書面・書類は、法務省ホームページの「オンライン証明書交付請求に係る証明書の窓口交付について（動産譲渡登記制度及び債権譲渡登記制度）」(http://www.moj.go.jp/MINJI/minji06_00039.html）に掲載されています。

【表12】 オンライン証明書交付請求をした証明書の交付を受ける方法等の整理表

証明書の種類	申請手続の区分	可能な手数料納付方法	証明書の受領方法（注1）	法務大臣の定める書面の提出の要否（注2）	本人であることを確認するに足りる法務大臣の定める書類の提示の要否（注3）	請求先登記所
登記事項証明書	申請用総合ソフト	電子納付又は印紙による納付	①ないし③のいずれも可	受領方法①の場合必要	受領方法①の場合必要	動産譲渡登記所又は債権譲渡登記所
登記事項概要証明書	申請用総合ソフト	電子納付又は印紙による納付	①ないし③のいずれも可	受領方法①の場合必要	不要	動産譲渡登記所又は債権譲渡登記所
	かんたん証明書請求		①又は②			
概要記録事項証明書	申請用総合ソフト	電子納付のみ	①又は②	受領方法①の場合必要	不要	譲渡人の本店等の所在地を管轄する登記所等（注4）。 ※受領方法①による場合、証明書の受領は、申請人が「受取場所」として指定した登記所等の窓口に限る。
	かんたん証明書請求					

（注1） 上記表中の①ないし③の意味は、それぞれ以下のとおりです。
①窓口で書面の証明書の交付を受ける方法、②送付により書面の証明書の交付を受ける方法、③オンラインにより電子公文書の送信を受ける方法

（注2） 当該書面の具体的内容については、本解説の1⑴イを参照してください。

（注3） 当該書類の具体例については、本解説の1⑴ウを参照してください。

（注4） 譲渡人の本店等の所在地を管轄する登記所のほか、最寄りの登記所又は法務局証明サービスセンターを請求先とすることも可能です（これらの最寄りの登記所又は法務局証明サービスセンターは、「受取場所」として選択することも可能です。）。

共通 Q226 登記・供託オンライン申請システムと「登記情報提供サービス」との違い

登記・供託オンライン申請システムと「登記情報提供サービス」の違いは何でしょうか。

A 登記・供託オンライン申請システムは、法務省が提供するサービスであり、オンラインによって、登記申請手続や登記に関する証明書の交付請求手続をすることができるサービスです。

他方、「登記情報提供サービス」は、法務大臣が指定する法人が提供するサービスであり、不動産登記情報、商業法人登記情報、概要ファイルに記録されている情報、地図等の情報の内容を、インターネットに接続されたパソコン等の画面上で確認することができる等のサービスを提供しています。

なお、登記情報提供サービスは、譲渡登記ファイルに記録されている情報には対応していませんので、注意してください。

1　登記・供託オンライン申請システム

登記・供託オンライン申請システムは、平成23年２月14日から運用を開始したサービスで、それまで運用していた法務省オンライン申請システムのうち、登記手続、供託手続及び電子公証手続をより簡略化し、使いやすくすることを目的として新しく開発されました。

平成23年２月14日から開始されたサービスは、①不動産登記関係（不動産登記申請、登記識別情報に関する証明請求、登記識別情報の失効の申出、登記事項証明書等の交付請求)、②商業法人登記関係（商業法人登記の申請、登記事項証明書・印鑑証明書の交付請求、登記事項の提出)、③動産譲渡登記関係（動産譲渡登記の申請、登記事項証明書・登記事項概要証明書・概要記録事項証明書の交付請求)、④債権譲渡登記関係（債権譲渡登記等の申請、登記事項証明書・登記事項概要証明書・概要記録事項証明書の交付請求）であり、平成24年１月10日からは、⑤成年後見登記関係（登記申請（変更の登記、終了の登記）、登記事項証明申請、登記されていないことの証明申請）、⑥供託手続（供託申請、供託物払渡請求）、⑦電子公証関係（電磁的記録の認証の嘱託、日付情報の付与の請求、情報の同一性に関する証明の請求、同一の情報の提供の請求、執務の中止の請求）についてのサービスが開始されています。

2　登記情報提供サービス

登記情報提供サービスは、「電気通信回線による登記情報の提供に関する法律」に基づき、登記所が保有する登記情報を電気通信回線を使用して提供する有料サービスであり、その実施については、法務大臣が同法３条に基づき指定した法人である「一般財団法人民事法務協会」が行っています。

登記情報提供サービスによる提供の対象となる登記情報としては、①不動産登記情報（全部事項又は所有者事項）、②商業法人登記情報（全部事項）、③動産譲渡登記事項概要ファイル及び債権譲渡登記事項概要ファイルに記録されている情報、④地図・図面情報があります。

ただし、登記情報提供サービスにより提供を受けることができる情報には制限があり、その１つとして、上記③の動産譲渡登記事項概要ファイル及び債権譲渡登記事項概要ファイルに記録されている情報については、請求に係る情報量が３メガバイトを超えるものについては提供することができません（電気通信回線による登記情報の提供に関する法律２条１項ただし書、電気通信回線による登記情報の提供に関する法律施行規則１条１項２号）。

また、登記情報提供サービスは、譲渡登記所に備える譲渡登記ファイルに記録されている情報については、提供の対象としていませんので、注意してください。

登記情報提供サービスを利用すると、登記所が保有する登記情報を、インターネットを通じてパソコン等の画面上に表示して確認することができます。このサービスで提供する登記情報は、利用者が請求した時点での最新の登記情報であり、原本と相違ない情報です。画面に表示された情報を印刷することもできます。ただし、印刷をしても、登記官の証明文や公印等は付加されないので、公的な証明書として用いることはできません。

この登記情報提供サービスの詳細については、一般財団法人民事法務協会が運営する登記情報提供サービスのホームページ（http://www1.touki.or.jp/）を参照してください。

資 料 編

資料1　動産及び債権の譲渡の対抗要件に関する民法の特例等に関する法律（平成10年6月12日法律第104号）

最終改正：平成28年5月27日法律第51号

目次

第一章　総則

（趣旨）

第一条　この法律は、法人がする動産及び債権の譲渡の対抗要件に関し民法（明治二十九年法律第八十九号）の特例等を定めるものとする。

（定義）

第二条　この法律において「登記事項」とは、この法律の規定により登記すべき事項をいう。

2　この法律において「延長登記」とは、次条第二項に規定する動産譲渡登記又は第四条第二項に規定する債権譲渡登記若しくは第十四条第一項に規定する質権設定登記の存続期間を延長する登記をいう。

3　この法律において「抹消登記」とは、次条第二項に規定する動産譲渡登記又は第四条第二項に規定する債権譲渡登記若しくは第十四条第一項に規定する質権設定登記を抹消する登記をいう。

（動産の譲渡の対抗要件の特例等）

第三条　法人が動産（当該動産につき貨物引換証、預証券及び質入証券、倉荷証券又は船荷証券が作成されているものを除く。以下同じ。）を譲渡した場合において、当該動産の譲渡につき動産譲渡登記ファイルに譲渡の登記がされたときは、当該動産について、民法第百七十八条の引渡しがあったものとみなす。

2　代理人によって占有されている動産の譲渡につき前項に規定する登記（以下「動産譲渡登記」という。）がされ、その譲受人として登記されている者が当該代理人に対して当該動産の引渡しを請求した場合において、当該代理人が本人に対して当該請求につき異議があれば相当の期間内にこれを述べるべき旨を遅滞なく催告し、本人がその期間内に異議を述べなかったときは、当該代理人は、その譲受人として登記されている者に当該動産を引き渡し、それによって本人に損害が生じたときであっても、その賠償の責任を負わない。

3　前二項の規定は、当該動産の譲渡に係る第十条第一項第二号に掲げる事由に基づいてされた動産譲渡登記の抹消登記について準用する。この場合において、前項中「譲受人」とあるのは、「譲渡人」と読み替えるものとする。

（債権の譲渡の対抗要件の特例等）

第四条　法人が債権（指名債権であって金銭の支払を目的とするものに限る。以下同じ。）を譲渡した場合において、当該債権の譲渡につき債権譲渡登記ファイルに譲渡の登記がされたときは、当該債権の債務者以外の第三者については、民法

第四百六十七条の規定による確定日付のある証書による通知があったものとみなす。この場合においては、当該登記の日付をもって確定日付とする。

2　前項に規定する登記（以下「債権譲渡登記」という。）がされた場合において、当該債権の譲渡及びその譲渡につき債権譲渡登記がされたことについて、譲渡人若しくは譲受人が当該債権の債務者に第十一条第二項に規定する登記事項証明書を交付して通知をし、又は当該債務者が承諾をしたときは、当該債務者についても、前項と同様とする。

3　前項の場合においては、民法第四百六十八条第二項の規定は、前項に規定する通知がされたときに限り適用する。この場合においては、当該債権の債務者は、同項に規定する通知を受けるまでに譲渡人に対して生じた事由を譲受人に対抗することができる。

4　前三項の規定は、当該債権の譲渡に係る第十条第一項第二号に掲げる事由に基づいてされた債権譲渡登記の抹消登記について準用する。この場合において、前項中「譲渡人」とあるのは「譲受人」と、「譲受人」とあるのは「譲渡人」と読み替えるものとする。

第二章　動産譲渡登記及び債権譲渡登記等

（登記所）

第五条　動産譲渡登記及び債権譲渡登記に関する事務のうち、第七条から第十一条まで及び第十二条第二項に規定する事務は、法務大臣の指定する法務局若しくは地方法務局若しくはこれらの支局又はこれらの出張所（以下「指定法務局等」という。）が、登記所としてつかさどる。

2　動産譲渡登記及び債権譲渡登記に関する事務のうち、第十二条第一項及び第三項並びに第十三条第一項に規定する事務は、譲渡人の本店又は主たる事務所（本店又は主たる事務所が外国にあるときは、日本における営業所（外国会社の登記をした外国会社であって日本に営業所を設けていないものにあっては、日本における代表者の住所。第七条第二項第三号において同じ。）又は事務所）の所在地を管轄する法務局若しくは地方法務局若しくはこれらの支局又はこれらの出張所（以下「本店等所在地法務局等」という。）が、登記所としてつかさどる。

3　第一項の指定は、告示してしなければならない。

（登記官）

第六条　登記所における動産譲渡登記及び債権譲渡登記に関する事務のうち、次の各号に掲げる事務は、それぞれ当該各号に定める法務事務官であって法務局又は地方法務局の長が指定した者が、登記官として取り扱う。

一　次条から第十一条まで及び第十二条第二項に規定する事務　指定法務局等に勤務する法務事務官

二　第十二条第一項及び第三項並びに第十三条第一項に規定する事務　本店等所在地法務局等に勤務する法務事務官

（動産譲渡登記）

第七条　指定法務局等に、磁気ディスク（これに準ずる方法により一定の事項を確実に記録することができる物を含む。次条第一項及び第十二条第一項において同じ。）をもって調製する動産譲渡登記ファイルを備える。

2　動産譲渡登記は、譲渡人及び譲受人の申請により、動産譲渡登記ファイルに、次に掲げる事項を記録することによって行う。

一　譲渡人の商号又は名称及び本店又は主たる事務所

二　譲受人の氏名及び住所（法人にあっては、商号又は名称及び本店又は主たる事務所）

三　譲渡人又は譲受人の本店又は主たる事務所が外国にあるときは、日本における営業所又は事務所

四　動産譲渡登記の登記原因及びその日付

五　譲渡に係る動産を特定するために必要な事項で法務省令で定めるもの

六　動産譲渡登記の存続期間

七　登記番号

八　登記の年月日

3　前項第六号の存続期間は、十年を超えることができない。ただし、十年を超えて存続期間を定めるべき特別の事由がある場合は、この限りでない。

4　動産譲渡登記（以下この項において「旧登記」という。）がされた譲渡に係る動産につき譲受人が更に譲渡をし、旧登記の存続期間の満了前に動産譲渡登記（以下この項において「新登記」という。）がされた場合において、新登記の存続期間が満了する日が旧登記の存続期間が満了する日の後に到来するときは、当該動産については、旧登記の存続期間は、新登記の存続期間が満了する日まで延長されたものとみなす。

5　動産譲渡登記がされた譲渡に係る動産につき譲受人が更に譲渡をし、当該動産譲渡登記の存続期間の満了前に民法第百七十八条の引渡しがされた場合（第三条第一項の規定により同法第百七十八条の引渡しがあったものとみなされる場合を除く。）には、当該動産については、当該動産譲渡登記の存続期間は、無期限とみなす。

（債権譲渡登記）

第八条　指定法務局等に、磁気ディスクをもって調製する債権譲渡登記ファイルを備える。

2　債権譲渡登記は、譲渡人及び譲受人の申請により、債権譲渡登記ファイルに、次に掲げる事項を記録することによって行う。

一　前条第二項第一号から第三号まで、第七号及び第八号に掲げる事項

二　債権譲渡登記の登記原因及びその日付

三　譲渡に係る債権（既に発生した債権のみを譲渡する場合に限る。第十条第三項第三号において同じ。）の総額

四　譲渡に係る債権を特定するために必要な事項で法務省令で定めるもの

五　債権譲渡登記の存続期間

3　前項第五号の存続期間は、次の各号に掲げる区分に応じ、それぞれ当該各号に定める期間を超えることができない。ただし、当該期間を超えて存続期間を定めるべき特別の事由がある場合は、この限りでない。

一　譲渡に係る債権の債務者のすべてが特定している場合　五十年
二　前号に掲げる場合以外の場合　十年

4　債権譲渡登記（以下この項において「旧登記」という。）がされた譲渡に係る債権につき譲受人が更に譲渡をし、旧登記の存続期間の満了前に債権譲渡登記（以下この項において「新登記」という。）がされた場合において、新登記の存続期間が満了する日が旧登記の存続期間が満了する日の後に到来するときは、当該債権については、旧登記の存続期間は、新登記の存続期間が満了する日まで延長されたものとみなす。

5　債権譲渡登記がされた譲渡に係る債権につき譲受人が更に譲渡をし、当該債権譲渡登記の存続期間の満了前に民法第四百六十七条の規定による通知又は承諾がされた場合（第四条第一項の規定により同法第四百六十七条の規定による通知があったものとみなされる場合を除く。）には、当該債権については、当該債権譲渡登記の存続期間は、無期限とみなす。

（延長登記）

第九条　譲渡人及び譲受人は、動産譲渡登記又は債権譲渡登記に係る延長登記を申請することができる。ただし、当該動産譲渡登記又は債権譲渡登記の存続期間の延長により第七条第三項又は前条第三項の規定に反することとなるときは、この限りでない。

2　前項の規定による延長登記は、当該動産譲渡登記に係る動産譲渡登記ファイル又は当該債権譲渡登記に係る債権譲渡登記ファイルの記録に、次に掲げる事項を記録することによって行う。

一　当該動産譲渡登記又は債権譲渡登記の存続期間を延長する旨
二　延長後の存続期間
三　登記番号
四　登記の年月日

（抹消登記）

第十条　譲渡人及び譲受人は、次に掲げる事由があるときは、動産譲渡登記又は債権譲渡登記に係る抹消登記を申請することができる。

一　動産の譲渡又は債権の譲渡が効力を生じないこと。
二　動産の譲渡又は債権の譲渡が取消し、解除その他の原因により効力を失ったこと。
三　譲渡に係る動産又は譲渡に係る債権が消滅したこと。

2　前項の規定による抹消登記は、当該動産譲渡登記に係る動産譲渡登記ファイル又は当該債権譲渡登記に係る債権譲渡登記ファイルの記録に、次に掲げる事項を記録することによって行う。

一　当該動産譲渡登記又は債権譲渡登記を抹消する旨
二　抹消登記の登記原因及びその日付
三　登記番号
四　登記の年月日

3　譲渡に係る動産又は譲渡に係る債権が数個記録されている動産譲渡登記又は債権譲渡登記について、その一部の動産又は債権に係る部分につき抹消登記をするときは、前項第二号から第四号までに掲げる事項のほか、次に掲げる事項をも記録しなければならない。

一　当該動産譲渡登記又は債権譲渡登記の一部を抹消する旨

二　抹消登記に係る動産又は債権を特定するために必要な事項で法務省令で定めるもの

三　抹消後の譲渡に係る債権の総額

(登記事項概要証明書等の交付)

第十一条　何人も、指定法務局等の登記官に対し、動産譲渡登記ファイル又は債権譲渡登記ファイルに記録されている登記事項の概要（動産譲渡登記ファイル又は債権譲渡登記ファイルに記録されている事項のうち、第七条第二項第五号、第八条第二項第四号及び前条第三項第二号に掲げる事項を除いたものをいう。次条第二項及び第三項において同じ。）を証明した書面（第二十一条第一項において「登記事項概要証明書」という。）の交付を請求することができる。

2　次に掲げる者は、指定法務局等の登記官に対し、動産の譲渡又は債権の譲渡について、動産譲渡登記ファイル又は債権譲渡登記ファイルに記録されている事項を証明した書面（第二十一条第一項において「登記事項証明書」という。）の交付を請求することができる。

一　譲渡に係る動産又は譲渡に係る債権の譲渡人又は譲受人

二　譲渡に係る動産を差し押さえた債権者その他の当該動産の譲渡につき利害関係を有する者として政令で定めるもの

三　譲渡に係る債権の債務者その他の当該債権の譲渡につき利害関係を有する者として政令で定めるもの

四　譲渡に係る動産又は譲渡に係る債権の譲渡人の使用人

(登記事項概要ファイルへの記録等)

第十二条　本店等所在地法務局等に、磁気ディスクをもって調製する動産譲渡登記事項概要ファイル及び債権譲渡登記事項概要ファイルを備える。

2　動産譲渡登記若しくは債権譲渡登記又は抹消登記をした登記官は、本店等所在地法務局等に対し、当該登記をした旨その他当該登記に係る登記事項の概要のうち法務省令で定めるものを通知しなければならない。

3　前項の規定による通知を受けた本店等所在地法務局等の登記官は、遅滞なく、通知を受けた登記事項の概要のうち法務省令で定めるものを譲渡人の動産譲渡登記事項概要ファイル又は債権譲渡登記事項概要ファイル（次条第一項及び第十八条において「登記事項概要ファイル」と総称する。）に記録しなければならない。

(概要記録事項証明書の交付)

第十三条　何人も、本店等所在地法務局等の登記官に対し、登記事項概要ファイルに記録されている事項を証明した書面（第二十一条第一項において「概要記録事項証明書」という。）の交付を請求することができる。

2　前項の交付の請求は、法務省令で定める場合を除き、本店等所在地法務局等以外の法務局若しくは地方法務局若しくはこれらの支局又はこれらの出張所の登記官に対してもすることができる。

（債権質への準用）

第十四条　第四条及び第八条の規定並びに第五条、第六条及び第九条から前条までの規定中債権の譲渡に係る部分は、法人が債権を目的として質権を設定した場合において、当該質権の設定につき債権譲渡登記ファイルに記録された質権の設定の登記（以下「質権設定登記」という。）について準用する。この場合において、第四条の見出し並びに同条第一項、第二項及び第四項並びに第十条第一項第一号及び第二号中「債権の譲渡」とあるのは「質権の設定」と、第四条第一項中「譲渡の登記」とあるのは「質権の設定の登記」と、同項から同条第三項までの規定中「債権の債務者」とあるのは「質権の目的とされた債権の債務者」と、同条第一項及び第八条第五項中「民法第四百六十七条」とあるのは「民法第三百六十四条の規定によりその規定に従うこととされる同法第四百六十七条」と、第四条第二項及び第四項、第五条第一項及び第二項、第六条、第八条の見出し並びに同条第四項及び第五項、第九条第一項、第十条第一項及び第三項並びに第十二条第二項中「債権譲渡登記」とあるのは「質権設定登記」と、第四条第二項中「その譲渡」とあるのは「その質権の設定」と、同項から同条第四項まで、第五条第二項、第八条第二項、第九条第一項、第十条第一項、第十一条第二項第一号及び第四号並びに第十二条第三項中「譲渡人」とあるのは「質権設定者」と、第四条第二項から第四項まで、第八条第二項、第四項及び第五項、第九条第一項、第十条第一項並びに第十一条第二項第一号中「譲受人」とあるのは「質権者」と、第五条第一項中「第七条から第十一条まで及び第十二条第二項」とあり、第六条第一号中「次条から第十一条まで及び第十二条第二項」とあるのは「第十四条において準用する第八条から第十一条まで及び第十二条第二項の規定」と、第五条第二項及び第六条第二号中「第十二条第一項及び第三項並びに第十三条第一項」とあるのは「第十四条第一項において準用する第十二条第一項及び第三項並びに第十三条第一項の規定」と、第八条第二項中「債権譲渡登記は」とあるのは「質権設定登記は」と、同項第二号及び第五号並びに第九条第二項第一号中「債権譲渡登記の」とあるのは「質権設定登記の」と、第八条第二項第二号中「登記原因及びその日付」とあるのは「登記原因及びその日付並びに被担保債権の額又は価格」と、同項第三号及び第四号、同条第三項第一号、第四項及び第五項、第十条第一項第三号及び第三項並びに第十一条第二項第一号、第三号及び第四号中「譲渡に係る債権」とあるのは「質権の目的とされた債権」と、第八条第二項第三号中「譲渡する」とあるのは「目的として質権を設定する」と、同条第四項及び第五項中「譲渡をし」とあるのは「質権を設定し」と、同項中「同法第四百六十七条」とあるのは「同法第三百六十四条の規定によりその規定に従うこととされる同法第四百六十七条」と、第九条第二項及び第十条第二項中「債権譲渡登記に」とあるのは「質権設定登記に」と、同項第一号中「債権譲渡登記を」とあるのは「質権設定登記を」と、第十一条第二項中「債権の譲渡に」とあるのは「質権の設定に」と読み替えるものとする。

2　第八条第四項の規定は、債権譲渡登記がされた譲渡に係る債権を目的として譲受人が質権を設定し、当該債権譲渡登記の存続期間の満了前に質権設定登記がされた場合における当該債権譲渡登記の存続期間について、同条第五項の規定は、債権譲渡登記がされた譲渡に係る債権を目的として譲受人が質権を設定し、当該債権譲渡登記の存続期間の満了前に民法第三百六十四条の規定によりその規定に従うこととされる同法第四百六十七条の規定による通知又は承諾がされた場合（前項において準用する第四条第一項の規定により同法第四百六十七条の規定による通知があったものとみなされる場合を除く。）における当該債権譲渡登記の存続期間について準用する。

第三章　補則

（破産法等の適用除外）

第十五条　動産譲渡登記がされている譲渡に係る動産並びに債権譲渡登記がされている譲渡に係る債権及び質権設定登記がされている質権については、破産法（平成十六年法律第七十五号）第二百五十八条第一項第二号及び同条第二項において準用する同号（これらの規定を同条第四項において準用する場合を含む。）並びに外国倒産処理手続の承認援助に関する法律（平成十二年法律第百二十九号）第十条第一項（同条第二項において準用する場合を含む。）の規定は、適用しない。

2　前項に規定する質権によって担保される債権については、民事執行法（昭和五十四年法律第四号）第百六十四条第一項の規定は、適用しない。

（行政手続法の適用除外）

第十六条　登記官の処分については、行政手続法（平成五年法律第八十八号）第二章及び第三章の規定は、適用しない。

（行政機関の保有する情報の公開に関する法律の適用除外）

第十七条　動産譲渡登記ファイル及び債権譲渡登記ファイル並びに動産譲渡登記事項概要ファイル及び債権譲渡登記事項概要ファイルについては、行政機関の保有する情報の公開に関する法律（平成十一年法律第四十二号）の規定は、適用しない。

（行政機関の保有する個人情報の保護に関する法律の適用除外）

第十八条　動産譲渡登記ファイル若しくは債権譲渡登記ファイル又は登記事項概要ファイルに記録されている保有個人情報（行政機関の保有する個人情報の保護に関する法律（平成十五年法律第五十八号）第二条第五項に規定する保有個人情報をいう。）については、同法第四章の規定は、適用しない。

（審査請求）

第十九条　登記官の処分に不服がある者又は登記官の不作為に係る処分を申請した者は、当該登記官を監督する法務局又は地方法務局の長に審査請求をすることができる。

2　審査請求は、登記官を経由してしなければならない。

3　登記官は、処分についての審査請求を理由があると認め、又は審査請求に係る不作為に係る処分をすべきものと認めるときは、相当の処分をしなければならない。

4　登記官は、前項に規定する場合を除き、審査請求の日から三日以内に、意見を付して事件を第一項の法務局又は地方法務局の長に送付しなければならない。この場合において、当該法務局又は地方法務局の長は、当該意見を行政不服審査法（平成二十六年法律第六十八号）第十一条第二項に規定する審理員に送付するものとする。

5　第一項の法務局又は地方法務局の長は、処分についての審査請求を理由があると認め、又は審査請求に係る不作為に係る処分をすべきものと認めるときは、登記官に相当の処分を命じ、その旨を審査請求人のほか登記上の利害関係人に通知しなければならない。

6　第一項の法務局又は地方法務局の長は、審査請求に係る不作為に係る処分についての申請を却下すべきものと認めるときは、登記官に当該申請を却下する処分を命じなければならない。

7　第一項の審査請求に関する行政不服審査法の規定の適用については、同法第二十九条第五項中「処分庁等」とあるのは「審査庁」と、「弁明書の提出」とあるのは「動産及び債権の譲渡の対抗要件に関する民法の特例等に関する法律（平成十年法律第百四号）第十九条第四項に規定する意見の送付」と、同法第三十条第一項中「弁明書」とあるのは「動産及び債権の譲渡の対抗要件に関する民法の特例等に関する法律第十九条第四項の意見」とする。

（行政不服審査法の適用除外）

第二十条　行政不服審査法第十三条、第十五条第六項、第十八条、第二十一条、第二十五条第二項から第七項まで、第二十九条第一項から第四項まで、第三十一条、第三十七条、第四十五条第三項、第四十六条、第四十七条、第四十九条第三項（審査請求に係る不作為が違法又は不当である旨の宣言に係る部分を除く。）から第五項まで及び第五十二条の規定は、前条第一項の審査請求については、適用しない。

（手数料の納付）

第二十一条　登記事項概要証明書、登記事項証明書又は概要記録事項証明書の交付を請求する者は、物価の状況及び登記事項証明書の交付等に要する実費その他一切の事情を考慮して政令で定める額の手数料を納めなければならない。

2　前項の手数料の納付は、収入印紙をもってしなければならない。ただし、行政手続等における情報通信の技術の利用に関する法律（平成十四年法律第百五十一号）第三条第一項の規定により同項に規定する電子情報処理組織を使用して前項の請求をするときは、法務省令で定めるところにより、現金をもってすることができる。

（政令への委任）

第二十二条　この法律に定めるもののほか、この法律に定める登記に関し必要な事項は、政令で定める。

資料2　債権の譲渡に関する規定の質権設定登記への準用読替関係の対照条文（読替表）

（傍線部分は読替え，波線部分は当然読替え）

読替え前・債権譲渡登記	読替え後・質権設定登記
動産及び債権の譲渡の対抗要件に関する民法の特例等に関する法律 目次 　第一章　総則（第一条－第四条） 　第二章　動産譲渡登記及び債権譲渡登記等（第五条－第十四条） 　第三章　補則（第十五条－第二十二条） 　附則 　　　第一章　総則 （債権の譲渡の対抗要件の特例等） 第四条　法人が債権（指名債権であって金銭の支払を目的とするものに限る。以下同じ。）を譲渡した場合において、当該債権の譲渡につき債権譲渡登記ファイルに譲渡の登記がされたときは、当該債権の債務者以外の第三者については、民法第四百六十七条の規定による確定日付のある証書による通知があったものとみなす。この場合においては、当該登記の日付をもって確定日付とする。 2　前項に規定する登記（以下「債権譲渡登記」という。）がされた場合において、当該債権の譲渡及びその譲渡につき債権譲渡登記がされたことについて、譲渡人若しくは譲受人が当該債権の債務者に第十一条第二項に規定する登記事項証明書を交付して通知をし、又は当該債務者が承	動産及び債権の譲渡の対抗要件に関する民法の特例等に関する法律 目次 　第一章　総則（第一条－第四条） 　第二章　動産譲渡登記及び債権譲渡登記等（第五条－第十四条） 　第三章　補則（第十五条－第二十二条） 　附則 　　　第一章　総則 （質権の設定の対抗要件の特例等） 第四条　法人が債権（指名債権であって金銭の支払を目的とするものに限る。以下同じ。）を目的として質権を設定した場合において、当該質権の設定につき債権譲渡登記ファイルに質権設定登記がされたときは、当該質権の目的とされた債権の債務者以外の第三者については、民法第三百六十四条第一項の規定によりその規定に従うこととされる同法第四百六十七条の規定による確定日付のある証書による通知があったものとみなす。この場合においては、当該登記の日付をもって確定日付とする。 2　前項に規定する登記（以下「質権設定登記」という。）がされた場合において、当該質権の設定及びその質権の設定につき質権設定登記がされたことについて、質権設定者若しくは質権者が当該質権の目的とされた債権の債務者に第十一条第二項に規定する登記事項証明書を交付して

諾をしたときは、当該債務者についても、前項と同様とする。	通知をし、又は当該債務者が承諾をしたときは、当該債務者についても、前項と同様とする。
3　前項の場合においては、民法第四百六十八条第二項の規定は、前項に規定する通知がされたときに限り適用する。この場合においては、当該債権の債務者は、同項に規定する通知を受けるまでに譲渡人に対して生じた事由を譲受人に対抗することができる。	3　前項の場合においては、民法第四百六十八条第二項の規定は、前項に規定する通知がされたときに限り適用する。この場合においては、当該質権の目的とされた債権の債務者は、同項に規定する通知を受けるまでに質権設定者に対して生じた事由を質権者に対抗することができる。
4　前三項の規定は、当該債権の譲渡に係る第十条第一項第二号に掲げる事由に基づいてされた債権譲渡登記の抹消登記について準用する。この場合において、前項中「譲渡人」とあるのは「譲受人」と、「譲受人」とあるのは「譲渡人」と読み替えるものとする。	4　前三項の規定は、当該質権の設定に係る第十条第一項第二号に掲げる事由に基づいてされた質権設定登記の抹消登記について準用する。この場合において、前項中「質権設定者」とあるのは「質権者」と、「質権者」とあるのは「質権設定者」と読み替えるものとする。
第二章　動産譲渡登記及び債権譲渡登記等	第二章　動産譲渡登記及び債権譲渡登記等
（登記所）	（登記所）
第五条　動産譲渡登記及び債権譲渡登記に関する事務のうち、第七条から第十一条まで及び第十二条第二項に規定する事務は、法務大臣の指定する法務局若しくは地方法務局若しくはこれらの支局又はこれらの出張所（以下「指定法務局等」という。）が、登記所としてつかさどる。	第五条　動産譲渡登記及び質権設定登記に関する事務のうち、第十四条において準用する第八条から第十一条まで及び第十二条第二項の規定に規定する事務は、法務大臣の指定する法務局若しくは地方法務局若しくはこれらの支局又はこれらの出張所（以下「指定法務局等」という。）が、登記所としてつかさどる。
2　動産譲渡登記及び債権譲渡登記に関する事務のうち、第十二条第一項及び第三項並びに第十三条第一項に規定する事務は、譲渡人の本店又は主たる事務所（本店又は主たる事務所が外国にあるときは、日本における営業所（外国会社の登記をした外	2　動産譲渡登記及び質権設定登記に関する事務のうち、第十四条第一項において準用する第十二条第一項及び第三項並びに第十三条第一項の規定に規定する事務は、質権設定者の本店又は主たる事務所（本店又は主たる事務所が外国にあるときは、日

国会社であって日本に営業所を設けていないものにあっては、日本における代表者の住所。第七条第二項第三号において同じ。）又は事務所）の所在地を管轄する法務局若しくは地方法務局若しくはこれらの支局又はこれらの出張所（以下「本店等所在地法務局等」という。）が、登記所としてつかさどる。	本における営業所（外国会社の登記をした外国会社であって日本に営業所を設けていないものにあっては、日本における代表者の住所。第七条第二項第三号において同じ。）又は事務所）の所在地を管轄する法務局若しくは地方法務局若しくはこれらの支局又はこれらの出張所（以下「本店等所在地法務局等」という。）が、登記所としてつかさどる。
3　（略）	3　（同左）
（登記官） 第六条　登記所における動産譲渡登記及び債権譲渡登記に関する事務のうち、次の各号に掲げる事務は、それぞれ当該各号に定める法務事務官であって法務局又は地方法務局の長が指定した者が、登記官として取り扱う。	（登記官） 第六条　登記所における動産譲渡登記及び質権設定登記に関する事務のうち、次の各号に掲げる事務は、それぞれ当該各号に定める法務事務官であって法務局又は地方法務局の長が指定した者が、登記官として取り扱う。
一　次条から第十一条まで及び第十二条第二項に規定する事務　指定法務局等に勤務する法務事務官	一　第十四条において準用する第八条から第十一条まで及び第十二条第二項の規定に規定する事務　指定法務局等に勤務する法務事務官
二　第十二条第一項及び第三項並びに第十三条第一項に規定する事務　本店等所在地法務局等に勤務する法務事務官	二　第十四条第一項において準用する第十二条第一項及び第三項並びに第十三条第一項の規定に規定する事務　本店等所在地法務局等に勤務する法務事務官
（債権譲渡登記） 第八条　指定法務局等に、磁気ディスクをもって調製する債権譲渡登記ファイルを備える。	（質権設定登記） 第八条　指定法務局等に、磁気ディスクをもって調製する債権譲渡登記ファイルを備える。
2　債権譲渡登記は、譲渡人及び譲受人の申請により、債権譲渡登記ファイルに、次に掲げる事項を記録することによって行う。	2　質権設定登記は、質権設定者及び質権者の申請により、債権譲渡登記ファイルに、次に掲げる事項を記録することによって行う。
一　前条第二項第一号から第三号まで、第七号及び第八号に掲げる事	一　前条第二項第一号から第三号まで、第七号及び第八号に掲げる事

項	項
一　譲渡人の商号又は名称及び本店又は主たる事務所	一　質権設定者の商号又は名称及び本店又は主たる事務所
二　譲受人の氏名及び住所（法人にあっては、商号又は名称及び本店又は主たる事務所）	二　質権者の氏名及び住所（法人にあっては、商号又は名称及び本店又は主たる事務所）
三　譲渡人又は譲受人の本店又は主たる事務所が外国にあるときは、日本における営業所又は事務所	三　質権設定者又は質権者の本店又は主たる事務所が外国にあるときは、日本における営業所又は事務所
七・八　（略）	七・八　（同左）
二　債権譲渡登記の登記原因及びその日付	二　質権設定登記の登記原因及びその日付並びに被担保債権の額又は価格
三　譲渡に係る債権（既に発生した債権のみを譲渡する場合に限る。第十条第三項第三号において同じ。）の総額	三　質権の目的とされた債権（既に発生した債権のみを目的として質権を設定する場合に限る。第十条第三項第三号において同じ。）の総額
四　譲渡に係る債権を特定するために必要な事項で法務省令で定めるもの	四　質権の目的とされた債権を特定するために必要な事項で法務省令で定めるもの
五　債権譲渡登記の存続期間	五　質権設定登記の存続期間
3　前項第五号の存続期間は、次の各号に掲げる区分に応じ、それぞれ当該各号に定める期間を超えることができない。ただし、当該期間を超えて存続期間を定めるべき特別の事由がある場合は、この限りでない。	3　前項第五号の存続期間は、次の各号に掲げる区分に応じ、それぞれ当該各号に定める期間を超えることができない。ただし、当該期間を超えて存続期間を定めるべき特別の事由がある場合は、この限りでない。
一　譲渡に係る債権の債務者のすべてが特定している場合　五十年	一　質権の目的とされた債権の債務者のすべてが特定している場合　五十年
二　（略）	二　（同左）
4　債権譲渡登記（以下この項において「旧登記」という。）がされた譲渡に係る債権につき譲受人が更に譲渡をし、旧登記の存続期間の満了前に債権譲渡登記（以下この項におい	4　質権設定登記（以下この項において「旧登記」という。）がされた質権の目的とされた債権につき質権者が更に質権を設定し、旧登記の存続期間の満了前に質権設定登記（以下

て「新登記」という。）がされた場合において、新登記の存続期間が満了する日の後に到来するときは、当該債権については、旧登記の存続期間は、新登記の存続期間が満了する日まで延長されたものとみなす。	この項において「新登記」という。）がされた場合において、新登記の存続期間が満了する日の後に到来するときは、当該債権については、旧登記の存続期間は、新登記の存続期間が満了する日まで延長されたものとみなす。
5　債権譲渡登記がされた譲渡に係る債権につき譲受人が更に譲渡をし、当該債権譲渡登記の存続期間の満了前に民法第四百六十七条の規定による通知又は承諾がされた場合（第四条第一項の規定により同法第四百六十七条の規定による通知があったものとみなされる場合を除く。）には、当該債権については、当該債権譲渡登記の存続期間は、無期限とみなす。	5　質権設定登記がされた質権の目的とされた債権につき質権者が更に質権を設定し、当該質権設定登記の存続期間の満了前に民法第三百六十四条第一項の規定によりその規定に従うこととされる同法第四百六十七条の規定による通知又は承諾がされた場合（第四条第一項の規定により同法第三百六十四条第一項の規定によりその規定に従うこととされる同法第四百六十七条の規定による通知があったものとみなされる場合を除く。）には、当該債権については、当該質権設定登記の存続期間は、無期限とみなす。
（延長登記）	（延長登記）
第九条　譲渡人及び譲受人は、動産譲渡登記又は債権譲渡登記に係る延長登記を申請することができる。ただし、当該動産譲渡登記又は債権譲渡登記の存続期間の延長により第七条第三項又は前条第三項の規定に反することとなるときは、この限りでない。	第九条　質権設定者及び質権者は、動産譲渡登記又は質権設定登記に係る延長登記を申請することができる。ただし、当該動産譲渡登記又は質権設定登記の存続期間の延長により第七条第三項又は前条第三項の規定に反することとなるときは、この限りでない。
2　前項の規定による延長登記は、当該動産譲渡登記に係る動産譲渡登記ファイル又は当該債権譲渡登記に係る債権譲渡登記ファイルの記録に、次に掲げる事項を記録することによって行う。	2　前項の規定による延長登記は、当該動産譲渡登記に係る動産譲渡登記ファイル又は当該質権設定登記に係る債権譲渡登記ファイルの記録に、次に掲げる事項を記録することによって行う。
一　当該動産譲渡登記又は債権譲渡登記の存続期間を延長する旨	一　当該動産譲渡登記又は質権設定登記の存続期間を延長する旨

二〜四　（略）	二〜四　（同左）
（抹消登記）	（抹消登記）
第十条　譲渡人及び譲受人は、次に掲げる事由があるときは、動産譲渡登記又は債権譲渡登記に係る抹消登記を申請することができる。	第十条　質権設定者及び質権者は、次に掲げる事由があるときは、動産譲渡登記又は質権設定登記に係る抹消登記を申請することができる。
一　動産の譲渡又は債権の譲渡が効力を生じないこと。	一　動産の譲渡又は質権の設定が効力を生じないこと。
二　動産の譲渡又は債権の譲渡が取消し、解除その他の原因により効力を失ったこと。	二　動産の譲渡又は質権の設定が取消し、解除その他の原因により効力を失ったこと。
三　譲渡に係る動産又は譲渡に係る債権が消滅したこと。	三　譲渡に係る動産又は質権の目的とされた債権が消滅したこと。
2　前項の規定による抹消登記は、当該動産譲渡登記に係る動産譲渡登記ファイル又は当該債権譲渡登記に係る債権譲渡登記ファイルの記録に、次に掲げる事項を記録することによって行う。	2　前項の規定による抹消登記は、当該動産譲渡登記に係る動産譲渡登記ファイル又は当該質権設定登記に係る債権譲渡登記ファイルの記録に、次に掲げる事項を記録することによって行う。
一　当該動産譲渡登記又は債権譲渡登記を抹消する旨	一　当該動産譲渡登記又は質権設定登記を抹消する旨
二〜四　（略）	二〜四　（同左）
3　譲渡に係る動産又は譲渡に係る債権が数個記録されている動産譲渡登記又は債権譲渡登記について、その一部の動産又は債権に係る部分につき抹消登記をするときは、前項第二号から第四号までに掲げる事項のほか、次に掲げる事項をも記録しなければならない。	3　譲渡に係る動産又は質権の目的とされた債権が数個記録されている動産譲渡登記又は質権設定登記について、その一部の動産又は債権に係る部分につき抹消登記をするときは、前項第二号から第四号までに掲げる事項のほか、次に掲げる事項をも記録しなければならない。
一　当該動産譲渡登記又は債権譲渡登記の一部を抹消する旨	一　当該動産譲渡登記又は質権設定登記の一部を抹消する旨
二　（略）	二　（同左）
三　抹消後の譲渡に係る債権の総額	三　抹消後の質権の目的とされた債権の総額
（登記事項概要証明書等の交付）	（登記事項概要証明書等の交付）
第十一条　何人も、指定法務局等の登記官に対し、動産譲渡登記ファイル	第十一条　何人も、指定法務局等の登記官に対し、動産譲渡登記ファイル

又は債権譲渡登記ファイルに記録されている登記事項の概要（動産譲渡登記ファイル又は債権譲渡登記ファイルに記録されている事項のうち、第七条第二項第五号、第八条第二項第四号及び前条第三項第二号に掲げる事項を除いたものをいう。次条第二項及び第三項において同じ。）を証明した書面（第二十一条第一項において「登記事項概要証明書」という。）の交付を請求することができる。

2　次に掲げる者は、指定法務局等の登記官に対し、動産の譲渡又は債権の譲渡について、動産譲渡登記ファイル又は債権譲渡登記ファイルに記録されている事項を証明した書面（第二十一条第一項において「登記事項証明書」という。）の交付を請求することができる。

一　譲渡に係る動産又は譲渡に係る債権の譲渡人又は譲受人

二　譲渡に係る動産を差し押さえた債権者その他の当該動産の譲渡につき利害関係を有する者として政令で定めるもの

三　譲渡に係る債権の債務者その他の当該債権の譲渡につき利害関係を有する者として政令で定めるもの

四　譲渡に係る動産又は譲渡に係る債権の譲渡人の使用人

（登記事項概要ファイルへの記録等）

第十二条　本店等所在地法務局等に、磁気ディスクをもって調製する動産譲渡登記事項概要ファイル及び債権譲渡登記事項概要ファイルを備え

又は債権譲渡登記ファイルに記録されている登記事項の概要（動産譲渡登記ファイル又は債権譲渡登記ファイルに記録されている事項のうち、第七条第二項第五号、第八条第二項第四号及び前条第三項第二号に掲げる事項を除いたものをいう。次条第二項及び第三項において同じ。）を証明した書面（第二十一条第一項において「登記事項概要証明書」という。）の交付を請求することができる。

2　次に掲げる者は、指定法務局等の登記官に対し、動産の譲渡又は質権の設定について、動産譲渡登記ファイル又は債権譲渡登記ファイルに記録されている事項を証明した書面（第二十一条第一項において「登記事項証明書」という。）の交付を請求することができる。

一　譲渡に係る動産又は質権の目的とされた債権の質権設定者又は質権者

二　譲渡に係る動産を差し押さえた債権者その他の当該動産の譲渡につき利害関係を有する者として政令で定めるもの

三　質権の目的とされた債権の債務者その他の当該質権の設定につき利害関係を有する者として政令で定めるもの

四　譲渡に係る動産又は質権の目的とされた債権の質権設定者の使用人

（登記事項概要ファイルへの記録等）

第十二条　本店等所在地法務局等に、磁気ディスクをもって調製する動産譲渡登記事項概要ファイル及び債権譲渡登記事項概要ファイルを備え

る。 2　動産譲渡登記若しくは債権譲渡登記又は抹消登記をした登記官は、本店等所在地法務局等に対し、当該登記をした旨その他当該登記に係る登記事項の概要のうち法務省令で定めるものを通知しなければならない。 3　前項の規定による通知を受けた本店等所在地法務局等の登記官は、遅滞なく、通知を受けた登記事項の概要のうち法務省令で定めるものを譲渡人の動産譲渡登記事項概要ファイル又は債権譲渡登記事項概要ファイル（次条第一項及び第十八条において「登記事項概要ファイル」と総称する。）に記録しなければならない。	る。 2　動産譲渡登記若しくは質権設定登記又は抹消登記をした登記官は、本店等所在地法務局等に対し、当該登記をした旨その他当該登記に係る登記事項の概要のうち法務省令で定めるものを通知しなければならない。 3　前項の規定による通知を受けた本店等所在地法務局等の登記官は、遅滞なく、通知を受けた登記事項の概要のうち法務省令で定めるものを質権設定者の動産譲渡登記事項概要ファイル又は債権譲渡登記事項概要ファイル（次条第一項及び第十八条において「登記事項概要ファイル」と総称する。）に記録しなければならない。

資料3　動産・債権譲渡登記令（平成10年8月28日政令第296号）

最終改正：平成29年２月15日政令第19号

目次

第一章　総則

（目的）

第一条　この政令は、動産及び債権の譲渡の対抗要件に関する民法の特例等に関する法律（平成十年法律第百四号。以下「法」という。）第十一条第二項第二号又は第三号（法第十四条第一項において準用する場合を含む。）に規定する動産の譲渡又は債権の譲渡若しくは債権を目的とする質権の設定につき利害関係を有する者の範囲その他法に定める登記に関し必要な事項を定めることを目的とする。

（事務の停止）

第二条　法務大臣は、登記所においてその事務を停止しなければならない事由が生じたときは、期間を定めて、その停止を命ずることができる。

第二章　動産譲渡登記ファイル及び債権譲渡登記ファイル等

（動産譲渡登記ファイル及び債権譲渡登記ファイル等の滅失と回復）

第三条　動産譲渡登記ファイル若しくは債権譲渡登記ファイル又は登記事項概要ファイル（動産譲渡登記事項概要ファイル又は債権譲渡登記事項概要ファイルをいう。以下同じ。）の記録の全部又は一部が滅失したときは、法務大臣は、登記官に対し一定の期間を定めて、登記の回復に必要な処分を命ずることができる。

（動産譲渡登記ファイル及び債権譲渡登記ファイル等の記録の閉鎖）

第四条　指定法務局等（法第五条第一項に規定する指定法務局等をいう。以下同じ。）の登記官は、動産譲渡登記若しくは債権譲渡登記等（債権譲渡登記又は質権設定登記をいう。以下同じ。）の全部を抹消したとき、又は動産譲渡登記ファイル若しくは債権譲渡登記ファイルに記録されている動産譲渡登記若しくは債権譲渡登記等の存続期間が満了したときは、当該動産譲渡登記又は債権譲渡登記等に係る動産譲渡登記ファイル又は債権譲渡登記ファイルの記録を閉鎖し、これを動産譲渡登記ファイル又は債権譲渡登記ファイル中に設けた閉鎖登記ファイルに記録しなければならない。

2　前項の規定により存続期間が満了した動産譲渡登記又は債権譲渡登記等に係る動産譲渡登記ファイル又は債権譲渡登記ファイルの記録を閉鎖したときは、指定法務局等の登記官は、本店等所在地法務局等（法第五条第二項に規定する本店等所在地法務局等をいう。以下同じ。）に対し、法務省令で定める事項を通知しなければならない。
3　前項の規定による通知を受けた本店等所在地法務局等の登記官は、遅滞なく、法務省令で定める事項を登記事項概要ファイルに記録しなければならない。
4　動産譲渡登記又は債権譲渡登記等について、法第十二条第三項の規定によりその全部を抹消する旨の記録をし、又は前項の規定により同項の事項の記録をした本店等所在地法務局等の登記官は、登記事項概要ファイル中の当該動産譲渡登記又は債権譲渡登記等に係る記録を閉鎖しなければならない。

第三章　登記手続

（当事者申請主義及び嘱託による登記）
第五条　登記は、法令に別段の定めがある場合を除くほか、申請又は嘱託がなければ、することができない。
2　嘱託による登記の手続については、法令に別段の定めがある場合を除くほか、申請による登記に関する規定を準用する。
（判決による登記の申請）
第六条　判決による登記は、単独で申請することができる。この場合において、申請人は、申請書に、共同して申請すべき者に登記手続を命ずる判決であって執行力を有するものの正本又は謄本を添付しなければならない。
（登記申請の方式）
第七条　動産譲渡登記又は債権譲渡登記等の申請は書面及び法務省令で定める構造の電磁的記録媒体（電子的方式、磁気的方式その他人の知覚によっては認識することができない方式で作られる記録であって電子計算機による情報処理の用に供されるものに係る記録媒体をいう。以下同じ。）で、延長登記、抹消登記その他の動産譲渡登記及び債権譲渡登記等以外の登記（第六項及び第十一条第五号において「延長登記等」という。）の申請は書面でしなければならない。
2　前項の書面（以下「登記申請書」という。）には、次に掲げる事項を記載し、申請人又はその代表者若しくは代理人が記名押印しなければならない。
一　登記の目的
二　申請人の氏名及び住所（法人にあっては、商号又は名称及び本店又は主たる事務所）
三　申請人の本店又は主たる事務所が外国にあるときは、日本における営業所（外国会社の登記をした外国会社であって日本に営業所を設けていないものにあっては、日本における代表者の住所）又は事務所
四　代理人によって申請するときは、その氏名及び住所
五　登録免許税の額
六　申請の年月日
七　登記所の表示
3　第一項の電磁的記録媒体には、法務大臣の指定する方式に従い、次に掲げる事項を記録しなければならない。

一　前項第一号及び第四号に掲げる事項
二　法第七条第二項第一号から第六号までに掲げる事項又は法第八条第二項各号（第一号中法第七条第二項第七号及び第八号に係る部分を除き、法第十四条第一項において準用する場合を含む。）に掲げる事項
三　前二号に掲げるもののほか、法務省令で定める事項
4　前項の指定は、告示してしなければならない。
5　第三項各号に掲げる事項を記録した電磁的記録（電子的方式、磁気的方式その他人の知覚によっては認識することができない方式で作られる記録であって、電子計算機による情報処理の用に供されるものをいう。以下同じ。）に記録された情報が法務省令で定めるところにより電子情報処理組織を使用する方法で登記所に提供されたときは、第一項の規定にかかわらず、同項の電磁的記録媒体を提出することを要しない。この場合において、登記申請書には、第二項各号に掲げる事項のほか、当該電磁的記録に記録された情報を特定するものとして法務省令で定める事項を記載しなければならない。
6　延長登記等の登記申請書には、第二項各号に掲げる事項のほか、次に掲げる事項を記載しなければならない。
一　登記原因及びその日付
二　当該延長登記等に係る動産譲渡登記又は債権譲渡登記等の登記番号
三　延長登記の申請にあっては、延長後の存続期間
四　動産譲渡登記又は債権譲渡登記等の一部に係る抹消登記の申請にあっては、法第十条第三項第二号及び第三号（これらの規定を法第十四条第一項において準用する場合を含む。）に掲げる事項

（登記申請書の添付書面）

第八条　登記申請書には、次に掲げる書面を添付しなければならない。
一　申請人が法人であるときは、代表者の資格を証する書面
二　代理人によって申請するときは、その権限を証する書面
三　次に掲げる登記の申請をするときは、法第七条第三項ただし書の特別の事由があることを証する書面
イ　存続期間が十年を超える動産譲渡登記
ロ　延長後の存続期間が十年を超える動産譲渡登記に係る延長登記
四　次に掲げる登記の申請をするときは、法第八条第三項ただし書（法第十四条第一項において準用する場合を含む。）の特別の事由があることを証する書面
イ　譲渡に係る債権又は質権の目的とされた債権の債務者のすべてが特定している場合における次に掲げる登記
(1)　存続期間が五十年を超える債権譲渡登記等
(2)　延長後の存続期間が五十年を超える債権譲渡登記等に係る延長登記
ロ　イに規定する場合以外の場合における次に掲げる登記
(1)　存続期間が十年を超える債権譲渡登記等
(2)　延長後の存続期間が十年を超える債権譲渡登記等に係る延長登記

（登記申請書の受付）

第九条　指定法務局等の登記官は、登記申請書を受け取ったときは、法務省令で定

めるところにより、直ちにその受付をしなければならない。ただし、登記申請書が郵便又は民間事業者による信書の送達に関する法律（平成十四年法律第九十九号）第二条第六項に規定する一般信書便事業者若しくは同条第九項に規定する特定信書便事業者による同条第二項に規定する信書便により送付されてきたときは、当該登記申請書を受け取った日後最初に執務を行う日に、同日に受付をすべき他の登記申請書に先立ち、その受付をしなければならない。

（登記の順序）

第十条　指定法務局等の登記官は、受付の順序に従って登記をしなければならない。ただし、前条ただし書の規定により数個の申請を受け付けた場合における各申請は同順位の受付とし、各申請に係る登記は同時にしなければならない。

（登記申請の却下）

第十一条　指定法務局等の登記官は、次に掲げる場合には、理由を付した決定で、申請の全部又は一部を却下しなければならない。

一　申請をした事項が登記すべきものでないとき。

二　申請の権限を有しない者の申請によるとき。

三　登記の申請が法令の規定により定められた方式に適合しないとき。

四　登記申請書に必要な書面を添付しないとき。

五　登記申請書の記載若しくは第七条第一項の電磁的記録媒体若しくは同条第五項の電磁的記録の記録が登記申請書の添付書面の記載と抵触するとき、又は延長登記等の登記申請書の記載が動産譲渡登記ファイル若しくは債権譲渡登記ファイルの記録と抵触するとき。

六　登録免許税を納付しないとき。

（職権更正）

第十二条　指定法務局等の登記官は、登記に錯誤又は遺漏があることを発見した場合において、その錯誤又は遺漏が登記官の過誤によるものであるときは、当該登記官を監督する法務局又は地方法務局の長の許可を得て、登記の更正をし、その旨を登記の申請をした者に通知しなければならない。

2　前項の規定による登記の更正をした指定法務局等の登記官は、当該更正に係る事項が法第十二条第三項（法第十四条第一項において準用する場合を含む。）に規定する事項に該当するときは、本店等所在地法務局等に対し、更正をした事項を通知しなければならない。

3　前項の規定による通知を受けた本店等所在地法務局等の登記官は、譲渡に係る動産若しくは譲渡に係る債権の譲渡人又は質権の目的とされた債権の質権設定者（第十四条第二項及び第十六条第四項第三号において「譲渡人等」と総称する。）の登記事項概要ファイルに記録された登記事項の概要の更正をし、かつ、その旨を記録しなければならない。

（職権抹消）

第十三条　指定法務局等の登記官は、登記した事項が登記すべきものでないことを発見したときは、その登記の申請をした者に、一月を超えない一定の期間内に書面で異議を述べないときは登記の全部又は一部を抹消すべき旨を通知しなければならない。

2　指定法務局等の登記官は、前項の申請をした者の住所又は居所が知れないときは、同項の通知に代え官報で公告しなければならない。この場合においては、官報のほか相当と認める新聞紙に同一の公告を掲載することができる。
3　指定法務局等の登記官は、異議を述べた者があるときは、その異議につき決定をしなければならない。
4　指定法務局等の登記官は、異議を述べた者がないとき、又は異議を却下したときは、第一項の通知又は第二項の公告に係る登記の全部又は一部を抹消しなければならない。
5　前条第二項及び第三項の規定は、前項の規定により登記の全部又は一部を抹消した場合について準用する。

（法第十二条第二項の通知に錯誤等があったときの取扱い）

第十四条　法第十二条第二項（法第十四条第一項において準用する場合を含む。）の規定又は第四条第二項若しくは第十二条第二項（前条第五項において準用する場合を含む。）の規定による通知をした指定法務局等の登記官は、当該通知に錯誤又は遺漏があることを発見したときは、本店等所在地法務局等に対し、錯誤又は遺漏に係る事項を通知しなければならない。
2　前項の規定による通知を受けた本店等所在地法務局等の登記官は、譲渡人等の登記事項概要ファイルに記録された登記事項の概要の更正又は抹消をし、かつ、その旨を記録しなければならない。

第四章　登記事項の証明

（利害関係を有する者の範囲）

第十五条　法第十一条第二項第二号又は第三号（法第十四条第一項において準用する場合を含む。）に規定する動産の譲渡又は債権の譲渡若しくは債権を目的とする質権の設定につき利害関係を有する者は、次に掲げる者とする。
一　譲渡に係る動産を取得した者
二　前号の動産を差し押さえ、若しくは仮に差し押さえた債権者又は同号の動産を目的とする質権その他の担保権若しくは賃借権その他の使用及び収益を目的とする権利を取得した者
三　譲渡に係る債権若しくは質権の目的とされた債権の債務者又はこれらの債権を取得した者
四　前号の債権を差し押さえ、若しくは仮に差し押さえた債権者又は同号の債権を目的とする質権を取得した者
五　次に掲げる者の財産の管理及び処分をする権利を有する者
イ　前各号に掲げる者
ロ　譲渡に係る動産又は譲渡に係る債権の譲渡人又は譲受人
ハ　質権の目的とされた債権の質権設定者又は質権者

（登記事項概要証明書等の交付請求の方式）

第十六条　登記事項概要証明書若しくは登記事項証明書又は概要記録事項証明書（次条において「登記事項概要証明書等」と総称する。）の交付の請求は、書面で

しなければならない。

2　登記事項概要証明書又は概要記録事項証明書の交付を請求する書面には、次に掲げる事項を記載し、申請人又はその代表者若しくは代理人が記名しなければならない。

一　証明書の交付を請求する動産譲渡登記ファイル若しくは債権譲渡登記ファイル又は登記事項概要ファイルの記録を特定するために必要な事項

二　特定の動産譲渡登記ファイル若しくは債権譲渡登記ファイル又は登記事項概要ファイルの記録がない旨を証明した書面の交付を請求するときは、その旨

三　閉鎖登記ファイルに記録されている事項を証明した書面の交付を請求するときは、その旨

四　登記事項概要ファイル中の閉鎖された記録に係る登記事項の概要を証明した書面の交付の請求をするときは、その旨

五　請求する証明書の数

六　手数料の額

七　年月日

八　登記所の表示

3　登記事項証明書の交付を請求する書面には、前項各号（第一号及び第二号中登記事項概要ファイルに係る部分並びに第四号を除く。）に掲げる事項のほか、次に掲げる事項を記載し、申請人又はその代表者若しくは代理人が記名押印しなければならない。

一　動産譲渡登記ファイルの記録に数個の動産が記録されているとき又は債権譲渡登記ファイルの記録に数個の債権が記録されているときは、証明書の交付を請求する動産又は債権を特定するために必要な事項

二　前号に規定する場合において、数個の動産に係る登記事項又は数個の債権に係る登記事項を一括して証明した書面の交付を請求するときは、その旨

4　前項の書面には、次に掲げる書面を添付しなければならない。

一　申請人が法人であるときは、代表者の資格を証する書面

二　代理人によって申請するときは、その権限を証する書面

三　申請人が前条各号に掲げる者又は譲渡人等の使用人であるときは、これを証する書面

（登記事項概要証明書等の送付請求）

第十七条　登記事項概要証明書等の交付を請求する場合において、その送付を求めるときは、行政手続等における情報通信の技術の利用に関する法律（平成十四年法律第百五十一号）第三条第一項の規定により同項に規定する電子情報処理組織を使用して請求する場合を除き、法務省令で定めるところにより、送付に要する費用を納付しなければならない。

第五章　補則

（登記申請書等の閲覧）

第十八条　次に掲げる書面又は情報（以下「登記申請書等」と総称する。）の閲覧

につき利害関係を有する者は、手数料を納付して、その閲覧を請求することができる。

一　登記申請書

二　第七条第一項の電磁的記録媒体又は同条第五項の電磁的記録に記録された情報

三　第八条各号に掲げる書面

2　前項の請求は、書面でしなければならない。

3　前項の書面には、次に掲げる事項を記載し、申請人又はその代表者若しくは代理人が記名押印しなければならない。

一　閲覧を請求する登記申請書等

二　利害関係を明らかにする事由

三　第十六条第二項第六号から第八号までに掲げる事項

4　第一項の手数料の納付は、収入印紙をもってしなければならない。

5　第一項の規定による同項第二号の電磁的記録媒体又は電磁的記録に記録された情報の閲覧は、当該電磁的記録媒体又は電磁的記録の記録を法務省令で定める大きさの用紙に出力したものを閲覧する方法により行う。この場合において、当該閲覧をした者の請求があるときは、指定法務局等の登記官は、当該閲覧に係る用紙を当該者に交付しなければならない。

(行政機関の保有する情報の公開に関する法律の適用除外)

第十九条　登記申請書等については、行政機関の保有する情報の公開に関する法律(平成十一年法律第四十二号)の規定は、適用しない。

(行政機関の保有する個人情報の保護に関する法律の適用除外)

第二十条　登記申請書等に記録されている保有個人情報(行政機関の保有する個人情報の保護に関する法律(平成十五年法律第五十八号)第二条第五項に規定する保有個人情報をいう。)については、同法第四章の規定は、適用しない。

(事件の送付)

第二十一条　法第十九条第四項の規定による事件の送付は、審査請求書の正本によってする。

(意見書の提出等)

第二十二条　法第十九条第四項の意見を記載した書面(以下この条において「意見書」という。)は、正本及び当該意見を送付すべき審査請求人の数に行政不服審査法(平成二十六年法律第六十八号)第十一条第二項に規定する審理員の数を加えた数に相当する通数の副本を提出しなければならない。

2　前項の規定にかかわらず、行政手続等における情報通信の技術の利用に関する法律第三条第一項の規定により同項に規定する電子情報処理組織を使用して意見が付された場合には、前項の規定に従って意見書が提出されたものとみなす。

3　法第十九条第四項後段の規定による意見の送付は、意見書の副本によってする。

4　第二項に規定する場合において、当該意見に係る電磁的記録については、意見書の副本とみなして、前項の規定を適用する。

（行政不服審査法施行令の規定の読替え）

第二十三条　法第十九条第一項の審査請求に関する行政不服審査法施行令（平成二十七年政令第三百九十一号）の規定の適用については、同令第六条第三項中「弁明書の送付」とあるのは「動産及び債権の譲渡の対抗要件に関する民法の特例等に関する法律（平成十年法律第百四号）第十九条第四項に規定する意見の送付」と、「弁明書の副本」とあるのは「動産・債権譲渡登記令（平成十年政令第二百九十六号）第二十二条第一項に規定する意見書の副本（同条第四項の規定により意見書の副本とみなされる電磁的記録を含む。）」とする。

（法務省令への委任）

第二十四条　この政令の実施のため必要な事項は、法務省令で定める。

資料4　動産・債権譲渡登記規則
（平成10年8月28日法務省令第39号）

最終改正：平成28年３月24日法務省令第13号

目次

第一章　動産譲渡登記ファイル及び債権譲渡登記ファイル等

（動産譲渡登記ファイル及び債権譲渡登記ファイル等の持出禁止）

第一条　動産譲渡登記ファイル及び債権譲渡登記ファイル並びに動産譲渡登記事項概要ファイル及び債権譲渡登記事項概要ファイル並びに登記申請書等（登記申請書、動産・債権譲渡登記令（以下「令」という。）第八条各号に掲げる書面、第十三条第一項及び第二項に掲げる書面並びに第二十七条第二項の磁気ディスクの記録をいう。以下同じ。）、令第七条第一項の電磁的記録媒体（以下「電磁的記録媒体」という。）及び第十四条第三項の磁気ディスクの記録は、事変を避けるためにする場合を除き、登記所外に持ち出してはならない。ただし、登記申請書等、電磁的記録媒体又は第十四条第三項の磁気ディスクの記録については、裁判所の命令又は嘱託があったときは、この限りでない。

（裁判所への登記申請書等の送付）

第二条　裁判所から登記申請書等、電磁的記録媒体又は第十四条第三項の磁気ディスクの記録を送付すべき命令又は嘱託があったときは、登記官は、その関係がある部分に限り、送付しなければならない。

（動産譲渡登記ファイル及び債権譲渡登記ファイル等の記録の滅失の場合）

第三条　動産譲渡登記ファイル若しくは債権譲渡登記ファイル又は登記事項概要ファイル（動産譲渡登記事項概要ファイル又は債権譲渡登記事項概要ファイルをいう。以下同じ。）の記録の全部又は一部が滅失したときは、登記官は、遅滞なく、その事由、年月日及び滅失した動産譲渡登記ファイル若しくは債権譲渡登記ファイル又は登記事項概要ファイルの記録その他令第三条の処分をするのに必要な事項を記載し、かつ、回復登記の期間を予定し、当該登記官を監督する法務局又は地方法務局の長に申報しなければならない。

２　法務局又は地方法務局の長が前項の申報を受けたときは、相当の調査をした後、法務大臣に具申しなければならない。

（副記録）

第四条　登記官は、動産譲渡登記ファイル若しくは債権譲渡登記ファイル又は登記事項概要ファイルの記録に記録した事項と同一の事項を記録する副記録を備えなければならない。

2　登記官は、動産譲渡登記ファイル若しくは債権譲渡登記ファイル又は登記事項概要ファイルの記録によって登記の事務を行うことができないときは、前項の副記録によってこれを行うことができる。この場合において、副記録に記録した事項は、動産譲渡登記ファイル若しくは債権譲渡登記ファイル又は登記事項概要ファイルの記録に記録した事項とみなす。
3　登記官は、動産譲渡登記ファイル若しくは債権譲渡登記ファイル又は登記事項概要ファイルの記録によって登記の事務を行うことができるようになったときは、直ちに、前項の規定により副記録に記録した事項を動産譲渡登記ファイル若しくは債権譲渡登記ファイル又は登記事項概要ファイルの記録に記録しなければならない。

（帳簿）

第五条　登記所には、次に掲げる帳簿を備えるものとする。
一　受付帳
二　登記申請書類つづり込み帳
三　証明書交付申請書等つづり込み帳
四　登記関係帳簿保存簿
五　登記事務日記帳
六　登記事項概要証明書等用紙管理簿
七　決定原本つづり込み帳
八　審査請求書類等つづり込み帳
九　再使用証明申出書類つづり込み帳
十　登録免許税関係書類つづり込み帳
十一　記録不能通知書つづり込み帳
十二　統計表つづり込み帳
十三　雑書つづり込み帳
2　次の各号に掲げる帳簿には、当該各号に定める書類をつづり込むものとする。
一　登記申請書類つづり込み帳　登記申請書及びその添付書面、許可書、取下書その他附属書類
二　証明書交付申請書等つづり込み帳　登記申請事件以外の事件の申請書及びその添付書面（登記事項証明書の交付の申請書に係るものに限る。）
三　決定原本つづり込み帳　申請を却下した決定に係る決定書の原本
四　審査請求書類等つづり込み帳　審査請求書その他の審査請求事件に関する書類
五　再使用証明申出書類つづり込み帳　登録免許税法（昭和四十二年法律第三十五号）第三十一条第三項に規定する登録免許税の領収証書又は印紙の再使用の申出に関する書類
六　登録免許税関係書類つづり込み帳　登録免許税法第二十八条第一項の通知に関する書類の写し、同法第三十一条第一項の通知に関する書類の写し、同条第二項及び第六項の請求に関する書類並びに同条第五項に規定する申出に関する書類（添付書類を含む。）
七　記録不能通知書つづり込み帳　記録不能通知書（法第十二条第二項（法第

十四条第一項において準用する場合を含む。）又は令第四条第二項、第十二条第二項（令第十三条第五項において準用する場合を含む。）若しくは第十四条第一項の通知に係る記録をすることができない旨の通知書をいう。）
八　統計表つづり込み帳　登記事件及び登記以外の事件に係る各種の統計表
九　雑書つづり込み帳　他の帳簿につづり込まない書類
3　次の各号に掲げる帳簿には、当該各号に定める事項を記載するものとする。
一　登記関係帳簿保存簿　動産譲渡登記ファイル及び債権譲渡登記ファイルを除く一切の登記関係帳簿の保存状況
二　登記事務日記帳　受付帳その他の帳簿に記載しない書類の発送及び受領に関する事項
三　登記事項概要証明書等用紙管理簿　登記事項概要証明書及び登記事項証明書の作成に使用する用紙の管理に関する事項
4　次の各号に掲げる記録、帳簿、書類又は電磁的記録媒体（以下「記録等」という。）の保存期間は、当該各号に定めるとおりとする。
一　動産譲渡登記ファイル及び債権譲渡登記ファイル並びに登記事項概要ファイルの記録（次号及び第三号の記録を除く。）　永久
二　閉鎖登記ファイルの記録　閉鎖した日から十年間
三　閉鎖した登記事項概要ファイルの記録　閉鎖した日から二十年間
四　受付帳の記録　当該年度の翌年から五年間
五　登記申請書等　受付の日から五年間
六　電磁的記録媒体及び第十四条第三項の磁気ディスクの記録　受付の日から一年間
七　登記申請事件以外の事件の申請書類　受付の日から一年間
八　登記関係帳簿保存簿　作成の時から三十年間
九　登記事務日記帳　作成した年の翌年から一年間
十　登記事項概要証明書等用紙管理簿　作成した年の翌年から一年間
十一　決定原本つづり込み帳　これにつづり込まれた決定書に係る決定の翌年から五年間
十二　審査請求書類等つづり込み帳　これにつづり込まれた審査請求書の受付の年の翌年から五年間
十三　再使用証明申出書類つづり込み帳　作成した年の翌年から五年間
十四　登録免許税関係書類つづり込み帳　作成した年の翌年から五年間
十五　記録不能通知書つづり込み帳　作成した年の翌年から一年間
十六　統計表つづり込み帳　作成した年の翌年から三年間
十七　雑書つづり込み帳　作成した年の翌年から一年間

（記録等の廃棄）

第五条の二　登記所において記録等を廃棄するときは、法務局又は地方法務局の長の認可を受けなければならない。

（管轄転属の場合の措置等）

第六条　動産及び債権の譲渡の対抗要件に関する民法の特例等に関する法律（平成十年法律第百四号。以下「法」という。）第五条第二項に規定する事務に関し甲

登記所の管轄地の一部が乙登記所の管轄に転属したときは、甲登記所は、転属した地域内に本店又は主たる事務所（本店又は主たる事務所が外国にあるときは、日本における営業所（外国会社の登記をした外国会社であって日本に営業所を設けていないものにあっては、日本における代表者の住所）又は事務所。以下「本店等」という。）を有する法人の登記事項概要ファイルの記録を乙登記所に移送し、当該登記事項概要ファイルを閉鎖しなければならない。

2　本店等の移転の登記（当該本店等を他の登記所の管轄区域内に移転するものに限る。）がされた法人に係る登記事項概要ファイルがあるときは、旧所在地を管轄する登記所の登記官は、当該登記事項概要ファイルの記録を新所在地を管轄する登記所に移送し、当該登記事項概要ファイルを閉鎖しなければならない。

3　合併による解散の登記がされた法人（以下この項において「合併解散法人」という。）に係る登記事項概要ファイルがあるときは、当該法人の本店等の所在地を管轄する登記所の登記官は、次の各号に掲げる場合の区分に応じ、当該各号に定める措置を講じた上で、合併解散法人の登記事項概要ファイルを閉鎖しなければならない。

一　合併後存続する法人又は合併により設立された法人（以下この項において「合併存続法人等」という。）の本店等が他の登記所の管轄区域内にある場合　合併解散法人の登記事項概要ファイルの記録を合併存続法人等の本店等の所在地を管轄する登記所に移送する措置

二　前号に掲げる場合以外の場合　合併解散法人の登記事項概要ファイルの記録を合併存続法人等の登記事項概要ファイルに移す措置

4　組織変更又は持分会社の種類の変更による解散の登記がされた法人に係る登記事項概要ファイルがあるときは、当該法人の本店等の所在地を管轄する登記所の登記官は、当該登記事項概要ファイルの記録を組織変更又は持分会社の種類の変更後の法人の登記事項概要ファイルに移し、組織変更又は持分会社の種類の変更による解散の登記がされた法人の登記事項概要ファイルを閉鎖しなければならない。

5　前各項に規定する場合のほか、登記記録が閉鎖された法人に係る登記事項概要ファイルがあるときは、当該法人の本店等の所在地を管轄する登記所の登記官は、当該登記事項概要ファイルを閉鎖しなければならない。

6　前各項の規定により閉鎖された登記事項概要ファイルは、これを令第十六条第二項第四号に規定する閉鎖された記録とみなす。

（登記事項概要ファイルの譲渡人等の商号の変更等）

第七条　譲渡人等（令第十二条第三項の譲渡人等をいう。以下この条において同じ。）の商号若しくは名称の変更の登記又は本店等の移転の登記（当該本店等を他の登記所の管轄区域内に移転するものを除く。）がされた場合には、本店等所在地法務局等（法第五条第二項に規定する本店等所在地法務局等をいう。）の登記官は、当該譲渡人等の登記事項概要ファイルに当該登記事項を記録するものとする。

第二章　登記手続

（動産を特定するために必要な事項等）

第八条　法第七条第二項第五号に規定する譲渡に係る動産を特定するために必要な事項は、次の各号に掲げる区分に従い、当該各号に定める事項とする。

一　動産の特質によって特定する方法

イ　動産の種類

ロ　動産の記号、番号その他の同種類の他の物と識別するために必要な特質

二　動産の所在によって特定する方法

イ　動産の種類

ロ　動産の保管場所の所在地

2　前項各号に掲げる方法によって特定する譲渡の対象が二以上あるときは、一で始まる連続番号も、同項の譲渡に係る動産を特定するために必要な事項とする。

3　法第十条第三項第二号に規定する抹消登記に係る動産を特定するために必要な事項は、前項の連続番号とする。

（債権を特定するために必要な事項等）

第九条　法第八条第二項第四号（法第十四条第一項において準用する場合を含む。）に規定する譲渡に係る債権又は質権の目的とされた債権を特定するために必要な事項は、次に掲げる事項とする。

一　債権が数個あるときは、一で始まる債権の連続番号

二　譲渡に係る債権又は質権の目的とされた債権の債務者が特定しているときは、債務者及び債権の発生の時における債権者の数、氏名及び住所（法人にあっては、氏名及び住所に代え商号又は名称及び本店等）

三　譲渡に係る債権又は質権の目的とされた債権の債務者が特定していないときは、債権の発生原因及び債権の発生の時における債権者の数、氏名及び住所（法人にあっては、氏名及び住所に代え商号又は名称及び本店等）

四　貸付債権、売掛債権その他の債権の種別

五　債権の発生年月日

六　債権の発生の時及び譲渡又は質権設定の時における債権額（既に発生した債権のみを譲渡し、又は目的として質権を設定する場合に限る。）

2　法第十条第三項第二号（法第十四条第一項において準用する場合を含む。）に規定する抹消登記に係る債権を特定するために必要な事項は、前項第一号に掲げる事項とする。

（登記申請書及び電磁的記録媒体の送付の方法）

第十条　登記の申請をしようとする者が登記申請書及びその添付書面並びに電磁的記録媒体を送付するときは、書留郵便又は民間事業者による信書の送達に関する法律（平成十四年法律第九十九号）第二条第六項に規定する一般信書便事業者若しくは同条第九項に規定する特定信書便事業者による同条第二項に規定する信書便（以下「信書便」という。）の役務であって当該一般信書便事業者若しくは当該特定信書便事業者において引受け及び配達の記録を行うものによらなければならない。

（電磁的記録媒体の構造）

第十一条　電磁的記録媒体の構造は、工業標準化法（昭和二十四年法律第百八十五号）に基づく日本工業規格X〇六〇六に適合する一二〇ミリメートル光ディスクとする。

（電磁的記録媒体の記録事項等）

第十二条　令第七条第三項第三号の法務省令で定める事項は、次に掲げる事項とする。

一　譲渡に係る動産若しくは譲渡に係る債権の譲渡人及び譲受人又は質権の目的とされた債権の質権設定者及び質権者の数

二　譲渡に係る債権又は質権の目的とされた債権の個数

2　電磁的記録媒体には、令第七条第三項の方式に従い、同項各号に掲げる事項以外の事項であって、譲渡に係る動産の名称、譲渡に係る債権又は質権の目的とされた債権の弁済期その他の当該動産又は債権を特定するために有益なものを記録することができる。

3　電磁的記録媒体には、申請人の氏名（法人にあっては、商号又は名称）及び申請の年月日を記載した書面をはり付けなければならない。

4　第二項の規定は、令第七条第五項の電磁的記録（以下「電磁的記録」という。）に準用する。

（電子情報処理組織による提供方法等）

第十二条の二　令第七条第五項に規定する方法は、行政手続等における情報通信の技術の利用に関する法律（平成十四年法律第百五十一号。以下「情報通信技術利用法」という。）第三条第一項に規定する電子情報処理組織を使用して送信する方法とする。ただし、当該方法は、法務大臣が定める条件に適合するものでなければならない。

2　令第七条第五項の法務省令で定める事項は、二次元コード又は事前提供番号とする。

3　令第七条第五項の登記申請書の提出は、当該申請書に記載された前項の事項により特定される令第七条第五項の情報が登記所に提供された日から起算して二週間以内にされなければならない。

（登記申請書の添付書面）

第十三条　登記申請書には、次に掲げる書面を添付しなければならない。

一　動産譲渡登記又は債権譲渡登記等（令第四条第一項の債権譲渡登記等をいう。以下同じ。）の申請をするときは、譲受人又は質権者の住所又は本店等を証する書面

二　動産譲渡登記若しくは債権譲渡登記等又はこれらの登記に係る延長登記の申請をするときは、譲渡人又は質権設定者の代表者の印鑑の証明書であって登記所が作成したもの

三　抹消登記の申請をするときは、譲受人又は質権者の印鑑の証明書であって市町村長（特別区の区長を含むものとし、地方自治法（昭和二十二年法律第六十七号）第二百五十二条の十九第一項の指定都市にあっては、市長又は区長若しくは総合区長とする。第二十二条第一項第一号において同じ。）の作成し

たもの（法人にあっては、代表者の印鑑の証明書であって登記所が作成したもの）

四　延長登記等（令第七条第一項の延長登記等をいう。以下同じ。）の申請をする場合において、譲渡人、譲受人、質権設定者又は質権者の表示が動産譲渡登記ファイル又は債権譲渡登記ファイルに記録された表示と異なるときは、その変更を証する書面

2　登記申請書に執行力のある判決の正本又は謄本を添付したときは、前項第二号又は第三号の書面を提出することを要しない。

3　令第八条第一号若しくは第二号に掲げる書面で官庁若しくは公署の作成したもの又は第一項第二号若しくは第三号に掲げる書面は、その作成後三月以内のものに限る。

（添付書面の一部省略）

第十三条の二　同一の登記所に対して同時に数個の申請をする場合において、各登記申請書の添付書面に内容の同一のものがあるときは、一個の登記申請書に一通の添付書面の原本を添付すれば足りる。

2　前項の場合においては、他の登記申請書に添付書面の原本の写しに相違ない旨を記載した謄本を添付しなければならない。

（登記申請書の受付）

第十四条　令第九条の受付は、磁気ディスク（これに準ずる方法により一定の事項を確実に記録することができる物を含む。以下同じ。）をもって調製する受付帳に登記の種類、申請人の氏名（法人にあっては、商号又は名称）、受付の年月日及び受付番号を記録し、申請書に受付の年月日及び受付番号を記載してしなければならない。

2　受付番号は、一日ごとに更新しなければならない。

3　登記官は、令第七条第五項の登記申請書の受付をしたときは、遅滞なく、令第十八条第一項の規定による閲覧に供するため、令第七条第三項各号に掲げる事項及び第十二条第二項に規定する事項に係る情報を磁気ディスクに記録しなければならない。

（登記番号）

第十五条　登記番号は、受付の順序に従って付さなければならない。

2　登記番号は、一年ごとに更新しなければならない。

（登記の方法）

第十六条　登記をするには、次に掲げる事項をも動産譲渡登記ファイル又は債権譲渡登記ファイルに記録しなければならない。

一　令第七条第二項第一号及び第四号に掲げる事項

二　動産譲渡登記又は債権譲渡登記等にあっては、第十二条第一項各号に掲げる事項及び同条第二項の規定により電磁的記録媒体等（電磁的記録媒体又は電磁的記録をいう。以下この条において同じ。）に記録された事項

三　延長登記等にあっては、令第七条第六項第一号及び第二号に掲げる事項

四　登記の時刻

2　電磁的記録媒体等に記録された事項を動産譲渡登記ファイル又は債権譲渡登記

ファイルに記録するには、当該電磁的記録媒体等を用いてしなければならない。

（申請人への通知）

第十七条　登記官は、次の各号に掲げる登記をしたときは、譲受人又は質権者（抹消登記にあっては、譲渡人又は質権設定者）に対し、当該各号に定める事項を通知しなければならない。この場合において、通知を受けるべき者が数人あるときは、その一人に対して通知すれば足りる。

一　動産譲渡登記　登記の目的並びに法第七条第二項第一号、第二号、第四号、第七号及び第八号に掲げる事項

二　債権譲渡登記等　登記の目的、法第八条第二項第一号（法第七条第二項第三号に係る部分を除き、法第十四条第一項において準用する場合を含む。）、第二号及び第三号（これらの規定を法第十四条第一項において準用する場合を含む。）に掲げる事項並びに譲渡に係る債権又は質権の目的とされた債権の個数

三　延長登記　登記の目的、登記の原因及びその日付並びに法第九条第二項第二号から第四号まで（これらの規定を法第十四条第一項において準用する場合を含む。）に掲げる事項

四　抹消登記　登記の目的、法第十条第二項第二号から第四号まで（これらの規定を法第十四条第一項において準用する場合を含む。）に掲げる事項並びに動産譲渡登記又は債権譲渡登記等の一部の抹消登記にあっては、法第十条第三項第三号（法第十四条第一項において準用する場合を含む。）に掲げる事項及び抹消後の譲渡に係る動産若しくは譲渡に係る債権又は質権の目的とされた債権の個数

（登記所への通知）

第十八条　法第十二条第二項（法第十四条第一項において準用する場合を含む。）の法務省令で定める事項は、次の各号に掲げる登記について、当該各号に定める事項とする。

一　動産譲渡登記　法第七条第二項第一号から第三号まで、第七号及び第八号に掲げる事項

二　債権譲渡登記等　法第八条第二項第一号（法第十四条第一項において準用する場合を含む。）に掲げる事項

三　抹消登記（法第十条第三項の場合の抹消登記を除く。）　当該抹消登記に係る動産譲渡登記に係る法第七条第二項第一号、第三号及び第七号に掲げる事項（同項第三号に掲げる事項については、譲渡人に係るものに限る。）、当該抹消登記に係る債権譲渡登記等に係る法第八条第二項第一号（法第七条第二項第二号及び第八号に係る部分を除き、法第十四条第一項において準用する場合を含む。）に掲げる事項（法第七条第二項第三号（法第十四条第一項において準用する場合を含む。）に掲げる事項については、譲渡人又は質権設定者に係るものに限る。）並びに法第十条第二項第三号及び第四号（これらの規定を法第十四条第一項において準用する場合を含む。）に掲げる事項

2　令第四条第二項の法務省令で定める事項は、動産譲渡登記又は債権譲渡登記等の存続期間の満了によって動産譲渡登記ファイル又は債権譲渡登記ファイルの記録を閉鎖した旨並びに当該記録に係る法第七条第二項第一号、第三号及び第七号

に掲げる事項（同項第三号に掲げる事項については、譲渡人に係るものに限る。）並びに法第八条第二項第一号（法第七条第二項第二号及び第八号に係る部分を除き、法第十四条第一項において準用する場合を含む。）に掲げる事項（法第七条第二項第三号（法第十四条第一項において準用する場合を含む。）に掲げる事項については、譲渡人又は質権設定者に係るものに限る。）とする。

（登記事項概要ファイルへの記録事項）

第十九条　法第十二条第三項（法第十四条第一項において準用する場合を含む。）の法務省令で定める事項は、次の各号に掲げる登記について、当該各号に定める事項とする。

一　動産譲渡登記　動産譲渡登記をした旨並びに法第七条第二項第一号から第三号まで、第七号及び第八号に掲げる事項（同項第三号に掲げる事項については、譲受人に係るものに限る。）

二　債権譲渡登記等　債権譲渡登記又は質権設定登記をした旨及び法第八条第二項第一号（法第十四条第一項において準用する場合を含む。）に掲げる事項（法第七条第二項第三号（法第十四条第一項において準用する場合を含む。）に掲げる事項については、譲受人又は質権者に係るものに限る。）

三　抹消登記（法第十条第三項の場合の抹消登記を除く。）　動産譲渡登記又は債権譲渡登記等の抹消登記をした旨、当該抹消登記に係る動産譲渡登記に係る法第七条第二項第七号に掲げる事項又は当該抹消登記に係る債権譲渡登記等に係る法第八条第二項第一号（法第七条第二項第七号に係る部分に限り、法第十四条第一項において準用する場合を含む。）に掲げる事項並びに法第十条第二項第三号及び第四号（これらの規定を法第十四条第一項において準用する場合を含む。）に掲げる事項

2　令第四条第三項の法務省令で定める事項は、動産譲渡登記又は債権譲渡登記等の存続期間の満了によって動産譲渡登記ファイル又は債権譲渡登記ファイルの記録を閉鎖した旨及び当該記録に係る法第七条第二項第七号又は法第八条第二項第一号（法第七条第二項第七号に係る部分に限り、法第十四条第一項において準用する場合を含む。）に掲げる事項とする。

3　前二項に定める事項を記録した登記官は、これらの事項を記録した年月日及び登記官の識別番号をも登記事項概要ファイルに記録しなければならない。

（申請の却下の方式）

第二十条　令第十一条の決定は、書面でしなければならない。

第三章　登記事項の証明

（登記事項概要証明書等の交付の申請書の処理等）

第二十一条　登記官は、登記事項概要証明書若しくは登記事項証明書又は概要記録事項証明書（以下「登記事項概要証明書等」と総称する。）の交付の申請書を受け取ったときは、申請書に受付の年月日及び受付番号（概要記録事項証明書の交付の申請書にあっては、受付番号を除く。）を記載した上、受付の順序に従って相当の処分をしなければならない。

（登記事項証明書の交付の申請書の添付書面）

第二十二条　登記事項証明書の交付の申請書には、次に掲げる書面を添付しなければならない。

一　申請人の印鑑の証明書であって市町村長の作成したもの（法人にあっては、代表者の印鑑の証明書であって登記所が作成したもの）

二　申請人が譲渡に係る動産若しくは譲渡に係る債権の譲渡人若しくは譲受人又は質権の目的とされた債権の質権設定者若しくは質権者である場合において、申請書及び添付書面における申請人の氏名又は住所（法人にあっては、商号若しくは名称又は本店等）の表示が動産譲渡登記ファイル又は債権譲渡登記ファイルに記録された表示と異なるときは、その変更を証する書面

2　前項第一号の証明書は、その作成後三月以内のものに限る。

（登記事項概要証明書等の作成方法）

第二十三条　登記事項概要証明書等を作成するには、登記官は、証明すべき登記事項及び登記の時刻（概要記録事項証明書を作成する場合を除く。）を記載した書面の末尾に認証文を付記し、年月日及び職氏名を記載し、職印を押さなければならない。

2　登記事項証明書には、前項に規定する事項のほか、令第七条第二項第一号及び第五項第一号並びに第十二条第一項第一号に掲げる事項並びに同条第二項に規定する事項をも記載しなければならない。

3　前二項の規定にかかわらず、数個の債権に係る登記事項を一括して証明する登記事項証明書には、第十二条第二項に規定する事項を記載することを要しない。

第四章　電子情報処理組織による登記の申請等に関する特例

（電子情報処理組織による登記の申請等）

第二十四条　次に掲げる申請又は請求は、情報通信技術利用法第三条第一項の規定により、同項に規定する電子情報処理組織を使用してすることができる。ただし、当該申請又は当該請求は、法務大臣が定める条件に適合するものでなければならない。

一　動産譲渡登記、債権譲渡登記等、延長登記又は抹消登記の申請

二　登記事項概要証明書又は登記事項証明書の交付の請求

2　概要記録事項証明書の交付の請求は、情報通信技術利用法第三条第一項の規定により、同項に規定する電子情報処理組織を使用してすることができる。ただし、当該請求は、法務大臣が定める条件に適合するものでなければならない。

（電子情報処理組織を使用してすることができない登記の申請等）

第二十五条　前条第一項第一号に掲げる申請のうち次に掲げるものは、同号の規定にかかわらず、電子情報処理組織を使用してすることができない。

一　法定代理人により行う申請

二　延長登記及び抹消登記の申請のうち、譲渡人、譲受人、質権設定者又は質権者の表示が動産譲渡登記ファイル又は債権譲渡登記ファイルに記録された表示と異なるもの（次条第六項に規定する登記情報によりその変更を証することが

できる場合を除く。）

三　令第六条又は令第八条第三号若しくは第四号に規定する申請

2　前条第一項第二号に掲げる請求のうち次に掲げるものは、同号の規定にかかわらず、電子情報処理組織を使用してすることができない。

一　法定代理人により行う請求

二　登記事項証明書の交付の請求のうち、次に掲げる者以外の者が申請人となるもの

イ　譲渡に係る動産若しくは譲渡に係る債権の譲渡人若しくは譲受人又は当該債権の債務者

ロ　質権の目的とされた債権の質権設定者若しくは質権者又は当該債権の債務者

三　登記事項証明書の交付の請求のうち、申請人の氏名又は住所（法人にあっては、商号若しくは名称又は本店等）の表示が動産譲渡登記ファイル又は債権譲渡登記ファイルに記録された表示と異なるもの（第二十八条第四項に規定する登記情報によりその変更を証することができる場合を除く。）

（登記申請の方法）

第二十六条　第二十四条第一項の規定により同項第一号に掲げる申請をするには、申請人又はその代表者若しくは代理人（以下この章において「申請人等」という。）は、法務大臣の定めるところに従い、登記申請書及び電磁的記録媒体の提出に代えて、次に掲げる事項に係る情報に商業登記規則（昭和三十九年法務省令第二十三号）第三十三条の四に定める措置を講じたものを送信しなければならない。

一　令第七条第二項各号に掲げる事項

二　動産譲渡登記又は債権譲渡登記等の申請にあっては、令第七条第三項第二号及び第三号に掲げる事項

三　延長登記又は抹消登記の申請にあっては、令第七条第六項各号に掲げる事項

2　申請人等が前項の規定による申請をするときは、法務大臣の定めるところに従い、第十二条第二項に規定する事項に係る情報を併せて送信することができる。この情報には、前項に規定する措置を講じなければならない。

3　代理人によって第一項の規定による申請をするときは、法務大臣の定めるところに従い、その権限を証する書面に代わるべき情報にその作成者が同項に規定する措置を講じたものを併せて送信しなければならない。

4　申請人等は、前三項の情報を送信するときは、当該情報の作成者が第一項に規定する措置を講じたものであることを確認するために必要な事項を証する情報であって次のいずれかに該当するものを併せて送信しなければならない。

一　商業登記規則第三十三条の八第二項（他の法令において準用する場合を含む。）に規定する電子証明書

二　電子署名等に係る地方公共団体情報システム機構の認証業務に関する法律（平成十四年法律第百五十三号）第三条第一項の規定により作成された署名用電子証明書

三　その他当該措置を講じた者を確認することができる電子証明書であって、前

二号に掲げるものに準ずるものとして法務大臣の定めるもの
5　前項の場合において、第一項に規定する措置を講じた者が印鑑を登記所に提出した者であるときは、送信すべき電子証明書は、前項第一号に掲げる電子証明書に限るものとする。
6　延長登記又は抹消登記の申請をする場合において、譲渡人、譲受人、質権設定者又は質権者の表示が動産譲渡登記ファイル又は債権譲渡登記ファイルに記録された表示と異なるときは、申請人等は、法務大臣の定めるところに従い、その変更を証する書面に代わるべき登記情報（電気通信回線による登記情報の提供に関する法律（平成十一年法律第二百二十六号）第二条第一項に規定する登記情報をいう。以下同じ。）の送信を同法第三条第二項に規定する指定法人から受けるために必要な情報を併せて送信しなければならない。
7　第一項の規定による申請については、令第八条第一号及び第十三条第一項第一号から第三号までの規定は、適用しない。

（登記手続の特則）

第二十七条　前条第一項の規定による申請については、第十四条第一項の規定中申請書への記載に関する部分は、適用しない。
2　登記官は、前項の申請について受付をしたときは、遅滞なく、令第十八条第一項の規定による閲覧に供するため、前条第一項から第四項までの情報を磁気ディスクに記録しなければならない。
3　第一項の申請について登記をする場合における第十六条第一項第二号の規定の適用については、同号中「同条第二項の規定により電磁的記録媒体等（電磁的記録媒体又は電磁的記録をいう。以下この条において同じ。）に記録された事項」とあるのは、「第二十六条第二項の規定により併せて送信された情報の内容とされた事項」とする。

（登記事項概要証明書等の交付等の請求の方法）

第二十八条　第二十四条第一項の規定による同項第二号に掲げる請求又は同条第二項の規定による請求をするには、申請人等は、法務大臣の定めるところに従い、申請書の提出に代えて、次に掲げる事項に係る情報（登記事項証明書の交付の請求にあっては、当該情報に第二十六条第一項に規定する措置を講じたもの）を送信しなければならない。

一　申請人等の氏名
二　令第十六条第二項各号（第六号を除く。）に掲げる事項
三　登記事項証明書の交付の請求にあっては、令第十六条第三項各号に掲げる事項
四　登記事項概要証明書等の交付を求めるとき（次号に規定するときを除く。）は、登記所で交付を受ける旨
五　登記事項概要証明書等の送付を求めるときは、その旨及び送付先の住所

2　代理人によって前項の規定による登記事項証明書の交付の請求をするときは、法務大臣の定めるところに従い、その権限を証する書面に代わるべき情報にその作成者が第二十六条第一項に規定する措置を講じたものを併せて送信しなければならない。

3　第一項の規定による登記事項証明書の交付の請求をする場合において、前二項の情報を送信するときは、申請人等は、当該情報の作成者が第二十六条第一項に規定する措置を講じたものであることを確認するために必要な事項を証する情報であって同条第四項各号のいずれかに該当するものを併せて送信しなければならない。この場合については、同条第五項の規定を準用する。

4　第一項の規定による登記事項証明書の交付の請求をする場合において、前三項の情報における申請人の氏名又は住所（法人にあっては、商号若しくは名称又は本店等）の表示が動産譲渡登記ファイル又は債権譲渡登記ファイルに記録された表示と異なるときは、申請人等は、法務大臣の定めるところに従い、その変更を証する書面に代わるべき登記情報の送信を第二十六条第六項の指定法人から受けるために必要な情報を併せて送信しなければならない。

5　第一項の規定により登記事項概要証明書又は概要記録事項証明書の交付を受けようとするとき（登記事項概要証明書若しくは概要記録事項証明書の送付を受けようとするとき、又は第三十条の規定により登記事項概要証明書の電磁的記録の提供を受けようとするときを除く。）は、法務大臣の定める書面を提出しなければならない。

6　第一項の規定により登記事項証明書の交付を受けようとするとき（登記事項証明書の送付を受けようとするとき、又は第三十条の規定により登記事項証明書の電磁的記録の提供を受けようとするときを除く。）は、法務大臣の定める書面を提出し、及び当該交付を受けようとする者が本人であることを確認するに足りる法務大臣の定める書類を提示しなければならない。

7　第一項の規定による登記事項証明書の交付の請求については、令第十六条第四項第一号及び第二十二条第一項第一号の規定は、適用しない。

（申請書の処理の特則）

第二十九条　前条第一項の規定による請求については、第二十一条の規定中申請書への記載に関する部分は、適用しない。

（登記事項概要証明書又は登記事項証明書に係る電磁的記録の提供）

第三十条　第二十八条第一項の規定による登記事項概要証明書又は登記事項証明書の交付の請求があった場合において、申請人等が当該登記事項概要証明書又は当該登記事項証明書に係る電磁的記録の提供を求めるときは、登記官は、情報通信技術利用法第四条第一項の規定により、同項に規定する電子情報処理組織を使用して当該電磁的記録を提供しなければならない。

（氏名等を明らかにする措置）

第三十一条　情報通信技術利用法第三条第四項に規定する氏名又は名称を明らかにする措置であって主務省令で定めるものは、当該署名等をすべき者による第二十六条第一項に規定する措置（第二十八条第一項の規定による登記事項概要証明書又は概要記録事項証明書の交付の請求にあっては、同項第一号に係る情報を入力する措置）とする。

2　情報通信技術利用法第四条第四項に規定する氏名又は名称を明らかにする措置であって主務省令で定めるものは、当該署名等をすべき者による第二十六条第一項に規定する措置とする。

第五章　補則

（登記申請書等の閲覧の申請書の添付書面等）

第三十二条　令第十八条第一項の請求をするときは、申請書に次に掲げる書面を添付しなければならない。

一　利害関係を証する書面

二　代理人によって請求するときは、その権限を証する書面

2　令第十八条第五項の法務省令で定める大きさの用紙は、日本工業規格Ａ列四番の用紙とする。

3　令第十八条第一項の規定による第二十六条第一項から第四項までの情報の閲覧は、第二十七条第二項の磁気ディスクの記録を前項の大きさの用紙に出力したものを閲覧する方法により行う。この場合については、令第十八条第五項後段の規定を準用する。

（登記申請書等の閲覧の方法）

第三十二条の二　登記申請書等の閲覧は、登記官の面前でさせるものとする。

（法務局長等の命令による登記の方法）

第三十三条　登記官が法務局又は地方法務局の長の命令によって登記をするときは、命令をした法務局又は地方法務局の長、命令及び登記の年月日並びに命令によって登記をする旨をも記録しなければならない。

（登記官が登記をすることができない場合）

第三十四条　登記官又はその配偶者若しくは四親等内の親族（配偶者又は四親等内の親族であった者を含む。以下この条において同じ。）が申請人であるときは、当該登記官は、登記をすることができない。登記官又はその配偶者若しくは四親等内の親族が申請人を代表して申請するときも、同様とする。

（手数料等の納付の方法）

第三十五条　法第二十一条第二項本文及び令第十八条第四項の規定による手数料の納付は、収入印紙を申請書に貼って、しなければならない。

2　法第二十一条第二項ただし書の法務省令で定める方法は、第二十四条第一項の規定による同項第二号に掲げる請求又は同条第二項の規定による請求を行う場合に登記官から得た納付情報により納付する方法とする。

3　第二十四条第一項の規定により同項第二号に掲げる請求を行う場合において、法第二十一条第二項本文の規定により手数料を納付するときは、第一項の規定は、同項中「申請書」とあるのは「登記官の定める書類」と読み替えて適用するものとする。

4　令第十七条の送付に要する費用は、郵便切手又は信書便の役務に関する料金の支払のために使用することができる証票であって法務大臣の指定するもので納付しなければならない。

5　前項の指定は、告示してしなければならない。

資料5　動産・債権譲渡登記令第7条第3項の規定に基づく法務大臣が指定する電磁的記録媒体への記録方式に関する件（平成26年5月23日法務省告示第244号）

動産・債権譲渡登記令（平成十年政令第二百九十六号）第七条第三項の規定に基づき、法務大臣が指定する電磁的記録媒体への記録方式を次のように定め、平成二十六年六月二日から施行する。なお、平成二十三年一月三十一日法務省告示第四十号は、平成二十六年六月一日限り廃止する。

第１　使用する媒体等

１　電磁的記録媒体の構造及びトラックフォーマットは、工業標準化法（昭和24年法律第185号）に基づく日本工業規格（以下「日本工業規格」という。）X 6281により、日本工業規格 X 6281に適合する直径120ミリメートルの光ディスク（以下「ＣＤ－Ｒ」又は「ＣＤ－ＲＷ」という。）の再生装置で再生することが可能なものとする。

２　ボリューム及びファイル構成は、次のとおりとする。

ＣＤ－Ｒ又はＣＤ－ＲＷへの記録においては、日本工業規格 X 0606による。

３　書き込み禁止の設定

(1)　ＣＤ－Ｒ

ＣＤ－Ｒは、日本工業規格 X 6282「情報交換用120mm 追記形光ディスク（ＣＤ－Ｒ）」に規定する「ディスクアトワンス」にて書き込みを行い、追記不可の状態にして、提出しなければならない。

(2)　ＣＤ－ＲＷ

ＣＤ－ＲＷは、日本工業規格 X 6283「情報交換用120mm リライタブル光ディスク（ＣＤ－ＲＷ）」に規定する「ディスクアトワンス」にて書き込みを行い、追記不可の状態にして、提出しなければならない。

４　使用する文字等の範囲は、次の(1)から(3)までに掲げるとおりとし、この範囲外の文字等は、その読みを表す片仮名に置き換えて、記録する。文字の符号化表現は、8-bit UCS Transformation Format（UTF-8）に規定する方式による。

なお、申請データに外字（日本工業規格 X 0201及び X 0208-1997に定義されていない文字）が含まれている場合には、その外字の読みを片仮名で記録する。

(1)　日本工業規格 X 0201及び X 0211が定義する文字集合

(2)　日本工業規格 X 0208-1997が定義する文字集合（非漢字、第一水準漢字及び第二水準漢字。ただし、「―」、「～」、「‖」、「¢」、「£」及び「¬」を除く。）

(3)　(1)及び(2)にかかわらず、第２の２(2)から(6)まで及び第３の２(2)から(8)までの各表の「タグ名」に掲げる事項のうち、「固定／可変」欄に係る事項として記録するものについては、日本工業規格 X 0211の制御文字及び１バイト仮名文字を除くものとする。また、「タグ名」に掲げる事項のほかにおいては、「水平タブ」、「復帰」及び「改行」を使用することができる。

第２　動産譲渡登記に関する記録方式

１　ファイルの構成等

(1)　１枚の電磁的記録媒体には、登記共通事項ファイル、譲渡人ファイル、譲受人ファイル及び動産個別事項ファイルを１個ずつ設ける。また、代理人により登記の申請をする場合には、代理人ファイルを１個設ける。各ファイルには、下表のとおり、電磁的記録媒体に記録すべき事項を記録する。不要なファイルを設けてはならず、ファイルは、フォルダに格納してはならない。

１枚の電磁的記録媒体には、１件の申請に係るデータのみを記録する。また、１枚の電磁的記録媒体に記録することができる動産個別事項ファイルの動産個数は、1,000個以内とする。

項番	ファイル	記録すべき事項
1	登記共通事項ファイル	項番２から５までのファイルに記録すべき事項以外の事項
2	譲渡人ファイル	譲渡人に関する事項
3	譲受人ファイル	譲受人に関する事項
4	動産個別事項ファイル	譲渡に係る動産に関する事項
5	代理人ファイル	代理人に関する事項

(2)　各ファイルのファイル形式は、ＸＭＬ規格とし、日本工業規格Ｘ4159で規定する「拡張可能なマーク付け言語（ＸＭＬ）1.0（英文名称：Extensible Markup Language（ＸＭＬ）1.0)」に準拠して、記録しなければならない。

2　各ファイルへの記録の方法

(1)　通則

ア　各ファイルのファイル名は、下表のとおりとしなければならない。

項番	ファイル	ファイル名
1	登記共通事項ファイル	COMMON.xml
2	譲渡人ファイル	JT.xml
3	譲受人ファイル	JJ.xml
4	動産個別事項ファイル	MOVABLES.xml
5	代理人ファイル	DAIRI.xml

イ　各ファイルに所要事項（データ）を記録する際には、次の(2)から(6)までに定めるところにより、「項番」欄に掲げる番号の順に、「タグ名」欄に掲げる事項を「文字種類」欄に掲げる文字等を用いて記録する（「商号等」及び代理人ファイルの「氏名」の項を除き、「スペース」を含んではならない。）。

注記（(2)から(6)までに共通の事項）

1　「タグ名」欄に掲げる事項を記録する際には、記録すべき事項の前後にそのタグ名を記録しなければならない。例えば、「< 商号等 > 法務商事株式会社 </ 商号等 >」のように記録しなければならない。

2 「文字数」欄に掲げる数値は、記録すべき事項の文字数を示す。この文字数は、「固定／可変」欄に「固定」と表示された項目については定められたとおりの文字数でなければならないが、「固定／可変」欄に「可変」と表示された項目については、定められたとおりの文字数以内であればよい。

3 「条件」欄に「必須」と表示された項目は、必ず記録しなければならない。「任意」と表示された項目は、記録しなくてもよい（ただし、各項目の注記に従う。）。「予備」と表示された項目は、将来この告示の改正等により必要が生じた場合に使用することを予定したものであり、現段階では、記録しない。

4 「商号等」の項に譲渡人又は譲受人の氏名又は商号若しくは名称を記録する際には、本来の表記（戸籍に記載した事項の証明書又は登記事項証明書等に記載されている漢字仮名交じりのもの又はローマ字その他の符号）を記録し（商号又は名称にローマ字を使用している場合に限り、先頭及び最後尾を除き、「全角スペース」を記録することができる。）、「フリガナ」の項に読み仮名を片仮名で記録する。

⑵ 登記共通事項ファイル

項番	タグ名	固定／可変	文字数	文字種類	条件
1	登記共通事項	−	−	−	
2	登記種別コード	固定	2	半角数字	必須（注１）
3	登記原因年月日	−	−	−	
4	元号コード	固定	2	半角数字	必須（注２）
5	年	固定	2	半角数字	必須（注３）
6	月	固定	2	半角数字	必須（注３）
7	日	固定	2	半角数字	必須（注３）
8	登記原因コード	固定	2	半角数字	必須（注４）
9	登記原因	可変	64	全角	任意（注５）
10	存続期間の満了年月日	−	−	−	
11	元号コード	固定	2	半角数字	必須（注２）
12	年	固定	2	半角数字	必須（注３）

13			月	固定	2	半角数字	必須（注３）
14			日	固定	2	半角数字	必須（注３）
15		備考		可変	127	全角	任意（注６）
16		予備		可変	127	全角	予備（記録しない）

（注１）⑺のコード表の項番２に掲げるところにより、動産譲渡登記を示す登記種別コード（「01」）を記録しなければならない。
（注２）⑺のコード表の項番３に掲げるところにより、元号を示す元号コードを記録しなければならない。
（注３）「年」、「月」又は「日」が「１年（元年）」、「２月」又は「３日」のように１桁の場合には、「01」、「02」又は「03」と記録しなければならない。
（注４）⑺のコード表の項番４に掲げるところにより、登記原因を示す登記原因コードを記録しなければならない。
（注５）登記原因コードが「その他」の場合（「登記原因コード」の項に「99」を記録した場合）には、登記原因を必ず記録しなければならない。それ以外の場合には、契約の名称を任意に記録することができる。
（注６）他の項目で記録すべき事項以外の事項であって、動産譲渡の契約内容等を特定するために有益なものを記録することができる。

⑶　譲渡人ファイル

項番	タグ名			固定／可変	文字数	文字種類	条件
1	譲渡人情報			－	－	－	
2		譲渡人の数		可変	3	半角数字	必須（注１）
3		譲渡人		－	－	－	（注２）
4			識別コード	固定	4	半角数字	必須（注３）
5			商号等	可変	60	全角	必須
6			フリガナ	可変	90	全角カナ	必須
7			取扱店	可変	20	全角	任意（注４）
8			本店等所在	可変	90	全角	必須（注５）
9			外国会社の本店等の所在	可変	90	全角	任意（注６）
10			会社法人等番号	固定	12	半角数字	任意（注７）
11			予備	可変	127	全角	予備（記録しない）

（注１） 譲渡人ファイルに記録されている譲渡人の数（「1」から「999」までの範囲のアラビア数字）を記録しなければならない。
（注２） 譲渡人が複数である場合には、各譲渡人ごとに、項番３から11までの事項を記録しなければならない。
（注３） (7)のコード表の項番１に掲げるところにより、譲渡人の種別を示す識別コードを記録しなければならない。ただし、「0203」を記録してはならない。
（注４） 動産の譲渡に関する業務を特定の取扱店において取り扱う場合には、その名称を任意に記録することができる。
（注５） 登記されている法人であってその本店又は主たる事務所が外国にあるものである場合（「識別コード」の項に「0102」を記録した場合）には日本における営業所又は事務所を記録し、登記されていない法人であってその本店又は主たる事務所が外国にあるものである場合（「識別コード」の項に「0202」を記録した場合）には「－」（全角ハイフン）を記録し、その他の場合には本店又は主たる事務所を記録しなければならない。その際は、登記事項証明書等の記載のとおり（漢数字、アラビア数字等を含む）記録しなければならない。
（注６） 外国会社の場合（「識別コード」の項に「0102」又は「0202」を記録した場合）には、必ず記録しなければならない。それ以外の場合には、記録してはならない。登記事項証明書等の記載のとおりに記録すべきことについては、注５と同様である。
（注７） 登記所が付した会社法人等番号がある場合には、任意に記録することができる。登記されている法人の場合（識別コードの項に「0101」、「0102」又は「0153」を記録した場合）以外の場合には、記録してはならない。

(4) 譲受人ファイル

項番	タグ名	固定／可変	文字数	文字種類	条件
1	譲受人情報	－	－	－	
2	譲受人の数	可変	3	半角数字	必須（注１）
3	譲受人	－	－	－	（注２）
4	識別コード	固定	4	半角数字	必須（注３）
5	商号等	可変	60	全角	必須
6	フリガナ	可変	90	全角カナ	必須
7	取扱店	可変	20	全角	任意（注４）
8	本店等所在	可変	90	全角	必須（注５）
9	外国会社の本店等の所在	可変	90	全角	任意（注６）
10	会社法人等番号	固定	12	半角数字	任意（注７）
11	予備	可変	127	全角	予備（記録しない）

（注１） 譲受人ファイルに記録されている譲受人の数（「1」から「999」までの範囲のアラ

ビア数字）を記録しなければならない。

（注２）　譲受人が複数である場合には、各譲受人ごとに、項番３から11までの事項を記録しなければならない。

（注３）　(7)のコード表の項番１に掲げるところにより、譲受人の種別を示す識別コードを記録しなければならない。

（注４）　動産の譲渡に関する業務を特定の取扱店において取り扱う場合には、その名称を任意に記録することができる。

（注５）　登記されている法人であってその本店又は主たる事務所が外国にあるものである場合（「識別コード」の項に「0102」を記録した場合）には日本における営業所又は事務所を記録し、登記されていない法人であってその本店又は主たる事務所が外国にあるものである場合（「識別コード」の項に「0202」を記録した場合）には「－」（全角ハイフン）を記録し、その他の場合には住所、本店又は主たる事務所を記録しなければならない。その際は、登記事項証明書等の記載のとおり（漢数字、アラビア数字等を含む）記録しなければならない。

（注６）　外国会社の場合（「識別コード」の項に「0102」又は「0202」を記録した場合）には、必ず記録しなければならない。それ以外の場合には、記録してはならない。登記事項証明書等の記載のとおりに記録すべきことについては、注５と同様である。

（注７）　登記所が付した会社法人等番号がある場合には、任意に記録することができる。登記されている法人の場合（識別コードの項に「0101」、「0102」又は「0153」を記録した場合）以外の場合には、記録してはならない。

(5)　動産個別事項ファイル

項番	タグ名	固定／可変	文字数	文字種類	条件
1	動産個別事項	－	－	－	
2	動産個数	可変	4	半角数字	必須（注１）
3	動産個別	－	－	－	（注２）
4	動産通番	固定	4	半角数字	必須（注３）
5	動産区分コード	固定	2	半角数字	必須（注４）
6	動産の種類	可変	90	全角	必須
7	動産の特質	可変	90	全角	任意（注５）
8	動産の保管場所の所在地	可変	90	全角	任意（注６）
9	備考	可変	300	全角	任意（注７）
10	予備	可変	127	全角	予備（記録しない）

（注１）　動産個別事項ファイルに記録された動産の個数（「1」から「1000」までの範囲のアラビア数字）を記録しなければならない。

（注２）　譲渡に係る動産が複数である場合には、各動産ごとに、項番３から10までの事項を記録しなければならない。

（注３） １件の申請ごとに、１番（0001番）から始まる動産の連続番号を４桁のアラビア数字で記録しなければならない。

（注４） (7)のコード表の項番５に掲げるところにより、個別動産又は集合動産の別を示す動産区分コードを記録しなければならない。

（注５） 動産区分コード「01」を選択した場合には、動産の記号、番号その他の同種類の他の物と識別するために必要な特質を記録しなければならない（動産・債権譲渡登記規則第８条第１項第１号ロ）。動産区分コード「02」を選択した場合には、記録してはならない。

（注６） 動産区分コード「02」を選択した場合には、動産の保管場所の所在地を記録しなければならない（動産・債権譲渡登記規則第８条第１項第２号ロ）。動産区分コード「01」を選択した場合には、記録してはならない。

（注７） 他の項目で記録すべき事項以外の事項であって、動産を特定するために有益なものを記録することができる。

(6) 代理人ファイル（注１）

項番	タグ名			固定／可変	文字数	文字種類	条件
1	代理人情報			－	－	－	
2		代理人		－	－	－	必須（注２）
3			代理人種別	固定	2	半角数字	必須（注３）
4			氏名	可変	60	全角	必須（注４）
5			所在	可変	90	全角	必須
6			予備	可変	127	全角	予備（記録しない）

（注１） 代理人により登記の申請をする場合には、必ず作成しなければならない。それ以外の場合には、作成してはならない。

（注２） 譲渡人及び譲受人の代理人が同一である場合（「代理人種別」の項に「03」を記録した場合）には、当該同一の代理人について、項番２から６までの事項を一つずつ記録すれば足りる。

代理人が複数である場合（譲渡人及び譲受人について、それぞれ別の代理人である場合）には、各代理人ごとに、項番２から６までの事項を記録しなければならない。

（注３） (7)のコード表の項番６に掲げるところにより、代理人の種別を示す種別コードを記録しなければならない。

（注４） 氏名又は商号若しくは名称を記録する際には、本来の表記（戸籍に記載した事項の証明書又は登記事項証明書等に記載されている漢字仮名交じりのもの又はローマ字その他の符号）を記録する。なお、商号又は名称にローマ字を使用している場合に限り、先頭及び最後尾を除き、「全角スペース」を記録することができる。

(7)　コード表

項番	コード名称	桁数	コード	内　　容
1	識別コード	4	0101	登記されている日本に本店のある法人
			0102	登記されている日本に本店のない法人
			0153	登記されている登録免許税が免除される法人
			0201	登記されていない日本に本店のある法人
			0202	登記されていない日本に本店のない法人
			0203	個人
			0251	国
			0252	地方公共団体
			0253	登記されていない登録免許税が免除される法人
2	登記種別コード	2	01	動産譲渡登記
3	元号コード	2	01	昭和
			02	平成
4	登記原因コード	2	01	売買
			02	贈与
			03	譲渡担保
			04	営業譲渡（09を除く。）
			05	事業譲渡（09を除く。）
			06	代物弁済
			07	交換
			08	信託
			09	現物出資
			99	その他

5	動産区分コード	2	01	動産・債権譲渡登記規則第8条第1項第1号の区分により特定される動産（個別動産）
			02	動産・債権譲渡登記規則第8条第1項第2号の区分により特定される動産（集合動産）
6	代理人種別コード	2	01	譲渡人の代理人
			02	譲受人の代理人
			03	譲渡人及び譲受人の代理人

第3　債権譲渡登記に関する記録方式

1　ファイルの構成等

(1)　1枚の電磁的記録媒体には、登記共通事項ファイル、譲渡人ファイル、譲受人ファイル、債権個別事項ファイル及び原債権者ファイルを1個ずつ設ける。また、譲渡に係る債権又は質権の目的とされた債権が債務者特定の債権である場合には債務者ファイルを、代理人により登記の申請をする場合には代理人ファイルを1個設ける。各ファイルには、下表のとおり、電磁的記録媒体に記録すべき事項を記録する。不要なファイルを設けてはならず、ファイルは、フォルダに格納してはならない。

1枚の電磁的記録媒体には、1件の申請に係るデータのみを記録する。また、1枚の電磁的記録媒体に記録することができる債権個別事項ファイルの債権個数は、10万個以内とする。

項番	ファイル	記録すべき事項
1	登記共通事項ファイル	項番2から7までのファイルに記録すべき事項以外の事項
2	譲渡人ファイル	譲渡人又は質権設定者に関する事項
3	譲受人ファイル	譲受人又は質権者に関する事項
4	債権個別事項ファイル	譲渡に係る債権又は質権の目的とされた債権に関する事項であって項番5及び6のファイルに記録すべきもの以外の事項
5	債務者ファイル	債務者に関する事項
6	原債権者ファイル	原債権者（債権の発生の時における債権者をいう。）に関する事項
7	代理人ファイル	代理人に関する事項

(2)　各ファイルのファイル形式及び記録の方法は、第2の1の(2)と同様とする。

2　各ファイルへの記録の方法

(1)　通則

ア　各ファイルのファイル名は、下表のとおりとしなければならない。

項番	ファイル	ファイル名
1	登記共通事項ファイル	COMMON.xml
2	譲渡人ファイル	JT.xml
3	譲受人ファイル	JJ.xml
4	債権個別事項ファイル	CREDIT.xml
5	債務者ファイル	SM.xml
6	原債権者ファイル	GS.xml
7	代理人ファイル	DAIRI.xml

イ　各ファイルに所要事項（データ）を格納する際には、次の(2)から(8)までに定めるところにより、「項番」欄に掲げる番号の順に、「タグ名」欄に掲げる事項を「文字種類」欄に掲げる文字等を用いて記録する（「商号等」及び代理人ファイルの「氏名」の項を除き、「スペース」を含んではならない。）。

なお、(2)から(4)までは、債権譲渡登記の電磁的記録媒体について定めたものであり、質権設定登記の電磁的記録媒体については、「譲渡人」を「質権設定者」と、「譲受人」を「質権者」と読み替えて適用する。

注記（(2)から(8)までに共通の事項）

1　「タグ名」欄に掲げる事項を記録する際には、記録すべき事項の前後にそのタグ名を記録しなければならない。例えば、「< 商号等 > 法務商事株式会社 </ 商号等 >」のように記録しなければならない。

2　「文字数」欄に掲げる数値は、記録すべき事項の文字数を示す。この文字数は、「固定／可変」欄に「固定」と表示された項目については定められたとおりの文字数でなければならないが、「固定／可変」欄に「可変」と表示された項目については、定められたとおりの文字数以内であればよい。

3　「条件」欄に「必須」と表示された項目は、必ず記録しなければならない。「任意」と表示された項目は、記録しなくてもよい（ただし、各項目の注記に従う。）。「予備」と表示された項目は、将来この告示の改正等により必要が生じた場合に使用することを予定したものであり、現段階では記録しない。

4　「商号等」の項に譲渡人、質権設定者、譲受人若しくは質権者又は債務者若しくは原債権者の氏名又は商号若しくは名称を記録する際には、本来の表記（戸籍に記載した事項の証明書又は登記事項証明書等に記載されている漢字仮名交じりのもの又はローマ字その他の符号）を記録し（商号又は名称にローマ字を使用している場合に限り、先頭及び最後尾を除き、「全角スペース」を記録することができる。）、「フリガナ」の項に読み仮名を片仮名で記録する。

⑵　登記共通事項ファイル

項番	タグ名			固定／可変	文字数	文字種類	条件
1	登記共通事項			－	－	－	
2		登記種別コード		固定	2	半角数字	必須（注１）
3		登記原因年月日		－	－	－	
4			元号コード	固定	2	半角数字	必須（注２）
5			年	固定	2	半角数字	必須（注３）
6			月	固定	2	半角数字	必須（注３）
7			日	固定	2	半角数字	必須（注３）
8		登記原因コード		固定	2	半角数字	必須（注４）
9		登記原因		可変	64	全角	任意（注５）
10		存続期間の満了年月日		－	－	－	
11			元号コード	固定	2	半角数字	必須（注２）
12			年	固定	2	半角数字	必須（注３）
13			月	固定	2	半角数字	必須（注３）
14			日	固定	2	半角数字	必須（注３）
15		備考		可変	127	全角	任意（注６）
16		予備		可変	127	全角	予備（記録しない）

（注１）⑼のコード表の項番２に掲げるところにより、債権譲渡登記又は質権設定登記の別を示す登記種別コード（「01」又は「02」）を記録しなければならない。

（注２）⑼のコード表の項番３に掲げるところにより、元号を示す元号コードを記録しなければならない。

（注３）「年」、「月」又は「日」が「１年（元年）」、「２月」又は「３日」のように１桁の場合には、「01」、「02」又は「03」と記録しなければならない。

（注４）⑼のコード表の項番４に掲げるところにより、登記原因を示す登記原因コードを

記録しなければならない。また、質権設定登記の場合（「登記種別コード」の項に「02」を記録した場合）には、「10」を記録しなければならない。

（注5）　登記原因コードが「その他」の場合（「登記原因コード」の項に「99」を記録した場合）には、登記原因を必ず記録しなければならない。それ以外の場合には、契約の名称を任意に記録することができる。

（注6）　他の項目で記録すべき事項以外の事項であって、債権譲渡の契約内容等を特定するために有益なものを記録することができる。

(3)　譲渡人ファイル

項番	タグ名	固定／可変	文字数	文字種類	条件
1	譲渡人情報	－	－	－	
2	譲渡人の数	可変	3	半角数字	必須（注1）
3	譲渡人	－	－	－	（注2）
4	識別コード	固定	4	半角数字	必須（注3）
5	商号等	可変	60	全角	必須
6	フリガナ	可変	90	全角カナ	必須
7	取扱店	可変	20	全角	任意（注4）
8	本店等所在	可変	90	全角	必須（注5）
9	外国会社の本店等の所在	可変	90	全角	任意（注6）
10	会社法人等番号	固定	12	半角数字	任意（注7）
11	予備	可変	127	全角	予備（記録しない）

（注1）　譲渡人ファイルに記録されている譲渡人の数（「1」から「999」までの範囲のアラビア数字）を記録しなければならない。

（注2）　譲渡人が複数である場合には、各譲渡人ごとに、項番3から11までの事項を記録しなければならない。

（注3）　(9)のコード表の項番1に掲げるところにより、譲渡人の種別を示す識別コードを記録しなければならない。ただし、「0203」を記録してはならない。

（注4）　債権の譲渡又は質権の設定に関する業務を特定の取扱店において取り扱う場合には、その名称を任意に記録することができる。

（注5）　登記されている法人であってその本店又は主たる事務所が外国にあるものである場合（「識別コード」の項に「0102」を記録した場合）には日本における営業所又は事務所を記録し、登記されていない法人であってその本店又は主たる事務所が外国にあるものである場合（「識別コード」の項に「0202」を記録した場合）には「－」（全角ハイフン）を記録し、その他の場合には本店又は主たる事務所を記録しなければならない。その際は、登記事項証明書等の記載のとおり（漢数字、アラビア数字等を含む）記録しなければならない。

（注６） 外国会社の場合（「識別コード」の項に「0102」又は「0202」を記録した場合）には、必ず記録しなければならない。それ以外の場合には、記録してはならない。登記事項証明書等の記載のとおりに記録すべきことについては、注５と同様である。
（注７） 登記所が付した会社法人等番号がある場合には、任意に記録することができる。登記されている法人の場合（識別コードの項に「0101」、「0102」又は「0153」を記録した場合）以外の場合には、記録してはならない。

(4) 譲受人ファイル

項番	タグ名	固定／可変	文字数	文字種類	条件
1	譲受人情報	−	−	−	
2	譲受人の数	可変	3	半角数字	必須（注１）
3	譲受人	−	−	−	（注２）
4	識別コード	固定	4	半角数字	必須（注３）
5	商号等	可変	60	全角	必須
6	フリガナ	可変	90	全角カナ	必須
7	取扱店	可変	20	全角	任意（注４）
8	本店等所在	可変	90	全角	必須（注５）
9	外国会社の本店等の所在	可変	90	全角	任意（注６）
10	会社法人等番号	固定	12	半角数字	任意（注７）
11	予備	可変	127	全角	予備（記録しない）

（注１） 譲受人ファイルに記録されている譲受人の数（「1」から「999」までの範囲のアラビア数字）を記録しなければならない。
（注２） 譲受人が複数である場合には、各譲受人ごとに、項番３から11までの事項を記録しなければならない。
（注３） (9)のコード表の項番１に掲げるところにより、譲受人の種別を示す識別コードを記録しなければならない。
（注４） 債権の譲渡又は質権の設定に関する業務を特定の取扱店において取り扱う場合には、その名称を任意に記録することができる。
（注５） 登記されている法人であってその本店又は主たる事務所が外国にあるものである場合（「識別コード」の項に「0102」を記録した場合）には日本における営業所又は事務所を記録し、登記されていない法人であってその本店又は主たる事務所が外国にあるものである場合（「識別コード」の項に「0202」を記録した場合）には「－」（全角ハイフン）を記録し、その他の場合には住所、本店又は主たる事務所を記録しなければならない。その際は、登記事項証明書等の記載のとおり（漢数字、アラビア数字等を含む）記録しなければならない。
（注６） 外国会社の場合（「識別コード」の項に「0102」又は「0202」を記録した場合）に

は、必ず記録しなければならない。それ以外の場合には、記録してはならない。登記事項証明書等の記載のとおりに記録すべきことについては、注5と同様である。

（注7）　登記所が付した会社法人等番号がある場合には、任意に記録することができる。登記されている法人の場合（識別コードの項に「0101」、「0102」又は「0153」を記録した場合）以外の場合には、記録してはならない。

(5)　債権個別事項ファイル

項番	タグ名	固定／可変	文字数	文字種類	条件
1	債権個別事項	－	－	－	
2	債権個数	可変	6	半角数字	必須（注1）
3	債権総額	可変	12	半角数字	任意（注2）
4	被担保債権額	可変	12	半角数字	任意（注3）
5	債権個別	－	－	－	（注4）
6	債権通番	固定	6	半角数字	必須（注5）
7	債権の種類コード	固定	4	半角英数字	必須（注6）
8	契約年月日	－	－	－	（注7）
9	元号コード	固定	2	半角数字	任意（注8）
10	年	固定	2	半角数字	任意（注9）
11	月	固定	2	半角数字	任意（注9）
12	日	固定	2	半角数字	任意（注9）
13	債権発生年月日_始期	－	－	－	（注10）
14	元号コード	固定	2	半角数字	必須（注8）
15	年	固定	2	半角数字	必須（注9）
16	月	固定	2	半角数字	必須（注9）
17	日	固定	2	半角数字	必須（注9）
18	債権発生年月日_終期	－	－	－	（注11）
19	元号コード	固定	2	半角数字	必須（注8）
20	年	固定	2	半角数字	必須（注9）

21	月	固定	2	半角数字	必須（注９）
22	日	固定	2	半角数字	必須（注９）
23	債権発生原因	可変	192	全角	任意（注12）
24	発生時債権額	可変	12	半角数字	任意（注13）
25	譲渡時債権額	可変	12	半角数字	任意（注13）
26	弁済期の定め	可変	64	全角	任意
27	債権の管理番号	可変	20	半角英数字＋記号(-)	任意
28	外貨建債権の表示	可変	64	全角	任意（注14）
29	備考	可変	407	全角	任意（注15）
30	予備	可変	127	全角	予備（記録しない）

（注１） 債権個別事項ファイルに記録された債権の個数（「1」から「100000」までの範囲のアラビア数字）を記録しなければならない。

（注２） 譲渡に係る債権又は質権の目的とされた債権の全てが(9)のコード表の項番５における債務者特定の既発生債権である場合（「債権の種類コード」の項に「0」、「1」又は「9」で始まるコードを記録した場合）には、譲渡時又は質権設定時における債権の合計額を記録しなければならず、かつ、この金額は、譲渡時債権額の合計額と一致しなければならない。それ以外の場合には、記録してはならない。

（注３） 質権設定登記の場合（登記共通事項ファイルの「登記種別コード」の項に「02」を記録した場合）には質権の被担保債権の額又は価格を記録しなければならず、債権譲渡登記の場合（登記共通事項ファイルの「登記種別コード」の項に「01」を記録した場合）には記録してはならない。

（注４） 譲渡に係る債権又は質権の目的とされた債権が複数である場合には、各債権ごとに、項番５から30までの事項を記録しなければならない。

（注５） １件の申請ごとに、１番（000001番）から始まる債権の連続番号を６桁のアラビア数字で記録しなければならない。

（注６） (9)のコード表の項番５に掲げるところにより、債権の種類を示す債権の種類コードを記録しなければならない。

（注７） 債権の発生原因となった契約の成立年月日を記録することができる。

（注８） (9)のコード表の項番３に掲げるところにより、元号を示す元号コードを記録しなければならない。

（注９） 「年」、「月」又は「日」が「１年（元年）」、「２月」又は「３日」のように１桁の場合には、「01」、「02」又は「03」と記録しなければならない。

（注10） 債権の発生日が一つの日である場合にはその年月日を記録し、債権の発生日が数日に及ぶ場合にはその初日の年月日を記録しなければならない。将来発生すべき債権についても、同様である。

なお、「契約年月日」の項に記録がある場合には、契約年月日以後の日付を記録しなければならない。また、債務者特定の既発生債権又は混在型債権である場合（「債権の種類コード」の項に「0」、「1」、「9」又は「A」で始まるコードを記録した場合）には登記原因年月日以前の日付を記録し、債務者特定の将来債権又は債務者不特定の将来債権である場合（「債権の種類コード」の項に「B」又は「C」で始まるコードを記録した場合）には登記原因年月日以後の日付を記録しなければならない。

（注11）　債権の発生日が一つの日である場合にはその年月日（項番14から17までと同一年月日）を記録し、債権の発生日が数日に及ぶ場合にはその末日の年月日を記録しなければならない。

なお、債務者特定の既発生債権である場合（「債権の種類コード」の項に「0」、「1」又は「9」で始まるコードを記録した場合）には登記原因年月日以前の日付を記録し、それ以外の場合には登記原因年月日以後の日付を記録しなければならない。

（注12）「債権の種類コード」の項に「9999」、「A 999」若しくは「B 999」又は「C」で始まるコードを記録した場合には、必ず記録しなければならない。それ以外の場合には、任意に記録することができる。

（注13）　債務者特定の既発生債権である場合には必ず記録しなければならず、それ以外の場合には記録してはならない。外貨建債権については、日本円に換算した額を記録する。

（注14）　債務者特定の既発生債権である場合において、外貨建債権について日本円に換算した額を記録したときは、その旨を記録することができる。

（注15）　他の項目で記録すべき事項以外の事項であって、債権を特定するために有益なものを記録することができる。

(6)　債務者ファイル（注１）

項番	タグ名	固定／可変	文字数	文字種類	条件
1	債務者情報	－	－	－	
2	債権情報	－	－	－	（注２）
3	債権通番	固定	6	半角数字	任意（注３）（注４）
4	債務者の数	可変	3	半角数字	任意（注３）（注５）
5	債務者	－	－	－	（注６）
6	識別コード	固定	4	半角数字	任意（注３）（注７）
7	商号等	可変	60	全角	任意（注３）
8	フリガナ	可変	90	全角カナ	任意（注３）
9	取扱店	可変	20	全角	任意（注８）（注９）
10	所在	可変	90	全角	任意（注３）
11	会社法人等番号	固定	12	半角数字	任意（注８）（注10）

12				予備	可変	127	全角	予備（記録しない）

（注１） 譲渡に係る債権又は質権の目的とされた債権が債務者特定の債権である場合（債権個別事項ファイルの「債権の種類コード」の項に「C」で始まるコード以外のコードを記録した場合）には、必ず作成しなければならない。また、譲渡に係る債権又は質権の目的とされた債権の全てが債務者不特定の債権である場合（債権個別事項ファイルの「債権の種類コード」の項に「C」で始まるコードを記録した場合）には、作成してはならない。

なお、譲渡に係る債権又は質権の目的とされた債権が複数である場合において、これらの債権中に債務者特定の債権と債務者不特定の債権とが混在しているときは、債務者特定の債権についての債務者を記録する。

（注２） 譲渡に係る債権又は質権の目的とされた債権が複数である場合には、各債権ごとに、項番２から12までの事項を記録しなければならない。ただし、それらの債権中に、債務者不特定の債権が存在する場合（債権個別事項ファイルの「債権の種類コード」の項に「C」で始まるコードを記録した場合）には、当該債権については、項番２から12までの事項を記録してはならない。

（注３） 譲渡に係る債権又は質権の目的とされた債権が債務者特定の債権である場合（債権個別事項ファイルの「債権の種類コード」の項に「C」で始まるコード以外のコードを記録した場合）には、必ず記録しなければならない。それ以外の場合には、記録してはならない。

（注４） 記録する債務者に係る債権について、債権個別事項ファイルに記録した債権通番と同一の債権通番を記録しなければならない。

（注５） 債権通番ごとに記録されている債務者の数（「1」から「999」までの範囲のアラビア数字）を記録しなければならない。

（注６） 債務者が複数である場合には、各債務者ごとに、項番５から12までの事項を記録しなければならない。

（注７） ⑼のコード表の項番１に掲げるところにより、債務者の種別を示す識別コードを記録する。

（注８） 譲渡に係る債権又は質権の目的とされた債権が債務者特定の債権である場合（債権個別事項ファイルの「債権の種類コード」の項に「C」で始まるコード以外のコードを記録した場合）には、任意に記録することができる。それ以外の場合には、記録してはならない。

（注９） 譲渡に係る債権又は質権の目的とされた債権に関する業務を特定の取扱店において取り扱う場合には、その名称を任意に記録することができる。

（注10） 登記所が付した会社法人等番号がある場合には、任意に記録することができる。登記されている法人の場合（識別コードの項に「0101」、「0102」又は「0153」を記録した場合）以外の場合には、記録してはならない。

⑺ 原債権者ファイル

項番	タグ名			固定／可変	文字数	文字種類	条件
1	原債権者情報			－	－	－	
2		債権情報		－	－	－	（注１）
3			債権通番	固定	6	半角数字	必須（注２）
4			原債権者の数	可変	3	半角数字	必須（注３）

5	原債権者	－	－	－	（注４）
6	識別コード	固定	4	半角数字	必須（注５）
7	商号等	可変	60	全角	必須
8	フリガナ	可変	90	全角カナ	必須
9	取扱店	可変	20	全角	任意（注６）
10	所在	可変	90	全角	必須
11	会社法人等番号	固定	12	半角数字	任意（注７）
12	予備	可変	127	全角	予備（記録しない）

（注１）　譲渡に係る債権又は質権の目的とされた債権が複数である場合には、各債権ごとに、項番２から12までの事項を記録しなければならない。

（注２）　記録する原債権者に係る債権について、債権個別事項ファイルに記録した債権通番と同一の債権通番を記録しなければならない。ただし、債権個別事項ファイルに記録した債権の全ての原債権者が同一である場合には、「000000」を記録することができる。

（注３）　債権通番ごとに記録されている原債権者の数（「1」から「999」までの範囲のアラビア数字）を記録しなければならない。

（注４）　債権の全ての原債権者が同一である場合（「債権通番」の項に「000000」を記録した場合）には、同一である原債権者について、項番５から12までの事項を一つずつ記録すれば足りる。

また、原債権者が複数である場合には、各原債権者ごとに、項番５から12までの事項を記録しなければならない。

（注５）　(9)のコード表の項番１に掲げるところにより、原債権者の種別を示す識別コードを記録しなければならない。

（注６）　譲渡に係る債権又は質権の目的とされた債権に関する業務を特定の取扱店において取り扱う場合には、その名称を任意に記録することができる。

（注７）　登記所が付した会社法人等番号がある場合には、任意に記録することができる。登記されている法人の場合（識別コードの項に「0101」、「0102」又は「0153」を記録した場合）以外の場合には、記録してはならない。

(8)　代理人ファイル（注１）

項番	タ　グ　名	固定／可変	文字数	文字種類	条　件
1	代理人情報	－	－	－	
2	代理人	－	－	－	必須（注２）
3	代理人種別	固定	2	半角数字	必須（注３）
4	氏名	可変	60	全角	必須（注４）
5	所在	可変	90	全角	必須

6			予備	可変	127	全角	予備（記録しない）

（注１）　代理人により登記の申請をする場合には、必ず作成しなければならない。それ以外の場合には、作成してはならない。

（注２）　譲渡人及び譲受人の代理人が同一である場合（「代理人種別」の項に「03」を記録した場合）には、当該同一の代理人について、項番２から６までの事項を一つずつ記録すれば足りる。

代理人が複数である場合（譲渡人及び譲受人について、それぞれ別の代理人である場合）には、各代理人ごとに、項番２から６までの事項を記録しなければならない。

（注３）　(9)のコード表の項番６に掲げるところにより、代理人の種別を示す種別コードを記録しなければならない。

（注４）　氏名又は商号若しくは名称を記録する際には、本来の表記（戸籍に記載した事項の証明書又は登記事項証明書等に記載されている漢字仮名交じりのもの又はローマ字その他の符号）を記録する。なお、商号又は名称にローマ字を使用している場合に限り、先頭及び最後尾を除き、「全角スペース」を記録することができる。

(9)　コード表

項番	コード名称	桁数	コード	内　容
1	識別コード	4	0101	登記されている日本に本店のある法人
			0102	登記されている日本に本店のない法人
			0153	登記されている登録免許税が免除される法人
			0201	登記されていない日本に本店のある法人
			0202	登記されていない日本に本店のない法人
			0203	個人
			0251	国
			0252	地方公共団体
			0253	登記されていない登録免許税が免除される法人
2	登記種別コード	2	01	債権譲渡登記
			02	質権設定登記

3	元号コード			2	01	昭和
					02	平成
4	登記原因コード			2	01	売買
					02	贈与
					03	譲渡担保
					04	営業譲渡（09を除く。）
					05	事業譲渡（09を除く。）
					06	代物弁済
					07	交換
					08	信託
					09	現物出資
					10	質権設定
					99	その他
5	債権の種類コード	債務者特定	既発生債権（注1）	4	0101	住宅ローン債権
					0102	消費者ローン債権
					0199	その他の貸付債権
					0201	売掛債権（0301を除く。）
					0301	割賦販売代金債権
					0401	運送料債権
					0501	リース債権
					0601	クレジット債権
					0701	不動産賃料債権（0501を除く。）
					0799	その他の賃料債権
					0801	診療報酬債権
					0899	その他の報酬債権
					0901	入居保証金債権
					1001	工事請負代金債権

				9999	その他の債権
			混在型債権（注2）	4	A101	住宅ローン債権
					A102	消費者ローン債権
					A199	その他の貸付債権
					A201	売掛債権（A301を除く。）
					A301	割賦販売代金債権
					A401	運送料債権
					A501	リース債権
					A601	クレジット債権
					A701	不動産賃料債権（A501を除く。）
					A799	その他の賃料債権
					A801	診療報酬債権
					A899	その他の報酬債権
					A901	入居保証金債権
					A001	工事請負代金債権
					A999	その他の債権
			将来債権（注3）	4	B101	住宅ローン債権
					B102	消費者ローン債権
					B199	その他の貸付債権
					B201	売掛債権（B301を除く。）
					B301	割賦販売代金債権
					B401	運送料債権
					B501	リース債権
					B601	クレジット債権
					B701	不動産賃料債権（B501を除く。）
					B799	その他の賃料債権

					B801	診療報酬債権
					B899	その他の報酬債権
					B901	入居保証金債権
					B001	工事請負代金債権
					B999	その他の債権
			債務者不特定の将来債権（注4）	4	C101	住宅ローン債権
					C102	消費者ローン債権
					C199	その他の貸付債権
					C201	売掛債権（C301を除く。）
					C301	割賦販売代金債権
					C401	運送料債権
					C501	リース債権
					C601	クレジット債権
					C701	不動産賃料債権（C501を除く。）
					C799	その他の賃料債権
					C801	診療報酬債権
					C899	その他の報酬債権
					C901	入居保証金債権
					C001	工事請負代金債権
					C999	その他の債権
6	代理人種別コード				01	譲渡人の代理人
					02	譲受人の代理人
					03	譲渡人及び譲受人の代理人

（注1）　債務者特定の既発生債権とは、特定の債務者に対する金銭債権であって、債権譲渡契約又は質権設定契約の締結の時以前に既に具体的に発生しているものをいう。

（注2）　債務者特定の混在型債権とは、特定の債務者に対する金銭債権であって、債権譲渡契約又は質権設定契約の締結の時において既に具体的に発生している部分と将来具体的に発生する部分とが存するものをいう。

（注3）　債務者特定の将来債権とは、特定の債務者に対する金銭債権であって、債権譲渡契約又は質権設定契約の締結の時以後に具体的に発生するものをいう。

（注4）　債務者不特定の将来債権とは、債務者以外の要素によって特定される金銭債権で

あって、債権譲渡契約又は質権設定契約の締結の時以後に具体的に発生するものをいう。

1　動産・債権譲渡登記事務取扱手続準則の制定について（平成26年12月22日付け法務省民商第128号東京法務局長宛て民事局長通達）

最終改正：平成28年３月29日付け法務省民商第48号

標記準則を別添のとおり制定し、下記により実施することとしましたので、貴職において指定する動産譲渡登記所又は債権譲渡登記所における事務を取り扱う登記官（動産及び債権の譲渡の対抗要件に関する民法の特例等に関する法律（平成10年法律第104号）第６条）に周知方取り計らい願います。

記

1　動産・債権譲渡登記事務取扱手続準則（以下「本準則」という。）は、平成27年１月５日から実施する。
2　本準則に抵触する従前の取扱いは、この通達により変更したものとする。
3　現に使用中の帳簿及び現に動産譲渡登記所又は債権譲渡登記所に配布されている用紙、印版等は、本準則に抵触するものであっても、当分の間使用して差し支えない。

別添

動産・債権譲渡登記事務取扱手続準則

第１章　総則

（趣旨）

第１条　動産及び債権の譲渡の対抗要件に関する民法の特例等に関する法律（平成10年法律第104号。以下「法」という。）第５条第１項（法第14条第１項において準用する場合を含む。）に規定する指定法務局等が登記所としてつかさどる事務の取扱いについては、法令に定めるもののほか、この準則によるものとする。

2　オンライン登記申請及びオンライン証明書交付請求の取扱いについては、この準則によるほか、動産・債権譲渡登記オンライン登記申請等事務取扱規程（平成

26年3月3日付け法務省民商第15号当職通達。以下「取扱規程」という。）によるものとする。
3　嘱託による登記の事務は、申請による登記の事務に準じて取り扱うものとする。

第2章　登記官

(事務の停止の報告等)

第2条　登記官は、水害又は火災等の事故その他の事由により登記所においてその事務を停止しなければならないと考えるときは、直ちに、当該登記官を監督する法務局又は地方法務局の長にその旨及び事務停止を要する期間を報告するものとする。
2　前項の報告を受けた法務局又は地方法務局の長は、登記所においてその事務を停止しなければならない事由があると認めるときは、直ちに、法務大臣に別記第1号様式による意見書を提出するものとする。

(登記官の交替)

第3条　登記官は、その事務を交替するときは、動産譲渡登記ファイル又は債権譲渡登記ファイルのほか、登記申請書及びその添付書面（以下「登記申請書類」という。）その他の帳簿等を点検した上で、事務を引き継ぐものとする。
2　前項の規定により事務の引継ぎを受けた登記官は、引き継いだ帳簿等を調査して、当該登記官を監督する法務局又は地方法務局の長にその調査結果を記載した別記第2号様式による報告書を提出するものとする。

第3章　登記に関する帳簿等

(登記申請書類つづり込み帳等)

第4条　登記申請書類つづり込み帳又は証明書交付申請書等つづり込み帳（以下本条において「登記申請書類つづり込み帳等」という。）には、それぞれ登記申請書類又は登記申請事件以外の事件の申請書及びその添付書面を受付番号の順序に従ってつづり込むものとする。
2　登記申請書類つづり込み帳等は、1冊の厚さを5センチメートル程度とするものとする。
3　登記官は、登記申請書類つづり込み帳等を格納するときは、処理未済又は領収証書若しくは印紙の異状の有無を調査して、その調査結果を登記申請書類つづり込み帳等の表紙（裏面を含む。）の適宜の箇所に記載し、これに登記官印を押印するものとする。
4　登記申請書類つづり込み帳等の表紙には、つづり込まれた最初の登記申請書又は申請書の受付番号及び最終の登記申請書又は申請書の受付番号並びに分冊ごとに付した番号を記載するものとする。

第5条　削除

(帳簿等の様式)

第6条　次の各号に掲げる帳簿等の様式は、当該各号に定めるところによるものとする。

⑴　登記関係帳簿保存簿　別記第3号様式
⑵　登記事務日記帳　別記第4号様式
⑶　登記事項概要証明書等用紙管理簿　別記第5号様式
⑷　審査請求書類等つづり込み帳目録　別記第6号様式

2　動産・債権譲渡登記規則（平成10年法務省令第39号。以下「登記規則」という。）第5条第1項第4号から第13号までに掲げる帳簿の表紙は、別記第7号様式によるものとする。

第7条及び第8条　削除

（つづり込みの方法）

第9条　登記規則第5条第1項第4号から第13号までに掲げる帳簿は、1年ごとに別冊とするものとする。ただし、1年ごとに1冊とすることが困難なときは、分冊して差し支えない。

2　前項本文の規定にかかわらず、登記官は、所要用紙の枚数が少ない帳簿については、数年分を1冊につづり込むことができる。この場合には、1年ごとに小口見出しを付する等して年の区分を明らかにするものとする。

（日記番号等の記載）

第10条　登記事務日記帳に記載した書面には、登記事務日記帳に記載した発送又は受領の年月日及び日記番号を記載するものとする。

（動産譲渡登記ファイル及び債権譲渡登記ファイル等の持出）

第11条　登記官は、事変を避けるために動産譲渡登記ファイル及び債権譲渡登記ファイル等を登記所の外に持ち出したときは、速やかに、その旨を当該登記官を監督する法務局又は地方法務局の長に報告するものとする。

2　前項の報告は、別記第8号様式による報告書によりするものとする。

（裁判所への関係書類の送付）

第12条　登記官は、登記規則第2条の規定により裁判所に関係書類を送付するときは、該当する書類の写しを作成して、当該関係書類が返還されるまでの間、これを保管するものとする。

2　登記官は、前項の関係書類を送付するときは、登記申請書類つづり込み帳の当該関係書類をつづり込んでいた箇所に、裁判所の命令書又は嘱託書及びこれらの附属書類を同項の規定により作成した写しと共につづり込むものとする。

3　登記官は、第1項の関係書類が裁判所から返還された場合には、当該関係書類を前項の命令書又は嘱託書の次につづり込むものとする。この場合には、同項の規定により作成した写しを廃棄するものとする。

4　前3項の規定は、裁判官の令状に基づき検察官、検察事務官又は司法警察職員が関係書類を押収する場合について準用する。

（記録の滅失の場合の措置）

第13条　登記規則第3条第1項の申報は、別記第9号様式による申報書によりするものとする。

2　登記規則第3条第2項の具申は、別記第10号様式による具申書によりするものとする。

3　前2項の申報書又は具申書には、滅失の事由を詳細かつ具体的に記載するものとする。

(廃棄処分)

第14条　登記官は、登記規則第5条の2の認可を受けようとするときは、当該登記官を監督する法務局又は地方法務局の長に別記第11号様式による申請書を提出するものとする。

第4章　登記手続

第1節　受付等

(受付)

第15条　登記官は、登記申請書の提出があったときは、直ちに、受付帳に登記規則第14条第1項に規定する事項のうち受付番号を記録するものとする。

2　登記官は、動産・債権譲渡登記令（平成10年政令第296号。以下「登記令」という。）第10条ただし書の規定による受付をするときは、各申請が同順位であることを示す処理をした上で、各別の受付番号を付するものとする。

3　登記官は、提出された登記申請書類に不備があるときでも、第1項に規定する手続を省略して申請人又はその代表者若しくは代理人（以下「申請人等」という。）に当該登記申請書類を返戻する取扱いは、しないものとする。

4　登記官は、登記の申請を却下しなければならない場合であっても、登記官が相当と認めるときは、事前にその旨を申請人等に告げ、その申請の取下げの機会を設けることができる。

(登記申請書の処理)

第16条　登記官は、前条第1項に規定する手続をした登記申請書の1枚目の用紙の表面の余白に別記第12号様式による印版を押印して、該当欄に受付の年月日及び受付番号を記載するものとする。

2　前項の規定により押印した印版には、受付、登記番号の付与、入力・照合、校合、通知をした都度、該当欄に担当者が押印するものとする。

3　オンライン登記申請にあっては、申請ごとに申請の内容を表示した書面に前項に準じた処理をするものとする。

(使用済の記載等)

第17条　登記官は、登記申請書の受付をしたときは、直ちに、これに貼り付けられた領収証書に「使用済」と記載し、又は貼り付けられた印紙に再使用を防止することができる消印器で消印するものとする。

2　前項の領収証書については、申請の受付の年月日及び受付番号を記載して、同項の使用済みの旨の記載に代えることができる。

3　前2項の規定は、登録免許税法（昭和42年法律第35号。以下「税法」という。）第24条の2第3項において読み替えて適用する税法第21条又は第22条の登記機関の定める書類に領収証書又は印紙を貼り付けたものの提出があった場合について準用する。

第２節　却下及び取下げ

（申請の却下）

第18条　登記官は、申請の全部又は一部を却下するときは、別記第13号様式による決定書を作成して、これを申請人等に交付するものとする。

2　前項の交付は、決定書を送付する方法によりすることができる。

3　第１項の決定書は、申請人等に交付するもののほか、登記所に保存すべきものを１通作成するものとする。

4　登記官は、前項の登記所に保存すべき決定書の原本の欄外に決定告知の年月日及びその方法を記載して、これに登記官印を押印するものとする。この場合には、当該決定書の原本を日記番号の順序に従って決定原本つづり込み帳につづり込むものとする。

5　登記官は、申請の却下をしたときは、受付帳の審査結果欄に「却下」又は「一部却下」と記録して、登記申請書（オンライン登記申請にあっては、申請の内容を表示した書面を含む。次項において同じ。）に却下し、又は一部却下した旨を記載し、これを登記申請書類つづり込み帳につづり込むものとする。

6　登記官は、第２項の規定により申請人等に送付した決定書の原本が所在不明等を理由として返戻されたときは、当該決定書の原本をその登記の登記申請書と共に登記申請書類つづり込み帳につづり込むものとする。

（申請の取下げ）

第19条　申請の取下げは、書面（オンライン登記申請にあっては、取下げに係る情報の内容を表示した書面を含む。以下「取下書」という。）によってするものとする。

2　登記官は、申請が取り下げられたときは、受付帳の審査結果欄に「取下」と記録するものとする。

3　取下書には、申請の受付の年月日及び受付番号を記載し、これを登記申請書類つづり込み帳につづり込むものとする。

4　登記官は、申請が取り下げられたときは、第16条第１項の規定により登記申請書にした押印を朱抹して、登記申請書類及び電磁的記録媒体（以下本項において「書類」という。）を還付するものとする。ただし、偽造された書類その他の不正な登記の申請のために用いられた疑いのある書類については、この限りでない。

5　前項ただし書の場合には、登記官は、取下書の適宜の余白にその理由を記載して、当該登記申請書類を取下書と共に登記申請書類つづり込み帳につづり込むものとする。

6　登記官は、申請が取り下げられた場合において、登記申請書に領収証書又は印紙が貼り付けられていないときは、取下書の適宜の箇所に「貼付印紙等なし」と記載して、これに登記官印を押印するものとする。

7　第４項の還付は、第36条第１項の再使用証明申出書の提出がないときは、第35条第１項の通知をした後にするものとする。

第３節　本店等所在地法務局等への通知等

（通知書の様式）

第20条　法第12条第２項（法第14条第１項で準用する場合を含む。）、登記令第４条第２項、第12条第２項及び第13条第５項の通知は、別記第14号様式による通知書によりするものとする。

２　登記官は、前項の通知書に係る情報を法第５条第２項に規定する本店等所在地法務局等（以下本節において「本店等所在地法務局等」という。）に送信するときは、登記・供託オンライン申請システムを経由してするものとする。

（通知に錯誤等があった場合の措置）

第21条　登記令第14条第１項の通知は、別記第15号様式による通知書によりするものとする。

２　前条第２項の規定は、第１項の通知書に係る情報を送信する場合について準用する。

（記録不能通知書の措置）

第22条　登記官は、動産譲渡登記事項概要ファイル又は債権譲渡登記事項概要ファイルに記録することができない事由が次に掲げる場合に該当するときは、記録不能通知書の記載に従ってそれぞれの本店等所在地法務局等に第20条第１項又は前条第１項の通知をするものとする。この場合には、記録不能通知書に「再通知済」と記載して、これを記録不能通知書つづり込み帳につづり込むものとする。

⑴　他の本店等所在地法務局等の管轄区域内への本店又は主たる事務所の移転のとき　移転後の所在地を管轄する本店等所在地法務局等

⑵　合併による解散のとき（合併後存続する会社若しくは法人又は合併により設立する会社若しくは法人が他の本店等所在地法務局等の管轄区域内である場合に限る。）　合併後存続する会社若しくは法人又は合併により設立する会社若しくは法人の本店若しくは主たる事務所の所在地を管轄する本店等所在地法務局等

２　登記官は、記録不能通知書に前項に掲げる事由以外の事由が記載されているときは、当該記録不能通知書を記録不能通知書つづり込み帳につづり込むものとする。

第４節　申請人等への通知

（通知書の様式）

第23条　登記規則第17条各号の通知は、次の各号に定める様式による通知書によりするものとする。

⑴　動産譲渡登記　別記第16号様式

⑵　債権譲渡登記　別記第17号様式

⑶　質権設定登記　別記第18号様式

⑷　延長登記　別記第19号様式

⑸　全部の抹消登記　別記第20号様式

⑹　一部の抹消登記　別記第21号様式

２　登記官は、代理人によって前項各号に掲げる登記が申請されたときは、当該代

理人宛てに通知書を送付するものとする。

（通知書の返戻の措置）

第24条　登記官は、前条第１項各号の通知書が返戻されたときは、当該通知書を通知に係る登記申請書の次につづり込むものとする。

２　前項に規定する場合において、登記官は、申請人等から通知書の再発送の申出があったときは、当該申請人等に対し、通知書を送付するものとする。

第５節　登記の存続期間の満了による記録の閉鎖等

（登記の存続期間の満了による記録の閉鎖）

第25条　動産譲渡登記ファイル又は債権譲渡登記ファイルに記録されている動産譲渡登記又は債権譲渡登記若しくは質権設定登記の存続期間が満了したときの閉鎖の措置は、存続期間の満了後の最初に執務を行う日にするものとする。

（職権更正の許可の手続）

第26条　登記令第12条第１項の許可を得るための申出は、別記第22号様式による申出書によりするものとする。

２　前項の申出についての許可又は不許可は、別記第23号様式による許可書又は不許可書によりするものとする。

３　第15条第１項、第16条第１項及び第２項の規定は、前項の許可書が到達した場合について準用する。この場合において、第15条第１項中「登記申請書の提出があった」とあるのは「第26条第２項の許可書が到達した」と、第16条第１項中「登記申請書」とあるのは「許可書」と読み替えるものとする。

（職権更正の記録）

第27条　登記令第12条第１項の規定による登記の更正をするときは、その更正に係る動産譲渡登記ファイル又は債権譲渡登記ファイルの記録に、次に掲げる事項を記録するものとする。

(1)　職権により登記を更正する旨
(2)　更正登記の登記原因及びその日付
(3)　更正後の事項
(4)　登記番号
(5)　登記の年月日

（職権更正の通知）

第28条　登記令第12条第１項の通知は、別記第24号様式による通知書によりするものとする。

（職権抹消の手続の開始）

第29条　登記官は、登記した事項が登記すべきものでないことを発見したときは、別記第25号様式による職権抹消調書を作成するものとする。

２　登記令第13条第１項の通知は、別記第26号様式による通知書によりするものとする。この場合には、登記官を監督する法務局又は地方法務局の長に当該通知書の写しを送付するものとする。

（職権抹消の公告）

第30条　登記令第13条第２項の公告は、別記第27号様式によりするものとする。

（利害関係人の異議に対する決定）

第31条　登記官は、登記令第13条第３項の規定により異議につき決定をするときは、当該登記官を監督する法務局又は地方法務局の長に内議するものとし、異議を却下する決定は別記第28号様式による決定書により、異議に理由があるとする決定は別記第29号様式による決定書によりするものとする。

２　登記官は、前項の決定書を２通作成して、その１通を異議を述べた者に適宜の方法で交付し、他の１通は、その欄外に決定告知の年月日を記載し、これに登記官印を押印するものとする。

３　登記官は、異議につき決定をしたときは、第１項の決定書の謄本を添えて当該登記官を監督する法務局又は地方法務局の長にその旨を報告するものとする。

（職権抹消の手続）

第32条　第15条第１項、第16条第１項及び第２項の規定は、登記令第13条第４項の異議を述べた者がない場合又は異議を却下した場合について準用する。この場合において、第15条第１項中「登記申請書の提出があったとき」とあるのは「登記令第13条第１項の規定により定められた期間内に異議を述べた者がないとき又は同条第３項の規定により異議を却下したとき」と、第16条第１項中「登記申請書」とあるのは「職権抹消調書」と読み替えるものとする。

２　登記官は、登記令第13条第４項の規定により登記の抹消をしたときは、職権抹消調書及び前条第２項の決定告知の年月日を記載した決定書の原本を登記申請書類つづり込み帳につづり込むものとする。

３　登記官は、登記令第13条第３項の規定により異議に理由がある旨の決定をしたときは、前条第２項の決定告知の年月日を記載した決定書の原本を決定原本つづり込み帳につづり込むものとする。

（職権抹消の記録）

第33条　登記令第13条第４項の規定により登記の全部を抹消するときは、その抹消に係る動産譲渡登記ファイル又は債権譲渡登記ファイルの記録に、次に掲げる事項を記録するものとする。

⑴　職権により登記を抹消する旨

⑵　抹消登記の登記原因及びその日付

⑶　登記番号

⑷　登記の年月日

２　動産譲渡登記の一部を抹消するときは、前項各号に掲げる事項のほか、抹消に係る動産の動産通番をも記録するものとする。

３　債権譲渡登記又は質権設定登記の一部を抹消するときは、第１項各号に掲げる事項のほか、抹消に係る債権の債権通番及び抹消後の譲渡に係る債権（既に発生した債権のみが登記されている場合に限る。）又は質権の目的とされた債権（既に発生した債権のみを目的として質権が設定されている場合に限る。）の総額をも記録するものとする。

第5章　登録免許税

（納付不足額の通知）

第34条　税法第28条第1項の通知は、別記第30号様式による納付不足額通知書及びその写しを作成してするものとする。

2　登記官は、前項の通知をしたときは、登記申請書（領収証書又は印紙を貼り付けた用紙に限る。次条及び第36条において同じ。）又は取扱規程別記第1号様式に別記第31号様式による印版を押印して、これに登記官印を押印するものとする。

（還付通知）

第35条　税法第31条第1項の通知は、別記第32号様式による還付通知書及びその写しを作成してするものとする。

2　登記官は、前項の通知をしたときは、登記申請書若しくは取扱規程別記第1号様式又は取下書に取扱規程別記第2号様式による印版を押印して、これに登記官印を押印するものとする。

3　登記官は、税法第31条第2項の請求により同条第1項の通知をしたときは、税法施行令第31条第2項の請求書の余白に取扱規程別記第2号様式による印版を押印して、これに登記官印を押印するものとする。

4　登記官は、税法第31条第2項の請求に理由がないと認めるときは、別記第32号の2様式により請求人に通知しなければならない。

（再使用証明）

第36条　税法第31条第3項の証明を受けようとする者は、別記第33号様式又はこれに準ずる様式による再使用証明申出書に所要の事項を記載して申出をするものとする。

2　登記官は、前項の申出があったときは、登記申請書又は取扱規程別記第1号様式の余白に別記第34号様式による印版を押印して、再使用することができる領収証書の金額又は印紙の金額、証明の年月日及び証明番号を記載し、これに登記官印を押印するものとする。

3　登記官は、前項に規定する手続をしたときは、再使用証明申出書に証明の年月日及び証明番号を記載するものとする。

（再使用証明後の還付手続）

第37条　登記官は、税法第31条第5項の申出があったときは、前条第2項の規定により記載した再使用証明文を朱抹して、再使用証明を施した用紙及び再使用証明申出書の見やすい箇所に「再使用証明失効」と朱書し、これに登記官印を押印するものとする。

2　第35条第2項及び第3項の規定は、前項の申出に基づく税法第31条第1項の通知をした場合について準用する。

（再使用証明領収証書等の使用）

第38条　登記官は、再使用証明をした領収証書又は印紙を使用して登記の申請があった場合は、第36条第2項の規定により記載した証明番号の下に「使用済」と朱書して、これに登記官印を押印するものとする。

2　登記官は、前項の場合には、再使用証明申出書に「使用済」と朱書して、これに登記官印を押印するものとする。

第６章　登記事項概要証明書等

（受付等）

第39条　登記官は、登記事項概要証明書又は登記事項証明書（以下本章において「登記事項概要証明書等」という。）の交付の申請書（オンライン証明書交付請求にあっては、請求の内容を表示した書面を含む。以下同じ。）の１枚目の用紙の表面の余白に別記第12号様式による印版を押印して、該当欄に受付の年月日及び受付番号を記載するものとする。

２　前項の規定により押印した印版には、受付、入力・照合等をした都度、該当欄に担当者が押印するものとする。

３　登記官は、申請書の受付をしたときは、直ちに、これに貼り付けられた印紙に再使用を防止することができる消印器で消印するものとする。

（登記事項概要証明書等の作成の注意事項等）

第40条　登記事項概要証明書等を作成して交付するときは、次に掲げるところによるものとする。

⑴　担当者は、作成した登記事項概要証明書等が申請書に係るものであることを確認するものとする。

⑵　登記事項概要証明書等は、鮮明に作成するものとする。

⑶　登記事項概要証明書等が２枚以上であるときは、当該登記事項概要証明書等の各用紙に当該用紙が何枚目であるかを記載するものとする。

⑷　認証文、認証者の職氏名及び認証日付の記載並びに職印等の押印は、整然と、かつ、鮮明にするものとする。

⑸　担当者は、前項の認証文、認証者の職氏名、認証日付、職印等に間違いがないことを確認するものとする。

２　登記官は、オンライン証明書交付請求を受け付けた場合において、登記事項概要証明書を窓口で交付するときは、交付を受けようとする者から登記規則第28条第５項の法務大臣の定める書面の提出を受け、当該書面に記載された次に掲げる事項と請求の内容を表示した書面に記載された事項とが合致するかを確認し、請求の内容を表示した書面に「確認済」と記載するものとする。

⑴　交付を受ける者の氏名及び住所

⑵　申請番号

⑶　合計の請求通数

３　登記官は、オンライン証明書交付請求を受け付けた場合において、登記事項証明書を窓口で交付するときは、交付を受けようとする者から登記規則第28条第６項の法務大臣の定める書面の提出を受け、当該書面に記載された前項各号に掲げる事項と請求の内容を表示した書面に記載された事項とが合致するかを確認するとともに、交付を受けようとする者が提示する登記規則第28条第６項の本人であることを確認するに足りる法務大臣の定める書類の内容を確認し、請求の内容を表示した書面に「確認済」と記載するものとする。

４　前項の書類の提示を受けたときは、登記官は、交付を受けようとする者の同意を得て、当該書類の写しを作成し、請求の内容を表示した書面に添付するものとする。ただし、当該交付を受けようとする者の同意が得られないときは、この限りでない。

5　登記官は、申請人等が受領しないため交付することができないまま１月を経過した登記事項概要証明書等があるときは、申請書の余白に「交付不能」と記載して、当該登記事項概要証明書等を廃棄するものとする。

(登記事項概要証明書等の認証文)

第41条　登記事項概要証明書等の認証文は、次のようにするものとする。

⑴　動産譲渡登記ファイル（閉鎖登記ファイルを除く。）に記録されている事項を証明するとき「上記のとおり動産譲渡登記ファイル（除く閉鎖分）に記録されていることを証明する。」

⑵　特定の動産譲渡登記ファイル（閉鎖登記ファイルを除く。）の記録がない旨を証明するとき「上記のとおり動産譲渡登記ファイル（除く閉鎖分）に記録されていないことを証明する。」

⑶　債権譲渡登記ファイル（閉鎖登記ファイルを除く。）に記録されている事項を証明するとき「上記のとおり債権譲渡登記ファイル（除く閉鎖分）に記録されていることを証明する。」

⑷　特定の債権譲渡登記ファイル（閉鎖登記ファイルを除く。）の記録がない旨を証明するとき「上記のとおり債権譲渡登記ファイル（除く閉鎖分）に記録されていないことを証明する。」

⑸　閉鎖登記ファイルに記録されている事項を証明するとき「上記のとおり閉鎖登記ファイルに記録されていることを証明する。」

⑹　特定の閉鎖登記ファイルの記録がない旨を証明するとき「上記のとおり閉鎖登記ファイルに記録されていないことを証明する。」

(職氏名の記載)

第42条　登記事項概要証明書等に登記官が職氏名を記載するときは、次のようにするものとする。

何法務局（何地方法務局）何支局（何出張所）
　登記官　　　　　　　　　何　　某

(登記事項概要証明書等の様式等)

第43条　登記事項概要証明書等の標準的な様式及び記載は、登記事項概要証明書記載例又は登記事項証明書記載例のようにするものとする。

(申請書の措置)

第44条　登記官は、登記事項概要証明書等の交付をするときは、その申請書に作成した登記事項概要証明書等の交付通数及び手数料の額を記載するものとする。

第７章　審査請求

(審査請求の受理)

第45条　登記官は、法第19条第１項の規定により、行政不服審査法（平成26年法律第68号）第19条第１項の規定に基づく審査請求書を受け取ったときは、登記事務日記帳にその旨を記載するものとする。

（相当の処分）

第46条　登記官は、法第19条第１項に基づく審査請求につき、同条第３項の規定により相当の処分をしようとする場合には、当該登記官を監督する法務局又は地方法務局の長に内議するものとする。この場合には、審査請求書の写しのほか、審査請求に係る登記申請却下の決定書の写し、登記事項証明書、登記申請書の写しその他相当の処分の可否を審査するのに必要な関係書類を併せて送付するものとする。

２　第48条第１項又は第２項の規定は、登記官を監督する法務局又は地方法務局の長が第１項の内議につき指示しようとする場合について準用する。

３　登記官は、相当の処分をしたときは、当該処分の内容を別記第35号様式による通知書により審査請求人に通知するものとする。

４　前項の処分をしたときは、登記官は、その処分に係る却下決定の取消決定書その他処分の内容を記載した書面を２通作成して、その１通を審査請求人に適宜の方法で交付し、他の１通を審査請求書類等つづり込み帳につづり込むものとする。

５　前項の場合には、登記官は、当該処分の内容を別記第36号様式による報告書により当該登記官を監督する法務局又は地方法務局の長に報告するものとする。

（審査請求事件の送付）

第47条　登記官は、法第19条第４項前段に規定する審査請求事件を送付する場合には、別記第37号様式による意見を記載した書面（以下この条において「意見書」という。）を付してするものとする。この場合において、意見書は、正本及び当該意見書を送付すべき審査請求人の数に行政不服審査法第11条第２項に規定する審理員の数を加えた数に相当する通数の副本を送付しなければならない。

２　前項の規定により審査請求事件を送付する場合には、登記官は、審査請求書の正本ほか、審査請求に係る登記申請却下の決定書の写し、登記事項証明書、登記申請書の写しその他の審査請求の理由の有無を審査するのに必要な関係書類を送付するものとする。

３　登記官は、審査請求事件を送付したときは、審査請求書及び意見書の各写しを日記番号の順序に従って審査請求書類等つづり込み帳につづり込むものとする。

４　法第19条第４項後段の規定による意見の送付は、意見書の副本のほか、別記第37号の２様式による送付書に第１項及び第２項の規定により送付された関係書類を添付してするものとする。

（審査請求についての裁決）

第48条　地方法務局の長は、審査請求につき裁決をするときは、当該地方法務局を監督する法務局の長に内議するものとする。

２　法務局の長は、審査請求につき裁決をするとき又は前項の規定により内議を受けたときは、当職に内議するものとする。

３　前２項の裁決は、別記第38号様式による裁決書によりするものとし、審理員意見書を添付するものとする。

４　法務局又は地方法務局の長は、審査請求につき裁決をしたときは、その裁決書の写しを添えて当職にその旨を報告（地方法務局の長にあっては、当該地方法務局を監督する法務局の長を経由して）するものとする。

（審査請求に対する措置）

第49条　法務局又は地方法務局の長は、審査請求につき裁決をしたときは、裁決書の謄本（審理員意見書の写しを含む。）を審査請求人及び登記官に交付するものとする。

2　登記官は、前項の裁決書の謄本を受け取ったときは、登記事務日記帳にその旨を記載して、審査請求書類等つづり込み帳につづり込んだ審査請求書の写しの次につづり込むものとする。

第8章　補則

（閲覧）

第50条　登記官は、登記申請書類を閲覧させるときは、次に掲げるところによるものとする。

⑴　登記申請書類の枚数を確認する等その抜取り及び脱落の防止に努めるものとする。

⑵　登記申請書類の汚損、記入及び改ざんの防止に厳重に注意するものとする。

⑶　請求に係る部分以外を閲覧しないように厳重に注意するものとする。

⑷　閲覧者が筆記するときは、毛筆及びペンの使用を禁じ、登記申請書類を下敷にさせないものとする。

（手数料を徴収しない場合）

第51条　登記官は、国又は地方公共団体の職員が職務上登記令第18条第1項に規定する登記申請書等の閲覧を請求するときは、その旨を証する所属長の証明書を提出させるものとする。この場合には、閲覧申請書に請求の具体的な理由を記載させるものとする。

（書類の契印）

第52条　登記官は、その作成に係る書面（登記事項概要証明書等を除く。）が数枚にわたるときは、各用紙のつづり目に職印で契印をするものとする。

別記第１号様式（第２条第２項）

日　記　第　　　　号
平成　　年　　月　　日

法務大臣　　　　殿

法務局長　　　　　　職印

事務停止意見書

動産・債権譲渡登記令第２条に規定する登記所の事務の停止について，動産・債権譲渡登記事務取扱手続準則第２条第２項の規定により下記のとおり意見を述べます。

記

次に掲げる登記所の事務を停止するのが相当と考える。

１　登記所名
２　事務停止を必要とする理由
３　事務停止期間

別記第２号様式（第３条第２項）

日　記　第　　　　号
平成　　年　　月　　日

法務局長　　　　殿

法務局
登記官　　　　　　職印

報　　告　　書

当庁登記官交替による事務の引継ぎに伴い，動産譲渡登記ファイル（債権譲渡登記ファイル），登記申請書類その他の帳簿等の調査をしたので，その結果を下記のとおり報告します。

記

別記第３号様式（第６条第１項第１号）

帳簿の名称			保存年限		
年　度	番　号	冊　数	保存終期	廃棄年月日	備　考

別記第４号様式（第６条第１項第２号）

日記番号	発送又は受領の月日	書面の日付	書面の発送者又は受領者	書面の要旨	備　考

別記第５号様式（第６条第１項第３号）

年月日	受入枚数	払出枚数	残枚数	印	備考

別記第６号様式（第６条第１項第４号）

受付の年月日	日記番号	動産・債権の別	登記番号	審査請求人等の氏名	備　考

別記第７号様式（第６条第２項）

登記帳簿			
年　度	平成　年		
保存簿番号	第　号	保存終期	平成　年　月　日
名　称			
庁　名	法務局		

別記第８号様式（第11条第２項）

日記第　　号
平成　年　月　日

法務局長　　殿

法務局
登記官　　職印

持出報告書

動産・債権譲渡登記事務取扱手続準則第11条第1項の規定により下記のとおり報告します。

記

持ち出した書類等	
持ち出した理由	
持出場所	
書類等の現況	

別記第９号様式（第13条第１項）

日記第　　号
平成　年　月　日

法務局長　　殿

法務局
登記官　　職印

記録の全部（又は一部）滅失による登記の回復について（申報）

動産・債権譲渡登記規則第3条第1項の規定により下記のとおり報告します。

記

滅失した記録	別紙目録のとおり
滅失の事由	
滅失の年月日	
予定回復登記期間	

別紙目録（記録の場合）

譲渡登記ファイルの種類	譲渡人（質権設定者）の表示	譲受人（質権者）の表示	備　考

別紙目録（登記申請書類の場合）

受付の年月日	受付番号	受付の年月日	受付番号

別紙目録（電磁的記録媒体の場合）

電磁的記録媒体	電磁的記録媒体の個数

別記第10号様式（第13条第２項）

日　記　第　　　　号
平成　　年　　月　　日

法務大臣　　　　殿

法務局長　　　　　　職印

記録の全部（又は一部）滅失による登記の回復について（具申）

動産・債権譲渡登記規則第３条第２項の規定により下記のとおり具申します。

記

登記所名	
滅失した記録	別紙目録のとおり
滅失の事由	
滅失の年月日	
予定回復期間	
調査の結果及び意見	

(注) 別紙目録は，別記第９号様式の目録による。

別記第11号様式（第14条）

日　記　第　　　　号
平成　　年　　月　　日

法務局長　　　　殿

法務局
登記官　　　　　　職印

記録等の廃棄認可申請書

次（又は別紙目録）の記録等は，保存期間を経過したので，廃棄について認可されるよう申請します。

目　録

年度	名称	冊数	保存期間	保存始期 保存終期	備考

別記第12号様式（第16条第１項）

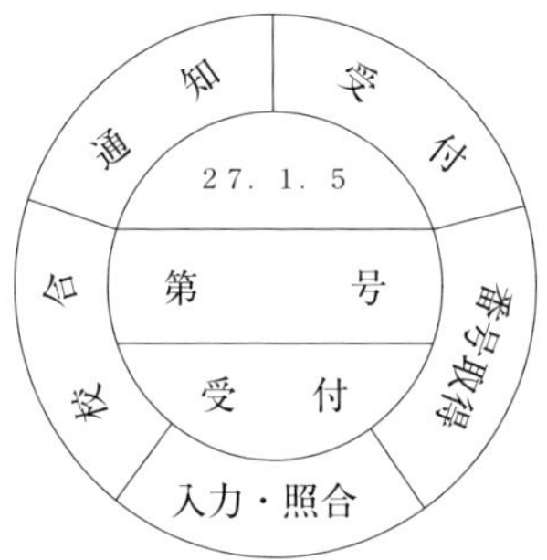

別記第13号様式（第18条第１項関係）

日記第　　号

決　　　定

住　所
申請人

【譲渡人（質権設定者）の表示】
【譲受人（質権者）の表示】
【受付年月日】
【受付番号】
【登記の目的】
【却下する動産（動産通番）（却下する債権（債権通番））】（一部却下の場合）
【却下する動産個数（却下する債権個数）】（一部却下の場合）

上記の○○○○登記申請は，・・・・・ので，動産・債権譲渡登記令第11条第○号の規定により却下します。

なお，この処分に不服があるときは，いつでも，当職を経由して○○法務局長（又は○○地方法務局長）に対し，審査請求をすることができます（動産及び債権の譲渡の対抗要件に関する民法の特例等に関する法律第19条第1項）。

おって，この処分につき取消しの訴えを提起しようとする場合には，この処分の通知を受けた日から６月以内（通知を受けた日の翌日から起算します。）に，国を被告として（訴訟において国を代表する者は法務大臣となります。），提起しなければなりません（なお，処分の通知を受けた日から６月以内であっても，処分の日から1年を経過すると処分の取消しの訴えを提起することができなくなりますので御注意ください。）。ただし，処分の通知を受けた日の翌日から起算して６月以内に審査請求をした場合には，処分の取消しの訴えは，その審査請求に対する裁決の送達を受けた日から６月以内（送達を受けた日の翌日から起算します。）に提起しなければならないこととされています。

平成　　年　　月　　日

法務局
登記官　　　職印

別記第14号様式（第20条第１項）

平成　　年　　月　　日

法務局　　　登記官　殿

通 知 書〔動産譲渡（債権譲渡，質権設定）〕

【登記の目的】
【譲渡人（質権設定者）】
　【本店等】：
　【商号】：
　【会社法人等番号】：
　【日本における営業所等】：
【譲受人（質権者）】
　【本店等】：
　【商号】：
　【会社法人等番号】：
　【日本における営業所等】：
【登記番号】：
【登記年月日】：

上記のとおり登記をしたので通知します。

法務局　　　登記官

別記第15号様式（第21条第１項）

日 記 第　　　号
平成　　年　　月　　日

法務局
登記官　　　殿

法務局
登記官　　　職印

通 知 書〔動産譲渡（債権譲渡，質権設定）〕

下記のとおり錯誤（遺漏）を発見したので通知します。

記

1　譲渡人（質権設定者）の表示
2　譲受人（質権者）の表示
3　登記の目的
4　登記番号
5　登記の年月日
6　錯誤（遺漏）事項
7　通知の事由　動産・債権譲渡登記令第14条第1項

別記第16号様式（第23条第１項第１号）

通　知　書

【通知先】
住所
氏名

【登記の目的】：動産譲渡登記
【譲渡人】
【商号等】：
【取扱店】：
【会社法人等番号】：
【譲受人】
【商号等】：
【取扱店】：
【会社法人等番号】：
【登記原因日付】：
【登記原因（契約の名称）】：
【動産個数】：
【登記番号】：第　　　－　　　号
【登記年月日時】：

上記のとおり登記をしたので通知します。
平成　　年　　月　　日
法務局　　登記官　　　　職印

別記第17号様式（第23条第１項第２号）

通　知　書

【通知先】
住所
氏名

【登記の目的】：債権譲渡登記
【譲渡人】
【商号等】：
【取扱店】：
【会社法人等番号】：
【譲受人】
【商号等】：
【取扱店】：
【会社法人等番号】：
【登記原因日付】：
【登記原因（契約の名称）】：
【債権個数】：
【債権の総額】：
【被担保債権額】：
【登記番号】：第　　　－　　　号
【登記年月日時】：

上記のとおり登記をしたので通知します。
平成　　年　　月　　日
法務局　　登記官　　　　職印

別記第18号様式（第23条第１項第３号）

通　知　書

【通知先】
住所
氏名

【登記の目的】：質権設定登記
【質権設定者】
【商号等】：
【取扱店】：
【会社法人等番号】：
【質権者】
【商号等】：
【取扱店】：
【会社法人等番号】：
【登記原因日付】：
【登記原因（契約の名称）】：
【債権個数】：
【債権の総額】：
【被担保債権額】：
【登記番号】：第　　　－　　　号
【登記年月日時】：

上記のとおり登記をしたので通知します。
平成　　年　　月　　日
法務局　　登記官　　　　職印

別記第19号様式（第23条第１項第４号）

通　知　書

【通知先】
住所
氏名

【登記の目的】：第　　　－　　　号 ○○○○登記の延長登記
【登記原因日付】：
【登記原因（契約の名称）】：延長
【延長後の存続期間の満了年月日】：
【登記番号】：第　　　－　　　号
【登記年月日時】：

上記のとおり登記をしたので通知します。
平成　　年　　月　　日
法務局　　登記官　　　　職印

別記第20号様式（第23条第１項第５号）

通　知　書

【通知先】
住所
氏名

【登記の目的】：第　　－　　号 債権譲渡登記の抹消登記
【登記原因日付】：
【登記原因（契約の名称）】：
【抹消後の債権個数】：－
【抹消後の債権の総額】：－
【登記番号】：第　　－　　号
【登記年月日時】：

上記のとおり登記をしたので通知します。
平成　　年　　月　　日
法務局　　登記官　　　　職印

（注）質権設定登記も同じ。動産譲渡登記においては，【抹消後の債権の総額】欄の記載を要しない。

別記第21号様式（第23条第１項第６号）

通　知　書

【通知先】
住所
氏名

【登記の目的】：第　　－　　号 債権譲渡登記の一部抹消登記
【登記原因日付】：
【登記原因（契約の名称）】：
【抹消後の債権個数】：
【抹消後の債権の総額】：
【登記番号】：第　　－　　号
【登記年月日時】：

上記のとおり登記をしたので通知します。
平成　　年　　月　　日
法務局　　登記官　　　　職印

（注）質権設定登記も同じ。動産譲渡登記においては，【抹消後の債権の総額】欄の記載を要しない。

別記第22号様式（第26条第１項）

日　記　第　　　　号
平成　　年　　月　　日

法務局長　　　殿

法務局
登記官　　　　職印

登記更正許可申出書

下記のとおり登記官の過誤（又は遺漏）があることを発見したので，更正につき許可されるよう動産・債権譲渡登記令第12条第１項の規定により申請書の謄本及び登記事項証明書を添えて申し出ます。

記

1　登記の目的
2　登記番号
3　登記の年月日
4　更正を要する登記事項
「○○」とあるのを「○○」と更正

別記第23号様式（第26条第２項）

日　記　第　　　　号
平成　　年　　月　　日

法務局
登記官　　　　殿

法務局長　　　　職印

（不）許　可　書

平成　　年　　月　　日付け日記第　　号をもって申出のあった登記の更正を下記のとおり許可する（又は○○（不許可の理由を記載すること）により許可しない。）。

記

1　登記の目的
2　登記番号
3　登記の年月日
4　更正すべき事項
「○○」とあるのを「○○」と更正（又は「○○」の事項を追加更正）

別記第24号様式（第28条）

日　記　第　　　号
平成　年　月　日

殿

法務局
登記官　職印

通　知　書

下記の登記について，登記事項中「○○」とすべきを「○○」とした誤りがあった（又は「○○」とすべきを遺漏した）ことから平成　年　月　日その登記の更正をしましたので，通知します（動産・債権譲渡登記令第12条第1項）。

なお，この処分に不服があるときは，いつでも，当職を経由して○○法務局長（又は○○地方法務局長）に対し，審査請求をすることができます（動産及び債権の譲渡の対抗要件に関する民法の特例等に関する法律第19条第1項）。

おって，この処分につき取消しの訴えを提起しようとする場合には，この処分の通知を受けた日から6月以内（通知を受けた日の翌日から起算します。）に，国を被告として（訴訟において国を代表する者は法務大臣となります。），提起しなければなりません（なお，処分の通知を受けた日から6月以内であっても，処分の日から1年を経過すると処分の取消しの訴えを提起することができなくなりますので御注意ください。）。ただし，処分の通知を受けた日の翌日から起算して6月以内に審査請求をした場合には，処分の取消しの訴えは，その審査請求に対する裁決の送達を受けた日から6月以内（送達を受けた日の翌日から起算します。）に提起しなければならないこととされています。

記

1　譲渡人（質権設定者）の表示
2　譲受人（質権者）の表示
3　登記の目的
4　登記原因及びその日付
5　登記番号
6　登記の年月日
7　更正すべき登記事項

別記第25号様式（第29条第1項）

職権抹消調書	
日　記　第　　　号 平成　年　月　日 法務局 登記官　職印	
【登記番号】	
第　－　号	
【根拠条文】	
動産・債権譲渡登記令第11条第1号	
【抹消する登記】	
登記の目的	
登記年月日	
登記原因及びその日付	
譲渡人（質権設定者）の表示	
譲受人（質権者）の表示	
【抹消する理由】	

別記第26号様式（第29条第2項）

日　記　第　　　号
平成　年　月　日

殿

法務局
登記官　職印

通　知　書

下記の登記は，○○（理由を具体的に記載すること。）により許されないので，平成　年　月　日までに異議の申立てがないときは，登記の全部（一部）を抹消します（動産・債権譲渡登記令第13条第1項）。

記

1　譲渡人（質権設定者）の表示
2　譲受人（質権者）の表示
3　登記の目的
4　登記原因及びその日付
5　登記番号
6　登記の年月日
7　抹消すべき登記事項

別記第27号様式（第30条）

公　告

1　譲渡人（質権設定者）の表示
2　譲受人（質権者）の表示
3　登記の目的
4　登記原因及びその日付
5　登記番号
6　登記の年月日
7　抹消すべき登記事項

上記の登記は，○○により動産・債権譲渡登記令第13条第1項に該当することを発見したので，本公告掲載の日から○日以内に異議の申立てがないときは，登記の全部（一部）を抹消します（動産・債権譲渡登記令第13条第2項）。

平成　年　月　日

法務局

別記第28号様式（第31条第1項）

日　記　第　　　　号

決　　定

住　所
異議申立人

下記の登記の抹消について，平成　　年　　月　　日付で異議の申立てがありましたが，その異議は，○○（理由を具体的に記載すること。）により理由がないので，これを却下します。

なお，この処分に不服があるときは，いつでも，当職を経由して○○法務局長（又は○○地方法務局長）に対し，審査請求をすることができます（動産及び債権の譲渡の対抗要件に関する民法の特例等に関する法律第19条第1項）。

おって，この処分につき取消しの訴えを提起しようとする場合には，この処分の通知を受けた日から6月以内（通知を受けた日の翌日から起算します。）に，国を被告として（訴訟において国を代表する者は法務大臣となります。），提起しなければなりません（なお，処分の通知を受けた日から6月以内であっても，処分の日から1年を経過すると処分の取消しの訴えを提起することができなくなりますので御注意ください。）。ただし，処分の通知を受けた日の翌日から起算して6月以内に審査請求をした場合には，処分の取消しの訴えは，その審査請求に対する裁決の送達を受けた日から6月以内（送達を受けた日の翌日から起算します。）に提起しなければならないこととされています。

平成　　年　　月　　日

法務局
登記官　　　　職印

記

1　譲渡人（質権設定者）の表示
2　譲受人（質権者）の表示
3　登記の目的
4　登記原因及びその日付
5　登記番号
6　登記の年月日
7　抹消すべき登記事項

別記第29号様式（第31条第1項）

日　記　第　　　　号

決　　定

住　所
異議申立人

下記の登記は，○○により動産・債権譲渡登記令第13条第1項に該当するから，その登記を抹消する旨平成　　年　　月　　日通知をしたところ，平成　　年　　月　　日付けをもって異議の申立てがあり，その異議は，理由があると認められるので，下記の登記は，抹消しないものとします。

平成　　年　　月　　日

法務局
登記官　　　　職印

記

1　譲渡人（質権設定者）の表示
2　譲受人（質権者）の表示
3　登記の目的
4　登記原因及びその日付
5　登記番号
6　登記の年月日

別記第30号様式（第34条第1項）

日　記　第　　　　号
平成　　年　　月　　日

税務署長　　　殿

法務局
登記官　　　　職印

納付不足額通知書

登録免許税法第28条第1項の規定により通知します。

登記の区分		
申請書受付の年月日及び番号	平成　年　月　日受付第　号	
課税標準額	登記申請書記載額	
	正当額	
登録免許税額	納付額	
	正当額	
	未納金額	
申請人の氏名・住所（法人の場合は名称・主たる事務所）		
納税地	（同　上）	
備考		

（注）登記の区分欄には，登記の目的を，例えば，「別表第一の第9号（一）動産の譲渡の登記」のように記載する。

別記第31号様式（第34条第2項）

不足通知済

別記第32号様式（第35条第１項）

日　記　第　　　　号
平成　　年　　月　　日

税務署長　　　殿

法務局
登記官　　　　職印

還付通知書

登録免許税法第31条第1項の規定により通知します。

登記の区分	
申請書受付の年月日及び番号	平成　　年　　月　　日受付第　　号
還付金額	金　　　円
還付原因	1. 却下　2. 取下げ　3. 過誤納
還付原因の生じた日	平成　　年　　月　　日
納付方法・収納機関の名称	1. 印紙 2. 領収証書（銀行　郵便局 支店　税務署） 3. 電子納付
申請人の氏名・住所 (法人の場合は名称・主たる事務所)	
納税地	（同　上）
還付通知の請求・還付申出の別及び年月日	1. 還付通知請求 2. 還付申出　平成　　年　　月　　日
希望する還付場所	市区町村　　番地（銀行　郵便局 支店　税務署 普通・当座 口座（　））
備考	

（注）登記の区分欄には，登記の目的を，例えば，「別表第一の第９号（一）動産の譲渡の登記」のように記載する。

別記第32号の２様式（第35条第４項）

日　記　第　　　　号
平成　　年　　月　　日

殿

法務局
登記官　　　　職印

通　知　書

平成　　年　　月　　日付けをもってされた下記登記に関する登録免許税法第31条第2項の規定に基づく還付通知請求については，過誤納付の事実は認められないので，税務署長に還付の通知をすることができません。

なお，この処分について不服がある場合には，この通知を受けた日の翌日から起算して3月以内に国税通則法第75条第1項の規定により国税不服審判所長に審査請求をすることができます。この場合には，国税不服審判所長あての審査請求書を何国税不服審判所に提出してください。

おって，当該処分については，国税通則法第115条第1項の規定により，当該処分についての審査請求に対する裁決を経た後でなければ処分の取消しの訴えを提起することができませんが，次の1）から3）までのいずれかに該当するときは，審査請求に対する裁決を経ないで処分の取消しの訴えを提起することができます。

1）審査請求があった日から3月を経過しても裁決がないとき。

2）処分，処分の執行又は手続の続行により生ずる著しい損害を避けるため緊急の必要があるとき。

3）その他裁決を経ないことにつき正当な理由があるとき。

記

1　登記の目的
2　登記番号
3　登記の年月日

別記第33号様式（第36条第１項）

証明年月日		証明番号	

再使用証明申出書

再使用申出領収証書又は印紙の金額	金　　　円		
領収証書	現金納付年月日	平成　　年　　月　　日	
	収納機関の名称	銀行　支店	郵便局　税務署
印紙	券面額	枚数	金額
	円	枚	円
	円	枚	円
	円	枚	円
	円	枚	円
	円	枚	円
	円	枚	円
	円	枚	円
	合計	枚	円
申請書の受付の年月日及び番号	平成　　年　　月　　日第　　　号		
備考			

上記のとおり登録免許税法第31条第3項の規定により申出をします。

平成　　年　　月　　日

申請人　住所
氏名　　　　㊞

法務局　　　御中

別記第34号様式（第36条第２項）

証第　　　　号
金　円也
本日から1年以内再使用できることを証明する
法務局
平成　　年　　月　　日

別記第35号様式（第46条第３項）

日　記　第　　　　号
平成　　年　　月　　日

殿

法務局
登記官　　　　　　職印

通　知　書

下記の平成　　年　　月　　日受付第　　号の登記申請事件についてされた審査請求は，理由があると認め，下記のとおりの処分をしたので，通知します。

記

1　譲渡人（質権設定者）の表示
2　譲受人（質権者）の表示
3　処分の内容（具体的かつ詳細に記載すること。）

別記第36号様式（第46条第５項）

日　記　第　　　　号
平成　　年　　月　　日

法務局長　　　殿

法務局
登記官　　　　　　職印

報　告　書

平成　　年　　月　　日付け日記第　　号をもって報告した登記申請事件却下決定に対し審査請求があり，その審査請求を理由があると認めたので，下記のとおり処分をしました。

記

1　○○（具体的かつ詳細に記載すること。）.

別記第37号様式（第47条第１項）

日　記　第　　　　号
平成　　年　　月　　日

法務局長　　　殿

法務局
登記官　　　　　　職印

意　見　書

平成　　年　月　日付け日記第　　号をもって報告した登記申請事件却下処分について，別紙のとおり審査請求があったが，本件審査請求は，下記のとおり理由がないと認められるので，審査請求書の正本及び関係書類を添えて事件を送付します。

記

1　○○（具体的かつ詳細に記載すること。）

別記第37号の２様式（第47条第４項）

日　記　第　　　　号
平成　　年　　月　　日

審理員　　　　殿

法務局長　　　　職印

送　付　書

平成　　年　月　日受付第　　　号の　　登記申請事件の却下処分に関する審査請求について，動産及び債権の譲渡の対抗要件に関する民法の特例等に関する法律第19条第4項の規定に基づき，審査請求書及び関係書類を添えて，登記官の意見を送付します。

別記第38号様式（第48条第３項）

裁　決

住所
審査請求人

平成　　年　　月　　日受付第　　号の　　登記申請事件の却下処分に関する審査請求について，次のとおり裁決します。

なお，この裁決につき取消しの訴えを提起しようとする場合には，この裁決の送達を受けた日から６月以内（送達を受けた日の翌日から起算します。）に，国を被告として（訴訟において国を代表する者は法務大臣となります。），提起しなければなりません（なお，裁決の送達を受けた日から６月以内であっても，裁決の日から１年を経過すると裁決の取消しの訴えを提起することができなくなりますので御注意ください。）。

1　主文
2　事案の概要
3　審査関係人の主張の要旨
4　理由（主文が審理員意見書と異なる内容である場合には，異なることとなった理由を含む。）

平成　　年　　月　　日

法務局長　

登記事項概要証明書記載例（第43条）
1　動産譲渡登記（譲受人が複数の場合）

登　記　事　項　概　要　証　明　書

概 要 事 項

【登記の目的】：動産譲渡登記

【譲渡人】
【本店等】：東京都中野区野方一丁目３４番１号

【商号等】：動産商事株式会社

【会社法人等番号】：○○○○０１○○○○○○
【取扱店】：－
【日本における営業所等】：－

【譲受人】
【本店等】：東京都千代田区九段南一丁目１番１５号

【商号等】：東京法務株式会社

ほか２名

【会社法人等番号】：○○○○０１○○○○○○
【取扱店】：九段支店
【日本における営業所等】：－

【登記原因日付】：平成２６年８月２日
【登記原因（契約の名称）】：譲渡担保

【登記の存続期間の満了年月日】：平成３１年４月１０日
【備考】：－

【申請区分】：出頭
【登記番号】：第２０１４－２０００号
【登記年月日時】：平成２６年８月１４日　１６時５分

（　1/　2）［証明番号］20140004321（　1/　1）

登 記 事 項 概 要 証 明 書

・その他の譲受人

【本店等】: 東京都渋谷区宇田川町１番１０号 【商号等】: 渋谷ファイナンス株式会社 【会社法人等番号】: ○○○○０１○○○○○○ 【取扱店】: − 【日本における営業所等】: −
【本店等】: 東京都墨田区菊川一丁目１７番１３号 【商号等】: 墨田リース株式会社 【会社法人等番号】: ○○○○０１○○○○○○ 【取扱店】: 江東支店 【日本における営業所等】: −

【検索の対象となった記録】平成２６年９月１日現在
上記のとおり動産譲渡登記ファイル（除く閉鎖分）に記録されていることを証明する。

平成２６年９月１日

東京法務局　　登記官　　　　　　　　　　○○　○○　　職印

（注）この証明書は，動産の存否を証明するものではありません。

（　2/　2）［証明番号］20140004321（　1/　1）

2　債権譲渡登記がされた場合（譲受人が複数の場合）

登　記　事　項　概　要　証　明　書

概 要 事 項

【登記の目的】：債権譲渡登記

【譲渡人】
【本店等】：東京都中野区野方一丁目３４番１号

【商号等】：債権産業株式会社

【会社法人等番号】：○○○○０１○○○○○○
【取扱店】：－
【日本における営業所等】：－

【譲受人】
【本店等】：東京都千代田区九段南一丁目１番１５号

【商号等】：東京法務株式会社

ほか２名

【会社法人等番号】：○○○○０１○○○○○○
【取扱店】：九段支店
【日本における営業所等】：－

【登記原因日付】：平成２６年８月４日
【登記原因（契約の名称）】：売買

【債権の総額】：１００，０００，０００円
【被担保債権額】：－
【登記の存続期間の満了年月日】：平成３６年４月３０日
【備考】：－

【申請区分】：出頭
【登記番号】：第２０１４－１０００２号
【登記年月日時】：平成２６年８月１４日　１０時１０分

（　1/　2）［証明番号］20140006791（　1/　1）

登 記 事 項 概 要 証 明 書

・その他の譲受人

【本店等】：東京都渋谷区宇田川町１番１０号 【商号等】：渋谷ファイナンス株式会社 【会社法人等番号】：○○○○０１○○○○○○ 【取扱店】：－ 【日本における営業所等】：－
【本店等】：東京都墨田区菊川一丁目１７番１３号 【商号等】：墨田リース株式会社 【会社法人等番号】：○○○○０１○○○○○○ 【取扱店】：江東支店 【日本における営業所等】：－

【検索の対象となった記録】平成２６年９月１日現在
上記のとおり債権譲渡登記ファイル（除く閉鎖分）に記録されていることを証明する。

平成２６年９月２日

東京法務局　　登記官　　　　　　　　○○　○○　　職印

（注）この証明書は，債権の存否を証明するものではありません。

（　2/　2）［証明番号］20140006791（　1/　1）

3　質権設定登記

登　記　事　項　概　要　証　明　書

概 要 事 項

【登記の目的】：質権設定登記

【質権設定者】
【本店等】：東京都中野区野方一丁目３４番１号

【商号等】：質権リース株式会社

【会社法人等番号】：○○○○０１○○○○○○
【取扱店】：－
【日本における営業所等】：－

【質権者】
【本店等】：東京都千代田区九段南一丁目１番１５号

【商号等】：東京法務株式会社

【会社法人等番号】：○○○○０１○○○○○○
【取扱店】：九段支店
【日本における営業所等】：－

【登記原因日付】：平成２６年８月６日
【登記原因（契約の名称）】：質権設定

【債権の総額】：１００，０００，０００円
【被担保債権額】：１００，０００，０００円
【登記の存続期間の満了年月日】：平成２９年４月３０日
【備考】：－

【申請区分】：出頭
【登記番号】：第２０１４－１０００６号
【登記年月日時】：平成２６年８月１４日　１０時１５分

【検索の対象となった記録】平成２６年９月１日現在
上記のとおり債権譲渡登記ファイル（除く閉鎖分）に記録されていることを証明する。

平成２６年９月２日

東京法務局　登記官　○○　○○　職印

（注）この証明書は，債権の存否を証明するものではありません。

（　1/　1）［証明番号］20140004569（　1/　1）

登記事項証明書記載例（第43条）

1　動産譲渡登記

(1)　動産譲渡登記につき1個を超える動産に係る登記事項を一括して証明した場合

登　記　事　項　証　明　書（一　括）

概要事項

【登記の目的】：動産譲渡登記

【譲渡人】
　【本店等】：東京都中野区野方一丁目３４番１号

　【商号等】：動産商事株式会社

　【会社法人等番号】：○○○○０１○○○○○○
　【取扱店】：－
　【日本における営業所等】：－

【譲受人】
　【本店等】：東京都千代田区九段南一丁目１番１５号

　【商号等】：東京法務株式会社

　【会社法人等番号】：○○○○０１○○○○○○
　【取扱店】：九段支店
　【日本における営業所等】：－

【登記原因日付】：平成２６年８月１日
【登記原因（契約の名称）】：譲渡担保

【登記の存続期間の満了年月日】：平成３６年４月１０日
【備考】：－

【申請区分】：出頭
【登記番号】：第２０１４－１０００号
【登記年月日時】：平成２６年８月１３日　１３時５分

（　1/　2）［証明番号］20140001234（　1/　1）

登　記　事　項　証　明　書（一　括）

【動産通番】：０００１ 【種類】：油圧式プレス機 【特質・所在】：製造番号：２０１２ＡＢＣ０００１ 【動産区分】：個別動産 【備考】 動産の名称：スーパープレスター，型式：ＴＷ－２５，製造社名：動産精機株式会社	動産個別事項
一部抹消事項	【登記番号】：－　【登記年月日時】：－ 【登記原因日付】：－ 【登記原因（契約の名称）】：－
【動産通番】：０００２ 【種類】：貴金属製品 【特質・所在】：東京都中野区野方一丁目３４番１号 【動産区分】：集合動産 【備考】 動産の内訳：指輪，イヤリング，ネックレス，保管場所の名称：動産商事株式会社倉庫	動産個別事項
一部抹消事項	【登記番号】：－　【登記年月日時】：－ 【登記原因日付】：－ 【登記原因（契約の名称）】：－

【検索の対象となった記録】平成２６年９月１日現在
上記のとおり動産譲渡登記ファイル（除く閉鎖分）に記録されていることを証明する。

平成２６年９月２日

東京法務局　登記官　　○○　○○　　職印

注１　この証明書は，動産の存否を証明するものではありません。
　２　動産の所在によって特定する場合には，保管場所にある同種類の動産のすべて（備考でさらに特定されている場合には，その動産のすべて）が譲渡の対象であることを示しています。
　３　【特質・所在】の項目には，個別動産の場合は動産の特質が，集合動産の場合は動産の所在が記載されます。

（　2/ 2）［証明番号］20140001234（ 1/ 1）

(2) 動産譲渡登記につき１個の動産ごとに証明した場合

登　記　事　項　証　明　書

概　要　事　項

【登記の目的】：動産譲渡登記

【譲渡人】
【本店等】：東京都中野区野方一丁目３４番１号

【商号等】：動産商事株式会社

【会社法人等番号】：○○○○０１○○○○○○
【取扱店】：－
【日本における営業所等】：－

【譲受人】
【本店等】：東京都千代田区九段南一丁目１番１５号

【商号等】：東京法務株式会社

【会社法人等番号】：○○○○０１○○○○○○
【取扱店】：九段支店
【日本における営業所等】：－

【登記原因日付】：平成２６年８月１日
【登記原因（契約の名称）】：譲渡担保

【登記の存続期間の満了年月日】：平成３６年４月１０日
【備考】：－

【申請区分】：出頭
【登記番号】：第２０１４－１０００号
【登記年月日時】：平成２６年８月１３日　１３時５分

（　1/　2）［証明番号］20140001235（　1/　1）

登　記　事　項　証　明　書

動産個別事項

【動産通番】：０００１

【種類】：油圧式プレス機

【特質・所在】：製造番号：２０１２ＡＢＣ０００１

【動産区分】：個別動産
【備考】
　動産の名称：スーパープレスター，型式：ＴＷ－２５，製造社名：動産精機株式会社

一部抹消事項

【登記番号】：－
【登記年月日時】：－
【登記原因日付】：－
【登記原因（契約の名称）】：－

【検索の対象となった記録】平成２６年９月１日現在
上記のとおり動産譲渡登記ファイル（除く閉鎖分）に記録されていることを証明する。

平成２６年９月２日

東京法務局　　登記官　　　　　　　　　　　　　○○　○○　　職印

注１　この証明書は，動産の存否を証明するものではありません。
　２　動産の所在によって特定する場合には，保管場所にある同種類の動産のすべて（備考でさらに特定されている場合には，その動産のすべて）が譲渡の対象であることを示しています。
　３　【特質・所在】の項目には，個別動産の場合は動産の特質が，集合動産の場合は動産の所在が記載されます。

（　2/　2）［証明番号］20140001235（　1/　1）

2　債権譲渡登記

⑴ 債権譲渡登記につき１個を超える債権に係る登記事項を一括して証明した場合

登 記 事 項 証 明 書（一 括）

概 要 事 項

【登記の目的】：債権譲渡登記

【譲渡人】
【本店等】：東京都中野区野方一丁目３４番１号

【商号等】：債権産業株式会社

【会社法人等番号】：○○○○０１○○○○○○
【取扱店】：－
【日本における営業所等】：－

【譲受人】
【本店等】：東京都千代田区九段南一丁目１番１５号

【商号等】：東京法務株式会社

【会社法人等番号】：○○○○０１○○○○○○
【取扱店】：九段支店
【日本における営業所等】：－

【登記原因日付】：平成２６年８月４日
【登記原因（契約の名称）】：売買

【債権の総額】：７，０００，０００円
【被担保債権額】：－
【登記の存続期間の満了年月日】：平成３６年４月３０日
【備考】：－

【申請区分】：出頭
【登記番号】：第２０１４－１００００号
【登記年月日時】：平成２６年８月１４日　１０時１０分

（　1/　2）［証明番号］20140006789（　1/　1）

登　記　事　項　証　明　書（一　括）

【債権通番】：０００００１　　【債権の管理番号】：－　　債権個別事項
【原債権者】
　【本店等】：東京都中野区野方一丁目３４番１号
　【商号等】：債権産業株式会社
　　　　【会社法人等番号】：○○○○０１○○○○○○
【債務者】
　【本店等】：東京都港区東麻布二丁目１１番１１号
　【商号等】：港商事株式会社
　　　　【会社法人等番号】：○○○○０１○○○○○○
【債権の種類】：売掛債権
【債権の発生年月日（始期）】：平成２６年６月２日　　【債権の発生年月日（終期）】：平成２６年６月２日
【債権の発生原因】：－

【発生時債権額】：３，５００，０００円　　【譲渡時債権額】：３，５００，０００円

一部抹消事項
【登記番号】：－　　【登記年月日時】：－
【登記原因日付】：－
【登記原因（契約の名称）】：－

【債権通番】：０００００２　　【債権の管理番号】：－　　債権個別事項
【原債権者】
　【本店等】：東京都中野区野方一丁目３４番１号
　【商号等】：債権産業株式会社
　　　　【会社法人等番号】：○○○○０１○○○○○○
【債務者】
　【本店等】：東京都新宿区北新宿一丁目８番２２号
　【商号等】：新宿興産株式会社
　　　　【会社法人等番号】：○○○○０１○○○○○○
【債権の種類】：売掛債権
【債権の発生年月日（始期）】：平成２６年６月９日　【債権の発生年月日（終期）】：平成２６年６月９日
【債権の発生原因】：－

【発生時債権額】：５，０００，０００円　【譲渡時債権額】：３，５００，０００円

一部抹消事項
【登記番号】：－　【登記年月日時】：－
【登記原因日付】：－
【登記原因（契約の名称）】：－

【検索の対象となった記録】平成２６年９月１日現在
上記のとおり債権譲渡登記ファイル（除く閉鎖分）に記録されていることを証明する。

平成２６年９月２日

東京法務局　　登記官　　　　○○　○○　　職印

（注）この証明書は，債権の存否を証明するものではありません。

（　2/　2）［証明番号］20140006789（　1/　1）

(2) 債権譲渡登記につき1個の債権（債務者不特定の将来債権）ごとに証明した場合

登　記　事　項　証　明　書

【登記の目的】: 債権譲渡登記	概 要 事 項
【譲渡人】	
【本店等】: 東京都中野区野方一丁目３４番１号	
【商号等】: 債権産業株式会社	
【会社法人等番号】: ○○○○０１○○○○○○	
【取扱店】: −	
【日本における営業所等】: −	
【譲受人】	
【本店等】: 東京都千代田区九段南一丁目１番１５号	
【商号等】: 東京法務株式会社	
【会社法人等番号】: ○○○○０１○○○○○○	
【取扱店】: 九段支店	
【日本における営業所等】: −	
【登記原因日付】: 平成２６年８月４日	
【登記原因（契約の名称）】: 売買	
【債権の総額】: −	
【被担保債権額】: −	
【登記の存続期間の満了年月日】: 平成３４年４月３０日	
【備考】: −	
【申請区分】: 出頭	
【登記番号】: 第２０１４−１０００１号	
【登記年月日時】: 平成２６年８月１４日　１０時１０分	

（　1/　2）［証明番号］20140006790（　1/　1）

登 記 事 項 証 明 書

債権個別事項

【債権通番】：０００００１　　【債権の管理番号】：－

【原債権者】
【本店等】：東京都中野区野方一丁目３４番１号

【商号等】：債権産業株式会社

【会社法人等番号】：○○○○０１○○○○○○
【取扱店】：－

【債務者】　※債務者が特定していない債権のため，債務者の記録はありません。
【本店等】：－

【商号等】：－

【会社法人等番号】：－
【取扱店】：－

【債権の種類】：不動産賃料債権
【契約年月日】：－
【債権の発生年月日（始期）】：平成２８年４月１日
【債権の発生年月日（終期）】：平成３２年３月３１日
【債権の発生原因】：○○県○○市○○町○番地所在の不動産の賃貸借契約に基づく賃料債権

【発生時債権額】：－
【譲渡時債権額】：－
【弁済期】：－

【外貨建債権の表示】：－

【備考】：－

一部抹消事項

【登記番号】：－
【登記年月日時】：－
【登記原因日付】：－
【登記原因（契約の名称）】：－

【検索の対象となった記録】平成２６年９月１日現在
上記のとおり債権譲渡登記ファイル（除く閉鎖分）に記録されていることを証明する。

平成２６年９月２日

東京法務局　　登記官　　○○　○○　職印

（注）この証明書は，債権の存否を証明するものではありません。

（　2/　2）［証明番号］20140006790（　1/　1）

3　質権設定登記

(1)　質権設定登記につき１個を超える債権に係る登記事項を一括して証明した場合

登　記　事　項　証　明　書（一　括）

概 要 事 項

【登記の目的】：質権設定登記

【質権設定者】
【本店等】：東京都中野区野方一丁目３４番１号

【商号等】：質権リース株式会社

【会社法人等番号】：○○○○０１○○○○○○
【取扱店】：－
【日本における営業所等】：－

【質権者】
【本店等】：東京都千代田区九段南一丁目１番１５号

【商号等】：東京法務株式会社

【会社法人等番号】：○○○○０１○○○○○○
【取扱店】：九段支店
【日本における営業所等】：－

【登記原因日付】：平成２６年８月５日
【登記原因（契約の名称）】：質権設定

【債権の総額】：１００，０００，０００円
【被担保債権額】：１００，０００，０００円
【登記の存続期間の満了年月日】：平成３６年４月３０日
【備考】：－

【申請区分】：出頭
【登記番号】：第２０１４－１０００４号
【登記年月日時】：平成２６年８月１４日　１０時１５分

（　1/　2）［証明番号］20140004567（　1/　1）

登 記 事 項 証 明 書（一 括）

債権個別事項

【債権通番】：０００００１ 【債権の管理番号】：－
【原債権者】
【本店等】：東京都中野区野方一丁目３４番１号
【商号等】：質権リース株式会社
【会社法人等番号】：○○○○０１○○○○○○
【債務者】
【本店等】：東京都港区東麻布二丁目１１番１１号
【商号等】：港商事株式会社
【会社法人等番号】：○○○○０１○○○○○○
【債権の種類】：その他の貸付債権
【債権の発生年月日（始期）】：平成２６年７月１日 【債権の発生年月日（終期）】：平成２６年７月１日
【債権の発生原因】：金銭消費貸借契約

【発生時債権額】：５０，０００，０００円 【譲渡時債権額】：５０，０００，０００円

一部抹消事項	【登記番号】：－ 【登記年月日時】：－ 【登記原因日付】：－ 【登記原因（契約の名称）】：－

債権個別事項

【債権通番】：０００００２ 【債権の管理番号】：－
【原債権者】
【本店等】：東京都中野区野方一丁目３４番１号
【商号等】：質権リース株式会社
【会社法人等番号】：○○○○０１○○○○○○
【債務者】
【本店等】：東京都新宿区北新宿一丁目８番２２号
【商号等】：新宿興産株式会社
【会社法人等番号】：○○○○０１○○○○○○
【債権の種類】：その他の貸付債権
【債権の発生年月日（始期）】：平成２６年７月８日 【債権の発生年月日（終期）】：平成２６年７月８日
【債権の発生原因】：金銭消費貸借契約

【発生時債権額】：５０，０００，０００円 【譲渡時債権額】：５０，０００，０００円

一部抹消事項	【登記番号】：－ 【登記年月日時】：－ 【登記原因日付】：－ 【登記原因（契約の名称）】：－

【検索の対象となった記録】平成２６年９月１日現在
上記のとおり債権譲渡登記ファイル（除く閉鎖分）に記録されていることを証明する。

平成２６年９月２日

東京法務局 登記官 ○○ ○○ 職印

（注）この証明書は，債権の存否を証明するものではありません。

（ 2/ 2）［証明番号］20140004567（ 1/ 1）

(2) 質権設定登記につき1個の債権（債務者特定の既発生債権）ごとに証明した場合

登　記　事　項　証　明　書

概 要 事 項

【登記の目的】：質権設定登記

【質権設定者】
【本店等】：東京都中野区野方一丁目３４番１号

【商号等】：質権リース株式会社

【会社法人等番号】：○○○○０１○○○○○○
【取扱店】：－
【日本における営業所等】：－

【質権者】
【本店等】：東京都千代田区九段南一丁目１番１５号

【商号等】：東京法務株式会社

【会社法人等番号】：○○○○０１○○○○○○
【取扱店】：九段支店
【日本における営業所等】：－

【登記原因日付】：平成２６年８月６日
【登記原因（契約の名称）】：質権設定

【債権の総額】：１００，０００，０００円
【被担保債権額】：１００，０００，０００円
【登記の存続期間の満了年月日】：平成３６年７月３０日
【備考】：－

【申請区分】：出頭
【登記番号】：第２０１４－１０００５号
【登記年月日時】：平成２６年８月１４日　１０時１５分

（　1/　2）［証明番号］20140004568（　1/　1）

登　記　事　項　証　明　書

債権個別事項

【債権通番】：０００００１　　　【債権の管理番号】：－

【原債権者】
【本店等】：東京都中野区野方一丁目３４番１号

【商号等】：質権リース株式会社

【会社法人等番号】：○○○○０１○○○○○○
【取扱店】：－

【債務者】
【本店等】：東京都港区東麻布二丁目１１番１１号

【商号等】：港商事株式会社

【会社法人等番号】：○○○○０１○○○○○○
【取扱店】：港支店

【債権の種類】：その他の貸付債権
【契約年月日】：平成２６年８月６日
【債権の発生年月日（始期）】：平成２６年８月６日
【債権の発生年月日（終期）】：平成２６年８月６日
【債権の発生原因】：金銭消費貸借契約

【発生時債権額】：１００，０００，０００円
【譲渡時債権額】：１００，０００，０００円
【弁済期】：－

【外貨建債権の表示】：－

【備考】：－

一部抹消事項

【登記番号】：－
【登記年月日時】：－
【登記原因日付】：－
【登記原因（契約の名称）】：－

【検索の対象となった記録】平成２６年９月１日現在
上記のとおり債権譲渡登記ファイル（除く閉鎖分）に記録されていることを証明する。

平成２６年９月２日

東京法務局　　登記官　　　　○○　○○　　職印

（注）この証明書は，債権の存否を証明するものではありません。

（　2/　2）［証明番号］20140004568（　1/　1）

2　債権譲渡の対抗要件に関する民法の特例等に関する法律等の施行に伴う債権譲渡登記等に関する事務の取扱いについて
（平成10年９月22日付け法務省民四第1822号東京法務局長宛て民事局長通達）

債権譲渡の対抗要件に関する民法の特例等に関する法律（平成10年法律第104号。以下「法」という。）、債権譲渡登記令（平成10年政令第296号。以下「令」という。）、登記手数料令及び法務省組織令の一部を改正する政令（平成10年政令第297号）及び債権譲渡登記規則（平成10年法務省令第39号。以下「規則」という。）が本年10月１日から施行されることとなり、本日、法務省告示第290号をもって、貴局が債権譲渡登記に関する事務をつかさどる登記所（法３条。以下「債権譲渡登記所」という。）として指定されたが、これに伴う債権譲渡登記又は質権設定登記（以下「債権譲渡登記等」という。）に関する事務の取扱いについては、下記の事項に留意し、事務処理上遺憾のないよう、貴職において指定する債権譲渡登記所における事務を取り扱う登記官（法４条）に周知方取り計らい願います。

記

第１　債権譲渡登記制度の創設

１　債権譲渡登記の効力

⑴　法人が金銭の支払いを目的とする指名債権を譲渡した場合において、当該債権の譲渡につき、債権譲渡登記ファイルに債権譲渡の登記がされたときは、当該債権の債務者以外の第三者に対しては、民法第467条の規定による確定日付のある証書による通知があったものとみなすこととされ、この場合においては、当該登記の日をもって確定日付とすることとされた（法２条１項）。

⑵　この場合において、当該債権の譲渡及びその譲渡につき債権譲渡登記がされたことについて、譲渡人若しくは譲受人が当該債権の債務者に債権譲渡登記所の作成した登記事項証明書を交付して通知をし、又は当該債務者が承諾をしたときは、当該債務者に対する関係においても、⑴と同様とすることとされた（法２条２項、３条１項、８条２項）。

⑶　なお、民法第468条第２項の規定は、債権譲渡登記をしたのみでは適用にならず、債務者に対する通知がされたときに限り適用することとされ、この場合においては、債務者は、通知を受けるまでに譲渡人に対して生じた事由を譲受人に対抗することができることとされた（法２条３項）。

⑷　また、債権の譲渡が取消し、解除その他の原因により効力を失った場合の債権譲渡登記の抹消の登記及び法人が債権質を設定した場合の質権設定登記についても、同様とされた（法２条４項、７条１項２号、10条１項）。

第２　登記申請の手続

１　債権譲渡登記

⑴　申請人

債権譲渡登記は、譲渡人及び譲受人が共同して申請すべきこととされた（法５条１項）。

なお、譲渡人は、法人に限られる（法2条1項）。

⑵　登記すべき事項

登記すべき事項は、以下のとおりとされた（法5条1項、規則6条1項）。

ア　譲渡人の商号又は名称及び本店又は主たる事務所

イ　譲受人の氏名及び住所（法人にあっては、商号又は名称及び本店又は主たる事務所）

ウ　譲渡人又は譲受人の本店又は主たる事務所が外国にあるときは、日本における営業所又は事務所

エ　登記原因及びその日付

オ　譲渡に係る債権の総額

カ　譲渡に係る債権を特定するために必要な事項として次の事項

㋐　債権が数個あるときは、1で始まる債権の連続番号（以下「債権通番」という。）

㋑　債務者及び債権の発生の時における債権者（以下「原債権者」という。）の数、氏名及び住所（法人にあっては、氏名及び住所に代え、商号又は名称及び本店又は主たる事務所）

㋒　貸付債権、売掛債権その他の債権の種別

㋓　債権の発生年月日

㋔　債権の発生の時及び譲渡の時における債権額

キ　債権譲渡登記の存続期間

この存続期間は、特別の事由がある場合を除き、50年を超えることができない（法5条2項）。

ク　登記番号

ケ　登記の年月日

⑶　申請の方式

債権譲渡登記の申請は、書面（登記申請書）及び磁気ディスク（申請磁気ディスク）でしなければならないこととされた（令7条1項）。

この登記申請書及び申請磁気ディスクには、それぞれ次の事項を記載又は記録し、登記申請書には、申請人又はその代表者若しくは代理人が記名押印し、申請磁気ディスクには、申請人の氏名（法人にあっては、商号又は名称）及び年月日を記載した書面をはり付けなければならないこととされた（令7条2項、3項、規則9条1項、3項）。

なお、この申請磁気ディスクは、日本工業規格X6223に適合するフレキシブルディスクカートリッジ又は日本工業規格X6272又はX6275に適合する光ディスクカートリッジのいずれかに該当することを要し（規則8条）、この申請磁気ディスクへの記録の方式は、法務大臣が告示により指定する方式に従わなければならないこととされた（令7条3項、4項）。

ア　登記申請書に記載すべき事項

㋐　登記の目的

「債権譲渡登記」と記載する。

㋑　申請人の氏名及び住所（法人にあっては、商号又は名称及び本店又は

主たる事務所）
(ウ)　申請人の本店又は主たる事務所が外国にあるときは、日本における営業所又は事務所
(エ)　代理人によって申請するときは、その氏名及び住所
(オ)　手数料の額
(カ)　年月日
(キ)　登記所の表示
イ　申請磁気ディスクに記録すべき事項
(ア)　登記の目的
(イ)　代理人によって申請するときは、その氏名及び住所
(ウ)　1(2)アからキまでに掲げる事項
(エ)　譲渡に係る債権の譲渡人及び譲受人の数
(オ)　譲渡に係る債権の個数
なお、この申請磁気ディスクには、上記の事項以外の事項であって、譲渡に係る債権の弁済期、債権の管理番号等当該債権を特定するために有益な事項（以下「有益事項」という。）を記録することができることとされており（規則9条2項）、申請磁気ディスクに記録された有益事項は、債権譲渡登記ファイルに記録される（規則13条1項2号）。
(4)　添付書面
債権譲渡登記の登記申請書には、次の書面を添付しなければならないこととされた（令8条、規則10条1項1号、2号）。
ア　申請人が法人であるときは、代表者の資格を証する書面
イ　代理人によって申請するときは、その権限を証する書面
ウ　存続期間が50年を超えるときは、50年を超える存続期間を定めるべき特別の事由があることを証する書面
エ　譲受人の住所、本店又は主たる事務所を証する書面
オ　登記所が作成した譲渡人の代表者の印鑑証明書
2　質権設定登記
(1)　申請人
質権設定登記は、質権設定者及び質権者が共同して申請すべきこととされた（法10条1項、5条1項）。
なお、質権設定者は、法人に限られる（法10条1項）。
(2)　登記すべき事項
登記すべき事項は、以下のとおりとされた（法10条1項、5条1項、規則6条1項）。
ア　質権設定者の商号又は名称及び本店又は主たる事務所
イ　質権者の氏名及び住所（法人にあっては、商号又は名称及び本店又は主たる事務所）
ウ　質権設定者又は質権者の本店又は主たる事務所が外国にあるときは、日本における営業所又は事務所
エ　登記原因及びその日付

オ　被担保債権の額又は価格
カ　質権の目的とされた債権の総額
キ　質権の目的とされた債権を特定するために必要な事項として1(2)カと同様の事項
ク　質権設定登記の存続期間
この存続期間は、特別の事由がある場合を除き、50年を超えることができない。
ケ　登記番号
コ　登記の年月日

(3)　申請の方式

質権設定登記の申請の方式は、申請磁気ディスクに記録すべき事項以外は、債権譲渡登記の申請の場合（1(3)）と同様である。

質権設定登記の申請の場合に申請磁気ディスクに記録すべき事項は、次のとおりである。

ア　登記の目的
イ　代理人によって申請するときは、その氏名及び住所
ウ　2(2)アからクまでに掲げる事項
エ　質権の目的とされた債権の質権設定者及び質権者の数
オ　質権の目的とされた債権の個数
なお、質権設定登記の申請磁気ディスクにも、有益事項を記録することができ（規則9条2項）、磁気ディスクに記録された有益事項は、債権譲渡登記ファイルに記録される（規則13条1項2号）。

(4)　添付書面

質権設定登記の登記申請書の添付書面は、債権譲渡登記の申請書の添付書面（1(4)）と同様である。

3　延長登記

(1)　申請人

債権譲渡登記をした譲渡人及び譲受人又は質権設定登記をした質権設定者及び質権者は、共同して、存続期間の延長登記を申請することができることとされた（法6条1項本文、10条1項）。

延長の登記は、延長後の存続期間が50年を超えることとなるときは、特別の事由がある場合を除き、申請することができない（法6条1項ただし書、10条1項）。

(2)　登記すべき事項

債権譲渡登記等の存続期間の延長登記において登記すべき事項は、次のとおりとされた（法6条2項）。

ア　当該債権譲渡登記等の存続期間を延長する旨
イ　延長後の存続期間
ウ　登記番号
エ　登記の年月日

(3)　申請の方式

延長登記の申請は、書面（登記申請書）でしなければならないこととされた（令7条1項）。

この登記申請書には、以下の事項を記載して、申請人又はその代表者若しくは代理人が記名押印しなければならないこととされた（令7条2項）。

ア　1⑶アと同様の事項（ただし、登記の目的は、「延長登記」と記載する。）

イ　登記原因及びその日付

ウ　当該延長登記に係る債権譲渡登記等の登記番号

エ　延長後の存続期間

⑷　添付書面

延長登記の登記申請書に添付すべき書面は、次のとおりとされた（令8条、規則10条1項2号、4号）

ア　申請人が法人であるときは、代表者の資格を証する書面

イ　代理人によって申請するときは、その権限を証する書面

ウ　延長後の存続期間が50年を超えるときは、50年を超える存続期間を定めるべき特別の事由があることを証する書面

エ　登記所が作成した譲渡人又は質権設定者の代表者の印鑑証明書

オ　譲渡人、譲受人、質権設定者又は質権者の表示が債権譲渡登記ファイルに記録された表示と異なるときは、その変更を証する書面

4　抹消登記

⑴　申請人

債権の譲渡若しくは質権の設定が効力を生じない場合、債権の譲渡若しくは質権の設定が取消し、解除その他の原因により効力を失った場合又は譲渡に係る債権若しくは質権の目的とされた債権が消滅した場合は、譲渡人及び譲受人又は質権設定者及び質権者は、共同して、債権譲渡登記等の全部又は一部の抹消登記を申請することができることとされた（法7条1項）。

⑵　登記すべき事項

ア　債権譲渡登記等の全部の抹消登記の登記すべき事項は、次のとおりとされた（法7条2項、10条1項）。

㋐　当該債権譲渡登記等を抹消する旨

㋑　登記原因及びその日付

㋒　登記番号

㋓　登記の年月日

イ　債権譲渡登記等の一部の抹消登記の登記すべき事項は、次のとおりとされた（法7条3項、10条1項、規則6条2項）。

㋐　当該債権譲渡登記等の一部を抹消する旨

㋑　登記原因及びその日付

㋒　抹消登記に係る債権に係る債権の債権通番

㋓　抹消後の譲渡に係る債権の総額

㋔　登記番号

㋕　登記の年月日

⑶　登記申請の方式

抹消登記の申請は、書面（登記申請書）でしなければならないこととされた（令７条１項）。

この登記申請書には、以下の事項を記載して、申請人又はその代表者若しくは代理人が記名押印しなければならないこととされた（令７条２項）。

ア　１⑶アと同様の事項（ただし、登記の目的は、「抹消登記」と記載する。）

イ　登記原因及びその日付

ウ　当該抹消登記に係る債権譲渡登記等の登記番号

エ　債権譲渡登記等の一部の抹消登記の申請にあっては、⑵イ㈦及び㈱の事項

⑷　添付書面

抹消登記の登記申請書に添付すべき書面は、次のとおりとされた（令８条１号、２号、規則10条１項４号）

ア　申請人が法人であるときは、代表者の資格を証する書面

イ　代理人によって申請するときは、その権限を証する書面

ウ　譲受人又は質権者の印鑑証明書

エ　譲渡人、譲受人、質権設定者又は質権者の表示が債権譲渡登記ファイルに記録された表示と異なるときは、その変更を証する書面

5　判決による登記

⑴　判決による債権譲渡登記等、延長登記又は抹消登記

債権譲渡登記等、延長登記又は抹消登記に関し、登記を申請する旨の特約等により登記申請をすべき義務があるにもかかわらず、譲渡人若しくは譲受人又は質権設定者若しくは質権者の一方が登記申請に応じない場合は、共同して申請すべき者に登記手続を命ずる判決であって執行力を有するものの正本又は謄本を添付して単独で登記の申請をすることができることとされた（令６条）。

⑵　否認の登記

債権譲渡登記等に係る債権の譲渡若しくは質権の設定又は債権譲渡等が否認されたことによる破産法第123条第１項又は会社更生法第21条第１項（他の法律において準用する場合を含む。）による否認の登記は、当該否認の裁判であって執行力を有するものの正本又は謄本を添付することにより、破産管財人又は管財人が単独で申請することができる。

⑶　破産取消し等又は更生手続開始決定取消し等の登記

破産取消し、破産廃止若しくは強制和議取消しの決定が確定した場合、破産終結の決定があった場合、更生手続開始決定取消し、更生手続廃止若しくは更生計画不認可の決定が確定した場合又は更生計画認可若しくは更生手続終結の決定があった場合において、破産財団に属する債権又は会社財産に属する債権で否認の登記がされているものがあることを知ったときは、裁判所は、嘱託書に破産取消決定書等の謄本を添付して破産取消等の登記を嘱託しなければならないこととされている（破産法123条２項、121条、119条、会

社更生法21条２項、19条、18条１項。これらの規定を他の法律において準用する場合を含む。)。

また、否認の登記がされている債権譲渡登記等に係る譲渡に係る債権又は質権の目的とされた債権が破産財団より拋棄された場合において、登記嘱託の申立てがあった場合も同様とされている（破産法123条２項、121条、119条)。

⑷　添付書面

以上の場合においては、登記の申請書又は嘱託書に、譲渡人若しくは質権設定者又は譲受人若しくは質権者の印鑑証明書を添付することを要しないこととされたが（規則10条２項)、申請人が法人である場合の資格証明書、代理人によって申請する場合の代理権限証書（令８条１号、２号)、債権譲渡登記等を申請する場合の譲受人又は質権者の住所証明書（規則10条１項１号)、譲渡人、譲受人、質権設定者又は質権者の表示が債権譲渡登記ファイルに記録された表示と異なる場合の変更を証する書面（規則10条１項４号）を添付しなければならないこととされた。

6　登記手数料

債権譲渡登記等、延長登記又は抹消登記を申請する者は、登記手数料令に規定する登記手数料を納付しなければならないこととされた（法15条１項)。

この手数料は、登記印紙を登記申請書に貼って納付しなければならないこととされており（法15条２項、規則24条１項)、納付すべき額は、次のとおりとされた（登記手数料令６条)。

⑴　債権譲渡登記等の申請の場合

次に掲げる区分に応じた手数料の額に、当該登記の存続期間１年までごとに千円を加算した額

債権の個数	100個以下	５千円
	100個を超え1,000個以下	６千円
	1,000個を超え5,000個以下	９千円
	5,000個を超える場合	９千円に超過個数５千個までごとに３千円を加算した額

⑵　延長登記の申請の場合

１件につき、２千円に存続期間１年までごとに千円を加算した額

⑶　抹消登記の申請の場合

１件につき、５千円

第３　登記の手続

1　登記申請の受付

⑴　受付の処理

登記官は、登記申請書を受け取ったときは、直ちにその受付をしなければならないこととされ（令９条本文)、この受付は、磁気ディスクをもって調

整する受付帳に登記の種類、申請人の氏名又は商号、受付の年月日及び受付番号を記録し、登記申請書に受付の年月日及び受付番号を記載することにより行うこととされた（規則11条１項）。

登記申請書には、別紙第１号様式又はこれに準ずる様式による印版を押印し、該当欄に受付の年月日及び受付番号を記載するとともに、当該事件について、受付、登記番号の付与、入力、照合・校合、通知等をした都度、該当欄に取扱者が押印するものとする。

また、債権譲渡登記所における登記については、当事者が出頭して申請すべきことが義務づけられていないため、郵送により申請することも可能であるが、登記申請書が郵送されてきた場合の受付は、当該申請書を受け取った日後最初に執務を行う日に、同日における他の登記申請書に先立ってしなければならないこととされた（令９条ただし書）。なお、この場合において受付の対象となる登記申請が複数あるときは、各申請は、同順位の受付とされることとされた（法10条）。

(2)　受付番号

受付において記録又は記載すべき受付番号は、一日毎に更新しなければならないこととされた（規則11条２項）。なお、郵送に係る登記申請を同順位で受け付ける場合の受付番号は、各申請が同順位であることを示す処理をした上、各別の受付番号を付すこととして差し支えない。

(3)　印紙の消印

登記官は、申請書を受け付けたときは、直ちにこれにはり付けた登記印紙に、再使用を防止できる消印器で消印するものとする。

2　却下及び取下げ

(1)　登記申請の却下

受付をした登記申請については、直ちに、登記申請書、その添付書面及び申請磁気ディスク並びに債権譲渡登記等以外の登記の申請の場合は債権譲渡登記ファイルの記録により、その内容を調査し、アからカに掲げる却下事由が存する場合には、理由を付した書面による決定で、当該申請の全部又は一部を却下しなければならないこととされた（令11条、規則17条）。なお、申請磁気ディスクに記録された事項の調査は、電子情報処理組織を用いて行うものとする。

ア　申請に係る事項が登記すべきものでないとき

例えば、債権譲渡登記等についていえば、法は、法人がする指名金銭債権の譲渡又は法人がする指名金銭債権を目的とする質権の設定について民法の対抗要件の特例を定めるものであるので、譲渡人若しくは質権設定者が法人でない申請又は譲渡に係る債権若しくは質権の目的とされた債権が指名金銭債権でない申請は、受理することができない。

イ　申請の権限を有しない者の申請によるとき

例えば、債権譲渡登記等、延長登記又は抹消の登記の申請は、譲渡人及び譲受人又は質権設定者及び質権者が共同して申請すべきものとされており、否認の登記は、破産管財人又は管財人が申請すべきものとされているので、それ以外の者による申請は、受理することができない。

ウ　登記申請書又は申請磁気ディスクが方式に適合しないとき

エ　登記申請書に必要な書面を添付しないとき

オ　登記申請書の記載若しくは申請磁気ディスクの記録が登記申請書の添付書面の記載と抵触するとき、又は債権譲渡登記等以外の登記の登記申請書の記載が債権譲渡登記ファイルの記録と抵触するとき

カ　手数料を納付しないとき

登記申請の全部又は一部を却下するときは、別紙第２号様式又はこれに準ずる様式による決定書を作成して、これを申請人又は代理人に交付又は送付し、登記所に保存すべき決定書には、その欄外に決定告知の年月日及びその方法を記載して押印し、日記番号の順に従い、決定原本綴込帳に編綴するものとする。

この場合には、受付帳の審査結果欄に「却下」又は「一部却下」と記録し、申請書に却下又は一部却下した旨を記載するものとする。

また、申請人又は代理人に送付した決定書が所在不明等を理由として返戻された場合は、何らの措置を要せず、その決定書を当該事件の申請書に編綴するだけで足りる。

(2)　登記申請の取下げ

登記の申請は、登記又は却下決定がされるまでの間であれば、書面により取り下げることができる。

登記申請の一部を却下すべき事由が存する場合において、「登記申請の一部を却下すべき事由が存すると登記官において認める場合には、登記申請の全部を取り下げる。」旨の取下書が提出されているときは、登記申請の一部の却下決定をすることなく、登記申請の全部の取下げに応じることとして差し支えない。

登記申請が取り下げられた場合には、受付帳の審査結果欄に「取下」と記録し、取下書に受付の年月日及び受付番号を記載し、これを申請書綴込帳に編綴するものとする。

この場合には、受付においてした申請書の記載及び印版の押印を朱抹し、登記申請書に貼付された登記印紙に係る賠償償還の手続をした後、その申請書及び添付書面並びに申請磁気ディスクを還付するものとする。

3　登記の方法

却下事由が存しない登記申請については、受付の順序に従って登記をしなければならないこととされ（令10条）、登記をするには、次の事項を債権譲渡登記ファイルに記録してしなければならないこととされた（規則13条）。

(1)　登記すべき事項

債権譲渡登記については第２の１(2)に、質権設定登記については第２の２(2)に、延長登記については第２の３(2)に、抹消登記については第２の４(2)に、それぞれ掲げる事項

(2)　登記の目的

(3)　代理人によって申請されたときは、その氏名及び住所

⑷　債権譲渡登記等にあっては、譲渡に係る債権の譲渡人及び譲受人又は質権の目的とされた債権の質権設定者又は質権者の数、譲渡に係る債権又は質権の目的とされた債権の個数及び申請磁気ディスクに記録された有益事項
⑸　債権譲渡登記等以外の登記にあっては、登記原因及びその日付並びに当該登記に係る債権譲渡登記等の登記番号
⑹　登記の時刻　電子情報処理組織により管理される。

債権譲渡登記ファイルは、磁気ディスクをもって調製することとされている（法5条1項）ので、債権譲渡登記ファイルへの記録は、電子情報処理組織によって行う。

申請磁気ディスクに記録された事項を債権譲渡登記ファイルに記録するには、当該申請磁気ディスクを用いて行わなければならないこととされた（規則13条2項）ので、申請磁気ディスクに記録された事項は、そのまま債権譲渡登記ファイルの記録となる。

債権譲渡登記等の全部の抹消登記をしたときは、当該債権譲渡登記等に係る債権譲渡登記ファイルの記録を閉鎖し、これを債権譲渡登記ファイル中に設けた閉鎖登記ファイルに記録しなければならないこととされた（令4条1項）。

4　申請人への通知

登記官は、債権譲渡登記等、延長登記又は抹消登記をしたときは、譲受人又は質権者（抹消登記にあっては、譲渡人又は質権設定者）（数人ある場合は、そのうちの一人）に対し、次の事項を通知しなければならないこととされた（規則14条）。

⑴　債権譲渡登記又は質権設定登記の場合
　ア　登記の目的
　イ　譲渡人又は質権設定者の商号又は名称及び本店又は主たる事務所
　ウ　譲受人又は質権者の氏名及び住所（法人にあっては、商号又は名称及び本店又は主たる事務所）
　エ　登記原因及びその日付
　オ　譲渡に係る債権の総額
　カ　登記番号及び登記の年月日
　キ　譲渡に係る債権又は質権の目的とされた債権の個数
⑵　延長登記の場合
　ア　登記の目的
　イ　登記の原因及びその日付
　ウ　延長後の存続期間
　エ　登記番号及び登記の年月日
⑶　抹消登記の場合
　ア　登記の目的
　イ　登記原因及びその日付
　ウ　登記番号及び登記の年月日
　エ　債権譲渡登記等の一部の抹消の場合は、抹消後の譲渡に係る債権又は質権の目的とされた債権の総額及び個数

この通知は、それぞれ別紙第3号様式から第5号様式によることとし、代理人によって申請された登記については、申請磁気ディスクに記録された代理人あて送付することとして差し支えない。

また、送付した通知書が所在不明等を理由として返戻された場合は、何らの措置を要せず、その通知書を当該事件の申請書に編綴するだけで足りる。

5　職権更正

登記官は、登記に錯誤又は遺漏があることを発見した場合において、その錯誤又は遺漏が登記官の過誤によるものであるときは、監督法務局又は地方法務局の長の許可を得て、登記の更正をし、その旨を登記の申請をした者に通知しなければならないこととされた（令12条1項）。

この場合の更正の許可の具申は別紙第6号様式による具申書によってするものとし、この具申についての許可又は不許可は、別紙第7号様式による書面によってするものとする。

また、令第12条による登記の更正の許可書が到達したときは、受付帳に所要の記録をするほか、許可書に受付の年月日及び受付番号を記載するものとする。

登記の更正は、更正に係る登記の登記番号、更正後の事項、更正の許可の年月日、登記番号及び登記の年月日を債権譲渡登記ファイルに記録してするものとする。

登記の申請をした者に対する登記の更正をした旨の通知は別紙第8号様式による通知書によってするものとする。

6　職権抹消

登記官は、登記した事項が登記すべきものでないことを発見したときは、職権抹消の手続をしなければならないこととされた（令13条）。

職権抹消の手続は、以下のとおりである。

(1)　異議催告手続

登記官は、抹消すべき登記を申請した者に、1月を超えない一定の期間内に書面で異議を述べないときは、登記の全部又は一部を抹消すべき旨を通知しなければならないこととされた（令13条1項）。この通知は、別紙第9号様式による通知書によってするものとし、その通知書の写しを貴職あて送付するものとする。

抹消すべき登記を申請した者の住所又は居所が知れないときは、この通知に代え官報で公告しなければならないこととされ、この場合においては、官報のほか相当と認める新聞紙に同一の公告を掲載することができることとされた（令13条2項）。この場合の公告の公告文は、別紙第10号様式によるものとする。

(2)　異議に対する登記官の決定

(1)の異議催告手続に対し異議を述べた者があるときは、登記官は、その異議につき決定をしなければならないこととされた（令13条3項）。この場合には、貴職に内議するものとし、異議を却下する決定は、別紙第11号様式による決定書により、異議を理由ありとする決定は、別紙第12号様式による決定書によってするものとする。この決定書は、２通作成し、その１通を異議申立人に交付又は送付し、他の１通は、その欄外に決定告知の年月日を記載して押印し、日記番号の順序に従い審査請求書類等綴込帳に編綴するものとする。

登記官は、異議について決定をした場合は、貴職にその旨を報告するものとする。

(3)　職権抹消登記

登記官は、異議を述べた者がないとき、又は異議を却下したときは、異議催告手続に係る登記の全部又は一部を抹消しなければならないこととされた(令13条４項)。この登記の抹消は、抹消に係る登記の登記番号、職権により登記を抹消する旨、登記番号、登記の年月日及び債権譲渡登記又は質権設定登記の一部の抹消の場合には、職権抹消登記に係る債権の債権通番及び抹消後の譲渡に係る債権若しくは質権の目的とされた債権の総額を債権譲渡登記ファイルに記録してするものとする。

7　債権譲渡登記等の存続期間の満了による債権譲渡登記ファイルの記録の閉鎖

登記官は、債権譲渡登記ファイルに記録されている債権譲渡登記等の存続期間が満了したときは、当該債権譲渡登記等に係る記録を閉鎖し、これを債権譲渡登記ファイルの中に設けた閉鎖登記ファイルに記録しなければならないこととされた（令４条１項)。この場合の閉鎖の措置は、存続期間の満了後の最初に執務を行う日に行うものとする。

8　商業登記所への通知

(1)　登記をした旨の通知

登記官は、債権譲渡登記等若しくは抹消登記をしたとき、職権による登記の更正をした場合において当該更正に係る事項が法第９条第２項（法第10条第１項において準用する場合を含む。）に規定する商業登記簿への記載事項に該当するとき、職権により登記の全部又は一部の抹消をしたとき又は存続期間の満了した債権譲渡登記ファイルの記録を閉鎖したときは、譲渡人又は質権設定者の本店又は主たる事務所（外国に本店又は主たる事務所があるときは、日本における営業所又は事務所）の所在地を管轄する登記所に対して、以下の事項を通知しなければならないこととされた（法９条１項、規則15条、令４条２項、12条２項、13条５項)。

この通知は、別紙第13号様式の通知書をファクシミリにより該当登記所あて送信することにより行う。

ア　債権譲渡登記等の場合

(ア)　当該登記をした旨

(イ)　譲渡人又は質権設定者の商号又は名称及び本店又は主たる事務所

(ウ)　譲受人又は質権者の氏名及び住所（法人にあっては、商号又は名称及び本店又は主たる事務所)

(エ)　譲渡人若しくは譲受人又は質権設定者若しくは質権者の本店又は主たる事務所が外国にあるときは、日本における営業所又は事務所

(オ)　譲渡に係る債権又は質権の目的とされた債権の総額

(カ) 登記番号及び登記の年月日

(キ) 質権設定登記にあっては、被担保債権の額又は価格

イ 抹消登記の場合

(ア) 当該登記をした旨

(イ) 抹消登記に係る債権譲渡登記等について、譲渡人又は質権設定者の商号又は名称及び本店又は主たる事務所（本店又は主たる事務所が外国にあるときは、さらに、日本における営業所又は事務所）並びに登記番号

(ウ) 抹消登記の登記番号及び登記の年月日

(エ) 債権譲渡登記等の一部の抹消登記の場合は、その旨及び抹消後の譲渡に係る債権の総額

ウ 存続期間の満了した債権譲渡登記等の記録を閉鎖した場合

(ア) その旨

(イ) 当該債権譲渡登記について、譲渡人又は質権設定者の商号又は名称及び本店又は主たる事務所（本店又は主たる事務所が外国にあるときは、さらに、日本における営業所又は事務所）並びに登記番号

エ 職権更正の場合 更正をした事項

オ 職権抹消の場合 抹消をした事項

(2) 通知に錯誤があった場合の通知

登記官は、(1)により送信した通知書に錯誤又は遺漏があることを発見したときは、当該通知書を送信した先の登記所に対し、錯誤又は遺漏に係る事項を通知しなければならないこととされた（令14条１項）。

この場合の通知は、別紙第14号様式による通知書をファクシミリにより送信することにより行う。

(3) 記載不能の通知書を受領した場合

上記(1)及び(2)の通知を送信した先の商業登記所において、通知に係る会社の登記用紙が通知の到達前に閉鎖された場合その他通知に係る事項の記載をすることができない場合には、その旨及びその事由が債権譲渡登記所あて通知される（平成10年９月14日法務省民四第1740号本職通達による改正後の商業登記事務取扱手続準則105条の３、附録45号の２）。

この通知書が到達した場合は、登記事務日記帳に所要の記載をするほか、通知書に受付の年月日及び日記番号を記載し、登記簿への記載又は記録を行うことができない事由の記載が他の登記所の管轄区域内への本店又は主たる事務所の移転以外であるときは、これを返戻通知書綴込帳に編綴する。登記簿への記載又は記録を行うことができない事由の記載が他の登記所の管轄区域内への本店又は主たる事務所の移転であるときは、同通知書に記載された新本店又は新主たる事務所の所在地の登記所に当該通知書に係る債権譲渡登記等又は抹消登記に係る通知を発出し直すとともに、通知書に「再通知済」と記載して、これを返戻通知書綴込帳に編綴する。

第４ 登記事項の証明

１ 登記事項概要証明書

(1)　登記事項概要証明書の交付の請求

登記事項概要証明書の交付は、何人でも請求することができ、この交付の請求は、次に掲げる事項を記載し、申請人又はその代表者若しくは代理人が記名した申請書でしなければならないこととされた（法８条１項、令16条１項、２項）。

ア　証明書の交付を請求する債権譲渡登記ファイルの記録を特定するために必要な事項

イ　特定の債権譲渡登記ファイルの記録がない旨を証明した書面の交付を請求するときは、その旨

ウ　閉鎖登記ファイルに記録されている事項を証明した書面の交付を請求するときは、その旨

エ　請求する証明書の数

オ　手数料の額

カ　年月日

キ　登記所の表示

(2)　登記事項概要証明書の交付

登記官が登記事項概要証明書の交付申請書を受け取ったときは、申請書に受付の年月日及び受付番号を記載した上、受付の順序に従って、交付申請を却下すべき事由が存する場合を除き、登記事項概要証明書の交付をしなければならないこととされた（規則18条）。

登記事項概要証明書には、登記されている事項（第２の１(2)カ、第２の２(2)キを除く。）及び登記の時刻を記載し、末尾に証明文を付記し、年月日及び職氏名を記載し、職印を押印すべきこととされ、毎葉のつづり目に契印又はこれに準ずる措置をしなければならないこととされた（規則20条１項）。

この場合の証明文の付記は、次のとおりとする。

ア　債権譲渡登記ファイル（閉鎖ファイルを除く。以下本項において同じ。）に記録されている事項を証明する場合　「上記のとおり債権譲渡登記ファイル（除く閉鎖分）に記録されていることを証明する。」

イ　特定の債権譲渡登記ファイルの記録がない旨を証明する場合「上記のとおり債権譲渡登記ファイル（除く閉鎖分）に記録されていないことを証明する。」

ウ　閉鎖ファイルに記録されている事項を証明する場合「上記のとおり閉鎖登記ファイルに記録されていることを証明する。」

エ　特定の閉鎖ファイルの記録がない旨を証明する場合「上記のとおり閉鎖登記ファイルに記録されていないことを証明する。」

2　登記事項証明書

(1)　登記事項証明書の交付の請求権者

登記事項証明書の交付は、次に掲げる者に限り請求することができることとされた（法８条２項、令15条）。

ア　譲渡に係る債権の譲渡人又は譲受人

イ　質権の目的とされた債権の質権設定者又は質権者

ウ　譲渡に係る債権若しくは質権の目的とされた債権の債務者又はこれらの債権を取得した者

エ　譲渡に係る債権若しくは質権の目的とされた債権を差し押さえ、若しくは仮に差し押さえた債権者又はこれらの債権を目的とする質権を取得した者

オ　アからエに掲げる者の財産の管理及び処分をする権利を有する者

⑵　登記事項証明書の交付申請書

登記事項証明書の交付の請求は、1⑴アからキに掲げる事項のほか、次に掲げる事項を記載し、申請人又はその代表者若しくは代理人が記名押印した申請書でしなければならないこととされた（令16条1項、2項、3項）。

ア　債権譲渡登記ファイルの記録に数個の債権が記録されているときは、証明書の交付を請求する債権を特定するために必要な事項

イ　債権譲渡登記ファイルの記録に数個の債権が記録されている場合において、数個の債権に係る登記事項を一括して証明した書面の交付を請求するときは、その旨

⑶　添付書面

登記事項証明書の交付申請書には、次の書面を添付しなければならないこととされた（令16条4項、規則19条）。

ア　申請人が法人であるときは、代表者の資格証明書

イ　代理人によって申請するときは、その権限を証する書面

ウ　申請人が2⑴のウからオまでに該当する者であるときは、これを証する書面

㋐　申請人が譲渡に係る債権又は質権の目的とされた債権の債務者であるときは、エの印鑑証明書をもって兼ねることができる。ただし、当該印鑑証明書の記載が債権譲渡登記ファイルに記録された債務者の表示と異なっているときは、変更を証する書面を添付しなければならない。

㋑　譲渡に係る債権又は質権の目的とされた債権を取得した者であるときは、当該債権を取得した売買契約書等がこれに当たる。

㋒　譲渡に係る債権又は質権の目的とされた債権の差押債権者又は仮差押債権者であるときは、差押決定書の謄本等がこれに当たる。

㋓　譲渡に係る債権の譲渡人等の破産管財人等であるときは、破産管財人選任証書等がこれに当たる。

エ　申請人の印鑑の証明書であって市区町村長の作成したもの（法人にあっては、代表者の印鑑の証明書であって登記所が作成したもの）

⑷　登記事項証明書の交付

登記官が登記事項証明書の交付申請書を受け取ったときは、申請書に受付の年月日及び受付番号を記載した上、受付の順序に従って、交付申請を却下すべき事由が存する場合を除き、登記事項証明書の交付をしなければならないこととされた（規則18条）。

登記事項証明書には、数個の債権に係る登記事項を一括して証明する場合には、登記された事項（第2の1⑵カ、第2の2⑵キに掲げる事項について

は、請求に係る債権に関するものに限る。）及び登記の時刻を、１個の債権に係る事項を証明する場合にはこれに加えて請求に係る債権に関する有益事項を記載し、末尾に証明文を付記し、年月日及び職氏名を記載し、職印を押印すべきこととされ、毎葉のつづり目に契印又はこれに準ずる措置をしなければならないこととされた（規則20条１項、２項）。この場合の証明文の付記は、登記事項概要証明書の場合と同様である。

3　登記手数料

登記事項概要証明書及び登記事項証明書の交付についての手数料は、次のとおりとされた（法15条１項、登記手数料令２条６項、７項）。

(1)　登記事項概要証明書の交付についての手数料は、１通につき300円

(2)　１個の債権に係る登記事項証明書の交付についての手数料は、１通につき500円

(3)　１個を超える譲渡に係る債権又は質権の目的とされた債権に係る登記事項証明書の交付についての手数料は、500円に債権の個数が１個を超える個数１個ごとに200円を加算した額

この手数料は、登記印紙を申請書にはって納付しなければならないこととされた（規則24条１項）。

4　郵送による送付の請求

登記事項概要証明書又は登記事項証明書の交付の請求をする場合においては、郵送料を郵便切手で納付して、その送付を求めることができることとされた（令17条、規則24条２項）。

第５　登記申請書の閲覧

登記申請書又はその添付書面（申請磁気ディスクは、これに含まれない。）の閲覧につき利害関係を有する者は、手数料を納付して、その閲覧を請求することができることとされた（令18条）。

この請求は、次の事項を記載して、申請人又はその代表者若しくは代理人が記名押印した書面でしなければならないこととされた（令18条２項、３項）。

(1)　閲覧を請求する登記申請書又はその添付書面

(2)　利害関係を明らかにする事由

(3)　手数料の額、年月日及び登記所の表示

この場合の閲覧についての手数料は、登記印紙を申請書にはって納付しなければならないこととされ、その額は、１事件に関する書類につき500円とされた（規則24条１項、登記手数料令３条４項）。

登記申請書又はその添付書面を閲覧させる場合には、登記申請書及びその添付書面の抜取、脱落、汚損、記入及び改ざんの防止に厳重に注意するものとする。

第６　審査請求

1　審査請求書の提出

登記官の処分を不当とする者は、監督法務局又は地方法務局の長に審査請求

をすることができることとされ、登記官を経由して、審査請求書を提出しなければならないこととされた（法13条１項、２項）。

登記官が審査請求書を受け取ったときは、登記事務日記帳に所要の記載をし、請求書にその年月日及び日記番号を記載するものとする。

2　登記官の処分

登記官は、審査請求を理由があると認めるときは、相当の処分をしなければならないこととされた（法13条３項）。

登記官が法13条３項の規定により相当の処分をしようとする場合には、事案の簡単なものを除き、貴職に内議するものする。

この処分をしたときは、登記官は、その処分に係る却下決定の取消決定書その他処分の内容を記載した書面を２通作成して、その１通を審査請求人に交付又は送付するものとし、他の１通を審査請求書類等綴込帳中審査請求書の編綴の個所の次に編綴するものとする。

この場合には、登記官は、当該処分の内容を別紙第15号様式による報告書により貴職に報告するものとする。

3　審査請求書の送付

登記官は、審査請求を理由がないと認めるときは、３日以内に、意見を付して事件を監督法務局又は地方法務局の長に送付しなければならないこととされた（法13条４項）。

この場合の送付は、別紙第16号様式による送付書に意見を付してするものとする。

この場合には、審査請求書のほか、審査請求に係る登記申請却下の決定書の写し、登記事項証明書又は登記申請書の写しその他審査請求の理由の有無を審査するに必要な関係書類を送付し、審査請求書及び送付書の各写しを、日記番号の順序に従い、審査請求書類等綴込帳に編綴するものとする。

4　審査請求の裁決

貴職において、審査請求につき裁決をする場合において、審査請求の内容に特に問題があるときは、当局に内議するものとする。

監督法務局又は地方法務局の長において、審査請求を理由があると認めるときは、登記官に相当の処分を命じ、その旨を審査請求人のほか利害関係人に通知しなければならないこととされた（法13条５項）。

裁決書は、別紙第17号様式によるものとし、貴職において審査請求につき裁決をしたときは、その裁決書の写しを添えて当局にその旨を報告し、その裁決書の謄本を審査請求人及び当該登記官に交付するものとする。

登記官が裁決書の交付を受けたときは、登記事務日記帳に所要の事項を記載し、審査請求書類等綴込帳中当該審査請求書の写しの次に編綴するものとする。

5　監督法務局又は地方法務局の長の命令による登記

監督法務局又は地方法務局の長が登記官に相当の処分を命じた場合に、その命令によってする登記については、監督法務局又は地方法務局の長の命令によって登記をする旨並びに命令及び登記の年月日をも記録しなければならないこととされた（規則22条）。

第７　債権譲渡登記ファイルの記録等の保全

１　債権譲渡登記ファイルの記録のバックアップ及び滅失の回復

登記官は、債権譲渡登記ファイルに記録した事項と同一の事項の記録（以下「バックアップデータ」という。）を備えなければならないこととされ、債権譲渡登記ファイルの記録の全部又は一部が滅失したときは、バックアップデータによってこれを回復しなければならないこととされた（規則４条）。

債権譲渡登記ファイルの記録の全部又は一部が滅失した場合においてバックアップデータによってもこれを回復することができないときは、法務大臣は、登記官に対し一定の期間を定めて、登記の回復に必要な処分を命ずることができることとされた（令３条）。この場合においては、登記官は、遅滞なく、その事由、年月日及び滅失した債権譲渡登記ファイルの記録その他令第３条の処分をするのに必要な事項を記載し、かつ、回復登記の期間を予定し、監督法務局又は地方法務局の長に対して申報しなければならないこととされ、監督法務局又は地方法務局の長においては、この申報を受けたときは、相当の調査をした後、法務大臣に具申しなければならないこととされた（規則３条）。

２　債権譲渡登記ファイル等の持出禁止

債権譲渡登記ファイル並びに登記申請書及びその添付書面は、事変を避けるためにする場合を除き、登記所外に持ち出してはならないこととされた（規則１条本文）。事変を避けるため債権譲渡登記ファイル又は登記申請書若しくはその添付書面を登記所外に持ち出したときは、登記官は、速やかに、その旨を貴職に報告しなければならないものとする。

ただし、登記申請書又はその添付書面については、裁判所から送付命令又は嘱託があったときは、その関係がある部分に限り、送付しなければならないこととされた（規則第１条ただし書、２条）。

３　債権譲渡登記ファイルの記録の保全

債権譲渡登記ファイルの記録については、情報の滅失、毀損、漏洩、不正な情報の更新等がないよう適正に管理しなければならない。

第８　債権譲渡登記ファイルの記録等の保存

登記所は、債権譲渡登記ファイルの記録等を次の区分に従って保存しなければならないこととされた（規則第５条）。

⑴　債権譲渡登記ファイルの記録（閉鎖登記ファイルの記録を除く。）　永久

⑵　閉鎖登記ファイルの記録　閉鎖した日から10年間

⑶　受付帳の記録　当該年度の翌年から５年間

⑷　登記申請書等　受付の日から５年間

⑸　申請磁気ディスク　受付の日から１年間

⑹　登記申請事件以外の事件の申請書類　受付の日から１年間

この場合の登記申請書等は、登記申請書類綴込帳に、登記申請事件以外の事件の申請書類は、証明書交付申請書等綴込帳に編綴するものとする。

登記所には、上記のほか、次に掲げる帳簿を備えるものとし、その様式及び保存期間は、次のとおりとする。

⑺	決定原本綴込帳	適宜の様式	5年
⑻	返戻通知書綴込帳	適宜の様式	2年
⑼	審査請求書類等綴込帳	適宜の様式	5年
⑽	登記事務日記帳	別紙第18号様式	5年
⑾	登記印紙償還関係書類綴込帳	適宜の様式	5年
⑿	登記関係帳簿保存簿	適宜の様式	永久
⒀	統計表綴込帳	適宜の様式	10年
⒁	雑書綴込帳	適宜の様式	2年

第9　その他

登記官又はその配偶者若しくは四親等内の親族（配偶者又は四親等内の親族であった者を含む。）が申請人であるとき又は申請人を代表して申請するときは、当該登記官は、登記することができないこととされた（規則23条）。

第1号様式～第18号様式　（掲載略）

3　債権譲渡の対抗要件に関する民法の特例等に関する法律の一部を改正する法律等の施行に伴う動産譲渡登記等に関する事務の取扱いについて（平成17年9月30日付け法務省民商第2291号東京法務局長宛て民事局長通達）

債権譲渡の対抗要件に関する民法の特例等に関する法律の一部を改正する法律（平成16年法律第148号。以下「改正法」という。）、債権譲渡の対抗要件に関する民法の特例等に関する法律の一部を改正する法律の施行に伴う関係政令の整備に関する政令（平成17年政令第294号）及び債権譲渡の対抗要件に関する民法の特例等に関する法律の一部を改正する法律の施行に伴う法務省関係省令の整備に関する省令（平成17年法務省令第99号）が本年10月3日から施行されることとなり、平成17年法務省告示第501号をもって、貴局が動産及び債権の譲渡の登記に関する事務をつかさどる登記所として指定されましたが、これに伴う動産譲渡登記並びに債権譲渡登記及び質権設定登記に関する事務の取扱いについては、下記の事項に留意するよう、貴職において指定する動産譲渡登記所又は債権譲渡登記所における事務を取り扱う登記官（法6条）に周知方取り計らい願います。

なお、本通達中「法」とあるのは題名の改正後の動産及び債権の譲渡の対抗要件に関する民法の特例等に関する法律（平成10年法律第104号）を、「登記令」とあるのは題名の改正後の動産・債権譲渡登記令（平成10年政令第296号）を、「登記規則」とあるのは題名の改正後の動産・債権譲渡登記規則（平成10年法務省令第39号）をそれぞれいい、引用する条文はすべて改正後のものです。

記

第1　本通達の趣旨

本通達は、改正法により、動産譲渡登記制度が創設され、また、債務者の特定していない将来債権の譲渡についても債権譲渡登記が可能とされたことに伴い、法第5条（法第14条第1項において準用する場合を含む。以下同じ。）により指定された東京法務局において取り扱うべき動産譲渡登記に関する事務、動産譲渡登記に係る証明に関する事務、債務者不特定の将来債権に係る登記に関する事務等について、留意すべき事項を明らかにしたものである。

第2　動産譲渡登記制度の創設

1　法人が動産（当該動産につき貨物引換証、預証券及び質入証券、倉荷証券又は船荷証券が作成されているものを除く。以下同じ。）を譲渡した場合において、当該動産の譲渡につき動産譲渡登記ファイルに動産譲渡登記がされたときは、当該動産について、民法（明治29年法律第89号）第178条の引渡しがあったものとみなすとされた（法第3条第1項）。

2　動産の譲渡が取消し、解除その他の原因により効力を失った場合の動産譲渡登記の抹消登記についても、1と同様とされた（法第3条第3項、第10条第1項第2号）。

第3　動産譲渡登記の申請手続

1　動産譲渡登記

(1)　申請人

動産譲渡登記は、譲渡人及び譲受人が共同して申請すべきこととされた

（法第７条第２項）。

なお、譲渡人は、法人に限られる（法第３条第１項）。

⑵　登記すべき事項

登記すべき事項は、次のとおりとされた（法第７条第２項、登記規則第８条第１項、第２項）。

ア　譲渡人の商号又は名称及び本店又は主たる事務所

イ　譲受人の氏名及び住所（法人にあっては、商号又は名称及び本店又は主たる事務所）

ウ　譲渡人又は譲受人の本店又は主たる事務所が外国にあるときは、日本における営業所又は事務所

エ　登記原因及びその日付

オ　譲渡に係る動産を特定するために必要な事項として次の事項

㈠　動産の特質によって特定する場合

①　動産の種類

②　動産の記号、番号その他の同種類の他の物と識別するために必要な特質

㈡　動産の所在によって特定する場合

①　動産の種類

②　動産の保管場所の所在地

㈢　㈠又は㈡によって特定する譲渡の対象が２以上あるときは、１で始まる連続番号（以下「動産通番」という。）

カ　動産譲渡登記の存続期間

存続期間は、特別の事由がある場合を除き、10年を超えることができない（法第７条第３項）。

キ　登記番号

ク　登記の年月日

⑶　登記申請の方式

動産譲渡登記の申請は、書面（登記申請書）及び磁気ディスク（申請磁気ディスク）でしなければならないとされた（登記令第７条第１項）。

登記申請書及び申請磁気ディスクには、それぞれ次のア及びイに掲げる事項を記載し、又は記録しなければならず、登記申請書には、申請人又はその代表者若しくは代理人が記名押印し、申請磁気ディスクには、申請人の氏名（法人にあっては、商号又は名称）及び年月日を記載した書面をはり付けなければならないとされた（登記令第７条第２項、第３項、登記規則第12条第１項、第３項）。

なお、申請磁気ディスクは、日本工業規格Ｘ6223に適合するフレキシブルディスクカートリッジ（いわゆるFD）、日本工業規格Ｘ6272、Ｘ6275若しくはＸ6277に適合する光ディスクカートリッジ（いわゆるMO）又は日本工業規格Ｘ0606に適合する光ディスク（いわゆるCD-R）のいずれかに該当することを要し（登記規則第11条）、申請磁気ディスクへの記録の方式は、法務大臣が告示により指定する方式に従わなければならないとされた（登記令

第7条第3項、第4項)。

ア　登記申請書に記載すべき事項

(ア)　登記の目的

「動産譲渡登記」と記載する。

(イ)　申請人の氏名及び住所（法人にあっては、商号又は名称及び本店又は主たる事務所)

(ウ)　申請人の本店又は主たる事務所が外国にあるときは、日本における営業所又は事務所

(エ)　代理人によって申請するときは、その氏名及び住所

(オ)　登録免許税の額

(カ)　年月日

(キ)　登記所の表示

イ　申請磁気ディスクに記録すべき事項

(ア)　登記の目的

(イ)　代理人によって申請するときは、その氏名及び住所

(ウ)　(2)のアからカまでに掲げる事項

(エ)　譲渡に係る動産の譲渡人及び譲受人の数

なお、申請磁気ディスクには、上記の事項以外の事項であって、譲渡に係る動産の名称、保管場所の名称その他の当該動産を特定するために有益な事項（以下「有益事項」という。）を記録することができ（登記規則第12条第2項)、申請磁気ディスクに記録された有益事項は、動産譲渡登記ファイルに記録される（登記規則第16条第1項第2号)。

(4)　添付書面

動産譲渡登記の登記申請書には、次の書面を添付しなければならないとされた（登記令第8条、登記規則第13条第1項第1号、第2号)。

ア　申請人が法人であるときは、代表者の資格を証する書面

イ　代理人によって申請するときは、その権限を証する書面

ウ　存続期間が10年を超えるときは、10年を超える存続期間を定めるべき特別の事由があることを証する書面

エ　譲受人の住所、本店又は主たる事務所を証する書面

オ　登記所が作成した譲渡人の代表者の印鑑証明書

2　延長登記

(1)　申請人

動産譲渡登記をした譲渡人及び譲受人は、共同して、存続期間の延長登記を申請することができるとされた（法第9条第1項本文)。

延長登記は、延長後の存続期間が10年を超えることとなるときは、特別の事由がある場合を除き、申請することができない（法第9条第1項ただし書)。

(2)　登記すべき事項

動産譲渡登記の存続期間の延長登記において登記すべき事項は、次のとおりとされた（法第9条第2項)。

ア　当該動産譲渡登記の存続期間を延長する旨

イ　延長後の存続期間

ウ　登記番号

エ　登記の年月日

⑶　登記申請の方式

延長登記の申請は、書面（登記申請書）でしなければならないとされた（登記令第７条第１項）。

登記申請書には、次の事項を記載して、申請人又はその代表者若しくは代理人が記名押印しなければならないとされた（登記令第７条第２項、第５項）。

ア　１の⑶のアに掲げる事項（ただし、登記の目的は、「延長登記」と記載する。）

イ　登記原因及びその日付

ウ　当該延長登記に係る動産譲渡登記の登記番号

エ　延長後の存続期間

⑷　添付書面

延長登記の登記申請書に添付すべき書面は、次のとおりとされた（登記令第８条、登記規則第13条第１項第２号、第４号）

ア　申請人が法人であるときは、代表者の資格を証する書面

イ　代理人によって申請するときは、その権限を証する書面

ウ　延長後の存続期間が10年を超えるときは、10年を超える存続期間を定めるべき特別の事由があることを証する書面

エ　登記所が作成した譲渡人の代表者の印鑑証明書

オ　譲渡人又は譲受人の表示が動産譲渡登記ファイルに記録された表示と異なるときは、その変更を証する書面

３　抹消登記

⑴　申請人

動産の譲渡が効力を生じない場合、動産の譲渡が取消し、解除その他の原因により効力を失った場合又は譲渡に係る動産が消滅した場合は、譲渡人及び譲受人は、共同して、動産譲渡登記の全部又は一部の抹消登記を申請することができるとされた（法第10条第１項）。

⑵　登記すべき事項

ア　動産譲渡登記の全部の抹消登記の登記すべき事項は、次のとおりとされた（法第10条第２項）。

㈠　当該動産譲渡登記を抹消する旨

㈡　抹消登記の登記原因及びその日付

㈢　登記番号

㈣　登記の年月日

イ　動産譲渡登記の一部の抹消登記の登記すべき事項は、次のとおりとされた（法第10条第３項、登記規則第８条第３項）。

㈠　当該動産譲渡登記の一部を抹消する旨

(イ)　抹消登記の登記原因及びその日付

(ウ)　抹消登記に係る動産の動産通番

(エ)　登記番号

(オ)　登記の年月日

(3)　登記申請の方式

抹消登記の申請は、書面（登記申請書）でしなければならないとされた（登記令第7条第1項）。

登記申請書には、次の事項を記載して、申請人又はその代表者若しくは代理人が記名押印しなければならないとされた（登記令第7条第2項、第5項）。

ア　1の(3)のアに掲げる事項（ただし、登記の目的は、「抹消登記」と記載する。）

イ　登記原因及びその日付

ウ　当該抹消登記に係る動産譲渡登記の登記番号

エ　動産譲渡登記の一部の抹消登記の申請にあっては、(2)のイの(ウ)の事項

(4)　添付書面

抹消登記の登記申請書に添付すべき書面は、次のとおりとされた（登記令第8条第1号、第2号、登記規則第13条第1項第3号、第4号）。

ア　申請人が法人であるときは、代表者の資格を証する書面

イ　代理人によって申請するときは、その権限を証する書面

ウ　譲受人の印鑑証明書

エ　譲渡人又は譲受人の表示が動産譲渡登記ファイルに記録された表示と異なるときは、その変更を証する書面

4　判決等による登記

(1)　判決による動産譲渡登記、延長登記又は抹消登記

動産譲渡登記、延長登記又は抹消登記に関し、登記を申請する旨の特約等により登記申請をすべき義務があるにもかかわらず、譲渡人又は譲受人の一方が登記申請に応じない場合は、共同して申請すべき者に登記手続を命ずる判決であって執行力を有するものの正本又は謄本を添付して、単独で登記の申請をすることができるとされた（登記令第6条）。

(2)　否認の登記

動産譲渡登記に係る動産の譲渡又は動産譲渡登記が否認されたことによる破産法（平成16年法律第75号）第260条第1項、民事再生法（平成11年法律第225号）第13条第1項又は会社更生法（平成14年法律第154号）第262条第1項（他の法律において準用する場合を含む。）による否認の登記は、当該否認の裁判であって執行力を有するものの正本又は謄本を添付することにより、破産管財人、監督委員又は管財人が単独で申請することができるとされた（登記令第6条）。

(3)　破産手続開始決定取消し等の登記

裁判所書記官は、否認の登記がされている場合において、破産者について、破産手続開始の決定の取消し若しくは破産手続廃止の決定が確定したと

き又は破産手続終結の決定があったときは、職権で、遅滞なく、当該否認の登記の抹消を嘱託しなければならないとされている（破産法第260条第4項）。

なお、破産管財人が否認された行為を登記原因とする登記又は否認された登記に係る権利を放棄し、否認の登記の抹消の嘱託の申立てをしたときも、同様とされている（破産法第260条第4項）。

また、裁判所書記官は、民事再生法第13条第1項の否認の登記がされている場合において、再生債務者について、再生計画認可の決定、再生手続開始の決定の取消し若しくは再生計画不認可の決定が確定したとき、又は再生計画認可の決定が確定する前に再生手続廃止の決定が確定したときは、職権で、遅滞なく、当該否認の登記の抹消を嘱託しなければならないとされている（民事再生法第13条第4項、第6項）。

さらに、裁判所書記官は、会社更生法第262条第1項の否認の登記がされている場合において、更生会社について、更生計画認可の決定が確定したとき、更生手続開始の決定の取消しの決定若しくは更生計画不認可の決定が確定したとき又は更生が困難な場合若しくは更生手続開始原因が消滅した場合の更生手続廃止の決定が確定したときは、職権で、遅滞なく、当該否認の登記の抹消を嘱託しなければならないとされている（会社更生法第262条第4項、第6項。これらの規定を他の法律において準用する場合を含む。）。

(4) 添付書面

以上の場合においては、登記の申請書又は嘱託書に、譲渡人又は譲受人の印鑑証明書を添付することを要しないとされたが（登記規則第13条第2項）、申請人が法人である場合の資格証明書、代理人によって申請する場合の代理権限証書（登記令第8条第1号、第2号）、動産譲渡登記を申請する場合の譲受人の住所を証する書面（登記規則第13条第1項第1号）及び譲渡人又は譲受人の表示が動産譲渡登記ファイルに記録された表示と異なる場合の変更を証する書面（同項第4号）を添付しなければならないとされた。

5　登録免許税

(1) 動産譲渡登記、延長登記又は抹消登記を申請する者は、登録免許税法（昭和42年法律第35号）に規定する登録免許税を納付しなければならないとされた（登録免許税法別表第一の8号の2、租税特別措置法（昭和32年法律第2号）第84条の4）。

事　　項	課税標準	税額（1件につき）
(1) 動産譲渡登記	申請件数	7,500円
(2) 延長登記	申請件数	3,000円
(3) 抹消登記	申請件数	1,000円

(2) 納付不足額の通知、還付通知、再使用証明、再使用証明後の還付手続、再使用証明領収証書等の使用については、商業登記等事務取扱手続準則（平成17年3月2日付け法務省民商第500号本職通達）第81条から第85条までの規

定に準じて取り扱うものとする。この場合において、同準則別記第48号様式及び第50号様式中「(注) 登記の区分欄には、例えば別表第一の19号 (一) カ取締役の変更の登記のように記載する。」とあるのは、「(注) 登記の区分欄には、例えば別表第一の8号の2 (一) 動産の譲渡の登記のように記載する。」と読み替えるものとする。

第4　動産譲渡登記の手続

1　登記申請の受付

⑴　受付の処理

登記官は、登記申請書を受け取ったときは、直ちにその受付をしなければならないとされ (登記令第9条本文)、この受付は、磁気ディスクをもって調製する受付帳に登記の種類、申請人の氏名又は商号若しくは名称、受付の年月日及び受付番号を記録し、登記申請書に受付の年月日及び受付番号を記載することにより行うとされた (登記規則第14条第1項)。

登記申請書には、別紙第1号様式又はこれに準ずる様式による印版を押印し、該当欄に受付の年月日及び受付番号を記載するとともに、当該事件について、受付、登記番号の付与、入力照合、校合、通知等をした都度、該当欄に取扱者が押印するものとする。

また、動産譲渡登記所における登記については、郵送により申請することも可能であるが、登記申請書が郵送されてきた場合の受付は、当該申請書を受け取った日後最初に執務を行う日に、同日における他の登記申請書に先立ってしなければならないとされた (登記令第9条ただし書)。この場合において、受付の対象となる登記申請が複数あるときは、各申請は、同順位で受付をしなければならないとされた (登記令第10条)。

⑵　受付番号

受付において記録し、又は記載すべき受付番号は、1日ごとに更新しなければならないとされた (登記規則第14条第2項)。なお、郵送に係る登記申請を同順位で受け付ける場合の受付番号は、各申請が同順位であることを示す処理をした上、各別の受付番号を付すこととして差し支えない。

⑶　印紙の消印

登記官は、申請書を受け付けたときは、直ちにこれにはり付けた領収証書に「使用済」と記載し、又ははり付けた収入印紙に再使用を防止できる消印器で消印するものとする。

2　却下及び取下げ

⑴　登記申請の却下

受付をした登記申請については、直ちに、登記申請書、その添付書面及び申請磁気ディスク並びに動産譲渡登記以外の登記の申請の場合は動産譲渡登記ファイルの記録により、その内容を調査し、アからカまでに掲げる却下事由が存する場合には、理由を付した書面による決定で、当該申請の全部又は一部を却下しなければならないとされた (登記令第11条、登記規則第20条)。なお、申請磁気ディスクに記録された事項の調査は、電子情報処理組織を用いて行うものとする。

ア　申請に係る事項が登記すべきものでないとき。

例えば、動産譲渡登記については、法人がする動産の譲渡について民法の対抗要件の特例を定めるものであるので、譲渡人が法人でない申請であること又は譲渡に係る動産について法第3条第1項に規定する貨物引換証等が作成されていることが判明した場合には、受理することができない。

イ　申請の権限を有しない者の申請によるとき。

例えば、動産譲渡登記、延長登記又は抹消登記の申請は、譲渡人及び譲受人が共同して申請すべきものとされており、否認の登記は、破産管財人、監督委員又は管財人が申請すべきものとされているので、それ以外の者による申請は、受理することができない。

ウ　登記申請書又は申請磁気ディスクが方式に適合しないとき。

エ　登記申請書に必要な書面を添付しないとき。

オ　登記申請書の記載若しくは申請磁気ディスクの記録が登記申請書の添付書面の記載と抵触するとき又は動産譲渡登記以外の登記の登記申請書の記載が動産譲渡登記ファイルの記録と抵触するとき。

カ　登録免許税を納付しないとき。

登記申請の全部又は一部を却下するときは、別紙第2号様式又はこれに準ずる様式による決定書を作成して、これを申請人又は代理人に交付し、又は送付し、登記所に保存すべき決定書には、その欄外に決定告知の年月日及びその方法を記載して押印し、日記番号の順に従い、決定原本つづり込み帳に編てつするものとする。

この場合には、受付帳の審査結果欄に「却下」又は「一部却下」と記録し、申請書に却下し、又は、一部却下した旨を記載するものとする。

また、申請人又は代理人に送付した決定書が所在不明等を理由として返戻された場合は、何らの措置を要せず、その決定書を当該事件の申請書に編てつすることで足りる。

(2)　登記申請の取下げ

登記申請は、登記又は却下決定がされるまでの間であれば、書面により取り下げることができる。

登記申請の一部を却下すべき事由が存する場合において、「登記申請の一部を却下すべき事由が存すると登記官において認める場合には、登記申請の全部を取り下げる。」旨の取下書が提出されているときは、登記申請の一部の却下決定をすることなく、登記申請の全部の取下げがされたものとして差し支えない。

登記申請が取り下げられた場合には、受付帳の審査結果欄に「取下」と記録し、取下書に受付の年月日及び受付番号を記載し、これを申請書つづり込み帳に編てつするものとする。

この場合には、受付においてした申請書の記載及び印版の押印を朱抹し、その申請書及び添付書面並びに申請磁気ディスクを還付するものとする。ただし、商業登記等事務取扱手続準則第83条の再使用証明申出書の提出がない場合には、同準則第82条の規定による通知をした後に還付するものとする

（第３の５の⑵参照）。

3　登記の方法

却下事由が存しない登記申請については、受付の順序に従って登記をしなければならないとされ（登記令10条）、登記をするには、次の事項を動産譲渡登記ファイルに記録してしなければならないとされた（登記規則第16条）。

⑴　登記すべき事項

動産譲渡登記については第３の１の⑵に、延長登記については第３の３の⑵に、抹消登記については第３の４の⑵に、それぞれ掲げる事項である。

⑵　登記の目的

⑶　代理人によって申請されたときは、その氏名及び住所

⑷　動産譲渡登記にあっては、譲渡に係る動産の譲渡人及び譲受人数、譲渡に係る動産の個数並びに申請磁気ディスクに記録された有益事項

⑸　動産譲渡登記以外の登記にあっては、登記原因及びその日付並びに当該登記に係る動産譲渡登記の登記番号

⑹　登記の時刻　電子情報処理組織により管理される。

動産譲渡登記ファイルは磁気ディスクをもって調製することとされている（法第7条第1項）ので、動産譲渡登記ファイルへの記録は電子情報処理組織によって行い、申請磁気ディスクに記録された事項はそのまま動産譲渡登記ファイルの記録となる（登記規則第16条）。

動産譲渡登記の全部の抹消登記をしたときは、当該動産譲渡登記に係る動産譲渡登記ファイルの記録を閉鎖し、これを動産譲渡登記ファイル中に設けた閉鎖登記ファイルに記録しなければならないとされた（登記令第4条第1項）。

4　申請人への通知

登記官は、動産譲渡登記、延長登記又は抹消登記をしたときは、譲受人（抹消登記にあっては譲渡人で、数人ある場合は、そのうちの１人）に対し、次の事項を通知しなければならないとされた（登記規則第17条）。

⑴　動産譲渡登記の場合

ア　登記の目的

イ　譲渡人の商号又は名称及び本店又は主たる事務所

ウ　譲受人の氏名及び住所（法人にあっては、商号又は名称及び本店又は主たる事務所）

エ　登記原因及びその日付

オ　登記番号及び登記の年月日

⑵　延長登記の場合

ア　登記の目的

イ　登記の原因及びその日付

ウ　延長後の存続期間

エ　登記番号及び登記の年月日

⑶　抹消登記の場合

ア　登記の目的

イ　登記原因及びその日付

ウ　登記番号及び登記の年月日

エ　動産譲渡登記等の一部の抹消の場合は、抹消後の譲渡に係る動産の個数

この通知は、それぞれ別紙第3号様式から第5号様式までによることとし、代理人によって申請された登記については、申請磁気ディスクに記録された代理人あて送付することとして差し支えない。

また、送付した通知書が所在不明等を理由として返戻された場合は、その通知書を当該事件の申請書に編てつするものとする。

5　職権更正

登記官は、登記に錯誤又は遺漏があることを発見した場合において、その錯誤又は遺漏が登記官の過誤によるものであるときは、貴職の許可を得て、登記の更正をし、その旨を登記の申請をした者に通知しなければならないとされた(登記令第12条第１項)。

この場合の更正の許可を得るための申出は別紙第６号様式による申出書によってするものとし、この申出についての許可又は不許可は、別紙第７号様式による書面によってするものとする。

また、登記令第12条による登記の更正の許可書が到達したときは、受付帳に所要の記録をするほか、許可書に受付の年月日及び受付番号を記載するものとする。

登記の更正は、更正に係る登記の登記番号、更正後の事項、更正の許可の年月日、登記番号及び登記の年月日を動産譲渡登記ファイルに記録してするものとする。

登記の申請をした者に対する登記の更正をした旨の通知は、別紙第８号様式による通知書によってするものとする。

6　職権抹消

登記官は、登記した事項が登記すべきものでないことを発見したときは、職権抹消の手続を執らなければならないとされた（登記令第13条)。

職権抹消の手続は、以下のとおりである。

⑴　異議催告手続

登記官は、抹消すべき登記を申請した者に、１月を超えない一定の期間内に書面で異議を述べないときは、登記の全部又は一部を抹消すべき旨を通知しなければならないとされた（登記令第13条第１項)。この通知は、別紙第９号様式による通知書によってするものとし、その通知書の写しを貴職あて送付するものとする。

抹消すべき登記を申請した者の住所又は居所が知れないときは、この通知に代え官報で公告しなければならないとされ、この場合においては、官報のほか相当と認める新聞紙に同一の公告を掲載することができるとされた（登記令第13条第２項)。この場合の公告の公告文は、別紙第10号様式によるものとする。

⑵　異議に対する登記官の決定

⑴の異議催告手続に対し異議を述べた者があるときは、登記官は、その異議につき決定をしなければならないとされた（登記令第13条第３項)。この

場合には、貴職に内議するものとし、異議を却下する決定は、別紙第11号様式による決定書により、異議を理由ありとする決定は、別紙第12号様式による決定書によってするものとする。この決定書は、２通作成し、その１通を異議申立人に交付又は送付し、他の１通は、その欄外に決定告知の年月日を記載して押印し、日記番号の順序に従い審査請求書類等つづり込み帳に編てつするものとする。

登記官は、異議について決定をした場合は、貴職にその旨を報告するものとする。

⑶　職権抹消登記

登記官は、異議を述べた者がないとき又は異議を却下したときは、異議催告手続に係る登記の全部又は一部を抹消しなければならないとされた（登記令第13条第４項）。この登記の抹消は、抹消に係る登記の登記番号、職権により登記を抹消する旨、登記番号、登記の年月日及び動産譲渡登記の一部の抹消の場合には、職権抹消登記に係る動産の動産通番を動産譲渡登記ファイルに記録してするものとする。

7　動産譲渡登記の存続期間の満了による動産譲渡登記ファイルの記録の閉鎖

登記官は、動産譲渡登記ファイルに記録されている動産譲渡登記の存続期間が満了したときは、当該動産譲渡登記に係る記録を閉鎖し、これを動産譲渡登記ファイル中に設けた閉鎖登記ファイルに記録しなければならないとされた（登記令第４条第１項）。この場合の閉鎖の措置は、存続期間の満了後の最初に執務を行う日に行うものとする。

8　譲渡人の本店又は主たる事務所の所在地を管轄する登記所への通知

⑴　登記をした旨の通知

登記官は、動産譲渡登記若しくは抹消登記をしたとき、職権による登記の更正をした場合において当該更正に係る事項が法第12条第３項に規定する登記事項概要ファイルへの記録事項に該当するとき、職権により登記の全部若しくは一部の抹消をしたとき又は存続期間の満了した動産譲渡登記ファイルの記録を閉鎖したときは、譲渡人の本店又は主たる事務所（外国に本店又は主たる事務所があるときは、日本における営業所又は事務所）の所在地を管轄する法務局若しくは地方法務局若しくはこれらの支局又はこれらの出張所（以下「本店等所在地法務局等」という。）に対して、次の事項を通知しなければならないとされた（法第12条第１項、登記規則第19条、登記令第４条第２項、第12条第２項、第13条第５項）。

ア　動産譲渡登記の場合

㋐　当該登記をした旨

㋑　譲渡人の商号又は名称及び本店又は主たる事務所

㋒　譲受人の氏名及び住所（法人にあっては、商号又は名称及び本店又は主たる事務所）

㋓　譲渡人又は譲受人の本店又は主たる事務所が外国にあるときは、日本における営業所又は事務所

㋔　登記番号及び登記の年月日

イ　抹消登記の場合

(ア)　当該登記をした旨

(イ)　抹消登記に係る動産譲渡登記について、譲渡人の商号又は名称及び本店又は主たる事務所（本店又は主たる事務所が外国にあるときは、さらに、日本における営業所又は事務所）並びに登記番号

(ウ)　抹消登記の登記番号及び登記の年月日

(エ)　動産譲渡登記の一部の抹消登記の場合は、その旨

ウ　存続期間の満了した動産譲渡登記の記録を閉鎖した場合

(ア)　その旨

(イ)　当該動産譲渡登記について、譲渡人の商号又は名称及び本店又は主たる事務所（本店又は主たる事務所が外国にあるときは、さらに、日本における営業所又は事務所）並びに登記番号

エ　職権更正の場合　更正をした事項

オ　職権抹消の場合　抹消をした事項

なお、この通知は、①商業登記規則（昭和39年法務省令第23号）第101条第１項の規定による指定を受けた登記所（オンライン指定登記所）に対しては、別紙第13号様式の通知書に係る情報を法務省オンライン申請システムを経由して送信するものとし、②その他の登記所に対しては、別紙第14号様式の通知書により、各日の業務終了後、当日処理した分を一括してファクシミリによる送信を行うものとする。動産譲渡登記所に対しては、別紙第15号様式の到達確認がファクシミリその他の方法により返信されることとなる（平成17年９月30日付け法務省民商第2290号本職通達）。

⑵　通知に錯誤等があった場合の通知

動産譲渡登記所の登記官は、⑴により送信した通知書に錯誤又は遺漏があることを発見したときは、当該通知書の送付を受けた本店等所在地法務局等に対し、錯誤又は遺漏に係る事項を通知しなければならないとされた（登記令第14条第１項）。

この場合の通知は、別紙第16号様式による通知書をファクシミリにより送信することにより行う。

⑶　記録不能の通知書を受領した場合

上記⑴及び⑵の通知を受けた本店等所在地法務局等において、通知に係る法人の登記記録が通知の到達前に閉鎖された場合その他通知に係る事項の記録又は記載をすることができない場合には、その旨及びその事由が動産譲渡登記所あて通知されることとなる（平成17年９月30日付け法務省民商第2290号本職通達）。

この通知書が到達した場合には、登記事務日記帳に所要の記載をするほか、通知書に受付の年月日及び日記番号を記載し、動産譲渡登記事項概要ファイルへの記録を行うことができない事由が①他の登記所の管轄区域内への本店若しくは主たる事務所の移転又は②合併による解散（合併後存続する会社若しくは法人又は合併により設立する会社若しくは法人が他の登記所の管轄区域内である場合に限る。）以外であるときは、これを返戻通知書つづ

り込み帳に編てつする。

動産譲渡登記事項概要ファイルへの記録を行うことができない事由が上記①又は②によるときは、受領した通知書の記載に従い、①にあっては新所在地を管轄する登記所に、②にあっては合併後存続する会社若しくは法人又は合併により設立する会社若しくは法人の本店又は主たる事務所の所在地を管轄する登記所に、当該通知書に係る動産譲渡登記又は抹消登記に係る通知をするとともに、受領した通知書に「再通知済」と記載して、これを返戻通知書つづり込み帳に編てつする。

第5　動産譲渡登記に係る証明

1　登記事項概要証明書

(1)　登記事項概要証明書の交付の請求

登記事項概要証明書の交付は、何人でも請求することができ、この交付の請求は、次に掲げる事項を記載し、申請人又はその代表者若しくは代理人が記名した申請書でしなければならないとされた（法第11条第1項、登記令第16条第1項、第2項）。

ア　証明書の交付を請求する動産譲渡登記ファイルの記録を特定するために必要な事項

イ　特定の動産譲渡登記ファイルの記録がない旨を証明した書面の交付を請求するときは、その旨

ウ　閉鎖登記ファイルに記録されている事項を証明した書面の交付を請求するときは、その旨

エ　請求する証明書の数

オ　手数料の額

カ　年月日

キ　登記所の表示

(2)　登記事項概要証明書の交付

登記官が登記事項概要証明書の交付申請書を受け取ったときは、申請書に受付の年月日及び受付番号を記載した上、受付の順序に従って、交付申請を却下すべき事由が存する場合を除き、登記事項概要証明書の交付をしなければならないとされた（登記規則第21条）。

登記事項概要証明書には、登記されている事項（第3の1の(2)のオを除く。）及び登記の時刻を記載し、末尾に認証文を付記し、年月日及び職氏名を記載し、職印を押さなければならないとされた（登記規則第23条第1項）。

この場合の認証文の付記は、次のとおりとする。

ア　動産譲渡登記ファイル（閉鎖ファイルを除く。イにおいて同じ。）に記録されている事項を証明する場合

「上記のとおり動産譲渡登記ファイル（除く閉鎖分）に記録されていることを証明する。」

イ　特定の動産譲渡登記ファイルの記録がない旨を証明する場合

「上記のとおり動産譲渡登記ファイル（除く閉鎖分）に記録されていないことを証明する。」

ウ　閉鎖ファイルに記録されている事項を証明する場合

「上記のとおり閉鎖登記ファイルに記録されていることを証明する。」

エ　特定の閉鎖ファイルの記録がない旨を証明する場合

「上記のとおり閉鎖登記ファイルに記録されていないことを証明する。」

2　登記事項証明書

(1)　登記事項証明書の交付の請求権者

登記事項証明書の交付は、次に掲げる者に限り請求することができることとされた（法第11条第2項、登記令第15条）。

ア　譲渡に係る動産の譲渡人又は譲受人

イ　譲渡に係る動産を取得した者

ウ　譲渡に係る動産を差し押さえ、若しくは仮に差し押さえた債権者又はこれらの動産を目的とする質権その他の担保権若しくは賃借権その他使用及び収益を目的とする権利を取得した者

エ　アからウまでに掲げる者の財産の管理及び処分をする権利を有する者

オ　譲渡に係る動産の譲渡人の使用人

(2)　登記事項証明書の交付申請書

登記事項証明書の交付の請求は、1の(1)のアからキまでに掲げる事項のほか、次に掲げる事項を記載し、申請人又はその代表者若しくは代理人が記名押印した申請書でしなければならないとされた（登記令第16条第1項、第2項、第3項）。

ア　動産譲渡登記ファイルの記録に数個の動産が記録されているときは、証明書の交付を請求する動産を特定するために必要な事項

イ　動産譲渡登記ファイルの記録に数個の動産が記録されている場合において、数個の動産に係る登記事項を一括して証明した書面の交付を請求するときは、その旨

(3)　添付書面

登記事項証明書の交付申請書には、次の書面を添付しなければならないとされた（登記令第16条第4項、登記規則第22条）。

ア　申請人が法人であるときは、代表者の資格証明書

イ　代理人によって申請するときは、その権限を証する書面

ウ　申請人が(1)のイからオまでに該当する者であるときは、これを証する書面

(ア)　譲渡に係る動産を取得した者であるときは、当該動産を取得した売買契約書等がこれに当たる。

(イ)　譲渡に係る動産の差押債権者又は仮差押債権者等であるときは、差押決定書の謄本等がこれに当たる。

(ウ)　譲渡に係る動産の譲渡人等の破産管財人等であるときは、破産管財人選任証書等がこれに当たる。

(エ)　譲渡に係る動産の譲渡人の使用人であるときは、身分証明書（社員証）の写し又は保険証（譲渡人との関係がわかるもの）の写し等がこれに当たり、社員証については、原本の提示を要するものとする。

エ　申請人の印鑑の証明書であって市区町村長の作成したもの（法人にあっては、代表者の印鑑の証明書であって登記所が作成したもの）

オ　申請人が譲渡に係る動産の譲渡人又は譲受人である場合において、申請書及び添付書面における申請人の氏名又は住所（法人にあっては、商号若しくは名称又は本店等）の表示が動産譲渡登記ファイルに記録された表示と異なるときは、その変更を証する書面

(4)　登記事項証明書の交付

登記官が登記事項証明書の交付申請書を受け取ったときは、申請書に受付の年月日及び受付番号を記載した上、受付の順序に従って、交付申請を却下すべき事由がある場合を除き、登記事項証明書の交付をしなければならないとされた（登記規則第21条）。

登記事項証明書には、登記された事項、登記の目的、動産譲渡登記以外の登記に係る登記原因及びその日付、登記の時刻を記載し、末尾に証明文を付記し、年月日及び職氏名を記載し、職印を押さなければならないとされた（登記規則第23条第１項、第２項）。この場合の証明文の付記は、登記事項概要証明書の場合と同様である。

3　登記手数料

登記事項概要証明書及び登記事項証明書の交付についての手数料は、次のとおりとされた（法第21条第１項、登記手数料令（昭和24年政令第140号）第２条第６項第１号、第７項第１号）。

(1)　登記事項概要証明書の交付についての手数料は、１通につき500円

(2)　１個の動産に係る登記事項証明書の交付についての手数料は、１通につき800円

(3)　１個を超える譲渡に係る動産に係る登記事項証明書の交付についての手数料は、800円に動産の個数が１個を超える個数１個ごとに300円を加算した額

この手数料は、登記印紙を申請書にはって納付しなければならないとされた（登記規則第35条第１項）。

4　郵送による送付の請求

登記事項概要証明書又は登記事項証明書の交付の請求をする場合においては、郵送料を郵便切手で納付して、その送付を求めることができるとされた（登記令第17条、登記規則第35条第４項）。

第６　動産譲渡登記の登記申請書の閲覧

登記申請書又はその添付書面の閲覧につき利害関係を有する者は、手数料を納付して、その閲覧を請求することができるとされた（登記令第18条）。

この請求は、次の事項を記載して、申請人又はその代表者若しくは代理人が記名押印した書面でしなければならないとされた（登記令第18条第２項、第３項）。

(1)　閲覧を請求する登記申請書又はその添付書面

(2)　利害関係を明らかにする事由

(3)　手数料の額、年月日及び登記所の表示

この場合の閲覧についての手数料は、登記印紙を申請書にはって納付しな

ければならないこととされ、その額は、1事件に関する書類につき500円とされた（登記規則第35条第1項、登記手数料令第3条第3項）。

登記申請書又はその添付書面を閲覧させる場合には、登記申請書及びその添付書面の抜取、脱落、汚損、記入及び改ざんの防止に厳重に注意するものとする。

第7　動産譲渡登記についての審査請求

1　審査請求書の提出

登記官の処分を不当とする者は、貴職に審査請求をすることができるとされ、登記官を経由して、審査請求書を提出しなければならないとされた（法第19条第1項、第2項）。

登記官が審査請求書を受け取ったときは、登記事務日記帳に所要の記載をし、請求書にその年月日及び日記番号を記載するものとする。

2　登記官の処分

登記官は、審査請求を理由があると認めるときは、相当の処分をしなければならないとされた（法第19条第3項）。

登記官が法第19条第3項の規定により相当の処分をしようとする場合には、事案の簡単なものを除き、貴職に内議するものとする。

この処分をしたときは、登記官は、その処分に係る却下決定の取消決定書その他処分の内容を記載した書面を2通作成して、その1通を審査請求人に交付し、又は送付するものとし、他の1通を審査請求書類等つづり込み帳中審査請求書の編てつの個所の次に編てつするものとする。

この場合には、登記官は、当該処分の内容を別紙第17号様式による報告書により貴職に報告するものとする。

3　審査請求書の送付

登記官は、審査請求を理由がないと認めるときは、3日以内に、意見を付して事件を貴職に送付しなければならないとされた（法第19条第4項）。この送付に当たっては、別紙第18号様式による送付書に意見を付してするものとする。

この場合には、審査請求書のほか、審査請求に係る登記申請の却下決定書の写し、登記事項証明書又は登記申請書の写しその他審査請求の理由の有無を審査するのに必要な関係書類を送付し、審査請求書及び送付書の各写しを、日記番号の順序に従い、審査請求書類等つづり込み帳に編てつするものとする。

4　審査請求の裁決

貴職において、審査請求につき裁決をする場合において、審査請求の内容に特に問題があるときは、当局に内議するものとする。

貴職において、審査請求を理由があると認めるときは、登記官に相当の処分を命じ、その旨を審査請求人のほか利害関係人に通知しなければならないとされた（法第19条第5項）。

裁決書は、別紙第19号様式によるものとし、貴職において審査請求につき裁決をしたときは、その裁決書の写しを添えて当局にその旨を報告し、その裁決書の謄本を審査請求人及び当該登記官に交付するものとする。

登記官が裁決書の交付を受けたときは、登記事務日記帳に所要の事項を記載し、審査請求書類等つづり込み帳中当該審査請求書の写しの次に編てつするものとする。

5　監督法務局又は地方法務局の長の命令による登記

貴職が登記官に相当の処分を命じた場合に、その命令によってする登記については、貴職の命令によって登記をする旨並びに命令及び登記の年月日をも記録しなければならないとされた（登記規則第33条）。

第8　動産譲渡登記ファイルの記録等の保全

1　動産譲渡登記ファイルの記録のバックアップ及び滅失の回復

登記官は、動産譲渡登記ファイルに記録した事項と同一の事項の記録（以下「バックアップデータ」という。）を備えなければならないとされ、動産譲渡登記ファイルの記録の全部又は一部が滅失したときは、バックアップデータによってこれを回復しなければならないとされた（登記規則第4条）。

動産譲渡登記ファイルの記録の全部又は一部が滅失した場合においてバックアップデータによってもこれを回復することができないときは、法務大臣は、登記官に対し一定の期間を定めて、登記の回復に必要な処分を命ずることができるとされた（登記令第3条）。この場合においては、登記官は、遅滞なく、その事由、年月日及び滅失した動産譲渡登記ファイルの記録その他登記令第3条の処分をするのに必要な事項を記載し、かつ、回復登記の期間を予定し、貴職に対して申報しなければならないとされ、貴職においては、この申報を受けたときは、相当の調査をした後、法務大臣に具申しなければならないとされた（登記規則第3条）。

2　動産譲渡登記ファイル等の持出禁止

動産譲渡登記ファイル並びに登記申請書及びその添付書面は、事変を避けるためにする場合を除き、登記所外に持ち出してはならないとされた（登記規則第1条本文）。事変を避けるため動産譲渡登記ファイル又は登記申請書若しくはその添付書面を登記所外に持ち出したときは、登記官は、速やかに、その旨を貴職に報告しなければならないものとする。

ただし、登記申請書又はその添付書面については、裁判所から送付命令又は嘱託があったときは、その関係がある部分に限り、送付しなければならないとされた（登記規則第1条ただし書、第2条）。

3　動産譲渡登記ファイルの記録の保全

動産譲渡登記ファイルの記録については、情報の滅失、毀損・漏洩・不正な情報の更新等がないよう適正に管理しなければならない。

第9　動産譲渡登記ファイルの記録等の保存

登記所は、動産譲渡登記ファイルの記録等を次の区分に従って保存しなければならないとされた（登記規則第5条）。

(1)　動産譲渡登記ファイルの記録（閉鎖登記ファイルの記録を除く。）　永久

(2)　閉鎖登記ファイルの記録　閉鎖した日から10年間

(3)　受付帳の記録　当該年の翌年から5年間

(4)　登記申請書等　受付の日から5年間

⑸　申請磁気ディスク　受付の日から１年間

⑹　登記申請事件以外の事件の申請書類　受付の日から１年間

この場合の登記申請書等は登記申請書類つづり込み帳に、登記申請事件以外の事件の申請書類は証明書交付申請書等つづり込み帳に編てつするものとする。

登記所には、上記のほか、次に掲げる帳簿を備えるものとし、その様式及び保存期間は、次のとおりとする。

⑺　決定原本つづり込み帳	適宜の様式	５年
⑻　返戻通知書つづり込み帳	適宜の様式	２年
⑼　審査請求書類等つづり込み帳	適宜の様式	５年
⑽　登記事務日記帳	別紙第20号様式	５年
⑾　登記印紙償還関係書類つづり込み帳	適宜の様式	５年
⑿　登記関係帳簿保存簿	適宜の様式	永久
⒀　統計表つづり込み帳	適宜の様式	10年
⒁　雑書つづり込み帳	適宜の様式	２年
⒂　再使用証明申出書類つづり込み帳	適宜の様式	５年
⒃　登録免許税関係書類つづり込み帳	適宜の様式	５年

第10　動産譲渡登記に関するその他の事項

登記官又はその配偶者若しくは４親等内の親族（配偶者又は４親等内の親族であった者を含む。）が申請人であるとき又は申請人を代表して申請するときは、当該登記官は、登記することができないとされた（登記規則第34条）。

第11　債権譲渡登記制度の見直し

１　見直しの概要

⑴　債務者不特定の将来債権の譲渡に関する登記

債務者が特定していない将来の債権の譲渡又は質権設定について、債権譲渡登記又は質権設定登記によって第三者に対する対抗要件を具備することができるとされた（法第８条第２項第４号、第14条第１項、登記規則第９条第１項第２号）。

⑵　譲渡に係る債権等の総額

将来の債権を譲渡又は質権の目的とする場合（既発生の債権と併せて譲渡又は質権の目的とする場合を含む。）には、譲渡に係る債権又は質権の目的とされた債権（以下「譲渡に係る債権等」という。）の総額を記載しないとされた（法第８条第２項第３号、第14条第１項）。

⑶　存続期間

譲渡に係る債権等の債務者のすべてが特定している場合の存続期間は50年とされ、債務者不特定の将来債権を譲渡又は質権の目的とする場合（債務者の特定している債権と併せて譲渡又は質権の目的とする場合を含む。）の存続期間は、特別の事由がない限り10年を超えることができないとされた（法第８条第３項）。

２　見直しに係る登記申請手続等の変更点

⑴　登記すべき事項

ア　譲渡に係る債権等の総額については、既に発生した債権のみを譲渡又は質権の目的とする場合に限り登記するとされた（法第８条第２項第３号、第14条第１項）。

イ　譲渡に係る債権等を特定するために必要な事項については、債務者不特定の将来債権の登記が可能となったことに伴い、次の事項が必要的記載事項とされた（登記規則第９条第１項第２号、第３号）。

(ア)　譲渡に係る債権等の債務者が特定しているときは、債務者

(イ)　譲渡に係る債権等の債務者が特定していないときは、債権の発生原因

ウ　債権譲渡登記等の存続期間については、１の(3)のとおり

(2)　添付書面

存続期間の延長により、譲渡に係る債権等の債務者のすべてが特定している場合の存続期間が50年を超えるとき、又は債務者不特定の将来債権を譲渡し、若しくは質権の目的とする場合（債務者の特定している債権と併せて譲渡し、又は質権の目的とする場合を含む。）の存続期間が10年を超えるときは、当該存続期間を定めるべき特別の事由があることを証する書面を添付すべきとされた（登記令第８条第４号）。

(3)　登記事項証明書の交付請求権者

登記事項証明書の交付請求権者として、譲渡に係る債権の譲渡人又は質権の目的とされた債権の質権設定者の使用人が加えられた（法第11条第２項第４号）。事務手続については、第５の２に準じて取り扱う。

3　譲渡人の本店又は主たる事務所の所在地を管轄する登記所への通知

債権譲渡登記事項概要ファイルの創設に伴い、本件通知についても見直しが行われ、第４の８に準じて取り扱うものとする。

第12　電子情報処理組織による登記の申請等に関する特例等

電子情報処理組織による登記の申請等に関する特例については、次の事項を除き、平成16年４月28日付け法務省民商第1341号当職通達「登記手数料令及び債権譲渡登記令の一部を改正する政令等の施行に伴う債権譲渡登記事務の取扱いについて」（以下「平成16年通達」という。）に準じて取り扱うものとする。この場合において、平成16年通達第３の１の(5)のオは、

「　(ア)　動産譲渡登記の申請のうち存続期間が10年を超えるもの及び延長登記の申請のうち延長後の存続期間が10年を超えるもの（登記令第８条第３号）

(イ)　譲渡に係る債権等の債務者のすべてが特定している場合の債権譲渡登記等及び延長登記の存続期間（延長登記にあっては延長後の存続期間）が50年を超えるもの並びに前記以外の場合の債権譲渡登記等及び延長登記の存続期間（延長登記にあっては延長後の存続期間）が10年を超えるもの（登記令第８条第４号）」

と、平成16年通達第３の２の(4)のアの(オ)は、

「　(オ)　動産譲渡登記又は当該登記に係る延長登記若しくは抹消登記の申請にあっては登録免許税が納付期限までに納付されない場合（登記令第11条第６号）

(カ)　債権譲渡登記又は当該登記に係る延長登記若しくは抹消登記の申請に

あっては手数料が納付期限までに納付されない場合（登記令第11条第7号）」

と、平成16年通達第5の2は、

「　ア　動産譲渡登記に係る登記事項概要証明書

㈦　電磁的記録の提供の方法又は窓口交付の方法を求める場合　1通につき400円

㈣　送付の方法を求める場合　1通につき450円

イ　動産譲渡登記に係る登記事項証明書

㈦　電磁的記録の提供の方法又は窓口交付の方法を求める場合　1通につき700円（譲渡に係る動産であって1個を超えるものに係る登記事項を一括して証明したものについては、その超える個数ごとに300円を加算した額）

㈣　送付の方法を求める場合　1通につき750円（譲渡に係る動産であって1個を超えるものに係る登記事項を一括して証明したものについては、その超える個数ごとに300円を加算した額）」

とそれぞれ読み替えるものとする。

国又は地方公共団体等の職員が動産譲渡登記及び債権譲渡登記等に係る証明書の交付を職務上請求する場合には、出頭、郵送又はオンラインによるいずれの請求方法によっても、手数料を納めなければならないとされた（登記手数料令第7条）。

第1号様式～第20号様式　（掲載略）

4　動産・債権譲渡登記オンライン登記申請等事務取扱規程の制定について（平成26年3月3日付け法務省民商第15号東京法務局長宛て民事局長通達）

標記取扱規程を別添のとおり制定し、本月17日から実施することとしましたので、貴職において指定する動産譲渡登記所又は債権譲渡登記所における事務を取り扱う登記官（動産及び債権の譲渡の対抗要件に関する民法の特例等に関する法律（平成10年法律第104号）第6条）に周知方取り計らい願います。

なお、平成16年4月28日付け法務省民商第1341号当職通達「登記手数料令及び債権譲渡登記令の一部を改正する政令等の施行に伴う債権譲渡登記事務の取扱いについて」のうち第3（オンライン登記申請に係る手続）及び第4（オンライン証明書交付請求に係る手続）の部分及び平成25年3月26日付け法務省民商第38号当職通達「「債権譲渡の対抗要件に関する民法の特例等に関する法律の一部を改正する法律等の施行に伴う動産譲渡登記等に関する事務の取扱いについて」により準じて取り扱うものとされている「登記手数料令及び債権譲渡登記令の一部を改正する政令等の施行に伴う債権譲渡登記事務の取扱いについて」の一部改正について」は、この通達により廃止します。

別添

動産・債権譲渡登記オンライン登記申請等事務取扱規程

第1章　総則

（趣旨）

第1条　行政手続等における情報通信の技術の利用に関する法律（平成14年法律第151号）及び動産・債権譲渡登記規則（平成10年法務省令第39号。以下「登記規則」という。）の規定により電子情報処理組織を使用する方法により行う動産譲渡登記、債権譲渡登記、質権設定登記、延長登記若しくは抹消登記の申請又は登記事項概要証明書若しくは登記事項証明書の交付の請求に関する事務は、法令及び登記規則の規定に基づく法務大臣の定めのほか、この規程による。

（定義）

第2条　この規程において、「債権譲渡登記等」又は「申請人等」とは、それぞれ動産・債権譲渡登記令（平成10年政令第296号。以下「登記令」という。）第4条第1項に規定する債権譲渡登記等又は登記規則第26条第1項に規定する申請人等をいう。

2　この規程において、次の⑴から⑿までに掲げる用語の意義は、それぞれ⑴から⑿までに定めるところによる。

⑴　オンライン登記申請　登記規則第24条第1項の規定による同項第1号に掲げる動産譲渡登記、債権譲渡登記等、延長登記又は抹消登記の申請をいう。

⑵　オンライン証明書交付請求　登記規則第24条第1項の規定による同項第2号に掲げる登記事項概要証明書又は登記事項証明書の交付の請求をいう。

⑶　電子署名　商業登記規則（昭和39年法務省令第23号）第33条の4に定める措置をいう。

⑷　登記・供託オンライン申請システム　法務大臣の使用に係る電子計算機（入出力装置を含む。）であって、オンライン登記申請又はオンライン証明書交付請求を行う場合に用いられるものをいう。

⑸　申請書情報　申請人等が送信すべき登記規則第26条第１項各号に掲げる事項に係る情報に電子署名を行ったものをいう。

⑹　代理権限証明情報　委任による代理人の権限を証する情報に電子署名を行ったものをいう。

⑺　検証結果情報　電子署名の検証の結果及び電子証明書の有効性の確認の結果に係る情報をいう。

⑻　歳入金電子納付システム　歳入金を電子的に納付することを可能とするシステムをいう。

⑼　納付状況情報　登録免許税又は登記手数料の納付の有無及び納付額に係る情報をいう。

⑽　取下書情報　申請人等が「登記申請の全部又は一部を却下すべき事由が存すると登記官において認める場合には、登記申請の全部を取り下げる」旨の内容を記録した情報に電子署名を行ったものをいう。

⑾　登記事項概要証明書交付請求書情報　申請人等が送信すべき登記規則第28条第１項各号（第３号を除く。）に掲げる事項に係る情報をいう。

⑿　登記事項証明書交付請求書情報　申請人等が送信すべき登記規則第28条第１項各号に掲げる事項に係る情報に電子署名を行ったものをいう。

第２章　オンライン登記申請に関する事務

（受付）

第３条　登記官は、申請書情報が提供されたときは、オンライン登記申請の受付の年月日及び受付番号の情報並びに申請書情報及びこれらの検証結果情報（以下「申請帳票」という。）の内容を書面に印刷し、一括して管理する。

２　申請書情報と共に代理権限証明情報が提供されたときも、前項と同様とする。

３　オンライン登記申請の受付は、送付された登記申請書の受付を終えた後に開始する。

（登録免許税の納付確認等）

第４条　登記官は、申請書情報の受付をしたときは、申請帳票により審査を行った上で、歳入金電子納付システムを使用して登録免許税を納付することができる期限（以下「納付期限」という。）、納付に必要な納付番号、納付金額等の情報（以下「納付情報」と総称する。）を登記・供託オンライン申請システムに掲示する。

２　登録免許税の納付期限は、歳入金電子納付システムに納付情報が登録された日の翌業務日までとする。ただし、行政機関の休日に関する法律（昭和63年法律第91号）第１条第１項に規定する休日は、この期間に算入しない。

３　登記官は、歳入金電子納付システムを使用して登録免許税が納付されているかどうかを納付状況情報によって確認する。

４　担当者は、歳入金電子納付システムを使用して登録免許税が納付されたときは、登記所において納付状況情報を端末装置の画面で確認し、申請書情報の内容を表示した書面の納付欄に押印するとともに、登記官は、改めて登録免許税が納付されていることを納付状況情報によって確認した上で、審査処理の結果に係る情報（以下「審査票」という。）の内容を表示した書面に押印する。

5　担当者は、領収証書又は印紙が別記第1号様式又はこれに準ずる様式による書類（以下「印紙等貼付用紙」という。）に貼り付けられて窓口に提出され、又は送付されたときは、当該印紙等貼付用紙の提出年月日欄にその日付を記載し、押印するとともに、速やかに、登録免許税を受領した旨の処理をし、その申請について付された納付番号を取り消す。

6　担当者は、前項の規定により納付番号を取り消したときは、納付状況情報を端末操作の画面で確認し、申請書情報の内容を表示した書面の納付欄に押印するとともに、登記官は、領収証書又は印紙により登録免許税が納付されていることを印紙等貼付用紙及び納付状況情報によって確認した上で、審査票の内容を表示した書面に押印する。この場合において、登記官は、印紙等貼付用紙と申請帳票の内容を表示した書面とを一括して管理する。

7　登記官は、審査処理を完了したときは、審査票の内容を書面に印刷し、一括して管理する。

8　登記官は、事件の処理を完了したときは、受付番号の順序に従って申請帳票及び一括して管理するとされた書面を登記申請書類つづり込み帳に編てつする。

（申請の却下）

第5条　登記官は、次の⑴から⑹までのいずれかに該当する場合には、理由を付した書面による決定で、申請の全部又は一部を却下する。

⑴　申請書情報に作成者として表示された申請人等とその検証結果情報に当該申請書情報に電子署名をした者として表示されたものとが異なるとき（登記令第11条第3号）。

⑵　申請書情報が法務大臣の定める登記共通事項及び動産個別事項に分けて記録されていない等、所定の記録の方式に適合しないとき（登記令第11条第3号）。

⑶　代理人によるオンライン登記申請において、代理権限証明情報の送信がされないとき（登記令第11条第2号、第4号）。

⑷　申請書情報又は代理権限証明情報の電子署名に係る電子証明書が登記規則第26条第4項各号に規定するものでないとき（登記令第11条第3号、第4号）。

⑸　申請書情報と代理権限証明情報の内容とが抵触するとき（登記令第11条第5号）。

⑹　登録免許税が納付期限までに納付されないとき（登記令第11条第6号）。

（登録免許税の納付額が過大であるときの措置）

第6条　登記官は、申請人等が登録免許税を過大に納付したときは、登録免許税が過大に納付されたことを明らかにする措置を申請書情報の内容を表示した書面に施す。

（申請の取下げ）

第7条　登記官は、取下書情報が提供されたときは、登記申請の全部又は一部を却下すべき事由が存すると認めるときであっても、却下決定をすることなく、登記申請の全部の取下げに応じる。この場合において、登記官は、取下書情報及び検証結果情報の内容を書面に印刷した上、印刷した書面と申請帳票（代理権限証明情報を含む。）の内容を表示した書面とを一括して管理する。

2　登記官は、取下げの処理を完了したときは、受付番号の順序に従って取下書情報及び検証結果情報の内容を表示した書面を登記申請書類つづり込み帳に編てつする。

（申請の却下の指示）

第８条　登記官は、端末装置を用いてオンライン登記申請の却下の指示をするときは、取下書情報が提供されていないことを確認する。

（申請の却下等の場合の登録免許税の還付）

第９条　登記官は、登録免許税の納付がされた申請について登録免許税の還付の通知をしたときは、却下又は過大納付による還付にあっては申請書情報の内容を表示した書面に、申請の取下げによる還付にあっては取下書情報の内容を表示した書面に、別記第２号様式による印版を押印した上、当該登記官の印鑑を押印する。

（登記情報の内容を表示した書面の取扱い）

第10条　登記官は、申請人等から提供を受けた照会番号（申請人等が変更を証する書面を添付すべき場合において、当該変更を証する書面に代わるべき登記情報（電気通信回線による登記情報の提供に関する法律（平成11年法律第226号）第２条第１項に規定する登記情報をいう。）の送信を同法第３条第２項に規定する指定法人から受けるために必要な情報をいう。）により登記情報を確認したときは、当該登記情報の内容を表示した書面と申請帳票の内容を表示した書面とを一括して管理する。

第３章　オンライン証明書交付請求に関する事務

（受付）

第11条　登記官は、登記事項概要証明書交付請求書情報又は登記事項証明書交付請求書情報（以下「登記事項概要証明書交付請求書情報等」という。）が提供されたときは、オンライン証明書交付請求の受付の年月日及び受付番号の情報並びに登記事項概要証明書交付請求書情報等及びこれらの検証結果情報（以下「請求帳票」という。）の内容を書面に印刷し、一括して管理する。

2　登記事項証明書交付請求書情報と共に代理権限証明情報が提供されたときも、前項と同様とする。

（登記手数料の納付）

第12条　登記官は、登記事項概要証明書又は登記事項証明書の編集が行われたときは、請求帳票により審査を行った上で、枚数又は個数に基づき登記手数料を確定し、納付情報を登記・供託オンライン申請システムに掲示する。

2　第４条第２項から第８項までの規定は、登記官の押印に関する部分を除き、オンライン証明書交付請求について準用する。この場合において、同条中「登録免許税」とあるのは「登記手数料」と、「申請書情報」とあるのは「登記事項概要証明書交付請求書情報等」と、「申請帳票」とあるのは「請求帳票」と、「登記申請書類つづり込み帳」とあるのは「証明書交付申請書等つづり込み帳」と読み替えるものとする。

(登記事項概要証明書のオンライン証明書交付請求)

第13条　登記官は、登記事項概要証明書交付請求書情報の受付をした場合において、請求のあった特定の動産譲渡登記ファイル又は債権譲渡登記ファイルにつき該当する記録がないときは、記録がない旨を証明した書面の交付の請求がされているかどうかを確認した上で、登記事項概要証明書の編集を行う。

2　登記官は、登記事項概要証明書の交付をすることができないときは、請求がエラーとなった旨を登記・供託オンライン申請システムに掲示する。

3　登記事項概要証明書の認証日付は、当該登記事項概要証明書を発行する日付とする。

(登記事項証明書のオンライン証明書交付請求)

第14条　登記官は、登記事項証明書交付請求書情報の受付をした場合には、次の(1)から(4)までのいずれにも該当しないことを確認したときに限り、登記事項証明書の編集を行う。

(1)　登記事項証明書交付請求書情報に作成者として表示された申請人等とその検証結果情報に当該登記事項証明書交付請求書情報に電子署名をした者として表示されたものとが異なるとき。

(2)　代理権限証明情報が併せて送信されていないとき（登記事項証明書交付請求書情報の作成者として表示された申請人等が動産及び債権の譲渡の対抗要件に関する民法の特例等に関する法律（平成10年法律第104号）第11条第２項に該当する者でない場合に限る。）。

(3)　代理権限証明情報の作成者として表示された者とその検証結果情報に当該代理権限証明情報に電子署名をした者として表示されたものとが異なるとき。

(4)　登記事項証明書交付請求書情報又は代理権限証明情報の電子署名に係る電子証明書が登記規則第28条第３項に規定するものではないとき。

2　第10条、前条第２項及び第３項の規定は、登記事項証明書のオンライン証明書交付請求について準用する。

(オンライン証明書交付請求による登記事項概要証明書等の交付)

第15条　登記官は、申請人等の求めに応じて、登記事項概要証明書又は登記事項証明書を窓口交付による方法、送付による方法又は電磁的記録の提供による方法で交付する。

別記第１号様式・第２号様式　（掲載略）

5　動産・債権譲渡登記令の一部を改正する政令等の施行に伴う動産・債権譲渡登記事務の取扱いについて
（平成26年５月23日付け法務省民商第49号東京法務局長宛て民事局長通達）

動産・債権譲渡登記令の一部を改正する政令（平成26年政令第185号。以下「改正政令」という。）及び動産・債権譲渡登記規則の一部を改正する省令（平成26年法務省令第23号。以下「改正省令」という。）が本年６月２日から施行されることとなりましたが、これらに伴う動産・債権譲渡登記事務の取扱いについては、下記の点に留意し、事務処理に遺憾のないよう、貴職において指定する動産譲渡登記所又は債権譲渡登記所における事務を取り扱う登記官（動産及び債権の譲渡の対抗要件に関する民法の特例等に関する法律（平成10年法律第104号。以下「法」という。）第６条）に周知方取り計らい願います。

なお、本通達中、「登記令」とあるのは改正後の動産・債権譲渡登記令（平成10年政令第296号）を、「登記規則」とあるのは改正後の動産・債権譲渡登記規則（平成10年法務省令第39号）をそれぞれいい、引用する条文は全て改正後のものです。

記

第１　本通達の趣旨

本通達は、動産譲渡登記又は債権譲渡登記等（債権譲渡登記又は質権設定登記をいう。以下同じ。）の利便性の向上を図るため、登記申請に用いる電磁的記録媒体に記録すべき事項等が電子情報処理組織を使用して登記所に提供された場合における登記申請の方式の特例等が改正政令及び改正省令により設けられたことから、その事務の取扱い等について、留意すべき事項を明らかにしたものである。

第２　登記申請に用いる媒体の見直し

動産譲渡登記又は債権譲渡登記等の申請は、書面（以下「登記申請書」という。）及び法務省令で定める構造の電磁的記録媒体（電子的方式、磁気的方式その他人の知覚によっては認識することができない方式で作られる記録であって電子計算機による情報処理の用に供されるものに係る記録媒体をいう。以下「電磁的記録媒体」という。）でしなければならないとされた（登記令第７条第１項）。

この法務省令で定める構造は、工業標準化法（昭和24年法律第185号）に基づく日本工業規格（以下「日本工業規格」という。）X0606に適合する120ミリメートル光ディスク（いわゆる CD-R 又は CD-RW）とするとされた（登記規則第11条）。

したがって、改正政令及び改正省令の施行日以降に、申請人又はその代表者若しくは代理人（以下「申請人等」という。）から登記申請書と共に動産譲渡登記又は債権譲渡登記等の申請に使用する電磁的記録媒体として日本工業規格 X6223に適合する90ミリメートルフレキシブルディスクカートリッジ（いわゆる FD）又は日本工業規格 X6272、X6275若しくは X6277に適合する90ミリメートル光ディスクカートリッジ（いわゆる MO）をもってされた申請は、登記の申請が法令の規定により定められた方式に適合しないことから（登記令第11条第３号）、受理することはできない。

第3　登記申請の方式の特例

1　事前提供方式の創設

動産譲渡登記又は債権譲渡登記等の申請において、登記令第7条第3項各号に掲げる事項を記録した電磁的記録（電子的方式、磁気的方式その他人の知覚によっては認識することができない方式で作られる記録であって、電子計算機による情報処理の用に供されるものをいう。）に記録された情報（以下「事前提供データ」という。）が法務省令で定めるところにより電子情報処理組織を使用する方法で登記所に提供されたときは、同条第1項の規定にかかわらず、電磁的記録媒体を提出することを要しないとされた（同条第5項前段。以下「事前提供方式」という。）。この方法は、行政手続等における情報通信の技術の利用に関する法律（平成14年法律第151号）第3条第1項に規定する電子情報処理組織を使用して送信する方法とするとされた（登記規則第12条の2第1項本文）。ただし、当該方法は、法務大臣が定める条件に適合するものでなければならないとされた（同項ただし書）。

なお、事前提供方式においては、申請人等の電子署名を事前提供データに付す必要はなく、また、電子署名に係る電子証明書を併せて送信する必要もない。

また、動産譲渡登記所又は債権譲渡登記所に事前提供データを送信した申請人等から当該事前提供データの内容につき事前相談の申出があったときは、当該事前提供データを使用して相談に応ずることができるものとする。内容を修正すべき場合等には、申請人等に電話等の適宜の方法によりその旨を連絡するものとする。

2　事前提供方式による登記申請の手続

(1)　登記申請書に記載すべき事項

登記申請書には、登記令第7条第2項各号に掲げる事項のほか、事前提供データを特定するものとして法務省令で定める事項を記載しなければならないとされた（同条第5項後段）。

この法務省令で定める事項は、二次元コード又は事前提供番号とするとされた（登記規則第12条の2第2項）。

(2)　事前提供データに記録すべき事項

事前提供データには、法務大臣の指定する方式に従い、登記令第7条第3項各号に掲げる事項を記録しなければならないとされた（同条第5項前段）。

なお、事前提供データには、登記令第7条第3項各号に掲げる事項以外の事項であって、譲渡に係る動産の名称、譲渡に係る債権又は質権の目的とされた債権の弁済期その他の当該動産又は債権を特定するために有益なもの（以下「有益事項」という。）を記録することができるとされた（登記規則第12条第4項）。また、動産譲渡登記ファイル又は債権譲渡登記ファイルは、磁気ディスク（これに準ずる方法により一定の事項を確実に記録することができる物を含む。以下同じ。）をもって調製するとされているので（法第7条第1項、第8条第1項）、動産譲渡登記ファイル又は債権譲渡登記ファイルへの記録は、電子情報処理組織によって行い、事前提供データに記録された事項（登記規則第16条第1項第1号、第2号）を動産譲渡登記ファイル又は債権譲渡登記ファイルに記録するには、当該事前提供データを用いてしなければならないとされた（同条第2項）。

(3) 登記申請書の提出期間

事前提供方式による登記申請書の提出は、当該申請書に記載された二次元コード又は事前提供番号により特定される事前提供データが登記所に提供された日から起算して2週間以内にされなければならないとされた（登記規則第12条の2第3項）。

なお、申請人等から提出期間を経過した事前提供データに係る二次元コード又は事前提供番号が記載された登記申請書及びその添付書面をもってされた申請は、登記の申請が法令の規定により定められた方式に適合しないことから（登記令第11条第3号）、受理することはできない。

3 事前提供方式による登記申請受付後の手続

(1) 事前提供データの磁気ディスクへの記録

登記官は、事前提供方式による登記申請書の受付をしたときは、遅滞なく、本通達第4の1の登記申請書等の閲覧に供するため、登記令第7条第3項各号に掲げる事項及び有益事項に係る情報を磁気ディスクに記録しなければならない（登記規則第14条第3項）。

(2) 登記申請の却下

登記官は、登記申請を受け付けたときは、直ちに、登記申請書、その添付書面及び事前提供データにより、その内容を調査し、登記の申請が法令の規定により定められた方式に適合しないときには、理由を付した書面による決定で、当該申請の全部又は一部を却下しなければならない（登記令第11条第3号、登記規則第20条）。

なお、事前提供データの調査は、電子情報処理組織を用いて行うものとする。

第4 その他

1 登記申請書等の閲覧

(1) 閲覧の請求

次に掲げる書面又は情報（以下本通達第4の1において「登記申請書等」という。）の閲覧につき利害関係を有する者は、手数料を納付して、その閲覧を請求することができる（登記令第18条第1項）。この請求は、書面（以下「閲覧申請書」という。）でしなければならない（同条第2項）。

ア 登記申請書

イ 電磁的記録媒体に記録された情報又は事前提供データ

ウ 登記令第8条各号に掲げる書面

(2) 閲覧申請書の添付書面

登記申請書等の閲覧を請求するときは、閲覧申請書に次に掲げる書面を添付しなければならないとされた（登記規則第32条第1項各号）。

ア 利害関係を証する書面

例えば、登記された法人が申請人の場合にあっては代表者の印鑑の証明書であって登記所が作成したもの（印鑑証明書）及び代表者の資格を証する書面（資格証明書）や登記された動産又は債権を差し押さえたこと等を証する書面等がこれに該当する。

イ　代理人によって請求するときは、その権限を証する書面（代理権限証書）

⑶　閲覧の方法

登記申請書等の閲覧は、登記官の面前でさせるものとするとされた（登記規則第32条の２）。

2　添付書面の一部省略

同一の登記所に対して同時に数個の申請をする場合において、各登記申請書の添付書面に内容の同一のものがあるときは、１個の登記申請書に１通の添付書面の原本を添付すれば足りるとされた（登記規則第13条の２第１項）。この場合においては、他の登記申請書に添付書面の原本の写しに相違ない旨を記載した謄本を添付しなければならないとされた（同条第２項）。

3　動産譲渡登記ファイル及び債権譲渡登記ファイル等の持出禁止等

動産譲渡登記ファイル及び債権譲渡登記ファイル並びに動産譲渡登記事項概要ファイル及び債権譲渡登記事項概要ファイル並びに登記申請書等（登記申請書、登記令第８条各号に掲げる書面、登記規則第13条第１項及び第２項に掲げる書面並びに登記規則第27条第２項の磁気ディスクの記録をいう。以下同じ。）、電磁的記録媒体及び登記規則第14条第３項の磁気ディスクの記録は、事変を避けるためにする場合を除き、登記所外に持ち出してはならないとされた（登記規則第１条本文）。ただし、登記申請書等、電磁的記録媒体又は登記規則第14条第３項の磁気ディスクの記録については、裁判所の命令又は嘱託があったときは、この限りでないとされた（登記規則第１条ただし書）。

また、裁判所から登記申請書等、電磁的記録媒体又は登記規則第14条第３項の磁気ディスクの記録を送付すべき命令又は嘱託があったときは、登記官は、その関係がある部分に限り、送付しなければならないとされた（登記規則第２条）。

4　記録等の廃棄

登記所において登記に関する記録、書類又は電磁的記録媒体を廃棄するときは、法務局又は地方法務局の長の認可を受けなければならないとされた（登記規則第５条の２）。

なお、当該認可の申請は、別紙様式又はこれに準ずる様式による申請書によってするものとする。

別紙様式　（掲載略）

資料7　申請データの入力方法・入力例

1　申請データ（動産譲渡登記（窓口申請・送付申請・事前提供方式用））の入力方法

※**太字**の部分等について、「入力の仕方」欄の記載に従って入力してください。
※「必須」欄のうち、「○」は必ず入力する項目、「△」は入力事項によっては必ず入力する項目、「×」は入力してはならない項目、空白は任意入力の項目です。
※< >（タグ）部分は修正しないでください。
※更に詳しい入力条件等については、「申請データ仕様」により確認してください。（法務省ホームページ中の「登記－動産譲渡登記－」のページの「登記申請の方法」から入手可能）

1　登記共通事項ファイル（COMMON.xml）

タグ及び入力データ	必須	種類	入力の仕方
<?xml version="1.0" encoding="UTF-8"?>	－		
<登記共通事項>	－		
<登記種別コード>**01**</登記種別コード>	○	半角	「表２　登記種別コード一覧」のうち該当するコード番号を半角で入力してください。
<登記原因年月日>	－		
<元号コード>**02**</元号コード>	○	半角	「表３　元号コード一覧」のうち該当するコード番号を半角で入力してください。
<年>**28**</年>	○	半角	半角数字２桁で入力してください。「１年」、「２月」、「３日」など一桁の場合は、それぞれ「01」、「02」、「03」と入力してください。
<月>**12**</月>	○		
<日>**01**</日>	○		
</登記原因年月日>	－		
<登記原因コード>**03**</登記原因コード>	○	半角	「表４　登記原因コード一覧」のうち該当するコード番号を半角で入力してください。 証明書には、入力した登記原因コードに対応する登記原因が記載されます。
<登記原因>**動産譲渡担保契約**</登記原因>	△	全角	登記原因コードが「99」の場合は、その登記原因の名称を必ず入力してください。それ以外の登記原因コードを選択した場合にはこの欄に入力する必要はありませんが、任意事項として契約の名称（例：動産譲渡担保契約）を任意に入力することができます。
<存続期間の満了年月日>	－		
<元号コード>**02**</元号コード>	○	半角	「表３　元号コード一覧」のうち該当するコード番号を半角で入力してください。
<年>**29**</年>	○	半角	半角数字２桁で入力してください。「１年」、「２月」、「３日」など一桁の場合は、それぞれ「01」、「02」、「03」と入力してください。
<月>**11**</月>	○		
<日>**30**</日>	○		
</存続期間の満了年月日>	－		
<備考></備考>		全角	動産譲渡の契約内容等を特定するために有益な事項（例：被担保債権額）を入力することができます（127字まで入力可）。なお、動産を特定するために有益な事項は、<動産個別事項>の<備考>欄に入力してください。
<予備></予備>	×		何も入力しません。
</登記共通事項>	－		

2　譲渡人ファイル（JT.xml）

タグ及び入力データ	必須	種類	入力の仕方
<?xml version="1.0" encoding="UTF-8"?>	－		
<譲渡人情報>	－		
<譲渡人の数>**2**</譲渡人の数>	○	半角	譲渡人ファイルに記録されている譲渡人の数を半角数字で入力してください。
<譲渡人>	－		
<識別コード>**0101**</識別コード>	○	半角	「表１　識別コード表」のうち該当するコード番号を半角で入力してください。

＜商号等＞**甲乙ファイナンス株式会社**＜/ 商号等＞	○	全角	譲渡人の商号又は名称を登記事項証明書のとおり入力してください。 商号又は名称にローマ字を使用している場合に限り、先頭及び最後尾を除き、「全角スペース」を入力することができます。それ以外の場合、「甲乙ファイナンス　株式会社」のような「全角スペース」を用いた入力をすることはできません。
＜フリガナ＞**コウオツファイナンスカブシキガイシャ**＜/ フリガナ＞	○	全角	譲渡人の商号又は名称のフリガナをカタカナで入力してください。（フリガナには中点などの記号やスペースは入力することができません。）
＜取扱店＞**東京支店**＜/ 取扱店＞		全角	取扱店がある場合に入力することができます。
＜本店等所在＞**東京都中央区中央一丁目１番１号**＜/ 本店等所在＞	○	全角	譲渡人の本店等の所在地を登記事項証明書のとおり全角で入力してください。
＜外国会社の本店等の所在＞＜/ 外国会社の本店等の所在＞	△	全角	外国会社の場合には必ず入力してください。
＜会社法人等番号＞**010001000000**＜/ 会社法人等番号＞		半角	登記されている法人の場合（「識別コード」が「0101」、「0102」又は「0153」である場合）には、入力することができます。 法人の登記事項証明書の右上に表示されている12桁の数字を入力してください。 「 - 」（ハイフン）は入力しないでください。
＜予備＞＜/ 予備＞	×		何も入力しません。
＜/ 譲渡人＞	−		
＜譲渡人＞	−		譲渡人が複数いる場合には、各譲渡人について＜譲渡人＞から＜/ 譲渡人＞までの項目を繰り返して入力します。
＜識別コード＞**0102**＜/ 識別コード＞	○		
＜商号等＞**アメリカンコーポレーション**＜/ 商号等＞	○		
＜フリガナ＞**アメリカンコーポレーション**＜/ フリガナ＞	○		
＜取扱店＞**銀座支店**＜/ 取扱店＞			
＜本店等所在＞**東京都中央区中央二丁目２番２号**＜/ 本店等所在＞	○		
＜外国会社の本店等の所在＞**アメリカ合衆国・・・**＜/ 外国会社の本店等の所在＞	△		
＜会社法人等番号＞**010003111111**＜/ 会社法人等番号＞			
＜予備＞＜/ 予備＞	×		
＜/ 譲渡人＞	−		
＜/ 譲渡人情報＞	−		

3　譲受人ファイル（JJ.xml）

タグ及び入力データ	必須	種類	入力の仕方
<?xml version="1.0" encoding="UTF-8"?>	−		
＜譲受人情報＞	−		
＜譲受人の数＞**2**＜/ 譲受人の数＞	○	半角	譲受人ファイルに記録されている譲受人の数を半角数字で入力してください。
＜譲受人＞	−		
＜識別コード＞**0101**＜/ 識別コード＞	○	半角	「表１　識別コード表」のうち該当するコード番号を半角で入力してください。
＜商号等＞**株式会社エー・ビー・シーファイナンス**＜/ 商号等＞	○	全角	譲受人の商号・名称（個人の場合は氏名）を登記事項証明書（個人の場合は住民票の写し）のとおり入力してください。 氏名、商号又は名称にローマ字を使用している場合に限り、先頭及び最後尾を除き、「全角スペース」を入力することができます。それ以外の場合、「株式会社　エー・ビー・シー　ファイナンス」のような「全角スペース」を用いた入力をすることはできません。
＜フリガナ＞**カブシキガイシャエービーシーファイナンス**＜/ フリガナ＞	○	全角	譲受人の氏名、商号又は名称のフリガナをカタカナで入力してください。（フリガナには中点などの記号やスペースは入力することができません。）
＜取扱店＞＜/ 取扱店＞		全角	取扱店がある場合に入力することができます。
＜本店等所在＞**東京都中央区中央三丁目３番３号**＜/ 本店等所在＞	○	全角	譲受人の本店等の所在地を登記事項証明書（個人の場合は住民票の写し。ただし、県郡名も含む）のとおり全角で入力してください。
＜外国会社の本店等の所在＞＜/ 外国会社の本店等の所在＞	△	全角	外国会社の場合には必ず入力してください。

＜会社法人等番号＞**010001222222**＜/ 会社法人等番号＞		半角	登記されている法人の場合（「識別コード」が「0101」、「0102」又は「0153」である場合）には、入力することができます。 譲受人が法人の場合、登記事項証明書の右上に表示されている12桁の数字を入力してください。「-」（ハイフン）は入力しないでください。
＜予備＞＜/ 予備＞	×		何も入力しません。
＜/ 譲受人＞	−		
＜譲受人＞	−		譲受人が複数いる場合には、各譲受人について＜譲受人＞から＜/ 譲受人＞までの項目を繰り返して入力します。
＜識別コード＞**0102**＜/ 識別コード＞	○		
＜商号等＞**フレンチコーポレーション**＜/ 商号等＞	○		
＜フリガナ＞**フレンチコーポレーション**＜/ フリガナ＞	○		
＜取扱店＞**横浜支店**＜/ 取扱店＞			
＜本店等所在＞**横浜市中区中央一丁目１番地**＜/ 本店等所在＞	○		
＜外国会社の本店等の所在＞**フランス共和国・・・**＜/ 外国会社の本店等の所在＞	△		
＜会社法人等番号＞**020003333333**＜/ 会社法人等番号＞			
＜予備＞＜/ 予備＞	×		
＜/ 譲受人＞	−		
＜/ 譲受人情報＞	−		

4　動産個別事項ファイル（MOVABLES.xml）

タグ及び入力データ	必須	種類	入力の仕方
<?xml version="1.0" encoding="UTF-8"?>	−		
＜動産個別事項＞	−		
＜動産個数＞**3**＜/ 動産個数＞	○	半角	動産個別事項ファイルに記録されている動産個数を半角数字で入力してください。
＜動産個別＞	−		
＜動産通番＞**0001**＜/ 動産通番＞	○	半角	1件の申請ごとに0001番から始まる連続番号を4桁の半角数字で入力してください。
＜動産区分コード＞**01**＜/ 動産区分コード＞	○	半角	「表５　動産区分コード一覧」のうち該当するコード番号を半角で入力してください。
＜動産の種類＞**油圧式プレス機**＜/ 動産の種類＞	○	全角	譲渡に係る動産の種類を入力してください。全角で入力してください（90字まで入力可）。
＜動産の特質＞**製造番号：２０１０ＡＢＣ０００１**＜/ 動産の特質＞	△	全角	動産区分コードが「01」（個別動産）の場合、動産の記号、番号その他の同種類の他の物と識別するために必要な特質（製造番号等）を入力してください。全角で入力してください（90字まで入力可）。
＜備考＞**動産の名称：プレスター、保管場所の所在地：東京都中野区中央一丁目１番１号**＜/ 備考＞		全角	他の項目で入力すべき事項以外の事項であって、動産を特定するために有益な事項（動産の名称、保管場所の所在地等）を入力することができます。全角で入力してください（300字まで入力可）。
＜予備＞＜/ 予備＞	×		何も入力しません。
＜/ 動産個別＞	−		
＜動産個別＞	−		
＜動産通番＞**0002**＜/ 動産通番＞	○	半角	1件の申請ごとに0001番から始まる連続番号を4桁の半角数字で入力してください。
＜動産区分コード＞**02**＜/ 動産区分コード＞	○	半角	「表５　動産区分コード一覧」のうち該当するコード番号を半角で入力してください。
＜動産の種類＞**貴金属製品**＜/ 動産の種類＞	○	全角	譲渡に係る動産の種類を入力してください。全角で入力してください（90字まで入力可）。
＜動産の保管場所の所在地＞**東京都中野区中央二丁目２番２号**＜/ 動産の保管場所の所在地＞	△	全角	動産区分コードが「02」（集合動産）の場合、動産の保管場所の所在地を入力します。政令指定都市又は都道府県名と同一名称の市を除き、都道府県から入力してください。地番又は住居表示番号まで入力してください。全角で入力してください（90字まで入力可）。
＜備考＞**保管場所の名称：甲乙商事第一倉庫**＜/ 備考＞		全角	他の項目で入力すべき事項以外の事項であって、動産を特定するために有益な事項（動産の名称、保管場所の名称等）を入力することができます。全角で入力してください（300字まで入力可）。

＜予備＞＜/予備＞	×		何も入力しません。
＜/動産個別＞	−		
＜動産個別＞	−		複数の動産を譲渡する場合には、各動産ごとに＜動産個別＞から＜/動産個別＞までの項目を繰り返して入力します。
＜動産通番＞**0003**＜/動産通番＞	○		
＜動産区分コード＞**02**＜/動産区分コード＞	○		
＜動産の種類＞**ノートパソコン**＜/動産の種類＞	○		
＜動産の保管場所の所在地＞**東京都中野区中央三丁目３番３号**＜/動産の保管場所の所在地＞	△		
＜備考＞**保管場所の名称：丙丁商事第二倉庫**＜/備考＞			
＜予備＞＜/予備＞	×		
＜/動産個別＞	−		
＜/動産個別事項＞	−		

5　代理人ファイル（DAIRI.xml）

（注）　代理人によって登記の申請をしない場合には、代理人ファイルを作成することはできません。

タグ及び入力データ	必須	種類	入力の仕方
<?xml version="1.0" encoding="UTF-8"?>	−		
＜代理人情報＞	−		
＜代理人＞	−		
＜代理人種別＞**01**＜/代理人種別＞	○	半角	「表６　代理人種別コード一覧」のうち該当するコード番号を半角で入力してください。
＜氏名＞**動産五郎**＜/氏名＞	○	全角	代理人の氏名を全角で入力してください（20字まで入力可）。「全角スペース」は入力不可。
＜所在＞**東京都中野区中央一丁目１番１号**＜/所在＞	○	全角	代理人の所在（住所）を全角で入力してください（90字まで入力可）。「全角スペース」は入力不可。
＜予備＞＜/予備＞	×		何も記録しません。
＜/代理人＞	−		
＜代理人＞	−		譲渡人及び譲受人の代理人がそれぞれ異なるときは、各代理人ごとに＜代理人＞から＜/代理人＞までの項目を繰り返して入力します。
＜代理人種別＞**02**＜/代理人種別＞	○		
＜氏名＞**動産十郎**＜/氏名＞	○		
＜所在＞**東京都豊島区中央二丁目２番２号**＜/所在＞	○		
＜予備＞＜/予備＞	×		
＜/代理人＞	−		
＜/代理人情報＞	−		

各種コード

表1　識別コード一覧

コード名称	桁数	コード	内　容
識別コード	4	0101	登記されている日本に本店のある法人
		0102	登記されている日本に本店のない法人
		0153	登記されている登録免許税が免除される法人
		0201	登記されていない日本に本店のある法人
		0202	登記されていない日本に本店のない法人
		0203	個人
		0251	国
		0252	地方公共団体
		0253	登記されていない登録免許税が免除される法人

表2　登記種別コード一覧

コード名称	桁数	コード	内　容
登記種別コード	2	01	動産譲渡登記

表3　元号コード一覧

コード名称	桁数	コード	内　容
元号コード	2	01	昭和
		02	平成

表4　登記原因コード一覧

コード名称	桁数	コード	内　容
登記原因コード	2	01	売買
		02	贈与
		03	譲渡担保
		04	営業譲渡（09を除く。）
		05	事業譲渡（09を除く。）
		06	代物弁済
		07	交換
		08	信託
		09	現物出資
		99	その他

表5　動産区分コード一覧

コード名称	桁数	コード	内　容
動産区分コード	2	01	個別動産
		02	集合動産

表6　代理人種別コード一覧

コード名称	桁数	コード	内　容
代理人種別コード	2	01	譲渡人の代理人
		02	譲受人の代理人
		03	譲渡人及び譲受人の代理人

2　申請データ（債権譲渡登記・質権設定登記（窓口申請・送付申請・事前提供方式用））の入力方法

※**太字**の部分等について、「入力の仕方」欄の記載に従って入力してください。
※「必須」欄のうち、「○」は必ず入力する項目、「△」は入力事項によっては必ず入力する項目、「×」は入力してはならない項目、空白は任意入力の項目です。
※＜＞（タグ）部分は修正しないでください。
※更に詳しい入力条件等については、「申請データ仕様」により確認してください。（法務省ホームページ中の「登記－債権譲渡登記－」のページの「登記申請の方法」から入手可能）

1　登記共通事項ファイル（COMMON.xml）

タグ及び入力データ	必須	種類	入力の仕方
<?xml version="1.0" encoding="UTF-8"?>	－		
＜登記共通事項＞	－		
＜登記種別コード＞**01**＜/登記種別コード＞	○	半角	「表２　登記種別コード一覧」のうち該当するコード番号を半角で入力してください。
＜登記原因年月日＞	－		
＜元号コード＞**02**＜/元号コード＞	○	半角	「表３　元号コード一覧」のうち該当するコード番号を半角で入力してください。
＜年＞**28**＜/年＞	○	半角	半角数字２桁で入力してください。「１年」、「２月」、「３日」など一桁の場合は、それぞれ「01」、「02」、「03」と入力してください。
＜月＞**12**＜/月＞	○		
＜日＞**01**＜/日＞	○		
＜/登記原因年月日＞	－		
＜登記原因コード＞**03**＜/登記原因コード＞	○	半角	「表４　登記原因コード一覧」のうち該当するコード番号を半角で入力してください。
＜登記原因＞**債権譲渡担保契約**＜/登記原因＞	△	全角	登記原因コードが「99」の場合は、その登記原因の名称を必ず入力してください。それ以外の登記原因コードを選択した場合にはこの欄に入力する必要はありませんが、任意事項として契約の名称（例：債権譲渡担保契約）を任意に入力することができます（64字まで入力可）。
＜存続期間の満了年月日＞	－		
＜元号コード＞**02**＜/元号コード＞	○	半角	「表３　元号コード一覧」のうち該当するコード番号を半角で入力してください。
＜年＞**29**＜/年＞	○	半角	半角数字２桁で入力してください。「１年」、「２月」、「３日」など一桁の場合は、それぞれ「01」、「02」、「03」と入力してください。
＜月＞**11**＜/月＞	○		
＜日＞**30**＜/日＞	○		
＜/存続期間の満了年月日＞	－		
＜備考＞＜/備考＞		全角	他の項目で記録すべき事項以外の事項であって、債権譲渡を特定するために有益な事項を入力することができます（127字まで入力可）。なお、譲渡の対象である債権を特定するために有益な事項は、＜債権個別事項＞の＜備考＞欄に入力してください。
＜予備＞＜/予備＞	×		何も入力しません。
＜/登記共通事項＞	－		

2　譲渡人ファイル（JT.xml）

タグ及び入力データ	必須	種類	入力の仕方
<?xml version="1.0" encoding="UTF-8"?>	－		
＜譲渡人情報＞	－		
＜譲渡人の数＞**2**＜/譲渡人の数＞	○	半角	譲渡人ファイルに記録されている譲渡人の数を半角数字で入力してください。
＜譲渡人＞	－		
＜識別コード＞**0101**＜/識別コード＞	○	半角	「表１　識別コード表」のうち該当するコード番号を半角で入力してください。

<商号等>**甲乙商事株式会社**</商号等>	○	全角	譲渡人の商号又は名称を登記事項証明書のとおり入力してください。 商号又は名称にローマ字を使用している場合に限り、先頭及び最後尾を除き、「全角スペース」を入力することができます。それ以外の場合、「甲乙商事　株式会社」のような「全角スペース」を用いた入力をすることはできません。
<フリガナ>**コウオツショウジカブシキガイシャ**</フリガナ>	○	全角	譲渡人の商号又は名称のフリガナをカタカナで入力してください（フリガナには中点などの記号やスペースは入力することができません。）。
<取扱店>**横浜支店**</取扱店>		全角	取扱店がある場合に入力することができます。
<本店等所在>**東京都中央区銀座一丁目１番１号**</本店等所在>	○	全角	譲渡人の本店等の所在地を登記事項証明書のとおり全角で入力してください。
<外国会社の本店等の所在></外国会社の本店等の所在>	△	全角	外国会社の場合には必ず入力してください。
<会社法人等番号>**010001000000**</会社法人等番号>		半角	登記されている法人の場合（「識別コード」が「0101」、「0102」又は「0153」である場合）には、入力することができます。 法人の登記事項証明書の右上に表示されている12桁の数字を入力してください。 「-」（ハイフン）は入力しないでください。
<予備></予備>	×		何も入力しません。
</譲渡人>	−		
<譲渡人>	−		譲渡人が複数いる場合には、各譲渡人について<譲渡人>から</譲渡人>までの項目を繰り返して入力します。
<識別コード>**0102**</識別コード>	○		
<商号等>**アメリカンコーポレーション**</商号等>	○		
<フリガナ>**アメリカンコーポレーション**</フリガナ>	○		
<取扱店>**銀座支店**</取扱店>			
<本店等所在>**東京都中央区銀座二丁目２番２号**</本店等所在>	○		
<外国会社の本店等の所在>**アメリカ合衆国・・・**</外国会社の本店等の所在>	△		
<会社法人等番号>**010003111111**</会社法人等番号>			
<予備></予備>	×		
</譲渡人>	−		
</譲渡人情報>	−		

3　譲受人ファイル（JJ.xml）

タグ及び入力データ	必須	種類	入力の仕方
<?xml version="1.0" encoding="UTF-8"?>	−		
<譲受人情報>	−		
<譲受人の数>**2**</譲受人の数>	○	半角	譲受人ファイルに記録されている譲受人の数を半角数字で入力してください。
<譲受人>	−		
<識別コード>**0101**</識別コード>	○	半角	「表１　識別コード表」のうち該当するコード番号を半角で入力してください。
<商号等>**株式会社エー・ビー・シーファイナンス**</商号等>	○	全角	譲受人の商号・名称（個人の場合は氏名）を登記事項証明書（個人の場合は住民票の写し）のとおり入力してください。 氏名、商号又は名称にローマ字を使用している場合に限り、先頭及び最後尾を除き、「全角スペース」を入力することができます。それ以外の場合、「株式会社　エー・ビー・シー　ファイナンス」のような「全角スペース」を用いた入力をすることはできません。
<フリガナ>**カブシキガイシャエービーシーファイナンス**</フリガナ>	○	全角	譲受人の氏名、商号又は名称のフリガナをカタカナで入力してください（フリガナには中点などの記号やスペースは入力することができません。）。
<取扱店></取扱店>		全角	取扱店がある場合に入力することができます。
<本店等所在>**東京都中央区銀座三丁目３番３号**</本店等所在>	○	全角	譲受人の本店等の所在地を登記事項証明書（個人の場合は住民票の写し。ただし、県郡名も含む）のとおり入力してください。
<外国会社の本店等の所在></外国会社の本店等の所在>	△	全角	外国会社の場合には必ず入力してください。

<会社法人等番号>**010001222222**</会社法人等番号>		半角	登記されている法人の場合（「識別コード」が「0101」、「0102」又は「0153」である場合）には、入力することができます。 譲受人が法人の場合、登記事項証明書の右上に表示されている12桁の数字を入力してください。「-」（ハイフン）は入力しないでください。
<予備></予備>	×		何も入力しません。
</譲受人>	−		
<譲受人>	−		譲受人が複数いる場合には、各譲受人について<譲受人>から</譲受人>までの項目を繰り返して入力します。
<識別コード>**0102**</識別コード>	○		
<商号等>**フレンチコーポレーション**</商号等>	○		
<フリガナ>**フレンチコーポレーション**</フリガナ>	○		
<取扱店>**横浜支店**</取扱店>			
<本店等所在>**横浜市中区山下町１番地**</本店等所在>	○		
<外国会社の本店等の所在>**フランス共和国・・・**</外国会社の本店等の所在>	△		
<会社法人等番号>**020003333333**</会社法人等番号>			
<予備></予備>	×		
</譲受人>	−		
</譲受人情報>	−		

4 債権個別事項ファイル（CREDIT.xml）

タグ及び入力データ	必須	種類	入力の仕方
<?xml version="1.0" encoding="UTF-8"?>	−		
<債権個別事項>	−		
<債権個数>**2**</債権個数>	○	半角	債権個別事項ファイルに記録されている債権個数を半角数字で入力してください。
<債権総額>**10000000**</債権総額>	△	半角	債権のすべてが債務者特定の既発生債権の場合には、必ず入力してください。それ以外の場合には、入力できません。譲渡時債権額の合計と一致することを要します。
<被担保債権額></被担保債権額>	△	半角	質権設定登記の場合は、必ず入力してください。債権譲渡登記の場合は、入力できません。
<債権個別>	−		
<債権通番>**000001**</債権通番>	○	半角	1件の申請ごとに000001番から始まる連続番号を6桁の半角数字で入力してください。
<債権の種類コード>**0201**</債権の種類コード>	○	半角	「表５　債権の種類コード一覧」のうち該当するコード番号を半角で入力してください。
<契約年月日>	−		譲渡の対象である債権の発生原因たる契約の成立年月日（債権譲渡契約の契約年月日ではありません。）を任意項目として入力することができます。
<元号コード>**0201**</元号コード>		半角	「表３　元号コード一覧」のうち該当するコード番号を半角で入力してください。
<年>**28**</年>		半角	半角数字２桁で入力してください。「１年」、「２月」、「３日」など一桁の場合は、それぞれ「01」、「02」、「03」と入力してください。
<月>**10**</月>			
<日>**01**</日>			
</契約年月日>	−		
<債権発生年月日_始期>	−		
<元号コード>**02**</元号コード>	○	半角	「表３　元号コード一覧」のうち該当するコード番号を半角で入力してください。
<年>**28**</年>	○	半角	半角数字２桁で入力してください。「１年」、「２月」、「３日」など一桁の場合は、それぞれ「01」、「02」、「03」と入力してください。
<月>**10**</月>	○		
<日>**01**</日>	○		
</債権発生年月日_始期>	−		
<債権発生年月日_終期>	−		
<元号コード>**02**</元号コード>	○	半角	「表３　元号コード一覧」のうち該当するコード番号を半角で入力してください。

＜年＞**28**＜/年＞	○	半角	半角数字２桁で入力してください。「１年」、「２月」、「３日」など一桁の場合は、それぞれ「01」、「02」、「03」と入力してください。
＜月＞**10**＜/月＞	○		
＜日＞**01**＜/日＞	○		
＜/債権発生年月日＿終期＞	－		
＜債権発生原因＞○○**契約に基づく**○○**債権**＜/債権発生原因＞	△	全角	「その他の債権」又は債務者不特定の将来債権である場合には、必ず入力してください。それ以外の場合は、任意に入力することができます。全角で入力してください（192字まで入力可）。
＜発生時債権額＞**10000000**＜/発生時債権額＞	△	半角	債務者特定の既発生債権である場合には、必ず入力してください。それ以外の場合は、入力できません。
＜譲渡時債権額＞**7000000**＜/譲渡時債権額＞	△	半角	債務者特定の既発生債権である場合には、必ず入力してください。それ以外の場合は、入力できません。
＜弁済期の定め＞＜/弁済期の定め＞		全角	
＜債権の管理番号＞＜/債権の管理番号＞		半角	
＜外貨建債権の表示＞＜/外貨建債権の表示＞		全角	
＜備考＞＜/備考＞		全角	他の項目で入力すべき事項以外の事項であって、譲渡の対象である債権を特定するために有益な事項を任意に記録することができます。全角で入力してください（407字まで入力可）。
＜予備＞＜/予備＞	×		何も入力しません。
＜/債権個別＞	－		
＜債権個別＞	－		複数の債権を譲渡する場合には、各債権ごとに＜債権個別＞から＜/債権個別＞までの項目を繰り返して入力します。
＜債権通番＞**000002**＜/債権通番＞	○	半角	
＜債権の種類コード＞**0201**＜/債権の種類コード＞	○	半角	
＜契約年月日＞	－		
＜元号コード＞**02**＜/元号コード＞		半角	
＜年＞**28**＜/年＞		半角	
＜月＞**11**＜/月＞			
＜日＞**01**＜/日＞			
＜/契約年月日＞	－		
＜債権発生年月日＿始期＞	－		
＜元号コード＞**02**＜/元号コード＞	○	半角	
＜年＞**28**＜/年＞	○	半角	
＜月＞**11**＜/月＞	○		
＜日＞**01**＜/日＞	○		
＜/債権発生年月日＿始期＞	－		
＜債権発生年月日＿終期＞	－		
＜元号コード＞**02**＜/元号コード＞	○	半角	
＜年＞**28**＜/年＞	○	半角	
＜月＞**11**＜/月＞	○		
＜日＞**01**＜/日＞	○		
＜/債権発生年月日＿終期＞	－		
＜債権発生原因＞○○**契約に基づく**○○**債権**＜/債権発生原因＞	△	全角	
＜発生時債権額＞**5000000**＜/発生時債権額＞	△	半角	
＜譲渡時債権額＞**3000000**＜/譲渡時債権額＞	△	半角	
＜弁済期の定め＞＜/弁済期の定め＞		全角	
＜債権の管理番号＞＜/債権の管理番号＞		半角	
＜外貨建債権の表示＞＜/外貨建債権の表示＞		全角	
＜備考＞＜/備考＞		全角	
＜予備＞＜/予備＞	×		
＜/債権個別＞	－		
＜/債権個別事項＞	－		

5　債務者ファイル（SM.xml）

（注）　債権譲渡に係る全ての債権が債務者不特定の債権である場合には、債務者ファイルを作成することはできません。

タグ及び入力データ	必須	種類	入力の仕方
<?xml version="1.0" encoding="UTF-8"?>	−		
＜債務者情報＞	−		
＜債権情報＞	−		複数の債権を譲渡する場合において、それらの債権の中に債務者不特定の債権が存在するときには、当該債権については、＜債権情報＞から＜/債権情報＞までの事項を入力することはできません。
＜債権通番＞**000001**＜/債権通番＞	△	半角	記録する債務者に係る債権について、債権個別事項ファイルに記録した債権通番と同一の債権通番を入力してください。 債務者不特定の債権に係る債権通番は入力することはできません。
＜債務者の数＞**1**＜/債務者の数＞	△	半角	債権の債務者が特定している場合には、債権通番ごとに記録されている債務者の数を半角数字で入力してください。
＜債務者＞	−		
＜識別コード＞**0203**＜/識別コード＞	△	半角	「表１　識別コード表」のうち該当するコード番号を半角で入力してください。
＜商号等＞**山田太郎**＜/商号等＞	△	全角	債務者の商号・名称（個人の場合は氏名）を登記事項証明書（個人の場合は住民票の写し）のとおり入力してください。 氏名、商号又は名称にローマ字を使用している場合に限り、先頭及び最後尾を除き、「全角スペース」を入力することができます。それ以外の場合、「山田　太郎」のような「全角スペース」を用いた入力をすることはできません。
＜フリガナ＞**ヤマダタロウ**＜/フリガナ＞	△	全角	債務者の氏名、商号又は名称のフリガナをカタカナで入力してください。（フリガナには中点などの記号やスペースは入力することができません。）
＜取扱店＞＜/取扱店＞		全角	取扱店がある場合に入力することができます。
＜所在＞**東京都中野区野方二丁目２番２号**＜/所在＞	△	全角	債務者の本店等の所在地を登記事項証明書（個人の場合は住民票の写し。ただし、県郡名も含む）のとおり全角で入力してください。
＜会社法人等番号＞＜/会社法人等番号＞		半角	登記されている法人の場合（「識別コード」が「0101」、「0102」又は「0153」である場合）には、入力することができます。 債務者が法人の場合、登記事項証明書の右上に表示されている12桁の数字を入力してください。「-」（ハイフン）は入力しないでください。
＜予備＞＜/予備＞	×		何も入力しません。
＜/債務者＞	−		
＜/債権情報＞	−		
＜債権情報＞	−		複数の債権を譲渡する場合には、各債権ごとに＜債権情報＞から＜/債権情報＞までの項目を繰り返して入力します。 なお、債務者不特定の債権については、＜債権情報＞から＜/債権情報＞までの事項を入力することはできません。
＜債権通番＞**000002**＜/債権通番＞	△	半角	
＜債務者の数＞**2**＜/債務者の数＞	△	半角	
＜債務者＞	−		
＜識別コード＞**0203**＜/識別コード＞	△	半角	
＜商号等＞**鈴木一郎**＜/商号等＞	△	全角	
＜フリガナ＞**スズキイチロウ**＜/フリガナ＞	△	全角	
＜取扱店＞＜/取扱店＞		全角	
＜所在＞**東京都中野区野方三丁目３番３号**＜/所在＞	△	全角	
＜会社法人等番号＞＜/会社法人等番号＞		半角	
＜予備＞＜/予備＞	×		
＜/債務者＞	−		
＜債務者＞	−		複数の債務者がいる場合には、各債務者について＜債務者＞から＜/債務者＞までの項目を繰り返して入力
＜識別コード＞**0101**＜/識別コード＞	△	半角	
＜商号等＞**鈴木商事株式会社**＜/商号等＞	△	全角	
＜フリガナ＞**スズキショウジカブシキガイシャ**＜/フリガナ＞	△	全角	

＜取扱店＞＜/取扱店＞		全角	します。
＜所在＞**東京都中野区野方三丁目３番３号**＜/所在＞	△	全角	
＜会社法人等番号＞**010001444444**＜/会社法人等番号＞		半角	
＜予備＞＜/予備＞	×		
＜/債務者＞	−		
＜/債権情報＞	−		
＜/債務者情報＞	−		

6　原債権者ファイル（GS.xml）

タグ及び入力データ	必須	種類	入力の仕方
<?xml version="1.0" encoding="UTF-8"?>	−		
＜原債権者情報＞	−		
＜債権情報＞	−		
＜債権通番＞**000001**＜/債権通番＞	○	半角	記録する原債権者に係る債権について、債権個別事項ファイルに記録した債権通番と同一の債権通番を入力してください。 すべての債権の原債権者が同一である場合には、「000000」と入力します。
＜原債権者の数＞**1**＜/原債権者の数＞	○	半角	債権通番ごとに記録されている原債権者の数を半角数字で入力してください。
＜原債権者＞	−		すべての債権の原債権者が同一である場合（「債権通番」に「000000」と入力した場合）には、当該原債権者について＜原債権者＞から＜/原債権者＞までの項目を１つだけ入力します。
＜識別コード＞**0101**＜/識別コード＞	○	半角	「表１　識別コード表」のうち該当するコード番号を半角で入力してください。
＜商号等＞**甲乙商事株式会社**＜/商号等＞	○	全角	原債権者の商号・名称（個人の場合は氏名）を登記事項証明書（個人の場合は住民票の写し）のとおり入力してください。 氏名、商号又は名称にローマ字を使用している場合に限り、先頭及び最後尾を除き、「全角スペース」を入力することができます。それ以外の場合、「株式会社　エー・ビー・シー　ファイナンス」のような「全角スペース」を用いた入力をすることはできません。
＜フリガナ＞**コウオツショウジカブシキガイシャ**＜/フリガナ＞	○	全角	原債権者の商号又は名称等のフリガナをカタカナで入力してください。（フリガナには中点などの記号やスペースは入力することができません。）
＜取扱店＞**横浜支店**＜/取扱店＞		全角	取扱店がある場合に入力することができます。
＜所在＞**東京都中央区銀座一丁目１番１号**＜/所在＞	○	全角	原債権者の本店等の所在地を登記事項証明書等のとおり全角で入力してください。
＜会社法人等番号＞**010001000000**＜/会社法人等番号＞		半角	登記されている法人の場合（「識別コード」が「0101」、「0102」又は「0153」である場合）には、入力することができます。 債務者が法人の場合、登記事項証明書の右上に表示されている12桁の数字を入力してください。「-」（ハイフン）は入力しないでください。
＜予備＞＜/予備＞	×		何も入力しません。
＜/原債権者＞	−		
＜/債権情報＞	−		
＜債権情報＞	−		複数の債権を譲渡する場合には、各債権ごとに＜債権情報＞から＜/債権情報＞までの項目を繰り返して入力します。
＜債権通番＞**000002**＜/債権通番＞	○	半角	
＜原債権者の数＞**2**＜/原債権者の数＞	○	半角	
＜原債権者＞	−		
＜識別コード＞**0203**＜/識別コード＞	○	半角	
＜商号等＞**田中次郎**＜/商号等＞	○	全角	
＜フリガナ＞**タナカジロウ**＜/フリガナ＞	○	全角	
＜取扱店＞＜/取扱店＞		全角	
＜所在＞**横浜市中区山手一丁目１番１号**＜/所在＞	○	全角	
＜会社法人等番号＞＜/会社法人等番号＞		半角	
＜予備＞＜/予備＞	×		

</原債権者>	−			
<原債権者>	−			
<識別コード>**0101**</識別コード>	○	半角		
<商号等>**田中企画株式会社**</商号等>	○	全角		
<フリガナ>**タナカキカクカブシキガイシャ**</フリガナ>	○	全角		複数の原債権者がいる場合には、各原債権者について<原債権者>から</原債権者>までの項目を繰り返して入力します。
<取扱店></取扱店>		全角		
<所在>**横浜市中区山手二丁目２番２号**</所在>	○	全角		
<会社法人等番号>**020001555555**</会社法人等番号>		半角		
<予備></予備>	×			
</原債権者>	−			
</債権情報>	−			
</原債権者情報>	−			

7　代理人ファイル（DAIRI.xml）

（注）　代理人によって登記の申請をしない場合には、代理人ファイルを作成することはできません。

タグ及び入力データ	必須	種類	入力の仕方
<?xml version="1.0" encoding="UTF-8"?>	−		
<代理人情報>	−		
<代理人>	−		
<代理人種別>**01**</代理人種別>	○	半角	「表６　代理人種別コード一覧」のうち該当するコード番号を半角で入力してください。
<氏名>**高橋三郎**</氏名>	○	全角	代理人の氏名を全角で入力してください（20字まで入力可）。「全角スペース」は入力不可。
<所在>**東京都中野区野方一丁目１番２号**</所在>	○	全角	代理人の所在（住所）を全角で入力してください（90字まで入力可）。「全角スペース」は入力不可。
<予備></予備>	×		何も記録しません。
</代理人>	−		
<代理人>	−		
<代理人種別>**02**</代理人種別>	○	半角	
<氏名>**近藤史郎**</氏名>	○	全角	譲渡人及び譲受人の代理人がそれぞれ異なるときは、各代理人ごとに<代理人>から</代理人>までの項目を繰り返して入力します。
<所在>**東京都中野区野方二丁目２番３号**</所在>	○	全角	
<予備></予備>	×		
</代理人>	−		
</代理人情報>	−		

各種コード

表1　識別コード一覧

コード名称	桁数	コード	内　容
識別コード	4	0101	登記されている日本に本店のある法人
		0102	登記されている日本に本店のない法人
		0153	登記されている登録免許税が免除される法人
		0201	登記されていない日本に本店のある法人
		0202	登記されていない日本に本店のない法人
		0203	個人
		0251	国
		0252	地方公共団体
		0253	登記されていない登録免許税が免除される法人

表2　登記種別コード一覧

コード名称	桁数	コード	内　容
登記種別コード	2	01	債権譲渡登記
		02	質権設定登記

表3　元号コード一覧

コード名称	桁数	コード	内　容
元号コード	2	01	昭和
		02	平成

表4　登記原因コード一覧

コード名称	桁数	コード	内　容
登記原因コード	2	01	売買
		02	贈与
		03	譲渡担保
		04	営業譲渡（09を除く。）
		05	事業譲渡（09を除く。）
		06	代物弁済
		07	交換
		08	信託
		09	現物出資
		10	質権設定　　**質権設定登記用登記原因コード**
		99	その他

表5　債権の種類コード一覧

次ページに記載

表6　代理人種別コード一覧

コード名称	桁数	コード	内　容
代理人種別コード	2	01	譲渡人の代理人
		02	譲受人の代理人
		03	譲渡人及び譲受人の代理人

表5 債権の種類コード一覧

コード名称	桁数	区分		コード	内 容
債権の種類コード	4	債務者特定債権	既発生債権（注1）	0101	住宅ローン債権
				0102	消費者ローン債権
				0199	その他の貸付債権
				0201	売掛債権（0301を除く。）
				0301	割賦販売代金債権
				0401	運送料債権
				0501	リース債権
				0601	クレジット債権
				0701	不動産賃料債権（0501を除く。）
				0799	その他の賃料債権
				0801	診療報酬債権
				0899	その他の報酬債権
				0901	入居保証金債権
				1001	工事請負代金債権
				9999	その他の債権
			混在型債権（注2）	A101	住宅ローン債権
				A102	消費者ローン債権
				A199	その他の貸付債権
				A201	売掛債権（A301を除く。）
				A301	割賦販売代金債権
				A401	運送料債権
				A501	リース債権
				A601	クレジット債権
				A701	不動産賃料債権（A501を除く。）
				A799	その他の賃料債権
				A801	診療報酬債権
				A899	その他の報酬債権
				A901	入居保証金債権
				A001	工事請負代金債権
				A999	その他の債権
			将来債権（注3）	B101	住宅ローン債権
				B102	消費者ローン債権
				B199	その他の貸付債権
				B201	売掛債権（B301を除く。）
				B301	割賦販売代金債権
				B401	運送料債権
				B501	リース債権
				B601	クレジット債権
				B701	不動産賃料債権（B501を除く。）
				B799	その他の賃料債権
				B801	診療報酬債権
				B899	その他の報酬債権
				B901	入居保証金債権
				B001	工事請負代金債権
				B999	その他の債権
		債務者不特定の将来債権（注4）		C101	住宅ローン債権
				C102	消費者ローン債権
				C199	その他の貸付債権
				C201	売掛債権（C301を除く。）
				C301	割賦販売代金債権

			C401	運送料債権
			C501	リース債権
			C601	クレジット債権
			C701	不動産賃料債権（C501を除く。）
			C799	その他の賃料債権
			C801	診療報酬債権
			C899	その他の報酬債権
			C901	入居保証金債権
			C001	工事請負代金債権
			C999	その他の債権

（注１） 債務者特定の既発生債権とは、特定の債務者に対する金銭債権であって、債権譲渡契約又は質権設定契約の締結の時以前に既に具体的に発生しているものをいう。

（注２） 債務者特定の混在型債権とは、特定の債務者に対する金銭債権であって、債権譲渡契約又は質権設定契約の締結の時において既に具体的に発生している部分と将来具体的に発生する部分とが存するものをいう。

（注３） 債務者特定の将来債権とは、特定の債務者に対する金銭債権であって、債権譲渡契約又は質権設定契約の締結の時以後に具体的に発生するものをいう。

（注４） 債務者不特定の将来債権とは、債務者以外の要素によって特定される金銭債権であって、債権譲渡契約又は質権設定契約の締結の時以後に具体的に発生するものをいう。

資料8　申請データを作成するに当たり注意すべき事項

第１　申請データの作成（入力）について

申請データの作成（入力）に当たっては、文字種類等につき、制限事項があります。申請データの入力に際し特に注意すべき点については、資料７「申請データの入力方法・入力例」に記載した事項のほか、以下の点に注意してください。

1　入力事項には全角文字で入力しなければならないものと、半角文字で入力しなければならないものがあります。全角文字による入力事項と半角文字による入力事項の別については、資料７「申請データの入力方法・入力例」を御覧ください。

2　以下の文字は、使用できません。

①　全角文字の「―」（ダッシュ全角。なお、似た文字に「－」（マイナス）、「‐」（ハイフン）がありますが、これらは使用可能です。）「～」「‖」「¢」「£」「¬」

②「①、②」等の丸数字、「Ⅱ、Ⅵ」等のローマ数字（「I、V」等のアルファベットを用いたり、組み合わせたりすることにより、表記することは可能）、「㍍、㎡、㎞」等の単位記号、「㈱、㈲、№」等の合字

③　半角カナ

④「空白」（スペース）は、譲渡人、譲受人、原債権者及び債務者の商号に空白が使用されている場合を除き、使用できません。

⑤「改行」

3　入力に使用できる漢字は、JIS第一水準・第二水準に限られます。外字については、カタカナで入力してください（例：髙→タカ。なお、証明書には、入力したカタカナで表示されます。）。外字がそのまま入力されている場合は、登記できません。

4　譲渡人及び譲受人の表示（商号、本店等。個人の場合は、氏名、住所）が申請書に添付されている「資格証明書」や「住民票の写し」等の記載と異なる場合には登記できませんので、間違いのないように入力してください。

本店や住所の記載については、「資格証明書」や「住民票の写し」で「一丁目１番１号」と記載されている場合はそのとおり入力し、「１－１－１」のように省略して入力しないでください。

5　入力する事項がない欄については、その欄の＜＞（タグ）は削除せず、残したままにしておいてください。例えば、「取扱店」を入力しない場合、＜取扱店＞＜／取扱店＞というタグを削除せず、残したままにしておいてください。

第２　申請データの提出について

1　「申請人プログラム」による申請データの形式チェックについて

申請データは所定の記録方式に従って作成される必要があるため、登記申請の前に、「申請人プログラム」を用いて、申請データの形式チェックを実行していただくようお願いいたします。

「申請人プログラム」は、法務省ホームページ中の「登記－動産譲渡登記－」及び「登記－債権譲渡登記－」の各案内ページ（アクセス方法及びアドレスについては、Q32参照）中の「登記申請の方法」から無償でダウンロードするこ

とができます。

<「申請人プログラム」による申請データの形式チェックの手順〔窓口・送付申請の場合（事前提供方式の場合も含む。）〕>

① 「申請人プログラム」をお使いのパソコンにインストール・起動し、「申請人プログラム起動メニュー」中の「動産譲渡登記申請人プログラム」又は「債権譲渡登記申請人プログラム」をクリックします。

② 「申請人プログラムメニュー【動産】」又は「申請人プログラムメニュー【債権】」中の「データチェック」をクリックし、「データチェック【動産】」画面又は「データチェック【債権】」画面において、「申請種別」は「登記申請」を、「申請方法」は「送付・出頭」のボタンを選択します。

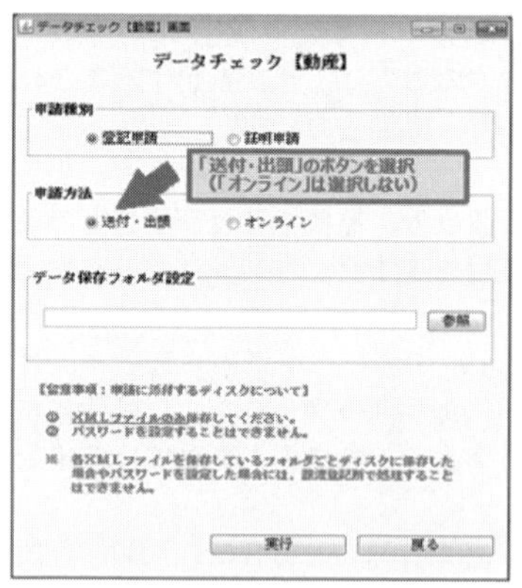

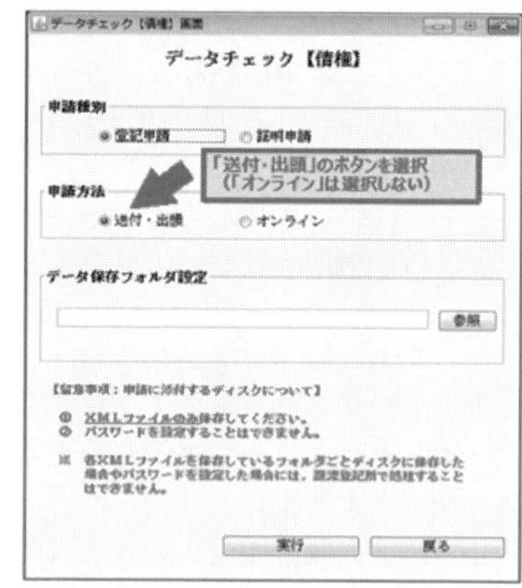

③ 「データ保存フォルダ設定」内で必要事項を入力した各ＸＭＬファイルが格納されているフォルダを指定し、「実行」をクリックすることで、そのフォルダのデータチェックを行います。

④ エラーがない場合は、「申請データチェックが正常終了しました。」と表示されます。エラーがある場合は、「申請データにエラーがあります。詳細はエラーログを参照してください。」と表示されますので、エラーログを参照の上、申請データを修正してください。

2　申請データのＣＤ－Ｒ又はＣＤ－ＲＷへの保存方法について

1の「申請人プログラム」による申請データの形式チェックが完了した後、各ＸＭＬファイルをフォルダから取り出し、動産譲渡登記所又は債権譲渡登記所に提出する申請磁気ディスク内に各ＸＭＬファイルを保存します。

この際、各ＸＭＬファイルをフォルダに格納したまま動産譲渡登記所又は債権譲渡登記所に提出すると、登記申請を受理することができませんので、十分御注意ください（以下の図を参照）。

なお、提出するＸＭＬファイルの種類については、以下の点に御注意ください。

① 「代理人ファイル」(DAIRI.xml) は、代理人によって登記の申請をする場合のみ必要になります。

代理人によって登記の申請をしない場合には、代理人ファイルは必ず削除してください（提出する申請データ中に入力事項のない代理人ファイルが存在する場合、登記申請を受理することができません。）。

逆に、代理人によって登記の申請をする場合には、代理人ファイルも必ず提出していただくよう御注意ください。

② 「債務者ファイル」(SM.xml) は、債権譲渡に係るすべての債権が債務者不特定の債権である場合は作成不要ですので、この場合は、債務者ファイルは必ず削除してください（提出する申請データ中に入力事項のない債務者ファイルが存在する場合、登記申請を受理することができません。）。

申請データの保存方法

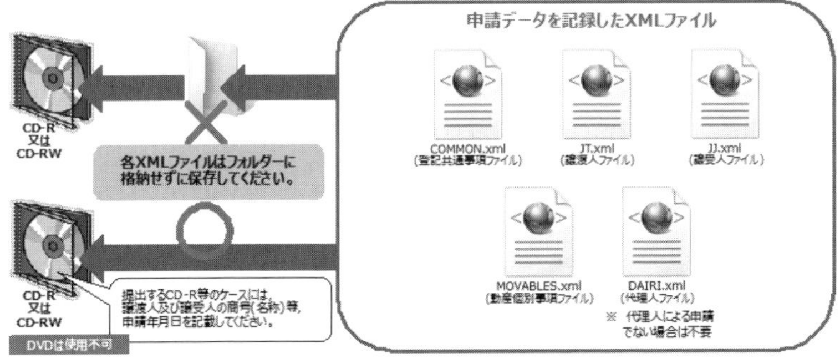

申請データの保存方法

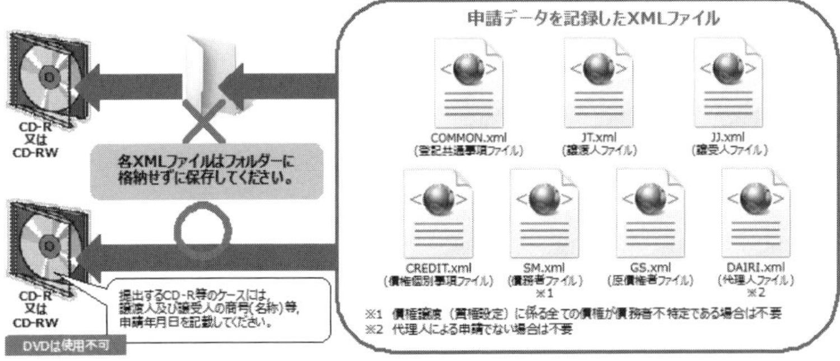

動産譲渡登記申請チェックリスト		
◆◆◆申請する前に、次の項目を確認してください◆◆◆		チェック欄
登記申請書		
1	登記申請書に記載した譲渡人及び譲受人の商号（名称）、本店（主たる事務所）等の事項は、添付書面である資格証明書等の記載と一致していますか（これらの事項の略記は認められません。）。	
2	【本人申請の場合】 登記申請書に押印した譲渡人の印影と添付書面である印鑑証明書の印影は、同一ですか。	
3	【代理申請の場合】 登記申請書に代理人の押印がされていますか。	
4	登録免許税として「収入印紙」又は「収納機関等発行の領収証書」が貼付されていますか（登記印紙、県収入証紙等により納付することはできません。）。	
添付書面		
5	譲渡人の資格証明書及び印鑑証明書、譲受人の資格証明書（自然人の場合には、住民票の写し）が添付されていますか。	
6	資格証明書・印鑑証明書の有効期限（３か月）が経過していませんか。	
7	【代理申請の場合】 代理権限証書（委任状）が添付されていますか（委任状の内容につき下記の「委任状（代理申請の場合）」の項目も確認してください。）。	
8	【事前提供方式の場合】 「二次元コード記載用紙」・「お知らせ通知」が添付されていますか。	
申請データ		
9	記録した譲渡人及び譲受人の商号（名称）、本店（主たる事務所）等の事項は、添付書面である資格証明書等の記載と一致していますか（これらの事項の略記は認められません。）。	
10	「申請人プログラム」の「データチェック」メニューによる申請データの形式チェックを行い、正常終了することを確認しましたか。	
11	動産個別事項ファイルに記録する動産個数は、1,000個以内になっていますか。	
12	【書面方式の場合】 提出するCD-R等には、全ての申請データが保存されていますか。	
13	【書面方式の場合】 提出するCD-R等には、申請データ（XMLファイル）のみが保存されていますか（フォルダーに格納されずに保存されていますか。）。	
14	【書面方式の場合】 提出するCD-R等のケースには、譲渡人及び譲受人の商号（名称）等、申請年月日を記載しましたか。	
委任状（代理申請の場合）		
15	委任状に登記のために必要な委任事項が全て記載されていますか。登記原因年月日や委任状作成年月日の記載漏れがありませんか。	
16	委任状に「取下げの件」が委任事項として記載されていますか。	
17	委任状に譲渡人及び譲受人の押印はされていますか。委任状に押印された譲渡人の印影と添付する印鑑証明書の印影は、同一ですか。	
18	委任状に記載された委任事項と申請データに記録した事項は、一致（特に登記原因及びその日付は要注意です。）していますか。	
19	委任状に記載された譲渡人及び譲受人の記載は、添付書面の記載と一致していますか。	

債権譲渡登記申請チェックリスト		
◆◆◆申請する前に、次の項目を確認してください◆◆◆		チェック欄
登記申請書		
1	登記申請書に記載した譲渡人及び譲受人の商号（名称）、本店（主たる事務所）等の事項は、添付書面である資格証明書等の記載と一致していますか（これらの事項の略記は認められません。）。	
2	【本人申請の場合】　登記申請書に押印した譲渡人の印影と添付書面である印鑑証明書の印影は、同一ですか。	
3	【代理申請の場合】　登記申請書に代理人の押印がされていますか。	
4	登録免許税として「収入印紙」又は「収納機関等発行の領収証書」が貼付されていますか（登記印紙、県収入証紙等により納付することはできません。）。	
添付書面		
5	譲渡人の資格証明書及び印鑑証明書、譲受人の資格証明書（自然人の場合には、住民票の写し）が添付されていますか。	
6	資格証明書・印鑑証明書の有効期限（３か月）が経過していませんか。	
7	【代理申請の場合】　代理権限証書（委任状）が添付されていますか（委任状の内容につき下記の「委任状（代理申請の場合）」の項目も確認してください。）。	
8	【事前提供方式の場合】「二次元コード記載用紙」・「お知らせ通知」が添付されていますか。	
申請データ		
9	記録した譲渡人及び譲受人の商号（名称）、本店（主たる事務所）等の事項は、添付書面である資格証明書等の記載と一致していますか（これらの事項の略記は認められません。）。	
10	「申請人プログラム」の「データチェック」メニューによる申請データの形式チェックを行い、正常終了することを確認しましたか。	
11	債権個別事項ファイルに記録する債権個数は、10万個以内になっていますか。	
12	【書面方式の場合】　提出するCD－R等には、全ての申請データが保存されていますか。	
13	【書面方式の場合】　提出するCD－R等には、申請データ（XMLファイル）のみが保存されていますか（フォルダーに格納されずに保存されていますか。）。	
14	【書面方式の場合】　提出するCD-R等のケースには、譲渡人及び譲受人の商号（名称）等、申請年月日を記載しましたか。	
委任状（代理申請の場合）		
15	委任状に登記のために必要な委任事項が全て記載されていますか。登記原因年月日や委任状作成年月日の記載漏れがありませんか。	
16	委任状に「取下げの件」が委任事項として記載されていますか。	
17	委任状に譲渡人及び譲受人の押印はされていますか。委任状に押印された譲渡人の印影と添付する印鑑証明書の印影は、同一ですか。	
18	委任状に記載された委任事項と申請データに記録した事項は、一致（特に登記原因及びその日付は要注意です。）していますか。	
19	委任状に記載された譲渡人及び譲受人の記載は、添付書面の記載と一致していますか。	

【掲載記載例の目次】

・・・【証明書記載例11】を参照（676頁）

4　閉鎖概要ファイルの記録事項が記載されている証明書の例〔注１〕〔注９〕

・・・【証明書記載例12】を参照（677頁）

5　ないこと証明書の例〔注１〕〔注10〕

・・・【証明書記載例13】を参照（678頁）

〔注１〕　これらの【証明書記載例】については、債権譲渡登記の証明書の例を掲載していますが、動産譲渡登記及び質権設定登記の証明書の例についても、動産譲渡登記及び質権設定登記に固有の証明事項に係る部分を除き、この債権譲渡登記の証明書の例と同様となります。

〔注２〕　この証明書記載例は、検索条件として、「譲渡人」及び「債務者」を指定した場合の例です。

〔注３〕　一部抹消登記の対象となる動産・債権については、「一部抹消事項」欄への記載がされます。一部抹消登記がされたとしても、譲渡登記ファイルの記録事項全部が抹消されるか、存続期間の満了により登記官による閉鎖処理がされない限り、閉鎖登記事項証明書が発行されることにはなりません。本記載例は「一括証明形式」のものですが、以上の点については、「個別事項証明」形式の場合も同様です。

〔注４〕　全部抹消登記がされる場合、登記の対象である各動産・債権について「一部抹消事項」欄への記載がされます。

〔注５〕　登記の存続期間満了に基づき登記官による閉鎖処理がされる場合、登記の対象である各動産・債権について「一部抹消事項」欄への記載はされません。

〔注６〕　否認の登記がされる場合、登記の対象である各動産・債権について「一部抹消事項」欄への記載はされません。また、否認の登記がされたことに基づき閉鎖登記事項証明書が発行されることにはなりません。

〔注７〕　譲渡登記をした後に複数の登記（延長登記、一部抹消登記又は全部抹消登記）がされた場合における登記事項証明書の「概要事項」（証明書の１枚目）への記載のされ方も、本証明書記載例と同様です。

〔注８〕　この証明書記載例は、検索条件として「譲渡人」を指定した場合の例です。

〔注９〕　本証明書記載例における「第2015－500号質権設定」に係る記録については、抹消登記の対象ではなく、また、存続期間の満了に基づく登記官による閉鎖処理もされていませんが、甲乙産業株式会社が他の登記所の管轄区域への本店移転の登記をしたことにより、閉鎖概要ファイルの記録事項とされたものです。なお、この「第2015－500号質権設定」に係る記録については、本店移転先の登記所において作成される概要ファイルへの移記処理がされます。

〔注10〕　閉鎖概要記録事項証明書の場合、表題は「閉鎖概要記録事項証明書（動産）」又は「閉鎖概要記録事項証明書（債権）」と記載され、登記官の証明文は、「これは動産譲渡登記事項概要ファイルに記録されている閉鎖されている事項がないことを証明した書面である。」又は「これは債権譲渡登記事項概要ファイルに記録されている閉鎖されている事項がないことを証明した書面である。」と記載されます。

第１　登記事項証明書

【証明書記載例１】　ないこと証明書の例（登記事項証明書）

登　記　事　項　証　明　書

【受付年月日】：平成３０年４月１９日　【受付番号】：００００１

【検索条件】
【登記番号】：－
【譲渡人名（質権設定者名）】
［商号等］：甲乙産業株式会社

［フリガナ］：コウオツサンギョウカブシキガイシャ

［所在］：東京都中野区野方一丁目××番××号

［会社法人等番号］：－
【譲受人名（質権者名）】
［商号等］：－

［フリガナ］：－

［所在］：－

［会社法人等番号］：－
【原債権者】
［商号等］：－

［フリガナ］：－

［所在］：－

［会社法人等番号］：－
【債務者】
［商号等］：第一産業株式会社

［フリガナ］：ダイイチサンギョウカブシキガイシャ

［所在］：東京都新宿区西新宿五丁目×番×号

［会社法人等番号］：－
【債権の種類】：－
【債権の発生年月日の範囲】：－
【登記年月日の範囲】：－

上記の条件に該当する登記事項は記録されていません。

【検索の対象となった記録】：平成３０年４月１８日現在
上記のとおり債権譲渡登記ファイル（除く閉鎖分）に記録されていないことを証明する。

平成３０年４月１９日

東京法務局　　登記官　　　　法務　太郎　職印

（注）　この証明書は，債権の存否を証明するものではありません。

（　1/　1）［証明番号］20180002222（　1/　1）

【証明書記載例２】　延長登記の証明書の例（登記事項証明書（債務者が複数））

登　記　事　項　証　明　書

概要事項

【登記の目的】：債権譲渡登記

【譲渡人】
【本店等】：東京都千代田区九段南一丁目××番××号

【商号等】：甲乙産業株式会社

【会社法人等番号】：－

【取扱店】：－

【日本における営業所等】：－

【譲受人】
【本店等】：東京都中野区野方一丁目××番××号

【商号等】：丙丁ファイナンス株式会社

【会社法人等番号】：－

【取扱店】：－

【日本における営業所等】：－

【登記原因日付】：平成２５年４月１日
【登記原因（契約の名称）】：売買

【債権の総額】：－
【被担保債権額】：－
【登記の存続期間の満了年月日】：平成３０年３月３１日
【備考】：－

【申請区分】：出頭
【登記番号】：第２０１３－１０００００号
【登記年月日時】：平成２５年４月１日　１０時１０分

【登記の目的】：延長登記
【登記原因日付】：平成３０年３月２９日
【登記原因（契約の名称）】：延長
【延長後の登記の存続期間の満了年月日】：平成３０年１２月３１日
【登記番号】：第２０１８－１０５００号
【登記年月日時】：平成３０年３月３０日　１０時１０分

（　1/　3）［証明番号］2018002222（　1/　1）

登　記　事　項　証　明　書

【債権通番】：０００００１　【債権の管理番号】：－	債権個別事項
【原債権者】 【本店等】：東京都千代田区九段南一丁目××番××号 【商号等】：甲乙産業株式会社 【会社法人等番号】：－ 【取扱店】：－ 【債務者】 【本店等】：東京都港区六本木一丁目××番××号 【商号等】：港商事株式会社　　ほか２名 【会社法人等番号】：－ 【取扱店】：－ 【債権の種類】：売掛債権 【契約年月日】：－ 【債権の発生年月日（始期）】：平成２５年４月１日 【債権の発生年月日（終期）】：平成３０年３月１日 【債権の発生原因】：－ 【発生時債権額】：－ 【譲渡時債権額】：－ 【弁済期】：－ 【外貨建債権の表示】：－ 【備考】：－	
【登記番号】：－ 【登記年月日時】：－ 【登記原因日付】：－ 【登記原因（契約の名称）】：－	一部抹消事項

（　2/　3）［証明番号］2018002222（　1/　1）

登　記　事　項　証　明　書

・その他の債務者

【本店等】：東京都新宿区西新宿五丁目×番×号 【商号等】：第一産業株式会社 【会社法人等番号】：－ 【取扱店】：－ 【日本における営業所等】：－
【本店等】：名古屋市中村区名駅一丁目××番××号 【商号等】：名古屋物産株式会社 【会社法人等番号】：－ 【取扱店】：－ 【日本における営業所等】：－

【検索の対象となった記録】：平成３０年５月９日現在
上記のとおり債権譲渡登記ファイル（除く閉鎖分）に記録されていることを証明する。

平成３０年５月１０日

東京法務局　　登記官　　　　　　　　　　　　法務　太郎　　職印

（注）この証明書は，債権の存否を証明するものではありません。

（　3/　3）［証明番号］2018002222（　1/　1）

【証明書記載例３】　一部抹消登記の証明書の例（登記事項証明書（一括証明形式））

登　記　事　項　証　明　書　（一　括）

【登記の目的】：債権譲渡登記 【譲渡人】 　【本店等】：東京都千代田区九段南一丁目××番××号 　【商号等】：甲乙産業株式会社 　【会社法人等番号】：－ 　【取扱店】：－ 　【日本における営業所等】：－ 【譲受人】 　【本店等】：東京都中野区野方一丁目××番××号 　【商号等】：丙丁ファイナンス株式会社 　【会社法人等番号】：－ 　【取扱店】：－ 　【日本における営業所等】：－ 【登記原因日付】：平成２５年４月１日 【登記原因（契約の名称）】：売買 【債権の総額】：１０，０００，０００円 【被担保債権額】：－ 【登記の存続期間の満了年月日】：平成３０年３月３１日 【備考】：－ 【申請区分】：出頭 【登記番号】：第２０１３－１００００号 【登記年月日時】：平成２５年４月１日　１０時１０分	概要事項
【登記の目的】：一部抹消登記 【登記原因日付】：平成２５年５月３１日 【登記原因（契約の名称）】：解除 【抹消後の債権の総額】：６，０００，０００円 【登記番号】：第２０１３－１０５００号 【登記年月日時】：平成２５年６月１日　１０時１０分	

（　1/　2）［証明番号］2018002222（　　1/　　1）

登 記 事 項 証 明 書 （一 括）

【債権通番】：０００００１【債権の管理番号】：－　　　債権個別事項

【原債権者】

【本店等】：東京都千代田区九段南一丁目××番××号

【商号等】：甲乙産業株式会社

【会社法人等番号】：－

【債務者】

【本店等】：東京都港区六本木一丁目××番××号

【商号等】：港商事株式会社

【会社法人等番号】：－

【債権の種類】：その他の貸付債権

【債権の発生年月日（始期）】：平成２５年４月１日　　【債権の発生年月日（終期）】：平成２５年４月１日

【債権の発生原因】：－

【発生時債権額】：４，０００，０００円　　【譲渡時債権額】：４，０００，０００円

一部抹消事項	【登記番号】：第２０１３－１０５００号 【登記原因日付】：平成２５年５月３１日 【登記原因（契約の名称）】：解除	【登記年月日時】：平成２５年６月１日　１０時１０分

【債権通番】：００００２【債権の管理番号】：－　　　債権個別事項

【原債権者】

【本店等】：東京都千代田区九段南一丁目××番××号

【商号等】：甲乙産業株式会社

【会社法人等番号】：－

【債務者】

【本店等】：東京都目黒区目黒二丁目××番××号

【商号等】：目黒興産株式会社

【会社法人等番号】：－　　　ほか　1名

【債権の種類】：その他の貸付債権

【債権の発生年月日（始期）】：平成２５年４月１日　　【債権の発生年月日（終期）】：平成２５年４月１日

【債権の発生原因】：－

【発生時債権額】：６，０００，０００円　　【譲渡時債権額】：６，０００，０００円

一部抹消事項	【登記番号】：－ 【登記原因日付】：－ 【登記原因（契約の名称）】：－	【登記年月日時】：－

【検索の対象となった記録】：平成３０年３月１日現在

上記のとおり債権譲渡登記ファイル（除く閉鎖分）に記録されていることを証明する。

平成３０年３月２日

東京法務局　登記官　　　法務　太郎　　職印

（注）この証明書は，債権の存否を証明するものではありません。

（　2/　2）［証明番号］2018002222（　1/　1）

【証明書記載例４】　全部抹消登記の証明書の例（登記事項証明書）

閉　鎖　登　記　事　項　証　明　書

<table>
<tr><td>【登記の目的】：債権譲渡登記

【譲渡人】
　【本店等】：東京都千代田区九段南一丁目××番××号

　【商号等】：甲乙産業株式会社

　【会社法人等番号】：－

　【取扱店】：－

　【日本における営業所等】：－

【譲受人】
　【本店等】：東京都中野区野方一丁目××番××号

　【商号等】：丙丁ファイナンス株式会社

　【会社法人等番号】：－

　【取扱店】：－

　【日本における営業所等】：－

【登記原因日付】：平成２５年４月１日
【登記原因（契約の名称）】：売買

【債権の総額】：－
【被担保債権額】：－
【登記の存続期間の満了年月日】：平成３０年３月３１日
【備考】：－

【申請区分】：出頭
【登記番号】：第２０１３－１０００００号
【登記年月日時】：平成２５年４月１日　１０時１０分</td><td>概要事項</td></tr>
<tr><td colspan="2">【登記の目的】：抹消登記
【登記原因日付】：平成２５年１０月１０日
【登記原因（契約の名称）】：解除

【登記番号】：第２０１３－２００００号
【登記年月日時】：平成２５年１０月１１日　１０時１０分</td></tr>
</table>

（　1/　2）［証明番号］2018002222（　　1/　　1）

閉　鎖　登　記　事　項　証　明　書

債権個別事項

【債権通番】：０００００３　【債権の管理番号】：－

【原債権者】
【本店等】：東京都千代田区九段南一丁目××番××号

【商号等】：甲乙産業株式会社

【会社法人等番号】：－

【取扱店】：－

【債務者】
【本店等】：東京都目黒区目黒二丁目××番××号

【商号等】：目黒興産株式会社

【会社法人等番号】：－

【取扱店】：－

【債権の種類】：売掛債権
【契約年月日】：－
【債権の発生年月日（始期）】：平成２５年４月１日
【債権の発生年月日（終期）】：平成３０年３月１日
【債権の発生原因】：－

【発生時債権額】：－
【譲渡時債権額】：－
【弁済期】：－

【外貨建債権の表示】：－

【備考】：－

一部抹消事項

【登記番号】：第２０１３－２００００号
【登記年月日時】：平成２５年１０月１１日　１０時１０分
【登記原因日付】：平成２５年１０月１０日
【登記原因（契約の名称）】：解除

【検索の対象となった記録】：平成３０年６月６日現在
上記のとおり閉鎖登記ファイルに記録されていることを証明する。

平成３０年６月７日

東京法務局　登記官　法務　太郎　職印

（注）この証明書は，債権の存否を証明するものではありません。

（ 2/ 2）［証明番号］2018002222（ 1/ 1）

【証明書記載例５】 登記の存続期間満了に基づき登記官による閉鎖処理がされた場合の証明書の例（登記事項証明書）

閉 鎖 登 記 事 項 証 明 書

概 要 事 項

【登記の目的】：債権譲渡登記

【譲渡人】
【本店等】：東京都千代田区九段南一丁目××番××号

【商号等】：甲乙産業株式会社

【会社法人等番号】：－

【取扱店】：－

【日本における営業所等】：－

【譲受人】
【本店等】：英領西インド諸島ケイマン諸島グランド・ケイマン，ジョージタウン，サウスストリート，私書箱×××号

【商号等】：グローバル・インベストメント・コーポレーション

【会社法人等番号】：－

【取扱店】：－

【日本における営業所等】：東京都中央区八重洲一丁目××番××号

【登記原因日付】：平成２５年４月１日
【登記原因（契約の名称）】：売買

【債権の総額】：－
【被担保債権額】：－
【登記の存続期間の満了年月日】：平成３０年３月３０日
【備考】：－

【申請区分】：出頭
【登記番号】：第２０１３－１００００号
【登記年月日時】：平成２５年４月１日　１０時１０分

【登記の目的】：閉鎖
【閉鎖年月日】：平成３０年３月３０日

（ 1/ 2）［証明番号］2018002222（ 1/ 1）

閉　鎖　登　記　事　項　証　明　書

債権個別事項

【債権通番】：０００００１　【債権の管理番号】：－

【原債権者】
【本店等】：東京都千代田区九段南一丁目××番××号

【商号等】：甲乙産業株式会社

【会社法人等番号】：－

【取扱店】：－

【債務者】
【本店等】：東京都港区六本木一丁目××番××号

【商号等】：港商事株式会社

【会社法人等番号】：－

【取扱店】：－

【債権の種類】：売掛債権
【契約年月日】：－
【債権の発生年月日（始期）】：平成２５年４月１日
【債権の発生年月日（終期）】：平成３０年３月１日
【債権の発生原因】：－

【発生時債権額】：－
【譲渡時債権額】：－
【弁済期】：－

【外貨建債権の表示】：－

【備考】：－

一部抹消事項

【登記番号】：－
【登記年月日時】：－
【登記原因日付】：－
【登記原因（契約の名称）】：－

【検索の対象となった記録】：平成３０年６月６日現在
上記のとおり閉鎖登記ファイルに記録されていることを証明する。

平成３０年６月７日

東京法務局　　登記官　　　　　　　　　　法務　太郎　　職印

（注）この証明書は，債権の存否を証明するものではありません。

（　2/　2）［証明番号］2018002222（　1/　1）

【証明書記載例６】　否認登記の証明書の例（登記事項証明書）

登　記　事　項　証　明　書

概要事項
【登記の目的】：債権譲渡登記 【譲渡人】 【本店等】：東京都千代田区九段南一丁目××番××号 【商号等】：甲乙産業株式会社 【会社法人等番号】：－ 【取扱店】：－ 【日本における営業所等】：－ 【譲受人】 【本店等】：東京都中野区野方一丁目××番××号 【商号等】：丙丁ファイナンス株式会社 【会社法人等番号】：－ 【取扱店】：－ 【日本における営業所等】：－ 【登記原因日付】：平成２５年４月１日 【登記原因（契約の名称）】：売買 【債権の総額】：１０，０００，０００円 【被担保債権額】：－ 【登記の存続期間の満了年月日】：平成３０年３月３１日 【備考】：－ 【申請区分】：出頭 【登記番号】：第２０１３－１０００００号 【登記年月日時】：平成２５年４月１日　１０時１０分
【登記の目的】：否認登記 【登記原因日付】：平成２７年３月２５日 【登記原因（契約の名称）】：判決（破産法による登記原因の否認） 【登記番号】：第２０１５－１０５００号 【登記年月日時】：平成２７年６月１日　１０時１０分

（　1/　2）［証明番号］2018002222（　　1/　　1）

登　記　事　項　証　明　書

債権個別事項

【債権通番】：０００００１　【債権の管理番号】：－

【原債権者】
【本店等】：東京都千代田区九段南一丁目××番××号

【商号等】：甲乙産業株式会社

【会社法人等番号】：－

【取扱店】：－

【債務者】
【本店等】：東京都港区六本木一丁目××番××号

【商号等】：港商事株式会社

【会社法人等番号】：－

【取扱店】：－

【債権の種類】：売掛債権
【契約年月日】：－
【債権の発生年月日（始期）】：平成２５年２月１日
【債権の発生年月日（終期）】：平成２５年２月１日
【債権の発生原因】：－

【発生時債権額】：１０，０００，０００円
【譲渡時債権額】：１０，０００，０００円
【弁済期】：－

【外貨建債権の表示】：－

【備考】：－

一部抹消事項

【登記番号】：－
【登記年月日時】：－
【登記原因日付】：－
【登記原因（契約の名称）】：－

【検索の対象となった記録】：平成３０年６月６日現在
上記のとおり債権譲渡登記ファイル（除く閉鎖分）に記録されていることを証明する。

平成３０年６月７日

東京法務局　登記官　　法務　太郎　職印

（注）この証明書は，債権の存否を証明するものではありません。

（　2/　2）［証明番号］2018002222（　1/　1）

第２　登記事項概要証明書

【証明書記載例７】　譲渡登記をした後に複数の登記（延長登記、一部抹消登記及び全部抹消登記）がされた場合の証明書の例（登記事項概要証明書）

閉　鎖　登　記　事　項　概　要　証　明　書

<table>
<tr><td>【登記の目的】：債権譲渡登記

【譲渡人】
　【本店等】：東京都千代田区九段南一丁目××番××号
　【商号等】：甲乙産業株式会社

　【会社法人等番号】：－
　【取扱店】：－
　【日本における営業所等】：－

【譲受人】
　【本店等】：東京都中野区野方一丁目××番××号
　【商号等】：丙丁ファイナンス株式会社

　【会社法人等番号】：－
　【取扱店】：－
　【日本における営業所等】：－

【登記原因日付】：平成２５年４月１日
【登記原因（契約の名称）】：売買

【債権の総額】：１０，０００，０００円
【被担保債権額】：－
【登記の存続期間の満了年月日】：平成３０年３月３１日
【備考】：－

【申請区分】：出頭
【登記番号】：第２０１３－１００００号
【登記年月日時】：平成２５年４月１日　１０時１０分</td><td>概要事項</td></tr>
<tr><td colspan="2">【登記の目的】：一部抹消登記
【登記原因日付】：平成２５年５月３１日
【登記原因（契約の名称）】：解除
【抹消後の債権の総額】：６０，０００，０００円
【登記番号】：第２０１３－１０５００号
【登記年月日時】：平成２５年６月１日　１０時１０分</td></tr>
<tr><td colspan="2">【登記の目的】：延長登記
【登記原因日付】：平成３０年３月２９日
【登記原因（契約の名称）】：延長
【延長後の登記の存続期間の満了年月日】：平成３０年１２月３１日
【登記番号】：第２０１８－１０５００号
【登記年月日時】：平成３０年３月３０日　１０時１０分</td></tr>
<tr><td colspan="2">【登記の目的】：抹消登記
【登記原因日付】：平成３０年６月５日
【登記原因（契約の名称）】：解除
【登記番号】：第２０１８－１４０００号
【登記年月日時】：平成３０年６月６日　１４時３０分</td></tr>
</table>

【検索の対象となった記録】：平成３０年６月２８日現在
上記のとおり閉鎖登記ファイルに記録されていることを証明する。

平成３０年６月２９日

東京法務局　登記官　　法務　太郎　　職印

（注）この証明書は，債権の存否を証明するものではありません。

（　1/　1）［証明番号］20180002222（　1/　1）

【証明書記載例８】　ないこと証明書の例（登記事項概要証明書）

登　記　事　項　概　要　証　明　書

【受付年月日】：平成３０年４月１９日　【受付番号】：００００１

【検索条件】
【譲渡人名（質権設定者名）】
［商号等］：甲乙産業株式会社

［フリガナ］：コウオツサンギョウカブシキガイシャ

［所在］：東京都中野区野方一丁目××番××号

［会社法人等番号］：－

【譲受人名（質権者名）】
［商号等］：－

［フリガナ］：－

［所在］：－

［会社法人等番号］：－

【登記年月日範囲指定】：－

【登記原因】：－

上記の条件に該当する登記事項は記録されていません。

【検索の対象となった記録】：平成３０年４月１８日現在
上記のとおり債権譲渡登記ファイル（除く閉鎖分）に記録されていないことを証明する。

平成３０年４月１９日

東京法務局　　登記官　　　　　　　　　　法務　太郎　　職印

（注）　この証明書は，債権の存否を証明するものではありません。

（　1/　1）［証明番号］20180002222（　1/　1）

第３　概要記録事項証明書

【証明書記載例９】　概要記録事項証明書の例（動産譲渡登記）

現在概要記録事項証明書（動産）

東京都中野区野方一丁目３４番１号
動産商事株式会社

会社法人等番号	００００－００－００００００
商　号	動産商事株式会社
本　店	東京都中野区野方一丁目３４番１号
動産譲渡	第２０１８－１０００号動産譲渡 登記の年月日 平成３０年４月２日 譲受人 東京都千代田区九段南一丁目１番１５号 株式会社ＡＢＣファイナンス　ほか２名 平成３０年　４月　４日登記

これは動産譲渡登記事項概要ファイルに記録されている現に効力を有する事項であることを証明した書面である。
（東京法務局中野出張所管轄）
平成３０年　６月　４日
横浜地方法務局
登記官　　　横　浜　五　郎　　職印

整理番号　オ０００００１　　＊下線のあるものは抹消事項であることを示す。　1/1

【証明書記載例10】　概要記録事項証明書の例（債権譲渡登記・質権設定登記）

現在概要記録事項証明書（債権）

東京都中野区九段南一丁目１番１５号
甲乙産業株式会社

会社法人等番号	００００－００－００００００
商　号	甲乙産業株式会社
本　店	東京都千代田区九段南一丁目１番１５号
債権譲渡	第２０１８－１０００号債権譲渡 登記の年月日 平成３０年４月２日 譲受人 アメリカ合衆国カリフォルニア州ロサンゼルス市サンセット通り１番地 （日本における営業所　東京都千代田区内幸町一丁目１番１号） サン・パシフィック・コーポレーション 平成３０年　４月　４日登記
質権設定	第２０１８－１５００号質権設定 登記の年月日 平成３０年５月７日 質権者 東京都千代田区九段南一丁目１番１５号 株式会社ＡＢＣファイナンス　ほか２名 平成３０年　５月　８日登記

これは債権譲渡登記事項概要ファイルに記録されている現に効力を有する事項であることを証明した書面である。
（東京法務局管轄）

平成３０年　６月　４日
横浜地方法務局
登記官　　横　浜　五　郎　　職印

整理番号　オ０００００１　　＊下線のあるものは抹消事項であることを示す。　1/1

【証明書記載例11】 商号変更及び本店移転の履歴が記載されている証明書の例（概要記録事項証明書）

現在概要記録事項証明書（債権）

東京都千代田区九段南一丁目１番１５号
甲乙産業株式会社

会社法人等番号	００００－００－００００００	
商　号	関東物産株式会社	
	甲乙産業株式会社	平成２８年　７月　１日変更 平成２８年　７月１１日登記
本　店	東京都千代田区西神田一丁目１番１号	
	東京都千代田区九段南一丁目１番１５号	平成２８年　７月　１日移転 平成２８年　７月１１日登記
債権譲渡	第２０１５－１０００号債権譲渡 登記の年月日 平成２７年５月７日 譲受人 東京都千代田区九段南一丁目１番１５号 株式会社ＡＢＣファイナンス　ほか２名	
		平成２７年　７月３０日本店移転により移記
	第２０１６－５００号債権譲渡 登記の年月日 平成２８年２月８日 譲受人 アメリカ合衆国カリフォルニア州ロサンゼルス市サンセット通１番地 （日本における営業所等　東京都千代田区内幸町一丁目１番１号） サン・パシフィック・コーポレーション	
		平成２８年　２月　９日登記
質権設定	第２０１５－５００号質権設定 登記の年月日 平成２７年２月２日 質権者 東京都千代田区九段南一丁目１番１５号 株式会社ＡＢＣファイナンス	
		平成２８年　４月１１日合併により移記

これは債権譲渡登記事項概要ファイルに記録されている現に効力を有する事項であることを証明した書面である。
（東京法務局管轄）

平成３０年　６月　４日
東京法務局中野出張所
登記官　　中　野　春　男　職印

整理番号　オ０００００１　　＊下線のあるものは抹消事項であることを示す。　1/1

【証明書記載例12】　閉鎖概要ファイルの記録事項が記載されている証明書の例（概要記録事項証明書）

閉鎖概要記録事項証明書（債権）

東京都千代田区九段南一丁目１番１５号
甲乙産業株式会社

会社法人等番号	００００－００－００００００
商　号	甲乙産業株式会社
本　店	東京都千代田区九段南一丁目１番１５号
債権譲渡	第２０１５－１０００号債権譲渡 登記の年月日 平成２７年５月７日 譲受人 東京都千代田区九段南一丁目１番１５号 株式会社ＡＢＣファイナンス　ほか２名 平成２７年　５月１１日登記
	第２０１５－１０００号存続期間満了 平成２８年　５月　９日登記
	第２０１６－５００号債権譲渡 登記の年月日 平成２８年２月８日 譲受人 東京都新宿区新宿一丁目１番１号 株式会社新宿リース　ほか１名 平成２８年　２月　９日登記
	第２０１６－５００号抹消 登記の年月日　平成２９年４月１０日 登記番号　第２０１７－２５０号 平成２９年　４月１１日登記
質権設定	第２０１５－５００号質権設定 登記の年月日 平成２７年２月２日 質権者 東京都千代田区九段南一丁目１番１５号 株式会社ＡＢＣファイナンス 平成２８年　４月１１日合併により移記
登記記録に関する事項	平成２６年９月１６日横浜市西区北幸一丁目１番１号から本店移転 平成２６年　９月２６日登記
	平成２９年１０月１日大阪市北区梅田二丁目２番３号に本店移転 平成２９年１０月１０日登記 平成２９年１０月１０日閉鎖

これは債権譲渡登記事項概要ファイルに記録されている閉鎖されている事項であることを証明した書面である。
（東京法務局管轄）

平成３０年　６月　４日
東京法務局中野出張所
登記官　　中　野　春　男　　職印

整理番号　オ０００００１　　＊下線のあるものは抹消事項であることを示す。　　1/1

【証明書記載例13】 ないこと証明書の例（概要記録事項証明書）

現在概要記録事項証明書（債権）

請求のあった会社法人の債権譲渡登記事項概要ファイルに現に効力を有する登記事項は、現在、記録されていません。

【請求のあった会社法人】
東京都千代田区九段南一丁目１番１５号
甲乙産業株式会社
会社法人等番号　○○○○－○○－○○○○○○

これは債権譲渡登記事項概要ファイルに記録されている現に効力を有する事項がないことを証明した書面である。
（東京法務局管轄）

平成３０年　６月　４日
東京法務局中野出張所
登記官　　中　野　春　男　［職印］

整理番号　オ０００００１　　＊下線のあるものは抹消事項であることを示す。　　1/1

資料11　登記事項証明書と申請データとの相関図（債権譲渡登記）

〔概要事項（その１）〕

登　記　事　項　証　明　書

概 要 事 項

【登記の目的】：債権譲渡登記

【譲渡人】：
　【本店等】：東京都中野区野方一丁目３４番１号

　【商号等】：債権登録株式会社

　【会社法人番号】：
　【取扱店】：
　【日本における営業所等】：

【譲受人】：
　【本店等】：東京都千代田区霞が関一丁目１番１号

　【商号等】：株式会社法務民事

　【会社法人番号】：
　【取扱店】：
　【日本における営業所等】：

【登記原因日付】：平成２２年４月２８日
【登記原因（契約の名称）】：譲渡担保　譲渡担保契約

【債権の総額】：
【被担保債権額】
【登記の存続期間の満了年月日】平成２６年１２月３１日
【備考】

【申請区分】：出頭
【登記番号】：第２０１０—×××××号
【登記年月日日付】：平成２２年××月××日　××時××分

（　1／　2）［証明番号］20100099999（　1／　1）

以下に示している申請データは、登記事項証明書との相関図を説明するための参考例であり、注意書きについても、当該参考例に合わせて付したものとなります。

実際に申請データを作成する場合は、「債権譲渡登記申請データ仕様」に基づき、作成をお願いします。

なお、譲渡人等の人数については、便宜、１名として作成していますので、複数名の場合は、本参考例と異なる場合となることをご了承ください。

＜譲渡人ファイル＞

JT.xml

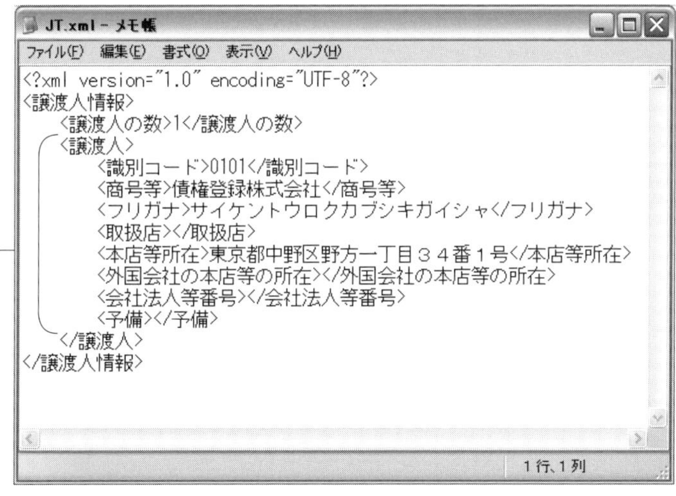

JT.xml - メモ帳

ファイル(F)　編集(E)　書式(O)　表示(V)　ヘルプ(H)

```
<?xml version="1.0" encoding="UTF-8"?>
<譲渡人情報>
    <譲渡人の数>1</譲渡人の数>
    <譲渡人>
        <識別コード>0101</識別コード>
        <商号等>債権登録株式会社</商号等>
        <フリガナ>サイケントウロクカブシキガイシャ</フリガナ>
        <取扱店></取扱店>
        <本店等所在>東京都中野区野方一丁目３４番１号</本店等所在>
        <外国会社の本店等の所在></外国会社の本店等の所在>
        <会社法人等番号></会社法人等番号>
        <予備></予備>
    </譲渡人>
</譲渡人情報>
```

1行、1列

＜譲受人ファイル＞

JJ.xml

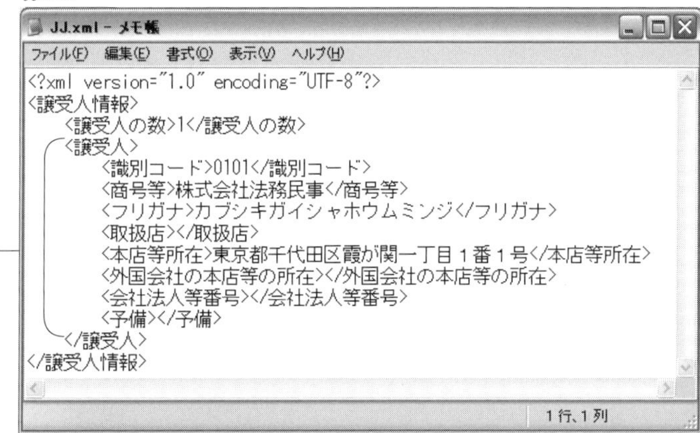

JJ.xml - メモ帳

ファイル(F)　編集(E)　書式(O)　表示(V)　ヘルプ(H)

```
<?xml version="1.0" encoding="UTF-8"?>
<譲受人情報>
    <譲受人の数>1</譲受人の数>
    <譲受人>
        <識別コード>0101</識別コード>
        <商号等>株式会社法務民事</商号等>
        <フリガナ>カブシキガイシャホウムミンジ</フリガナ>
        <取扱店></取扱店>
        <本店等所在>東京都千代田区霞が関一丁目１番１号</本店等所在>
        <外国会社の本店等の所在></外国会社の本店等の所在>
        <会社法人等番号></会社法人等番号>
        <予備></予備>
    </譲受人>
</譲受人情報>
```

1行、1列

〔概要事項（その２）〕

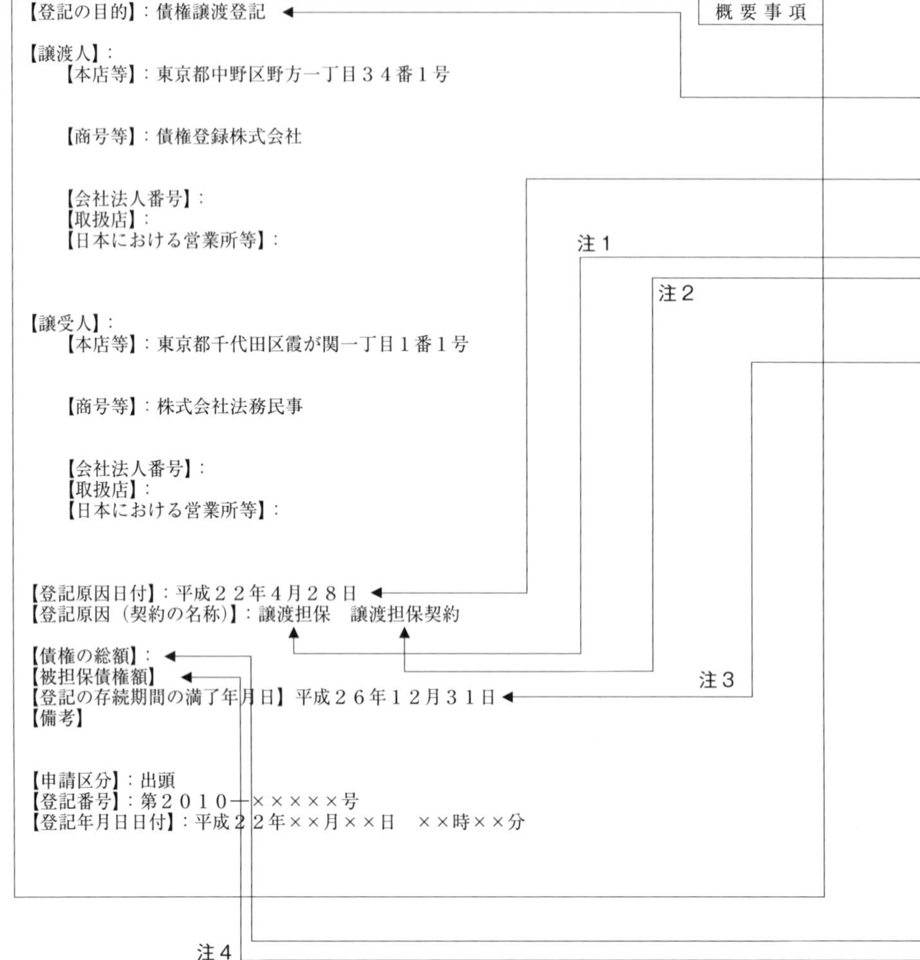
登　記　事　項　証　明　書

概要事項

【登記の目的】：債権譲渡登記

【譲渡人】：
【本店等】：東京都中野区野方一丁目３４番１号

【商号等】：債権登録株式会社

【会社法人番号】：
【取扱店】：
【日本における営業所等】：

【譲受人】：
【本店等】：東京都千代田区霞が関一丁目１番１号

【商号等】：株式会社法務民事

【会社法人番号】：
【取扱店】：
【日本における営業所等】：

【登記原因日付】：平成２２年４月２８日
【登記原因（契約の名称）】：譲渡担保　譲渡担保契約

【債権の総額】：
【被担保債権額】
【登記の存続期間の満了年月日】平成２６年１２月３１日
【備考】

【申請区分】：出頭
【登記番号】：第２０１０－×××××号
【登記年月日日付】：平成２２年××月××日　××時××分

（　1／　2）［証明番号］20100099999（　1／　1）

＜登記共通事項ファイル＞
COMMON.xml

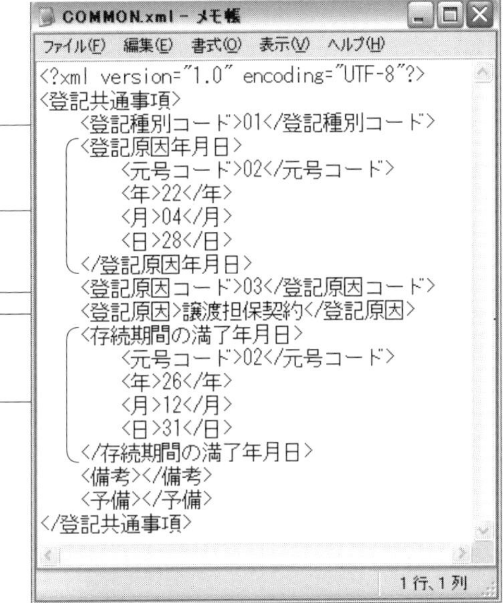


```xml
<?xml version="1.0" encoding="UTF-8"?>
<登記共通事項>
    <登記種別コード>01</登記種別コード>
    <登記原因年月日>
        <元号コード>02</元号コード>
        <年>22</年>
        <月>04</月>
        <日>28</日>
    </登記原因年月日>
    <登記原因コード>03</登記原因コード>
    <登記原因>譲渡担保契約</登記原因>
    <存続期間の満了年月日>
        <元号コード>02</元号コード>
        <年>26</年>
        <月>12</月>
        <日>31</日>
    </存続期間の満了年月日>
    <備考></備考>
    <予備></予備>
</登記共通事項>
```

＜債権個別事項ファイル＞
CREDIT.xml
（最上部該当部分を抜粋）

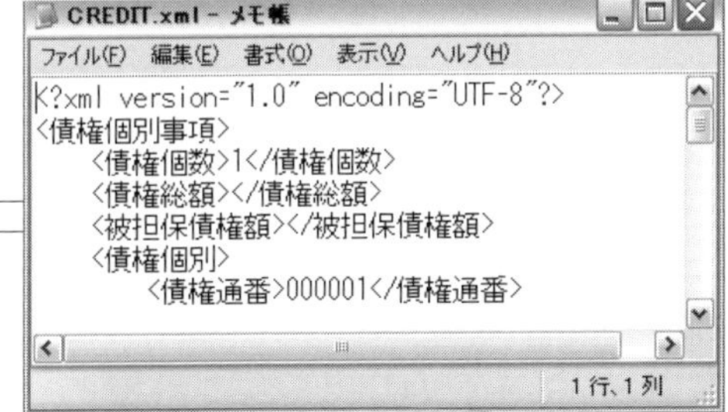


```xml
<?xml version="1.0" encoding="UTF-8"?>
<債権個別事項>
    <債権個数>1</債権個数>
    <債権総額></債権総額>
    <被担保債権額></被担保債権額>
    <債権個別>
        <債権通番>000001</債権通番>
```

注１

証明書に表示される登記原因は、選択した登記原因コードに基づき自動表示されます（コード99を除く）。

01	売買	06	代物弁済
02	贈与	07	交換
03	譲渡担保	08	信託
04	営業譲渡	09	現物出資
05	事業譲渡	10	質権設定

注２

登記原因の一部として、表示させることができる項目です（登記原因コード99を選択した場合は必須、その他の場合は任意）。

登記原因は選択した登記原因コードに基づき自動表示されます。したがって、＜登記原因＞に登記原因コードと同じ文言（例えば、「譲渡担保」）を入力してしまうと、証明書の【登記原因（契約の名称）】に「譲渡担保　譲渡担保」と表示されることになりますので注意してください。

注３

存続期間の満了年月日は、譲渡債権のすべての債務者が特定している場合は登記した日から50年以内、一部でも債務者が不特定の場合は登記した日から10年以内の任意の日付を申請人が定めることになります。

注４

債権の総額は、譲渡債権のすべてが既発生債権の場合のみ、その合計額が表示されます（申請データの一部として必須入力事項となります。）。

譲渡債権の一部に将来債権を含んでいる場合には表示されません（申請データとして入力することができません。）。

被担保債権額は、質権設定の場合のみ質権の被担保債権の額又は価格が表示されます（申請データの一部として必須入力事項となります。）。

債権譲渡登記の場合には表示されません（申請データとして入力することができません。）。

〔債権個別事項（その１）〕

登　記　事　項　証　明　書

債権個別事項

【債権通番】：０００００１　【債権の管理番号】

【原債権者】：
　　【本店等】：東京都中野区野方一丁目３４番１号

　　【商号等】：債権登録株式会社

　　【会社法人番号】：
　　【取扱店】：

【債務者】：
　　【本店等】：東京都千代田区九段下一丁目１番１５号

　　【商号等】：株式会社法務産業

　　【会社法人番号】：
　　【取扱店】：

【債権の種類】：売掛債権
【契約年月日】：
【債権の発生年月日（始期）】：平成２２年４月２８日
【債権の発生年月日（終期）】：平成２４年４月２７日
【債権の発生原因】

【発生時債権額】：
【譲渡時債権額】：
【弁済期】：

【外貨建債権の表示】

【備考】：

債権個別事項

【登記番号】：
【登記年月日時】：－
【登記原因日付】：－
【登記原因（契約の名称）】：－

【検索の対象となった記録】平成２２年××月××日現在
上記のとおり債権譲渡登記ファイル（除く閉鎖分）に記録されていることを証明する。

平成２２年××月××日

東京法務局　登記官　　　　　　東　京　　法　務　印

（　　1／　　2）［証明番号］20100099999（　　1／　　1）

<原債権者ファイル>
GS.xml

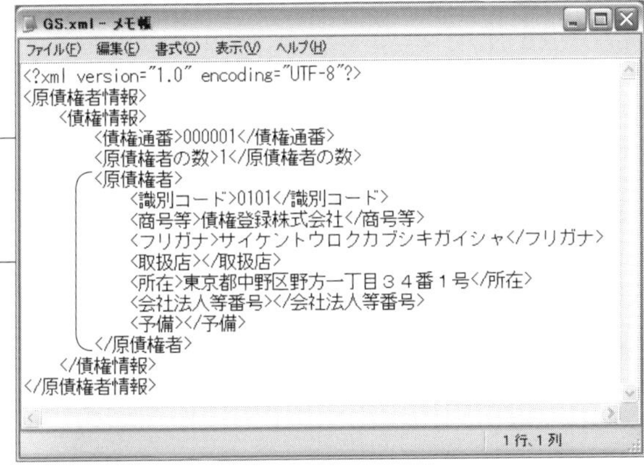

```xml
<?xml version="1.0" encoding="UTF-8"?>
<原債権者情報>
    <債権情報>
        <債権通番>000001</債権通番>
        <原債権者の数>1</原債権者の数>
        <原債権者>
            <識別コード>0101</識別コード>
            <商号等>債権登録株式会社</商号等>
            <フリガナ>サイケントウロクカブシキガイシャ</フリガナ>
            <取扱店></取扱店>
            <所在>東京都中野区野方一丁目３４番１号</所在>
            <会社法人等番号></会社法人等番号>
            <予備></予備>
        </原債権者>
    </債権情報>
</原債権者情報>
```

譲渡債権の原債権者がすべて同一の場合は、債権通番に「000000」を入力することにより、債権通番毎に作成する必要がなくなります。なお、原債権者とは、譲渡債権の発生時の債権者であるため、譲渡人の表示と一致しない場合があります。

<債務者ファイル>
SM.xml

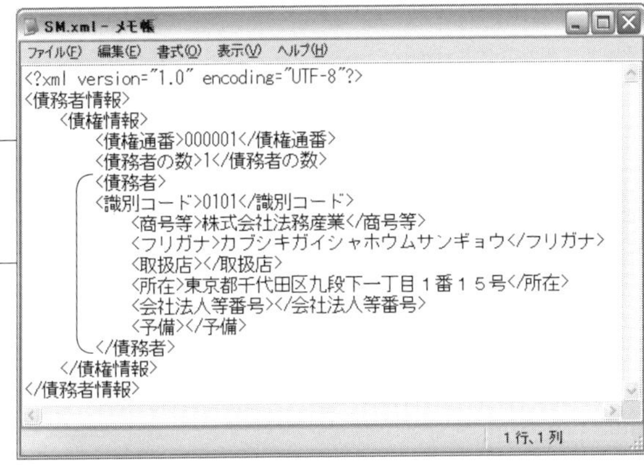

```xml
<?xml version="1.0" encoding="UTF-8"?>
<債務者情報>
    <債権情報>
        <債権通番>000001</債権通番>
        <債務者の数>1</債務者の数>
        <債務者>
        <識別コード>0101</識別コード>
            <商号等>株式会社法務産業</商号等>
            <フリガナ>カブシキガイシャホウムサンギョウ</フリガナ>
            <取扱店></取扱店>
            <所在>東京都千代田区九段下一丁目１番１５号</所在>
            <会社法人等番号></会社法人等番号>
            <予備></予備>
        </債務者>
    </債権情報>
</債務者情報>
```

譲渡債権のすべてが債務者不特定の将来債権である場合には、<債務者ファイル>は作成する必要はありません。

債務者不特定の将来債権の場合は、申請データとして債務者の入力は不要となり、証明書の【債務者】の右側に「※債務者が特定していない債権のため、債務者の記録はありません。」と表示されます。

> 表示例
> 【債務者】　※債務者が特定していない債権のため、債務者の記録はありません。
> 　【本店等】：－
>
> 　【商号等】：－
>
> 　【会社法人番号】：－
> 　【取扱店】：－

〔債権個別事項（その２）〕

登　記　事　項　証　明　書

債権個別事項

【債権通番】：０００００１　【債権の管理番号】

【原債権者】：
　【本店等】：東京都中野区野方一丁目３４番１号

　【商号等】：債権登録株式会社

注１

　【会社法人番号】：
　【取扱店】：

注２

【債務者】：
　【本店等】：東京都千代田区九段下一丁目１番１５号

　【商号等】：株式会社法務産業

　【会社法人番号】：
　【取扱店】：

【債権の種類】：売掛債権
【契約年月日】：
【債権の発生年月日（始期）】：平成２２年４月２８日
【債権の発生年月日（終期）】：平成２４年４月２７日
【債権の発生原因】：牛肉の販売契約

【発生時債権額】：
【譲渡時債権額】：
【弁済期】：

注３

【外貨建債権の表示】

【備考】：

債権個別事項

【登記番号】：
【登記年月日時】：－
【登記原因日付】：－
【登記原因（契約の名称）】：－

【検索の対象となった記録】平成２２年××月××日現在
上記のとおり債権譲渡登記ファイル（除く閉鎖分）に記録されていることを証明する。

平成２２年××月××日

東京法務局　登記官　　　　東　京　　法　務　印

（　　1／　　2）［証明番号］20100099999（　　1／　　1）

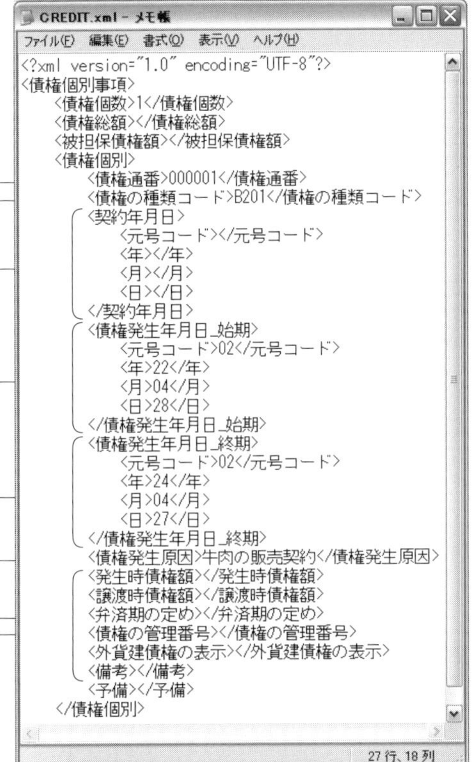


```
<?xml version="1.0" encoding="UTF-8"?>
<債権個別事項>
    <債権個数>1</債権個数>
    <債権総額></債権総額>
    <被担保債権額></被担保債権額>
    <債権個別>
        <債権通番>000001</債権通番>
        <債権の種類コード>B201</債権の種類コード>
        <契約年月日>
            <元号コード></元号コード>
            <年></年>
            <月></月>
            <日></日>
        </契約年月日>
        <債権発生年月日_始期>
            <元号コード>02</元号コード>
            <年>22</年>
            <月>04</月>
            <日>28</日>
        </債権発生年月日_始期>
        <債権発生年月日_終期>
            <元号コード>02</元号コード>
            <年>24</年>
            <月>04</月>
            <日>27</日>
        </債権発生年月日_終期>
        <債権発生原因>牛肉の販売契約</債権発生原因>
        <発生時債権額></発生時債権額>
        <譲渡時債権額></譲渡時債権額>
        <弁済期の定め></弁済期の定め>
        <債権の管理番号></債権の管理番号>
        <外貨建債権の表示></外貨建債権の表示>
        <備考></備考>
        <予備></予備>
    </債権個別>
```

注１

債権の種類は、選択した債権の種類コードに基づき自動表記されます（コード999（下三桁）を除く）。

101	住宅ローン債権	701	不動産賃料債権
102	消費者ローン債権	799	その他の賃料債権
199	その他の貸付債権	801	診療報酬債権
201	売掛債権	899	その他の報酬債権
301	割賦販売代金債権	901	入居保証金債権
401	運送料債権	001	工事請負代金債権
501	リース債権	999	その他の債権
601	クレジット債権		

注２

CRDIT.xmlの契約年月日は、譲渡債権を特定するための有益事項のひとつです。

債権譲渡契約の契約年月日とは異なりますので、お間違えのないように願います（任意事項ですので、不明であれば入力する必要はありません。）。

注３

発生時債権額及び譲渡時債権額は、譲渡債権が既発生債権の場合に必須入力事項となります（その他の場合には入力することはできません。）。

資料12　証明書交付手数料額一覧

【動産譲渡登記に係る証明書交付手数料（平成30年10月現在）】

		登記事項証明書（一括証明書）	登記事項証明書（個別事項証明書）	登記事項概要証明書	概要記録事項証明書
窓口請求 送付による請求（注１）		１通につき800円＋（請求する動産通番の総数－１）×300円 ※早見表を参照	１通800円×請求する動産通番の総数	500円	300円（注３）
オンライン請求	オンライン交付	１通につき700円＋（請求する動産通番の総数－１）×300円	１通700円×請求する動産通番の総数	400円	－（注４）
	窓口交付				250円（注３）
	送付による交付（注２）	１通につき750円＋（請求する動産通番の総数－１）×300円	１通750円×請求する動産通番の総数	450円	270円（注３）
（参考） 登記情報提供サービス		－	－	－	145円（注５）

（注１）　送付による請求の場合は、別途、郵送料等が必要です。

（注２）　普通郵便による送付を希望する場合の額です（送付に要する費用が含まれています。）。速達、簡易書留又は特定記録による送付を希望する場合は、必要額が加算されます。

（注３）　証明書の枚数が50枚を超える場合、超える枚数50枚までごとに100円が加算されます。

（注４）　概要記録事項証明書のオンライン請求については、オンラインによる交付は行っていません（窓口交付又は送付による交付のみとなります。）。

（注５）　指定法人の手数料（15円）を含みます。

【債権譲渡登記・質権設定登記に係る証明書交付手数料（平成30年10月現在）】

<table>
<tr><th colspan="2"></th><th>登記事項証明書
（一括証明書）</th><th>登記事項証明書
（個別事項証明書）</th><th>登記事項
概要
証明書</th><th>概要記録
事項
証明書</th></tr>
<tr><td colspan="2">窓口請求
送付による請求（注１）</td><td>１通につき500円＋（請求する債権通番の総数－１）×200円
※早見表を参照</td><td>１通500円×請求する債権通番の総数</td><td>300円</td><td>300円
（注３）</td></tr>
<tr><td rowspan="3">オンライン請求</td><td>オンライン交付</td><td rowspan="2">１通につき450円＋（請求する債権通番の総数－１）×200円</td><td rowspan="2">１通450円×請求する債権通番の総数</td><td rowspan="2">250円</td><td>－
（注４）</td></tr>
<tr><td>窓口交付</td><td>250円
（注３）</td></tr>
<tr><td>送付による交付（注２）</td><td>１通につき500円＋（請求する債権通番の総数－１）×200円</td><td>１通500円×請求する債権通番の総数</td><td>300円</td><td>270円
（注３）</td></tr>
<tr><td colspan="2">（参考）
登記情報提供サービス</td><td>－</td><td>－</td><td>－</td><td>145円
（注５）</td></tr>
</table>

（注１）　送付による請求の場合は、別途、郵送料等が必要です。
（注２）　普通郵便による送付を希望する場合の額です（送付に要する費用が含まれています。）。速達、簡易書留又は特定記録による送付を希望する場合は、必要額が加算されます。
（注３）　証明書の枚数が50枚を超える場合、超える枚数50枚までごとに100円が加算されます。
（注４）　概要記録事項証明書のオンライン請求については、オンラインによる交付は行っていません（窓口交付又は送付による交付のみとなります。）。
（注５）　指定法人の手数料（15円）を含みます。

◎動産譲渡登記の登記事項証明書（一括証明書）　手数料額早見表

※窓口請求及び送付による請求の場合

動産個数	手数料額	動産個数	手数料額	動産個数	手数料額	動産個数	手数料額	動産個数	手数料額
1	800	21	6,800	41	12,800	61	18,800	81	24,800
2	1,100	22	7,100	42	13,100	62	19,100	82	25,100
3	1,400	23	7,400	43	13,400	63	19,400	83	25,400
4	1,700	24	7,700	44	13,700	64	19,700	84	25,700
5	2,000	25	8,000	45	14,000	65	20,000	85	26,000
6	2,300	26	8,300	46	14,300	66	20,300	86	26,300
7	2,600	27	8,600	47	14,600	67	20,600	87	26,600
8	2,900	28	8,900	48	14,900	68	20,900	88	26,900
9	3,200	29	9,200	49	15,200	69	21,200	89	27,200
10	3,500	30	9,500	50	15,500	70	21,500	90	27,500
11	3,800	31	9,800	51	15,800	71	21,800	91	27,800
12	4,100	32	10,100	52	16,100	72	22,100	92	28,100
13	4,400	33	10,400	53	16,400	73	22,400	93	28,400
14	4,700	34	10,700	54	16,700	74	22,700	94	28,700
15	5,000	35	11,000	55	17,000	75	23,000	95	29,000
16	5,300	36	11,300	56	17,300	76	23,300	96	29,300
17	5,600	37	11,600	57	17,600	77	23,600	97	29,600
18	5,900	38	11,900	58	17,900	78	23,900	98	29,900
19	6,200	39	12,200	59	18,200	79	24,200	99	30,200
20	6,500	40	12,500	60	18,500	80	24,500	100	30,500

◎債権譲渡登記・質権設定登記の登記事項証明書（一括証明書）　手数料額早見表

※窓口請求及び送付による請求の場合

債権個数	手数料額	債権個数	手数料額	債権個数	手数料額	債権個数	手数料額	債権個数	手数料額
1	500	21	4,500	41	8,500	61	12,500	81	16,500
2	700	22	4,700	42	8,700	62	12,700	82	16,700
3	900	23	4,900	43	8,900	63	12,900	83	16,900
4	1,100	24	5,100	44	9,100	64	13,100	84	17,100
5	1,300	25	5,300	45	9,300	65	13,300	85	17,300
6	1,500	26	5,500	46	9,500	66	13,500	86	17,500
7	1,700	27	5,700	47	9,700	67	13,700	87	17,700
8	1,900	28	5,900	48	9,900	68	13,900	88	17,900
9	2,100	29	6,100	49	10,100	69	14,100	89	18,100
10	2,300	30	6,300	50	10,300	70	14,300	90	18,300
11	2,500	31	6,500	51	10,500	71	14,500	91	18,500
12	2,700	32	6,700	52	10,700	72	14,700	92	18,700
13	2,900	33	6,900	53	10,900	73	14,900	93	18,900
14	3,100	34	7,100	54	11,100	74	15,100	94	19,100
15	3,300	35	7,300	55	11,300	75	15,300	95	19,300
16	3,500	36	7,500	56	11,500	76	15,500	96	19,500
17	3,700	37	7,700	57	11,700	77	15,700	97	19,700
18	3,900	38	7,900	58	11,900	78	15,900	98	19,900
19	4,100	39	8,100	59	12,100	79	16,100	99	20,100
20	4,300	40	8,300	60	12,300	80	16,300	100	20,300

《**著者略歴**》

伊藤　隆（いとう　たかし）

平成５年（1993年）法務省入省。法務省民事局、法務省訟務局、法務省法務総合研究所国際協力部、衆議院法制局等の勤務を経て、平成21年（2009年）４月から平成24年（2012年）３月まで東京法務局民事行政部動産登録課長。平成28年（2016年）４月から平成29年（2017年）３月まで東京法務局民事行政部債権登録課長。平成29年４月から東京法務局民事行政部電子認証管理官。

動産・債権譲渡登記手続の実務対応Q&A〔全訂版〕

平成24年10月13日　初版第１刷発行
平成31年２月15日　全訂版第１刷発行
令和７年１月23日　全訂版第２刷発行

著　者　伊　藤　　隆
発行者　倉　田　　勲
印刷所　奥村印刷株式会社

〒160-8520　東京都新宿区南元町19
発　行　所　一般社団法人 金融財政事情研究会
編　集　部　TEL 03(3355)1713　FAX 03(3355)3763
販　　　売　株式会社 き ん ざ い
販売受付　TEL 03(3358)2891　FAX 03(3358)0037
URL https://www.kinzai.jp/

※2023年４月１日より企画・制作・販売は株式会社きんざいから一般社団法人金融財政事情研究会に移管されました。なお連絡先は上記と変わりません。

ISBN978-4-322-13441-4